교육학 논술

중등 · 보건교사 · 교육전문직 · 교육행시 대비

WHY TO HOW

New 논객특강

- 논술 기출과 객관식 기출의 통합 -

이경범 편저

윌비스 임용 ssam.willbes.net
다음카페 cafe.daum.net/eduism

정답풀이, 오답풀이, 만점대비+α로 이어지는 상세한 해설
객관식 문제를 논술 문제에 적용할 수 있는 구성과 예시답안 제시

상권

WHY TO HOW New 논객특강
논술 기출과 객관식 기출의 통합

PREFACE

출간계기
임용 교육학 출제 방식이 객관식에서 논술로 바뀐지가 벌써 10년이 넘었다. 논술시험으로 바뀐 후 출제될 내용과 형태를 객관식에서 찾아야 한다고 생각을 하였고, 그 근거는 문항 출제의 원칙인 의사소통도로 보았다. 그래서 시험이 논술로 바뀐 첫해에 논객특강이라는 책을 출간하였으며, 예상대로 논술시험은 논객특강 안에서 거의 모두 출제가 되었다.

논술문항의 데이터가 쌓이면서 객관식과 논술문항을 연계한 통합 기출분석집을 드디어 출간하게 되었다. 기존의 '논술과 객관식의 연계성 강화'를 위해 만든 논객특강이 객관식 기출 문항만을 다룬다는 점에 항상 아쉬움이 있었다. 그러나 이제는 논술 문항 따로 객관식 따로 공부하지 않고, 한 번에 두 문제를 연계하여 효율적으로 학습할 수 있는 'New 논객특강'을 출간하게 되어 기쁘다.

이 책의 특징
1. 객관식 문제를 논술문제에 적용하여 함께 학습할 수 있도록 편집에 중점을 두었다.
2. 객관식 문항을 풀면서 이론서 없이도 충분히 학습할 수 있도록 꼼꼼한 해설과 만점대비 추가자료를 제공하였다.
3. 논술문항의 경우 예시답안과 별도의 추가 읽기자료를 통하여 충실한 학습을 할 수 있도록 하였다.
4. 핵심 개념들의 인덱스를 제공하여 알아내고자 하는 부분들을 바로 찾아 볼 수 있도록 함으로써 학습의 효율성을 높였다.

이 책의 활용
교육학 논술 KTX를 공부하고 New 논객특강을 통해 학습한 이론 내용을 실제 기출문제에 적용하는 학습을 하게 된다면, 이해력과 적용력이 동시에 향상될 것을 확신한다. 또한, New 논객특강은 과거 교원임용 객관식 기출이 현재 논술문항으로 어떻게 연계되어 출제되고 있는지를 파악하고, 최신 기출의 출제 경향을 분석하는 데 최적의 자료가 되어 줄 것이다.

이 책이 나오기까지 수고해준 이들이 많다. CL Works 박인찬 이사님, 배움출판사 사장님을 비롯한 모든 직원분들, 우리 연구실 가족들 그리고 마지막으로 사랑하는 가족에게 고마움을 전한다.

2024년 2월
이 경 범

WHY TO HOW New 논객특강

논술 기출과 객관식 기출의 통합

CONTENTS

Chapter 01
서양교육사　　　　　　　　　　8

Chapter 02
교육철학

THEME 01. 교육의 이해　　　　　　34
THEME 02. 전통적 교육철학　　　　40
THEME 03. 미국의 4대 교육철학　　44
THEME 04. 현대의 교육철학　　　　45

Chapter 03
교육심리

THEME 01. 발달이론　　　　　　　　64
THEME 02. 학습이론　　　　　　　　86
THEME 03. 인지적 특성과 교육　　114
THEME 04. 정의적 특성과 교육　　145
THEME 05. 성격과 적응　　　　　　158
THEME 06. 특수한 학습자　　　　　160

Chapter 04
생활지도 및 상담

THEME 01. 비행이론　　　　　　　166
THEME 02. 진로이론　　　　　　　169
THEME 03. 상담기법　　　　　　　181
THEME 04. 상담이론　　　　　　　192

Chapter 05
교육사회

THEME 01. 기능이론과 교육　　　　220
THEME 02. 갈등이론과 교육　　　　225
THEME 03. 교육에 대한 해석적 접근　237
THEME 04. 신교육사회학　　　　　241
THEME 05. 교육평등과 사회평등　　243
THEME 06. 학업성취격차의 결정요인　254
THEME 07. 학력의 상승　　　　　　262
THEME 08. 학교교육의 위기와 교육개혁　266
THEME 09. 평생교육　　　　　　　272
THEME 10. 대안·다문화교육　　　　284

찾아보기　　　　　　　　　　　　287

WHY TO HOW
New 논객특강
논술 기출과 객관식 기출의 통합

Chapter 01

서양교육사

01

2008 중등

다음은 소크라테스(Socrates)에 관한 진술이다. 이것으로부터 추론할 수 있는 학습자에 대한 이해로 옳은 것은?

> • 일방적인 지식 전수 대신에 문답법을 사용했다.
> • "학습은 지식을 상기(想起)하는 것이다."라고 주장했다.

① 학습자는 신의 형상을 닮은 존재이다.
② 학습자는 탐구하는 능력을 지닌 존재이다.
③ 학습자의 내면은 창이 없는 소우주와 같다.
④ 학습자의 내면은 무엇이든지 다 쓸 수 있는 백지와 같다.

정답풀이

② 소크라테스에 따르면 학습이라는 것은 모르는 것을 알게 되는 것이 아니라 전생에서 영혼이 이미 알고 있었던 것을 현생의 영혼이 기억해내는 '회상'의 과정에 불과하다. 따라서 교사가 학생을 '가르친다'고 할 때 교사가 하는 일은 학습자가 모르는 것을 일러주는 것이 아니라, 학습자의 마음속에 있는 지식을 마치 산파가 아이를 받아내듯이 받아내는 것이다. 소크라테스가 말하는 교수는 인간으로 하여금 스스로 진리를 발견할 수 있도록 도와주는 것을 의미한다.

오답풀이

① 중세시대에 대한 설명이다.
③ 에라스무스의 입장으로, 17세기 후반 라이프니츠의 사상으로 인간의 개별성과 고유성을 강조하는 낭만주의 사상을 대변한 것이다.
④ 로크의 입장(백지설)으로, 타고난 마음이 백지라는 로크의 주장은 교육적으로 보면 인간의 마음이 결국 후천적으로 학습되고 형성되는 것이라는 의미를 함축한다.

만점대비 +α

💡 소크라테스의 교육사상

사상적 특징	절대적 진리관	보편적 이성에 입각한 보편적 진리를 주장
	지덕합일설	모든 덕의 근원은 지(知)
	회상설	학습은 이미 알고 있었던 것을 '회상'하는 것에 불과
교육목적	지행일치의 도덕적인 인간 양성	
교육방법 : 문답법 (대화법)	• 반어법 : 무의식적 무지에서 의식적 무지로 전환 • 산파술 : 의식적 무지에서 진리를 깨닫도록 하는 방법	
교사의 역할	정신활동 자극, 산파와 동반자로서의 역할 지향	

| 정답 | ②

02
2012 초등

다음은 플라톤의 대화편 일부를 재구성한 것이다. (가)에 공통적으로 들어갈 가장 적합한 말은?

이데이만토스 : (트라시마코스는 (가) 을/를 강자의 이익이라고 말했습니다만) 우리가 소크라테스 선생님께 듣고자 하는 것은 (가) 의 외양이 아닌 실재, 즉 (가) 이/가 이익이 되느냐 손해가 되느냐 하는 것과 관계없이 그 자체로 좋다는 것입니다. 만약 아이들이 어렸을 때부터 (가) 이/가 그 자체로 좋은 것이라는 말을 듣고 자란다면, 나중에 그들은 다른 사람의 감시가 필요 없이 자기 자신의 감시자가 되어 그것을 행하게 될 것입니다.
- 플라톤, 「국가」 366d~367c

소크라테스 : 나를 고발한 사람들에게 한 가지 요구하고 싶습니다. 내 아이들이 훌륭한 인간이 되기보다는 돈을 쫓아다닌다고 생각되거나 자신이 아무것도 아니면서 마치 무엇이나 된 것처럼 행동한다고 생각되면, 내가 여러분을 질타했듯이 여러분도 그들을 질타해 주십시오. 만약 여러분이 이렇게 해 주신다면, 여러분은 나와 내 아이들에게 (가) 을/를 행하는 것입니다.
- 플라톤, 「변론」 41e~42a

① 덕(virtue)
② 지혜(wisdom)
③ 용기(courage)
④ 절제(temperance)
⑤ 정의(justice)

만점대비+α

💡 플라톤의 정의(Justice)론

구분	정의(Justice)에 대한 정의	Socrates의 비판
Cephalus	• 진실을 말하는 것 • 빌린 것을 되돌려 주는 것 • 정직	Cephalus의 정의(Justice)에 대한 정의가 상황에 바뀜에 따라 달라질 수 있기 때문에 정의(Justice)의 정의로서 지지될 수 없음을 지적
Polemarchus	• 각자에게 알맞은 것을 되돌려 주는 것 • 친구를 이롭게 하고 적을 해롭게 하는 것	정의로운 사람은 비록 적에 대해서도 정의의 이름 아래 부정을 가할 수 없으며, 누구에게나 해를 입히는 것은 결코 의로운 일이 아니다.
Thrasymachis	강자의 이익이나 이로운 것	"어떤 기술이나 지배도 그 자신의 이익을 위한 것을 가져다주진 않고, 피지배자의 이익이 되는 것을 가져다주고, 또 명령한다. 그 나라에서 참다운 지배자란 정말로 자신의 이익이 아니라, 지배받는 사람들의 이익을 추구하는 사람이다."고 반박
Socrates	• 부정이란 영혼이 가지고 있는 악 중에서 가장 큰 것이고 또 정의란 가장 큰 선이며, 이를테면 보기, 듣기, 생각, 건강이나 그밖에 그것들이 가져다주는 평판을 위해서가 아니라 그 자신의 본성에 있어서 순수하고 참다운 모든 다른 선처럼, 그 자체로서 그 자체를 위해서 좋은 것이라는 것으로 규명 • "진실을 말하거나 빚을 갚는 것" 그리고 "친구에게 이익을 주거나 적에게 해악을 주는 기술", "강자의 이익"이 아니라 자기 자신의 특유한 것을 행하는 것 혹은 자기 자신의 천성에 부합되는 것이라고 생각되는 것을 행하는 지혜로운 것 [변론] 소크라테스가 고소되어 법정에 출두한 후, 사형이 확정되기까지 세 번의 변론을 하는데 첫 번째 변론에서는 자신의 고소에 대한 부당함을 밝히며 자신을 변호하고, 두 번째 변론에서는 배심원들의 1차 유죄판결에 대한 의견과 자신에 대한 구형을 제안한다. 마지막 변론에서는 2차 유죄판결 결과 사형이 확정된 후, 배심원들에 대한 발언과 죽음에 대한 정의를 통해 자신의 입장을 표명한다. 그는 마지막 변론에서 아테네인들에게 자신의 아들을 돌봐줄 것을 부탁하며 자신의 아들들이 만약 사람의 훌륭한 상태에 대해서보다도 재물이나 그 밖의 것에 먼저 마음을 쓰는 것으로 여겨진다면 자신이 그렇게 했듯이 똑같이 그들에게 가르치고 충고해 달라고 말하면서 이것이 올바른(dikaia) 것(=정의)임을 마지막까지 강조

① 플라톤의 정의 : 일종의 보편적 덕목으로서 모든 부분들이 그들의 고유한 기능을 실행하고 있으며, 그들 각각의 덕을 발휘하는 것을 의미하는 것 또는 자신의 지위에 부여된 의무들을 수행하려는 의지이다. 이러한 정의(justice)의 정의에 따라, 정의를 실현하는 사람은 지혜롭고 선량하며 축복되고 행복한 사람이며 의로운 사람임을 짐작할 수 있다.
  ㉠ 욕망(절제의 덕) : 인간의 행위를 이끌어가는 감각과 육체적 욕구를 가리키는 것 → 생산자계급
  ㉡ 의지(용기의 덕) : 자기 주장적인 인간의 경향성이며 행위의 방향을 결정하는 능력 → 군인계급
  ㉢ 이성(지혜의 덕) : 종합적으로 이해하고 지도하는 기능 → 통치자계급
② 국가의 정의 : 정의란 국가 및 개인 자기의 직분에 맞는 덕을 실천하여 최선의 상태로서 조화로운 이상국가의 부분이 되는 것을 뜻하며, 봉사자의 위치에서 맡은 바 임무를 성실히 수행함으로써 나타나는 질서를 뜻한다고 볼 수 있다.
③ 개인의 정의 : 개인에 있어서의 정의 또는 참된 인간이란 결국, 영혼의 세 부분인 이성, 기개, 욕정이 이성의 질서 아래 조화되어 각 부분의 고유한 역할을 잘 수행하는 인간임을 알 수 있다.

| 정답 | ⑤

03
2010 초등

다음의 재구성된 동굴비유에서 밑줄 친 부분을 플라톤(Platon)의 관점에 기초하여 교육학적으로 해석한 것으로 적합하지 <u>않은</u> 것은?

> 사람들이 어릴 적부터 사지와 목이 결박당한 채로 지하의 (가) <u>동굴 속에 살고 있다</u>. 그들은 동굴의 벽면에 비치는 그림자들만을 보면서 살아왔기 때문에 그것들을 실물이라고 생각한다. 그런데 그들 중 하나가 결박에서 풀려나서 뒤쪽에서 타고 있는 모닥불을 바라보도록 강요받자, 그는 눈이 부셔서 고통스러워하며 보다 진실한 것을 제대로 보지 못한다.
> 또한 (나) <u>누군가가</u> 그를 험하고 가파른 (다) <u>오르막길</u>을 통해서 동굴 밖으로 억지로 끌고 나가자, 그는 더욱 고통스러워한다. 처음에는 눈이 부셔서 어느 하나도 제대로 볼 수 없지만, 익숙해지면서 차츰 실물들을 보게 된다. 마지막으로 그는 하늘의 (라) <u>태양</u>을 보고 나서, 그것이 계절을 가져다주며 모든 것의 원인이 된다는 것을 알게 된다.
> 더불어 그는 자신이 살던 곳의 동료들을 떠올리면서 자신은 그 모든 변화로 인해서 행복하지만, 그들은 불쌍하다고 생각하게 된다. 그래서 그는 (마) <u>동굴로 내려가서</u> 결박된 자들을 풀어주어 위로 이끌고 가려고 한다.
>
> -「국가론」, Ⅶ권, 51

① (가) - 인간은 자기 자신에게만 책임을 돌리기 어려운 무지와 오류의 가능성 속에 살고 있다.
② (나) - 그(누군가)의 핵심적인 활동은 학습자의 영혼이 올바른 방향으로 전환하도록 이끄는 것이다.
③ (다) - 오르막길은 세계를 감각적으로 경험하는 상태에서 지성적 인식의 상태로 상승하는 것을 상징한다.
④ (라) - 태양은 학습과 탐구를 통해 최종적으로 그리고 각고의 노력 끝에 보게 되는 선의 이데아를 상징한다.
⑤ (마) - 동굴로 내려가는 이유는 그 안에 갇힌 사람들의 보지 못하는 눈에 시력을 넣어 주듯이, 그들의 영혼 속에 지식을 넣어 주기 위해서이다.

정답풀이

⑤ 플라톤은 동굴의 비유 끝부분에서 귀향의 의무를 강조하고 있는데, 최고의 지식에 도달한 자에게 요청되는 것은 동굴의 세계로 돌아가 무교육의 상태에 있는 인간들을 교육해야 한다는 점이다. 당시 사람들이 생각하는 교육이란 혼 안에 지식이 있지 않을 때, 마치 보지 못하는 눈에 시각을 넣어주듯 자신들이 지식을 넣어준다고 여기는 것이었다. 그러나 플라톤은 교육이란 눈이 어둠에서 밝음으로 향하기 위해 몸 전체와 함께 돌려야 하듯이 각자의 혼 안에 있는 힘과 각자가 이해하는 데 사용하는 기관이 함께 전환해야 하는 것이라고 말한다. 죄수들 중 한 사람의 교육적 변화를 실재를 향한 혼의 전환(periagoge)으로 설명한 것이다. 동굴의 어둠에서 동굴의 빛으로 눈과 몸을 돌린 전환은 동굴 속의 사람이 실재와 가까워질 수 있도록 하는 깨달음을 제공하는데, 그러한 깨달음은 상상할 수 없었던 상황을 고스란히 직면해야 하는 것이므로 엄청난 고통을 수반하게 된다.

만점대비+α

💡 플라톤의 동굴의 비유

플라톤은 동굴의 비유를 통하여 우리들이 무지와 무감각의 족쇄에 채여 그림자 내지 환상의 동굴에 살고 있음을 시사한다. 쇠사슬에서 풀려나기 시작하는 것은 우리의 교육이 시작되기 때문이다. 가파른 오르막길은 물질의 세계에서 이데아의 세계, 나아가 태양으로 비유되는 선의 이데아에로 우리를 옮겨 놓는 변증법을 의미한다. 이데아의 세계를 발견한 철학자, 또는 통치자들은 개인적으로는 진리의 세계에 사는 것이 행복하지만 다른 동굴 속에 남아 있는 동족에게 사실을 가르쳐주고자(계몽하고자) 동굴 속으로 되돌아온다. 즉, 그들은 자신들의 배움을 다른 사람들과 함께 나누어 갖도록 할 의무가 있다고 믿는다. 이들은 소유욕, 시기심, 개인이익을 배제하기 위해 당시 스파르타인과 유사한 생활을 하며 어떤 사유 재산의 소유도 엄금한다. 플라톤이 〈국가론〉에서 제시한 태양의 비유, 선분의 비유, 동굴의 비유들은 이상국가의 철인 통치자에게 어떤 지식이 요구되는가를 명료하게 제시해주기 위해 사용되었다. 플라톤은 소크라테스의 입을 빌려 철인이 통치하는 데 이상적으로 적합한 사람이라는 사실을 보여주는 철인의 특성을 제시하고 있다. 철인은 지혜의 덕을 지닌 사람으로서 영구적이고 불변하는 실재들을 지적으로 파악하는 사람이다. "동굴의 비유"에서 볼 때, 철인은 동굴 밖으로 나와서 태양 자체를 바라봄으로써 참된 실재의 세계에 오른 자유인이다. 즉 철학자는 실재에 관한 지식을 획득하고 모든 가치의 기초에 관한 완전한 통찰을 지님으로써 통치자에게 요구되는 마음의 확실성과 완전성을 획득한 사람이다. 철학자의 성취는 실재계의 지적이고 정신적인 것에 있고, 현상계의 물질적인 것에 있지 않다. 최고의 진리인 선의 이데아를 파악한 사람으로서 철학자는 통치자가 지녀야 할 본질적인 자질 특성이라고 볼 수 있는, 모든 문제에 관해 조화감을 유지하는 독특한 능력을 지닌다.

| 정답 | ⑤

04

2011 중등

다음 대화에 나타난 교사의 견해를 뒷받침하는 고대 그리스 철학자는?

> 학생 : 선생님, 아는 것과 행동하는 것이 반드시 일치하지는 않는 것 같습니다.
> 교사 : 그 둘 사이의 불일치 문제는 고대 그리스어 아크라시아(akrasia)에 해당하는데, 이 단어는 본래 자제력이 없다는 의미를 가진단다.
> 학생 : 자제력은 어디서 오는 것인가요?
> 교사 : 자제력은 앎에서 오는 것이 아니라, 감정이나 정서에서 오는 것이지.
> 학생 : 그럼 도덕이 합리성에만 의존하는 것은 아니네요?
> 교사 : 그렇지. 도덕성은 합리성 그 이상을 의미하고, 거기엔 정서의 문제가 함께 자리하는 셈이지.

① 플라톤(Platon)
② 고르기아스(Gorgias)
③ 소크라테스(Socrates)
④ 이소크라테스(Isocrates)
⑤ 아리스토텔레스(Aristoteles)

오답풀이

① 플라톤(Platon) : 고대 그리스의 철학자. 객관적 관념론의 창시자, 소크라테스의 제자. 귀족 출신. 40세경 아테네 교외의 아카데미아에 학교를 열어 교육에 임하였으며, 또한 많은 저작(30권이 넘는 대화편)을 썼다. 그의 철학은 피타고라스, 파르메니데스, 헤라클레이토스 등의 영향을 받았으며, 그 당시의 유물론자 데모크리토스의 사상과 대립하였다. 그는 유명한 이데아설을 제창하였으며, 이원론적 세계관을 내세웠다.

② 고르기아스(Gorgias) : 고대 그리스의 철학자. 대표적인 소피스트였다. 엠페도클레스의 제자가 되지만, 엘레아의 제논의 영향도 많이 받았다.《비유(非有)에 관하여》에서는 "아무것도 존재하지 않는다, 존재한다 하여도 이해되지 않는다, 이해된다 하여도 남에게 전할 수가 없다."고 주장한다.

③ 소크라테스(Socrates) : 고대 그리스의 철학자. 아테네에 살면서 많은 제자들을 교육시켰는데, 플라톤도 그중의 하나이다. 종래의 그리스의 유물론적인 자연철학에 대립하여 그는 '너 자신을 알라'라는 말을 기초로 하여 '영혼'에 대해 깊게 생각하면서 삶의 온당한 방법을 아는 것을 지식의 목적이라 하고 이로써 도덕적 행위를 고양시키는 것을 지향하였다.

④ 이소크라테스(Isocrates) : 고대 그리스의 변론가이자 수사가로 아테네에 변론술학교를 세웠으며 변론을 산문예술의 한 분야로까지 승화시켰다. 오늘날《파네규리코스》,《평화에 대하여》등의 연설문과 서간이 남아 있다.

만점대비+α

💡 아리스토텔레스의 '덕'

(1) '지적 덕'과 '도덕적 덕'
  ① 아리스토텔레스는 덕을 이미 주어진 선천적인 능력이라기보다는 후천적으로 얻을 수 있는 것으로 보았다. 즉, 우리가 덕을 계발하여 사용할 수도 그렇지 못할 수도 있다는 것이다.
  ② 소크라테스와 플라톤은 덕을 곧 지식이라고 규정하여 지식의 의미를 확장 시켰지만, 아리스토텔레스는 덕이 교육을 통하여 계발될 수 있다는 점에 주목한 것이다.
  ③ 그에 의하면, 덕은 올바른 이성의 명령에 일치하여 행동하고, 판단하고, 느끼고자 하는 성향, 즉 인간이 가진 고유한 기능(이성)이 탁월히 발휘되고 있는 상태를 의미하며 이성이 기능하는 바에 따라 '지적 덕'과 '도덕적 덕'으로 나뉜다.
    ㉠ 지적 덕(이론적 이성) : 이성에 특유한 활동들을 알려주는 탁월성으로서 교육을 통하여 획득된다. 즉, 인간의 사유와 이론 활동에 관계되는 덕이다. → 기예, 실천적 지혜, 직관적 지성, 학문적 인식 등
    ㉡ 도덕적 덕(실천적 이성) : 영혼의 비이성적 부분들의 활동을 알려주는 탁월성으로서 습관화와 훈련을 통하여 획득된다. 즉, 인간 행위와 실천 활동에 관계되는 덕이다. → 용기, 절제, 자유, 관대함, 정의 등

(2) 「니코마코스 윤리학」 - 아크라시아(akrasia)
  ① 아리스토텔레스는 당시 그리스인들이 '지양해야 할 성격적 상태'들 중 하나로 분류했던 '아크라시아' 곧 '자제력 없음'에 대해 보다 명확한 정의를 확립하려 하였다. 그리고 이러한 그의 노력은 그의 대표적 윤리학 저서인 「니코마코스 윤리학」에서 드러난다.
  ② '아크라시아(akrasia)'는 '자기 자신에 대해 힘이 없음' 혹은 '자신을 지배할 수 없음'이라는 의미를 가진 고대 그리스 명사이다. '자신의 앎에 반대되는 행위를 하는 행위자의 상태'에 대한 명칭의 어원인 것이다.
  ③ 다음은 '자제력 없음'에 대하여 구체적 대처 방안을 도출해 낼 수 있는 아리스토텔레스의 언급이다.

  > 왜냐하면 우리는 쾌락 때문에 나쁜 일을 행하고, 고통 때문에 고귀한 일을 멀리하기 때문이다. 그렇기 때문에, 플라톤이 말하고 있는 바와 같이, 우리는 마땅히 기뻐해야 할 것들에서 기뻐하고 또 마땅히 괴로워해야 할 것들에서 고통을 느끼도록 아주 어렸을 적부터 곧장 어떤 방식으로 길러져 왔어야만 하는 것이다. 왜냐하면 이것이야말로 올바른 교육(paideia)이기 때문이다.
  > – 「니코마코스 윤리학」

  ④ 이 내용은 소위 도덕 교육 혹은 윤리 교육에 관련된 언급이다. '유덕자'가 되기 위해서는 어릴 적부터 윤리적으로 좋은 것들에 기쁨을 느끼고, 그리고 나쁜 것들에 대해서는 고통을 느끼게끔 해야 한다. 따라서 '자제력 없음'을 미연에 방지하기 위해서는 어릴 적부터 '윤리적 가치'에 대한 지적, 감정적 교육이 철저히 선행되어야 한다는 아리스토텔레스의 주장을 추측할 수 있다.

| 정답 | ⑤

05

2010 초등

덕성교육에 대한 다음과 같은 아리스토텔레스(Aristoteles)의 진술이 성립되기 위해서 (가)와 (나)에 들어가야 할 것은?

- 인간이 선량하고 도덕적으로 되는 데에는 세 가지의 조건이 있는데, 그것은 (가) 과 (나) 그리고 이성이다(「정치학」, 1332a).
- (가) 은 (나) 을 통하여 통제되거나 소용없게 되며 보다 좋거나 보다 나쁜 성향들로 바뀌게 된다(「정치학」, 1332a-b).
- 이성은 모든 경우에 힘을 발휘하는 것이 아니라, 듣는 사람들의 영혼이 (나) 을 통해서 고귀하게 기뻐하고 미워하는 것으로 미리 준비되어 있어야 힘을 발휘한다(「니코마코스 윤리학」, 1179b).
- 성품적인 덕은 (가) 에서 저절로 생겨나는 것이 아니며, (가) 에 반하여 생겨나는 것도 아니다. 우리는 성품적인 덕을 받아들일 수 있는 가능성을 갖추었을 뿐이며, (나) 을 통해 성품적인 덕을 형성하게 된다(「니코마코스 윤리학」, 1103a).

	(가)	(나)
①	습관	감성
②	감성	본성
③	습관	직관
④	직관	본성
⑤	본성	습관

만점대비 +α

💡 아리스토텔레스의 교육에 관한 견해

① 아리스토텔레스의 많은 저작들 가운데 교육에 관한 견해는 그의 실천철학을 대표하는 두 저서, 〈윤리학〉과 〈정치학〉에서 찾아볼 수 있다.
  ㉠ 정치학은 시민들이 도덕적 탁월성, 즉 고상한 성품을 통해 선하게 되도록 하는 데 목적이 있다.
  ㉡ 이러한 교육은 개인의 과제이면서 국가의 과업이기에 아리스토텔레스는 국가가 교육을 관리해 주기를 기대한 것이다.
  ㉢ 따라서 아리스토텔레스가 〈윤리학〉에서 강조한 이성에 따르는 참된 윤리적 생활과 이러한 생활을 가능하게 하는 교육은 정치적인 문제와 관련을 갖는다.
② 개인의 발달은 세 단계로 구분되어 일어난다고 말할 수 있다. 즉, 주로 신체적인 성장이 이루어지는 시기, 영혼의 비이성적 부분 – 욕망 또는 열정 – 이 두드러지는 시기, 그리고 이성의 우위에 의하여 성장의 과정 전체의 의미가 명백히 드러나는 시기가 그것이다.
③ 성장 발달의 세 단계에 맞추어 신체의 교육, 인성의 교육, 지력의 교육이 각각 상응하여 시행되어져야 한다는 것이 아리스토텔레스의 생각이다. 이는 심신 발달의 단계와 시기에 맞추어 교육을 달리 해야 한다는 것으로서, 그의 이러한 주장이 후대의 코메니우스나 루소 등에 영향을 미쳤음은 물론이다.
  ㉠ **신체의 교육** : 체력훈련과 군사훈련을 들고 있다. 체력훈련은 좋은 신체적 조건을 갖추게 하며 군사훈련은 궁술과 창술, 그리고 간단한 전투동작을 익히는 것 등인데, 그 목적은 머리가 빈 운동선수가 아니라 우아한 품위, 선량한 인간이라는 데서 찾아야 한다는 것이다.
  ㉡ **인격의 교육** : 이것은 습관을 형성시키는 것이다. 교육의 대상에는 자연(본성, nature)과 습관(ethos)과 이성(logos)이라는 세 가지 요소가 있으며, 그 중에서 습관은 이성보다 먼저 형성되어야 한다. 그 이유는 '욕망은 아이가 태어날 때부터 가지고 있지만 사고와 이성은 나이가 들어서야 나타난다'는 데에 있다. 선이나 악은 욕망 그 자체의 속성이 아니라 욕망에 가해진 훈련과 습관의 형성 여하에 달려 있다는 것이다. 올바른 훈련을 받지 못한 영혼은 욕망의 만족이나 좌절에 따라오는 쾌락과 고통의 노예가 될 수 있다. 훌륭한 인격을 결정하는 것으로서 쾌락과 고통을 각각 올바르게 느끼도록 하는 훈련이 아주 어릴 때부터 시행되어야 하는 이유가 여기에 있다.
  ㉢ **이성의 교육** : 이 교육에 대한 아리스토텔레스의 견해는 「정치학」 등에서 명확히 드러나 있지는 않다. 그러나 아리스토텔레스나 그 추종자들의 관심, 저서 등에 비추어 볼 때, 지적 교육의 관심 목표는 바른 언어 사용 능력과 사고력 외에도 자연과 인간과 사회에 대한 올바른 이해를 이끌어 내는 것으로 보이며, 덕이 있는 행동과 함께 최고의 공동체요 인간 삶의 극치인 국가에 관한 이성적 식견을 갖게 하려는 것으로 귀결되어진다.

| 정답 | ⑤

06
2009 중등

서양의 자유교육(liberal education) 전통에 관한 설명으로 옳은 것을 〈보기〉에서 모두 고른 것은?

보기

㉠ 자유교육은 이론적 지식보다는 실제적 지식을 추구한다.
㉡ 현대의 자유교육론은 마음과 지식의 논리적 관계에 토대를 두고 있다.
㉢ 영국의 서머힐(Summerhill) 학교는 자유교육의 이상을 실현할 목적으로 설립되었다.
㉣ 고대 로마나 중세 유럽의 자유교육은 7자유학과를 가르치는 프로그램으로서의 자유교육을 강조하는 경향이 있었다.
㉤ 자유교육의 출발점은 이소크라테스(Isocrates)의 사상에서 찾기도 하나, 아리스토텔레스의 사상에서 비롯되었다고 보는 것이 일반적이다.

① ㉠, ㉢
② ㉠, ㉡, ㉣
③ ㉡, ㉢, ㉤
④ ㉡, ㉣, ㉤
⑤ ㉠, ㉢, ㉣, ㉤

논술 문제 적용 하기

06-1
2015 중등

A중학교가 내년에 중점을 두고자 하는 교육 목적을 자유교육의 관점에서 논하시오.

> 우리 학교는 학생들의 합리적 정신을 계발하기 위해 지식 교육을 추구해 왔습니다. 그런데 지난해 도입된 국어, 수학, 영어 교과에 대한 특별 보상제 시행으로 이들 교과의 성적은 전반적으로 상승하였지만, 학교가 추구하고자 한 것과 달리 변별 경쟁에서 이기거나 포상을 받기 위한 것으로 교육 목적이 왜곡되는 경향이 있었습니다. 이러한 교육 목적의 왜곡으로 인하여 교사는 주로 문제풀이식 수업이나 주입식 수업을 하게 되었고, 학생들은 여러 교과에 스며 있는 다양한 사고방식을 내면화하지 못하는 결과가 초래되었습니다. 이러한 문제점을 보완하기 위하여 내년에는 교육 개념에 충실한 지식 교육, 즉 자유교육(liberal education)의 이상을 구현하는 데 중점을 두고자 합니다.

오답풀이

㉠ 자유교육은 고대 그리스 사회에서 그 뿌리를 찾을 수 있는 교육이념으로, 지식교육을 통한 이성의 훈련과 실현을 강조한 아리스토텔레스에 의해 이론화되었고, 피터스와 허스트에 의해 치밀한 교육의 아이디어로 자리 잡게 된 것으로 보는 것이 정설이다. 자유교육의 본질은 지성의 도야이며, 그 목적은 지적 수월성을 추구하는 것이다. 즉, 자유교육의 목적은 폭넓은 교육을 통한 자유교양의 함양과 지적 능력의 개발을 통한 이성의 추구와 비판적 사고력의 개발이라고 할 수 있다.
㉢ 니일(A. Neill)은 1924년 아이들을 학교에 맞추는 대신, 아이들에게 맞는 학교라는 설립목표 아래 실험학교인 서머힐(Summerhill)을 설립하여 자유교육(낭만주의)을 실천하고자 하였다. 여기서의 자유교육(free education)이란 '각자의 자율성에 기초한 인성의 총체적 발달을 위해 아동 각자에게 선택의 자유를 폭 넓게 허용하는 것'으로, 서양의 자유교육(liberal education)과는 그 의미가 다르다.

예시답안

자유교육의 관점에서는 공통적으로 좋은 삶을 합리성을 추구하는 삶으로 보며, 교육의 목적은 지식의 추구를 통한 합리적 마음의 계발에 있다고 본다. 인간의 보편적 합리성과 이성을 강조하며 지식의 추구를 본질적으로 가치 있는 것으로 본다. 지식의 추구를 통해 인간은 이상을 고양할 수 있다고 주장하는 것이다. 이러한 교육은 즉각적인 실용성만을 추구하는 단편적인 지식 습득을 지양하고, 스스로 학습하고 사고할 수 있는 지적 능력을 개발하고자 한다. 다시 말해 자유교육의 목적은 폭넓은 교육을 통한 자유교양의 함양과 지적 능력의 개발을 통한 이성의 추구·비판적 사고력의 개발이라고 할 수 있다.

만점대비 +α

💡 서양의 자유교육

서양사회에서 역사적으로 가치 있는 교육으로 중요시되어 온 자유교육의 전통은 이러한 배경을 가진 그리스 교육에서부터 발달하였다. 이 자유교육의 목적은 자유인으로 실재의 세계를 이해하고, 스스로 옳게 판단할 수 있는 지적 능력이나 합리적 사고능력을 발달시키는 것이다. 자유교육을 실현하는 교육과정은 후에 7자유학과(7 liberal arts)로 구성되었다. 자유교육의 목적 내지 정신은 아리스토텔레스로 이어지는 그리스 철학자 전통에서 나오면서도, 3학 중심으로 하는 자유교육과정은 소피스트들의 수사학적 전통에서 나왔다. 이처럼 그리스 교육의 두 전통, 즉 수사학적 전통과 철학적 전통은 서양교육의 두 축이 되어 왔다고 볼 수 있다.

아리스토텔레스는 실제적 유용성을 위한 직업교육을 비판하고 자유인을 위한 자유교육의 중요성을 강조하였다. 자유교육의 정신은 플라톤, 특히 아리스토텔레스에게서 발견할 수 있다. 두 사람은 궁극적 실재(reality)가 무엇이냐에 대해서는 견해를 달리하면서도, 완전하고 절대적인 지식이 획득될 수 있다는 가정에서는 동의하였다. 또 그러한 지식의 획득을 위해 진리 자체를 추구하는 지적 능력 내지 이성의 연마를 최상의 교육목표로 보았다. 아리스토텔레스가 강조했던 자유교육은 서구교육전통에서 오늘날까지도 중시되어 오는 교육이다. 예를 들어 허스트(Hirst)는 이 자유교육의 목적을 '마음의 발달과 오류로부터의 해방'으로, 허친스(Hutchins)는 '이해력과 판단력의 계발'로 재해석하면서 자유교육이 현대 학교교육의 중심이 되어야 한다고 주장한다.

| 정답 | ④

07

다음 (가)와 (나)에 들어갈 말로 옳은 것은?

> 학생 : 선생님, "교육받은 사람은 누구나 희랍에서 고향을 느낀다."는 말이 있는데, 여기에서 희랍의 교육은 어떤 교육을 가리키는지요?
> 교사 : 음, 교육의 원형이라고 볼 수 있는 자유교육(liberal education)이라 할 수 있겠지.
> 학생 : 그러면 희랍의 자유교육은 구체적으로 무엇인지요?
> 교사 : 글쎄, 제대로 설명하려면 아주 길어. 간단히 말하면, 희랍의 자유교육은 근본적으로 인간의 마음(mind)을 무지, 오류, 환상으로부터 해방시키는 교육이라 할 수 있지. 여기에는 두 가지 철학적 주장이 들어 있는데, 허스트(P. Hirst)에 따르면, 그것은 마음과 (가) , (가) 와/과 (나) 의 관련성에 관한 것이지.
> 학생 : 휴, 생각보다 복잡한 것 같습니다.
> 교사 : 희랍의 자유교육에는 형이상학적 가정이 들어 있어서 그렇게 느껴지는가 보구나.

	(가)	(나)
①	감각	실재
②	정서	경험
③	정서	실재
④	지식	경험
⑤	지식	실재

만점대비 +α

💡 허스트의 자유교육

허스트의 자유교육은 기본적으로 고대 그리스의 자유교육의 정신을 계승하고 있다. 그러나 그리스 시대의 인식론적, 형이상학적 실재론에는 근거하지 않는다. 허스트는 자유교육을 지식의 형식과 관련지어 설명하고 있으며, 지식의 형식에 입문시킴으로써 합리적 마음을 발달시키는 것을 자유교육이라고 주장한다.

> 자유교육은 몇 가지 지식형식과 관련되어 있고 그 본질적 특성들이 최대한 명백하게 구체화될 수 있다고 보면, 자유교육의 개념을 분명하게 이해할 수 있을 뿐만 아니라 자유교육이 포함하고 있는 사고력, 판단력, 상상력, 의사소통능력 등의 형식들을 분명하게 인식할 수 있다.
> – Hirst, 1974 : 38

허스트에 의하면, 자유교육의 목적은 합리적 마음을 발달시키는 데 있고, 마음의 발달은 지식의 추구와 논리적으로 관련되어 있다. 자유교육은 불가피하게 '지식의 형식' 그 자체에 의해 규정되고, 합리적 마음의 개발은 지식의 형식을 가르침으로써 가능하다. 이러한 허스트의 자유교육에 대해 유재봉(2004)은 허스트가 지식의 형식에 관한 체계적인 아이디어와 지식의 형식 추구로 특징 지어지는 자유교육 개념을 제시하였다고 평가하고 있다. 허스트의 지식의 형식에 근거한 이러한 자유교육의 개념은 1960년대부터 80년대까지 전 세계적으로 교육이념에 영향을 끼쳤다.

💡 지식의 형식과 실재와의 관련성

실재는 그 자체로서는 파악될 수 없으며 오직 지식의 형식으로 말미암아 그 존재가 드러난다. 이 점에 있어서 지식의 형식은 실재를 다양한 양상으로 드러내기 위한 노력이라고 볼 수 있다. 결국 지식의 형식은 실재의 다양한 표현 양식이라는 점에서 정당화된다고 볼 수 있다. 비록 지식의 형식은 실재를 불완전하게 표현하고 있지만 표현하고자 하는 것이 바로 실재이기 때문이다. 실재는 경험이 올바른 것이 되기 위해서 반드시 따라야 할 기준이며 그것은 절대적으로 선(善)하다. 그러한 존재를 표현하는 지식의 형식은 다른 무엇에 의존하지 않고 그 자체로서 가치를 갖는다.

| 정답 | ⑤

08

2009 중등

교육에 대한 다음과 같은 관점을 가장 잘 담고 있는 서양 교육사조는?

- 세상은 가장 훌륭한 교과서이다.
- 감각적 경험이 올바른 지식을 획득하는 통로이다.
- 고전 공부의 진정한 목적은 현학적 지식의 습득이 아니라 인간의 삶에 대한 이해를 통하여 교육의 현실적 적합성을 추구하는 것이다.
- 삶의 지혜와 학문적 지식은 구분되어야 하며, 아이에게 실제적 지혜의 기초가 충분히 다져지기 전까지는 학문적 지식에 대한 공부를 보류해야 한다.

① 실학주의(Realism)
② 인문주의(Humanism)
③ 계몽주의(Enlightenment)
④ 자연주의(Naturalism)
⑤ 신인문주의(Neo - humanism)

정답풀이

① 실학주의 : 교육의 이론이나 실제에 있어서 관념적인 사고방식보다는 실물 그 자체를 중시하면서 자연과학적 사물교과에 많은 관심을 기울이는 교육사상이다. 실학주의는 전통적인 언어학습이나 문학수업보다는 사회적인 삶이나 자연현상을 연구대상으로 삼으며, 현실생활에 대한 구체적이고 실제적인 학습이 핵심이 되는 실질도야를 존중한다. 15세기의 인문주의자들은 개별적인 성향이 강해서 문학적이고 심미적인 목적달성에만 관심을 가졌고, 16세기의 종교개혁자들은 사회적인 성향이 강해서 종교적이고 도덕적인 목적달성에만 열중하였지만, 17세기의 실학주의자들은 비개인적이고 비사회적인 경향이 강했기 때문에 모든 현실에 새로운 객관적인 의미를 파악하는 일에 많은 노력을 기울였다.

오답풀이

② **인문주의** : 인간의 존재를 중요시하고 인간의 능력과 성품 그리고 인간의 현재적 소망과 행복을 무엇보다도 귀중하게 생각하는 정신. 이 휴머니즘이란 용어는 라틴어 휴마니스타(humanista)에서 나왔으며, 유럽에서의 르네상스의 특징적 경향을 지칭하기도 한다. 인간 고유의 가치를 지닌 창조적 표현으로서의 예술·종교·철학·과학·윤리학 등을 높이 존중하고 이러한 것을 짓밟으려는 모든 압력으로부터 이러한 가치들을 옹호하려는 노력이 휴머니즘으로 통한다. 인간성의 옹호를 목표로 하는 휴머니즘은 본질적으로 인간성을 신의 굴레로부터 해방하려는 노력에서 시작되어 14~15세기 이탈리아 르네상스를 계기로 개화하였다.
③ **계몽주의** : 17세기 후반에 시작되어 18세기 프랑스에서 전성기를 이룬 사조이다. 신(神)이 아닌 인간의 이성(理性)에 의해 의식이 형성되어야 한다는 사상이며, 프랑스혁명의 사상적 배경이 되었다.
④ **자연주의** : 자연만을 유일한 존재로 인정하고, 사회의 발전에 대해서도 자연의 법칙만으로 설명하려고 하는 철학적 입장이다. 사회를 기후 조건·지리적 환경, 인간의 생물학적·인종적 구별 등만을 통해 해명하려고 한다. 이것은 근대 자연과학의 발전에 동반하여 형성되었고, 17~18세기에는 세계의 대상 모두를 역학적 견지에서 기계적으로 설명하는 경향과 관계된다. 그러나 이것은 또 중세 이후의 유심론을 비판하는 견해로서 적극적 의의를 그 사상 속에 가지고 있었다. 19세기에 들어서면서부터는 특히 생물 진화의 이론의 발달에 의하여 생물학적 진화론의 견지에서 사회를 설명하는 입장이 우세해졌다.
⑤ **신인문주의** : 18세기 후반에 독일에서 일어난 문화·문예 사조의 하나. 계몽 정신이 지성에 편중되고 정서를 경시하는 데 대한 반동으로 생긴 것으로, 고대 그리스의 이상을 부활시키고 이에 의해서 인격의 완전한 발달을 꾀하려는 사상이다.

| 정답 | ①

09

2013 중등

17세기 서양의 실학주의(realism) 교육사조에 해당하는 것만을 〈보기〉에서 있는 대로 고른 것은?

〈보기〉
ㄱ. 현학적 교양인을 기르는 데 목적을 두었다.
ㄴ. 구체적 사물에 대한 직접적 경험을 강조하였다.
ㄷ. 현실 생활에 대한 이해와 교육의 현실적 적합성을 중시하였다.
ㄹ. 이성에 의해 모든 것을 판단하는 합리적 인간을 이상적 인간상으로 보았다.
ㅁ. 모든 사람이 교육받아야 하며 국가가 교육을 관장해야 한다는 새로운 교육적 이상을 제시하였다.

① ㄴ, ㄷ ② ㄴ, ㅁ
③ ㄱ, ㄷ, ㅁ ④ ㄱ, ㄹ, ㅁ
⑤ ㄴ, ㄷ, ㄹ

오답풀이

㉠ 인문주의에 대한 설명이다.
㉣ 계몽주의에 대한 설명이다.
㉤ 국가주의에 대한 설명이다.

만점대비 +α

💡 실학주의(Realism)

(1) 교육목적
① 실학주의는 교육의 목적을 실용성에 두는 것이 특징이다. 이 점은 종래의 인문주의 교육이 폭넓은 교양을 목적으로 하면서도 삶의 현실과 유리된 방향으로 흘렀던 것에 대한 반발이었다.
② 고전문학에 대한 지식 위주의 인문적 교양은 군주의 궁정에서 신하로 봉사하는 소수 귀족계급을 제외한 대부분의 사람들의 실생활과는 무관한 것이다.
③ 그러므로 실학주의자들은 인문주의 교육을 '장식적 교양'을 목적으로 하는 교육이라고 비판하면서 교육이 실생활에 유용해야 함을 강조했다.
④ 인문주의 교육이 고전과 고전언어를 강조한 데 반하여, 실학주의 교육은 모국어와 현대 외국어 등 실용성 있는 살아 있는 언어와 실생활에 활용될 수 있는 과학적 지식을 강조한 것이 특징이다.

(2) 교육내용
① 인문주의 교육은 언어를 가르치는 언어중심 교육인데 반하여, 실학주의 교육은 다양한 실생활 경험을 강조하는 실물중심 교육이다. 실학주의자들의 주장은 "언어 이전에 사물을(Things before words!)"이라는 그들의 구호에 함축되어 있다.
② 인문주의 교육에서 강조하는 삶의 지혜는 고전작품 속에 '말씀'으로 담겨 있는 것이었으나, 실학주의자들은 언어로 표현된 지혜는 삶의 현장에서 직접 체험을 통해 얻게 되는 지혜와 같은 생명력을 가지지 못한다고 보았다.
③ 그러므로 인문주의에서 실학주의로의 변화는 관념적이고 추상적인 간접교육에서 실제적이고 구체적인 직접교육으로의 변화라 할 수 있다.
④ 이러한 변화는 교과목의 광범위한 확장으로 나타났다. 종래의 인문주의 교과목은 7자유학과처럼 몇몇 과목에 불과했으나, 실학주의자들의 주장 속에는 20~30개의 교과목들이 제안되고 있음을 볼 수 있다.

(3) 교육방법
① 언어를 가르치는 인문주의 교육은 '암송'을 위주로 했다. 그러나 실학주의의 입장에서 언어적 '기억'은 그 언어가 가리키는 사실에 대한 올바른 '이해'와는 거리가 있다.
② 그러므로 실물에 대한 직접 경험을 강조하는 실학주의 교육은 인간의 오감을 폭넓게 활용하는 감각적 방법을 동원하는 것이 특징이다. "모든 지식은 감각으로부터 나온다."는 것이 실학주의자들의 구호였다.
③ 이러한 실학주의적 관점은 교육방법에 획기적인 변화를 가져오게 했다. 여행, 관찰, 실습, 실험 등이 교육활동으로 자리잡게 되었고, 식물원, 동물 사육장, 광물 표본, 그림과 도표, 지도와 지구본 등의 교구가 도입된 것도 이때부터였다.
④ 교육방법의 측면에서 실학주의야말로 진정한 근대교육의 출발점이었던 셈이다.

| 정답 | ①

10

다음에서 설명하고 있는 교육사상가는?

2012 중등

> 그의 교육방법의 기반이 되고 있는 철학이 루터(M. Luther)의 개신교 신학과 유사한 요소를 갖고 있지만, 직접 루터의 신학에서 도출된 것은 아니다. 오히려 그의 철학은 개신교의 정신을 과학과 철학에 투입하여 새로운 진리를 찾고자 했던 당대 사상가들의 견해에서 온 것이다. 그의 사상이 영국의 프란시스 베이컨(F. Bacon)에 의존하고 있다는 사실은, 경험을 중시하고 특수적 사실과의 접촉이 일반적 규칙에 관한 지식에 선행한다는 것을 역설한 점과, 확실한 근거에 입각한 보편적 지식의 이상을 학문의 목적으로 삼은 점으로 보아 명백하다. (중략) 베이컨의 관심이 주로 자연적 사실에 있었던 반면에, 그는 자연적, 초월적 지식을 망라하는 전반적인 지식의 체계를 수립하고자 하였다.
>
> — 보이드(W. Boyd), 「서양교육사」

① 코메니우스(J. Comenius)
② 라블레(F. Rabelais)
③ 페스탈로치(J. Pestalozzi)
④ 에라스무스(D. Erasmus)
⑤ 몽테뉴(M. de Montaigne)

정답풀이

① 코메니우스(Comenius) : 그의 교육사상은 기본적으로 기독교 신앙을 바탕으로 하고 있으며, 내세에서의 구원과 이를 위한 현세에서의 준비로서의 교육을 강조한다. 여기에 신플라톤주의와 중세의 신비주의의 영향을 받아, 인간과 자연에는 신성이 침투해 있어서 우주는 일원적 동일성을 갖고 있다고 보았다. 또한 우주 안에서 모든 생명체는 성스러운 차원으로 부단히 발달해 가며, 인간은 창조물 가운데 가장 높은 자리에 신의 형상을 닮도록 창조되었다고 보았다. 또한 교육방법 차원에서는 베이컨의 경험론 철학의 영향으로 감각을 통한 사물의 인식을 강조함으로써 감각적, 과학적 실학주의의 특성을 나타낸다. 이렇게 그의 교육사상에는 서로 이질적인 기독교 신앙의 정신적 요소와 경험론 철학의 감각적 요소가 혼재하는 특성을 보인다.

오답풀이

② 라블레(Rabelais) : 라블레는 에라스무스와 슈트룸과의 교제를 통하여 교육에 관심을 갖게 되었고, 「가르강튀아」와 「팡타그뤼엘」이라는 두 권의 풍자소설을 통하여 당시의 인문주의 교육을 비판하였다. 그는 개인의 가치에 대해서 시대를 앞서가는 감각을 가지고 있어서 자신의 의지에 따른 자유로운 삶을 찬양하였다. 즉, 공부도 자신의 쾌락에 따라 즐기면서 해야 한다는 것을 강조했다. 교육내용에 대해서도 그는 고전언어와 고전문학뿐만 아니라 세계 여러 나라의 현대언어를 배울 것과, 당시의 인문주의자들로서는 상상하기조차 어려운 자연과학적인 지식을 폭넓게 공부할 것을 강조했다.

③ 페스탈로치(Pestalozzi) : 페스탈로치는 교육이 특정한 학문이나 교리, 기술 등을 익히는 것이라기보다는 머리, 가슴, 몸을 고르게 도야하여 하나의 인격으로 길러내는 일이라고 본다. 교육의 본질은 인간 내면의 본성을 고양시키는 데 있는 것이다. 그는 인간은 누구나 동일한 본성을 갖고 있으며, 인간의 본성은 도덕적·지적·신체적 능력들을 포함하고 있다고 생각하였다. 교육은 가슴·머리·손으로 상징되는 도덕적·지적·신체적 기능들을 조화롭게 발전시키는 것을 목적으로 한다.

④ 에라스무스(Erasmus) : 네덜란드의 인문학자, 수도사(修道士)로서 서원(誓願)하였고, 교회의 타락을 준열하게 비판했다. 인문주의적 교양과 경건한 신앙을 조화롭게 쌓는 후마니타스(humanitas)에 이르는 것이 그의 교육사상이다.

⑤ 몽테뉴(Montaigne) : 프랑스의 르네상스기(期)를 대표하는 철학자·문학자이다. 그는 교육의 목적이 아이들을 학식 있는 사람으로 만드는 데 있는 것이 아니라 삶을 살아가는 지혜를 가지도록 하는 데 있다고 하였다. 실제적 지혜와 도덕적 인격을 갖추지 못한 상태에서 습득된 지식은 쓸모가 없으므로, 아이에게 실제적 지혜의 기초가 충분히 다져지기까지는 학문적 지식을 습득하는 공부를 보류해야 한다는 것이다.

| 정답 | ①

11
2009 초등

루소(J. J. Rousseau)가 초기(2~12세)교육에 대하여 다음과 같이 주장하는 이유로 볼 수 <u>없는</u> 것은?

> 초기교육은 완전히 소극적이어야 한다. 그것은 미덕이나 진리는 가르치는 것이 아니라 마음을 악덕으로부터, 또 정신을 과오로부터 지켜주는 것이다. 만약에 그대들이 여러분의 제자를 오른손과 왼손의 구분조차 못하는 상태로 열두 살까지 그저 건강하고 튼튼하게 기를 수만 있다면, 그대들의 첫 가르침으로부터도 그의 오성은 눈뜨게 될 것이다.
>
> – 루소, 「에밀 또는 교육에 관하여」, 제2권

① 올바른 교육은 바로 자연을 돕고 따르는 것이다.
② 어린이 시절은 이성(理性)이 잠자고 있는 시기이다.
③ 초기교육의 제1원리는 시간을 낭비하는 것이 아니라 절약하는 것이다.
④ 초기교육은 어린이를 감각기관을 통해서 이성의 입구까지 이끌어가는 것이다.
⑤ 초기교육은 필연성의 법칙에서 출발하여 유용성의 법칙으로 이끌어가는 것이다.

정답풀이

③ 루소의 초기교육 제1원리는 "시간을 낭비하라."는 것이다. 관례적인 학습에 물들지 않도록 하며, 이치를 내세워 따지지 말아야 한다. 아이의 신체와 감각을 단련시키는 데 힘쓰되, 정신만은 한가하도록 내버려둬야 한다. 아이는 판단력이 부족하므로 판단력 이전의 생각들을 경계하여, 너무 일찍부터 선을 가르쳐주려고 서둘지 말아야 한다. 늦으면 늦을수록 이득이다. 아무것도 훼손됨 없이 목표를 향해 나아가는 것만으로도 많은 것을 얻는다. 아이로 하여금 그 안에서 어린 시절이 무르익도록 해야 한다. 교훈이 필요할지라도 꼭 오늘 시행해야 할 사안이 아니라면 가르침을 미루어야 한다.

만점대비 +α

💡 루소(Rousseau)의 「에밀」

(1) 「에밀」을 통해서 본 루소의 교육

단계	주요내용	자연의 법칙	교육의 핵심개념
유아기(0~2세)	신체발달기	필요성(필연성)의 법칙	운동성
아동기(3~12세)	감각발달기	필요성(필연성)의 법칙	감수성
소년기(13~15세)	이성발달기	유용성의 법칙	지성
청년기(16~20세)	정념발달기	사랑의 법칙	도덕성

(2) 루소의 초기(2~12세)교육 : 발달단계에 따른 교육

유년기 (출생~5세)	• 교육의 일반원리 및 인간의 선한 본성에 대한 믿음과 함께 자연교육이 인간에게 적합한 교육임을 제시하고 있다. • 신체발육과 건강 : 유아기에는 단순한 영양과 자연스러운 활동, 맑은 공기 등 주로 신체의 발육과 건강을 위한 교육에 힘써야 한다. • 부모에 의한 교육 : 유아기에는 자연스러운 교육자인 어머니가 직접 양육하는 것이 중요하다. 무엇보다 모유를 먹이면 아기의 신체발달과 건강증진은 물론 모자간의 애정이 자연스럽게 생긴다. 여기에서부터 가정의 즐거움이 비롯되며 모든 인간관계의 바탕이 형성된다. • 바람직한 언어교육 : 루소는 유아의 조기 언어교육을 반대한다. 유아가 사고할 수 없는 사실을 입으로 말할 수 있는 것은 감각은 되어도 관념의 형성은 되지 못한다.
아동기 (5세~12세)	• 자연의 질서에 따라 아이를 가르쳐라. : 자연이 사물에 의존하듯, 그렇게 아이를 키워라. 그러면 당신은 자연의 질서에 따라 아이를 가르치게 될 것이다. • 아이를 복종하는 존재로 만들지 말라. : 아이의 마음이 감각적 사물을 향해 열려 있는 한 그의 모든 관념이 감각에만 머물러 있도록 하라. 이성이란 인간이 가진 정신능력 가운데서 가장 늦게 발달되는 것이다. 이성은 힘을 억제하는 장치이다. 아이에겐 힘으로, 어른에겐 이성으로 관여하라. • 서둘러 가르치지 말라. : 시간을 낭비하라. 초기의 교육은 소극적인 차원에 머물러야 한다. 아이의 신체와 감각을 단련시키는 데 힘쓰되 정신만은 한가하도록 내버려둬라. 아이의 어린시절을 낭비하도록 하라. 장차 그것으로 아이는 더 많은 시간을 벌게 될 것이다. • 체험을 통해 얻은 것은 결코 잊지 않는다. : 말보다는 행동으로 가르쳐라. 아이는 말로 가르친 것은 쉽게 잊지만 체험을 통해 얻은 교훈은 결코 잊지 않는다. • 아이의 몸을 억압하지 말라. : 최초의 이성은 감각적 이성이다. 생각하는 법을 배우기 위해선 튼튼한 팔다리와 감각기관을 가져야 한다. 성장기의 아이에게 육체보다 중요한 것은 없다. 그 육체가 억압받지 않도록 하라.

💡 루소의 자연의 법칙

① 제1의 자연의 법칙(자기보존의 법칙) : 모든 동물은 자기보존에 꼭 필요한 만큼의 능력을 가지고 있다. 그러나 오직 인간만이 그 이상의 능력을 가지고 있는 것이다. 인간의 불행은 자기보존의 법칙을 따르지 않고 자기보존에 필요한 것보다 더 많은 욕망과 능력을 가지는 데 있다.

② 제2의 자연의 법칙(필연의 법칙) : 필연이란 인과적인 필연성을 의미하는 과학적 법칙으로서의 특성과 인간에게 부과된 당위적인 규범적 명령의 두 가지 측면에서 이해될 수 있다. 첫째는 사물들의 관계와 물리적 현상들을 관찰케 하고, 경험케 하며, 사물의 본성을 알게 함으로써 필연성을 받아들이도록 하며, 둘째는 자연적으로 생겨나는 고통이나 시련 등을 필연적인 것으로 간주하고, 이를 경감케 하기 위한 인위적인 힘의 사용을 중지케 하고, 그것들을 기꺼이 참고 견디게 한다.

③ 제3의 자연의 법칙(유용성의 법칙) : 교육은 무엇이건 있는 것을 다 아는 것이 문제가 아니라, 유익한 것만을 아는 것이 중요한 것이다. 우리가 얻을 수 있는 지식 중에는 그릇된 지식도 있는가 하면 쓸데없는 지식도 있으며, 또 어떤 것은 지식을 가지고 있는 사람의 자만심만 키워주는 역할밖에 못하는 경우가 있다. 따라서 가르쳐야 할 사물도 유용한 것으로 선택하지 않으면 안 된다.

| 정답 | ③

12

2010 중등

김 교사는 헤르바르트(J. Herbart)의 '교수 단계론'을 현대적 관점에서 해석하여 자신의 국어 수업에 적용해 보았다. 〈보기〉에 기술된 김 교사의 교수행위를 헤르바르트의 '교수 단계론'에 따라 순서대로 배열한 것은?

보기

- ㉠ '시의 구조'를 학생들이 이미 배운 시에 관한 지식과 관련지어 설명하였다.
- ㉡ 이번 시간에 배운 '시의 구조' 개념을 새로운 시에 적용하여 해석할 수 있도록 설명하였다.
- ㉢ '시의 구조' 개념과 관련된 내용 요소를 세분하여 학생들에게 명료하게 설명하였다.
- ㉣ '시의 구조'를 구성하고 있는 지식들 사이에 체계적인 질서가 있음을 설명하였다

① ㉠ – ㉡ – ㉢ – ㉣
② ㉠ – ㉢ – ㉣ – ㉡
③ ㉡ – ㉠ – ㉢ – ㉣
④ ㉢ – ㉠ – ㉣ – ㉡
⑤ ㉢ – ㉡ – ㉠ – ㉣

정답풀이

④ 헤르바르트의 교수 단계론에 따라 순서는 '㉢ 명료 – ㉠ 연합 – ㉣ 계통 – ㉡ 방법'이다.

만점대비 +α

💡 헤르바르트의 교수 4단계설

명료 (정적인 전심)	• 개개의 관념을 분명히 구별 • 하나의 표상이나 또는 일련의 표상이 다른 표상들을 억누르고 의식의 전면에 떠오른 상태 • 교사는 가르치려는 주제를 명료하게 제시
연합 (동적인 전심)	• 유사한 관념끼리 연합 • 의식의 전면에 떠오른 표상이 의식 속에 있는 수많은 표상 또는 표상군과 관련을 맺으려고 이리저리 이동하면서 시도하는 상태 • 교사는 어린이가 배운 내용을 다양한 형태로 결합시키거나 자신의 방식에 따라 동화할 수 있도록 지도
계통/체계 (정적인 숙고)	• 지식의 계통이 성립 • 의식의 전면에 떠오른 표상이 구 표상군 속의 특정 표상이나 표상군과 가장 적절하게 결합함으로써 구 표상군 속에서 받아들여진 상태(반성적 사고의 상태) • 교사는 새로운 학습내용을 기존의 지식체계에서 자리잡도록 지도
방법 (동적인 숙고)	• 체계화된 하나의 지식을 응용 • 계통의 단계에서 통합된 표상이 그에 유사한 표상과 관련을 맺는 것 • 교사는 새로운 지식을 활용한 적용능력을 기르기 위한 연습을 시킴

|정답| ④

13

2010 초등

페스탈로찌(J. H. Pestalozzi)가 말하는 합자연(合自然) 교육의 방법적 원리와 그에 대한 설명을 가장 적절하게 짝지은 것은?

① 자발성의 원리 – 자발성은 외부적 자극에 의해 촉발되므로, 외부로부터의 주입과 주형이 교육의 근간이 되어야 한다.
② 도덕성 중시의 원리 – 교육은 손(기능), 가슴(심정), 머리(지력)의 조화로운 발달을 도모하지만, 그 중심은 가슴이 되어야 한다.
③ 안방(거실) 교육의 원리 – 교육의 목적은 사회적 인간을 육성하는 것이기 때문에, 안방교육은 공공교육기관의 원리를 따라야 한다.
④ 일반도야의 원리 – 인간적인 실존의 바탕은 직업이기 때문에, 직업교육이 전인교육에 앞서야 하며 전인교육은 직업교육에 종속되어야 한다.
⑤ 직관의 원리 – 직관은 감각이 아니라 마음의 눈을 통해서 세계의 본질을 직접 파악하는 것이기 때문에, 감각 중심의 교육을 지양해야 한다.

오답풀이

① 자발성의 원리는 주입식 방법이 아닌 계발식 방법, 즉 내부로부터의 계발을 중시한다.
③ 안방교육은 가정교육론에 대한 원리를 따라야 한다.
④ 일반도야의 원리에 따르면, 인간교육이 우선적으로 이루어진 후 직업교육이 실시되어야 하고, 직업교육은 인간교육의 목적하에 이루어져야 한다.
⑤ 직관의 원리는 아동 자신의 직접 경험 또는 직접 체험을 교육의 기본원리로 삼는 것으로, 감각중심의 교육을 의미한다.

만점대비 +α

💡 **페스탈로치의 교육방법**

① 자발성의 원리 : 아동 내부에 있는 자연의 힘을 자발적으로 발전시키는 것을 교육의 기본원리로 삼는다는 뜻이다. 즉, 주입식 방법이 아닌 계발식 방법을 강조한다.
② 조화의 원리 : 지적, 정의적, 신체적 기능의 조화로운 발달을 추구하는 것을 의미한다.
③ 방법의 원리
　⊙ 방법의 원리란 인간성의 발달은 일정한 과정을 거쳐서 이루어지므로 그 과정을 따라 그것을 촉진시키는 것을 교육의 기본원리로 삼는다는 뜻이다.
　ⓒ 마음의 성장과정은 감각인상이 식별되는 단계, 식별된 인상이 명료화되는 단계, 명료화된 영상이 명확한 관념으로 정의되는 단계를 거쳐 이루어진다.
　ⓒ 페스탈로치는 한 사람이 어떤 대상에 대한 명확한 관념을 갖기 위해서는 그 대상의 '수', '형태', '이름'을 알아야 한다는 결론을 얻었다.
④ 직관의 원리
　⊙ 직관의 원리란 아동 자신의 직접 경험 또는 직접 체험을 교육의 기본원리로 삼는다는 뜻이다.
　ⓒ 외적 직관 : 감각기관을 통해 외계의 인상을 받아들이는 것을 말한다.
　ⓒ 내적 직관 : 자신의 마음의 눈으로 세계의 본질을 체험하는 것을 말한다.
　ⓔ 직관의 ABC : 페스탈로치는 학습의 올바른 순서, 즉 가까운 것에서 먼 것으로, 단순한 것에서 복잡한 것으로 점진적으로 진행하는 순서가 매우 중요하다고 생각하였고, 이는 가르쳐야 할 관념을 그것을 구성하고 있는 직관(감각경험)의 요소들로 분석하여, 순차적으로 단순한 것에서 복잡한 것으로 학습해 나가도록 해야 한다는 것이다.
⑤ 사회의 원리 : 사회생활과 사회적 관계가 인간을 교육하는 힘을 가지고 있으며, 그 힘을 활용하는 것을 의미한다. → "환경이 사람을 만들고 사람이 환경을 만든다."
⑥ 안방교육의 원리 : 가정은 인간의 도덕적 정서 중에서 가장 귀한 덕목인 믿음, 감사, 신뢰, 사랑을 어머니와 자녀 사이의 인간적인 만남과 생활을 통해 자연스럽게 싹 틔울 수 있는 곳이다.
⑦ 일반도야의 원리 : 인간교육이 우선적으로 이루어진 후 직업교육이 실시되어야 하고, 직업교육은 인간교육의 목적하에 이루어져야 한다.

| 정답 | ②

WHY TO HOW
New 논객특강
논술 기출과 객관식 기출의 통합

Chapter 02

교육철학

THEME 01. 교육의 이해
THEME 02. 전통적 교육철학
THEME 03. 미국의 4대 교육철학
THEME 04. 현대의 교육철학

THEME 01　교육의 이해

01　　　　　　　　　　　　　　　　　　　　　　　　2008 초등

다음에 해당하는 피터스(R. S. Peters)의 교육의 개념적 준거는?

> 아무리 좋은 내용이라 하더라도 그것을 학습자의 의지와 자발성이 결여된 방식으로 가르쳐서는 안 된다. 이 점에서 조건화(conditioning)나 세뇌(brainwashing) 등과 같은 방법은 교육이라 부를 수 없다.

① 과정적 준거　　　　　　② 규범적 준거
③ 기술적 준거　　　　　　④ 인지적 준거

정답풀이

① 제시문은 전달방법이나 과정이 도덕적으로 온당해야함을 의미하는 '과정적 준거'에 해당한다.

만점대비 +α

◉ 피터스(R. Peters)의 교육의 준거

① 피터스는 교육의 개념을 논리적으로 분석하여 그 의미를 명료히 하고자 하였다.
② 그는 교육의 개념은 그것이 논리적으로 포함하고 있는 준거들을 충족시킬 때 성립한다고 주장하고, 교육의 준거로 규범적 준거, 인지적 준거, 과정적 준거의 세 가지를 제시했다.

규범적 준거 (교육목적)	• 교육은 가치로운 것의 전달을 내포하고 있다는 것 • 교육 그 자체로서 가치 있는 것의 실현을 위한 것이어야 하며, 학습자는 이에 헌신, 노력해야 함을 의미함 • 즉, 교육은 그 자체로서 가치 있는 상태를 실현하는 일
인지적 준거 (교육내용)	• 교육은 '지식과 이해' 그리고 '지적 안목'을 가지게 해 주어야 한다는 것 • 인지적 기준에 맞는 교육내용은 '지식의 형식'
과정적 준거 (교육방법)	• 전달방법이나 과정이 도덕적으로 온당해야 함을 의미함 • 학생의 의지나 자발성을 무시한 전달방식은 배제되어야 함

| 정답 | ①

02

2008 중등

피터즈(R. S. Peters)가 제시한 교과의 '선험적 정당화(transcendental justification)'에 관한 설명으로 옳지 않은 것은?

① 사회적 필요에 의하여 교과의 가치를 확립한다.
② 교과를 배우지 않은 사람은 정당화 문제를 제기할 수 없다.
③ 공적 전통에의 입문이라는 개념과 밀접한 관련을 맺게 된다.
④ 교과의 정당화를 요청한 사람에게 요청의 논리적 가정을 밝혀준다.

정답풀이

① 피터스는 사회적 필요나 실용적 가치 등과는 관계없이 교과의 '내재적 가치'를 주장하였다.

만점대비 +α

💡 교과의 선험적 정당화 - 피터스(Peters)

피터스가 교과를 지칭하는 것으로 사용하고 있는 용어는 '지식의 형식'이다. 지식의 형식은 학문을 그 주요개념과 탐구방법이 유사한 것끼리 분류해 놓은 것으로, 논리학과 수학, 자연과학, 인간과학, 역사, 종교, 문학과 예술, 철학, 도덕적 지식의 여덟 가지로 나누어진다. 피터스는 '지식의 형식'과 동일한 의미를 나타내는 것으로 '공적 언어에 담겨 있는 공적 전통', '공적 유산', '분화된 개념 구조' 등의 표현을 사용하고 있다.

'선험적 정당화'에서 '선험적'이라는 용어는 '경험을 초월한다'는 뜻이며, 선험적 정당화는 어떤 질문 그 자체에 들어있는 논리적 가정을 드러냄으로써 정당화시키는 방식을 의미한다. 이는 개인의 의식적인 사고에 의하여 받아들여지는가 아닌가와는 무관하게 성립하는 그런 정당화로서, 개인의 심리가 아닌 논리에 호소하는 것이다. 교육의 선험적 정당화는 교육의 내재적·비도구적 목적을 강조하기 위해 등장하였다.

| 정답 | ①

THEME 01 교육의 이해

03
2009 중등

다음은 어느 교육학자와 한 가상 인터뷰의 일부이다. 이 내용과 가장 관계가 깊은 학자는?

> 저는 지난 20년 남짓 동안 교육은 합리적 마음을 계발하기 위해 학생을 '지식의 형식(forms of knowledge)'에 입문시키는 일이라고 생각하여 왔습니다. 그러나 저는 이론적 지식이 훌륭한 삶을 결정하는 유일한 논리적 토대라고 보는 중대한 오류를 범하였습니다. 지금 저의 입장은 교육이 '지식의 형식'에의 입문이라기보다는 '사회적 실제(social practices)'에의 입문이어야 한다는 것입니다. 저의 변화된 교육 개념은 좀 더 체계적으로 가다듬어야 할 필요가 있고, 종전 견해와의 관련성에 대해서도 더 논의가 필요합니다. 그럼에도 불구하고, 저는 교육이 근본적인 면에서 '사회적 실제'에 학생을 입문시키는 일이어야 한다는 주장에는 주저함이 없습니다.

① 듀이(J. Dewey) ② 피터스(R. S. Peters)
③ 허스트(P. H. Hirst) ④ 화이트(J. P. White)
⑤ 오크쇼트(M. Oakeshott)

만점대비 +α

💡 **허스트(Hirst)의 사회적 실제에의 입문으로서의 교육**

(1) 자유교육론이 가지는 문제
 ① 자유교육이 가정하고 있는 '좋은 삶은 오로지 합리적인 삶'이라는 명제 : 합리성을 추구하는 일이 인간 삶의 제 측면을 포괄하지 않으며, 이론적 이성과 지식은 합리적인 삶을 실지로 영위하는데 무기력함을 주장하였다.
 ② 자신의 가장 중대한 오류가 이론적 지식이 실제적 지식이나 합리성 발달의 논리적 토대가 된다고 보고, 이론적 지식의 형식을 교육에 있어서 궁극적인 기반으로 본 점이라고 고백하였다.
 ③ 분석철학적 방법으로 '자유교육(liberal education)' 이론을 제시하여 세계적인 명성을 가지고 있었으나, 최근 자유교육론을 완전히 대치하는 새로운 교육이론을 제시하였다.

(2) 사회적 실제(social practices)
 ① 인간은 한 사회 내에서 자신의 전반적인 욕구를 장기적 관점에서 최대한 만족시키는 존재이다. - '실천적 이성'이 요구되고 발휘됨
 ② 물리적·심리적·사회적 욕구나 관심을 합리적으로 충족시키는 것은 추상적·이론적 이성이 아닌, 활동 그 자체이며, 자신의 욕구나 필요를 충족시키기 위해 온갖 시행착오적인 실험을 거듭하면서 얻어 낸 성공적인 경험이다.
 ③ 교육은 사회적으로 발달된 다양한 형태의 합리적인 '사회적 실제(social practice)'에 학생을 입문시킴으로써 실천적 이성에 입각한 실질적인 좋은 삶을 영위하도록 하는 일이 되어야 한다.
 ④ 교육과정도 사회와 다소 유리되어 있는 추상적인 명제적 혹은 이론적 지식보다는 그 사회의 중요하고 지배적인 사회적 실제로 구성되어야 한다고 보았다.

| 정답 | ③

04

2012 초등

다음과 같이 학교의 의미를 설명한 학자는?

> • 학교는 학습자들을 그들의 즉각적인 관심사로부터 격리시키는 곳이다.
> • 학교를 사회화의 도구로 삼는 것은 교육을 말살하려는 기도이다.
> • 학교는 학생들을 인류의 지적, 상상적, 도덕적, 정서적 유산에 의도적이고 체계적으로 입문시키는 곳이다.
> • 학교는 교사와 학습자 사이의 인격적 접촉이 일어나는 곳이며, 교사는 살아 있는 유산이다.
> 　　　　　　　　　　　　　　　　　　　　　－「교육 : 영위와 그 좌절」

① 듀이(J. Dewey)
② 니일(A. Neill)
③ 화이트(J. White)
④ 화이트헤드(A. Whitehead)
⑤ 오크쇼트(M. Oakeshott)

만점대비 +α

💡 **「교육 : 영위와 그 좌절」에서 오크쇼트가 생각한 문제점**

1. **아동중심 교육관의 문제**
   ① '아동중심 교육관'이란, 학습자 스스로가 자신의 흥미에 따라 자기가 당면하는 문제들을 풀어 나가면서 주체적 사고능력과 문제해결능력을 키워나갈 수 있도록 하는 교육과정을 말한다.
   ② 오크쇼트는 이러한 아동중심 교육관에 대해서 비판하고 있다. 아동중심 교육관에서 주장하는 모든 것들은 한마디로 말하여 학교를 이래도 그만 저래도 그만인 유치원처럼 만들어버림으로써 '학교'를 타락시킨다는 것이다.
   ③ 흥미 위주의 단편적인 재미를 위한 교육 내용들이 학습자들에게 어떠한 도움을 주는 것인가에 대한 비판적 의문을 비롯해서, 교육이란 이러한 단편적인 욕구나 흥미의 단계를 벗어나 명백히 의도적인 과정을 지니고 있어야 하는, 성인의 삶으로 이끌어가는 과정임을 다시금 강조하고 있다.

2. **사회화이론의 문제**
   ① 인간이 자기가 소속해 있는 사회집단의 행동양식, 가치관, 규범과 같은 문화를 학습하여 내면화하고 자기 자신의 독특한 개성과 자아를 형성해 가는 과정을 사회화라고 한다.
   ② 오크쇼트는 이러한 교육의 사회화 과정 중에서도, 교육의 영위를 근본적으로 좌절시키는 일부 견해에 대해 비판하고 있다.
   ③ 사회화는 새로 태어난 사람들로 하여금 실제로 생활하게 될 현재의 그 사회에 맞는 기술이나 활동, 직업 등으로의 입문이어야 한다는 견해는 교육적 영위를 좌절시키고 학교의 개념을 파괴하려는 '사회화 기도'라는 것이다.
   ④ 사회화 기도하에서는 교육이란 교육과 무관한 외재적인 목적에 의해 교육을 단지 수단으로 전락시키며, 그저 '효용 가치가 있는 인간'을 길러내는 일이 되어버린다.

| 정답 | ⑤

05

박 교사의 주장에 부합하는 견해를 가진 학자는?

> 이 교사 : 우리나라 교육의 심각한 문제점은 교육이 지나치게 외재적 목적을 추구하는 데 있다고 생각합니다. 저는 교육이 다른 어떤 것을 얻기 위한 수단이 아니라 교육활동 그 자체를 목적으로 추구해야 한다고 봅니다. 그 활동은 다름 아닌 지식을 추구하는 것입니다.
>
> 박 교사 : 교육이 지나치게 외재적 목적을 추구해서는 안 된다는 점에 대해서는 저도 이의가 없습니다. 그렇다고 교육이 내재적 목적만을 추구해야 하는지, 그리고 교육에서 내재적으로 가치 있는 활동이 지식 추구에 한정되어야 하는지에 대해서는 여전히 의문이 있습니다. 제가 보기에, 자유 민주주의 사회에서 교육의 목적은 내재적 가치 추구를 넘어서 개인의 자율성(personal autonomy) 신장이나 개인의 좋은 삶 곧 웰빙(well-being)에 두어야 한다고 생각합니다.

① 듀이(J. Dewey) ② 피터스(R. Peters)
③ 화이트(J. White) ④ 맥킨타이어(A. Macintyre)
⑤ 화이트헤드(A. Whitehead)

만점대비 +α

💡 화이트의 교육목적론

화이트의 교육목적론을 구성하고 있는 주요 가치들은 개인의 좋은 삶(personal well-being), 도덕성(morality), 자율성(autonomy)이다. 좋은 삶(웰빙)이란 '삶을 전체적으로 봤을 때 가장 중요한, 성찰된 욕구의 충족'이다. 도덕성은 웰빙이 실현되는 데 있어서 필요한 사회적 측면이다. 화이트는 도덕성을 '이타적 성향'으로 보고, 이타적 성향의 함양을 실제적이고 타당성 있는 도덕교육의 목적이라고 주장한다. 자율성은 웰빙의 실현에 필요한 개인적 측면이다. 화이트가 주장하는 자율성은 '강한 자율성'이다. 강한 자율성이란, 자기결정적이며, 자신의 주요 목적을 스스로 선택한다는 약한 의미의 자율성에다 '비판적 숙고 능력'까지를 포함하는 개념이다. 비판적 숙고 능력은 사회구조나 사회제도까지도 숙고의 대상으로 삼는 것이다.

💡 화이트헤드의 교육목적론

화이트헤드는 교육의 목적을 인간의 삶에 필요한 능력, 즉 지적 개발을 통한 '자기능력개발'이라고 보았다. 따라서 삶의 흐름과 관련 없는, 활용되지 않는 과학 등의 관념은 자신의 영혼을 해롭게 하는 것이라고 비판하였다. 화이트헤드는 교양을 '사고력의 활동'이라고 정의하고, 그에 반하는 단편적인 지식만을 갖춘 인간을 가장 쓸모없는 인간이라고 하여 경멸하였다. 또한 기존의 교육이 단편적인 지식 전수와 시험이라는 제도를 통해 '생기없는 관념'을 전수해 왔다고 비판하면서 그 해결책으로 과목간의 단절을 없애고 '삶'이라는 통합된 교과를 가르칠 것을 주장하였다. 이는 교육이 단편적인 지식 획득의 의미를 넘어 삶의 지혜를 터득하는 것, 곧 지식의 활용법을 체득하도록 하는 것에 그 목적을 두어야 함을 의미한다. 화이트헤드는 이러한 교육 목적을 실현하기 위해서는 교육의 과정에서 리듬을 활용해야 한다고 주장하였다. 그에 따르면 삶이란 본질적으로 주기적인 것이며, 따라서 인간생활에서의 일과 놀이, 활동과 수면 등의 하루하루의 주기와 같이 정신의 발달도 개인별 주기를 갖는다는 것이다. 리듬의 성격은 주기성, 창조성, 관계성, 양극성이라는 네 가지 특성으로 설명될 수 있다. 인간의 지적 성장과 앎은 인간이 가진 리듬의 네 가지 특성을 기초로 이루어져야 하며 그에 알맞은 내용으로 제시되어야 한다는 것이다.

| 정답 | ③

THEME 02 전통적 교육철학

06 2012 초등

다음은 듀이(J. Dewey)의 교육에 대한 견해이다. (가)와 (나)에 들어 갈 말로 바르게 짝지은 것은?

> 교과를 직접 다루는 개인의 입장에서 보면 방법은 어떻게 규정되는가? 다시, 이 경우에도 방법은 외적인 것이 아니다. 그것은 바로 (가) 에 관한 것이며, (가) 을/를 효율적으로 다루는 것을 일컫는 것 이외의 아무것도 아니다. 여기서 효율이라는 것은 시간과 정력의 낭비를 최소한으로 하면서 (가) 을/를 활용하는 것 - 즉, 목적에 도움이 되도록 하는 것 - 을 뜻한다.
> (나) 은/는 수업을 받는 학생들의 활동에 맞추어 그것을 도와주는 방법을 직접 시사할 수 있는 것이어야 한다. (나) 은/는 그들의 능력을 이끌어내고 조직하는 데에 필요한 환경이 어떤 것인가를 시사하는 것이어야 한다. (나) 이/가 구체적인 교육의 절차를 마련하는 데에 도움이 되지 않는다면, 또 이 절차가 교육목표를 검증하고 수정하고 확장하는 데에 도움이 되지 않는다면 (나) 은/는 전혀 쓸모가 없다.
> — 듀이, 「민주주의와 교육」

	(가)	(나)		(가)	(나)
①	내용	교육목적	②	논리	교육목적
③	흥미	교육평가	④	내용	교육평가
⑤	흥미	교육목적			

만점대비 +α

💡 듀이의 「민주주의와 교육」

(1) 교과와 방법의 동일성

교과와 방법은 서로 관련되어 있다. 마음과 세계가 별개라는 이원론적 입장에서는 교과는 자연세계와 인간세계에 관한 사실과 원리에 체계적으로 분류해서 얻은 결과를 가리키는 것으로 생각된다. 그리고 방법은 그 이전에 확립된 교과를 학생들에게 가장 잘 제시하고 그 마음속에 날인되도록 하는 방식을 다루는 것, 또는 마음을 외부적인 수단에 의하여 교과로 이끌어 와서 교과의 습득이 촉진되도록 하는 방식을 다루는 것으로 생각된다. 그러나 사고는 교과 또는 문제거리가 완결된 상태로 나아가는 의도적 운동이요, 또 마음은 이 과정의 의도적, 숙고적 측면을 가리키는 것이므로 교과와 방법이 어떤 방식으로든지 괴리되어 있다고 생각하는 것은 근본적으로 그릇된다. 학문의 내용이 '조직'되어 있다는 사실은 곧 그것이 이미 지적인 활동을 거쳐서 나온 산물이라는 뜻이요, 말하자면 '방법화'되어 있다는 뜻이다. 방법이라는 것은 교과와 다른 것이 아니라 바로 교과가 배열된 모양을 가리키며, 다만 그 배열이 교과를 가장 잘 활용할 수 있도록 이루어진 것을 가리킨다. 방법이 내용의 바깥에 있는 경우는 절대로 없다. 교과를 직접 다루는 개인의 입장에서 보면 방법은 어떻게 규정되는가? 다시, 이 경우에도 방법은 외적인 것이 아니다. 그것은 바로 '내용'에 관한 것이며, 내용을 효율적으로 다루는 것을 일컫는 것 이외의 아무것도 아니다.

여기서 '효율'이라는 것은 시간과 정력의 낭비를 최소한으로 하면서 내용을 활용하는 것 – 즉, 목적에 도움이 되도록 하는 것 – 을 뜻한다. 물론, 우리는 활동의 '방식'을 따로 떼내어 그것만을 논의할 수 있다. 그렇지만 그 방식이 방식으로 '존재'하는 것은 오직 '내용을 다루는 방식'으로서이다. 방법은 주제 또는 교과와 대립적인 것이 아니다. 방법은 교과를 우리가 바라는 결과를 향하여 효과적으로 이끌어나가는 것을 의미한다. 방법에 대립되는 것이 있다면 그것은 생각없이, 아무렇게나 되는 대로 하는 행동이며, 여기서 '생각없다'는 것은 상황에 잘 적응되지 못했다는 뜻이다.

(2) 좋은 교육목적에서 찾아볼 수 있는 특징

① 교육목적은 교육을 받을 특정한 개인의 내재적 활동과 필요 – 여기에는 생득적인 본능과 후천적인 습관이 모두 포함된다 – 에 기초를 두어야 한다.

② 교육목적은 수업을 받는 학생들이 활동에 맞추어 그것을 도와주는 방법을 직접 시사할 수 있는 것이어야 한다. 교육목적은 '그들의' 능력을 이끌어내고 조직하는 데에 필요한 환경이 어떤 것인가를 시사하는 것이어야 한다. 교육목적이 구체적인 교육의 절차를 마련하는 데에 도움이 되지 않는다면, 또 이 절차가 교육목표를 검증하고 수정하고 확장하는 데에 도움이 되지 않는다면 교육목적은 전혀 쓸모가 없다.

③ 교육자는 이른바 '일반적이고 궁극적인 목적'이라고 하는 것에 대하여 경계하여야 한다. 물론, 일체의 활동은 아무리 특수적인 것이라 하더라도 여러 가지 다른 사물들로 끝없이 뻗어나가며, 따라서 그런 여러 갈래의 연관 속에서 일반적인 성격을 띤다. 일반적인 개념은 우리로 하여금 그런 관련을 더 민감하게 파악할 수 있도록 하며, 그런 만큼 개념은 일반적인 것일수록 더 좋다. 그러나 '일반적인 것'은 또한 '추상적인 것' 또는 특수적 맥락에서 유리된 것을 뜻하기도 한다. 그리고 이러한 추상성은 원격성을 뜻하며, 따라서 다시 한 번 배우고 가르치는 일을 수단과는 분리된 목적을 위하여 준비시키는 방편에 불과한 것으로 만든다.

| 정답 | ①

07

다음은 지식교육에 대한 듀이(J. Dewey)의 주장이다. (가)와 (나)에 들어갈 말로 바르게 짝지은 것은?

- (가) 는 흔히 (나) 과 단절된 것으로서 그것과 별도로 개발될 수 있는 것으로 생각되어 왔다.
- (가) 는 우리가 하고자 하는 것과 그 결과로서 일어나는 것 사이의 관련을 파악함으로써 (나) 을 의미 있는 것으로 만들어 준다.

– 듀이, 「민주주의와 교육」

	(가)	(나)
①	교과	습관
②	도야	경험
③	도야	습관
④	사고	성격
⑤	사고	경험

만점대비 +α

듀이의 「민주주의와 교육」 중 '경험에서의 사고의 위치'

사고는 흔히 경험과 단절된 그 무엇이요 경험과 별도로 개발될 수 있는 것으로 생각되어 왔다. 사실상, 경험 자체의 내적 제약이 바로 사고의 중요성을 말해주는 충분한 근거가 된다고 주장하는 사람들이 많이 있다. 이러한 주장을 하는 사람들은, 경험은 마치 감각이나 욕망, 또 단순히 물질세계에 국한된 것인 양 생각하고, 그 반면에 사고는 고등 능력(이른바, 이성)에서 나오는 것이요, 정신적인 것 또는 최소한 문자로 쓰여진 것을 주로 다루는 것으로 생각한다.

사고라는 것은 우리가 하고자 하는 것과 그 결과로 일어나는 것 사이의 관련을 파악하는 것이다. 경험이 의미 있는 것으로 되려면 거기에는 비록 불완전한 것이나마 사고가 반드시 개입되어야 한다.

우리의 활동과 그 결과 사이의 세밀한 관련을 알 때, '시행착오식 경험'에 내재되어 있던 사고가 명백히 표면화되어 드러난다. 그 표면화되는 사고가 양적으로 증가하면 그 가치도 그만큼 달라진다. 그리하여 경험의 질이 바뀌는 것이다. 이 변화는 대단히 중요한 것이며, 따라서 우리는 이런 종류의 경험을 사고 – 가장 본격적인 의미에서의 '사고' – 라고 부를 수 있을 것이다. 사고의 이러한 면을 의식적으로 북돋아줄 때, 사고는 경험 중에서 가장 고귀한 것이 된다.

| 정답 | ⑤

08
2010 중등

다음은 듀이(J. Dewey)의 「민주주의와 교육」의 내용을 서술한 것이다. ☐ 안에 공통적으로 들어갈 말은?

> ☐ 은/는 어원적으로 볼 때 '사이에 있는 것', 즉 거리가 있는 두 사물을 관련짓는 것을 뜻한다. 교육의 경우에, 두 사물 사이의 메워야 할 거리는 시간적인 것으로 생각할 수 있다. 어떤 것이 발달하는 데 시간이 걸린다는 것은 너무도 자명하다. 그래서 성장에는 시작 단계가 있고 완성 단계가 있으며 그 사이에 밟아야 할 과정, 즉 중간 과정이 있다. 학습의 경우에, 학생이 현재 갖고 있는 능력과 성향이 학습의 출발 단계가 되며, 교사는 최종적으로 도달하게 될 교육목표를 설정한다. 이 두 가지 사이에 있는 ☐ 이/가 바로 수단(means)인데, 그것은 학생이 어떤 사물에 몰입하는 상태이다. 이 수단을 통해서만 애초에 시작한 교육활동이 만족스러운 최종 결과에 도달하게 된다.

① 경험
② 흥미
③ 지력
④ 도야
⑤ 구성

만점대비 +α

💡 듀이의 교육방법의 원리

① **성장의 원리** : 어린이의 내부로부터 오는 힘의 발로를 억압하지 않고 자유롭게 활동하게 하는 원리
② **경험의 원리** : 감각적인 요소(환경과의 접촉)와 관념적인 요소(반성적 사고)가 함께 작용
③ **지성의 원리** : 목적달성을 위한 수단과 방법을 숙고하는 능력
④ **흥미의 원리**
  ㉠ 어원적으로 볼 때 사이에 있는 것, 즉 거리가 있는 두 사물을 관련짓는 것을 뜻하는데, 여기서 거리가 있는 두 사물은 수단과 목적, 아동의 현재 경험과 교과를 뜻하는 것으로 볼 수 있음. 흥미는 수단과 목적, 경험과 교과 사이에 있는 거리를 없애고 양자가 유기적인 통합을 이루도록 하는 것
  ㉡ 노력과 욕망은 흥미와 대립되는 관계가 아니라 상호 관련된 측면으로, 흥미가 있을 때 노력과 욕망이 생길 수 있음
  ㉢ 대상과 자아의 연결을 깨닫게 되는 상태, 즉 대상과 자아의 동일성을 획득한 상태를 말함. 흥미의 객관적인 측면과 주관적인 측면 중 어느 한 쪽에 치우친다면 올바른 흥미의 원리가 될 수 없음
⑤ **도야의 원리** : 계속적인 주의와 인내
⑥ **탐구의 원리** : 가설설정, 가설검증, 결론도출의 과정 → '문제해결법'

| 정답 | ②

THEME 03 미국의 4대 교육철학

09 2011 초등

다음 주장에 함의되어 있는 교육관으로 가장 적절한 것은?

> 교육은 가르침이요, 가르침은 지식이다. 지식은 진리이며, 진리는 모든 곳에서 동일하다. 그러므로 교육은 모든 곳에서 동일하다.
> – 허친스(R. Hutchins)

① 교육은 생활을 위한 준비가 아니라 생활 그 자체이어야 한다.
② 교육은 인간 본성인 이성을 계발하는 일이므로 지식을 중심으로 이루어져야 한다.
③ 교육은 아동의 흥미와 필요를 존중하고 아동의 발달 단계에 근거하여 이루어져야 한다.
④ 교육은 새로운 사회 질서의 창조에 전력해야 한다는 점에서 사회적 자아실현을 추구해야 한다.
⑤ 교육은 한 사회의 고유한 문화적 전통과 가치를 전수함으로써 그 사회의 후속 세대를 길러 내야 한다.

오답풀이

① ③ 진보주의 교육관에 대한 설명이다.
④ 재건주의 교육관에 대한 설명이다.
⑤ 본질주의 교육관에 대한 설명이다.

만점대비 +α

💡 **허친스(R. Hutchins)의 항존주의**

항존주의 교육에는 '절대의 원리'가 적용된다. 이것은 '변화의 원리'가 적용되는 진보주의 교육과 대조된다. 항존주의자들은 심각한 사회적 변화에도 불구하고 영속적인 것이 참되고 이상적인 것이라고 본다. '절대의 원리'는 항존주의의 대표적인 인물인 허친스의 주장에도 잘 나타난다. 그는 인간의 본성과 지식과 교육에 대해 다음과 같은 기본적인 신념을 가지고 있다. 첫째, 인간의 본성은 이성이다. 둘째, 지식은 절대적, 불변적, 보편적 진리다. 셋째, 교육은 인간의 이성을 계발하는 일이다. 이런 신념을 바탕으로 모든 인간에게 보편적인 진리를 가르쳐야 한다는 주장이 나온다. 그에 따르면 인간의 이성은 보편적이기 때문에 교육도 보편적이어야 하고, 이성은 인간의 최고 능력이기 때문에 이성을 계발하는 것이 교육의 일차적인 목적이 되어야 한다. 이런 입장에서 교육과정은 영구적이고 불변적인 가치를 지닌 것들로 구성되어야 한다.

| 정답 | ②

THEME 04 현대의 교육철학

10
2012 중등

다음과 같은 교육관이 기초하고 있는 현대 교육철학 사조는?

> - 학생 개인의 독자적인 삶과 자유를 존중한다.
> - 추상적이고 보편적인 인간을 지향하는 교육목표를 비판한다.
> - 관념적인 지식 위주 교육을 비판하고 학생 스스로 각성하여 자아를 발견하는 것을 중시한다.
> - 철저한 신념과 확신으로 뭉친 책임감을 지닌 실천가와 개성을 가진 인간을 양성하는 것을 추구한다.

① 항존주의
② 구조주의
③ 실존주의
④ 재건주의
⑤ 본질주의

만점대비 +α

💡 실존주의의 세계관 및 인간관

실존주의는 체계화에 대한 거부, 차이와 다양성, 변화를 중시하는 세계관이 가장 큰 특징이다. 비록 접근방식은 다양하지만 실존주의의 제일 주제는 인간 실존이다.

① **학구적인 사색 방법 거부** : 기존의 관습 체계를 그대로 따르는 것을 거부하고 절대적인 결론을 회의하며 추상적인 사고를 회피한다. 실존주의는 인간 개개인의 독특한 현재 상황(지금 그리고 여기) 속에서 추상적인 사색이 아니라 열정적인 의지와 행위를 추구한다.

② **체험 강조** : 실존은 논리적이지 않고 오직 체험될 수 있는 것이다. 실존주의는 "실존은 본질에 앞선다"이다. 실존주의자들은 인간 본성이 미리 확립되어 있어서 이에 따라 교육이 행하여져야 한다는 사고를 부인한다.

③ **자유 강조** : 실존주의는 특히 인간존재의 자유를 강조한다. 계획하고, 사색하고, 선택하고, 행동함으로써 사람들은 그 자신을 만들어 간다. 이러한 주체적 행위를 통해 인간 조건(자유, 연약함, 죽음, 미래의 책임)에 대한 지속적인 깨달음이 발생한다. 이러한 의미에서 실존은 본질을 앞선다.

④ **현대사회 인간상실 비판** : 산업기술사회의 발전에 따라 나타나는 인간소외와 비인간화 등에 대한 인간 자신의 반성에서 시작된다. 실존주의는 인간의 주체성을 상실시키고 인간을 하나의 대상과 객체로 취급하는 현대사회의 인간상실을 비판한다.

⑤ **체제의 우월성 거부** : 개인과 개인이 어떻게 자유롭게 스스로를 규정하는가에 관심이 있다. 체제화, 유형화를 거부하기 때문에 어떤 보편적인 해답, 특정한 관습과 형식의 추종에서 탈피하여 개별적인 체험과 각성을 중요시한다.

⑥ **발전적인 창조 지향** : 니체가 지속적으로 자기를 극복하고 상승시키는 초인을 이상적 인간으로 제시하였듯이 샤르트르도 인간의 낙관적 태도를 강조하였다. 샤르트르에 따르면 만약 상태를 호전시키려면 우리는 스스로 더 나은 조건들을 창출하기 위해 노력해야 한다. 우리 자신의 재능을 주장하려면 그 재능을 드러낼 무엇인가를 우리 스스로 만들어 내야 한다.

| 정답 | ③

THEME 04 현대의 교육철학

11
2012 초등

다음 교사들의 토론에서 최 교사의 견해와 가장 유사한 교육철학은?

> 김 교사 : 학교에서는 무엇보다 지식교육을 해야 합니다. 학교에서 지식교육을 하지 않고 도대체 어떤 교육을 할 수 있단 말입니까?
>
> 박 교사 : 글쎄요, 김 선생님께서는 학교에서 지식교육을 해야 한다고 주장하시는데, 지금까지 지식교육을 해 온 결과가 어떻게 되었는지 생각해 보십시오. 학교에서 그토록 열심히 지식을 가르쳐 왔는데도 불구하고, 제대로 된 인간을 기르는 데 실패하지 않았습니까? 저는 지식교육이 그 자체로 상당한 결함이 있다고 보고, 그렇기 때문에 인간교육을 해야 한다고 생각합니다.
>
> 최 교사 : 잠깐만요. 두 선생님의 주장에는 지식교육과 인간교육이 다르다는 것이 논리적으로 가정되어 있군요. 제 생각에는 '지식교육을 해야 한다.' 혹은 '인간교육을 해야 한다.'는 주장에 대해 논하기 전에 지식교육과 인간교육이 과연 별개의 개념인지를 검토해야 할 것 같습니다.

① 분석적 교육철학   ② 비판주의 교육철학
③ 실존주의 교육철학   ④ 진보주의 교육철학
⑤ 포스트모던 교육철학

정답풀이
① 최 교사가 김 교사와 박 교사가 주장하는 '지식교육'과 '인간교육'의 개념을 명료하게 검토해야 함을 주장하는 것으로 보아, 최 교사는 분석철학적 입장을 보이고 있다.

만점대비 +α

💡 **분석철학**
① 분석적 교육철학은 전통적 교육철학에서 애매하거나 모호한 의미로 사용되고 있는 교육의 주요 개념이나 의미를 명료하게 하고, 다양한 교육 논의에 들어 있는 각종 논리적 가정과 함의들을 드러내며, 나아가 교육에 관한 주요 주장들을 검토하고 정당화하는 일에 관심을 가진다.
② 즉, 이러한 의미의 교육철학은 교육에서 논의되는 주요 논쟁점과 포인트를 드러내어, 교육에서 문제 삼아야 할 것과 그렇지 않은 것을 명확히 함으로써 불필요한 논쟁에서 벗어나 진전된 논의와 정당화가 가능하도록 만든다.
③ 분석적 교육철학은 철학적 이론 또는 교육적 함의를 찾거나 교육사상사를 탐구하는 것으로 간주되어 온 전통적 교육철학에 대한 반동 내지 대안으로 제시된 것이다.

| 정답 | ①

12
2009 초등

〈보기〉에 제시된 (가)와 (나)의 진술방식과 가장 가까운 교육철학적 논의방법은?

보기

(가) 일반적으로 '안다'라는 개념은 ⊙ 수영할 줄 '안다', ⓒ 삼각형의 내각의 합은 2직각이라는 것을 '안다'와 같이 크게 두 가지 유형으로 나뉠 수 있다. 이 때 ⊙은 방법적 지식에, ⓒ은 명제적 지식에 속한다.

(나) 오늘날 교육철학의 중심과제 중 하나는 교육을 결과로만 번역하려고 하는 시도의 정당성을 캐묻는 것이다. 결과중심의 교육관은 정당화되기 어렵다. 왜냐하면 그것은 교육의 외재적인 결과에만 주목함으로써 교육의 내재적인 가치를 간과하기 때문이다. 더욱 심각한 것은 그러한 교육관에는 이성을 단순히 절차적 능력으로 격하시키는 도구주의라는 이데올로기가 숨어 있다는 것이다.

	(가)	(나)
①	비판하기	분석하기
②	분석하기	비판하기
③	해석하기	비판하기
④	비판하기	해석하기
⑤	해석하기	분석하기

정답풀이

(가) 교육에 대한 분석철학의 영향은 교육철학자가 아닌 분석철학자에 의해서 시발되었다고 할 수 있다. 라일(Ryle)은 「마음의 개념(the concept of mind)」이라는 책에서 지식의 개념을 '명제적 지식'과 '행위적 지식'으로 나누고 그 사이의 관계에 관한 이론을 비롯하여, '문장의 사용'과 '일을 묘사하는 동사'에 대한 분석을 시도한 바 있다. 그 밖에도 하디(Hardie), 오코너(O'Connor), 윌슨(Wilson), 스미스(Smith), 솔티스(Soltis) 등에 의하여 교육문제의 철학적 분석에 대한 연구가 진행되었다.

(나) 비판이론은 목적보다는 수단에 몰두하는 현대사회의 도구적 합리성을 비판한다. 현대사회에서는 모든 가치가 목적을 얼마나 효과적으로 많이 달성하였는가의 지표, 즉 효율성과 능률성, 양적인 평가에 집중되어 있다. 이런 관점에서는 목적 자체가 타당한지의 여부, 그것을 달성하는 방법이 도덕적으로 온당한지 등은 관심 밖의 문제가 된다. 바로 이런 측면에서 비판이론은 현대교육의 문제점의 정곡을 찌르고 있다.

만점대비 +α

💡 도구적 합리성 비판

비판이론은 목적보다는 수단에 몰두하는 현대사회의 도구적 합리성을 비판한다. 현대사회에서는 '그것을 왜 하는가?' 또는 '그것에는 어떤 가치와 문제가 있는가?'에 대한 질문보다는 '그것을 어떻게 잘 하는가?'의 질문에 효과적으로 대답하기 위해 총력을 기울인다. 모든 가치가 목적을 얼마나 효과적으로 많이 달성하였는가의 지표, 즉 효율성과 능률성, 양적인 평가에 집중되어 있다. 이런 관점에서는 목적 자체가 타당한지의 여부, 그것을 달성하는 방법이 도덕적으로 온당한지 등은 관심 밖의 문제가 된다. 교육의 영역에서 보면, 어떠한 교육목적을 지향하는가의 질문은 점차 관심 밖의 문제가 되며 어떤 목적이든 그것을 효과적으로 많이 달성하려 한다. 이런 맥락에서 현대교육은 '학력 신장'을 주요한 교육목적으로 삼는데 과연 '학력'이란 무엇이며 어떠한 '학력'이 가치 있는 것인지는 주목하지 않는다. 그 학력의 지표는 결국 '대학입학시험'의 성적이 되며 이 성적을 높이기 위해 수단과 방법을 가리지 않게 된다. 이를 위해 어떤 방법이든지 성적을 높이게 되면 좋은 방법으로 정당화된다. 이러한 상황에서는 학생들의 전인적 인격 성숙을 추구하기보다는 어떻게 하면 효과적으로 그들을 관리(통제)하여 점수를 높이는가에만 초점을 두게 되는 것이다. 바로 이런 측면에서 비판이론은 현대교육의 문제점의 정곡을 찌르고 있다.

| 정답 | ②

13

2011 중등

다음 내용에 공통적으로 영향을 끼친 현대철학 사조는?

- 특정 사회의 정치·경제 구조가 교육에 미치는 영향에 관한 분석
- 교육에서 발생하는 억압 관계와 인간 소외 문제를 개선하는 방안 마련
- 교육의 과정에서 왜곡된 의사소통을 합리적인 의사소통으로 전환시키려는 시도
- 교육이념의 사회적 발생 조건을 학문적으로 밝히고 그 잘못된 영향을 드러내려는 시도

① 현상학
② 비판이론
③ 분석철학
④ 생태주의
⑤ 실존주의

오답풀이

① **현상학** : 후설(E. Husserl)을 중심으로 한 이른바 현상학파라고 불리는 학자들의 철학운동을 뜻한다. 이 운동은 당초 '사상 그 자체로'라는 표어와 같이 의식에 나타난 것(현상)을 사변적 구성을 떠나서 충실히 포착하고, 그 본질을 직관에 의하여 파악하고 기술한다는 공통적인 지향성을 가지고 있다. 그 후 인간학적·존재론적 시야에서 인간과 세계와의 본질적인 존재구조를 밝히는 유력한 방법이 되었으며, 또한 그것은 인간존재를 '세계 내 존재'로 파악하는 하이데거(M. Heidegger)나 사르트르(J. P. Sartre)의 실존철학에 계승되었다.

④ **생태주의** : 생태주의는 전통적인 환경주의보다 더 근본적이고 급진적인 방법으로 환경 문제를 바라보는 사상이다. 즉, 현재의 환경 문제를 기술적 전문성의 적용으로만 해결할 수 있는 것으로 여기며 사회의 근본적 성격이 개선될 필요가 없다고 여기는 환경주의와 달리, 이를 보다 심각하고 심층적인 잘못들이 겹쳐 일어난 문제로 보는 것이다.

만점대비 +α

하버마스(Habermas)의 비판이론과 교육

비판이론에 기초한 교육적 논의는 교육이 사회적, 정치적, 경제적 제약과 억압구조 속에서 이루어지고 있다는 인식을 그 기초로 하고 있다. 그리고 그러한 제약 속에서 이루어지는 교육은 학생들의 자유와 주체성을 손상시키며 또한 억압적인 사회 구조를 재생산하는 사회 기구의 역할을 하게 된다. 그 결과 교육은 특정 사회집단에 대한 억압과 소외의 사회 구조를 재생산하는 데 기여한다는 점을 비판하는 데 주된 관심을 두고 있다. 이러한 관심을 바탕으로 비판적 교육이론가들은 인간의 자유로운 사고와 대화를 억압하고 왜곡시키며 특정 사회집단을 소외시키는 불합리한 사회적 요인을 분석·비판하는 능력을 길러 줄 수 있는 교육적 방안에 관한 논의를 시도하고 있다.

비판이론을 집대성한 하버마스는 교육적 방안으로 학습자의 문제해결력 증진을 제시하면서 교육활동과 교사·학생 간의 의사소통에 관심을 가졌고, 공동체가 문제해결에 사용할 수 있는 가장 효율적인 방법은 민주적인 문제해결 방법이라고 생각했다. 그는 공동체의 문제해결을 위해, 그리고 교실에서 학습자의 문제해결력을 효율적으로 발달시키는 데 필수적인 것은 구성원 간의 '열린 의사소통', 즉 폭력과 강제에 빠지지 않고 타당한 합의를 목표로 한 의사소통인 '의사소통적 합리성'이라고 생각했다.

분명, 교육실천은 의사소통적이어야 한다. 이런 견지에서 하버마스의 실천 개념은 '실천 철학으로서의 교육철학'을 정립하는 데 도움을 준다. 의사소통적 실천교육은 교육의 이데올로기적 맥락에 대한 비판과 자율적 인간형성과 해방된 사회의 건설을 지향한다. 자아 발달과 사회합리화를 위한 교육은 사회통합과 통제보다 참여와 합의를 존중하고, 교육적 효율성의 제고보다는 교육에 의한 상호 의사소통 능력의 증대를 목적으로 삼는다. 그리고 보편타당한 이유의 구속력에 의해 교수와 학습의 합리성을 확보하고자 한다.

| 정답 | ②

14

다음 명제들을 가장 충실하게 따르는 교육철학은?

> - 철학은 사변적인 학문인 동시에 실천적인 학문이다.
> - 철학의 핵심 과제는 인식과 행위의 가능성과 한계를 엄격하게 따지는 것이다.
> - 교육철학은 교육이론과 교육실천에 숨어 있는 이데올로기적 전제를 드러냄으로써 교육의 자율성을 추구한다.

① 비판적 교육철학 ② 실존주의 교육철학
③ 현상학적 교육철학 ④ 해석학적 교육철학

정답풀이

① 비판이론은 개개인이 지배집단의 이데올로기에 의해 조성되는 그릇된 의식(허위의식)을 극복하고 사회의 실제에 대하여 자율적이고 비판적인 의식을 함양하여 개인과 사회를 해방(인간화)시키는 데 가장 큰 목적을 둔다. 즉 비판이론에서 보는 교육목적은 단순히 깨닫는 것이 아니라 실천하는 지성인 것이다. 따라서 이를 위한 교육은 일방적 목표와 기준을 설정하는 단순한 지식전달과 표본의 제시가 되어서는 안 되고, 하나의 자율적이고 성숙한 인간의 이념을 지향해야 하며 올바른 의식을 형성하기 위해서 애써야 한다.

만점대비 +α

💡 현상학(phenomenology)

① 현상학은 후설(Husserl)로부터 출발한다. 철학으로서 현상학은 삶의 철학, 실존주의, 해석학과도 긴밀한 연관관계에 있다.
② 현상학은 "사상(事象) 자체로"라고 하는 구호에서 볼 수 있는 바와 같이 우리의 의식에 주어진 경험을 아무 전제 없이 인식하려는 데 그 특징이 있다. 즉, "사물 그 자체로 돌아가라."는 선입견이나 편견을 없애고 사물 자체의 상황을 연구하라는 것이다.
③ 이런 점에서 후설은 소위 실증적 과학주의를 비판하고 있다. 실증적 과학주의는 인간의 식에 떠오르는 경험을 수학적으로 등식화하고 양적으로 측정할 수 있다고 보고 있다.
④ 현상학은 실증적 과학주의와 같은 기본 태도를 '자연과학주의적 태도'라고 비판하면서, 모든 학문의 근거가 되는 일상적 경험의 세계로서 생활세계가 복원되어야 한다는 점을 주장하고 있다.
⑤ 현상학에서는 생활세계에서 얻어지는 개체경험의 원초적 본질은 오직 '직관'을 통해서만, 파악될 수 있다고 본다. 여기서 직관은 감성적 직관이나 대상을 단번에 파악한다는 의미가 아니다.
⑥ 현상학에서 말하는 직관이란 '판단중지'와 '환원'과 같은 현상학적 수속과정을 동반하는 '본질직관'을 의미한다.
  ㉠ 판단중지 : 선입견 없이 사물을 관찰하는 것
  ㉡ 현상학적 환원 : 우리 의식 속에 나타난 현상들의 구조를 탐구하는 것

💡 해석학(hermeneutics)

① 해석학은 그대로는 반드시 철학의 문제가 될 수 없음에도 슐라이어마허(F. Schleiermacher)와 뵈크(A. Boeckh)의 영향을 받은 딜타이(W. Dilthey)에 의하여 역사적 정신과학의 방법론적 기초로서 확립되었다.
② 그리고 다시 후설(E. Husserl)의 현상학의 영향을 받아 독자적인 존재론을 구축한 하이데거(M. Heidegger)는 그의 존재론의 방법을 '해석학적 현상학'이라 부르고, 해석학을 인간의 역사적 세계를 심리학적으로 해석하는 딜타이의 방법에서 존재의 의미를 실존론적으로 해석하는 철학 자체의 방법으로 심화시켰다.
③ '선(先) 이해'를 적극적으로 해석의 전제로 인정하는 하이데거의 '해석학적 순환' 사상을 가다머(H. G. Gadamer)는 '전통'의 적극적 이해에 적용하여 일반적인 해석학의 이론을 확립하였다.
④ 그 후 해석학은 고전학·정신분석학·교육학·법학·신학 등 넓은 영역에 영향을 주는 동시에 분석철학이나 이데올로기 비판과의 대결을 거쳐 역사와 실존 양면에 걸쳐 언어를 넓고 깊게 묻는 현대의 가장 새로운 철학이 되었다.

| 정답 | ①

15

프레이리(P. Freire)의 문제제기식 교육에 대한 설명으로 옳지 않은 것은?

2011 중등

① 학생은 비판적으로 사고하는 사람으로 육성되어야 한다고 하였다.
② 학생의 탐구를 막는 것은 마치 폭력을 행사하는 것과 같다고 본다.
③ 학생에게 지식을 수동적으로 축적하게 하는 교육 방식을 비판하였다.
④ 학교에서는 경쟁을 통해 사회 적응력을 키우는 교육을 해야 한다고 본다.
⑤ 학생이 역사적 맥락에서 자신의 삶을 파악할 수 있게 교육하는 것이 중요하다고 본다.

정답풀이

④ 프레이리는 종래의 전통적인 학습방법인 은행예금식 교육의 학습은 지식을 가지고 있다고 자처하는 교사가 아무것도 모른다고 생각되는 학생에게 지식을 부여해 주는 것으로 간주한다. 여기에서 교사의 존재는 학습활동에서 절대적인 중요성을 갖는 것으로 생각되며, 학생은 수동적인 존재가 되어 기존의 억압적인 사회논리에 적응하게 됨으로써 비인간화 교육이 이루어지게 된다. 따라서 그는 이와 같은 은행식 교육을 비판함으로써, 승자 독식 시스템과 무한 경쟁 속에서의 비인간화와 상호 고립화의 문제에 대해서 인간화와 대화의 중요성을 강조하면서 인간과 인간의 관계를 회복하고자 한다.

만점대비 +α

💡 프레이리(Freire)의 교육론

① 개요
　㉠ 은행식 교육 : 그는 전통적 교육을 '은행식 교육'이라고 비판한다. 즉, 선생이 주체가 되고 학생은 지식을 위탁받아 단순히 받아들이기만 하는 이른바 길들이기식 교육을 비판한 것이다.
　㉡ 문제제기식 교육 : 이에 대한 대안적 교육으로 그는 '문제제기식 교육'을 제안한다. 이 방안은 학생이 학습의 주체가 되어 그를 비인간화하고 있는 제한상황을 파악하는 현실 인식에서부터 시작하여 교사와 학생이 상호 배움의 주체관계가 형성되는 대화적 과정으로 교육자와 피교육자의 구별이 없다.
　㉢ 의식화 : 자기를 객관화하고 무엇이 자기를 비인간화시키는 '제한상황'인지를 의식하여 이의 변혁을 통해 새로운 세계, 존재를 이뤄가는 과정이다.

② 의식화 개념의 발달단계
　㉠ 본능적 의식의 단계 : 가장 원초적 욕구의 충족에 매몰되어 있음, 현실에 대한 역사의식이 거의 없으며 억압적인 현실에 대한 문제의식이 존재하지 않음
　㉡ 반본능적 혹은 주술적 의식의 단계 : 침묵문화의 지배적 의식수준, 사회문화적 상황은 '주어진 것'이며 피할 수 없이 받아들여만 하는 것으로 간주
　㉢ 반자각적 의식의 단계 : 사회문화적 상황에 대한 문제의식과 의문이 제기되기 시작, 그러나 문제제기나 의문은 아직 소박한 상태
　㉣ 비판적 의식의 단계 : 비인간적 사회구조에 대한 합리적이고 격렬한 비판의식을 가짐, 의식화과정을 통해 형성됨

③ 교육적 함의
　㉠ 프레이리는 비판이론이 추구하는 인간해방을 위한 '의식화'는 일상적인 사회현실에 대한 교사와 학생이 동등한 자격으로 자유롭게 참여하는 대화를 통해 가능하다고 보았다.
　㉡ 프레이리는 '사회현실에 대한 문제제기'와 '자유로운 대화'를 인간해방을 위한 의식화 교육의 두 가지 요소로 강조한다.

| 정답 | ④

16

2010 초등

포스트모던주의자의 주장과 그 속에 함축된 교육적인 변화 요청을 가장 적절하게 짝지은 것은?

① 전체성(全體性 : totality)에 대한 거부 – 자기 실험과 자기 창조의 윤리에 입각하여 차이를 존중하는 생활지도를 해야 한다.
② 정초주의(定礎主義 : foundationalism)에 대한 거부 – 여러 영역으로 세분화된 언어게임을 재통합시켜줄 형식논리학 교육을 확대해야 한다.
③ 권위주의(權威主義 : authonitarianism)에 대한 거부 – 지식교육의 패러다임을 교육(instruction)에서 교화(indoctrination)로 전환해야 한다.
④ 대서사(大敍事 : grand narratives)에 대한 거부 – 인간해방과 역사의 진보를 교육이념으로 채택함으로써 교육활동의 정당성을 확보해야 한다.
⑤ 본질주의(本質主義 : essentialism)에 대한 거부 – 지식의 유한성과 상대성을 극복할 수 있도록 보편적 이성에 기반을 둔 학습을 강화해야 한다.

만점대비 +α

💡 포스트모더니즘의 기본가정

반정초주의 표방	• 사람들은 일반적으로 도덕성을 불변하고 보편적인 기초, 삶의 기본원리를 이루는 것으로 이해하지만, 포스트모더니스트들은 도덕이나 여타 다른 영역에서도 이러한 기초는 없다고 봄 • 가치는 문화적인 구성물이며, 시대에 따라 변하고, 문화에 따라 다르기 때문
다원주의 표방	• 삶에는 궁극적인 기초가 없으며, 지식은 인간의 이해관계와 전통을 변화시킴으로써 결정된다는 믿음에 토대함 • 즉, 상이한 사회와 이익집단들은 그들의 특정한 필요와 문화에 적합한 가치를 구성함
반권위주의 표방	• 포스트모더니스트들은 도덕적 지식을 포함하여 모든 지식은 그러한 지식을 생산하는 사람들의 이익과 가치를 반영한다고 봄 • 그러므로 이러한 원칙적인 편견을 반대하기 위해서는 도덕적 탐구가 민주주의적이며 반권위주의적인 방법으로 시행되어야 함을 주장 • 따라서 대화적 절차가 가장 중시되어야 하며, 개방적이고 비판적인 대화의 중요성이 무엇보다 강조됨
연대의식 표방	• 타자에 대한 관심과 연대의식을 매우 강조 • 타자들에게 해를 끼치는 억압적인 권력, 조정, 착취, 폭력 등을 거부하고, 이에 더 나아가 적극적으로 공동체, 존중, 상호협력의 정신을 증진시키고자 함
진리의 다원성과 해체설	• 유일무이한 것으로 받아들여져야 하는 진리는 없으며, 항상 그것은 부분적일 따름이며 불완전함 • 새로운 개념과 언어게임의 창조를 통하여 세계를 다양한 각도에서 해석하고 이해하려는 노력이 더욱 중요함
대서사에 대한 거부	• 보편적인 큰 틀에 의해 무시되고 소외되어 왔던 특수하고 지엽적인 문제들을 공론화시킴 • 즉, 그간 무시되어 왔던 여성, 빈민, 죄인, 아동, 환경문제 등이 강조됨

THEME 04 현대의 교육철학

소여성 부정과 가치부하설	• 이성이나 자아, 개념과 언어, 실재라는 것이 우리에게 주어지는 것, 즉 소여된 것이며, 그것들이 어떠한 불변의 내재적 본질을 지니고 있다는 전통철학적 생각들을 부정 • 가치부하설이란 사실적 지식은 인간적인 요소 또는 가치적 요소라고 할 수 있는 요소들의 복합적 작용의 결과라는 지식관의 관점
진리의 우연성과 상호비교 불가능설 (=통약 불가설)	• 세계와 사물에 대한 우리의 인식을 가능하게 하는 개념적 틀은 하나밖에 없는 것으로 주어지는 것이 아니라 여러 가지 있을 수 있으며, 그 각각은 세계와 사물을 이해하는 하나의 독특한 관점과 틀을 제공함

💡 비트겐슈타인의 언어게임

철저히 사실에 입각하여 객관적인 실증을 하고자 하였던 것이 비트겐슈타인의 초기 입장이었다면, 맥락과 관점에 따른 다양성과 변화가능성을 중시하는 것이 후기의 입장이라 하겠다. 그의 후기 철학은 언어를 게임에 비유하여 설명하기에 언어게임이론이라고 불린다. 게임은 사람들이 활동함으로써 진행되듯이, 언어도 사람들이 그것을 사용함으로써 의미를 지닌다. 언어의 의미가 실재에 상응하여 고정되어 있는 것이 아니라, 다양한 상황에서 사람들이 사용하는 방식에 따라 상이하게 드러나는 것이다.

💡 형식논리학

형식논리학은 사고(판단·개념)의 내용을 무시하고 추리의 형식상 타당성 성립 조건만을 연구하는 논리학이다. 처음에 거짓말을 하면, 그것을 합리화시키기 위해 다른 거짓말을 하게 되며, 그리하여 잇따라 거짓말을 해야만 하게 된다. 거짓말이건 아니건 앞뒤만 맞으면 그 말은 세상에서 통용되게 마련이다. 그것은 최초의 전제로부터의 추리가 타당한 것으로서 승인되기 때문이다. 형식논리학은 이 추리의 타당성에 관한 형식적 근거를 문제로 삼는다. 사고의 의미, 즉 질·내포(內包)와는 관계가 없으며, 그 형식, 즉 양·외연(外延)만을 고려하기 때문에 '외연적 논리학'이라고도 한다.

|정답| ①

17

2008 초등

〈보기〉에서 푸코(M. Foucault)가 설명한 근대 학교의 특성을 고르면?

> **보기**
> ㉠ 학교는 중세의 지하 감옥과 동일한 형태로 되어 있다.
> ㉡ 시험은 학생들을 규격화하여 기존 질서에 순응하도록 만든다.
> ㉢ 학교는 가시적 폭력을 중심으로 통제와 지배가 행사되는 공간이다.
> ㉣ 교사가 학생 전체를 한눈에 감시할 수 있는 판옵티콘(panopticon)구조로 되어 있다.

① ㉠, ㉡
② ㉡, ㉣
③ ㉡, ㉢
④ ㉢, ㉣

오답풀이

㉠ 푸코는 학교를 중세의 지하 감옥과 동일한 형태로 본 것이 아니라, 학생 전체를 한눈에 감시할 수 있는 일망감시탑인 파놉티콘 구조로 되어있다고 하였다.

㉢ 푸코는 학교를 가시적 폭력으로 통제와 지배가 행사되는 것이 아니라 규율적 권력은 은밀하게 보이지 않는 방식으로 행사되고 있는 측면에 주목하게 되는데 바로 검사나 시험이라는 것이다. 각 개인은 검사라는 기제를 통해 가시화되고 객관화된다.

만점대비 +α

💡 푸코(Foucault)의 훈육론

(1) '지식 – 권력(knowledge – power)' 관계
① 권력의 힘과 지식의 힘을 동일하게 보고, 그 관계를 '지식-권력'이라고 표현하였다.
② 담론의 질서 : 담론 자체에 권력이 내장되어 있다는 점뿐만 아니라 담론 자체가 권력에 의해 작동되며 정당화된다. 즉, 지식은 권력의 행사를 정당화해 주며 역으로 지식은 자신의 정당성을 유지하기 위해 권력을 필요로 한다.

(2) 훈육론
① 푸코는 권력은 사회구조 전체를 둘러싸고 있고, 그 구조 안에 내재하는 생산적 그물망으로 간주되어야 한다고 주장하는바, 그러한 권력은 어떤 대상을 지식을 통해 배제하고 억압하는 데 그치지 않고, 적극적으로 개인을 구성하고 대상들을 생산하며 주체에 관한 지식을 산출한다.
② 다시 말해, 권력은 복속되고 사용가능하며 변화될 수 있고 향상될 수 있는 길들여진 몸을 창조하기 위해서 우리의 몸을 끊임없이 분석하고 조정한다. 푸코는 길들여진 몸을 창조하는 여러 다양한 기법과 전술을 통틀어서 규율(훈육)이라고 부른다.
③ 이러한 규율적 권력이 행사되는 대표적인 장소가 감옥이다. 또한 군대, 학교, 병원, 공장, 회사 등에서 효과적 통제를 위해 행사되는 일련의 규정과 방법 등이 이에 해당된다.
④ 규율적 권력이 그 목표를 효과적으로 달성하기 위해 동원하는 세 가지의 주요 도구들

관찰	• 병영, 학교, 감옥 등은 일종의 관측소로 건물 안에 있는 사람들을 눈에 잘 띄게끔 하는 구조로 건축되어 내부적인 제어를 용이하게 함 • 이는 위계적인 감시역할을 하는 중앙감시탑인 '파놉티콘'은 감옥구조와 유사함 • 규율적 권력은 지속적인 관찰과 감시라는 도구를 통해 집단이나 사회의 통합화와 원활한 운용을 도모하고자 함
규범적 판단	• 모든 규율적 체제에는 벌칙기제가 구사됨, 즉 규범에 벗어난 비순응적 행위에 대해서는 원칙적으로 처벌이 가능함 • 이때 처벌은 이중적 효과를 갖게 됨 → 교화 내지는 교정효과와 보상효과 • 규율적 제도의 모든 곳을 관류하며 관찰하고 있는 영구적인 형벌의 기제는 끊임없이 비교, 분리, 계층화, 동질화시키며 배제하는 역할을 수행하는바, 그것의 목표는 대상을 정상화시키는 데 있음
검사	• 규율적 권력이 은밀하게 보이지 않는 방식으로 행사되고 있는 것 • 각 개인은 검사라는 기제를 통해 가시화되고 객관화됨 • 시험은 권력의 한 형태로서 권력을 정당화하며, 객체화와 계량화라는 기제를 통해 학생을 억압 → 학교란 시험이라는 기술적 통제로 학생을 순응화시킴

| 정답 | ②

18

다음의 주장에 가장 부합하는 철학적 견해는?

2009 초등

- 이해는 구체적인 맥락 속에서 이루어진다.
- 적용은 이해한 것을 뒤늦게 현실에 응용하는 것이 아니라 이해의 일부분이다.
- 이해는 역사적으로 주어지는 선입견과 선(先)이해를 배경으로 하여 이루어진다.
- 이해는 지금 여기서 완료되는 것이 아니라 미래의 다른 이해를 향해 열려 있다.

① 플라톤(Platon)의 소견 비판과 지식 옹호
② 베이컨(F. Bacon)의 우상 비판과 과학적 방법론 옹호
③ 칸트(I. Kant)의 미성숙 비판과 지적·도덕적 자율성 옹호
④ 가다머(H. G. Gadamer)의 실증주의 비판과 해석학적 순환 옹호
⑤ 하버마스(J. Habermas)의 도구적 합리성 비판과 의사소통적 합리성 옹호

오답풀이

① 플라톤의 소견 비판과 지식 옹호 : 플라톤은 동굴의 비유를 통해 진실의 그림자를 바라보면서 그것이 진실이라고 믿는, 즉 사물을 개인적인 경험으로만 인식하는 것을 소견이라 비판하였고, 소견을 올바르게 변화시키기 위해 지식을 옹호하였다.

② 베이컨의 우상 비판과 과학적 방법론 옹호 : 경험주의 철학자 베이컨이 말하는 우상은 '편견'이나 '선입견'을 의미하며, 4가지 우상에는 종족의 우상(인간이라는 종족의 관점에서 판단하기 때문에 생기는 오류), 동굴의 우상(개인적 편견에서 오는 오류), 시장의 우상(언어를 사용하여 실재를 기술하려는 데서 오는 오류), 극장의 우상(전통적인 것을 무비판적으로 받아들이는 오류)이 있다. 그는 진실한 앎에 도달하기 위해서는 우상을 타파해야 한다고 주장하였다.

③ 칸트의 미성숙 비판과 지적·도덕적 자율성 옹호 : 계몽주의에서는 미성숙한 상태(인간의 지성이 타인에 의해 안내받는 상태)를 넘어서는 활동을 중시한다. 칸트는 지적·도덕적 자율성을 인간과 이성적 존재자의 존엄성의 근거라고 주장하였다.

⑤ 하버마스의 도구적 합리성 비판과 의사소통적 합리성 옹호 : 하버마스는 이성을 합리성을 위한 도구로만 다루었다고 판단하고 도구적 합리성을 비판하고 인간과 인간 상호작용의 문제를 지적하였다. 인간의 사회적인 행위를 목적합리적인 것과 의사소통적인 것으로 구분하였고 그동안 의사소통적인 면을 간과하였다고 하였다. 그는 의사소통의 합리성에 주목하여 사회이론의 가장 기본적인 개념으로 설정하였으며 이는 후기 자본주의이론의 시초가 되었다.

만점대비 +α

💡 가다머의 해석학적 순환과 이해

해석학적 교육이론의 입장에서는 텍스트의 원저자가 텍스트를 이해하는 것보다도 해석자가 그것을 더 잘 이해할 수 있다고 본다. 이런 점에서 블라이허(J. Bleicher)도 언급한 바와 같이, 역사란 해석자가 저자를 더 잘 이해할 수 있는 가능성의 '전거'가 된다고 할 수 있다. 해석은 단지 어떻게 실제로 그것이 그럴 수 있는가라고 하는 재구성의 과정을 통해서 과거의 사실 혹은 원저자의 의도를 복원하거나 재현하는 데 불과한 것이 아니라, 일종의 '재창조의 과정'이라고 할 수 있다. 해석에 있어서의 재창조는 해석자가 과거의 저자에 비해서 텍스트를 이해할 수 있는 보다 유리한 위치에 있기 때문에 가능하다. 다시 말해서 텍스트에 대한 과거 저자의 이해는 전체에 대한 부분적 해석에 의존하지만, 오늘날의 해석자는 그러한 부분적 해석에 의존하는 이해를 보다 포괄적인 측면에서 이해할 수 있기 때문이다.

해석학에서는 전체의 이해가 부분에 대한 이해를 높여줄 수 있으며, 다시 이러한 고양된 부분적 이해가 '전체적 이해'를 가능케 한다는 점에서, 해석학적 관계를 '부분에서 전체로' 혹은 '전체에서 부분으로'라는 '해석학적 순환'으로 구성되어 있다고 본다. 해석학적 이해는 '전적인 무'로부터 출발하지 않는다. 전이해는 우리가 더 이상 묻지 않고 자명하다고 생각하는 세계, 다시 말해서 근원적 '억견(臆見)의 세계'이다. 이 점에서 전이해는 교육 인식론적으로 익명적으로 주어지는 의식되지 않는 선구성적 이해의 차원이라고 할 수 있다.

| 정답 | ④

19
2010 중등

신자유주의 관점에 기초한 교육개혁과 관련성이 가장 적은 것은?

① 교육복지정책을 확대하려고 한다.
② 교육에 대한 국가 역할을 축소하려고 한다.
③ 공교육 유지를 위한 비용의 한계에서 비롯되었다.
④ 학교 민영화를 통해 비효율적 요소를 개혁하려고 한다.
⑤ 학교 선택권 확대를 통해 교육 경쟁력을 제고하려고 한다.

정답풀이
① 신자유주의는 규제 철폐, 자율화, 소비자 중심의 선택권 부여, 국가 주도 공공복지 축소 등을 주장한다.

만점대비 +α

💡 신자유주의 교육

(1) 신자유주의 교육의 특징
  ① 국가에서 책임지고 제공한 '공교육'도 이제는 국가가 간섭하지 않고 교육비를 삭감하여 시장 원리에 따라 자유경쟁에 맡긴다.
  ② 교육소비자는 자신이 자유롭게 자기필요에 따라 학교 선택, 프로그램 선택을 할 수 있다.
  ③ 신자유주의는 공교육의 경쟁적 배분을 추진하여 교육의 질과 수월성을 높여야 한다고 주장한다.

(2) 신자유주의 교육원리에 따른 교육정책
  ① 공교육 체제에 경쟁 메커니즘이 도입되고, 공교육 정신을 소비자 중심주의로 대체해야 한다.
    ㉠ 자립형 사립고 시행
    ㉡ 국·사립대학 부속 학교의 '자율학교' 운영
    ㉢ 학교 선택권에 대한 논의
  ② 비용-편익의 효율성을 극대화하고 자율성과 다양성을 추구한다.
    ㉠ 단위 학교 책임 경영
    ㉡ 평가를 통한 재정의 차등 지원
    ㉢ 노동조합의 파괴, 규제 완화, 고용의 유연화에 따른 교원 계약제와 사립학교 계약제

(3) 신자유주의 교육의 문제
  ① 신자유주의 본질에 있는 완전한 자유의 정신은 다수의 복지를 훼손하고 소수를 위한 자본의 확대 재생산으로 이용되고, 신체제 확립은 이를 정당화시키는 방향으로 나아갈 소지가 크다.
  ② 완전한 경제 논리에 움직이는 신자유주의적 교육개혁이 소수의 엘리트학생과 다수의 보통학생으로 확연히 구분짓는 교육의 비인간화 현상을 초래할 가능성이 높다.
  ③ 또한 학생들 간의 경쟁에서 탈락한 소외 학생의 수가 늘고, 이들의 학교생활 부적응 현상이 심각한 지경에 이를 수 있다.
  ④ 자유주의가 낳은 수요자 중심의 한국 교육개혁은 그 자체의 자유민주적 성격과는 달리 '위로부터의' 비민주적인 방식으로 진행되고 있다. 그 대표적인 예가 '업적평가에 의한 차별 지원'이다.

| 정답 | ①

WHY TO HOW
New 논객특강
논술 기출과 객관식 기출의 통합

Chapter 03

교육심리

THEME 01. 발달이론
THEME 02. 학습이론
THEME 03. 인지적 특성과 교육
THEME 04. 정의적 특성과 교육
THEME 05. 성격과 적응
THEME 06. 특수한 학습자

THEME 01 발달이론

01
다음의 진술들과 가장 부합하는 인간발달 이론은?

> - 개인의 발달은 유전과 환경 모두의 영향을 받는다.
> - 환경의 다차원적인 체계가 상호작용하여 발생하는 힘이 개인의 발달과 행동에 영향을 미친다.
> - 개인을 둘러싼 환경은 미시체계, 중간체계, 외체계, 거시체계의 네 층과 시간체계로 구분된다.
> - 개인의 발달에 영향을 미치는 지배적인 환경은 연령 증가에 따라 미시체계에서 바깥층의 체계로 점차 이동한다.

① 엘더(G. Elder)의 생애 이론
② 게젤(A. Gesell)의 성숙 이론
③ 반두라(A. Bandura)의 사회인지 이론
④ 에릭슨(E. Erikson)의 심리사회적 이론
⑤ 브론펜브레너(U. Bronfenbrenner)의 생태학적 이론

정답풀이

⑤ 생태학적 환경(혹은 상황이나 맥락) 속에서의 인간 발달을 강조한 브론펜브레너는 생태학적 환경이란 하나의 환경이 그 다음 환경 속에 내재하는 다층구조를 이루는 것이라고 설명하고 있다. 그는 인간의 발달이나 학습에 직·간접적으로 상호작용하는 생태학적 환경을 크게 다섯 가지 체제(미시체계, 중간체계, 외체계, 거시체계, 시간체계)로 나누었다. 그는 확장된 환경과 아동의 상호작용을 중시하면서, 아동은 단순히 환경에 영향을 받는 존재가 아니라, 환경에 영향을 주기도 하는 능동적 존재임을 강조하고 있다.

오답풀이

① 생애이론은 전생애발달을 크게 강조하는 이론으로, 인간의 발달과정과 결과를 맥락 속에서 이해하려는 것으로 삶의 변화라는 맥락과 그것의 결과가 인간의 발달에 어떤 영향을 미치는가에 초점을 둔다. 또한 생애이론에서는 인간의 삶에서의 사회적 경로(전환기, 역할순서) 등을 강조한다.
② 게젤은 모든 유기체들은 성장하는 데 있어 이미 성장의 방향이 결정되어 있는 성장모형을 가지고 있으며, 이러한 성장모형은 이미 결정되어 있는 유전적 요소들로 이루어져 있다고 생각하였다. 따라서 환경적 요인들은 이러한 유전과 성장모형을 단지 유지하거나 약간 수정할 뿐이지, 발달을 유발하지는 못한다는 것이다. 그러나 발달에 미치는 환경의 영향력을 완전히 배제한 것은 아니다. 그는 성숙 역시 환경에 영향을 받는다고 생각하였다.
③ **반두라**는 사회인지이론에 바탕을 두고 사회학습이론을 설명하였다. 그에 의하면 유기체는 직접적인 보상이나 벌의 결과로서 바람직한 행동을 형성할 뿐만 아니라 다른 사람의 행동과 그 결과를 관찰하는 방법으로도 학습한다고 주장했다. 따라서 사회학습이론을 관찰학습이라고 부르기도 한다. 관찰학습은 다른 사람의 행동을 관찰하고서 따라 할 것인가 말 것인가를 스스로 판단하는 과정이 포함되는데, 이 판단 요소가 관찰학습이 갖는 인지적 요소이다. 즉, 조작적 조건형성의 원리를 이용해서 모방을 통한 인간의 사회학습을 설명하면서도 상징화나 기대와 같은 인지과정의 중요성을 인정하고 있다는 점에서 행동주의에서 인지주의로 넘어가는 과도기적 이론으로 평가받고 있다.

④ 에릭슨은 정상적 인간이 사회생활 속에서 발달시켜야 할 내용을 중심으로 발달이론을 제시하고 있다. 즉, 에릭슨 이론의 핵심은 자아정체성의 발달은 현실과의 상호작용 속에서 이루어진다는 것이다. 에릭슨의 심리사회적 이론은 성격발달과 사회성 발달을 통합한 것인데, 개인의 성격발달은 심리사회적 욕구에 대한 반응에 따라 이루어진다는 가정에 기초하고 있다. 발달은 단계별로 이루어지는데, 각 단계는 위기라고 불리는 심리사회적 도전에 의해 구별된다. 발달이 진행되어 감에 따라 개인이 극복해야 할 발달과제는 변화한다.

만점대비 +α

💡 브론펜브레너의 생태학적 이론

① 브론펜브레너(Bronfenbrenner)에 의해 제안된 생태이론은 행동생물학을 보완해주는데, 이는 생태이론이 직계가족의 관계에서 보다 넓은 사회적 환경에 이르기까지 환경의 다양한 측면이 어떠한 방식으로 아동의 발달에 영향을 주는지를 보여 주고 있기 때문이다.
② 브론펜브레너는 확장된 환경과 아동의 상호작용을 중시하면서, 아동은 단순히 환경에 영향을 받는 존재가 아니라, 환경에 영향을 주기도 하는 능동적 존재임을 강조하고 있다.
③ 브론펜브레너의 생태이론의 체계 분류

체계	특징
미시체계 (microsystem)	• 특정 개인이 면대 면으로 직접 접하고 있는 상태에서 상호작용하는 체제 혹은 환경 • 즉, 아동의 발달에 직접적으로 영향을 미치는 가장 가까운 환경 가정, 유치원, 학교, 또래집단, 놀이터 등
중간체계 (mesosystem)	• 둘 이상의 미시체제들로 구성된 복합적인 체제 • 미시체계들의 상호작용, 즉 환경들 간의 관계를 의미하며, 이 상호 관계는 서로의 발달에 영향을 미침 예 가정과 학교의 관계, 가정과 이웃의 관계, 형제관계, 학교와 이웃의 관계 등
외체계 (exosystem)	• 아동이 직접적으로 접촉하고 있지는 않지만, 아동에게 영향을 주는 사회적 환경 - Comstock & Scharrer(2006)는 텔레비전 및 인터넷 같은 매체를 미시체계에 포함시키고 있음 예 부모의 직장, 보건소, 보건복지부, 학교정책을 결정하는 교육제도, 정부기관, 대중매체 등
거시체계 (macrosystem)	• 하위체제들의 형태와 내용에서 일관성 있게 나타나는 체제, 즉 미시·중간·외체계에 영향을 주는 신념, 가치, 관습 등의 광범위한 사회·문화적 맥락 • 미시체계, 중간체계, 외체계에 포함된 모든 요소에다 개인이 살고 있는 문화적 환경까지 포함 예 사회의 가치, 법률, 관습, 유행, 미의 기준, 성 역할, 아동보호에 대한 기준, 공공정책 등
시간체계 (chronosystem)	• 아동의 환경에서 발생하는 사건들의 양식과 생애에 있어서 전환점이 되는 사건 등을 의미 • 전 생애에 걸쳐 일어나는 변화와 사회역사적인 환경을 포함하는 체계 • 이 체계는 아동이 성장함에 따라 겪게 되는 외적인 사건(부모의 죽음 등)이나 내적인 사건(심리적 변화 등)이 구성요소가 됨 예 부모의 이혼, 이전과는 달리 인터넷과 같은 기술에 강한 영향을 받는 현재의 세계, 나이가 들면서 새로운 사람들을 만나게 되고 다양한 사회적 기관을 경험하는 것 등

| 정답 | ⑤

THEME 01 발달이론

02
2011 중등

피아제(J. Piaget)의 인지발달 이론에 근거할 때, 빈칸에 공통으로 들어갈 용어로 적절한 것은?

> • ☐☐☐은/는 오류가 생기는 상황에 직면할 때 일어난다.
> • ☐☐☐은/는 인지적 성장을 고무하기에 알맞은 정도로 유지되어야 한다. 그 이유는 문제가 너무 단순해서 학생들이 지루해 해서도 안 되고, 교수내용을 이해할 수 없어서 뒤쳐져서도 안 되기 때문이다.
> • 주먹만 한 스티로폼과 손톱만 한 유리구슬을 물속에 담기 전과 후를 학생들에게 보여주었을 때, 학생들은 그 상황에서 '일어나야 한다고 생각하는 일'과 '실제로 일어나는 일' 사이의 ☐☐☐을/를 경험한다.

① 동화(assimilation)
② 보존(conservation)
③ 가역성(reversibility)
④ 불평형(disequilibrium)
⑤ 자기중심화(egocentering)

오답풀이

① **동화** : 개인이 외부세계를 이해할 때 자신의 기존의 인지구조(도식)에 맞춰 해석하고 이해하게 되는 인지과정을 말한다.
② **보존** : 어떤 대상의 외양이 바뀌어도 그 속성은 바뀌지 않는다는 것을 이해하는 능력이다.
③ **가역성** : 시간이 흐르는 동안 물체의 운동이 변화했을 때 시간을 거꾸로 되돌린다면 처음의 물체 상태로 되돌아갈 수 있는 성질을 말한다.
⑤ **자기중심화** : 우주의 모든 현상을 자기중심적으로 생각하는 사고로, 타인의 생각, 감정, 지각, 관점 등이 자신과 동일한 것으로 가정하는 사고의 특징을 나타낸다.

만점대비 +α

💡 피아제의 인지발달기제

(1) **조직** : 조직 혹은 체제화는 여러 가지 요소(신체적 요소, 인지적 정보, 지각적 정보)들을 일관성 있고 논리적으로 상호 관련된 틀(인지구조) 속으로 체제화하고 결합하는 과정을 말한다.
  ① 구조 : 지능이나 지적 행동의 기저를 이루고 있는 정신체제를 의미한다. 즉, 아동이 세계를 이해하고 경험을 해석하고 조직화하는 지속적인 지식기반이다.
  ② 도식 : 피아제는 행동 및 심리적 구조를 도식이라고 부른다. 도식은 보기·주기·때리기와 같이 외부환경에 대처하기 위한 조직화된 신체적 행위패턴을 뜻한다.
  ③ 인지구조 : 환경의 상호작용을 통해 질적인 변용과정을 거친다. 이러한 인지구조의 질적인 변화를 인지발달이라고 한다.

(2) **적응** : 피아제 이론의 핵심개념인 적응 혹은 순응은 욕구를 충족하기 위해 자기 자신이나 환경을 수정하고 조정하는 경향성을 의미한다.
  ① 동화 : 외부요소를 유기체의 도식이나 구조 속으로 통합하는 과정이다. 즉, 동화는 새로운 경험을 기존의 도식이나 구조에 통합하는 과정이다.
    예 '개'에 대한 도식을 가진 유아가 '염소'나 '송아지'를 보고 '개'라고 부른다.
  ② 조절 : 특정 장면의 요구에 따라 내적 구조 혹은 도식을 조정하는 과정이다. 아동이 기존의 도식으로 해결할 수 없는 정보에 직면할 때 나타난다.
    예 '개' 도식을 가진 아동이 '염소'를 보고 '개'가 아니라는 사실을 깨닫고 '염소' 도식을 형성했다.
  ③ 평형화 : 인지구조의 균형을 유지하려는 정신과정을 의미한다. 평형은 정적인 상태에서의 힘의 균형을 의미하는 것이 아니라 끊임없이 행동을 조정하는 복합적이고 역동적인 과정이다.
  ④ 불평형화 : 특정한 도식을 어떤 사건 또는 상황에 적용해서 그 도식이 효과가 있으면 평형상태가 유지되지만, 그 도식이 만족스러운 결과를 내놓지 않으면 불평형상태가 되고 불편함을 느낀다. 불편함은 동화와 조절을 통해 해결책을 추구하려는 동기를 불러일으키고, 그 결과 사고의 변화를 가져오게 된다.

| 정답 | ④

03

영희의 행동특징을 피아제(J. Piaget)의 인지발달 이론에 기초하여 파악한 교사가 영희의 발달단계에 맞게 지도한 교수활동이라고 할 수 없는 것은?

> 영희는 요즘 들어 물건 정리에 재미를 붙인 듯하다. 학급 문고의 책들을 위인전과 동화책으로 나누어 다른 칸에 꽂더니 곧 위인전은 두꺼운 순서대로, 동화책은 표지의 색깔별로 정리하고 있다. 책 정리 다음에는 친구들의 연필을 모두 모아서 길이대로 늘어놓는다.

① 교실과 교무실의 크기를 비교하게 한 후, 면적의 차이를 가르쳤다.
② 친척이라는 추상적인 개념은 가계도 그림 자료를 활용하여 설명하였다.
③ 오징어와 문어의 그림을 보고 공통점과 차이점을 설명해 보도록 하였다.
④ 감추기 - 찾기 놀이를 통해 눈에 보이지 않는 물건도 세상에 존재함을 알게 하였다.
⑤ 지도에 경계선을 그려가며 서울의 행정구역 단위인 구(區)와 동(洞)의 포함관계를 가르쳤다.

정답풀이

④ 제시문 속 영희의 행동특징은 서열화 능력과 분류능력을 보여주고 있다. 이는 구체적 조작기에 해당한다. 감추기-찾기 놀이를 통해 눈에 보이지 않는 물건도 세상에 존재함을 알게 하는 교수활동은 감각운동기의 대상영속성 개념에 해당한다.

만점대비 +α

💡 피아제의 인지발달단계 및 특징

단계	발달의 특징
감각운동기 (출생~2세)	• 사고능력이 없으며 반사운동, 순환운동, 감각 및 운동을 통해 세계를 이해 • 대상영속성 : 물체를 기억에 표상하는 능력(지각이나 행위와 관계없이 사물이 존재한다는 것을 인식) → 감각운동기 후기에 발달 예 공이 소파 밑으로 굴러가 보이지 않아도 소파 밑에 공이 있다는 것을 알게 됨 • 반사작용 : 자극에 대한 자동적인 반응 → 감각운동기 말기에 목표지향적 행동이 시작 • 모방능력(관찰학습의 토대)

전조작기
(2~7세)
	• 아동들이 마음속에서 사물을 표상하는 것을 학습하는 단계
	• 상징적 사고 : 행위나 사물을 정신적으로 표상하기 위해 '언어, 그림, 기호, 몸짓' 등의 상징적 기호를 사용
	• 중심화 : 어떤 상황에서 두드러지는 한 가지 측면에만 초점을 맞추는 경향
	  → 직관적 사고(대상에 대한 지각적 속성에 따라 판단하는 것)의 영향으로 나타남
	• 자아중심성 : 다른 사람의 관점을 고려하지 못하고 자신의 관점으로만 세상을 이해하는 경향성
	• 변환적 추리 : 특수사례에서 특수사례로 진행하는 추리(논리적 오류 포함)
	  예 "암소는 우유를 생산한다. 염소도 우유를 생산한다. 따라서 염소는 암소다."
	• 언어의 급격한 발달, 보존개념 미획득, 비가역성, 물활론

구체적 조작기 (7~11세)	• 직접적으로 경험할 수 있는 사상에 한해 논리적인 사고가 가능한 단계 • 보존개념 획득 : 물체의 모양이 바뀌어도 물리적 특성은 동일하다는 사실을 인식하는 능력(반환성, 상보성) • 가역성 : 어떤 상태의 변화과정을 역으로 밟으면, 다시 원상태로 돌아갈 수 있음을 아는 것 → 직관적 사고에서 벗어나, 사물이나 현상의 여러 측면들을 체계적으로 고려 • 연역적 추리 : 두 개 이상의 정보에 근거하여 논리적 추론을 도출 • 탈중심화, 분류능력, 서열화능력
형식적 조작기 (11~15세)	• 직접 경험할 수 있는 사상을 비롯하여 완전히 가설적이고 추상적인 사상과 개념을 논리적으로 다룰 수 있고, 형식논리에 의해 사고할 수 있는 단계 • 추상적 사고 : 구체적인 사물이나 대상과 관계없이 형식논리에 근거한 사고 → '사고에 대한 사고', '반성적 추상화' • 가설연역적 사고 : 문제를 해결하기 위해 가설을 설정하고, 그 가설의 검증을 통해 결론을 도출하는 사고 • 명제적 사고 : 'A인 동시에 B' 'A이지만 B는 아님' 'A도 아니고 B도 아님'과 같은 3개의 명제를 바탕으로 가설을 설정하고 논리적으로 추론하는 능력 • 조합적 사고 : 문제를 해결하기 위해 모든 가능성을 논리적이고 체계적으로 숙고하는 사고 • 청소년기의 자아중심성 사고(Elkind) : 상상적 청중, 개인적 우화, 불사신 착각 (14~15세에 절정에 달한 뒤에 점차 감소)

| 정답 | ④

04

다음은 피아제(J. Piaget)의 인지발달이론의 형식적 조작 단계에서 나타나는 사고의 특징을 설명한 것이다. 이를 가장 잘 나타내는 개념은?

> - 구체적인 경험과 관찰의 한계를 넘어서, 제시된 정보에 기초해서 내적으로 추리한다.
> - 사고에 대한 사고, 즉 메타사고(meta-thinking)의 과정을 통해 자신의 사고 내용에 대해 숙고하는 과정이다.
> - 문제를 해결하는 과정에서 기존의 지식을 새로운 장면에 쉽게 적용하거나 새로운 지식을 창조하는 일에 깊이 관여한다.
> - '할아버지와 할머니의 관계는 아버지와 어머니의 관계에 해당한다.'와 같이 대상들 간의 관계를 유추하는 과정에서 작용한다.

① 자동화(automatization)
② 탈중심화(decentration)
③ 명제적 사고(propositional thinking)
④ 반성적 추상화(reflective abstraction)
⑤ 가설연역적 추론(hypothetic-deductive reasoning)

오답풀이

① **자동화** : 정보처리이론에서 사용되는 용어로, 자각이나 의식적인 노력 없이 수행할 수 있는 정신적 조작을 의미한다.
② **탈중심화** : 어떤 상황의 한 면에만 주의를 집중하지 않고 여러 측면을 한꺼번에 고려할 수 있는 것이다.
③ **명제적 사고** : 명제를 바탕으로 가설을 설정하고 논리적으로 추론하는 능력이다.
⑤ **가설연역적 추론** : 문제를 해결하기 위해 가설을 설정하고, 그 가설의 검증을 통해 결론을 도출하는 사고를 말한다.

| 정답 | ④

05

2009 초등

다음 수업상황에 나타난 아동의 발달 특징을 설명하는 이론과 그 관점으로 가장 적절한 것은?

> 입학 첫날, 김 교사는 반 아동들에게 교실행동 요령을 가르치고 있었다. "선생님의 질문에 답하려면 먼저 오른손을 드세요. 그리고 선생님이 이름을 부르면 일어나서 대답하세요."라고 말하고, 아동들을 똑바로 마주 보고 시범을 보이면서 "선생님처럼 오른손을 들어 보세요."라고 지시했다. 그러자 아동들은 대부분 왼손을 들었다.

① 콜버그(L. Kohlberg)의 도덕성발달이론 - 인습적 발달수준의 아동은 동료 아동들에게 동조하려는 경향이 강하다.
② 케이즈(R. Case)의 신피아제이론 - 차원조작단계의 아동은 왼손 사용과 관련된 실행제어구조가 자동화되어 있다.
③ 피아제(J. Piaget)의 인지발달이론 - 전 조작기의 자기중심성에서 완전히 벗어나지 못한 아동은 다른 사람의 관점을 고려하지 못한다.
④ 에릭슨(E. Erikson)의 심리사회적 발달이론 - '자율성 대 수치심' 단계의 아동은 과제를 완수하는 데 필요한 운동기능과 자발성이 부족하다.
⑤ 프로이드(S. Freud)의 심리성적 발달이론 - 어렸을 때 심리적으로 상처를 받은 아동은 학령기가 되면 반항심이 강해 어른들의 지시에 저항한다.

정답풀이

③ 제시문 속 아동들은 자아중심성, 직관적 사고를 보이고 있다. 따라서 피아제의 인지발달 단계 중 전조작기에 해당한다.

만점대비 +α

💡 케이즈의 신피아제 이론(실행제어구조론)

(1) 개요
① 인지에 관련한 연구는 인지의 구성성분을 밝히는 구조적 접근으로부터 정보가 처리되는 경로를 밝히려는 과정적 접근으로 그 방향이 전환되었다.
② 1970년대 후반에 들어와서 케이즈 등을 중심으로 피아제 이론에 정보처리모형을 적용하여 그의 이론을 재구성하고자 하는 노력들이 시도되었는데, 이것을 신(新)피아제 이론이라고 부른다.
③ 실행제어구조 : 아동이 문제를 해결해 나가는 습관적 방법을 대표하는 내적 청사진으로, 특정 문제사태를 구성하고 이를 처리하는 절차에 대한 계획을 포함한다.

(2) 인지발달단계
① 피아제는 단계를 '조작의 수준'으로 구분한 반면, 케이즈는 '작업기억의 수준'으로 보았는데, 이는 피아제가 인지발달을 수학적-논리적 형식의 관점에서 기술한 반면, 케이즈는 정보처리전략의 관점에서 파악하고자 한 것이다.
② 케이즈는 전반적인 인지발달수준을 작업기억의 정보처리용량으로 나타내며, 3~4세 아동들은 2~3항목, 5세 아동은 4항목, 7세 아동은 5항목, 성인은 7항목으로 발전한다.

단계	특징
감각운동조작기 (0~2세)	아동은 생득적으로 갖고 태어난 감각기능과 반사운동기능을 통합하여 보다 정교한 감각운동적 인지기능을 발달시킨다.
관계조작기 (2~5세)	아동은 문제사태에서 도달하고자 하는 목표와 수단 간을 연결하는 방략을 찾아내어 이를 실행하고 그 결과에 따라 같은 조작을 반복 숙달하게 된다.
차원조작기 (5~11세)	• 아동이 문제해결에 관련되는 차원이라는 조작단위를 부호화하고 이들 차원을 상호 통합함으로써 문제해결에 도달하게 되는 과정이다. • 아동은 차원을 부호화하고 통합할 수 있지만, 구체적 조작의 성격에 국한된다.
벡터조작기 (11~18세)	유추와 비율 등 구체적인 하위차원들을 추상적으로 관련 지우는 상위차원 조작에 의한 문제해결이 가능하게 된다.

| 정답 | ③

06

2008 초등

〈보기〉에서 비고츠키(L. Vygotsky)의 견해와 부합하는 것을 고르면?

보기

㉠ 적절한 학습이 발달을 촉진한다.
㉡ 언어가 사고발달을 촉진하기보다는 사고가 언어발달을 촉진한다.
㉢ 아동은 혼자서 세계에 대한 폭넓은 이해를 구성하는 '작은 과학자'이다.
㉣ 아동의 인지발달을 위해 성인이나 유능한 또래와의 협동적인 상호작용이 중요하다.

① ㉠, ㉢
② ㉠, ㉣
③ ㉡, ㉢
④ ㉡, ㉣

정답풀이

㉠ 발달이 학습에 선행한다고 보는 피아제와 달리, 비고츠키는 학습이 발달에 기여하며, 학습이 발달에 필요하고, 발달은 학습에 의해 촉진된다고 본다. 즉, 학습은 발달에 있어서 주요한 역할을 하며, 아동들이 근접발달영역(ZPD) 안에서의 과제를 전문적인 파트너로부터 교수를 받는 것처럼 학습은 발달을 이끈다는 것이다.
㉣ 비고츠키는 인지발달은 아동이 자기 문화 속의 성인들이나 유능한 동료들과의 상호작용 그리고 그들과의 대화를 통해 일어난다고 주장한다. 즉, 학습자들의 사회적 교류가 인지발달에 있어서 기초적인 역할을 한다는 것이다.

오답풀이

㉡ ㉢ 피아제의 견해에 부합한다.

THEME 01 발달이론

만점대비+α

💡 피아제와 비고츠키의 인지발달 비교

	피아제	비고츠키
공통점	• 발달을 개체와 환경(사회)의 상호작용을 통한 역동적 과정으로 간주함 • 학습자의 자발적이고 능동적인 학습활동을 강조(피아제와 비고츠키는 구성주의의 대표 학자) • 학습을 촉진시키기 위하여 사회적 상호작용을 이용할 수 있음	
학습과 발달	발달이 학습에 선행	학습은 발달을 주도
아동관	아동은 스스로의 세계를 구조화하고 이해하는 독자적인 존재(꼬마 과학자)	아동은 타인과의 관계에서 영향을 받으며 성장하는 사회적 존재
지식관	인지적 구성주의	사회적 구성주의
인지발달	• 인지갈등을 해소하려는 평형화 과정에서 인지발달이 이루어짐 • 지식의 형성과정 : '개인 (내)' → '사회'	• 사회적 상호작용을 통한 내면화가 인지발달에 큰 영향을 줌 • 지식의 형성과정 : '사회'(개인 간) → '개인' → '사회'
사고와 언어발달	• 언어발달은 인지발달에 의존 • 언어는 사고의 징표에 불과	• 사고와 언어가 독립적으로 발달(2세경에 연합) • 언어는 사고발달의 핵심적인 역할
사적언어	• 자기중심적 언어 : 아이들의 혼자 중얼거림을 의사소통 능력의 부재, 인지적 미성숙의 발현 • 주로 전조작기 아동들의 자기중심적 사고의 특징을 보이는 것	• 사적언어 : 사고와 행동을 유도하는 아동들의 자기 말, 점차 내적언어로 내면화됨 • 특히 어려운 문제를 해결할 때 그들의 사고를 안내하고 조절하는 기능을 수행함
상호작용 대상	• 물리적 환경에 대한 아동의 능동적인 상호작용 • 인지적 갈등을 불러일으키는 또래와의 상호작용 중시	성인이나 유능한 또래와 같은 보다 유능한 사회적 구성원과의 협동적인 상호작용을 중시
주요 교수전략	학습자 스스로가 지식을 능동적으로 구성할 수 있도록 활동 기회와 조력을 제공 → 불평형 경험	근접발달영역 내에서 발판 제공과 의미 있는 상호작용의 제공

| 정답 | ②

07

2013 중등

다음 문 교사의 생각에 근거가 되는 학자의 견해와 부합하는 것만을 〈보기〉에서 있는 대로 고른 것은?

> 문 교사는 금년 하계 방학 연수에서 학생들의 지능이나 인지 발달 수준을 측정할 때, 그들이 이미 알고 있는 것이 아니라 학습에 대한 잠재적 능력을 측정해야 한다는 학자의 이론을 배웠다. 이 학자는 전통적인 지능검사의 한계를 지적하면서 근접발달영역(zone of proximal development)이라는 개념을 처음으로 주장했다. 연수 이후 문 교사는 학생들이 혼자서 해결할 수는 없지만 타인의 도움을 받으면 해결할 수 있는 근접발달영역에서 학습이 가장 효과적으로 이루어지며, 이 영역이야말로 교수·학습 및 평가 활동에서 강조되어야 한다고 생각하게 되었다.

보기

ㄱ. 인지발달은 언어발달에 선행한다.
ㄴ. 적절한 학습이 인지발달을 촉진한다.
ㄷ. 개인의 발달을 이해하기 위해서는 그 개인이 속해 있는 사회·문화적 환경을 이해하는 것이 중요하다.
ㄹ. 평형화(equilibration)는 개인이 스스로 자신의 인지구조를 형성하고 재구성하는 인지발달의 핵심 기능이다.

① ㄱ, ㄴ
② ㄴ, ㄷ
③ ㄷ, ㄹ
④ ㄱ, ㄴ, ㄷ
⑤ ㄱ, ㄷ, ㄹ

정답풀이

※ 제시문 속 문 교사의 생각은 비고츠키(Vygotsky)의 견해와 부합한다.

ⓒ 발달이 학습에 선행한다고 보는 피아제와 달리, 비고츠키는 학습이 발달에 기여하며, 학습이 발달에 필요하고, 발달은 학습에 의해 촉진된다고 본다. 즉, 학습은 발달에 있어서 주요한 역할을 하며, 아동들이 근접발달영역(ZPD) 안에서의 과제를 전문적인 파트너로부터 교수를 받는 것처럼 학습은 발달을 이끈다는 것이다.

ⓒ 문화는 비고츠키의 발달에 대한 중요한 개념으로 발달이 일어나는 상황적 맥락을 제공한다. 문화의 역할은 상호작용하는 과정에서 이들의 사고와 의사소통 모두에 중요한 메커니즘을 제공한다. 비고츠키는 아동이 스스로 문화적 지식을 새롭게 창조해 낼 필요는 없다고 보았다. 이러한 지식은 수천 년에 걸쳐 축적되었으므로 사회적 상호작용을 통해 내면화하면 되는 것이다. 내면화는 학습자가 외부적·사회적 활동을 내면의 인지처리과정에 의해 통합하는 과정을 말한다. 즉, 자신이 학습한 것이 새로운 문화적 맥락으로 통합되는 현상은 인지가 발달하고 있음을 의미한다.

오답풀이

ㄱ ㄹ 피아제의 견해에 부합한다.

THEME 01 발달이론

만점대비+α

💡 근접발달영역(ZPD : Zone of Proximal Development)
① 개념
  ㉠ 아동이 혼자서는 해결할 수 없지만 성인이나 뛰어난 동료의 조력이 있으면 성공적으로 문제를 해결할 수 있는 영역을 의미한다.
  ㉡ 아동들의 현재의 수준은 같을지라도 근접발달영역은 개인차가 있을 수 있다.
  ㉢ 근접발달영역은 학습과 발달을 위한 전략이며, 근접발달영역 안에 있는 기술이나 행동은 역동적이고 끊임없이 변화한다.
  ㉣ 근접발달영역은 고정된 것이 아니라 보다 높은 수준의 사고와 지식을 달성함에 따라 계속 변화한다.
② 근접발달영역의 단계
  ㉠ 1단계(타인조절) : 보다 유능한 타자에 의해 도움을 받아 이루어지는 수행단계로서 아동이 독립적인 수행을 하기 이전에 성인이나 유능한 또래에게 의존해 있는 단계
  ㉡ 2단계(자기조절) : 자기조절, 자기안내와 같은 자기 자신에 의해 도움을 받는 수행단계
  ㉢ 3단계(자동화) : 내면화, 자동화되는 수행단계로서 과제수행의 원활과 통합, 성인이나 자기 자신의 도움을 더 이상 필요로 하지 않는 단계
  ㉣ 4단계(탈자동화) : 근접발달지대를 통한 회귀로 탈자동화가 이루어지는 수행단계로서 새로운 능력의 발달을 위해 근접발달지대로 회귀하는 단계

💡 역동적 평가
① 비고츠키가 제안한 근접발달영역의 개념에 근거하여 발달잠재력을 확인하기 위한 평가로, 전통적인 고정적 평가와 대비된다.
② 고정적 평가는 실제적 발달수준을 측정하는 과거지향적인 평가인 데 비해, 역동적 평가는 근접발달영역에 주안을 두는 미래지향적인 평가이다.
③ 역동적 평가는 적절한 기회를 주었을 때 평가하고자 하는 지식이나 전략을 학습할 수 있는 잠재력이 있는 학생들을 확인할 수 있다는 점에서 교육적·경험적 배경이 상이한 학생들을 평가하고자 할 때 특히 중요하다.

| 정답 | ②

08
2010 초등

정 교사는 그림과 같이, 학습 성취수준이 낮은 학생에게 필요한 학습 전략을 시범해 보이면서 사회적 상호작용을 통해 도움을 주되, 학생의 수준이 목표치에 도달할 때까지 교사의 도움을 점차적으로 줄여 나갔다. 정 교사가 적용한 수업전략과 가장 가까운 것은?

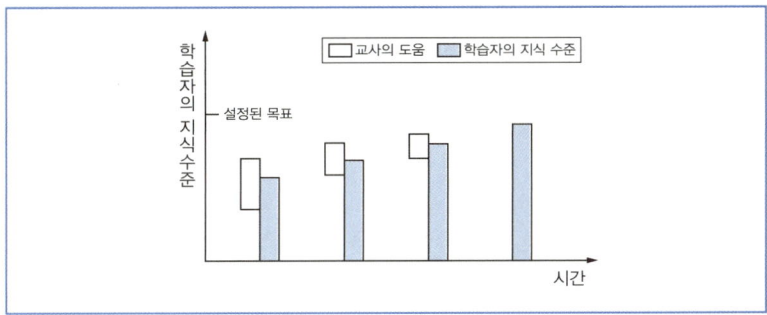

① 궤도학습(orbitals)
② 비계설정(scaffolding)
③ 과잉학습(overlearning)
④ 정착수업(anchored instruction)
⑤ 차등적 과제(tiered assignment)

오답풀이

① **궤도학습** : 학생이 독자적으로 주제를 정하여 3~4주 동안 탐구하는 학습을 말한다. 여기서 '궤도'라고 하는 이유는 주어진 교육과정의 어떤 측면을 중심으로 순환된다는 의미를 갖고 있다.
③ **과잉학습** : 망각을 방지하고 전이를 촉진하기 위해 숙달의 수준을 넘어서서 과제를 연습하는 것으로, 이는 학생들이 정보가 필요할 때 신속하게 자동적으로 인출할 수 있도록 도와준다.
④ **정착수업** : 테크놀로지를 이용하여 실제상황에 가까운 학습환경을 학습자에게 제공해 주고, 그중에 중다맥락적 문제를 학습자에게 해결하도록 하여 학습자로 하여금 다양한 문제를 발견하고 해결할 수 있는 유용한 지식을 습득하게 하는 방법이다.
⑤ **차등적 과제** : 맞춤형 학습(personalized learning)의 한 방법으로 학생의 수준보다는 개인적 특성에 따른 차별화가 중요한 경우 차등적 과제를 활용한다.

만점대비 +α

💡 비계설정(scaffolding)

① 비계설정이란, 집을 지을 때 임시로 설치하는 사다리에 비유하여 성인교사의 역할을 지칭하는 것으로 아동이 학습을 하기 위해 임시로 성인의 도움이 필요하지만 집이 완성되는 과정에서 사다리가 철거되듯이 성인의 역할도 감소하게 됨을 의미한다.
② 즉, 근접발달영역을 적절하게 사용하는 수업방법으로, 아동이 궁극적으로 그들 스스로의 힘으로 문제를 해결할 수 있도록 하는, 견고한 이해를 확립하는 동안에 제공되는 조력을 의미한다.
③ 유형 : 모델링, 소리내어 생각하기, 질문, 수업자료 조정하기, 조언과 단서 등

| 정답 | ②

THEME 01 발달이론

논술 문제 적용 하기

09-1 *2020 중등*

A 교사가 언급한 비고츠키 지식론의 명칭, 이 지식론에서 보는 지식의 성격 1가지와 교사와 학생의 역할을 각각 1가지씩 논하시오.

A 교사의 주요 의견

- 토의식 수업을 활성화 하려면 먼저 지식을 보는 관점의 변화가 필요함
- 교과서에 주어진 지식이 진리라는 생각이나, 지식은 개인이 혼자 만드는 것이라는 생각에서 벗어나는 것이 중요하며, 이와 관련하여 비고츠키(L. Vygotsky)의 지식론이 많은 시사점을 줄 수 있음
- 이 지식론의 관점에서 보면, 교사와 학생의 역할도 기존의 강의식 수업에서의 역할과는 달리 될 필요가 있음

예시답안

A교사가 언급한 비고츠키의 지식론은 사회적 구성주의이다. 사회적 구성주의에서 보는 지식은 사회문화적 맥락 안에서 학습자들 간의 상호작용을 통해 구성되는 것이다. 사회적 구성주의는 사회적 상호작용을 통한 학생들의 지식 구성을 촉진하는 데 초점을 맞추며, 이에 따른 교사와 학생의 역할은 다음과 같다. 먼저, 교사는 학습자들이 문제해결을 위해서 의견을 교환하고 협력할 수 있는 학습환경을 만들어 가는 역할을 수행해야 한다. 이때 교사는 학습과 발달을 촉진하기 위한 지원을 제공해야 하는데, 이러한 수업발판의 유형에는 모델링, 질문, 입으로 중얼거리면서 생각하기, 수업자료를 조절하기, 단서 제공, 절차적 촉진, 난이도 조절, 절반쯤 행해진 예의 제공, 상호교수, 체크리스트 제공 등이 있다. 한편, 학생은 반드시 스스로의 힘으로 해결할 수 있는 그 이상을 사회적 상호작용을 통하여 적극적으로 학습하는 역할을 수행해야 한다. 학습과 발달은 사회적으로 협동적인 활동이므로 학생은 가급적 다양한 능력 수준의 다른 학생들과 상호작용해야 한다. 교사는 이러한 지식관을 내면화함으로써 토의식 수업을 활성화 할 수 있다.

09 *2012 중등*

비고츠키(L. Vygotsky)의 근접발달영역(ZPD) 아이디어를 교수-학습과정에 적용한 것에 대한 설명으로 옳지 <u>않은</u> 것은?

① 교수-학습과정은 잠재적 발달 수준을 새로운 실제적 발달수준이 되도록 변환시키는 과정이다.
② 교수-학습과정은 학습자 주도의 연역적 계열에서 교사 주도의 귀납적 계열로 옮겨가는 이중적 전개 방식을 따른다.
③ 근접발달영역 범위는 학습자의 발달 수준과 교사의 조력 방법 등에 따라서도 달라질 수 있으므로 이를 고려한 교수설계가 필요하다.
④ 교수-학습과정에 인지적 도제 이론의 모델링(modeling), 코칭(coaching), 스캐폴딩(scaffolding), 성찰(reflection) 등의 활동을 적용할 수 있다.
⑤ 잠재적 발달수준에 도달한 학습자는 새로운 근접발달영역에서 교사나 유능한 학생의 도움을 받아 학습활동을 하게 된다.

정답풀이

② 비고츠키의 이론이 주는 교육점 시사점으로는 수업의 이중적 전개를 들 수 있다. 교사의 계획은 일반적인 것으로부터 구체적인 것으로 발전하는 반면, 아동들의 학습은 무개념적 행동의 단계에서부터 관찰 연구를 통하여 얻은 지식을 추상화하고 언어적으로 서술하는 단계로 발전하여야 한다는 것이다.

만점대비 +α

💡 비고츠키의 지식론 및 교육적 적용

(1) 비고츠키의 지식론 : 사회적 구성주의
  ① 사회적 구성주의는 학습자들이 먼저 사회적 맥락 안에서 지식을 구성하고 그다음에 개개인이 이것을 내면화한다고 주장한다.
  ② 사회적 구성주의는 사회적 상호작용을 통한 학생들의 지식 구성을 촉진하는 데 초점을 맞춘다.

(2) 비고츠키의 입장이 제공하는 교육적 시사점
  ① 문화적으로 적절한 맥락 속에서 학습활동이 이루어져야 한다. 비고츠키는 사회적 상호작용이 학습과 인지발달을 가져오는 직접적 요인이라고 생각했다. 즉, 학습은 사회적 상황이라는 맥락 속에서 직접적으로 발생한다. 아동은 사회적으로 경험과 지식이 더 많은 다른 사람들을 통해 혼자서는 얻지 못했을 이해체계를 발달시켜 나가며, 이것은 사람들이 사고할 수 있게 하고 문제를 해결하고 문화 안에서 상호작용할 수 있도록 하는 실제 도구로 기능한다.
  ② 학생들이 그들 자신의 이해를 언어로 설명하도록 장려한다. 학생들로 하여금 자신에게 자신의 문제해결과정을 소리 내어 말하게 하는 사적언어를 사용하도록 한다. 이러한 사적언어는 특히 학생들이 어려운 문제를 해결할 때 그들의 사고를 안내하고 조절하는 기능을 수행한다.
  ③ 학습자의 근접발달영역 내에 있는 학습활동을 만들어야 한다. 근접발달영역은 교육과정 및 학습 계획을 세우는 지침으로 사용되어야 한다. 학생은 반드시 스스로의 힘으로 해결할 수 있는 그 이상을 사회적 교류를 통하여 학습할 수 있도록 안내되어야 하며 이를 위한 환경이 조성되어야 한다. 학습활동은 아동의 현 발달수준에 맞추는 것이 아니라 현 발달수준을 앞질러 앞으로 도달될 아동에 대한 "기대 발달수준"에 맞추어 실현되어 학습활동이 아동의 수준을 더 높은 단계로 이끌어 주는 학습활동이어야 한다.
  ④ 학습과 발달을 촉진하기 위해 필요한 지원을 제공한다. 발판이란 학생이 독자적으로 완성할 수 없는 과제를 완성하게 하는 거둠을 말한다. 전형적으로 학습의 초기 단계에는 아동에게 많은 지원을 제공하고 그 다음에는 지원을 줄여 아동으로 하여금 점차 책임을 감당하도록 한다. 수업발판은 학습자의 능력을 벗어나는 과제요소를 통제하는 과정으로서 학습자에게 학습과 문제해결을 위한 지원을 제공한다. 수업발판의 유형에는 모델링, 질문, 입으로 중얼거리면서 생각하기, 수업자료를 조절하기, 단서 제공, 절차적 촉진, 난이도 조절, 절반쯤 행해진 예의 제공, 상호교수, 체크리스트 제공 등이 있다.
  ⑤ 학생들이 서로 사회적 상호작용을 할 수 있도록 학습활동을 만들어야 한다. 학습과 발달은 사회적으로 협동적인 활동이므로 가급적 다양한 능력 수준의 학생들과 상호작용을 할 수 있도록 협동학습 상황을 마련하는 것이 필요하다.
  ⑥ 역동적 평가를 활용한다. 아동들의 실제적 발달수준뿐 아니라 잠재적 발달수준까지 측정하기 위해서 학습자에 대한 역동적인 진단과 평가가 필요하다. 학습활동을 펼 때는 아동의 현재 발달수준 뿐만 아니라, 그들의 기대 발달수준 또한 고려해야만 한다.

| 정답 | ②

THEME 01 발달이론

논술 문제 적용 하기

10-1 2016 중등
에릭슨(E.Erikson)의 정체성발달이론에 제시된 개념 1가지를 제시하시오.

개선 영역	개선 사항
진로지도	• 진로를 결정하지 못한 학생의 경우 성급한 진로 선택을 유보하게 할 것 • 학생에게 다양한 진로를 접할 수 있는 충분한 탐색 기회를 제공할 것 • 선배들의 진로 체험담을 들려줌으로써 간접 경험 기회를 제공할 것 • 롤모델의 성공 혹은 실패 사례를 제공할 것

예시답안

제시문에서 김 교사가 성급한 진로 선택을 유보하게 하고, 충분한 탐색 기회를 제공하는 것은 에릭슨의 '심리적 유예' 개념으로 설명할 수 있다. 에릭슨은 청소년기를 자신에게 맞는 역할과 자아상을 실험해 볼 수 있는 에너지와 시간을 벌어주는 심리적 유예 기간으로 보았다. 장래에 종사할 직업을 선택해야 할 시기에 와 있는 청소년들은 직업시장이 급격히 동요하는 현실에 직면해서 많은 직업들로 인해 정체감에 위협을 받게 되는데, 이 때 확실한 직업선택을 통해 역할 혼미를 면해 보려고 하면서도 한편으로는 위압감을 느끼고 행동에 방해감을 갖게 된다. 이러한 위압감에서 벗어나는 방법으로, 청소년들에게는 심리적인 유예가 허락된다. 심리적 유예란 선택에 대한 결심을 연기하는 기간으로 사회적, 직업적 역할을 탐색하는 기회가 된다. 청소년들에게는 스스로를 탐색하고 나아갈 바에 대한 확신을 갖기 위해 심리적 유예기가 필요하다. 즉 성인으로서의 결정이나 책임을 요구하지 않고 청소년들이 자신이 무엇을 할 수 있을지, 무엇이 자기 자신에게 가장 맞는 것인지를 찾기 위한 시간을 사회나 성인들이 허용할 수 있다면 보다 깊이 있고 높은 차원의 정체감 확립이 가능하다고 에릭슨은 보았다. 정체성 혼미를 극복하지 못하거나 긍정적인 심리적 유예에 참여하여 정체성 형성을 위한 결정을 유보하지 못하면 바람직하지 못한 사회적 모델에 근거하여 형성된 부정적 정체성을 통해 내적 갈등을 해소하려고 시도할 가능성이 있다.

10 2011 초등
에릭슨(E. Erikson)의 인성발달 이론에 근거할 때 (가)와 (나)에 들어갈 말로 가장 적합한 것끼리 짝지은 것은?

> '근면성 대 열등감' 단계의 아동은 지금까지의 가정이나 유치원 이외의 더 큰 세계로 나아가면서 인지적·사회적 능력의 개발이라는 새로운 과제에 직면하게 된다. 학업뿐만 아니라 또래 및 성인과의 상호작용에서 근면성을 발휘하게 되면 __(가)__ 을 갖게 되는 반면, 이들 과제 수행에 어려움을 겪거나 실패하면 열등감을 갖게 될 수 있다. 이 단계의 심리·사회적 위기를 잘 극복한 아동은 긍정적인 자아개념을 획득하고 __(나)__ 을 갖게 되어 능동적이고 활발한 성격을 형성하게 된다.

	(가)	(나)		(가)	(나)
①	자신감	유능감	②	자신감	의지력
③	자율성	신뢰감	④	자율성	의지력
⑤	친밀감	유능감			

정답풀이

(가) 근면성은 학습자가 어려운 과제에서 성공함으로써 자신의 능력에 대한 자신감을 획득할 때 발달한다.
(나) 근면성과 열등감의 균형 있는 발달은 '유능감(competence)'이라는 덕목을 낳는다. 유능감은 유아적인 열등감에 의해 손상되지 않은 채, 발달과업을 완수하면서 지능을 자유롭게 발휘하는 것이다.

만점대비 +α

💡 에릭슨의 심리사회적 발달 단계론

신뢰감 대 불신감 (출생~1년)	• 유아가 양육자, 즉 대부분의 경우 부모로부터 지속적으로 애정 어린 보살핌을 받을 때 신뢰감이 형성 • 울어도 방치되거나 보살핌에 일관성이 없을 때 불신감이 형성되고, 이는 다른 사람들과 세계 전반에 대한 공포와 의심으로 이어지게 함
자율성 대 수치심 (1~3세)	• 아동이 혼자서 신발을 신는 것과 같은 일을 수행하려는 노력을 강화해 주면 아동의 자율성이 발달 • 부모가 과잉보호하려고 하거나, 음식을 흘리거나 오줌 싸기 등에 대해 처벌을 가하면 아동은 자신의 능력을 의심하고 자신의 신체에 대해 수치심을 느끼게 됨
주도성 대 죄책감 (3~6세)	• 새로운 일을 찾아 나서고 도전해 보려는 아동의 시도를 성인이 격려하고 보상해 주면 아동의 주도성이 발달 • 아동의 주도적인 행동을 부모가 비판하거나 꾸짖으면 아동은 자신의 주도적 행동에 대해 죄책감을 느끼게 됨
근면성 대 열등감 (6~12세)	• 근면성은 학습자가 어려운 과제에서 성공함으로써 자신의 능력에 대한 자신감을 획득할 때 발달 • 반면, 실패를 많이 겪게 되면 열등감을 가질 수 있다. 근면성과 열등감의 균형 있는 발달은 '유능감(competence)'이라는 덕목을 낳음 • 유능감은 유아적인 열등감에 의해 손상되지 않은 채, 발달과업을 완수하면서 지능을 자유롭게 발휘하는 것
정체감 대 역할 혼돈 (12~18세)	• 청소년기의 핵심적인 과제는 정체성의 확립 → 정체성 : 자신의 욕구, 능력, 신념, 과거 경험을 일관성이 있는 자아상으로 조직한 것 • 명확하게 규정된 한계 내에서 독립성을 증가시키려는 시도를 하도록 허용될 때 청소년의 정체감이 발달 → 자아정체감 : 자아의 불변성과 계속성에 대한 자신감 • 지나치게 제한을 가하려는 권위주의적 양육방식 또는 제한을 가하지 않는 허용적인 양육방식은 둘 다 자녀에게 역할 혼돈과 정체감의 혼돈을 초래할 수 있음 → 역할혼미 : 특히, 성적, 직업적 정체감에 대한 의심 • 장래의 직업을 선택해야 할 시기에 있는 청소년들은 직업시장이 급격히 동요하는 현실에 직면해서 많은 직업들로 인해 정체감에 위협을 받게 되는데, 이때 확실한 직업선택을 통해 역할 혼미를 면해 보려고 하면서도 한편으로는 위압감을 느끼고 행동에 방해감을 갖게 됨 → 이러한 위압감에서 벗어나는 방법으로, 청소년들에게는 심리적인 유예가 허락됨 • 심리적 유예 : 선택에 대한 결심을 연기하는 기간으로 사회적, 직업적 역할을 탐색하는 기회
친밀감 대 고립감 (성인 초기)	• 개인이 명확한 자기 정체성을 확립한 후 자기 자신을 다른 사람과 융합할 수 있을 때 친밀감이 발달 • 심리사회적 도전을 극복하지 못한 사람은 자유롭게 사람을 주고받을 수 없어 고립된 감정 상태를 갖게 됨
생산성 대 침체감 (중년기)	• 생산적인 성인은 다음 세대를 지도하는 역할을 함 • 즉, 깨끗한 환경, 마약없는 안전한 세상, 자유와 인간 존중 등과 같은 사회의 긍정적인 발전을 위해 노력하게 됨 • 심리사회적 도전을 건강하게 해결하지 못한다면 무관심, 거짓 관계, 자기도취 등이 나타날 수 있음
자아 통합감 대 절망감 (노년기)	• 최선을 다해 인생을 살아왔고 죽음의 불가피함을 받아들이며, 인생에 대한 후회가 적을 때 자아총합감이 생김 • 이와 반대로 이미 한 일 또는 하지 않은 일에 대한 자책감과 남은 인생이 많지 않다는 느낌을 강하게 갖는 경우 절망으로 이어질 수 있음

|정답| ①

11

마샤(J. Marcia)가 구분한 정체감 지위(identity status) 중 다음의 ㉢에 해당하는 정체감 지위의 특징을 가장 잘 설명한 것은?

- 마샤의 정체감 지위 이론을 확인하기 위하여 메일만(P. Meilman)이 수행한 횡단 연구 결과이다.
- 각 연령별로 연구대상이 네 가지 정체감 지위(혼미, 유실, 유예, 확립)에서 차지하는 비율을 다음의 그래프로 제시하였다.

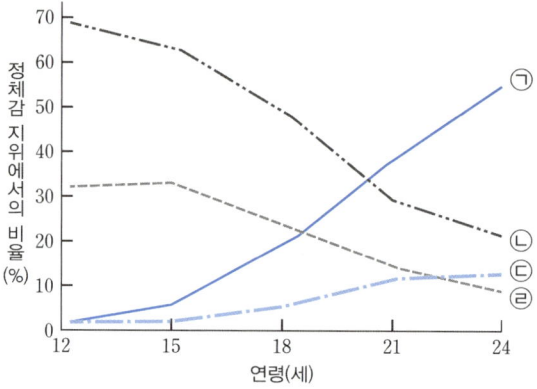

- 이 결과에 대해 메일만은 "청소년 후기가 되어야 대부분의 청소년들이 정체감을 확립한다."라고 주장하였다.
- ㉠은 각 연령별로 정체감을 확립한 청소년들의 비율변화를 나타내는 그래프이다. ㉡, ㉢, ㉣ 역시 각 연령별로 특정 정체감 지위에서 차지하는 비율의 변화를 나타낸 것이다.

① 정체감을 탐색하는 과정에서 가장 위험한 상태로, 이 상태가 지속되면 부정적 정체감을 지니게 될 가능성이 있다.
② 정체감 위기를 경험하지 않고서도 정체감이 확립된 것처럼 행세하며, 부모가 기대하거나 선택해 준 생애과업을 그대로 수용한다.
③ 정체감 위기를 경험하지 못하였으며, 삶의 목표와 가치를 탐색하려는 시도조차 하지 않고 삶을 계획하려는 욕구도 부족한 상태이다.
④ 정체감 위기를 겪고 난 다음, 자기 삶의 가치 혹은 목표를 확고하게 정한 상태이지만, 나중에 타인의 기대를 충족시켜 주기 위하여 자신의 정체감을 포기하기도 한다.
⑤ 정체감 위기를 겪고 난 다음, 특정 역할이나 과업에 몰두하지 못하는 상태이며, 정체감 확립에 도달하기 위한 과도기적 단계로 적극적으로 정체감을 탐색하려고 한다.

정답풀이

※ ㉠ 정체감 성취(확립)형, ㉡ 정체감 혼미형, ㉢ 정체감 유예형, ㉣ 정체감 유실(폐쇄)형에 해당한다.
⑤ 정체감 유예형에 해당한다.

오답풀이

① 정체감 혼미형에 해당한다.
② 정체감 유실(폐쇄)형에 해당한다.
③ 정체감 혼미형에 해당한다.
④ 정체감 성취(확립)형이지만, 정체감 유실(폐쇄)형이 되기도 한다.

만점대비 +α

💡 마샤(Marcia)의 정체감 지위이론

① 정체감 지위 : 정체성을 확립하기 위해 심리사회적 과업을 다루는 방식 또는 과정으로, '정체성 위기의 경험 여부'와 '과업에 대한 몰입 여부'를 기준으로 4가지 상태 구분한다.
 ㉠ 위기 : 현재 상태와 역할에 관해 의문을 제기하고, 대안적 가능성을 탐색하는 과정
 ㉡ 몰입(관여) : 주어진 역할과 과업에 몰두하는 정도
② 자아정체감의 네 범주

유형	특징
정체감 혼미형 위기(×) 몰입(×)	• 삶의 목표와 가치를 탐색하려는 시도를 하지 않고, 삶을 계획하려는 욕구 부족 • 인생을 설계하려는 욕구가 부족할 뿐만 아니라, 인생에 대한 방향감각이 없음 • 정체성을 탐색하는 과정에서 가장 위험한 상태, 지속되면 부정적 정체감 형성 • 하루 종일 재미만 추구하는 사람이거나, 불안수준이 높고 자신감이 낮은 미성숙하고 혼란스러운 사람
정체감 폐쇄(유실)형 위기(×) 몰입(○)	• 정체성 위기를 경험하지 않고서도 정체성이 확립된 것처럼 행동하는 상태 • 특징 : 권위에 맹종한다는 것. 정체성을 형성하기 위해 노력하지 않고, 부모가 기대하거나 선택해 준 생애과업을 그대로 수용 • 청년기를 안정적으로 보내는 것처럼 보이나, 성인기에 들어 뒤늦게 정체성 위기를 경험하는 경우 많음
정체감 유예형 위기(○) 몰입(×)	• 정체성 위기를 경험하지만, 역할과 과업에 몰두하지 못하는 상태 • 정체감 문제를 의식하고 그 해결을 위해 탐색하지만 아직 만족할 만한 대답을 얻지 못한 상태 → '위기' 상태에 있다는 것을 스스로 인식 • 정체성 성취에 이르는 과도기적 단계, 대부분 시간이 지나면 정체성을 확립하게 됨
정체감 성취형 위기(○) 몰입(○)	• 정체성 위기를 경험한 다음 확고한 개인적 정체성을 확립한 단계 • 자기에 대한 다양한 가능성을 검토한 다음 자기를 정확하게 인식하고, 인생행로를 분명하게 확립한 상태

| 정답 | ⑤

12

다음 밑줄 친 '콜버그(L. Kohlberg)의 도덕성 발달수준'에 대한 설명으로 옳은 것을 〈보기〉에서 고른 것은?

> 콜비(A. Colby) 등(1983)의 연구 결과에 의하면, 청소년기 초기에는 전인습 수준의 비율이 급격하게 감소하고, 17세 이후에는 대부분이 인습 수준에 도달하는 것으로 나타났다.

보기

ㄱ. 자신의 욕구나 다른 사람의 욕구를 충족하는 것이 옳은 행위라고 판단한다.
ㄴ. 법이나 규칙을 준수하고 사회 질서를 유지하는 행위를 옳은 행위라고 판단한다.
ㄷ. 벌을 피할 수 있거나 힘 있는 사람에게 복종하는 것 자체가 도덕적 가치를 갖는 것으로 본다.
ㄹ. 다른 사람을 도와주고 기쁘게 해 주며, 다른 사람으로부터 인정받는 것을 도덕적 판단의 기초로 삼는다.
ㅁ. 법이나 규칙을 융통성 있는 도구로 생각하며, 개인의 권리를 존중하고 사회 전체가 인정하는 기준을 준수하는 것이 옳은 행위라고 판단한다.

① ㄱ, ㄴ ② ㄱ, ㄷ
③ ㄴ, ㄹ ④ ㄷ, ㅁ
⑤ ㄹ, ㅁ

정답풀이

ㄴ 4단계(법과 질서준수), ㄹ 3단계(대인관계 조화·착한 아이)로, 인습수준에 해당한다.

오답풀이

ㄱ 2단계(욕구 충족을 위한 도구적 상대주의)로, 전인습수준에 해당한다.
ㄷ 1단계(벌회피·복종지향)로, 전인습수준에 해당한다.
ㅁ 5단계(사회계약 지향)로, 후인습수준에 해당한다.

만점대비 +α

💡 콜버그의 도덕성 발달단계

수준	단계	특징
전인습 수준	1단계 : 벌회피·복종지향(주관화) 약 3~7세	• 진정한 의미의 규칙에 대한 개념이 없음 • 행위의 옳고 그름을 그 행위의 물리적 결과에 의해 판단
	2단계 : 욕구 충족을 위한 도구적 상대주의(상대화) 약 8~11세	• 자기에게 당장 이익이 있을 때 규칙 준수 • 자신의 욕구 충족이 도덕판단의 기준(자기 중심적, 실리적, 1 : 1의 상호 교환관계 중시)
인습 수준	3단계 : 대인관계 조화·착한 아이 지향(객체화) 약 12~17세	• 대인관계와 타인의 승인을 중시, 타인의 관점과 의도를 이해하고 고려하며 다른 사람을 도와주고 기쁘게 해주는 것이 도덕적 행위 • 사회적 규제 수용, 행위의 의도에 의해 옳고 그름 판단
	4단계 : 법과 질서준수 지향(사회화) 약 18~25세	• 사회복지, 개인의 의무와 책임의 중요성 인식. 사회. 집단·제도에 공헌하는 것이 선이므로 법·규칙·사회질서 준수 • 법은 만인에 평등, 예외가 있을 수 없음. 소수의 권리 불인정
후인습 수준	5단계 : 사회계약 지향 (일반화) 약 25세 이상	• 사회질서 유지를 위해 법과 규칙을 중시하나 사회적 유용성이나 합리성에 따라 법이나 제도가 바뀔 수 있음을 인정 • 사회적 책임으로서의 공리주의, 가치기준의 일반화·세계화 추구, 소수의 권리 인정 • 자유, 정의, 행복추구 등의 제도적 가치가 법보다 상위임을 어렴풋이 인식
	6단계 : 보편적 도덕원리 지향(궁극화) 극히 소수만 도달하기 때문에 나이를 들 수 없음	• 자신이 스스로 선택한 도덕원리(공정성, 정의, 인간 권리의 상호성과 평등성, 인간의 존엄성에 대한 존중), 양심의 결단에 따른 행위를 올바른 행위로 봄 • 인간은 수단이 아닌 목적, 사회정의와 진실이 우선
	7단계 : 우주영생 지향 (아가페)	• 도덕성 문제는 도덕이나 삶 자체가 아니라 우주적 질서와의 통합 • 예수, 간디, 공자, 소크라테스, 테레사 수녀 등과 같은 위대한 도덕가, 종교지도자, 철학자들의 목표가 곧 우주적 원리(생명의 신성함, 최대 다수를 위한 최선의 원리, 인간성장을 조성하는 원리)

| 정답 | ③

THEME 02 학습이론

논술 문제 적용하기

13-1 [2016 초등]

1) 수업 상황에서 학생 행동 관리의 필요성을 논하시오.
2) 신 교사와 김 교사가 각각 학생 행동관리의 기본 원리로 채택하고 있는 학습이론과 그 근거를 논하시오.
3) 신 교사와 김 교사의 학생 행동 관리 방법이 성공하기 위한 조건을 1가지씩 논하시오.
4) 정 교사 의견이 신 교사와 김 교사의 학생 행동 관리에 시사하는 바를 2가지 논하시오.

> 강 교사: 오늘은 교단생활의 경험을 이야기하고 고민을 나눔으로써 수업 상황에서 학생 행동 관리를 어떻게 하면 잘 할 수 있는지 논의하기 위해 모였습니다.
> 신 교사: 수업을 잘 하려면 평소 구체적 학습이론에 기반하여 학생들의 행동을 잘 관리하는 것이 중요하다고 생각해요. 그래서 저는 학기 초에 아이들과 함께 수업 행동 규칙을 4~5가지 정하고 엄격하게 지키려고 노력하죠. 이를 위하여 상벌기준을 명확히 제시하고 일관성 있게 적용하고 있어요. 규칙을 지킨 아이에게는 스티커를 주어 10개를 모을 때마다 상을 주고, 규칙을 어기는 아이에게는 벌점을 주고 일정 점수를 넘으면 정해진 벌칙을 적용합니다.
> 김 교사: 저는 좀 생각이 달라요. 무엇보다 교사인 제가 솔선수범하다 보면 아이들은 따라오기 마련이죠. 그래서 저는 수업 중에 지켜야 할 행동을 설명하고 아이들 앞에서 적극적으로 실천하고, 모범적인 학생을 발굴하려고 적극적으로 노력해요. 예를 들면, 수업 시작 전에 먼저 인사를 나누고 수업 중에 요구나 질문 사항이 있으면 어떻게 해야 하는지를 이야기하고 시범을 보인 후, 귀감이 되는 학생을 찾아서 '모범 어린이'로 정해요.
> 정 교사: 저도 신 선생님이나 김 선생님처럼 해 보았는데 수업 중 학생 행동 관리가 항상 잘 되는 것은 아니더라고요. 그래서 저는 아이들과 함께 수업하면서 내 자신이 어떻게 행동하고 무엇을 느끼는지 교단 일지를 쓰면서 자주 되돌아보곤 합니다. 특히, 수업 중에 아이들이 힘들어하는 것이 무엇인지 생각해 보고 그들의 마음을 읽고 공감하려고 노력해요. 이렇게 하다 보면 아이들도 제 마음을 잘 이해하고 수업도 더 재미있어 하는 것 같아요.

예시답안

1)
수업상황에서 학생 행동을 관리하는 것은 여러 가지 면으로 중요하다. 첫째, 효과적인 학생 행동 관리는 학생의 학업성취를 높인다. 학생들의 참여를 증진하고 수업 방해 행동을 감소시키며, 학생들이 수업시간을 효과적으로 사용하도록 한다. 또한 교사들이 수업 방해 행동에 대한 행동중재에 시간을 적게 보낼수록 학습에 더 많은 시간을 사용할 수 있다. 둘째, 효과적인 학생 행동 관리는 학습자의 동기를 증진시킨다. 학생들이 학습동기를 갖기 위해서는 질서와 안전이 필수적이고, 학생들은 질서 있는 환경에서 더 많은 자율감과 통제감을 느낀다.

13 [2009 초등]

〈보기〉는 초등학교 교사가 행동주의 학습이론을 교실 수업에 적용한 사례들을 제시한 것이다. 고전적 조건형성의 원리에 기초하고 있는 교사의 행동을 고른 것은?

> **보기**
> ㉠ 김 교사 – 수학 시간에 학생들에게 '$\frac{1}{2}+\frac{1}{4}=?$'의 문제를 내 주고 먼저 풀이과정에 대한 시범을 보인 후, 학급의 모든 학생이 다 풀 수 있을 때까지 연습을 시켰다.
> ㉡ 박 교사 – 신학기 첫날부터 매일 아침, 반 학생들에게 반갑게 미소를 짓고 등을 다독이며 친근감을 표시하고, 자주 유머를 사용하여 그들을 즐겁게 해 주려고 노력하였다.
> ㉢ 정 교사 – 반 학생들에게 과제를 제시한 후 교실을 돌아다니면서, 조용히 과제를 수행하고 있는 학생에게 도서상품권을 나누어 주고 서점에서 책을 살 때 사용하도록 하였다.
> ㉣ 최 교사 – 일제고사를 앞둔 학생들에게 시험범위는 물론 문제형식과 수험요령 등 관련 정보를 알려 주고, 시험 직전에는 심호흡을 유도하여 그들의 불안감을 해소해 주려고 노력하였다.

① ㉠, ㉡
② ㉠, ㉢
③ ㉡, ㉢
④ ㉡, ㉣
⑤ ㉢, ㉣

정답풀이

ⓒ 정서반응은 고전적 조건형성의 원리로 설명할 수 있다.
ⓔ 심호흡을 통해 불안감을 해소해 주는 행동은 체계적 둔감법에 해당한다.

오답풀이

㉠ 반두라의 사회적 학습이론에 해당한다.
ⓒ 스키너의 도구적 조건형성에 해당한다.

만점대비 +α

💡 고전적 조건형성의 적용

① 긍정적이고 유쾌한 사건과 학습 과제를 연관시키라.
  ㉠ 개인 간의 경쟁보다 집단 경쟁과 협동을 강조하라. 많은 학생들이 다른 학습에도 일반화될 수 있는 개인간의 경쟁에 대해 부정적인 정서 반응을 한다.
  ㉡ 학생들 스스로 어떻게 간식을 똑같이 나누어 먹을지 결정하게 해서 분배 연습을 재미 있게 할 수 있도록 하라.
  ㉢ 베개나 다채롭게 배치된 책들, 꼭두각시 인형 등이 있는 편안한 공간을 만들어서 자발적인 독서가 매력적인 것이 되게 하라.
② 학생들이 불안을 유발하는 상황에 자발적으로, 성공적으로 대처할 수 있도록 도우라.
  ㉠ 수줍음을 많이 타는 학생으로 하여금 두 학생에게 지도 학습(map study)을 배포 방법을 가르치는 책임을 부과하라.
  ㉡ 커다란 목표를 향한 작은 단계를 고안하라. 예를 들어, 시험 상황에서 "얼어붙는" 학생에게는 매일, 그 다음엔 일주일에 한 번씩 성적과 관계없는 모의시험을 치르게 한다.
  ㉢ 급우들 앞에서 발표하길 두려워하는 학생이 있으면 처음에는 소집단에서 앉아서 보고서를 읽도록 하고 그 다음에는 서서 읽게 한다. 그런 다음 줄여서 읽는 대신에 노트를 보면서 말하게 한다. 다음으로 전체 학급 앞에서 발표하도록 무대를 옮긴다.
③ 학생들이 상황 간의 차이점과 유사점을 인식하여 상황을 분별하고 적절하게 일반화시킬 수 있도록 도와라.
  ㉠ 선심공세를 하는 낯선 사람을 피하는 것이 좋지만 부모가 함께 있을 때는 어른의 호의를 받아들여도 됨을 설명하라.
  ㉡ 대학 입학시험을 고민하는 학생에게는 그 시험 역시 그 동안 치른 다른 모든 시험과 다를 바 없음을 납득시켜라.

| 정답 | ④

논술 문제 적용 하기

2)
신 교사는 행동주의를 학생 행동 관리의 기본 원리로 채택하고 있다. 행동주의는 볼 수 있고 측정 가능하고 기록될 수 있는 행동에 초점을 두는 것으로, 인간은 환경 속에서 보상과 벌, 강화에 반응함으로써 학습한다고 가정한다. 제시문의 대화에서 신 교사는 수업 행동 규칙을 4~5가지 정하고, 상벌 기준을 명확히 제시하여, 규칙을 지킨 아이에게는 스티커를 주어 10개를 모을 때마다 상을 주고, 규칙을 어기는 아이에게는 벌점을 주고 일정 점수를 넘으면 정해진 벌칙을 적용하고 있다. 이것은 토큰 강화로, 강화되지 않거나 처벌을 받은 행동은 감소하고 강화된 행동은 증가할 것이라는 조작적 조건형성의 기본 원리를 적용한 것이다.
김 교사는 사회학습이론을 학생 행동 관리의 기본 원리로 채택하고 있다. 사회학습이론은 인간이 타인의 행동을 관찰하고 모방함으로써 학습이 이루어진다고 본다. 제시문의 대화에서 김 교사는 먼저 교사인 자신이 수업 중에 지켜야 할 행동을 아이들 앞에서 이야기하고, 적극적으로 시범을 보인 후, 모범적인 학생을 선정하여 따라야 할 모델로 세우고 있다. 어떤 행동이 강화될 것인지를 설명해 주고, 교사 자신과 모델의 행동을 통해 무슨 행동이 강화받는지를 학생들이 알 수 있도록 보여주고 있다. 이것은 타인의 행동을 관찰하고 따라함으로써 학습한다는 관찰학습의 원리를 적용한 것이다.

3)
신 교사의 학생 행동 관리 방법이 성공하기 위해서는 학습할 행동과 약화 또는 제거할 행동을 객관적 용어로 분명히 정의해야 한다. 즉 스티커를 받을 수 있는 행동과 벌점을 받을 수 있는 행동을 구체적이며 관찰가능하고 측정이 가능한 행동으로 세분화하여 제시해야 한다. 구체적인 행동은 강화의 효과를 더 잘 판단하게 한다.
김 교사의 학생 행동 관리 방법이 성공하기 위해서는 학생들이 모델의 행동에 주의를 기울이고 그 행동을 모방하게 하는 것이 중요하다. 따라서 학생들이 모방할 가능성이 높은 효과적인 모델을 세우는 것이 중요하다. 모델이 자신과 비슷하다고 인식할 경우, 모델이 능력 있다고 생각할 경우, 집단 내에서 지위가 높고, 존경받고, 힘을 가진 사람이 모델일 경우 관찰자가 모방할 가능성이 크다.

4)
제시문의 대화 속 정 교사의 의견은 인본주의이다. 인본주의는 행동주의와 사회학습이론에 다음과 같은 시사점을 준다. 첫째, 인간은 자율적으로 행위를 선택하고 행위의 결과에 대해서 책임을 지는 존재이다. 행동주의와 사회학습이론은 기본적으로 강화와 처벌을 중요하게 여긴다. 정도의 차이는 있지만 외부 환경 요인의 통제에 역점을 두며 인간을 수동적인 존재로 간주하고 있다. 그러나 사람은 외적 통제보다는 스스로의 판단에 따라 행동을 결정한다. 신 교사와 김 교사의 의견은 인간이 스스로 선택한 존재가 되려고 노력한다는 점을 간과하고 있다. 둘째, 인간은 본질적으로 선하고 자율적이며, 적절한 환경조건만 구비되면 잠재력을 실현시킬 수 있는 존재이다. 학생은 문제행동을 유지하고 싶어서 자기의 문제행동을 없애려는 교사를 피해서 도망 다니는 존재가 아니다. 수업 시간에 산만한 학생도 성취감을 느끼고 싶고 인정받고 싶어 한다. 또래와 싸우고 교사에게 무례한 언행을 하는 학생도 친한 친구를 사귀고 싶고 교사와도 좋은 관계를 형성하고 싶어 한다. 다만 오래 지속된 좌절감이나 분노 혹은 무기력감 등의 부정적 감정들에 묻혀서, 그러한 긍정적 동기가 표면으로 드러나지 못하는 것뿐이다. 그러므로 교사는 학생을 긍정적 변화를 가져올 수 있는 능동적 존재로 바라보는 것이 중요하다. 부정적 감정들에 묻혀서 드러나지 못하고 문제행동에 가려져 있는 긍정적 동기를 찾아내고 되살리는 일이 교사의 과제가 되어야 한다.

14

2012 중등

다음 세 명의 교사가 학생의 행동 특성을 변화시키기 위해 제안한 상담기법으로 가장 적절하게 연결된 것은?

> 김 교사 : 명수는 숙제를 해오지 않는 경우가 많습니다. 이 문제를 해결하기 위해 부모님과 의논해서, 숙제를 모두 마치면 명수가 좋아하는 인터넷 게임을 할 수 있도록 해주는 것이 좋을 것 같습니다.
> 박 교사 : 영수는 교사의 지속적인 칭찬이 있을 때에는 주의 집중하거나 과제물을 챙겨오는 등 긍정적 행동변화를 보이지만, 그 행동이 계속 유지되는 못하는 경향이 있습니다. 긍정적 행동변화를 지속시키기 위해 매번 칭찬하기보다는 가끔씩 하는 것이 좋을 것 같습니다.
> 서 교사 : 진수는 학교에서 당번이 되어 화장실 청소하는 것을 매우 싫어합니다. 그리고 과제물을 챙겨 오지 않는 경우가 빈번하여 학습에 지장을 초래하곤 합니다. 진수가 과제물을 잘 챙겨 오도록 하기 위해, 과제물을 챙겨 올 경우 화장실 청소를 면제해 주는 방법이 좋을 것 같습니다.

	김 교사	박 교사	서 교사
①	정적강화	체계적 둔감화	부적강화
②	정적강화	간헐적 강화	타임아웃
③	행동조성	자기조절	모방학습
④	프리맥의 강화원리	간헐적 강화	부적강화
⑤	프리맥의 강화원리	간헐적 강화	타임아웃

정답풀이

※ **프리맥의 강화원리** : 선호하는 활동이 덜 선호하는 활동에 대해 효과적인 강화인자가 되는 것
※ **간헐적 강화** : 정확한 반응 중에서 일부 반응에만 강화를 주는 방식
※ **부적강화** : 바람직한 행동을 할 때 아동이 싫어하는 것을 제거해주어 행동의 빈도가 높아지게 하는 방법

오답풀이

※ **정적강화** : 행동이 일어난 직후에 좋아하는 것을 주어 행동의 빈도가 높아지게 하는 방법
※ **체계적 둔감화** : 공포를 일으키는 자극에 점진적으로 노출시켜 공포를 없애는 방법
※ **타임아웃** : 강화물이 많은 상태에서 적은 상태로 옮겨 놓는 것
※ **행동조성** : 형성하고자 하는 목표행동을 향하여 행동을 점진적으로 접근하여 가는 과정
※ **자기조절** : 학습자 자신이 자신의 학습, 사고, 행동을 스스로 조절하는 것을 의미
※ **모방학습** : 바람직한 행동의 모델이 될 만한 행동을 학생들에게 보여줌으로써 학생들이 바람직한 행동을 모방할 수 있게 하는 것

| 정답 | ④

15

2012 초등

응용행동분석의 한 기법인 행동조성(shaping)에 관한 설명으로 가장 적절한 것은?

① 고전적 조건형성의 원리를 이용해서 행동을 변화시킨다.
② 역조건형성을 통해 나쁜 습관을 바람직한 습관으로 대치한다.
③ 상반행동(incompatible behavior)을 강화하여 문제행동을 감소시킨다.
④ 상대적으로 선호도가 높은 활동을 강화물로 사용하여 선호도가 낮은 활동을 증가시킨다.
⑤ 차별적 강화를 이용하여 목표행동에 도달할 때까지 목표와 근접한 행동들을 점진적으로 형성해 간다.

정답풀이

⑤ 행동조성 : 강화를 이용해서 목표행동을 점진적으로 형성하는 기법으로, 차별강화와 점진적 접근으로 이루어져 있다. 차별강화는 어떤 반응에는 강화를 주고, 어떤 반응에는 강화를 주지 않는 것을 의미하고, 점진적 접근이란 목표행동에 근접하는 행동에만 강화를 주는 것을 의미한다.

오답풀이

① 행동조성(shaping)은 조작적 조건형성의 원리를 이용한 행동수정기법이다.
② 역조건형성은 행동조성과 달리, 고전적 조건형성의 원리를 이용한 기법이다. 고전적 조건형성의 원리를 이용한 행동변화기법에는 소거, 역조건형성, 홍수법, 혐오치료 등이 있다.
③ **상반행동강화** : 문제행동과 반대되는 다른 바람직한 행동을 강화함으로써 상대적으로 문제행동을 감소시키는 기법이다.
④ 프리맥의 원리에 대한 설명이다.

| 정답 | ⑤

THEME 02 학습이론

16
2010 초등

철수에게 태권도 품세를 노래에 맞추어 가르치는 교사의 수업 장면이다. 〈보기〉의 내용과 그에 해당하는 행동주의 학습 원리를 옳게 연결한 것은?

보기

㉠ 노래를 여덟 소절로 나누고, 각 소절마다 네 가지의 품세들을 배열하였다.
㉡ 수업 시작부터 장난을 치며 친구들을 방해한 철수에게 점심시간에 좋아하는 축구를 하지 못하도록 하였다.
㉢ 의기소침해 있는 철수를 수업에 집중시키기 위해, 철수가 동작을 정확하게 수행할 때마다 칭찬을 해주었다.
㉣ 철수의 수업 집중도가 높아진 후에는 정확한 행동을 세 번 하면 한 번씩 칭찬하였다.

	㉠	㉡	㉢	㉣
①	과제분석	부적 강화	계속적 강화	고정비율 강화
②	과제분석	제거성 벌	프리맥 원리	변동비율 강화
③	과제분석	제거성 벌	계속적 강화	고정비율 강화
④	응용행동분석	제거성 벌	계속적 강화	변동간격 강화
⑤	응용행동분석	부적 강화	프리맥 원리	변동간격 강화

정답풀이

㉠ 과제분석 : 학습자가 수행해야 하는 과제를 더 단순한 하위 과제로 분할하는 활동 혹은 계획
㉡ 제거성 벌 : 반응확률을 감소시키는 목적으로 사용되며 유쾌한 자극을 제거하므로 부적 벌이라고도 함
㉢ 계속적 강화 : 정확한 반응을 할 때마다 강화물을 제공하는 강화계획
㉣ 고정비율 강화 : 시간과는 관계없이 반응의 수에 근거한 강화계획

오답풀이

※ **응용행동분석** : 응용행동분석은 학생의 행동을 변화시키기 위해 행동주의 원리를 체계적으로 응용하는 것이다. (이것은 행동수정이라고도 한다. 그러나 이 용어는 경우에 따라 부정적 의미를 주기 때문에 전문가들은 응용행동분석이라는 용어를 더 선호한다). 이것은 사람들이 신체 건강을 증진시키고, 공포나 공황장애를 극복하고, 사회적 기술을 학습하고, 금연을 돕는 데 성공적으로 사용되어 왔다. 응용행동분석은 특수아동을 다루는 데도 널리 사용되고 있다.
※ **부적 강화** : 반응확률을 높이기 위해 반응 후 싫어하는 자극이나 대상(부적강화물)을 제거하는 절차
※ **변동비율 강화** : 평균적으로 일정횟수의 반응을 해야 강화를 주는 계획으로, 강화를 받을 수 있는 반응횟수를 수시로 변동시킴
※ **변동간격 강화** : 강화를 주는 시간간격을 변화시키는 강화계획

만점대비+α

💡 강화이론

(1) 강화 : 반응의 발생확률을 증가시키는 절차 혹은 결과
  ① 정적 강화 : 가치 있는 어떤 것을 제공해 줌으로써 바람직한 행동의 강도와 빈도를 증가시키는 것을 의미한다. (예 칭찬, 인정)
  ② 부적 강화 : 기분 나쁘고 혐오스러운 자극을 제거해 줌으로써 바람직한 행동의 강도와 빈도를 증가시키는 것을 의미한다.(예 청소당번 면제)
(2) 벌 : 행동의 강도를 약화시키거나 빈도를 감소시키는 절차
  ① 정적 벌 : 가함으로써 벌하는 것으로, 어떤 반응 뒤에 혐오 자극(부적 강화물)을 가하는 것이다.
  ② 부적 벌 : 감함으로써 벌하는 것으로, 어떤 반응 뒤에 정적강화물을 박탈하는 것이다.
(3) 강화, 벌, 소거의 개념적 구분

절차	목표	목표행동	자극의 성질	자극 제시방법
정적 강화	행동의 증가	바람직한 행동	유쾌자극	행동 후 제시
부적 강화	행동의 증가	바람직한 행동	불쾌자극	행동 후 제거
정적 벌	행동의 감소	바람직하지 않은 행동	불쾌자극	행동 후 제시
부적 벌	행동의 감소	바람직하지 않은 행동	유쾌자극	행동 후 제거
소거	행동의 감소	바람직하지 않은 행동	유쾌자극	행동 후 유보

| 정답 | ③

17

효과적인 교수-학습을 위해 행동주의 관점에서 강화를 사용하고자 할 때 올바른 방법은?

① 새로운 주제의 초기 학습 단계라면 계속강화계획보다 간헐강화계획을 사용한다.
② 학생의 나쁜 습관을 없애고자 한다면 그 행동을 보일 때 부적강화를 사용한다.
③ 학습이 진행되는 동안 점진적으로 강화의 제시 횟수를 줄이고 제시 간격을 넓힌다.
④ 강화 제공의 시점을 특별히 정해두지 않았다면 즉시강화보다 지연강화를 사용한다.
⑤ 학습자의 반응 지속성을 높이기 위해서는 변동강화계획보다 고정강화계획을 사용한다.

오답풀이

① 학습의 초기단계에서는 연속강화가 간헐강화보다 효과적이다. 학습의 초기단계에서 간헐강화를 하면 어떤 반응이 적절한가를 정확하게 인식하지 못할 수도 있고, 그 결과 학습속도가 느려질 수 있다.
② 행동의 강도를 약화시키거나 빈도를 감소시키기 위해 반응 후 불쾌한 자극을 제시하거나 좋아하는 것을 박탈하는 절차는 벌이다. 바람직하지 못한 행동을 소거하거나 확률을 감소시키기 위한 기법이다.
④ 강화는 반응 후 즉시 제시해야 한다. 강화는 선행하는 반응의 확률을 높이는 기능을 한다. 따라서 강화를 지연시키는 것은 효과가 적다.
⑤ 변동강화를 주면 반응횟수를 일정하게 높은 수준에서 유지할 수 있다.

만점대비 +α

💡 강화계획

① 학습자의 반응에 대해 언제 어떻게 강화를 줄 것인가를 정해 놓은 규칙 또는 프로그램
② 연속(계속적)강화
　㉠ 정확한 반응을 할 때마다 강화물을 제공하는 강화계획
　㉡ 계속적 강화는 행동을 빨리 변화시키기 때문에 학습 초기단계에 아주 효과적
③ 간헐(부분)강화
　㉠ 정확한 반응 중에서 일부 반응에만 강화를 주는 방식
　㉡ 간헐강화는 연속강화에 비해 소거에 대한 저항이 강하다고 하여 학습된 행동을 장기간 일관성 있게 지속시키는 효과가 있음
　㉢ 강화물이 제시되는 시간간격과 반응비율이 고정적이냐 혹은 변동적이냐에 따라 다음과 같이 분류됨

고정간격 강화계획	• 일정한 시간간격마다 강화물이 주어지는 경우 예 월급, 정기시험
변동간격 강화계획	• 강화를 주는 시간간격을 변화시키는 강화계획 예 낚시
고정비율 강화계획	• 일정한 횟수의 반응을 할 때마다 강화를 주는 계획 예 쿠폰 10장 모으기, 컴퓨터 5대를 조립할 때마다 보수를 지급
변동비율 강화계획	• 평균적으로 일정횟수의 반응을 해야 강화를 주는 계획 • 단, 강화를 받을 수 있는 반응횟수를 수시로 변동시킴 예 카지노의 슬롯머신, 도박

　ⓐ 반응속도는 통제정도에 달려 있음 : 강화가 간격보다는 반응횟수에 따라 이루어질 때 반응을 더 통제할 수 있는 것. 이는 시간과 상관없이 반응의 횟수가 빨리 누적될수록 강화가 빨리 올 수 있음을 의미하므로 반응속도는 간격강화보다 비율강화에서 더 빠름
　ⓑ 반응의 지속성은 예측가능성에 달려 있음 : 연속강화와 고정강화는 예측가능성이 상당히 높으며, 예측가능성이 높은 강화에는 반응의 지속성이 떨어지게 됨. 강화가 기대될 때만 반응하고 그 외에는 반응을 유보하기 때문에 반응의 지속성을 북돋아 주려면 예측가능성이 낮은 변동강화가 효율적
　ⓒ 효과성 : 변동비율강화 > 고정비율강화 > 변동간격강화 > 고정간격강화

|정답| ③

THEME 02 학습이론

논술 문제 적용 하기

18-1 2016 중등

반두라(A.Bandura)의 사회인지학습이론에 제시된 개념 1가지를 제시하시오.

개선 영역	개선 사항
진로지도	• 진로를 결정하지 못한 학생의 경우 성급한 진로 선택을 유보하게 할 것 • 학생에게 다양한 진로를 접할 수 있는 충분한 탐색 기회를 제공할 것 • 선배들의 진로 체험담을 들려줌으로써 간접 경험 기회를 제공할 것 • 롤모델의 성공 혹은 실패 사례를 제공할 것

예시답안

간접 경험 기회를 제공하고, 롤모델의 성공 혹은 실패 사례를 제공하는 것은 '대리학습(관찰학습)'으로 설명할 수 있다. 반두라는 아동은 직접적인 보상이나 벌의 결과로서 바람직한 행동을 형성할 뿐만 아니라 다른 사람의 행동과 그 결과를 관찰하는 방법으로도 학습한다고 주장한다. 이러한 사회인지학습이론에서는 직접 경험에 의하지 않고, 또 반드시 시행착오를 거치지 않고도 학습이 성립할 수 있다고 본다. 관찰된 학습과 대리경험의 효과를 중요하게 생각하는 사회인지학습이론은 결국 행동의 단서 즉, 모델에 의해 표현되는 행동의 효과를 강조한다. 사회인지학습 이론가들은 강화인과 처벌인이 기대를 형성하게 하기 때문에 강화와 처벌이 중요하다고 본다. 다른 사람이 강화나 처벌을 받는 것을 보면 비슷한 행동에 대해 강화나 처벌을 받을 것이라는 것을 기대할 수 있다. 사람들이 기대를 한다는 것은 어떤 행동이 강화를 받을 것이란 것을 알고 있다는 것을 의미한다. 이것은 아주 중요한데, 사회인지학습이론에 따르면, 어떤 행동이 강화되는지를 학습자가 알고 있을 때 강화가 행동을 변화시키기 때문이다. 다른 사람이 강화나 처벌 받는 것을 보며 자신도 비슷한 행동에 대해 강화나 처벌을 받을 것이라고 기대할 수 있는 것이다. 따라서 대부분의 학습이 관찰을 통해 이루어지고 직접강화가 학습의 필수요건은 아니다. 인간은 관찰을 통해 지식, 기능, 전략, 태도 등을 습득하며 모델로부터 행동의 유용성과 적합성을 학습한다. 우리는 다른 사람들이 하는 방식을 바라보고 모방함으로써 많은 것들을 학습한다. 모델이 하는 행동을 관찰하는 것을 통해 새로운 반응을 학습할 수 있는 것을 모델링이라고 한다. 다른 사람에게서 관찰한 행동을 모방하려는 경향을 말한다. 모델링은 학습을 낳고, 행동을 촉진하며, 억제를 변화시키고, 정서를 유발시킬 수 있다.

18 2008 중등

〈보기〉에서 사회학습이론(social learning theory)에 기초한 것끼리 묶인 것은?

보기

㉠ 통찰학습(insight learning)
㉡ 관찰학습(observational learning)
㉢ 프로그램학습(programmed learning)
㉣ 자기조절학습(self-regulated learning)

① ㉠, ㉡   ② ㉡, ㉢
③ ㉡, ㉣   ④ ㉢, ㉣

오답풀이

㉠ 통찰학습은 인지주의 학습이론에 기초한 것이다.
㉢ 프로그램학습은 행동주의 학습이론에 기초한 것이다.

만점대비 +α

💡 반두라(Bandura)의 사회인지학습이론

(1) 개요
① 느슨한 행동주의로서 환경 영향 못지않게 '개인의 주도성'을 인정한다.
② 상호결정론 : 환경(E), 개체(P), 행동(B)이 서로 영향을 주고 영향을 받는 상호작용관계
③ 관찰에 의한 학습과 인지과정 중시 : 개인이 사건을 지각하는 방식과 그 개인의 기대와 목표 그리고 '자기능력'과 '자기통제' 등 인지과정이 행동습득에 중요하다.
④ 사회적 상황 속에 있는 사람들은 단순히 다른 사람들의 행동을 관찰함으로써 그보다도 더 빨리 학습한다. 직접 경험에 의하지 않고, 외적 강화를 필요로 하지 않으며, 반드시 시행착오를 거치지 않고도 학습이 성립된다.
⑤ 관찰학습에서 모델링에 영향을 주는 요인 : 모델의 특성, 관찰자의 특성, 행동과 관련된 보상 결과

(2) 관찰학습의 효과
① 모델링효과 : 관찰자가 모델의 행동을 관찰하는 과정을 통해 새로운 행동이나 기능을 학습하는 현상
② 금지효과 : 모델이 특정 행동을 한 다음 처벌받는 장면을 관찰한 후 그 행동을 금지하거나 억제하는 것
③ 탈제지효과 : 금지효과의 반대현상으로, 모델이 금지된 행동을 한 후 보상을 받거나 혹은 처벌받지 않는 것을 관찰한 후 평소 억제하고 있던 그 행동을 수행하게 되는 것
④ 기존 행동 촉진 : 모델의 행동은 관찰자가 이미 학습한 행동을 촉진하는 기능

(3) 관찰학습의 단계
① 주의 과정 : 모방할 모델에 주의집중
② 파지 과정 : 모델의 행동을 상징적인 형태로 기억하는 단계
③ 운동재생 과정 : 모방하려는 것을 실제 행동을 옮겨보는 것
④ 동기화 과정 : 강화(외적강화, 대리적강화, 자기강화)를 통해 행동의 동기를 높여주는 단계
  ㉠ 직접강화 : 자기행동의 결과로 획득하는 강화
  ㉡ 대리강화 : 모델이 강화를 받는 사실을 관찰할 때 관찰자가 경험하는 일종의 간접 강화
  ㉢ 자기강화 : 바람직한 행동에 대해 스스로 제공하는 강화

(4) 관찰학습의 유형
① 직접모방학습 : 모델의 행동을 직접 보고 배우는 경우
② 모형학습(동일시학습) : 모델의 일반적 행동, 정서적 반응, 광범위한 의미체계, 도덕적 가치 등을 내면화하는 것
③ 무시행학습 : 예행해 볼 기회가 없거나 강화가 없음에도 자극·반응의 연결학습을 하는 현상
④ 동시학습 : 관찰자의 행동과 똑같은 행동을 모델이 하고 있을 때 관찰자의 행동이 촉진되는 현상
⑤ 고전적 대리조건 형성학습 : 타인이 정서적으로 경험하는 것을 관찰, 그와 비슷한 정서적 반응을 학습(감정이입, 대리선동, 동정)

(5) 사회인지이론의 적용
① 관찰을 통한 인지적 행동수정 기법 : 모델링, 심리극(psycho-drama)
② 자기조절을 통한 인지적 행동수정 기법 : 자기점검, 자기지시, 자기강화, 행동계약

| 정답 | ③

THEME 02 학습이론

19
2008 초등

〈보기〉의 내용과 가장 가까운 학습이론은?

보기

- 환경, 개인, 행동은 서로 영향을 주고받는다.
- 교사는 학생들의 자기효능감과 자기조절능력을 증진시켜야 한다.
- 교사는 학생들이 학업성취에 대해 긍정적이고 현실적인 기대를 갖도록 해야 한다.
- 학생들은 사회적 상황 속에서 다른 사람의 행동을 관찰하고 모방함으로써 학습한다.

① 톨만(E. C. Tolman)의 기호형태이론
② 반두라(A. Bandura)의 사회인지이론
③ 노만(D. A. Norman)의 정보처리이론
④ 로저스(C. R. Rogers)의 인간주의학습이론

오답풀이

① **기호형태이론** : 학습은 자극-반응에 의한 결합의 강화가 아니라 기호-형태-기대의 형성이며, 학습은 어떤 동작을 배우는 것이 아니라 목표와 관련된 목적과 수단의 관계를 의미하는 기호를 배우는 것이다.
③ **정보처리이론** : 새로운 정보가 투입되고 기억되며 다시 인출되는 과정을 연구하는 이론, 즉 학습자의 내부에서 학습이 발생하는 기제를 설명하려는 이론이다. 정보처리이론은 정보와 관련된 인간의 내적 처리과정을 컴퓨터의 처리과정에 비유하고 있다.
④ **인간주의학습이론** : 인간주의 학습이론은 잠재능력을 실현해 나가려 하는 능동적 존재로서 인간을 파악하고 있다. 인간주의는 인간 자체의 가치와 개인의 독특성, 그리고 내부적이고 주관적이며 경험적인 역동성과 정체성에 관심을 가지고 있으며, 건강한 인간을 대상으로 하는 이론이다.

만점대비 +α

💡 **행동주의와 사회인지학습이론의 비교**

	행동주의	사회인지학습이론
공통점	• 경험이 학습의 중요한 요인임에 동의 • 행동에 대한 설명에서 강화와 벌의 개념을 포함 • 학습을 촉진하는 데 피드백이 중요하다는 것에 동의	
학습에 대한 관점	• 학습은 관찰 가능한 행동의 변화	• 학습은 다른 행동을 보여 줄 수 있는 능력을 생성하는 정신과정의 변화 • 이 내적 과정은 즉각적인 행동변화를 가져올 수도 있고, 아닐 수도 있음
강화와 처벌에 대한 해석	• 강화인과 처벌인은 행동의 직접적인 원인	• 강화인과 처벌인이 특정한 기대를 형성 • 즉, 기대했던 강화인의 미발생은 처벌인으로 작용할 수 있고, 기대했던 처벌의 미발생은 강화인으로 작용할 수 있음
행동·환경·개인 내 요인 간 상호작용	• 환경결정론 : 환경과 행동 사이에서 환경이 일방적으로 행동을 야기하는 관계를 제시	• 상호결정론 : 신념과 기대 같은 개인 내 요인, 행동 그리고 환경 모두가 서로 영향을 주고받는다는 것을 전제 → 상보적 인과관계

| 정답 | ②

20

다음은 인간의 정보처리에 관한 모형을 제시한 것이다. (가)에 대한 설명이 <u>아닌</u> 것은?

2009 초등

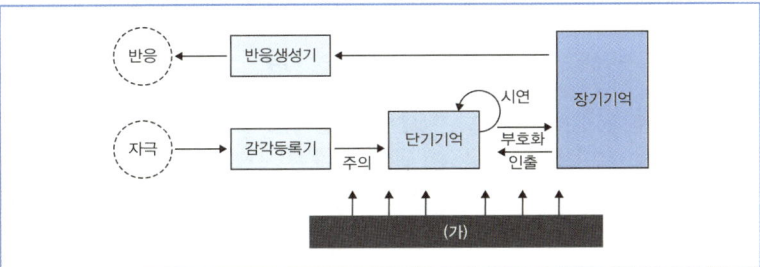

① 정신체계 내에서 정보의 흐름을 통제한다.
② 정신체계의 의식적이고 반성적인 부분이다.
③ 감각등록기로부터 입력된 정보를 의미적 부호로 변환한다.
④ 감각입력정보 중에서 무엇에 주의를 기울일 것인지를 결정한다.
⑤ 효율적 정보처리를 위한 전략을 선택하고 적용하며 모니터한다.

정답풀이

(가)는 메타인지에 해당한다.
③ 인지과정 중 부호화에 해당한다.

만점대비 +α

💡 정보처리모형의 구성

(1) **기억구조(단계)** : 감각기억, 단기(작업)기억, 장기기억
(2) **기억과정(인지과정)** : 정보를 변환하고 전이, 저장하는 정신과정(주의, 지각, 시연, 부호화, 인출)
(3) **메타인지** : 자신의 인지과정을 인식하고 통제하는 과정
  ① 메타인지는 자기 자신의 인지과정을 인식·성찰하고, 통제하는 정신활동 혹은 능력을 의미한다.(사고에 대한 사고, 인지에 대한 인지)
  ② 메타인지는 인지에 관한 지식과 인지를 조절하고 통제하는 과정으로 나뉜다.
    ㉠ 인지에 관한 지식 : 자신의 사고에 대한 지식, 전략을 언제 어느 장면에서 적용할 것인가에 대한 지식
      ⓐ 자기 자신에 대한 지식 : 자신의 약점과 강점, 학습능력, 동기 및 학습태도를 아는 것
      ⓑ 학습과제의 본질에 대한 지식 : 학습과제가 요구하는 바와 난이도를 파악하는 것
      ⓒ 전략에 대한 지식 : 성공적인 학업성취를 위해 사용될 수 있는 전략들에 대한 인식 및 활용능력
    ㉡ 인지에 대한 조절 : 인지과정을 조절하고 통제하는 능력
      ⓐ 계획 : 목표를 설정하고, 관련자원을 활성화하며, 적절한 전략을 선택하는 과정
      ⓑ 점검 : 진전되고 있는 상황을 확인하고, 처음 선택한 전략이 효과가 없을 경우 적절한 전략을 선택하는 과정
      ⓒ 평가 : 이해수준을 확인하는 과정
  ③ 메타주의(Meta-attention)는 주의를 기울이는 자신의 능력에 대한 자각과 통제를 의미하며, 메타인지의 한 형태이다.
  ④ 메타인지적인 학생은 그렇지 않은 학생보다 더 많이 학습하는데, 이런 차이를 가져오는 이유는 다음과 같다.
    ㉠ 주의의 중요성에 대해 자각하고 있는 학생들은 스스로 효과적인 학습환경을 창조하는 경향이 높다. **예** 공부할 때 주의를 산만하게 하는 라디오를 끄는 것
    ㉡ 무엇인가를 잘못 지각할 수도 있다는 것을 아는 학습자는 확실한 정보를 찾으려 노력하고 자신들의 이해가 정확한지 묻는다.
    ㉢ 메타인지는 작업기억을 통해서 정보의 흐름을 조절하는 것을 돕는다. **예** '이것을 적어 두는 것이 낫겠어. 그렇지 않으면 다시는 기억할 수 없을거야.'
    ㉣ 메타인지는 유의미한 부호화에 영향을 끼친다. **예** 자신의 부호화에 대한 메타인지를 가진 학습자는 공부하고 있는 주제 속에서 관련성을 찾으려고 의식적으로 노력한다.

| 정답 | ③

21

2008 중등

다음은 장기기억에 저장되어 있는 지식의 성질을 설명한 것이다. 이에 해당하는 지식의 유형은?

- 절차적 지식의 기본 단위이다.
- '만일 ~, 그러면 ~'의 형식으로 표현된다.
- 특정한 조건하에서 드러내야 할 행위를 나타낸다.

① 개념(concept)　　② 명제(proposition)
③ 도식(schema)　　④ 산출(production)

정답풀이

④ 절차기억은 흔히 산출이라 불리는 조건-행위 규칙으로 표상된다. 산출은 '만약 A가 발생하면 B를 하라.'와 같이 어떤 조건에서 어떤 일을 해야 할지를 명시한다.

오답풀이

① 개념 : 어떤 사물, 현상에 대한 일반적인 지식
② 명제 : 옳고 그름을 판단할 수 있는 지식의 가장 작은 단위
③ 도식 : 수많은 정보를 유의미한 범주로 조직하는 인지구조 혹은 지식구조

THEME 02 학습이론

> **만점대비 +α**

💡 장기기억

(1) 장기기억에 저장된 지식의 형식

서술적 지식 (knowing what)	• 사실적인 정보에 대한 지식(내용지식) • 의미적 기억 : 교과영역에서 학습한 장기기억(사실, 개념, 법칙, 문제해결 전략 등) 언어적 및 시각적 부호의 망 속에서 정보저장 • 일화적 기억 : 개인적 경험에 대한 기억(자서전적 기억), 심상의 형태로 부호화 • 의식할 수 있고, 회상 가능, 언어적 표현(명시지), 기술적 성격, 명제(망)으로 표상
절차적 지식 (knowing how)	• 어떤 행위를 수행하는 방식에 관한 지식(과정지식) • 무의식적, 언어적 표현 불가능(묵시지), 처방적 성격, 산출(조건 – 행위 규칙)로 표상
조건적 지식 (knowing why, knowing when)	• 서술적 지식과 절차적 지식을 언제 그리고 왜 적용할 것인지에 대한 지식 • 인지전략, 서술적 및 절차적 지식을 활용할 수 있는 조건에 대한 정보로 저장 • 자기조절학습의 핵심을 차지

(2) 장기기억에서의 저장 형태

명제와 명제망	명제란 옳고 그름을 판단할 수 있는 지식의 가장 작은 단위. 정보를 공유하는 명제들은 명제망으로 연결
심상(image)	• 정보에 대한 시각적 이미지를 머릿속에 표상하는 전략 • 개념에 대한 정신적 이미지를 만듦
도식(schema)	• 수많은 정보를 유의미한 범주로 조직하는 인지구조 혹은 지식구조, 일련의 유사한 경험을 통해 형성된 공통적인 속성, 기억 속에 존재하는 조직화된 구조, 추상적인 표상 • 스크립트(사건도식) : 일상생활에서 여러 가지 일들이 발생하는 전형적인 순서를 나타내는 도식

| 정답 | ④

22

2010 중등

음식 만들기 수업에 교사가 적용한 교수 기법 중 정보처리이론과 관련이 깊은 것을 〈보기〉에서 모두 고른 것은?

보기

㉠ 자료를 제시하고 요리법을 설명하면서 중요한 부분에 밑줄을 그어 주의를 유도하였다.
㉡ 음식을 만드는 데 필요한 재료 목록을 제시하고 유사한 항목끼리 묶어 기억하도록 하였다.
㉢ 음식을 만드는 주요 과정을 랩 가사로 만든 후 학생이 익숙한 노래 가락에 맞추어 부르게 하였다.
㉣ 음식 만들기를 성공적으로 수행한 학생에게는 자신이 평소하고 싶었던 게임을 하도록 허용하였다.

① ㉠, ㉡
② ㉡, ㉣
③ ㉢, ㉣
④ ㉠, ㉡, ㉢
⑤ ㉠, ㉢, ㉣

정답풀이

㉠ 주의, ㉡ 조직화, ㉢ 정교화를 고려한 교수기법이다.

오답풀이

㉣ 강화 기법(프리맥의 원리)을 적용하고 있다.

만점대비 +α

💡 기억의 과정(인지과정)

(1) **주의** : 자극에 반응하는 것. 중요한 정보를 선택하는 여과과정(선택적 주의집중) → 칵테일 파티효과
(2) **지각** : 자극을 탐지하고 여기에 의미를 부여하는 과정
   ① **상향정보처리** : 자극이 '특징'이나 '요소'로 분석
   ② **하향정보처리** : '지식과 기대'에 근거한 다른 형태의 지각
(3) **시연(암송)** : '단기기억 안'에서 이루어지는 처리과정
   ① 정보를 원래 형태 그대로 소리내어 읽거나 의식적으로 반복하는 전략(유지형, 정교형)
   ② 기능 : 작업기억 속의 정보를 파지, 작업기억 속의 정보를 장기기억으로 전이
(4) **부호화(약호화)** : 제시된 정보를 처리가능한 형태로 변형하는 과정으로, 단기기억에서 장기기억으로 정보를 이동시키는 인지처리과정
   ① **조직화** : 기억하려는 정보들을 의미적으로 관련되고 일관성이 있는 범주로 묶는 기법(도표작성, 개요, 위계도 작성, 개념도)
   ② **정교화** : 새로운 정보에 의미를 추가하거나 그 정보를 기존 지식과 관련짓는 인지전략(요약 및 의역, 노트필기, 유추 등)
   ③ **심상형성** : 정보를 시각적인 형태로 변형하는 과정
   ④ **기억술** : 학습내용에 존재하지 않는 연합을 만들어 그 내용을 쉽게 부호화함
(5) **인출** : 장기기억 속에 저장되어 있는 정보를 작업기억으로 가져오는 과정으로, 기억 속에 있는 정보에 접근하는 과정(재구성적, 의도적)
   ① **인출단서** : 기억 속에 저장되어 있는 정보에 접근하는 데 도움을 주는 실마리나 힌트
   ② **설단현상** : 무엇인지 알고는 있는데 입 끝에서 맴돌기만 할 뿐 바로 튀어나오지 않는 현상
   ③ **장기기억 속에 저장된 정보를 인출하는 과정** : 도식효과, 인출단서효과, 맥락효과, 기분효과

| 정답 | ④

23

2009 중등

인지전략 또는 초인지전략과 이를 활용한 수업방법의 연결이 옳지 않은 것은?

	전략	수업방법
①	발췌 (abstracting)	배운 내용을 적은 공책에 학습자료에서 찾은 예나 삽화 등을 추가하여 정리하도록 하였다.
②	도식화 (schematizing)	학습자료에서 주요 개념들을 찾아 개념도를 그려보게 하였다.
③	인지적 점검 (monitoring)	오답 공책을 만들어 자신의 부족한 부분에 대해 확인하고 그 원인을 분석하도록 하였다.
④	조직화 (organizing)	책의 목차를 훑어보면서 앞으로 배우게 될 내용의 위계를 파악하도록 하였다.
⑤	정교화 (elaborating)	배운 개념을 학생 스스로 비유적으로 표현하거나 자신의 언어로 말해보게 하였다.

정답풀이

① 정교화에 대한 설명이다.

만점대비 +α

💡 **정보처리모형에 기초한 인지주의적 학습원리**

(1) 단순기억학습과 관련된 원리들 : 유의미화, 순서적 위치, 연습, 정보의 조직, 전이와 간섭, 기억술
(2) 복잡한 내용의 학습과 관련된 원리들
　① **발췌** : 문장이나 학습내용의 핵심을 추출해 내는 기법, 이는 내용을 쉽게 이해할 수 있도록 자료의 양을 줄이는 것, 주요 내용의 개요나 요약의 형태로 나타남
　② **정교화** : 정보를 더 늘려가는 것, 예나 삽화, 그림, 비유, 은유를 사용하거나 내용을 독자 자신의 말로 다시 적어 보는 것 등이 포함
　③ **도식화** : 학습하고 있는 것을 이해하고 기억하도록 돕는 사고의 틀과 같은 것
　④ **조직화** : 정보처리를 쉽게 하기 위해서 내용을 몇 개의 묶음으로 나누고 분류하는 방법(장, 절, 머리말 등과 같이 위계구조를 갖는다는 점이 특징)
　⑤ **인지적 점검** : 메타인지의 한 가지 방법, 자신이 특정 내용을 이해하고 있는지, 결과를 예측하고 효과적으로 과제를 수행하는지를 평가하고, 다음 단계를 계획하고, 적절한 시간과 노력을 결정하고, 어려움이 발생했을 때 그것을 극복하기 위해 다른 전략을 사용하거나 기존의 전략을 수정하는지 등을 검토

| 정답 | ①

24

다음은 김 교사의 교수 활동 사례이다. 김 교사가 학생들에게 촉진시키고자 한 정보처리의 전략으로 가장 적절한 것은?

> - 학생들에게 기억해야 할 새로운 정보를 선행지식과 연결하게 함으로써 정보의 유의미성을 높였다.
> - 학생들에게 새로운 정보의 의미에 대해 토론하게 하거나 글의 요점에 대해 설명해 보도록 하였다.
> - 학생들에게 새로운 정보에 대해 생각할 수 있는 시간을 주면서 다음과 같은 질문들을 적절히 활용하였다.
>   - 이 정보의 예로는 어떤 것들이 있을까요?
>   - 이 정보로부터 어떤 결론을 도출할 수 있을까요?
>   - 이 정보를 일상생활에서 어떻게 활용할 수 있을까요?

① 맥락(context)
② 시연(rehearsal)
③ 심상(imagery)
④ 묶기(chunking)
⑤ 정교화(elaboration)

정답풀이

⑤ 정교화 : 새로운 정보에 의미를 추가하거나 그 정보를 기존 지식과 관련짓는 인지전략이다. 요약 및 의역, 노트필기, 유추 등을 예로 들 수 있다.

오답풀이

① 맥락 : 물리적 맥락과 정서적 맥락의 여러 측면들이 다른 정보들과 함께 학습된다. 현재의 맥락이 학습 당시의 맥락과 비슷할수록 나중에 그 정보를 기억해내기가 더 쉬울 것이다.
② 시연 : 정보를 원래 형태 그대로 소리내어 읽거나 의식적으로 반복하는 전략으로, 작업기억 속의 정보를 파지하고, 단기기억 속의 정보를 장기기억으로 전이시키는 기능을 한다.
③ 심상 : 정보를 시각적인 형태로 변형하는 과정이다. 우리는 심상을 형성할 때 정보의 물리적 속성과 공간구조를 기억하거나 재현하고자 한다. 심상은 어떤 소파가 자기 집 거실에 잘 어울릴지, 또는 골프를 칠 때 샷을 어떻게 날릴지 등의 여러 가지 실제적인 결정을 하는 데 있어서 유익하게 쓰일 수 있다.
④ 묶기 : 정보항목들을 더욱 유의미하고 큰 단위로 결합하는 과정이다.

| 정답 | ⑤

25

㉠과 ㉡에 해당하는 학습전략을 바르게 짝지은 것은?

> 인수는 다양한 자기조절 학습전략을 사용하여 공부하고 있다. 과학 교과를 공부하면서 인수는 먼저 ㉠ 학습의 목표를 정하고 텍스트를 읽으면서 가끔씩 자신이 개념을 이해하고 있는지를 점검하였다. 또한 인수는 중요한 부분에 밑줄을 긋고, ㉡ 핵심개념과 원리를 찾아서 개요나 Vee-도표(Vee-diagram)를 작성하여 학습한 내용을 요약하였다.

	㉠	㉡		㉠	㉡
①	동기 조절	시연	②	초인지	시연
③	정교화	조직화	④	초인지	조직화
⑤	동기 조절	정교화			

정답풀이

㉠ 초인지(메타인지) : 자기 자신의 인지과정을 인식·성찰하고, 통제하는 정신활동 혹은 능력으로, 인지에 관한 지식과 인지를 조절하고 통제하는 과정으로 나뉜다.(사고에 대한 사고, 인지에 대한 인지)

㉡ 조직화 : 정보처리를 쉽게 하기 위해서 내용을 몇 개의 묶음으로 나누고 분류하는 방법을 의미한다. 장, 절, 머리말 등과 같이 위계구조를 갖는다는 점이 특징이다.

오답풀이

※ 정교화 : 새로운 정보에 의미를 추가하거나 그 정보를 기존 지식과 관련짓는 인지전략이다. 요약 및 의역, 노트필기, 유추 등을 예로 들 수 있다.

※ 시연 : 정보를 원래 형태 그대로 소리내어 읽거나 의식적으로 반복하는 전략으로, 작업기억 속의 정보를 파지하고, 단기기억 속의 정보를 장기기억으로 전이시키는 기능을 한다.

| 정답 | ④

26
2012 중등

앳킨슨과 쉬프린(R. Atkinson & R. Shiffrin)의 정보처리 모형에 근거할 때, 학생들의 부호화를 촉진하기 위한 교사의 교수활동 중 조직화 전략에 해당되는 것을 〈보기〉에서 고른 것은?

보기

㉠ 인체의 순환기 체계에 대한 학습을 촉진하고자 순환기 체계와 유사한 펌프 체계에 연결하여 설명하였다.
㉡ 우리나라의 주요 하천에 대한 학습을 촉진하고자 하천의 흐르는 방향, 특징 등의 범주로 묶은 도표를 제시하면서 설명하였다.
㉢ 우리 주변의 여러 가지 힘 중 마찰력에 대한 학습을 촉진하고자 등산화 밑창, 체인을 감은 자동차 바퀴 등을 사례로 제시 하면서 설명하였다.
㉣ 식물에 대한 학습을 촉진하고자 식물을 크게 종자식물과 포자식물로, 다시 종자식물을 속씨식물과 겉씨식물로 구분한 위계도(位階圖)를 사용하여 설명하였다.

① ㉠, ㉡
② ㉠, ㉢
③ ㉡, ㉢
④ ㉡, ㉣
⑤ ㉢, ㉣

오답풀이

㉠ ㉢ 정교화에 대한 설명이다.

만점대비 +α

💡 **정교화와 조직화**

(1) 정교화
① 정교화는 발췌와는 약간 상반되는 개념으로, 정보를 줄여가는 것이 아니라 더 늘려가는 것이다.
② 하지만 첨가된 정보는 학습자 스스로 만든 것이므로 최초의 정보보다 학습자 자신에게 더욱 명확한 의미를 지닌다는 점에서 최초의 정보와는 다르다.
③ 더욱이, 최초의 아이디어에 비해 새로 정교화된 정보는 일반적으로 더욱 구체적이고, 실제적이며, 친근하다.
④ 정교화는 예나 삽화, 그림, 비유, 은유를 사용하거나 내용을 독자 자신의 말로 다시 적어 보는 것 등이 포함된다.

(2) 조직화
① 조직화는 내부의 구조를 발견하기보다는 자료에 구조를 부과하려는 노력을 말한다.
② 자료를 조직하기 위해서 독자는 자료를 절과 하부절로 나눌 수 있으며, 조직화의 부수적인 특징은 위계구조를 갖는다는 점이다.
③ 예컨대 서적의 목차를 살펴보면 그 책의 조직을 한눈에 쉽게 알아볼 수 있으며, 이처럼 자료가 잘 조직화되어 있을 경우 학습하기가 훨씬 더 수월해진다.
④ 요컨대, 조직화란 정보처리를 쉽게 하기 위해서 내용을 몇 개의 묶음으로 나누고 분류하는 방법을 말한다.

| 정답 | ④

27   2012 초등

다음의 과제제시 방법을 통해 박 교사가 향상시키고자 하는 학생들의 능력은?

> 박 교사는 학생들에게 다음과 같이 구성된 '학습목표카드' 과제를 제시하고, 스스로 날마다 수행하고 점검하도록 하였다.
> - 그날 배운 과목들의 내용을 간략하게 정리하기
> - 다음날 배울 과목들의 내용을 계획하기
> - 다음날 배울 과목들의 예상 학습목표를 세우기
>
> 그 결과, 학생들은 점차로 자신이 무엇을 배우고 있고, 어떻게 배워야 하며, 왜 주어진 학습활동을 해야 하는지, 그리고 자신이 공부를 제대로 하고 있는지 등에 대해 더욱 명확하게 인식해 갔다.

① 초인지(metacognition)
② 다중지능(multiple intelligence)
③ 조작적 행동(operant behavior)
④ 선택적 주의(selective attention)
⑤ 개념적 표상(conceptual representation)

오답풀이

② **다중지능**: 1983년 발달심리학자 가드너(Gardner)에 의해 처음 창시된 이론으로, 기존 지능의 한계점을 비판하면서 언어나 논리, 수학능력보다 훨씬 넓은 영역의 다차원적 관점에서 지능이 측정되어야 한다는 관점에서 접근한 이론이다.
③ **조작적 행동**: 조건형성시키고자 하는 특정 행동을 일으키기 위해 어떤 무조건자극(US)도 이용하지 않을 때 그 규정된 행동을 조작적 행동이라고 하며, 그 행동이 규칙적으로 일어나면 역시 조건 반응이라고 한다.
④ **선택적 주의**: 투입되는 많은 자극 중에서 특정한 자극을 선택해서 인지적 자원을 할당하는 것이다.
⑤ **개념적 표상**: 표상이란 감각적·구체적으로 파악되는 직관적 의식내용으로, 일반적으로 관념, 또는 심상과 같은 뜻으로 쓰인다.

THEME 02 학습이론

> **만점대비 +α**

💡 메타인지(Metacognition, 초인지, 상위인지)

(1) 개념
① 자기 자신의 인지과정을 인식·성찰하고 통제하는 정신활동 혹은 능력(자신의 인지과정에 대한 자각과 통제)
② 메타인지는 인지에 관한 지식과 인지를 조절하고 통제하는 과정으로 나눔

메타인지 지식	• 자신의 사고에 대한 지식, 전략을 언제 어느 장면에서 적용할 것인가에 대한 지식 ① 개인적 지식 : 자기의 인지능력에 대해 가지고 있는 신념이나 지식 ② 과제지식 : 학습과제가 다를 경우 전략이 달라진다는 것을 이해하는 지식 ③ 전략지식 : 과제의 성질에 따라 적절한 전략을 선택하는 지식
메타인지 조절	• 자신의 인지과정을 조절·통제하는 것 ① 계획 : 계획 활동의 전반적인 순서를 결정, 적절한 인지 전략이나 활동 방법을 선택 ② 점검(조절) : 인지적 상태와 인지 전략의 진행 상태를 점검(부적절한 인지 전략과 방법을 수정) ③ 평가 : 인지 상태의 변화 정도와 목표 도달 정도를 평가, 사용한 인지 전략의 유용성을 평가

(2) 메타인지가 학습에서 중요한 이유
① 스스로 효과적인 환경을 창조할 수 있음 예 학습과정에서 주의집중하는 것이 중요하다는 것을 아는 학습자는 교실 앞자리에 앉거나 학습을 방해하는 물건을 책상 위에 두지 않음
② 더 정확하고 확실하게 학습할 수 있음 예 자신의 학습과정에 대해 인지하는 학습자는 자신이 모르는 부분에 대해 명확하게 지각하고 이해를 점검하기 위해 문제를 풀거나 교사에게 도움을 구함
③ 작업기억의 정보처리를 조절할 수 있음 예 작업기억용량의 한계를 잘 아는 학습자는 정보처리 과정을 수시로 점검하고 필요 시 메모 등의 적절한 학습전략을 사용함
④ 유의미한 학습이 촉진됨 예 적극적인 메타인지활동에 참여하는 학습자는 정보들이 긴밀한 관계를 가질 때 효과적으로 부호화된다는 것을 알기에 사전지식과 학습 내용 간의 의미 있는 연결고리를 찾고자 함

| 정답 | ①

28

2010 중등

다음 실험 결과들에 공통적으로 관계되는 인지학습이론은?

- 피험자들에게 'O-O'와 같은 모호한 형태의 그림을 보여주면서 '안경과 비슷하다.'라는 말을 했을 때, 피험자들은 회상검사에서 안경을 닮은 그림을 더 많이 그렸다.
- 두 집단의 피험자에게 '집에 관한 글'을 제시하고 각각 '주택 구입자'의 관점과 '좀도둑'의 관점에서 읽도록 했을 때, 두 집단의 피험자가 기억한 내용은 서로 달랐다.
- 음악 전공 학생들과 체육 전공 학생들에게 '카드 게임'이나 '즉흥 재즈 연주'로 해석할 수 있는 이야기를 들려주었을 때, 음악 전공 학생들은 즉흥 재즈 연주로 이해한 반면에 체육 전공 학생들은 카드 게임으로 이해했다.

① 통찰이론(insight theory)
② 도식이론(schema theory)
③ 초인지이론(metacognition theory)
④ 신경망이론(neural network theory)
⑤ 이중부호화이론(dual coding theory)

오답풀이

① 통찰이론 : 초기의 인지주의적 학습이론으로, 통찰(insight)이란 문제 장면에 존재하는 다양한 요소들의 관계를 파악하여 문제를 해결하는 것을 말한다. 통찰학습이란 통찰을 통한 문제해결 과정에서 '아하' 현상을 경험하게 되는 것을 의미한다.
③ 초인지이론 : 자기 자신의 인지과정을 인식·성찰하고, 통제하는 정신활동 혹은 능력으로, 인지에 관한 지식과 인지를 조절하고 통제하는 과정으로 나뉜다.(사고에 대한 사고, 인지에 대한 인지)
④ 신경망이론 : 인간의 기억이 신경망으로 구성되어 있고, 기억 내용들이 노드 사이의 연결 강도로 저장된다는 이론이다. 이는 인간의 뇌에 저장된 다량의 정보는 각각 서로 다른 위치에 분산되어 저장된다고 가정한다.
⑤ 이중부호화이론 : 장기기억 속의 정보가 언어적 형태와 비언어적 형태로 저장되는데, 정보가 두 가지 형식으로 부호화되면 더 잘 기억된다는 것을 시사하는 이론이다. 이것은 작업기억에서의 분산된 처리와 장기기억에서의 이중부호화 능력을 최대한 이용하는 것이다.

THEME 02 학습이론

만점대비 +α

💡 도식이론(schema theory)

(1) **도식의 개념** : 세계를 범주화하고 지각하는 방식, 즉 수많은 정보를 유의미한 범주로 조직하는 인지구조 혹은 지식구조를 의미한다. 이는 일련의 유사한 경험을 통해 형성된 공통적인 속성이다.

(2) **도식의 특징**
 ① 기억 속에 존재하는 조직화된 구조를 의미한다.
 ② 직접적인 경험이 아니라 추상적인 표상이다.
 ③ 도식은 교육이나 경험을 통해 새로운 정보를 습득함에 따라 변화된다.

(3) **도식의 기능**
 ① 도식은 환경에서 투입되는 수많은 정보 중에서 중요한 정보에 주의를 기울이도록 한다.
 ② 도식은 정보의 지각에 영향을 준다.
 ③ 도식은 기억 속에 저장된 정보를 기억하는 데 영향을 준다 : 집을 기술하는 문장을 도둑의 입장에서 읽을 때는 도둑질에 필요한 정보를 더 잘 기억하고, 집을 사려는 사람의 입장에서 읽을 때는 집을 구입하는 데 관련되는 정보를 더 잘 기억한다. 노래의 첫마디만 듣고도 전체 노래가 떠오르는 것은 도식의 영향 때문이다. 이는 학습하려는 정보에 대한 선행지식을 활성화시키면 학습이 향상됨을 시사한다.
 ④ 도식은 문제를 적절하게 표상하는 데 영향을 주어 결국 문제해결을 촉진한다.
 ⑤ 도식은 인지과정에 부정적인 영향을 줄 수도 있다. 즉, 특정 도식을 갖고 있으면 지엽적인 사항들은 누락되어 기억되지 않고, 심지어 존재하지 않는 것도 인지하는 왜곡현상이 나타나기도 한다.

| 정답 | ②

29

2010 초등

다음은 사이버 가정학습용 콘텐츠 개발에 참여하게 된 교사들의 대화이다. 각 교사들의 화면설계 전략과 밀접하게 관련된 것은?

> 김 교사 : 각 화면의 교육내용을 학생들에게 효과적으로 전달하기 위해서는 글만 제시하지 말고 그림을 함께 사용하면 좋을 것 같아요.
> 최 교사 : 화면에 글과 그림들을 배열할 때는 관련된 요소들끼리 서로 가까이 배치하는 것이 좋겠네요.
> 박 교사 : 좋은 생각이네요. 그런데 한 화면에 너무 많은 글과 그림이 동시에 들어가게 되면 학생들의 이해를 방해할 수도 있을 것 같아요.

	김 교사	최 교사	박 교사
①	병렬분산처리	근접성의 원리	인지적 과부하
②	병렬분산처리	유사성의 원리	인지적 과부하
③	이중부호화	근접성의 원리	인지적 과부하
④	이중부호화	유사성의 원리	정보처리 역행간섭
⑤	이중부호화	근접성의 원리	정보처리 역행간섭

정답풀이

※ **이중부호화** : 장기기억 속의 정보가 언어적 형태와 비언어적 형태로 저장되는데, 정보가 두 가지 형식으로 부호화되면 더 잘 기억된다는 것을 시사하는 이론이다. 시각적 심상을 형성하면 기억을 촉진한다는 것을 시사한다.
※ **근접성의 원리** : 형태주의 심리학 법칙 중 하나로, 서로 가까이 있는 것들을 함께 묶어서 지각한다는 법칙이다.
※ **인지적 과부하** : 인지적 처리 과정에서의 정신적 요구량의 정도가 지나치게 많은 경우를 의미한다.

오답풀이

※ **병렬분산처리** : 정보가 병행적으로 처리되고, 또 신경망 전체에 분산되어 표상되어 있음을 말한다. 대표적인 것으로 맥클리랜드(McClelland)와 루멜하트(Rumelhart)가 제안한 신경망 모형인 병렬 분산 처리 모형이 있다.
※ **유사성의 원리** : 지각에 관한 연구에서 사용되는 개념의 하나로, 방향이나 색 등이 유사한 것을 집합화하려는 지각 경향성을 나타낸다.
※ **정보처리 역행간섭** : 새로운 정보 때문에 전에 배운 정보가 생각나지 않는 것을 말한다.

| 정답 | ③

30

다음 (가)와 (나)의 수업활동에서 활용하고 있는 심리학적 개념으로 가장 적절한 것은?

2013 중등

> (가) 수업이 시작되어도 학생들이 수업에 주의를 기울이지 않아 항상 고민이던 사회과 강 교사는 다음 날 몽골 문화를 주제로 하는 수업을 위해 몽골인 복장을 하고 교실로 들어갔다. 그러자 어수선하고 소란스럽던 학생들이 강 교사에게 집중하기 시작했다.
>
> (나) 언어적 설명에 의존하여 수업을 하는 과학과 윤 교사는 수업시간에 학생들 대부분이 자신의 수업을 이해하지 못해 고개를 갸우뚱거리는 모습이 마음에 걸렸다. 다음날 윤 교사는 식물의 뿌리와 관련된 수업을 할 때, 곧은 뿌리와 수염뿌리에 대해 언어로 설명하면서 동시에 배추와 마늘의 뿌리가 있는 사진을 보여 주는 방식으로 학생들의 이해를 도와주었다.

	(가)	(나)
①	플린 효과 (Flynn effect)	자동화 (automatization)
②	플린 효과 (Flynn effect)	이중처리 (dual processing)
③	칵테일파티 효과 (cocktail party effect)	청킹 (chunking)
④	칵테일파티 효과 (cocktail party effect)	자동화 (automatization)
⑤	칵테일파티 효과 (cocktail party effect)	이중처리 (dual processing)

정답풀이

(가) 칵테일파티 효과 : 환경에서 들어오는 다양한 정보 중 특정한 정보에 주의하는 선택적 주의집중은 칵테일 파티효과(cocktail party effect)에서 극명하게 예시된다. 수많은 사람들이 모여 칵테일 파티를 하고 있는 파티장에는 사람 사이에 오가는 말, 발자국 소리, 음악소리, 웃음소리 등 수많은 소리가 넘쳐나고 있다 그런데 놀랍게도 소리의 홍수 속에서도 옆 사람과 별 어려움 없이 대화를 나눌 수 있다. 그것이 가능한 이유는 상대방의 말에 주의를 기울였기 때문이다.

(나) 이중처리(분산된 처리) : 시공간 스케치판과 음운 고리는 상호 독립적이기 때문에 각 요소는 다른 요소의 자원을 빼앗지 않으면서 각자의 정신적 작업을 할 수 있음을 의미한다.

오답풀이

※ 플린효과 : 플린효과는 언제나 신세대의 IQ는 구세대보다 높다는 것이다. 이것은 뉴질랜드의 정치학자 제임스 플린이 발견한 현상으로 세대가 반복될수록 지능검사 점수가 높아지는 현상이다. 플린은 미국 군입대 지원자들의 IQ 검사결과를 분석해 신병들의 평균 IQ가 10년마다 약 3점씩 올라간다는 사실을 발견했으며, 1987년 14개국으로 대상을 확대 실시한 조사에서도 비슷한 결과를 얻었다. 벨기에, 네덜란드, 이스라엘에서는 한 세대, 즉 30년 만에 평균 IQ가 20점이 올랐고, 13개국 이상의 개발도상국에서도 5~25점 증가했다는 보고서가 발표된 바 있다.

만점대비 +α

💡 단기기억

(1) **개요** : 단기기억은 정보가 머무르는 일시적인 곳이기 때문에 단기기억이라고 부른다. 성인의 경우 보통 5~9개(7±2 chunk)의 정보가 약 20초 동안 저장될 수 있다. 인지과정이 진행되는 장소라는 의미에서 작동(작업)기억이라고도 한다. 이곳의 가장 큰 특징은 정보의 양과 지속시간에 제한이 있다는 점이다.

(2) **단기기억의 한계 조정전략**
① 청킹 : 정보의 별개의 항목을 보다 크고 의미 있는 단위로 묶는 정신과정이다. 흥미롭게도 이 작업기억은 청킹 수에만 민감하지 청킹의 크기는 중요하지 않다. 즉, 요인의 수는 제한될지라도, 요인의 크기, 복잡성, 세련 정도는 제한이 없다.
② 자동화 : 자각이나 의식적인 노력 없이 수행할 수 있는 정신적 조작을 수행할 수 있는 능력이다. 컴퓨터 타자 기술은 자동화의 힘과 효율성을 보여 주는 좋은 예다.
③ 이중처리(분산된 처리) : 시공간 스케치판과 음운 고리는 상호 독립적이기 때문에 각 요소는 다른 요소의 자원을 빼앗지 않으면서 각자의 정신적 작업을 할 수 있다. 이것은 언어적 설명이 시각적 표상과 결합되면 학생들이 더 많이 학습한다는 것을 시사한다.

| 정답 | ⑤

THEME 03 인지적 특성과 교육

31 2009 초등

다음은 혼(J. L. Horn)이 일반지능과 유동지능(fluid intelligence) 및 결정지능(crystallized intelligence)의 발달 양상을 그래프로 나타낸 것이다. (가) ~ (다)에 해당하는 지능의 유형을 바르게 나열한 것은?

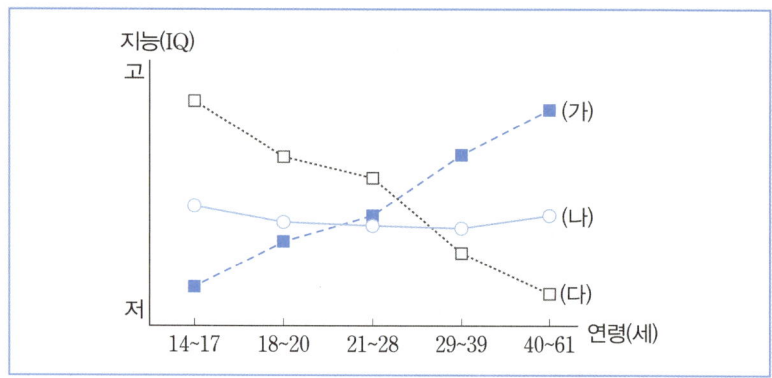

	(가)	(나)	(다)
①	유동지능	일반지능	결정지능
②	유동지능	결정지능	일반지능
③	일반지능	결정지능	유동지능
④	결정지능	유동지능	일반지능
⑤	결정지능	일반지능	유동지능

만점대비 +α

카텔과 혼(Cattell & Horn)의 유동지능과 결정지능

유동지능	• 문화적 영향을 받지 않는 유전적 혹은 생리학적 영향하에 있는 능력 • 주어진 자극을 바탕으로 이를 분석하고 의미를 파악하는 능력으로 경험에 바탕을 두지 않음 • 유동지능은 10대 후반에 절정에 도달하고 성년기에는 중추신경구조의 점차적인 노화로 인해 감소하기 시작함 • 하위능력: 새롭고 추상적인 문제를 해결하는 능력, 정보처리속도 및 정확성에 관련한 지능, 기억능력, 추상적 관계이해능력 등 • 측정검사: 수열, 분류검사, 비언어적, 비표상적 도형에서의 유추 등
결정지능	• 후천적 경험에 의해 발달한 지적인 능력을 지칭하는 것으로 특정 문화 속에서 교육에 의해 형성된 일종의 지식체계를 가리킨다고 할 수 있음 • 결정지능은 교육이나 경험의 축적된 효과를 반영하므로 생의 말기까지 계속 증가함 • 하위능력: 여러 학문영역의 다양한 지식들(상식), 언어능력, 일상 문제에 관한 논증능력, 언어유추능력, 수학의 응용문제 해결능력, 사회적 관계능력 등 • 측정검사: 어휘력 검사, 일반지식검사 등의 검사, 산술능력검사, 기계적 지식과 기능 검사 등

| 정답 | ⑤

32
2010 초등

(가)의 관점을 비판하는 가드너(H. Gardner)의 주장과 가장 가까운 것은?

> 박 교사는 (가) 학생의 지적 능력은 일반적인 단일능력이기 때문에 지능이 높은 학생은 전 교과에서 높은 성취를 보일 것이라고 생각한다. 박 교사는 모든 영역에서 고른 성취를 강조하고 열심히 공부하는 학급분위기를 조성하기 위해 학생 간 상호경쟁을 유도하고 있다. 또한 우수한 학생과 열등한 학생을 변별하여 개인의 상대적 위치를 확인시켜 주기 위해 평가를 활용하고 있다.

① 인간의 지적 능력은 문화권과 무관하게 규정된다.
② 지능은 고정적이고 개인에게 내재된 불변의 특성이다.
③ 인간의 지적 활동은 조작, 내용, 산출의 3차원 상호조합에 의해 발휘된다.
④ 인간의 지적 능력은 상호독립적인 여러 개의 지능으로 구성되므로 특정 영역에서만 뛰어난 성취를 보이는 경우도 있다.
⑤ 인간의 지적 능력은 언어이해력, 언어유창성, 수리력, 기억력, 공간지각력, 지각속도, 추리력 등 일곱 개의 기본정신능력으로 구성된다.

정답풀이
④ 일반적 지능에 대한 기존의 가정에 따르면, 일반 지능이 우세하다면 영재아는 그림, 체스, 수학에서뿐 아니라 음악 등 전 영역에서 월등해야 한다. 그러나 가드너는 영재아가 그러한 양상을 보이는 경우는 드물고 전형적으로 자신이 두각을 보이는 특정 영역에서만 뛰어날 뿐이라며 지능에 대한 기존의 관점을 비판한다.

오답풀이
① 가드너는 지능을 한 문화권 또는 여러 문화권에서 가치 있다고 인정되는 문제를 해결하고 산물을 산출해 내는 능력으로 정의하는 문화다원주의적 입장을 취하는 학자이다.
② 가드너는 지능을 학습하는 능력으로 가정한다. 지능을 지적 활동의 산물이자 과정이고 동시에 내용이며 형태로서 본 것이다.
③ 길포드의 지능이론에 대한 설명이다.
⑤ 써스톤의 지능이론에 대한 설명이다.

논술 문제 적용하기

32-1
2019 중등

#1과 관련하여 가드너(H.Gardner)의 다중지능이론 관점에서 A, B 학생의 공통적 강점으로 파악된 지능의 명칭과 개념, 김 교사가 C 학생에게 제공할 수 있는 개별 과제와 그 과제가 적절한 이유를 각 1가지씩 논하시오.

> #1 평소에 A 학생은 언어 능력이 뛰어나고 B 학생은 수리 능력이 우수하다고만 생각했는데, 오늘 모둠활동에서 보니 다른 학생을 이해하고 도와주면서 상호작용을 잘 하는 두 학생의 모습이 비슷했어. 이 학생들의 특성을 잘 살려서 모둠을 이끌도록 하면 앞으로 도움이 될 거야. 그런데 C 학생은 모둠활동에 참여하는 것을 좋아하지 않지만 자신의 감정과 장단점을 잘 이해하는 편이야. C 학생을 위해서는 자신의 강점을 살릴 수 있는 개별 과제를 먼저 생각해 보자.

예시답안
A, B 학생이 공통적인 강점으로 가지고 있는 지능은 대인관계지능이다. 대인관계 지능은 타인들이 가지는 기분, 기질, 동기, 의도 등을 파악하는 능력이다. 여기에는 얼굴 표정, 목소리, 몸짓 등에 대한 민감성뿐만 아니라 상대방의 기분, 감정, 의도를 읽을 수 있는 단서들을 구분할 수 있는 능력, 그리고 그런 단서들에 대해 효과적으로 잘 대응할 수 있는 능력 등이 포함된다. 대인관계 지능은 타인의 느낌과 의도 간의 차이를 식별하고 문제 해결에 이러한 능력을 적용할 수 있다. 오늘날의 사회에서 중요시하는 집단응집력, 지도력, 조직력, 결속력 등의 사회적 기능은 이 지능에 해당된다. 대인관계 지능의 소유자는 다른 사람을 잘 이해하게 됨으로서 집단 내에서 리더가 되거나 갈등 조정자로서의 역할을 자주 수행하게 된다.
C 학생은 개인이해 지능이 강점이다. 개인이해 지능이란 자기 자신에 대한 객관적 이해 및 지식과 그에 기초하여 적절히 행동할 수 있는 능력을 의미한다. 이 지능에는 자기의 장점과 단점 등의 자기 자신에 대한 정확한 이해, 자기 내면의 기분, 의도, 동기, 기질, 욕구 등에 대한 이해 능력뿐만 아니라 자기통제와 자기관리 능력과 자존감을 유지하려는 의지와 능력이 포함된다. 김 교사는 C 학생의 이러한 강점을 살리기 위하여 반성일지를 쓰는 개별 과제를 제공할 수 있다. 그날의 중요한 사건을 기록하는 반성일지를 쓰며, 이때 그림, 음악, 점토, 시를 사용하여 그 사건에 대한 느낌을 표현한다. 이를 통해 자신이 외부 관찰자가 되어 자신의 사고, 느낌, 기분을 주시하고, 어떤 상황에서 일어나는 분노나 유쾌함, 불안 등의 정서 유형을 관찰한다. 그리고 여러 다른 상황에서 자신이 사용한 정서와 사고의 전략과 유형을 평가해 볼 수 있다.

만점대비 +α

💡 가드너의 다중지능이론

(1) 일반지능에 대한 비판
① 일반 지능이 모든 문제해결을 조정한다면 아동이 언어, 그림, 수학, 무용 등을 학습하는 데 있어 대체로 동일한 지적 발달 속도를 보여야 하나, 다양한 영역에서의 발달은 각기 다른 속도로 일어나고 있다.
② 일반 지능이 우세하다면 영재아는 그림, 체스, 수학에서뿐 아니라 음악 등 전 영역에서 월등해야 한다. 그러나 영재아가 그러한 양상을 보이는 경우는 드물고 전형적으로 자신이 두각을 보이는 특정 영역에서만 뛰어날 뿐이다.
③ 일반 지능이 표준이 된다면 자기 중심적인 성인이나 뇌손상 환자는 전 영역에서 지적 능력이 미약해야 한다. 그러나 뇌손상 환자 중 일부는 악기를 훌륭하게 연주하지만 심각한 언어장애를 보이기도 한다. 또한 말은 잘하지만 기본적인 수학 문제를 풀지 못하는 경우도 있다.

(2) 다중지능
① 지능 : 한 문화권 또는 여러 문화권에서 가치 있다고 인정되는 문제를 해결하고 산물을 산출해 내는 능력(문화 다원주의적 입장)
② 가드너의 9가지 지능

언어지능	• 음운, 어문, 의미 등의 복합적인 요소로 구성되어 있는 언어의 여러 상징체계를 빠르게 배우며, 그에 관련된 문제를 해결할 수 있고 그러한 상징체계들을 창조할 수 있는 능력 • 언어 지능의 강화하는데 활용될 수 있는 교수학습 활동으로는 영화나 TV드라마를 보고 리포트 쓰기, 일지 쓰기, 조사 수업, 책 표지 보고 이야기 만들기, 나의 이야기, 단어 듣고 설명하기, 브레인스토밍 등이 있음
논리-수학 지능	• 숫자나 규칙, 명제 등의 상징체계들을 숙달하고 창조하며, 그에 관련된 문제를 해결해 내는 능력 • 논리-수학 사고를 적용한 교수학습 활동 유형 − 교사는 학생들과의 대화를 통해 학생들 자신이 갖고 있는 신념이 옳고 그름을 스스로 판단하도록 일깨워 주며 순간적인 감정에 사로잡혀 성급한 판단을 하지 않도록 함 − 분류 능력을 향상시키기 위하여 벤다이어그램, 그래프 그리기, 사물을 모양·색깔·크기·용도 등의 준거에 따라 분류하기 등을 활용함 − 계산 능력을 향상시키기 위하여 추리하기 활동을 활용함
공간지능	• 시각적 정보의 정확한 지각, 지각내용의 변형능력, 시각경험의 재생능력, 균형·구성에 대한 민감성, 유사한 양식을 감지하는 능력 • 공간적 지능의 강화시키기 위하여 예술 포트폴리오, 벽화 그리기, 그림책 만들기, 조립활동, 마인드 맵 등을 활용할 수 있음
음악지능	• 가락, 리듬, 소리 등의 음악적 상징체계에 민감하고, 그러한 상징들을 창조할 수 있으며, 그에 관련된 문제를 해결하는 능력 • 음악 지능을 촉진시킬 수 있는 활동 − 학습내용(중심주제, 개념)을 노래, 랩, 창 등과 같은 리듬 형태로 바꿈 − 학습할 단원의 핵심내용 혹은 주제를 잘 반영해 주는 음악이나 노래를 들은 후 그 내용을 그림으로 표현하거나 글로 기술함 − 교과의 단원에 적당한 분위기를 조성할 수 있는 음악을 듣도록 함
신체-운동지능	• 감정이나 의도를 표현하기 위해 신체를 숙련되게 사용하고 사물을 능숙하게 다루는 능력 • 신체-운동 지능을 강화시키기 위하여 낱말카드게임, 신체 부분을 통한 역할놀이, 흉내내기 게임 등을 활용할 수 있음
대인관계 지능	• 타인의 기분, 기질, 동기, 의도를 파악하고 변별하는 능력, 타인에 대한 지식에 따라 행동할 수 있는 잠재능력 • 대인관계 지능을 결정하는 생물학적 증거 − 엄마와 친밀한 접촉을 가짐으로써 무난한 유아시절을 갖는 것

	– 인간관계에서 많은 사회적 상호작용을 가짐으로써 상대적인 중요성을 경험하는 것 • 대인관계 지능을 강화시키는데 활용될 수 있는 수업 활동으로 또래와 생각 공유하기, 협동적 과제, 협동적 게임과 같은 신체적 활동, 인터넷과 같은 상호작용적 소프트웨어를 활용한 수업 등이 있음
개인이해 지능	• 자기 자신에 대한 객관적 이해 및 지식과 그에 기초하여 적절히 행동할 수 있는 능력 • 개인이해 지능을 강화하기 위한 수업 활동으로 스스로 문제해결하기, 목표설정하기, 일지쓰기, 독립적 학습시간, 독립적 과제 할당 그리고 긴장 완화를 돕는 활동 등을 들 수 있음

자연이해 지능	• 동식물이나 주변 사물을 관찰하여 공통점과 차이점을 분석하는 능력
	• 자연탐구 지능은 관찰과 자연세계에 대한 관심 그리고 자연세계에 대한 지식 영역으로 구성됨
	  – 관찰 능력을 향상시키기 위한 활동에는 식물 관찰하기, 동물 관찰하기, 주변 관찰하기, 관찰 견학 여행 등이 음
	  – 자연세계에 대한 관심 능력을 향상시키는 활동에는 애완동물 기르기와 모니터링이 있음
	  – 자연세계에 대한 지식 능력을 향상시키는 활동에는 발견활동과 '전문가가 되어 봅시다' 등이 있음

실존지능	우주에서 자기 자신의 위치를 알아내는 능력과 삶의 의미, 죽음의 의미, 신체적·심리적 세계의 궁극적인 운명, 다른 사람을 사랑하거나 예술 작품에 몰두하는 것과 같은 심오한 경험들의 실존적 양태에서 자기 자신의 위치를 파악하는 능력

| 정답 | ④

33

다음에 활용된 수업 도입 전략으로 가장 적절한 것은?

> 김 교사는 신라의 역사에 관한 수업의 도입 단계에서 신라건국 시조인 박혁거세의 탄생에 얽힌 전설과 즉위 후에 보여준 뛰어난 지도력에 대한 이야기를 들려주었다. 학생들은 김 교사의 이야기를 들으면서 수업시간에 배울 내용에 대해 흥미를 갖게 되었다.

① 심미적(aesthetic) 도입 전략
② 서술적(narrational) 도입 전략
③ 경험적(experiential) 도입 전략
④ 근원적(foundational) 도입 전략
⑤ 논리적 - 양적(logical - quantitative) 도입 전략

만점대비 +α

💡 가드너의 수업 도입전략

가드너의 수업도입 전략가드너는 개인의 지능 프로파일의 복합성과 수학, 문학, 과학, 역사, 예술 및 기타 학문의 다양성을 반영하는 교육과정을 고안하려고 노력하였다. 이러한 교육과정 구조를 '도입 전략'이라고 부르며 이를 같은 방으로 들어가는 여러 가지 문으로 비유하면서 연구할 주제나 교과목에 다양한 전략으로 접근할 수 있음을 제안하였다.

(1) 서술적(narrative) 도입 전략
　주제의 중심이 되는 이야기와 관련된 것이다. 전형적으로 풍부하고 생성적인 주제는 다양한 서술적 도입 전략을 제시할 수 있는데, 이들 중 일부는 극적인 이야기로 이루어질 수 있다.
　　예 다윈의 삶에 대한 설명이나 갈라파고스 섬을 여행한 이야기, 혹은 동식물이 어떤 방식으로 현재의 모습으로 발전되어 왔는지에 대한 다양한 전통적 민담 등을 들 수 있다.

(2) 논리 – 수학적(logical – quantitative) 도입 전략
　주제에 대한 수학적 측면이나 연역적·논리적 추론, 삼단논법 등으로 얻을 수 있는 주제에 역점을 두고 있다.
　　예 여러 섬에 흩어져 사는 다양한 종의 분포도와 삼단논법으로 더욱 심화하여 탐구해 보도록 한다. 예를 들어, "만약 종 간의 차이가 없다면 환경이 변할 때 어떤 일이 일어날 수 있는가?"라는 질문을 해결하는 과정에서 찾을 수 있다.

(3) 심미적(aesthetic) 도입 전략
　주제의 표현 또는 예술적 측면과 관계가 있다. 이것은 또한 주제와 관련된 감각적 측면에 역점을 둔다.
　　예 다윈이 갈라파고스 섬에서 그린 파리새 등 여러 종의 그림을 조사하고, 그들의 모양이 어떻게 다른지에 대해 묘사한다.

(4) 경험적(experiential) 도입 전략
　주제의 물리적 자료와 관련된 연구를 할 수 있는 기회를 아동에게 제공한다.
　　예 초파리를 키우거나 진화 과정을 실제로 모의실습해 보고 관찰한 내용을 기록한다.

(5) 대인 관계적(interpersonal) 도입 전략
　주제에 대한 학습을 위해 타인과 함께하는 측면이다.
　　예 초파리 생성 실험을 수행하기 위해 연구팀을 구성한다.

(6) 실존적·기본적(existential·foundational) 도입전략
　'존재의 이유, 존재의 의미, 존재의 목적'과 같이 주제의 본질에 대한 원초적·철학적 질문과 관련된 것이다.
　　예 "생물은 왜 새로이 생성되고 멸종되는가?", "생물의 종이 다양한 이유는 무엇인가?"와 같은 질문을 한다.

| 정답 | ②

논술 문제 적용 하기

34-1 2013 특수(중등)

박 교사가 ⊙에서 말했을 법한 영희의 IQ에 대한 올바른 해석을 논하시오.

> 어머니: 선생님, 얼마 전에 외부 상담기관에서 받은 철수와 영희의 지능검사 결과에 대해 상의하고 싶어서 왔어요. 철수는 IQ가 130이라고 나왔는데 자기가 생각한 것보다 IQ가 높지 않다며 시무룩해 있네요. 영희는 IQ가 99로 나왔는데 자신의 IQ가 두 자리라고 속상해하고, 심지어 초등학교 때부터 늘 가지고 있던 간호사의 꿈을 포기한다면서 그동안 학교 공부는 철수보다 오히려 성실했던 아이가 더 이상 공부도 안하려고 해요.
> 박 교사: 그런 일이 있었는지 몰랐습니다. 사실 IQ의 의미에 대한 자세한 설명 없이 검사 점수만 알려주게 되면 지금 철수나 영희처럼 IQ의 의미를 오해하는 경우가 많습니다. 아이들은 물론이고 일반 어른들도 IQ의 개념을 정확히 이해하기는 좀 어렵거든요.
> 어머니: 선생님, 그러면 아이들에게 어떻게 이야기해 주어야 할까요? 영희의 IQ가 두 자리라면 문제가 있는 건가요?
> 박 교사: 10부터 99까지가 다 두 자리인데, IQ가 두 자리라고 무조건 문제가 있는 것은 아닙니다.
> 어머니: 그럼, 영희의 IQ는 대체 어느 정도인가요?
> 박 교사: _____⊙_____
> 어머니: 아, 그렇군요. 더 높았으면 당연히 좋겠지만 그렇게 실망할 일은 아니네요. 그럼, 철수의 IQ는 어떤가요?
> 박 교사: 철수의 IQ 130은 철수의 지능검사 점수가 자기 또래 학생들 중에서 상위 2% 정도에 해당한다는 것을 말해줍니다. 따라서 철수가 매우 높은 수준의 지능을 가지고 있다는 것을 알 수 있습니다. 철수가 시무룩해할 이유가 전혀 없는 것이죠.
> …(하략)…

예시답안

제시문의 철수와 영희는 물론, 이들 남매의 어머니 역시 IQ에 대해 잘못된 관점을 가짐으로 인해 문제가 발생하였다. 일반적으로 IQ에 대한 오해로는 IQ가 지능과 동일하다는 오해, IQ는 변하지 않는다는 오해, 지능 검사가 중요한 능력을 모두 측정한다는 오해, 지능검사가 공정하다는 오해 등이 있다. 그러므로 IQ의 의미에 대한 자세한 설명 없이 검사 점수만 알려주게 된다면 학습자의 학습동기뿐만 아니라 학업성취에까지 악영향을 끼칠 수 있다. 제시문 ⊙에서 박 교사가 말했을 법한 내용으로는 완전히 신뢰도가 높은 지능검사는 없기 때문에 IQ를 단일점수보다 점수범위로 생각하는 것이 합리적이라는 것이다. 따라서 박 교사는 영희의 IQ가 99라기보다는 94~104라고 하는 것이 더욱 타당하고, 이는 정규분포를 이루는 지능지수의 분포 상 전체 사례의 약 68%가 속하는 중간 수준이라고 해석하였을 것이다.

34 2011 중등

다음 세 교사의 견해에 근거가 되는 지능 이론가들을 올바르게 짝지은 것은?

> 최 교사: 우리 반 영철이는 IQ가 높아서인지 공부를 참 잘해요. 과목별 점수로 봐도 영철이가 거의 전교 1, 2등이잖아요. 머리가 좋으니까 나중에 어떤 직업을 갖더라도 잘 할 거예요.
> 송 교사: 우리 반 순희는 언어와 수리 교과는 잘 하지만, 음악이나 체육은 재능이 없어 보여요. 친구들하고 잘 어울리지도 못해요. 그런 것을 보면 지능이 높다고 뭐든 잘 하는 것 같지는 않아요. 그리고 공부뿐만 아니라 인간관계 능력이나 다른 것들도 지적 능력에 포함되는 것이 아닐까요? 결국, 영역별로 지적 능력이 따로 있는 것같아요.
> 강 교사: 영역별 지능도 중요하지만, 제 생각엔 지능이 한 가지 경로로만 발달하지는 않는 것 같아요. 기억력처럼 뇌발달과 비례하는 능력들도 있지만, 언어이해력과 같은 것들은 문화적 환경과 경험에 의해 발달하잖아요.

	최 교사	송 교사	강 교사
①	스턴버그 (R. Sternberg)	골만 (D. Goleman)	카텔 (R. Cattell)
②	스피어만 (C. Spearman)	가드너 (H. Gardner)	카텔 (R. Cattell)
③	스피어만 (C. Spearman)	가드너 (H. Gardner)	길포드 (J. Guilford)
④	스턴버그 (R. Sternberg)	가드너 (H. Gardner)	길포드 (J. Guilford)
⑤	스피어만 (C. Spearman)	골만 (D. Goleman)	길포드 (J. Guilford)

정답풀이

※ **스피어만**: 지능의 2요인설을 주창한 스피어만은 모든 종류의 인지과제를 해결하는 데 필수적으로 관여하는 요인을 일반요인(g요인)이라고 명명했다. 그는 g요인을 기본 정신에너지(즉, 약방의 감초)로 간주했다. 일반요인은 바로 일반적 능력을 의미한다. 또 그는 특정 과제(예 수학문제나 어휘문제 등)의 문제해결에만 적용되는 다수의 특수요인(s요인)을 확인했다. 특수요인은 특정과제를 해결하는 데만 적용되는 일반성이 낮은 능력이므로 지능이론에서 중시되지 않는다. 결국 스피어만에 따르면 지능은 일반요인으로 구성되는 단일능력이다. 2요인설에 따르면 특정 개인은 일반요인의 수준에 따라 다양한 인지과제에서 한결같은 지적 기능을 발휘한다. 일반능력이 높은 사람은 대부분의 과제에서 우수한 성취를 보이지만 일반능력이 낮은 사람은 정반대의 경향을 나타낸다.

※ **가드너**: 가드너는 지능을 개인의 문화권에서 가치 있게 인정되는 일들을 수행하는 능력으로 보고, 사람이 정보와 지식을 처리하고 이해하는 데 적어도 9가지의 상이한 지능이 존재한다고 가정한다. 9가지의 다중지능에는 언어적 지능, 논리-수학적 지능, 공간적 지능, 음악적 지능, 신체-동작적 지능, 대인 관계 지능, 개인 내 지능, 자연적 지능, 실존지능이 있다.

※ 카텔 : 미국의 심리학자 카텔은 지능은 2개의 주요 요인, 즉 유동적 지능과 결정적 지능의 하위요인을 설명하고 있다. 유동적 지능은 스피어만의 g개념과 유사한 것으로 새로운 문제에 임해서 보이는 추상적 추론능력의 정확성과 속도에 관련된 요인이며, 결정적 지능은 문화적 맥락과 경험에 의해 많은 영향을 받는 사회적 관계능력, 언어적 이해력 등을 포함한다.

만점대비 +α

💡 스피어만(C. Spearman)의 g요인설

① 스피어만은 인간의 지능이 일반요인과 특수요인으로 이루어진다고 제안하였다.
  ㉠ 일반(g)요인 : 모든 종류의 인지과제를 해결하는 데 필수적으로 관여하는 요인
  ㉡ 특수(s)요인 : 특정 과제의 문제해결에만 적용되는 다수의 특수요인
② g요인은 기본 정신에너지이며 일반적인 능력을 의미하지만, 특수요인은 특정 과제를 해결하는 데만 적용되는 일반성이 낮은 능력이므로 지능이론에서 중시되지 않는다.
③ 결국 스피어만에 따르면 지능은 일반요인으로 구성되는 단일능력이다.
④ g요인설에 따르면 특정 개인이 일반요인의 수준에 따라 다양한 인지과제에서 한결같은 지적 기능을 발휘한다.
⑤ 일반능력이 높은 사람은 대부분의 과제에서 우수한 성취를 보이지만 일반능력이 낮은 사람은 정반대의 경향을 나타낸다.

💡 손다이크(Thorndike)의 다요인설

① 손다이크는 스피어만의 통계적 처리 결과를 비판하고, 지능에 일반요인은 존재하지 않으며 무수한 특수요인으로 구성되었음을 주장하였다.
② 지능의 영역 분류
  ㉠ 기계적 지능 : 손이나 손가락을 통하여 기계적 조작을 하는 능력
  ㉡ 사회적 지능 : 주위의 사람들에게 대처하는 능력
  ㉢ 추상적 지능 : 언어 및 추상적 관념에 관한 능력
③ 손다이크는 추상적 지능의 검사기준으로 문장완성력, 산수추리력, 어휘력, 지시를 따를 수 있는 능력을 제시하였다.

💡 서스톤(L. Thurstone)의 기본정신능력

① 서스톤은 인간의 지적 능력은 하나의 일반요인이 아닌 여러 개의 일반요인, 즉 여러 개의 공통적 지능요인이 있을 수 있음을 가정하고 일반요인을 다요인분석을 통해 지능을 단일한 구조에서 다요인 구조로 전환하는 계기를 만들었다.
② 그는 인간의 능력이 7개의 정신능력(PMA : Primary Mental Ability)으로 구성되어 있다고 하였다.
  ㉠ 언어요인 : 언어를 이해하고 사용할 줄 아는 능력(어휘와 문장이해, 어휘검사로 측정)
  ㉡ 수요인 : 수를 사용하여 문제를 해결하는 능력(수학적 이해, 계산, 수학적 문제해결검사로 측정)
  ㉢ 공간요인 : 공간관계를 보아서 알고 해결하는 능력(기호, 기하학적 형태의 지적조작 능력)
  ㉣ 지각요인 : 외적으로 주어진 환경을 지각하여 해결하는 능력(인지속도, 그림 속의 작은 차이점을 인식하는 과제 등으로 측정)
  ㉤ 기억요인 : 대상물을 기억하여 오래 정보를 저장할 수 있는 능력
  ㉥ 추리요인 : 미해결된 구조를 추리하는 능력(추론, 유추능력, 비유·수열 완성과제 등의 검사로 측정)
  ㉦ 언어유창성요인 : 어휘와 문장을 적절히 사용하고 표현하는 능력(어휘의 표현능력, 시간제한검사로 측정)

논술 문제 적용 하기

더 알아보기

💡 지능검사 해석 시 주의사항

① 지능지수는 지능과 동일한 것이 아니라 지능을 나타내는 하나의 지표에 불과하다. 지능을 측정한 다음 그 결과를 수치로 표현한 지능지수는 특정 개인이 특정 지능검사에서 몇 점을 받았는가를 나타낼 뿐이다. 지능검사의 점수는 지능 이외의 다른 여러 가지 요인들 – 과거 경험, 동기, 피로 등의 영향을 받는다. 따라서 IQ와 지능은 동일한 것이 아니다. 또한 지능검사가 완전히 신뢰로운 것은 아니기 때문에 동일한 사람이라고 할지라도 검사를 받는 시점에 따라 IQ가 상당히 달라진다.
② 지능지수는 개인의 일생 동안 상당한 정도로 변화된다. 지능을 포함한 인간의 모든 특성은 연령이 증가함에 따라 변화된다. 지능이 변화되면 지능지수도 당연히 변화된다.
③ 대부분의 지능검사들은 수리력, 유추능력, 언어능력 등 비교적 한정된 능력을 측정하고 있을 뿐 인간관계기술, 심미적 능력, 창의력과 같이 중요한 능력은 측정하지 못하고 있다. 따라서 IQ가 140으로 높다고 이 아동의 성취가 모든 교과 영역에 걸쳐 두루 우수할 것이라고 생각해서는 안된다. 지능지수는 개인 지적 기능의 한 가지 지표일 뿐이다.
④ 대부분의 지능검사들은 문화적으로 편향되어 있다. 즉, 지능검사에 포함된 일부 문항은 특정 계층이나 인종에 유리하고 다른 집단에는 불리할 수 있다.
⑤ 지능지수는 학업장면에서의 성공 여부를 예측할 수 있는 가장 중요한 요인은 아니다. 비록 지능이 높은 학생들이 일반적으로 학교에서 잘 수행하지만, 그들의 높은 성적이 지능의 결과라고 정확하게 말할 수는 없다. 지능은 아마도 학업성적에 중요한 역할을 하지만, 여기에는 많은 다른 요인들, 즉 동기, 정서적 성숙 정도, 흥미, 수업 중 반응, 가족경제, 부모의 양육, 동료집단 같은 요인 역시 포함된다. 따라서 지능지수만으로 학업성적을 완전히 예언할 수는 없다.
⑥ 지능지수만을 기준으로 하여 개개인에 대해 중요한 의사결정을 내리는 것은 바람직하지 않다. 특히 IQ를 기준으로 특정 학생을 천재아(또는 지진아)로 분류하는 것은 매우 위험하다. 중요한 의사결정을 내릴 때는 지능을 포함한 다양한 정보를 종합적으로 감안해야 한다. IQ는 고정된 것도 정밀한 점수도 아니므로 제시된 점수에 대한 절대적인 신뢰는 불합리하다.

THEME 03 인지적 특성과 교육

논술 문제 적용 하기

34-2 [2023 초등]

1) 학생들의 대인관계 능력을 함양하기 위해 학교장, 학부모, 지역사회 전문 상담사에게 받을 수 있는 지원 방안을 각각 2가지씩 논하시오.
2) 영우와 진서의 강점을 각각 1가지씩 제시하시오.

> 서 교사 : 코로나19가 지속되면서 대인관계를 형성할 기회가 부족해서 그런지 우리 학교에서도 학생들 간에 대인관계 문제가 많이 발생하고 있네요. 학생들의 대인관계 능력을 함양하기 위한 계획을 세워야 할 것 같아요.
> ...(중략)...
> 김 교사 : 좋습니다. 학교에서는 협력 지원 체제를 적극 가동하고, 저는 담임교사로서 우리 반 학생들의 대인관계 문제부터 살피려고요. 우리 반에도 사소한 문제로 대인관계가 나빠진 학생들이 있거든요. 영우가 진서에게 수업 끝나고 자기 집에 가서 같이 놀자고 했는데 진서가 앞뒤 설명 없이 바로 싫다고 거절해 버려서 영우가 상처를 많이 받은 것 같아요. 평소 영우는 친구들과 어울리기를 좋아하는 아이지만 자기 마음을 표현하는 방법을 잘 모르는 것 같아요. 진서는 다른 친구랑 수영을 가기로 약속되어 있어서 어쩔 수 없었다고 하는데, 사실 진서는 평소에 친구의 입장을 고려해서 말하는 태도가 부족하긴 해요.

예시답안

1)
우선, 학교장은 학생들의 대인관계 능력 함양을 위해 자율성, 협력과 배려, 공동체 의식이 강조되는 학교문화를 조성할 필요가 있다. 그리고 주기적으로 학생들의 사회정서역량 진단을 통하여 학생들에게 필요한 다양한 대인관계 향상 프로그램을 실시·운영하여야 한다. 다음으로, 학부모는 자녀의 자율성을 지지하는 양육방식을 지향해야 한다. 그리고 자녀와의 긍정적 관계 형성 방법 및 대화법, 부모의 양육방식 증진 프로그램 등 다양한 부모교육 프로그램에 적극적으로 참여해야 한다. 마지막으로, 지역사회의 전문 상담사는 학교·지역교육지원청·지역사회의 긴밀한 협력으로 위기 상황에 노출된 학생에 대한 철저하고 종합적인 국가차원의 안전망을 구축해야 한다. 이를 위해 학교 수준에서 선도 및 치유가 어려운 학생들에게 개인상담, 집단상담, 집중프로그램 이수 등의 상담서비스를 제공해주어야 한다. 또한, 일선학교의 교사, 체계적인 부모교육이 필요한 부모집단을 대상으로 교육을 실시하고, 지역사회의 청소년 지원센터나 공공기관 등에서 상담지식에 대해 교육 및 자문을 요청할 때에는 적극 협조해야 할 것이다.

💡 길포드(J. Guilford)의 지능구조이론

① 길포드는 서스톤의 7PMA를 확장, 지능구조이론을 제안하였다.
② 그는 전통적인 지능이론들이 일차원적 관점에서 지능을 보려고 했기 때문에 지능의 본질을 정확하게 설명할 수 없다고 주장하고 지능을 단일구조가 아닌 다차원적 관점에서 설명을 시도하였다.
③ 인간의 지능을 상호 독립적인 세 가지 차원, 즉 인지적 조작, 내용영역, 산출을 축으로 하는 입방체 모형을 제시하였고, 인지과제를 수행하는 것은 산출을 얻기 위한 어떤 내용에 대한 인지적 조작이라고 하였다.

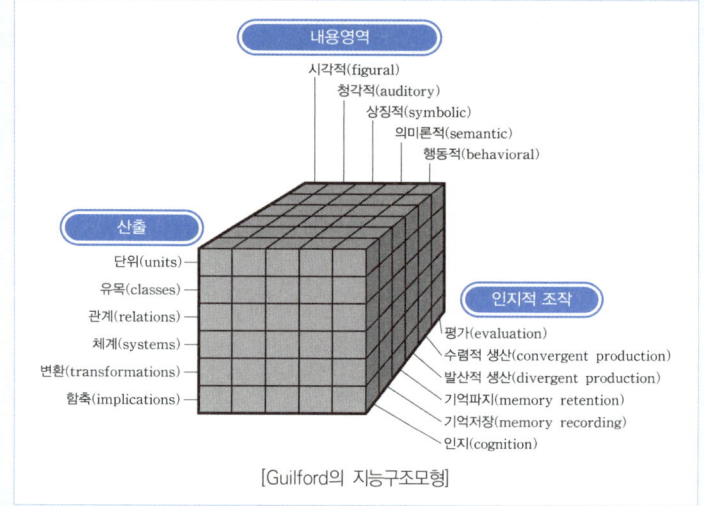

[Guilford의 지능구조모형]

④ 이 모형에서 하위범주들은 상호 독립적인 것으로 정의되며, 각 차원의 내용을 곱하여 5×6×6 = 180개의 상이한 정신능력이 만들어지는 것이다.
⑤ 길포드의 이론은 종래 지능검사에 의해서만 측정되던 지능의 협소한 개념을 연구자나 교사들이 확장시킬 수 있도록 하였다는 점에서 매우 중요한 의미를 갖는다.

💡 골만(Goleman)의 정서지능

골만은 정서지능을 개인의 정서능력, 대인관계와 같은 사회적 능력으로서 인간의 성공적인 삶에 지대한 영향을 미치며, 지능 못지않게 중요하다고 주장하고 정서지능의 구성요인으로서 5개 요인을 제안하였다.

① **자기인식** : 자기 자신, 특히 자기의 정서에 대한 인지로서 자신의 정서상태를 알아차린 후 이를 적절한 상태로 바꿀 수 있는 능력
② **정서의 조절** : 자신의 기분과 감정을 제대로 파악하고 조절하는 것으로 스트레스에 민감하지 않고 잘 적응하며 부정적 감정상태를 신속하게 치유하는 능력
③ **자기동기화** : 부지런하고 끈기 있게 과제에 몰입하고 추진하는 것으로 스스로 자신에게 동기를 부여하는 능력
④ **공감** : 타인의 입장이 되어 그가 느끼는 것을 공감하고 이해하는 능력
⑤ **대인관계능력** : 타인과의 관계를 효과적으로 잘 유지해 나가는 능력
   ▶ 대인관계 능력의 하위요인(Schlein & Guerney) : 만족감, 의사소통, 신뢰감, 친근감, 민감성, 개방성, 이해성

| 정답 | ②

35

2008 초등

스턴버그(R. J. Sternberg)의 삼원지능이론에서 상황적 하위이론(contextual subtheory)에 부합하는 능력은?

① 새로운 지식을 획득하고 이를 논리적 과제 해결에 적용하는 분석적 능력
② 원만한 인간관계, 사회적 유능성, 뛰어난 적응력 등과 같은 실제적 능력
③ 서로 관련되어 있지 않은 사실들을 조합하여 새로운 아이디어를 생성하는 창의적 능력
④ 기존의 지능 개념과 유사한 것으로, 추상적이고 학업적인 문제해결에 관여하는 메타인지적 능력

오답풀이

① ④ 분석적 지능에 대한 설명이다.
③ 경험적 지능에 대한 설명이다.

만점대비 +α

💡 삼원지능이론

① 분석적 능력 : 요소하위이론의 핵심능력이며, 요소하위이론은 메타요소와 수행요소, 지식습득요소의 세 요소로 이루어진다. 이는 대부분의 학교 장면에서의 과제를 수행하는 데 영향을 주는 요소들이다.
② 창의적 능력 : 경험하위이론을 구성하는 능력으로 과제 수행에서 경험의 영향을 중시하고 지능 측정에서 매우 중요한 함의를 제공한다. 즉, 인간의 정보처리과정은 과제에 대한 이전 경험의 정도에 영향을 받을 수밖에 없으며, 적절하게 새로우면서도 어느 정도 익숙한 과제로 측정할 때 지능을 가장 잘 판단할 수 있다고 가정한다.
③ 실제적 능력 : 상황하위이론을 구성하는 요인으로, 학교과제를 수행하는 상황이 아닌 일상생활에 인간의 정신작용이 적용되는 것과 관련된다.

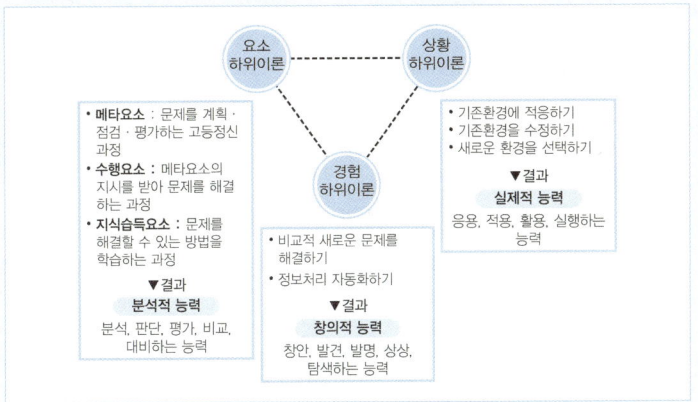

| 정답 | ②

논술 문제 적용 하기

2)
영우는 대인관계 능력의 하위요소 중 개방성이 부족하지만, 친근감에 강점을 보인다. 자신의 마음을 표현하는 데는 미숙하지만, 친구들과 어울리기를 좋아하고 친구들에게 적극적으로 다가가는 것이다. 즉, 영우는 다른 친구들에게 친밀감을 나타내고, 친밀한 관계를 유지해 나가고자 한다는 측면에서 높은 친근감을 지니고 있다. 반면, 진서는 대인관계 능력의 하위요소 중 타인에 대한 이해성이 부족하지만, 신뢰감에 강점을 보인다. 진서는 친구의 입장을 고려해서 말하는 태도가 부족하긴 하지만, 친구와의 선약을 중시하는 태도를 보이고 있다. 이는 상대에 대한 믿음과 신뢰를 지키는 것으로, 타인과의 바람직한 대인관계 형성에 있어 매우 중요한 요소라고 할 수 있다.

THEME 03 인지적 특성과 교육

36
2009 중등

가드너(H. Gardner)의 다중지능이론과 스턴버그(R. Sternberg)의 성공지능이론의 공통점을 〈보기〉에서 고른 것은?

보기

㉠ 인간의 지능을 사회·문화적 맥락을 고려하여 이해한다.
㉡ 지능의 작용과정보다는 지능의 독립적 구조를 밝히는 데 주력하고 있다.
㉢ 지능의 개념 정의에서 전문성(developing expertise)과 지혜(wisdom)가 중시된다.
㉣ 학교수업과 평가는 학생의 강점 지능을 활용하고 약점 지능을 교정·보완하는 데 초점을 맞추어야 한다고 강조한다.

---

① ㉠, ㉡ ② ㉠, ㉣
③ ㉡, ㉢ ④ ㉡, ㉣
⑤ ㉢, ㉣

오답풀이

㉡ 가드너의 다중지능이론에 대한 설명이다.
㉢ 스턴버그에 의하면, 실천적 지능이란 상황에 적응하는 능력이다. 그는 실천적 지능의 고차적 구성요소로 직감(intuition)과 지혜(wisdom)를 든다.

만점대비 +α

💡 스턴버그와 가드너의 지능이론 비교

스턴버그	가드너
• 지적 능력의 범위를 확대 : 스턴버그의 삼원지능이론과 가드너의 다중지능이론은 공통적으로 지능이 단일능력이라는 견해를 부정하며, 인간의 지능을 사회·문화적 맥락을 고려하여 이해함		
• 전통적인 지능관과 다른 새로운 접근법을 시사해줌 – 환경과의 상호작용에 의해 개인의 잠재적 능력의 한계를 극복하면서 지능이 변화·발전될 수 있다고 봄 – 인간의 지적 잠재력은 여러 능력에 기초가 되는 결정요인들에 많은 영향을 끼치는 유전인자에 의해 결정이 되지만, 이 유전적인 잠재력에 무엇이 일어날 것인가는 환경조건의 질에 강력히 영향을 받는다는 것		
• 종래의 지능 측정 방법의 발전적인 변화를 촉구 – 학교수업과 평가는 학생의 강점 지능을 활용하고 약점 지능을 교정, 보완하는 데 초점을 맞추어야 한다고 강조 – 학교 내·외부에서 그리고 인간의 현실 생활에서 생존적인, 문화적 가치 면에서 보편적이고 우월적인 내용을 측정하는 방법으로 지능측정 방법이 새롭게 바꿔야 한다는 것		
인지과정에 주안을 둠	지능의 영역에 주안을 둠
지능이 서로 관련을 맺고 있는 세 개의 하위요인으로 구성되어 있다고 가정	서로 독립적인 지능을 가정함
삼원지능이론의 각 하위이론은 세 영역에서의 각기 지능의 근원을 찾아, 이 근원들이 지적 행동을 낳는데 어떻게 작용하는 지를 명시함	가드너의 다중지능이론은 본질적으로 비위계적인 이론
지필 검사를 통해서 지능의 측정이 가능하며, 일회적인 측정을 통해서도 가능함	지능 측정은 프로세스폴리오 같이 수행의 과정을 통해서 얻어진 자료로 측정함

| 정답 | ②

37

2009 중등

다음의 ㉠, ㉡, ㉢에 나타난 A학생의 문제를 진단하기 위한 심리검사로 가장 적절한 것은?

> 중학교 1학년인 A학생은 학교생활이 즐겁지 않다. 초등학교 때부터 ㉠학습 부진 문제를 겪었던 A학생은 중학교에 올라오면서 공부가 더 어렵게 느껴지고 수업내용도 따라가기 힘들다. ㉡친구들과의 관계에서도 놀림과 따돌림을 당하기 일쑤이며, 혼자 배회하거나 책상에 엎드려 있는 경우가 많다. 최근에는 좋아하던 미술 시간에도 흥미를 보이지 않고, 자주 ㉢우울감을 호소하기도 한다.

	㉠	㉡	㉢
①	HTP	MMPI	MBTI
②	MMPI	K-WISC-Ⅲ	TAT
③	TAT	MBTI	HTP
④	K-WISC-Ⅲ	TAT	MMPI
⑤	MBTI	HTP	K-WISC-Ⅲ

정답풀이

㉠ K-WISC-Ⅲ : Wechsler Itelligence Scale for Children을 한국에서 표준화한 것으로 가장 널리 사용되는 지능검사이다. 6~16세까지의 아동에게 실시하며, 언어성 지능지수, 동작성 지능지수, 전체 지능지수로 표시한다.

㉡ TAT(Thematic Apperception Test) : 주제통각검사는 개인과 환경과의 관계, 즉 개인의 성격과 환경과의 상호관계에 대해 알려주는 것으로, 즉 대인관계와 환경지각에서 나타나는 피검자 성격의 역동성 요소를 나타내주는 것이다.

㉢ MMPI(Minnesota Multiphasic Personality Inventory) : 객관적 성격검사로, 헤서웨이(Hathaway)와 맥킨리(Mckinley)에 의해 완성된 다면적 인성검사이다. 초기에는 정신장애자를 평가하는 도구로 출발하였으나, 실제 임상장면에서는 개인의 성격이나 행동을 이해하는 도구로 활용되고 있다. MMPI의 임상척도들은 피검자들이 지니고 있는 우울증, 심기증, 반사회성, 정신분열증, 조증과 같은 임상적인 증후군을 평가해준다.

오답풀이

※ HTP : 집(house), 나무(tree), 사람(person)검사는 1984년 벅(Buck)에 의해서 처음 제창되었으며 해머(Hammer)에 의해서 크게 발전된 검사이다. 어떤 목적을 가지고 피험자에게 연필이나 크레용 등을 주어 종이 위에 무엇인가를 표현시키는 심리검사이다. 집, 나무, 사람에 대한 그림을 통해 성격을 진단하는 투사법검사이며, 과제그림검사이다.

※ MBTI : 마이어-브릭스 유형 지표(Myers-Briggs Type Indicator)는 브릭스(K. Briggs)와 그의 딸 마이어(I. Myers)가 융(C. Jung)의 성격 유형 이론을 근거로 개발한 성격유형 선호지표이다. MBTI는 개인이 쉽게 응답할 수 있는 자기보고 문항을 통해 각자가 인식하고 판단할 때 선호하는 경향을 찾아낸 뒤, 그 경향들이 행동에 어떤 영향을 끼치는가를 파악하여 실생활에 응용한다. 성격유형은 모두 16개이며 외향(Extroversion)-내향(Introversion), 감각(Sensing)-직관(iNtuition), 사고(Thinking)-감정(Feeling), 판단(Judging)-인식(Perceiving) 등 네 가지의 분리된 선호경향으로 구성된다. 선호경향은 교육이나 환경의 영향을 받기 이전에 잠재되어 있는 선천적 심리경향을 말하며, 각 개인은 자신의 기질과 성향에 따라 각각 네 가지의 한쪽 성향을 띠게 된다.

| 정답 | ④

38

다음 세 교사 견해의 근거가 되는 지능검사 혹은 평가접근을 올바르게 짝지은 것은?

> 김 교사 : 지난번에 현우와 연수에게 언어성 검사와 동작성 검사로 이루어진 지능검사를 실시한 결과, 두 학생의 지능지수가 유사하게 나온 것을 보니 두 학생의 지적 능력은 비슷하다고 보아도 좋을 것 같아요.
>
> 박 교사 : 제가 보기에 현우와 연수는 발달잠재력이 서로 다른 것 같은데, 혼자서 과제를 해결할 수 있는 발달 수준과 도움을 받아서 과제를 해결할 수 있는 발달 수준을 모두 평가하여 이를 비교하는 것이 더 타당하다고 생각합니다.
>
> 이 교사 : 제가 보기에도 현우와 연수가 서로 다른 지적 능력을 갖고 있는 것 같은데, 혹시 지능검사 자체가 갖고 있는 문화적 편파(cultural bias)가 영향을 미친 결과가 아닐까요? 그래서 저는 문화적으로 영향을 줄 수 있는 요인들을 제거하거나 그 영향을 최소화한 문화평형검사(culture-fair test)가 필요하다고 생각해요.

	김 교사	박 교사	이 교사
①	MMPI	정적 평가 (static assessment)	TAT
②	MMPI	정적 평가 (static assessment)	SOMPA
③	K-WISC-Ⅲ	정적 평가 (static assessment)	TAT
④	K-WISC-Ⅲ	역동적 평가 (dynamic assessment)	SOMPA
⑤	K-WISC-Ⅲ	역동적 평가 (dynamic assessment)	TAT

정답풀이

※ **K-WISC-Ⅲ** : Wechsler Itelligence Scale for Children을 한국에서 표준화한 것으로 가장 널리 사용되는 지능검사이다. 6~16세까지의 아동에게 실시하며, 언어성 지능지수, 동작성 지능지수, 전체 지능지수로 표시한다.

※ **역동적 평가** : 비고츠키가 제안한 근접발달영역의 개념에 근거하여 발달잠재력을 확인하기 위한 평가로, 전통적인 고정적 평가와 대비된다. 고정적 평가는 실제적 발달수준을 측정하는 과거지향적인 평가인 데 비해, 역동적 평가는 근접발달영역에 주안을 두는 미래지향적인 평가다. 역동적 평가는 적절한 기회를 주었을 때 평가하고자 하는 지식이나 전략을 학습할 수 있는 잠재력이 있는 학생들을 확인할 수 있다는 점에서 교육적·경험적 배경이 상이한 학생들을 평가하고자 할 때 특히 중요하다.

※ **SOMPA**(system of multicultural plural Asessment) : SOMPA는 WISC-R에 아동들에 관한 다양한 정보를 접목시킴으로써 1979년 머서(Mercer)에 의해 개발되었다. WISC-R을 해석하는 데 있어 의료적 요소, 사회적 요소, 문화·인종·사회경제적 배경을 고려한 사회문화 척도를 포함한다. 의료적 요소란 아동의 시각, 청각, 예민성, 몸무게, 키 그리고 포괄적인 병력 등을 검사하여 아동의 전반적 건강 상태를 평가하려는 시도이다. 사회적 요소는 주로 면접으로 시행되며 교우관계나 학교 외적 생활 측면을 알아보게 된다.

| 정답 | ④

39

2012 초등

다음과 같은 상황에서 실시될 수 있는 지능 검사들로 가장 적절한 것은?

> 수미는 어렸을 때부터 줄곧 외국에 살면서 유치원과 초등학교를 다녔다. 최근에 귀국한 수미는 언어적 어려움을 겪고 있으며, 학력 평가에서 국어 30점, 수학 40점을 받아 기초학력 부진으로 의심되었다. 김 교사는 수미의 학력부진 원인을 파악하기 위해 상담센터에 심리검사를 의뢰하였다. 상담센터에서는 수미의 특수한 상황을 고려하여 다양한 사회적·문화적 배경을 지닌 아동의 지적 능력을 공평하게 평가할 수 있는 문화공평검사(culture-fair test)를 실시하고자 한다.

① 고대 - 비네 검사, 카우프만 검사(K - ABC)
② 고대 - 비네 검사, 웩슬러 검사(KEDI - WISC)
③ 카우프만 검사(K - ABC), 레이븐검사(CPMT)
④ 쿨먼 - 앤더슨 집단지능 검사, 레이븐 검사(CPMT)
⑤ 쿨먼 - 앤더슨 집단지능 검사, 웩슬러 검사(KEDI - WISC)

오답풀이

※ **고대 - 비네 검사** : Alfred Binet가 1905년 처음 제작한 이래로 많은 개정을 통해 발달된 검사이다. 고려대학에서 표준화한 한국판 고대 - 비네 검사는 지능이 연령에 따라 발달한다는 이론에 의거하여 문항이 선정되었다. 만 4세부터 14세 아동에게 실시할 수 있는 개인검사이다. 검사 내용은 어휘, 기억, 추상 추리, 수 개념, 시지각 기능, 사회능력과 같은 다양한 능력을 평가하도록 되어 있으며, 연령에 따라 각 문항에 대한 정답의 빈도를 백분율로 계산하였다. 각 문항에 대한 정답의 빈도는 연령이 낮을수록 적고 연령이 높아질수록 많아진다. 특정 연령의 피험자 중 50% 가량이 어떤 문항에 정답을 했다면 그 문항을 그 연령에 해당하는 문항으로 선정하였다.

※ **KEDI - WISC** : 미국의 아동용 웩슬러 지능 검사(WISC - R) 1974년판의 한국어판 아동용 개인지능검사. 이 검사는 웩슬러의 지능관을 바탕으로 제작되었는데, 1986년에 5세부터 15세까지의 아동의 지능을 측정하도록 국내에서 표준화 과정을 거쳐 개발되었다. 미국판 검사와 다른 점은 문화적 차이가 문제해결에 영향을 줄 것으로 추측되는 문항이 한국적인 것으로 대치되었다는 점이다.

※ **쿨먼 - 앤더슨 집단지능 검사** : 이 검사는 비네 지능검사의 영향을 많이 받은 까닭에 언어능력을 중시하고 있으며, 그 내용은 스탠포드 - 비네 지능검사와 거의 유사하다. 이 검사는 9개의 시리즈로 구성되어 있는 것이 특징이며, 각 피험자는 자기능력에 적당한 시리즈를 선택해 검사 받는다.

THEME 03 인지적 특성과 교육

만점대비 +α

💡 문화공평검사

(1) SOMPA(System Of Multicultural Plural Assessment)
  ① SOMPA는 WISC-R에 아동들에 관한 다양한 정보를 접목시킴으로써 1979년 머서(Mercer)에 의해 개발되었다.
  ② WISC-R을 해석하는 데 있어 의료적 요소, 사회적 요소, 문화·인종·사회경제적 배경을 고려한 사회문화척도를 포함한다.
  ③ 의료적 요소란 아동의 시각, 청각, 예민성, 몸무게, 키 그리고 포괄적인 병력 등을 검사하여 아동의 전반적 건강상태를 평가하려는 시도이다.
  ④ 사회적 요소는 주로 면접으로 시행되며 교우관계나 학교 외적 생활 측면을 알아보게 된다.

(2) 아동용 카우프만 지능검사(K-ABC : Kaufman-Assessment Battery for Children)
  ① 개요
    ㉠ 기존의 전통적인 지능검사의 문제점 : 주로 좌뇌의 기능을 측정하는 좌뇌지향적 검사라는 문제점이 지적되었다. 따라서 우뇌지향적 문화권에서 양육된 아동에게 불리한 검사가 되며, 총체적 지능을 사정하기 위한 도구로 적절치 못하다.
    ㉡ K-ABC는 전통적인 지능검사들이 지니고 있는 문제점을 수정·보완하여 2세 6개월에서 12세 5개월까지의 아동의 지능과 습득도를 측정하기 위해 개발된 개인지능검사이다.
    ㉢ 취학 전 아동은 물론 초등학교 전 학년에까지 실시될 수 있으며, 학교는 물론 임상장면에서 사용될 수 있다.
    ㉣ K-ABC로 측정되는 지능은 문제를 해결하고 정보를 처리하는 개인의 인지처리양식으로 정의된다. 이 정의는 각 정보처리양식에 있어서 기능의 수준을 강조한다.
  ② 척도 : 순차처리척도, 동시처리척도, 인지처리과정척도(순차처리척도+동시처리척도), 습득도척도
  ③ 특징
    ㉠ 문제해결과 관련된 일련의 기능을 지능으로 정의하고, 사실에 관한 지식을 습득도로 정의하고 있다.
    ㉡ 카텔과 혼(Cattell & Horn)의 유동성지능-결정성지능이론에 비추어 볼 때, K-ABC의 습득도척도는 이미 습득한 지식과 기능을 반영하므로 결정성 지능과 상당히 유사하고, 두 개의 인지처리과정척도는 친숙치 못한 문제상황에서 아동이 융통성 있게 적절히 대처할 수 있게 하는 유동성 지능과 유사하다.
    ㉢ 이 검사의 가장 큰 특징은 언어의 영향을 최소화할 수 있는 비언어적 척도를 포함하고 있다는 점이다.

(3) 레이븐(Raven)의 순서행렬검사(progressive matrices test)
  ① 레이븐은 스피어만의 g요인설에 기초하여 순서행렬검사를 제작하였는데, g요인을 측정할 수 있는 최상의 검사로 인정받고 있다.
  ② 연속적인 형태를 찾아내는 순서행렬이라는 이름은 검사에 제시되는 각 문항이 사고의 수준에 따라 차례로 제시된다는 검사지 작성의 원리에서 비롯되었다.
  ③ 검사의 특징
    ㉠ 문화적·교육적 배경에 영향을 받지 않는 검사이다. 기존에 습득한 지식과 언어능력에 영향을 받지 않아 정확한 지능을 측정할 수 있고 언어에 구애를 받지 않는 검사이다.
    ㉡ 시간제한이 없어 검사동기가 낮거나 신체적 장애를 갖고 있는 환자, 검사장면에서 빨리 반응이 어려운 사람들에게 유용한 검사이다.
    ㉢ 검사의 실시 및 채점이 용이하다. 일반적인 지능검사는 일정기간의 훈련을 받은 인력이 투입되어 검사를 실시하기 때문에 검사실시시간이 오래 걸리고, 채점의

불편함이 있지만, 레이븐의 지능검사는 사용이 편리하다.
ㄹ. 피험자의 나이와 지적능력에 따라 선택적으로 사용이 가능하다. 3가지 종류의 검사로 나누어져 있어서 아동에서부터 성인까지 다양한 검사가 가능하다.

④ 검사의 종류

SPMT (standard)	• 교육, 국적 또는 신체적 조건에 관계없이 모든 연령의 사람에게 사용될 수 있도록 고안되었음 • 총 60문항이며 시간제한은 없지만 평균 20~40분이면 검사를 마침 • 문제는 한 부분이 미완성된 도형이나 일정한 패턴으로 된 매트릭스로 구성되어 있기 때문에 빈 곳에 6~8개의 답지를 보고 정답을 선택하여야 함
CPMT (colored)	• 5세부터 11세까지의 유아 및 아동을 주대상으로 하는 검사 • 검사도구는 유아의 흥미와 주의를 끌 수 있도록 도형의 바탕이 원색으로 된 그림을 사용하고 있음 • 각각 12문항으로 구성된 3개의 소검사로 구성되어 있음 • SPMT가 모든 연령의 사람들에게 광범위하게 쓰여지고 있는데 반해 CPMT는 어린 아동을 비롯해 노인들, 정신지체자들이나 뇌손상환자들에게 사용되어지고 있음 • 지적발달이 이루어진 상태라면, 즉 유추에 의한 추론을 할 수 있는 피험자라면 CPMT보다는 SPMT를 사용하는 것이 더 신뢰로움
APMT (advanced)	• 우수한 지능을 가진 것으로 추정되는 피험자들에게 사용되며, 교육적 경험에 의한 지식에 의존하지 않고 문제를 해결할 수 있는 능력과 상위인지능력을 측정하는 비언어성 지능검사 • 또한 기하학적인 도형자극을 통해 추상적 관계추론능력을 판별하는 검사 • 즉, 복잡한 상황을 이해하는 능력, 주어진 사태의 의미를 도출하는 능력, 분명하게 지각하고 사고하는 능력을 측정함

| 정답 | ③

40

다음에서 설명하는 창의성 개발 기법은?

- 아이디어, 건의, 제안 등을 처리하는 창의적인 기법으로 사용된다.
- 학생들은 단순히 어떤 아이디어를 좋아하거나 좋아하지 않는다고 판단하지 않는다.
- 학생들에게 어떤 아이디어에 대하여 먼저 좋은 점을 생각하고, 다음에는 나쁜 점을 생각하며, 마지막으로 좋지도 나쁘지도 않지만 주목할 만한 가치가 있다고 생각되는 점을 살펴보도록 하여 사고의 방향을 안내한다.

① 드 보노(E. de Bono)의 PMI
② 오스본(A. F. Osborn)의 CPS
③ 에벌리(B. Eberle)의 SCAMPER
④ 브랜스포드(J. D. Bransford)의 IDEAL

정답풀이

① 드 보노(de Bono)의 PMI : 드 보노가 개발한 것으로 수평적 사고이론이라고도 한다. 그는 '불가능하다고 생각되는 기존의 개념을 완전히 바꿔 아무리 어려운 문제도 해결할 수 있다는 자신감으로 전환'시키는 사고방식인 수평적 사고를 주창하였다. 이 기법은 학생들이 어떤 상황에 단순히 병용하는 것이 아니라 먼저 어떤 문제의 긍정적인 면(plus)을 살펴보고, 그 후 부정적인 면(minus)을 살펴보고, 마지막으로 주목할만한 가치가 있으나 긍정적인 측면 또는 부정적인 측면이라고 할 수 없는 것(interesting)을 생각하도록 하여 주의(attention)의 방향을 잡아주는 방법이다.

오답풀이

② 오스본의 CPS(Creative Problem Solving) : CPS는 창의적 문제해결 모형을 의미한다. 창의적 문제해결이란 비구조화된 문제를 다루며, 문제와 방법, 해결책을 스스로 발견하거나 창조해 해결하는 것이다. 오스본은 창의적 문제해결을 '오리엔테이션 – 준비 – 분석 – 가설 – 부화 – 종합 – 확인'의 7단계로 제시하였다가 개정판에서는 '사실 발견 – 아이디어 발견 – 해결 발견'의 3단계로 보다 포괄적으로 창의적 문제해결을 단순화시켰다.
③ 에벌리의 SCAMPER : 브레인스토밍 기법을 고안한 오스본의 체크리스트를 에벌리가 간단하게 재구성한 창의적 사고기법이다. 대체하기(Substitute), 결합하기(Combine), 응용하기(Adapt), 변형·확대·축소하기(Modify·Magnify·Minify), 다르게 활용하기(Put to other uses), 제거하기(Eliminate), 재배열하기(Rearrange)
④ 브랜스포드의 IDEAL : 일반적인 문제해결 전략으로, 구조화된 문제를 다루며 기존의 알고리즘을 적용하거나 이미 기억한 절차를 그대로 적용한다. I 문제 확인(Identifying problem) → D 문제 정의(Defining problem) → E 가능한 해결책 탐색(Exploring alternative approaches) → A 계획 실행(Acting on a plan) → L 효과 검토(Looking at the effects)

| 정답 | ①

41
2010 초등

그림은 왼쪽 도형을 오른쪽 배경에서 찾아내는 수준에 따라 개인의 인지양식을 진단하는 '잠입도형검사(Embedded Figure Test)'의 예이다. 이 검사 점수가 높은 학생들의 인지양식에 맞추어 지도한 교사의 행동을 〈보기〉에서 고른 것은?

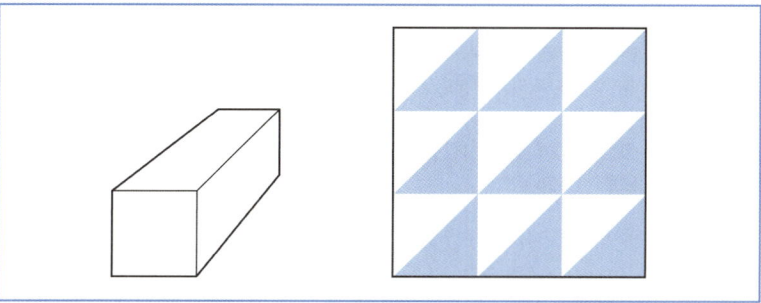

보기

㉠ 외적 보상을 통해서 동기를 유발하였다.
㉡ 안내와 시범 없이 스스로 수학문제를 풀도록 하였다.
㉢ 모둠별 활동보다 개인별 활동을 할 수 있도록 하였다.
㉣ 교사가 작성한 구조화된 표를 주고 암석의 종류를 비교해 보도록 하였다.

① ㉠, ㉡
② ㉠, ㉢
③ ㉠, ㉣
④ ㉡, ㉢
⑤ ㉡, ㉣

정답풀이

※ 잠입도형검사 점수가 높은 학생들은 장독립형 학습자이다.
㉡ 장독립형 학습자는 외부의 지도가 없이 스스로 문제를 해결할 수 있는 수업 선호를 선호한다. 따라서 탐구와 발견학습과 같은 스스로 학습할 수 있는 환경을 제공하는 것이 적합하다.
㉢ 장독립형 학습자는 사람들이나 사회적 관계를 지향하는 장의존형 학습자와 달리, 대인관계에 무관심하다. 따라서 독립적인 학습 환경을 제공하는 것이 적합하다.

오답풀이

㉠ ㉣ 장의존형 학습자에게 적합한 교수방법이다.

만점대비 +α

💡 잠입도형검사

① 사물을 그 사물이 속해 있는 장과 더불어 전체적으로 지각하는지 사물이 속한 장의 영향을 받지 않고 분석적으로 지각하는지를 알아보는 것이다. 연구대상자들은 주어진 삼각형 모형을 복잡한 그림에서 찾아서 그려야 한다.

② 잠입도형검사지는 세 부분으로 구분되어 있다. 첫 번째 부분은 연구대상자가 응답방법을 익히기 위한 목적으로 7문항에 시간은 2분이 주어진다. 실제로 점수에 반영되는 두 번째와 세 번째 부분은 각각 9문항으로 구성되어 있으며, 시간은 각각 5분이 주어진다.

③ 평가방법은 연구대상자가 주어진 모형을 배경에서 정확하게 그릴 경우에는 1점, 틀릴 경우에는 0점으로 처리하여 14점 이상을 장독립적 인지양식으로, 6점 이하를 장의존적 인지양식으로 간주한다.

💡 위트킨의 장 독립 - 장 의존 인지양식

① 위트킨은 인지양식을 주변 장의 구조가 그 속에 포함된 항목의 지각에 영향을 주는 정도, 개인이 장의 요소를 별개 항목으로 지각하는 정도, 분석적으로 지각하는 정도에 따라 인지양식을 장독립형과 장의존형으로 구분한다.

② 장 독립-장 의존 학습자의 특성 비교

구분	장독립성	장의존성
정보 처리 방식	• 사물을 지각할 때 그 사물 주변 장의 영향을 받지 않거나 적게 받는 유형 • 분석적 정보처리 : 분석적으로 사고하며, 구조를 일반화할 줄 알고, 정해진 형식이나 구조에 영향을 받지 않음	• 사물을 지각할 때 그 사물 주변 장의 영향을 많이 받는 유형 • 전체적 정보처리 : 전체적인 구조를 수용할 줄 알며 정해진 형식이나 구조에 영향을 받음
구조화 정도	• 새로운 구조를 부여하여 재조직 • 구조의 영향을 거의 받지 않음 • 비구조화된 과제 수행 용이	• 장에 새로운 구조를 부여하지 않음 • 구조의 영향을 많이 받음 • 비구조화된 과제 수행 곤란
지향성	• 내부 단서 중시 • 개인내부 지향	• 외부 단서(사회적 정보)에 민감 • 타인의 비판에 민감
대인 관계	대인관계에 무관심	대인관계 중시
선호 하는 교수 방식	• 외부의 지도가 없이 스스로 문제를 해결할 수 있는 수업 선호 • 발견학습, 스스로 학습	• 문제해결방식을 분명하게 가르치는 수업 방식 선호 • 강의

| 정답 | ④

42

2012 중등

다음 두 교사의 대화에서 (가)와 (나)의 내용에 부합하는 학습양식 이론에 대한 설명으로 옳은 것만을 〈보기〉에서 있는 대로 고른 것은?

> 강 교사 : 학생들마다 공부하는 방식에 차이가 있는 것 같아요. 어떤 사물을 지각할 때 (가) <u>그 사물의 배경이 되는 맥락의 영향을 많이 받고 배경과 요소들을 연결 지어 지각하는 학생이 있는 데 반해, 맥락의 영향을 별로 받지 않고 사물의 요소들을 분리하여 지각하는 학생이 있는 것 같아요.</u>
> 윤 교사 : 강 선생님이 이야기한 학습양식의 차이 외에도 어떤 자극에 대한 (나) <u>반응속도가 빠르지만 반응오류를 범하는 학생이 있는 반면, 반응속도는 느리지만 사려가 깊어서 정확한 반응을 하는 학생도 있는 것 같아요.</u>

보기

㉠ (가) : 잠입도형검사(Embedded Figure Test)에서 점수가 높은 학생들은 장의존형 학습자로 판별된다.
㉡ (가) : 장독립형 학습자는 과제와 관련된 구체적인 상황이 주어지지 않아도 분석적 능력을 요구하는 학습과제를 잘 해결하는 경향이 있다.
㉢ (나) : 충동형과 반성형의 학습양식을 판별하는 방법으로 케이건(J. Kagan)의 같은그림찾기(Matching Familiar Figure)검사가 있다.
㉣ (나) : 충동형 학습양식을 반성형 학습양식으로 수정하기 위한 방법으로 매켄바움(D. Meichenbaum)의 자기교수법(self-instruction)이 있다.

① ㉠, ㉡ ② ㉠, ㉣
③ ㉡, ㉢ ④ ㉠, ㉡, ㉣
⑤ ㉡, ㉢, ㉣

오답풀이

㉠ 잠입도형검사 점수가 높은 학생들은 장독립형 학습자로 판별된다.

만점대비 +α

💡 케이건(Kagan)의 반성적 - 충동적 인지양식

① 문제를 해결하기 위한 가설을 설정하고, 그 가설의 타당성을 검증하는 과정에서 나타나는 반응의 정확성과 반응속도를 기준으로 인지양식을 숙고형과 충동형으로 구분했다.
② 케이건은 같은그림찾기검사(MFFT)를 제작하여 충동성을 평가하기 위해 사용하였다. 12개의 본 문제와 2개의 연습문제를 포함하여 총 14문제로 구성되어 있으며, 각 문제는 6개의 유사한 그림 중에서 보기의 표준그림과 같은 것을 고르는 과제이다.
③ MFFT에서는 정답이 나올 때까지의 오류 수와 문제 제시 후 최초의 반응인 첫 반응시간을 측정하여 충동성을 평가한다.

반성적 인지양식(숙고형)	충동적 인지양식(충동형)
• 몇 가지 대안들이 가능한 문제 상황에서 문제 해결을 위하여 차분하게 심사숙고하는 인지양식을 말한다.	• 가설을 성급하게 검토하고, 따라서 실수도 많이 하는 인지양식을 말한다.
• 반응잠시(반응을 할 때까지 소요되는 시간)가 길고 반응오류(반응의 정확성과 관련)를 적게 범하기 때문에 성적이 높다.	• 반응잠시가 짧고 반응오류를 많이 범하기 때문에 성적이 낮다.
• 문제를 해결할 때 정확성에 주안을 둔다.	• 문제를 해결할 때 속도에 주안을 둔다.
• 어려운 과제를 해결해야 할 때 유리하다.	• 쉬운 과제를 신속하게 수행해야 할 때 유리하다.

| 정답 | ⑤

43

(라)에 언급된 콜브의 네 가지 학습유형 중 (㉠)에 속하는 학습자의 특성을 가장 잘 설명한 것은?

(라) 김 교사는 대학원 강의에서 뱅크스(J. Banks)가 다문화 교육을 위해 제안한 '공평한 교수법'을 공부하였다. 이것을 예전에 공부하였던 콜브(D. Kolb)의 네 가지 학습유형(learning style)과 연결하면 다문화 가정 학생들의 특성에 적합한 교수법을 고안하는 데 도움을 줄 수 있을 것 같았다. 김 교사는 대학원에 와서 공부하기를 참 잘했다는 생각과 함께 학생들의 해맑은 얼굴이 떠올라 살며시 미소를 지었다.

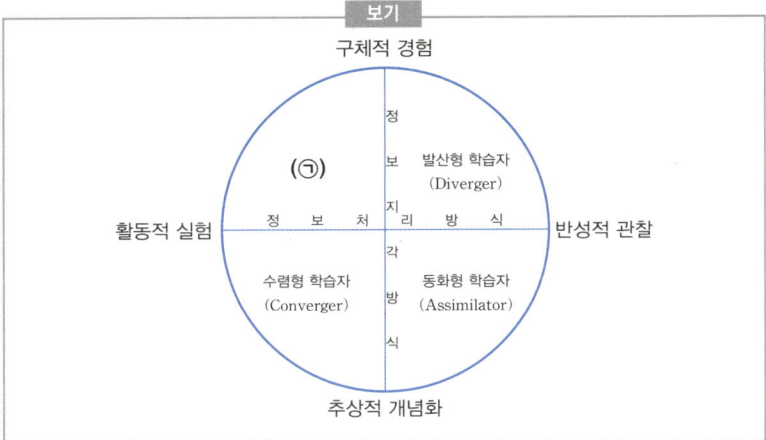

① 논리성과 치밀성이 뛰어나고 귀납적 추리에 익숙하므로 이론화를 잘한다.
② 상상력이 뛰어나고 상황을 여러 관점에서 조망하며 다양한 분야에서 많은 아이디어를 낸다.
③ 계획 실행에 뛰어나고 새로운 경험을 추구하고 새로운 상황에 잘 적응하며 지도력이 탁월하다.
④ 여러 아이디어를 잘 종합하고 다각적으로 이해할 수 있어서 이론적 모형을 만드는 일을 잘한다.
⑤ 아이디어를 실제적으로 잘 응용할 뿐만 아니라 가설 설정과 연역적 추리에 익숙하며 기술적인 과제와 문제를 잘 다룬다.

정답풀이

㉠ - ③ 적응형(조절형) 학습자에 해당한다.

오답풀이

① ④ 동화형 학습자에 해당한다.
② 발산형 학습자에 해당한다.
⑤ 수렴형 학습자에 해당한다.

만점대비+α

💡 콜브(Kolb)의 학습스타일

구분	학습자 특성
적응형 학습자	• 지배적인 학습성향 : 구체적 경험과 활동적 실험 • 행동과 결과에 기반을 두어 생각하고 계획을 세워 수행함 • 새로운 경험을 즐기고, 기회를 찾으려 하며 위험을 두려워하지 않음
발산형 학습자	• 지배적인 학습성향 : 구체적 경험과 반성적 관찰 • 현상을 직관적으로 보며, 많은 생각들을 일반화함 • 폭넓은 문화에 흥미를 가지며, 개방적임 • 통합적으로 설명하며, 감정에 기반함
동화형 학습자	• 지배적인 학습성향 : 추상적 개념화와 반성적 관찰 • 논리적이고 정확하며, 이론적 모델을 세우는 데 익숙함 • 귀납적 추론이 가능하며, 행동보다는 사고와 이해에 초점을 둠
수렴형 학습자	• 지배적인 학습성향 : 추상적 개념화와 활동적 실험 • 문제해결능력과 의사결정 능력이 뛰어나고 감정에 치우치지 않음 • 생각하는 것을 실제로 적용하는 능력을 가짐

| 정답 | ③

44

2006 초등

〈보기〉의 내용에 부합하는 학습 전이 이론은?

> **보기**
> - 두 학습과제 간에 원리가 동일하거나 유사할 때 전이가 이루어진다.
> - '지식의 구조'를 강조하는 브루너(J. S. Bruner) 등의 학문중심교육과정에서 지지되고 있다.
> - 수중 30cm 깊이에 있는 표적 맞추기 실험을 했을 때 굴절의 원리를 배운 학생들이 배우지 않은 학생들보다 표적을 잘 맞추었다.

① 일반화설
② 동일요소설
③ 형식도야설
④ 형태이조설

오답풀이

② **동일요소설** : 한 영역의 학습효과는 다른 학습에 같은 요소를 갖는 만큼 전이된다는 이론으로, 손다이크(Thorndike)가 주창하였다. 상황의 유사성의 정도가 클수록 보다 더 많은 전이가 일어난다는 것이다.
③ **형식도야설** : 로크(Locke)의 이론으로, 정신도야설이라고도 한다. 형식이란 기본적인 정신 능력을 의미하며 7자유과의 학습을 통해 기본능력만 훈련되면 여러 분야에 적용이 가능, 즉 전이가 잘 된다고 하는 것이다.
④ **형태이조설** : 어떤 장면 또는 학습자료의 역학적 관계를 통찰해야 다른 장면이나 학습자료에 전이가 이루어진다는 설이다. 즉, 선행과 후행의 두 가지 학습자료 간의 단편적인 요소나 원리의 공통성에 의하여 전이가 일어나는 것이 아니라, 그것을 이해하는 형태나 관계성에서 전이 현상을 파악하려는 입장이다.

만점대비 +α

💡 **일반화설**

① 일반화설이란 1908년 쥬드(Judd)의 실험이 대표적인 것으로서 동일원리설이라고도 한다.
② 이 이론은 일정한 학습장면에서의 경험을 조직적으로 개괄화 또는 일반화해서 다른 장면에 적용했을 때 전이가 일어난다는 것, 즉 두 학습내용 간의 원리가 같을 때 전이가 일어난다는 이론이다.
③ 예를 들어, 수중에 있는 목표물에 창던지는 연습을 시켜볼 때 굴절의 원리를 배운 집단이 배우지 않은 집단보다 뛰어났다.
④ 브루너의 지식의 구조는 일반화설로, 발견학습은 형태이조설로 설명할 수 있다.

| 정답 | ①

45

ⓛ의 제안과 가장 부합하는 기법은?

2012 초등

> 학생들이 학습내용을 잘 이해할 수 있도록 하기 위한 방법을 다음과 같이 제안했다. ⓛ 첫째, 주요 장의 머리말, 요약 등을 읽어 본 후 교재의 각 부분에 관한 질문을 만들어 보게 하고, 내용에 주의를 집중해서 교재를 읽게 한다. 둘째, 교재를 읽는 동안 교재에 대해 반성적으로 사고하도록 한 후 교재를 보지 않고 읽은 내용을 이야기하게 한다. 셋째, 처음에 만들어 놓은 질문에 답해 보도록 한 후 읽은 것을 토대로 복습하도록 한다.

① 약어법(acronym)
② 피큐포알법(PQ4R)
③ 위치법(method of loci)
④ 쐐기단어법(pegword system)
⑤ 유목화기법(categorical clustering)

오답풀이

① 약어법 : 기억할 항목의 첫 글자를 따서 한 단어를 만들어 기억하는 방법이다.
③ 위치법 : 기억해야 할 항목들을 잘 아는 장소에 연결시켜 기억하는 방법이다.
④ 쐐기단어법 : 숫자를 사용하여 '하나-하늘', '둘-둘리'와 같이 운을 만들어 외워야 할 내용과 연결시켜 기억하는 방법이다.
⑤ 유목화기법 : 개념이나 사물들을 여러 가지 목적을 위해 공통적인 속성이나 기능 등을 중심으로 분류하여 집단화하는 과정이다. 유목화(범주화)는 개념이나 사물을 구별하여 이해하고 기억하는 데 도움이 되는 전략이다.

만점대비 +α

💡 PQ4R : 학습전략 훈련 프로그램

학습전략	설명
Preview(훑어보기)	제목, 학습목표, 중요 용어, 기타 정보를 훑어보기
Question(질문하기)	학습내용에 대해 스스로 질문을 만들기
Read(읽기)	주제, 요점을 확인하기 위해 비교적 빠른 속도로 읽기
Reflect(숙고하기)	읽은 내용의 의미와 시사점에 대해 숙고하기
Recite(암송하기)	학습내용을 기억하기 위해 반복적으로 암송하기
Review(복습하기)	학습내용을 복습, 어려운 부분을 중점적으로 복습하기

| 정답 | ②

46
다음은 PQ4R 학습전략의 단계를 제시한 것이다. (가) ~ (다)에 해당하는 것은?

2009 초등

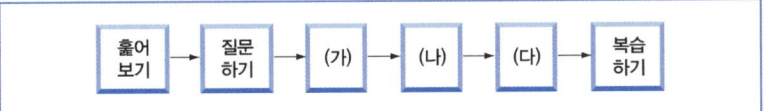

	(가)	(나)	(다)
①	읽기	암송하기	숙고하기
②	읽기	숙고하기	암송하기
③	암송하기	읽기	숙고하기
④	암송하기	숙고하기	읽기
⑤	숙고하기	읽기	암송하기

정답풀이

② PQ4R 학습전략은 "Preview(훑어보기) → Question(질문하기) → Read(읽기) → Reflect(숙고하기) → Recite(암송하기) → Review(복습하기)"의 단계로 진행된다.

만점대비 +α

💡 기억방법

기억법	설 명	예
위치법	기억해야 할 항목들을 잘 아는 장소에 연결시켜 기억하는 방법이다.	조선시대 왕을 순서대로 외운다고 할 때, 현재 살고 있는 집의 구조나 학교의 구조를 상상한 다음 왕의 이름을 특정 위치와 하나씩 연합시키면 된다. 나중에 그 장소만 떠올리면 왕의 이름을 정확하게 기억할 수 있다.
쐐기단어법	숫자를 사용하여 '하나-하늘', '둘-둘리'와 같이 운을 만들어 외워야 할 내용과 연결시켜 기억하는 방법이다.	채소가게에서 당근과 오이를 구입하기 위해 하늘 위에 떠 있는 당근의 모습과 둘리가 오이를 먹는 장면을 기억했다가 이를 차례대로 가게에서 구입한다.
연결법	기억해야 할 항목들을 시각적으로 연결시켜 기억하는 방법이다.	잡지, 면도용 크림, 연필과 같은 단어를 기억해야 할 경우, 연필과 면도용 크림을 손에 들고 있는 남자가 모델로 실린 잡지의 표지를 연상하면 된다.
핵심단어법	구체적인 단어와 추상적인 단어를 연결한 다음 구체적인 단어에 대한 심상을 형성하여 기억하는 방법이다.	예금통장잔액 4,321,543원을 기억하자면, 먼저 숫자마다 발음이 비슷한 단어(일-일꾼, 이-이빨, 삼-삼베, 사-사슴, 오-오물)를 기억한 다음, "사슴이 삼베를 이빨로 물고 일꾼에게 달려가다가 오물을 뒤집어쓰니 다른 사슴이 달려와 물고 삼베를 빼앗아 갔다."는 식으로 외우면 된다.
약어법	기억할 항목의 첫 글자를 따서 한 단어를 만들어 기억하는 방법이다.	조선의 왕을 기억하기 위해 태정태세문단세……라는 인위적 단어를 만든다.
문장작성법	학습하고자 하는 항목들의 첫 번째 단어나 철자를 이용해서 문장이나 이야기를 구성하는 방법이다.	태양을 공전하는 혹성의 영어명칭(Mercury, Venus, Earth, Mars, Jupiter, Saturn, Uranus, Neptune, Pluto)을 순서대로 기억하기 : 영어단어의 첫 번째 철자를 이용해서 "My very educated mother just served us nine pizzas."라는 문장을 만든다.
운율법	기억하려고 하는 항목들로 운율을 만들어 기억하는 방법이다.	한글을 처음 배울 때 익힌 '가나다라……'로 시작되는 가락이나 영어를 처음 배울 때 익힌 알파벳송

|정답| ②

47

2009 초등

다음은 심리적 현상에 관한 내용이다. (가)와 (나)에 들어갈 말은?

- 초등학교에서 학년 초 학생들에게 지능검사를 실시한 후 무작위로 20%를 선정하여 반을 편성하고 담임교사에게 그 학생들이 1년 후 놀랄 만한 지적 성장을 할 것이라고 말해 주었다. 그 결과 학년 말에 그들은 다른 반 학생보다 지능지수(IQ)가 유의하게 향상되었다. 이처럼 교사의 기대가 학생들의 성취에 미치는 긍정적 현상을 ─(가)─ 라고 한다.
- 레빈(K. Lewin)의 장이론에 따르면, 어떤 목표가 달성되면 긴장이 해소되어 더 이상 목표에 대한 생각을 하지 않게 되지만 목표가 달성되지 않으면 긴장이 계속되어 목표에 대한 생각이 유지된다. 이처럼 완성된 과제보다 미완성된 과제를 더 잘 회상하는 현상을 ─(나)─ 라고 한다.

	(가)	(나)
①	플린 효과 (Flynn effect)	골름 효과 (Golem effect)
②	플린 효과 (Flynn effect)	호손 효과 (Hawthorn effect)
③	플라시보 효과 (Placebo effect)	노시보 효과 (Nocebo effect)
④	피그말리온 효과 (Pygmalion effect)	가르시아 효과 (Garcia effect)
⑤	피그말리온 효과 (Pygmalion effect)	자이가닉 효과 (Zeigarnik effect)

정답풀이

(가) **피그말리온 효과** : 타인의 기대나 관심으로 인하여 능률이 오르거나 결과가 좋아지는 현상을 말한다. 심리학에서는 타인이 나를 존중하고 나에게 기대하는 것이 있으면 기대에 부응하는 쪽으로 변하려고 노력하여 그렇게 된다는 것을 의미한다. 특히 교육심리학에서는 교사의 관심이 학생에게 긍정적인 영향을 미치는 심리적 요인이 된다는 것을 말한다. 로젠탈효과, 자성적 예언, 자기충족적 예언이라고도 한다.

(나) **자이가닉 효과** : 자이가닉은 일단 긴장이 일어나면 이러한 긴장이 감소될 때까지 모종의 심리적인 과정이 발생하며 고조된 긴장은 심리적 과정에 계속 에너지를 부여하게 된다는 가정을 실험적으로 연구한 자이가닉 효과를 발표하였다. 예를 들면, 시험을 칠 때 자신 있게 쉽게 푼 문제보다 어려워서 잘 풀지 못한 문제를 더 잘 기억한다는 것으로, 이것은 풀이해 보려고 노력을 많이 했으나 풀지 못함으로써 에너지가 해소되지 못하고 남아 있기 때문에 지속되어 다음에 잘 기억된다는 것이다.

오답풀이

※ **플린효과** : 언제나 신세대의 IQ는 구세대보다 높다는 것이다. 이것은 뉴질랜드의 정치학자 제임스 플린이 발견한 현상으로 세대가 반복될수록 지능검사 점수가 높아지는 현상이다.
※ **골름 효과** : 피그말리온 효과와는 반대로 교사의 부정적인 기대가 학생들의 성취에 미치는 부정적인 현상을 말한다.
※ **호손효과** : 호손 효과는 근로자의 행동을 관찰함으로써 그들의 행동이 변하며 따라서 일시적으로 효율이 변화하는 현상을 말한다. 이 현상은 호손이라는 공장에서 수행된 일련의 실험에서 얻어진 결과에서 처음 관찰된 데서 유래한다. 최근 들어서는 호손 효과의 의미는 확장되어 어떤 새로운 관심을 기울이거나 관심을 더 쏟는 것으로 대상의 사람들이 행동과 능률에 변화가 일어나는 현상을 말하는 것으로 변했다.
※ **플라시보 효과** : 약물학적 작용 또는 다른 어떤 직접적인 신체작용의 이론으로 설명될 수 없는 물질, 기구, 또는 시술에 의한 유익한 반응을 말한다.
※ **노시보 효과** : 플라시보 효과와 반대로 치료상황에 대한 반응들이 부정적일 경우 노시보 효과라 한다. 이는 실제로는 효과가 있는데 효과가 없을 것이라고 기대함으로써 효과를 상실하게 되는 현상을 말한다.
※ **가르시아 효과** : 먹는 행동과 그로 인해 나타나는 결과 사이에는 시간적으로 어느 정도 차이가 있지만, 그들 사이에는 일정한 인과관계가 존재한다. 다시 말해 닭고기를 먹고 나서 어느 정도 시간이 흐른 뒤에 배탈이 나면 닭고기와 배탈 사이에는 인과관계가 성립한다. 이와 같이 특정한 먹거리의 미각과 뒤에 따르는 결과(질병) 사이의 관련성을 아는 것을 말한다.

| 정답 | ⑤

THEME 04 정의적 특성과 교육

48 *2010 초등*

다음 세 교사의 견해를 설명할 수 있는 동기이론들이 옳게 연결된 것은?

> 이 교사 : 학생들이 새로운 일을 해야 할 때, 그 일을 잘 해낼 수 있는가 뿐만 아니라 그 일이 본인에게 얼마나 중요한가에 따라서도 동기 수준이 달라지는 것 같아요.
> 최 교사 : 학생들은 자율적이고 싶어해요. 자신의 행동을 스스로 통제하고 조절할 수 있다는 믿음에 의해서 동기가 유발되는 것이지요.
> 윤 교사 : 실수를 해도 새로운 일에 도전하고, 그 일을 하면서 느끼는 성취감이 중요하다고 생각하는 학생들이 있는 반면, 어떤 학생들은 점수도 점수지만 항상 친구들과의 비교를 중요하게 생각하더군요.

	이 교사	최 교사	윤 교사
①	귀인 이론	목표지향성 이론	기대 - 가치 이론
②	귀인 이론	욕구위계 이론	목표지향성 이론
③	기대 - 가치 이론	자기결정성 이론	목표지향성 이론
④	기대 - 가치 이론	욕구위계 이론	자기결정성 이론
⑤	목표지향성 이론	자기결정성 이론	기대 - 가치 이론

정답풀이

※ 기대 - 가치이론 : 이 이론의 두 가지 핵심은 기대구인과 가치요인으로, 기대구인은 과제를 수행했을 때 성공할 수 있는 가능성에 대한 개인의 신념과 판단을 반영하는 개념이며, 가치요인은 과제의 가치에 대하여 가지는 신념이다. 이에 따르면, 인간은 자신이 성공할 것이라는 기대에 그 성공에 대한 개인이 부여하는 가치를 곱한 값만큼 동기화된다. 성공에 대한 기대는 과제난이도 인식과 자기도식을 들 수 있다. 과제가치에는 내재적 흥미, 중요성, 효용가치, 비용이 있다.

※ 자기결정성이론 : 자기결정성은 데시와 라이언이 제안한 개념으로 자기 자신의 행동과 운명을 자율적으로 선택할 수 있다는 믿음이다. 자기결정성이론의 핵심은 학습자의 내재적 동기를 유발시키고 외적으로 동기화된 행동을 내면화시켜 통합된 조정에 이르도록 하기 위해서 인간의 세 가지 기본적인 욕구인 자율성, 유능감, 관계유지의 욕구를 자극하고 충족시켜 줄 수 있는 환경의 구성해 주어야 한다는 것이다.

※ 목표지향성이론 : 이 이론은 학생이 갖고 있는 목표지향성에 비추어 학습동기를 설명한다. 수행목표는 학습자의 능력과 다른 사람과 비교된 역량에 초점을 둔 목표(자아개입목표, 능력중심목표)이며, 숙달목표는 과제를 달성하는 것, 이해 증진, 향상에 초점을 둔 목표(학습목표, 과제개입목표, 과제중심목표)이다.

논술 문제 적용 하기

48-1 *2013 특수(중등)*

박 교사가 말한 영희의 IQ에 대한 올바른 해석에 기반을 두고 영희의 문제를 해결하고자 할 때, 1) '기대 × 가치 이론'과 2) Maslow의 '욕구위계이론'을 각각 활용하여 영희가 학습동기를 잃게 된 원인과 그 해결 방안을 논하시오.

> 어 머 니: 선생님, 얼마 전에 외부 상담기관에서 받은 철수와 영희의 지능검사 결과에 대해 상의하고 싶어서 왔어요. 철수는 IQ가 130이라고 나왔는데 자기가 생각한 것보다 IQ가 높지 않다며 시무룩해 있네요. 영희는 IQ가 99로 나왔는데 자신의 IQ가 두 자리라고 속상해하고, 심지어 초등학교 때부터 늘 가지고 있던 간호사의 꿈을 포기한다면서 그동안 학교 공부는 철수보다 오히려 성실했던 아이가 더 이상 공부도 안하려 해요.
> 박 교사: 그런 일이 있었는지 몰랐습니다. 사실 IQ의 의미에 대한 자세한 설명 없이 검사 점수만 알려주게 되면 지금 철수나 영희처럼 IQ의 의미를 오해하는 경우가 많습니다. 아이들은 물론이고 일반 어른들도 IQ의 개념을 정확히 이해하기는 좀 어렵거든요.
> 어 머 니: 선생님, 그러면 아이들에게 어떻게 이야기해 주어야 할까요? 영희의 IQ가 두 자리라면 문제가 있는 건가요?
> 박 교사: 10부터 99까지가 다 두 자리인데, IQ가 두 자리라고 무조건 문제가 있는 것은 아닙니다.
> 어 머 니: 그럼, 영희의 IQ는 대체 어느 정도인가요?
> 박 교사: <u>완전히 신뢰도가 높은 지능검사는 없기 때문에 IQ는 점수 범위로 생각하는 것이 합리적입니다. 따라서 영희의 IQ가 99라기보다는 94~104라고 볼 수 있으며, 또래 학생들 중에서 약 68%의 정도가 속하는 중간 수준에 해당합니다.</u>
> 어 머 니: 아, 그렇군요. 더 높았으면 당연히 좋겠지만 그렇게 실망할 일은 아니네요. 그럼, 철수의 IQ는 어떤가요? …(하략)…

예시답안

1)
영희는 위와 같은 몇 가지 오해로 인해 IQ를 절대적인 지적 수준의 측정치라고 생각하여 학습동기를 잃게 되었는데, 이에 관한 구체적 원인과 해결방안을 기대 × 가치 이론을 통해 살펴보자면, 이 이론에서는 인간은 자신이 성공할 것이라는 기대, 즉 얼마나 잘해낼 것인가에 관한 개인적 믿음에 그 성공에 대해 개인이 부여하는 가치를 곱한 값만큼 동기화된다고 본다. 만일 학습자가 성공을 기대하지 않는다면 그 활동이 자신에게 얼마나 가치 있는지와 상관없이 학습에 대해 동기가 부여되지 않을 것이다. 영희는 자신의 IQ를 잘못 해석함으로써 스스로의 학습능력을 낮게 판단하여, 자신의 오랜 꿈인 간호사를 포기할 정도로 성공에 대한 기대를 보이지 않고 있다.

논술 문제 적용 하기

영희는 자신의 능력이 고정되어 있고 그것에 대해 자신이 할 수 있는 것은 거의 없다고 믿기 때문에 부정적인 자기 도식이 형성되어 성공에 대한 기대를 하지 않게 되었고, 이와 같은 성공에 대한 기대의 부재는 그 과제가 가지는 중요성이나 효용성 등의 가치들까지 무력하게 만들어 결국 학습동기가 결여되는 결과를 초래한 것이다. 이를 해결하기 위해서 가장 중요한 것은 학생이 학습동기를 유발할 수 있도록 성공에 대한 기대를 높여주는 것이다. 우선 교사가 지능은 고정되어 있지 않고 노력으로 증가될 수 있다는 지능에 대한 증가적 관점을 본보기로 보임으로써 성공에 대한 기대를 높여주어야 한다. 예를 들면 교사가 "나도 너희를 가르치기 위해 매일 공부한단다. 내가 열심히 노력할수록 나는 더 똑똑해 지겠지." 등의 말을 통해 영희가 지능에 대한 오해를 바로잡도록 도울 수 있다. 또한 미술 시간에 학생들에게 자신의 작품을 모은 포트폴리오를 만들도록 한 후 그들의 작품이 발전하기 위해 주기적으로 재검토하도록 지도하는 방식을 통해 학생들이 과제를 하면서 발전되고 있음을 확증해 주는 충분한 기회를 제공하는 등의 방법으로 성공에 대한 기대를 높일 수 있다.

2)
다음으로 Maslow의 욕구위계이론을 통해 영희가 학습동기를 잃게 된 원인을 살펴보자면, Maslow는 인간의 욕구를 결핍욕구와 성장욕구의 두 그룹으로 나누어 설명하였다. 결핍욕구에는 생존, 안전, 소속, 존중의 욕구가 있고, 성장욕구에는 지적욕구, 심미욕구, 자아실현의 욕구가 있다. Maslow에 따르면 인간은 결핍욕구가 모두 충족되지 않으면 성장욕구로 옮겨 가려 하지 않는다. 일단 결핍욕구가 충족되어야 자기실현을 이끌 수 있는 성장욕구에 초점을 둘 수 있는 것이다. 영희의 경우 자신의 IQ를 낮다고 인식하여 존중의 욕구가 충족되지 못한 상태라고 볼 수 있다. 존중의 욕구는 자기 존중의 형태와 타인으로부터 존경받고 싶은 욕구의 형태로 나타난다. 이러한 존중의 욕구가 강해지면 스스로 유능해지려고 노력하고 다른 사람들로부터 존경받기 위해 명성이나 지위를 추구하며, 자신감이나 유능감을 경험하게 된다. 반면 충족되지 못할 경우 열등감과 무력감을 느끼고 자신의 능력을 확신하지 못하게 된다. 영희는 이러한 존중의 욕구가 결핍됨으로 인해 열등감과 무력감을 느끼고 상위 욕구인 지적욕구로 초점을 둘 수 없게 되어 학습동기가 상실되는 결과를 초래하게 된 것이다. 이러한 문제를 해결하기 위해서는 우선 영희의 존중욕구를 충족시켜줄 필요가 있다. 교사는 항상 학생들을 편안하게 해주고 그들이 수용되고 있음을 느끼게 해주며 개인으로서 존중해 주어 학생이 존중받고 있다고 느끼게 해주어야 한다. 또한 학생이 스스로 유능하다고 느낄 수 있도록 구체적인 학습 내용과 주제들을 자아와 욕구에 연결하고 통합시켜 학생이 학습하는 내용과 자기 자신의 삶의 관계를 명확하게 인식하도록 도와야 한다. 이를 위해 교실 내에서 그룹 작업이나 협동학습, 토론 등의 활동을 실시하여 학생들로 하여금 서로의 생각을 이야기하고 존중하게 함으로써 자신감과 유능감을 경험하도록 도울 수 있다.

만점대비 +α

🔎 바이너(Weiner)의 귀인이론

(1) 개요 : 귀인이론은 어떤 상황에서의 성공이나 실패에 대한 원인을 무엇이라고 인식하는냐에 따라 그의 행동이 결정된다고 가정

(2) 학업성취 귀인의 3가지 차원
① 원인의 소재 차원 : 원인의 출처를 묻는 것으로, 성공과 실패의 원인을 학생 자신(내부)에서 찾느냐, 아니면 환경(외부)에서 찾느냐와 관련되는 것
② 안정성 차원 : 시간이 경과하거나 상황이 바뀌어도 항상성을 가지는 요인이냐, 아니면 상황에 따라 수시로 변할 수 있는 불안정한 요인이냐에 관련되는 것
③ 통제가능성 차원 : 학습자의 의지에 의해 통제될 수 있느냐 없느냐의 문제

구분	내적		외적	
	안정	불안정	안정	불안정
통제 가능	평소의 노력	즉시적 노력	교사의 편견	타인의 도움
통제 불가능	능력	기분	과제의 난이도	행운

(3) 시사점 : 자신의 성공과 실패의 원인을 '노력(내적 - 불안정 - 통제 가능)'에 귀인시킬 때 학습동기는 증가함

(4) 학습된 무기력 : 통제가 어려웠던 이전의 경험을 기반으로 어떤 노력도 실패로 이끌어질 것이라는 기대를 의미

🔎 매슬로우(Maslow)의 욕구위계이론

(1) 개요
① 욕구위계이론 : 인본주의적 접근으로, 자신의 잠재력을 실현시키기 위한 생득적 욕구에 의해 사람들이 지속적으로 동기화된다는 이론
② 「동기유발과 인성」 : 인간의 욕구를 계층으로 만들어 설명 → 생리적 욕구, 안전의 욕구, 사회적 욕구, 존경의 욕구, 자아실현의 욕구의 5가지로 분류
③ 만족진행 접근법 : 매슬로우의 욕구계층이론의 핵심은 일단 하위수준의 욕구가 만족된 후에 보다 상위수준의 욕구를 추구하게 된다는 것

(2) 욕구계층 모형
① 결핍욕구 : 생리적 욕구, 안전의 욕구, 사회적 욕구, 존경의 욕구
② 성장욕구 : 자아실현의 욕구(자아실현 욕구, 알고 이해하려는 욕구, 심미적 욕구)

| 정답 | ③

49

2013 중등

다음 (가)와 (나)의 대화에서 최 교사가 활용하고 있는 동기 유발 활동에 부합하는 동기이론으로 가장 적절한 것은?

> (가) 은 미 : 선생님, 처음에는 역사가 재미있어서 열심히 했는데, 요즘에 배우는 고려 시대 내용은 재미도 없고 너무 어려운 것 같아요.
> 최 교사 : 그래? 그런데 내가 생각하기로는 잘 하고 있는 것으로 보이는데……. 그리고 너는 고고학자가 꿈이잖아. 아마 지금 배우고 있는 고려 시대 내용은 너에게 중요하고 앞으로 도움이 많이 될 거야.
> (나) 최 교사 : 미영아, 다음 주에 배울 6단원의 주제들이 조금 어렵긴 하지만, 이 중 어떤 주제를 언제 발표할지 정해서 알려 줄래?
> 미 영 : 맞아요. 6단원 내용이 어려운 것 같아요. 하지만 해 볼 만한 것 같아요. 저는 6단원 중에서 '조선 시대의 통치 체제'에 대해 준비해서 발표할게요. 발표는 다음 주 수요일에 할게요.

	(가)	(나)
①	귀인이론	욕구위계이론
②	귀인이론	자기결정성이론
③	기대 – 가치이론	강화이론
④	기대 – 가치이론	욕구위계이론
⑤	기대 – 가치이론	자기결정성이론

정답풀이

(가) 최 교사는 기대 – 가치이론에 근거하여, 과제에 대한 가치요인으로 은미의 동기를 유발시키고 있다.
(나) 최 교사는 자기결정성이론에 근거하여, 미영이의 자율성 욕구를 충족시켜 줌으로써 미영이의 동기를 유발시키고 있다.

| 정답 | ⑤

50

다음과 같은 견해에 가장 부합하는 학습동기 이론은?

> - 학생들의 자율성, 유능감, 관계 유지 욕구를 자극하고 충족시키면 그들의 내재적 동기가 높아진다.
> - 학생들은 자신이 외재적 보상을 받거나 처벌을 피하기 위해서가 아니라 자신의 의지에 의해 그러한 행동을 한다고 믿고 싶어 한다.
> - 학생들은 과제 자체에 대한 흥미 때문에 특정한 과제를 수행하는 경우도 있지만, 외재적 보상 때문에 시작한 행동이 점차 내면화되어 결국 외재적 보상이 없어도 그러한 행동을 지속하는 경우가 많다.

① 귀인 이론 ② 성취목표 이론
③ 욕구위계 이론 ④ 자기효능감 이론
⑤ 자기결정성 이론

오답풀이

② **성취목표이론**: 성취동기를 성취장면에서 학생들이 갖고 있는 목표 혹은 의도에 비추어 설명하려는 접근이다. 목표지향성이론과 내재적 및 외재적 동기이론이 이에 속한다. 목표지향성이론 혹은 성취목표이론에서는 학생들이 성취행동을 수행하는 의도 또는 이유를 목표지향성 혹은 성취목표라고 한다. 이 이론은 학생이 갖고 있는 목표지향성에 비추어 학습동기를 설명한다.

④ **자기효능감 이론**: 반두라(Bandura)의 사회인지이론으로, 과거에 상이나 벌을 받은 경험이 후의 행동에 직접적·기계적으로 영향을 미치는 것이 아니라 그러한 경험이 기대, 기억, 해석, 편견 등 인지적 요소에 의해 해석되어 영향을 미친다고 본다. 자기효능감의 원천으로는 완숙경험, 대리경험, 사회적 설득, 생리적·정서적 상태가 있다.

만점대비 +α

💡 데시와 라이언(Deci & Ryan)의 자기결정성이론

(1) 개요
① 자기결정 : 데시와 라이언이 제안한 개념으로 자기 자신의 행동과 운명을 자율적으로 선택할 수 있다는 믿음
② 자기결정성 : 자율성, 유능감을 발전시키고자 하는 동기로서, 인간은 자율적이고자 하는 요구를 가지고 있고 스스로 원하기 때문에 활동에 참여한다고 본다.
③ 자기결정성 이론에 의하면 인간은 선천적으로 세 가지 욕구를 갖고 있다.
  ㉠ 유능감 욕구 : 목표를 어떻게 성취할 것인지 이해하고 이를 효율적으로 달성하는 능력을 가지려는 욕구
  ㉡ 자율성 욕구 : 스스로의 결정에 의해 선택하고 행동하고자 하는 욕구
  ㉢ 관계성 욕구 : 부모, 교사, 친구 등 타인과 안전하고 만족스러운 관계를 맺으려는 욕구
④ 인간의 동기, 성취, 발달은 인간의 이러한 세 가지 욕구를 만족시키는 상황에서 극대화되지만 가장 중요한 것은 자율성 욕구이며 이는 행동결정과정에 절대적으로 필요한 것이다.

(2) 자기결정력 인식에 영향을 주는 요인
① 선택 : 자신의 행동을 정당한 한계 내에서 선택할 수 있을 때 자기결정력은 증가한다.
② 위협과 마감시간 : 자신이 통제받고 있다는 느낌을 제공하여 자기결정력이 감소한다.
③ 통제적인 표현 : 나의 행동을 다른 사람이 통제하는 언급은 자기결정력을 감소시킨다.
④ 외적 보상 : 과정에 대한 정보제공이 아닌, 행동통제나 조종의 수단으로 인식될 때 자기결정력은 감소한다.
⑤ 감독과 평가 : 자신이 평가받고 있다는 것을 느낄 때 자기결정력이 감소한다.

(3) 자기결정성이론에서의 동기유형
① 외재적 동기에 의한 행동을 다루기 위해 자기결정성이론에서 무동기에서 외재적 동기를 거쳐 내재적 동기로 발달해 나가는 동기의 변화과정(비자기결정적 ↔ 자기결정적)을 제안하였다.
  ㉠ 무동기 : 무조절
  ㉡ 외적 동기 : 외적 조절(외재적 보상) – 투사(자기 자신 혹은 타인으로부터의 인정) – 동일시(목표를 스스로 인정, 약간 내부적) – 통합(목표의 위계적 통합, 내부적)
  ㉢ 내적 동기(내적 조절)
② 즉, 아동이 발달해감에 따라 사회화과정에서 주어지는 통제, 보상 등의 외재적 동기는 내면화되고, 점차 자기조절과정의 일부가 된다.

| 정답 | ⑤

51

학습동기의 성취목표 이론에 근거할 때, 영희가 보여주는 목표 지향성의 특성에 부합하는 것을 〈보기〉에서 고른 것은?

> 영희는 자신의 능력이 다른 사람의 능력과 어떻게 비교되느냐에 주된 관심을 갖고 있고, 학교에서 높은 성적을 받아 자신의 능력이 뛰어나다는 것을 보여주기 위해 공부한다.

보기

- ㉠ 개인의 지적 능력은 변하지 않는다는 관점을 갖기 쉽다.
- ㉡ 학습과제를 선택할 때 도전적이고 새로운 과제를 선호한다.
- ㉢ 성공은 '내적이고 통제 가능한 원인'에서 비롯된다고 지각한다.
- ㉣ '우리 반 광수보다 더 높은 점수 받기'와 같은 목표를 설정한다.

① ㉠, ㉡ ② ㉠, ㉣
③ ㉡, ㉢ ④ ㉡, ㉣
⑤ ㉢, ㉣

정답풀이

※ 영희는 수행목표 지향성의 특성을 보인다.
㉠ 수행목표를 가진 학생들은 성공 및 실패장면에서 능력귀인을 한다.
㉣ 수행목표를 가진 학생들은 학습자 본인의 역량과 능력을 증명하고, 다른 사람들과 비교하여 어떻게 평가될 것인가에 초점을 둔다.

오답풀이

㉡ ㉢ 숙달목표 지향적인 학생들의 특성이다.

만점대비 +α

💡 성취목표이론(목표지향성이론)

(1) 목표의 유형

숙달목표 (학습목표, 과제목표)		• 과제를 달성하는 것, 이해 증진, 향상에 초점을 둔 목표(학습목표, 과제개입목표, 과제중심목표) • 학습목표의 초점 : 학습과 향상(과제의 숙달에만 관심)
	숙달 접근	도전거리를 찾고, 어려움에 직면했을 때에도 지속해나가는 경향 예 지난번보다 더 나은 결과물을 만들기 위해 열심히 과제를 준비함
	숙달 회피	잘못 이해하거나 과제를 숙달하지 못하는 것을 회피하려는 경향 예 뛰어난 운동선수가 실력이 떨어질 것 같아 새로운 기술의 습득을 주저함
수행목표 (능력목표, 자아목표)		• 학습자의 능력과 다른 사람과 비교된 역량에 초점을 둔 목표(자아개입목표, 능력중심목표) • 학습목표의 초점 : 자신의 수행에 대한 평가 • 실수를 했을 때 그것을 인정하지 않고 당황스러워함
	수행 접근	유능하게 보이는 것, 호의적인 평가를 받는 것을 강조하는 목표 예 기말시험에서 경쟁자인 동급생보다 더 잘하기 위하여 열심히 공부함
	수행 회피	무능력하게 보이는 것, 호의적이지 않은 평가를 피하는 것에 초점을 둔 목표 예 그림을 못 그린다고 놀림을 받을 것 같아 미술 과제를 제출하지 않음
과제회피 목표		• 배우기를 원하지도 않고, 똑똑하게 보이기를 원하지도 않으며, 단지 과제를 회피하고자 함 • 열심히 노력할 필요가 없거나, 과제가 쉽거나, 게으름을 피울 수 있을 때 성공적이라고 느낌
사회적 목표		• 타인이나 집단의 일부로 연결되고자 하는 다양한 종류의 욕구와 동기 • 특정한 사회적 결과나 사회적 상호작용을 달성하려는 목표

(2) 숙달지향형과 수행지향형의 차이

	숙달지향형	수행지향형
성공의 준거	기능의 개선, 숙련, 혁신, 창의성	높은 점수, 타인보다 앞서는 것
노력하는 이유	내인적, 개인적 의미	외인적, 자신을 과시하는 것
평가의 준거	절대적 준거, 진보의 근거	타인과 비교
오류의 의미	성장과정의 일부분, 정보	실패, 능력 부족의 근거
귀인 성향	노력 귀인	능력 귀인
능력에 대한 관점	노력을 통해 변화한다고 봄	타고난, 고정된 것으로 봄
행동적 측면	도전적이고 새로운 과제 선호	새로운 과제나 도전적인 과제 기피

| 정답 | ②

52

2008 초등

동기의 성취목표이론에서는 목표를 수행목표(performance goal)와 학습목표(learning goal)로 구분한다. 〈보기〉에서 학습목표 지향적인 학생들의 특성만을 고르면?

보기

㉠ 실수를 했을 때 그것을 인정하지 않고 당황스러워 한다.
㉡ 어려운 과제에 직면했을 때 타인의 도움을 적극적으로 요청한다.
㉢ 실패했을 때 자신의 노력보다는 능력의 부족에서 그 원인을 찾는다.
㉣ 내재적 동기가 높으며, 도전적이고 의미 있는 과제에 가치를 부여한다.

① ㉠, ㉢
② ㉠, ㉣
③ ㉡, ㉢
④ ㉡, ㉣

정답풀이

㉡ 학습목표(숙달목표) 지향적인 학생들은 다른 사람들의 도움이 학습에 도움이 된다고 보고 적극적으로 도움을 요청한다.
㉣ 학습목표(숙달목표) 지향적인 학생들은 내재적 동기가 높고, 학습태도가 긍정적이며, 과제에 가치를 부여한다. 또한 시간 및 노력을 효율적으로 관리하며 도전적이고 새로운 과제를 선호하고 위험부담경향성이 높다.

오답풀이

㉠ ㉢ 수행목표 지향적인 학생들의 특성이다.

만점대비 +α

숙달목표와 수행목표를 지닌 학습자의 특성

	숙달목표	수행목표
인지적 특성	• 긍정적이고 적응적인 귀인과 관련됨 • 성공 및 실패 장면에서 노력귀인을 하고 능력이 노력에 비례한다고 생각함 • 정교화나 조직화와 같은 심층적인 인지전략을 적극적으로 활용하고 메타인지전략과 자기조절전략을 적절하게 적용함	• 부정적이고 비적응적인 귀인과 관련됨 • 성공 및 실패 장면에서 능력귀인을 하며, 이들은 능력과 노력이 반비례한다고 생각하기 때문에 능력과 자기가치감을 보호하기 위해 노력을 회피하는 경향이 있음 • 피상적이고 기계적인 학습전략을 활용하는 경향이 있음
정의적 특성	• 내재적 동기가 높고, 학습태도가 긍정적이며, 과제에 가치를 부여함	• 학습과제에 대해 가치를 부여하지 않고 외재적 동기가 높음
행동적 특성	• 시간 및 노력을 효율적으로 관리하며 도전적이고 새로운 과제를 선호하고 위험 부담 경향성이 높음 • 다른 사람들의 도움이 학습에 도움이 된다고 보고 적극적으로 도움을 요청함	• 위험 부담 경향이 낮기 때문에 쉬운 과제를 선호하고 새로운 과제나 도전적인 과제는 기피함 • 다른 사람의 도움을 받는 것은 능력이 부족하다는 사실을 나타낸다고 보고 다른 사람들의 도움을 적극적으로 요청하지 않음

| 정답 | ④

53

2011 중등

다음 글의 (가) ~ (마)에 나타난 학생의 동기 상태를 설명한 것 중 옳은 것은?

> 오늘 중간고사 성적표가 나왔다. 과학과 영어가 생각보다 성적이 많이 올라 기분이 좋다. 게임시간을 줄이면서 (가) 게으름 피우지 않고 꾸준히 열심히 한 덕분이겠지! 1학년 때도 공부를 안 한 것은 아니다. (나) 별 생각 없이 친구들이 다니는 학원을 따라 다니며 공부했다. 그런데 지금 생각하면 목표도 없이 시간 낭비만 한 꼴이다. 2학년이 되면서 '내가 왜 공부를 해야 하는가?'에 대해 생각을 하고 하나씩 답을 찾아가니 성적도 오르고 더 열심히 하고 싶어졌다. (다) 기상관측과 관련된 직업을 갖고 싶다고 마음먹으니 과학 과목이 매우 중요하게 여겨졌고, 영어는 다른 나라의 문화를 알게 되니 재미있어서 더 열심히 하게 되었다. 지금 수학 성적이 좀 낮긴 하지만 (라) 초등학교 때는 학교 대표로 수학경시대회에 나갈 정도였으니 앞으로는 성적이 점점 오르겠지……. (마) 선생님과 친구들에게 확실하게 인정받으려면 기말고사는 전교 5등 안에 들 수 있도록 더욱 열심히 공부해야겠다.

① (가) 성적 향상의 원인을 외적 소재로 귀인하고 있다.
② (나) 내적 조절 단계에서 자기결정성 동기를 발현시켰다.
③ (다) 기대 - 가치이론 중 가치 요인으로 동기를 증진시키고 있다.
④ (라) 자신의 정서를 긍정적으로 평가함으로써 자기효능감을 높이고 있다.
⑤ (마) 수행목표 지향적이기보다 숙달목표 지향적이다.

오답풀이

① 성적 향상의 원인을 내적 소재로 귀인하고 있다.
② 별 생각 없이 친구들을 따라 학원에 다니는 행동은 무동기상태로 볼 수 있다.
④ 자신의 정서가 아닌 능력을 긍정적으로 평가하고 있다.
⑤ 남들에게 인정받기 위해 공부하는 것이므로 숙달목표(학습목표) 지향적이기보다 수행목표지향적이다.

논술 문제 적용 하기

53-1

2023 중등

자기효능감 형성에 영향을 미친다고 분석한 요인에 따른 교수전략 2가지

> 수업 내용과 과제의 수준에 실질적인 변화가 없었지만, 학생들의 만족도가 높아졌다. 이는 사회인지이론에서 제시한 자기효능감과 자기조절을 증진하기 위해 노력한 결과로 분석된다. 특히 자기효능감 형성에 영향을 미치는 숙달 경험과 대리 경험을 학생들에게 제공하고, 자기조절을 촉진하기 위해 학생들 스스로 목표 설정 및 계획 단계를 실행하도록 한 것이 효과적이었다.

예시답안

자기효능감이란 어떤 행동을 성취하거나 목표에 도달할 수 있다는 자신의 능력에 대한 개인의 신념으로, 숙달 경험과 대리 경험은 자기효능감 형성에 영향을 미치는 대표적인 요인이다. 따라서 교사는 다음과 같은 교수전략을 활용함으로써 학생들의 자기효능감 증진에 기여할 수 있다. 우선, 학생들에게 성공 경험을 제공하기 위해 교사는 학생의 능력수준보다 약간 낮은 과제를 제시하여 성공 경험을 하게 하고, 서서히 과제수준을 높이면서 자기효능감의 점진적인 증진을 유도할 수 있다. 또한 장애물이나 난관을 극복하거나 도전적인 과제를 성공하는 경험을 제공하는 것도 좋은 방법이다. 다음으로, 다른 사람들이 성취를 이루는 것, 특히 자신과 비슷한 타인의 성취를 관찰하는 모델학습의 기회를 많이 제공하여 대리 경험을 하게 해야 한다. 이것은 협동학습의 기회를 많이 제공함으로써 이룰 수 있다. 혼자서는 해결할 수 없는 과제를 다른 사람과의 공동작업을 통해서 성취하도록 기회를 제공하여 직접적인 성취 경험과 더불어 공동 수행자의 성취 경험을 관찰함으로써 자신의 자기효능감도 높일 수 있다.

THEME 04 정의적 특성과 교육

> **만점대비 +α**

💡 에클스와 위그필드(Eccles & Wigfield)의 기대 - 가치이론

(1) 개요
① 인간은 자신이 성공할 것이라는 기대에 그 성공에 대한 개인이 부여하는 가치를 곱한 값만큼 동기화된다.
② 이 이론에서 '곱하기'는 중요한 의미를 가진다. 만약 어떤 일에 대한 성공 기대 또는 그 성공에 대한 가치가 거의 영에 가깝다면, 그 일을 하려는 그 사람의 동기 또한 영에 가까울 것이다.
③ 동기 = 지각된 성공 가능성 × 성공의 가치

(2) 기대구인(expectancy construct) × 가치요인(value components)
① 기대구인 : 과제를 수행했을 때 성공할 수 있는 가능성에 대한 개인의 신념과 판단을 반영하는 개념
② 가치요인 : 과제의 가치에 대하여 가지는 신념

성공에 대한 기대	과제 난이도 인식	• 사람들은 과제가 쉽다고 느낄 때보다 어려운 것으로 생각될 때 성공에 대한 기대를 별로 하지 않음
	자기 도식	• 우리 자신에 관한 정보의 망 조직 • 자아개념과 사람들에 대한 믿음 등을 포함
과제 가치	내재적 흥미	• 사람들이 기꺼이 참여하도록 유도하는 활동의 특성과 주제의 성격 • '흥미롭기 때문에'라는 것은 "내가 왜 이 과제를 해야 하지?"라는 물음에 대한 내재적 흥미를 나타내는 가장 알맞은 답
	중요성	• 주제나 활동에 참여했을 때 그것이 자기도식에서 중요한 점을 얼마나 확증해 주는지를 말함 • "왜 이 과제를 해야 하지?"라는 물음에 '중요하기 때문에'라는 것 또한 도움이 될 것
	효용 가치	• 직업이나 미래의 목표를 충족시킨다는 인식으로, 대체로 외재적 동기에 해당
	비용	• 과제에 참여함으로써 올 수 있다고 인식되는 부정적인 면(소비 시간의 양, 감정적 비용 등)

💡 자기효능감이론(self - efficacy theory)

(1) 개요
① 자기효능감이란 "목표를 성취하기 위하여 요구되는 일련의 행위들을 조직하고 수행하는 자신의 능력에 대한 스스로의 판단"으로 정의되며 행동을 선택하고 노력하며 지속하는 것에 영향을 준다.
② 즉, 자기효능감은 어떤 결과를 얻는 데 필요한 행동을 할 수 있다는 능력에 대한 신념을 의미한다.

(2) 자기효능감의 원천

완숙경험 : 과거 수행결과	• 과거의 성패경험에 따라 자신의 능력이 평가됨. 성공 후에는 자아효능감이 높게, 실패 후에는 낮게 평가됨 • 그러나 기대, 과제 난이도, 노력의 정도, 외부의 도움의 정도 등에 의해 자기 효능감이 달라짐
대리경험 : 모델의 관찰	• 자신이 직접 경험해 보지 않은 과제에 대한 자신의 효능감은 친구, 동료, 경쟁자, 대표집단 등 다른 사람들이 그 과제를 수행한 결과를 보고 판단함 • 가령 나와 비슷한 다른 사람이 그 일을 성공했으면 나도 성공할 수 있을 것이라고 생각함으로써 높은 자아효능감을 갖게 됨
사회적 설득	• 부모나 교사 등 자신에게 중요한 인물이 어떤 일을(특히 어려움을 겪고 있을 때) 할 수 있다고 믿어 주며, 격려하고 설득하면 학생이 효능감을 갖게 됨 • 설득의 효능은 설득하는 사람의 신용, 믿음직함, 전문성 등에 달려 있음
생리적·정서적 각성상태	• 피곤감, 숨이 참, 통증, 땀, 소화불량, 불면증 등 생리적 증상과 불안, 두려움, 긴장, 떨림, 자신 없음 등 정서상태가 효능감 결정에 영향을 미침

| 정답 | ③

54

2012 초등

다음 사례에서 경수의 학습행동에 대한 김 교사의 견해와 가장 부합하는 학습동기이론은?

> 경수는 선생님이나 다른 학생들의 평가에 매우 민감하게 반응한다. 그는 특히 선생님에게 부정적인 평가를 받을까 봐 전전긍긍하며, 무엇보다 실패에 대한 불안이 크다. 이 때문에 중요한 시험을 앞두고서도 공부를 하지 않거나 과제를 마지막까지 미루어 자신의 능력을 제대로 드러내지 못하는 경향이 있다.
> 김 교사는 자기존중감이 동기화의 결정적인 요인이라고 생각한다. 그는, 경수가 중요한 시험을 앞두고서 이처럼 자기장애 전략(self-handicapping strategy)을 사용하는 것은 자기존중감을 보호하려는 동기를 지니고 있기 때문이며, 경수가 이러한 전략을 계속 사용할 경우 심각한 결과를 초래할 수도 있다고 판단하였다. 그래서 경수에게 성공적인 학습을 위해서는 좀 더 적극적인 노력을 기울여 자기존중감을 유지하는 것이 무엇보다 중요하다고 조언하고 지속적으로 격려하였다.

① 강화이론
② 기대가치이론
③ 자기가치이론
④ 자기결정성이론
⑤ 자기효능감이론

만점대비 +α

💡 자기가치이론(self-worth theory)

(1) 개요
  ① 일반적으로 자존감이라 불리는 자기가치는 자기 자신에 대한 정서나 감정, 혹은 자기 자신에 대한 평가와 관련된다.
  ② 자기가치는 특정한 영역의 구체적인 과업이나 완성도에 대한 자신의 능력을 평가하는 구체적인 평가라기보다는, 자신에 대한 일반적이고 확산적인 반응이다.

(2) 커빙턴(Covington)의 자기장애(self-handicapping) 행동패턴
  ① 자기가치와 관련하여 커빙턴은 학생들이 가끔 그들의 자기가치를 보호하기 위해서 자기장애 행동패턴을 보이는 것을 발견하였다.
    ㉠ 학생들은 시험공부를 하는 것을 마지막 순간까지 미루어 자신의 수행을 실제 가진 능력보다 낮게 만든다.
    ㉡ 학생들이 이러한 자기장애 전략을 사용하는 것은 귀인의 관점에서 보면 긍정적인 동기적 효과를 가지고 있기 때문이다.
    ㉢ 즉, 만약 학생들이 시험공부를 미룸으로써 시험에 실패한다면, 그들의 실패를 능력이 아닌 노력 부족 탓으로 돌리면서 자기가치를 보호할 수 있게 된다.
    ㉣ 동시에 만약 시험에 잘 대비하지 않으면서도 성공했다면 자신이 높은 능력을 가지고 있음이 틀림없다는 귀인을 할 수 있다.
  ② 하지만 이러한 자기장애전략을 지속적으로 사용하는 것은 궁극적으로 부정적인 학습활동 패턴과 결과를 만들어 내고, 또한 부정적인 학습결과가 지속됨으로 인해 자기장애전략의 사용이 자기가치를 보호해 주는 기능을 더 이상 수행할 수 없게 된다.

| 정답 | ③

55

그림은 칙센트미하이(M. Csikszentmihalyi)가 제시한 플로우(flow)를 설명하기 위한 것이다. 학습자가 학습의 즐거움에 심취되어 최상의 몰입경험을 할 수 있는 가능성이 높은 부분은?

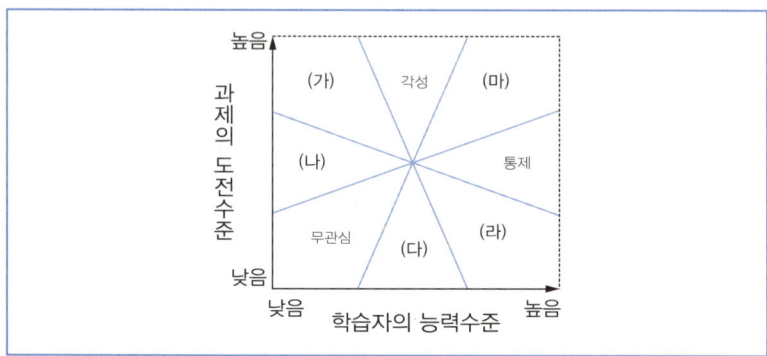

① (가) ② (나)
③ (다) ④ (라)
⑤ (마)

정답풀이

(마) 몰입에 해당한다.

오답풀이

(가) 불안에 해당한다.
(나) 걱정에 해당한다.
(다) 권태에 해당한다.
(라) 느긋함에 해당한다.

만점대비 +α

💡 **칙센트미하이의 몰입이론**

① 과제의 난이도와 자신의 실력에 따라 달라지는 심리 상태를 크게 세 가지로 분류하여 설명
   ㉠ '무관심' : 과제의 난이도도 낮고 실력도 낮을 때 나타나는 심리 상태이다. 대표적인 활동으로 TV시청을 예로 들 수 있는데, 매사에 무기력하고 무관심하며 주어지는 자극만 소극적으로 받아들이는 상태이다. 여기에서 자신의 실력만 약간 증가하면 심리상태는 '권태'가 된다. 이때는 능력에 비해 과제가 보잘 것 없으니 즐거움을 느끼지 못한다. 단순한 가사노동이나 잡일을 할 때 느끼게 되는 감정상태라 할 수 있다. 여기서 실력이 더 증가하면 심리상태는 '느긋함'이 된다. 이 상태에 해당하는 활동이 독서나 식사이다. 이런 여유로운 상태에서 과제의 난이도가 조금 올라가면 문제해결에 대한 자신감을 갖게 된다. 운전을 하는 행위가 이런 심리상태에 속한다.
   ㉡ '걱정' : 실력은 그대로인데 과제의 난이도만 높아지면 과제에 대한 걱정이 생긴다. 언쟁이나 격론을 벌일 때가 이런 심리상태이다. 여기에서 또 다시 과제의 난이도가 높아지면 사람들은 '불안'을 느낀다. 이 상태에서 실력이 조금 상승하면 '각성'상태가 된다. 이런 식으로 개인의 실력과 과제의 난이도가 상승하고 자신감이 구축되면 어느 순간 몰입에 이르게 된다.
   ㉢ '몰입' : 과제의 난이도가 월등하게 높고 실력이 월등하게 높아져서 정비례직선처럼 나타날 때가 바로 몰입이다.
② 몰입 - '플로우(flow)' : 칙센트미하이는 "몰입은 의식이 경험으로 꽉 차 있는 상태다. 이 때 각각의 경험은 서로 조화를 이룬다. 느끼는 것, 바라는 것, 생각하는 것이 하나로 어우러지는 것이다."라고 말한다.
③ 몰입을 하기 위한 요건 : 명확한 목표, 일의 난이도 적절한 수준, 결과의 피드백이 빨라야 함

| 정답 | ⑤

THEME 05 성격과 적응

56

〈보기〉의 두 사례에 공통적으로 나타난 방어기제는?

2008 초등

> **보기**
> - 민수는 진영이가 싫지만 오히려 진영이가 자기를 싫어한다고 생각한다.
> - 승희는 밤길을 무서워한다. 어느 날 밤, 엄마가 심부름을 시키자 언니에게 함께 나가자고 하면서 "언니, 무섭지? 내가 같이 가니까 괜찮지?"라고 말한다.

① 투사 ② 승화
③ 동일시 ④ 합리화

정답풀이

① 투사 : 수용하기 어려운 충동·사고·감정을 자기 자신의 것으로 인정하지 않고 다른 사람의 것으로 귀인하는 과정이다. 충동·사고·감정을 자신에게 귀인하면 불안을 유발하기 때문이다.

오답풀이

② 승화 : 치환의 한 형태로, 성적 충동이나 공격적 충동을 사회적으로 바람직한 방식으로 전환하는 과정이다. 직접 충족될 수 없는 성적 충동은 그림이나 음악, 문학작품 등을 통해 승화되어 간접적으로 충족된다.
③ 동일시 : 무의식적으로 다른 사람의 특성을 내면화하는 과정을 의미한다. 아동은 동일시 과정을 통해 타인, 특히 부모의 특성을 내면화하게 된다.
④ 합리화 : 그럴 듯한 이유를 둘러대거나 변명을 통해 난처한 입장이나 실패를 모면하려는 일종의 자기기만전략이다. 사람들은 자기 자신이 갖고 있는 표준과 일치하지 않는 동기에서 어떤 행동을 했다는 사실을 숨기기 위해 합리화를 한다. 원하는 것을 충족시키지 못했을 때 그것을 진정으로 원하지 않았다고 말하거나, 어떤 일에 실패했을 때 열심히 노력하지 않았다고 말하는 것도 합리화를 하는 것으로 볼 수 있다.

만점대비 +α

방어기제의 유형

부정 (denial)	• 외적인 상황이 감당하기 어려울 때 일단 그 상황을 거부하여 심리적인 상처를 줄이고 보다 효율적으로 대처하도록 돕는 방법 예 자녀가 학교에서 도둑질을 했다는 경찰의 연락을 접한 부모가 처음에는 "그럴 리가 없어. 우리 아이는 그런 아이가 아니야." 하다가 다음에는 "뭔가 잘못됐어, 담임선생님과 경찰이 오해했을 거야."라는 식으로 부정함
억압 (repression)	• 불쾌한 경험이나 받아들여지기 어려운 욕구, 수치스러운 생각, 고통스러운 기억, 반사회적인 충동 등을 무의식 속으로 몰아넣거나 생각하지 않도록 억누르는 방법 • 자신의 의지와 관계없이 무의식적으로 일어난다는 점에서 의도적인 망각과는 다름 예 실수, 기억상실증, 싫은 사람과의 약속 날짜를 잊어버리는 일

억제 (supression)	• 무의식적 욕구를 의식적으로 누르는 방법(바람직) 예 나는 성욕이 있으나 적절한 때를 기다리겠다
합리화 (rationalization)	• 상황을 그럴 듯하게 꾸미고 사실과 다르게 인식하여 자아가 상처받지 않도록 정당화시키는 방법 • 무의식적으로 일어나므로 거짓말이나 변명과는 다름 예 먹고 싶으나 먹을 수 없는 포도를 신 포도이기 때문에 안 먹겠다고 말하는 것, 실력이 부족한 학생이 출제의 방향이나 문제의 초점을 맞추지 못해 점수가 나쁘게 나왔다고 변명하는 것
투사 (projection)	• 자기 자신의 동기나 불편한 감정을 다른 사람에게 돌림으로써 불안 및 죄의식에서 벗어나고자 하는 방어기제 예 잘 되면 내 탓, 못 되면 조상 탓, 똥 묻은 개가 겨 묻은 개 나무란다
승화 (sublimation)	• 성적·공격적 충동이 사회적으로 용납되는 형태로 바뀌는 것 • 무의식적인 것이든 의식적인 것이든 사회적으로 잘 용납되지 않는 충동과 욕구가 사회적으로 바람직한 형태로 변형되어 적응에 도움을 주는 것 예 공격적 충동이 권투나 야구와 같은 공격적인 스포츠를 함으로써 표현
퇴행 (regression)	• 현재의 발달단계 이전으로 돌아가는 것 • 생의 초기에 성공적으로 작용했던 생각이나 만족스러웠던 행동양식에 다시 의지함으로써 현 상황에서의 위협이나 불안을 해소시키는 방어기제 예 고착(특정 발달단계에 머무르는 것)
동일시 (identification)	• 자신의 불안, 부족감을 피하기 위해 다른 사람의 바람직한 점을 자기 것으로 끌어들이는 것 • 즉, 어떤 개인이 다른 사람 또는 어떤 집단과의 동질성을 느끼거나 정서적 유대감을 가짐으로써 자기만족을 찾는 방어기제 예 어머니가 딸의 용모나 인기를 자랑스럽게 여기거나 아버지가 아들의 취미활동을 같이 즐기는 것 등
반동형성 (reaction formation)	• 자기가 느끼고 바라는 것과는 정반대로 감정을 표현하고 행동하는 것 예 경쟁자를 지나치게 칭찬하는 사람, 전처의 자식을 후처가 지나치게 사랑하는 것이나, 성적 욕구가 강한 사람이 지나치게 성을 혐오하는 것 등
주지화 (Intellectualization)	• 골치 아픈 문제로부터 벗어나거나 위협적인 감정에서 자기를 떼놓기 위해 우리는 가끔 문제장면이나 위협조건에 관한 지적인 토론 및 분석을 하는 방법(부정의 교묘한 형태로, 스트레스를 부정하는 고등수단) 예 중상환자를 치료하는 의사의 냉정한 태도, 죽음의 길이 될지도 모르는 위험한 여행을 하면서 태연할 수 있는 것
환치 (displacement)	• 만족되지 않은 충동에너지를 다른 대상으로 돌림으로써 긴장을 완화시키는 방어기제 예 종로에서 뺨 맞고 한강에서 눈 흘긴다, 자식을 갖고 싶으나 갖지 못하는 어린이 이웃집 어린이를 끔찍이 사랑하거나 고양이 또는 강아지 같은 애완동물에 집착함
격리 (isolation)	• 과거의 고통스러운 기억과 연관된 감정을 의식으로부터 떼어내어 격리시키는 것 예 사랑하는 사람이 죽었는데, 오히려 친구들과 웃고 떠들며 슬픔을 느끼지 않는 것
보상 (compensation)	• 약점이나 결함을 극복하거나 감추어 자아를 방어하려는 기제 예 외모에 열등감을 느끼는 학생이 공부를 열심히 하는 것이나, 지적 능력이 낮다고 생각하는 사람이 운동에 전력을 다하는 것 등

|정답| ①

THEME 06 특수한 학습자

논술 문제 적용 하기

57-1
2014 초등

1) 교실 행동 관리의 문제점과 합리적 대안을 논하시오.
2) 특수한 요구를 지닌 학습자에 대한 지원의 문제점과 합리적 대안을 논하시오.

김 교사: 바다는 넓고 깊어서 육지만큼 많은 동물이 살고 있어요. 어떤 것이 있는지 함께 생각해 봐요.
충 민: (쳐다보지도 않고 만화 캐릭터만 그리고 있다.)
연 주: 고등어, 참치, 고래, 물개요.
민 서: (손을 들고) 상어, 오징어, 옥돔, 가오리, 그리고 전복과 조개요.
김 교사: 그럼, 오늘은 바다에 사는 동물의 특징에 대해 살펴볼 거예요. 오늘의 학습목표는……. (학습목표가 진술된 문장카드[바다에 사는 동물의 특징에 대해 알아보자.]를 제시한다.)
충 민: (못 들은 척 계속 만화 캐릭터를 그리면서) 물고기 그리고 싶어요.
지 민: (충민이를 툭 건드리면서) 얘는 만화 캐릭터만 그려요.
김 교사: 자, 바다에 사는 동물들은 어떤 특징이 있는지 알아볼까요? (스크린을 가리키면서) 모둠 별로 여기에 제시된 동물들을 자세히 관찰하고 바다에 사는 동물의 특징을 찾아보세요. (스크린에 동물 그림을 제시하고, 학생들의 모둠 활동을 관찰한다.)
… (중략) …
김 교사: 바다에 사는 동물의 특징을 발표해 봅시다. 어떤 특징이 있나요?
민 서: 지느러미가 있고, 아가미로 호흡을 합니다. 그리고 알을 낳아요.
김 교사: 맞아요. 지느러미가 있고, 아가미로 호흡하며, 알을 낳아요. 그런 동물의 예를 들어볼까요?
충 민: (캐릭터 그리기에 열중하다가 큰 소리로) 지느러미요.
지 민: (충민이의 팔을 툭 치며) 야! 그건 선생님이 이미 말씀하셨잖아.
연 주: 고등어, 참치, 상어, 그리고 고래요.
김 교사: 하지만 고래는 달라요.
동 규: 선생님, 고래는 상어와 크기도 비슷하고 생김새도 닮았는데, 왜 달라요?
김 교사: 그건 고래가 허파로 숨을 쉬고 새끼를 낳기 때문이에요.
충 민: (안절부절 엉덩이를 들썩거리다가 갑자기 큰 소리로) 선생님, 재미가 없어요.
김 교사: 그러면 전복과 조개는 어떤 특징이 있나요? 충민이가 말해 볼까요?
지 민: (충민이를 손으로 밀치면서) 얘는 그런 거 몰라요.
충 민: (자리에서 벌떡 일어나) 몰라요. (화를 내며 교실 밖으로 나간다.)
김 교사: (순간 당황하며) 자, 그럼 다른 친구가 말해 볼까요? 선생님의 질문에 대답할 친구 누구 없나요?
… (하략) …

57
다음의 행동 특징을 보이는 아동에 대한 담임교사의 지도전략으로 적합한 것을 〈보기〉에서 모두 고른 것은?

- 자리에 앉아 있어야 하는 수업장면에서 지나칠 정도로 돌아다닌다.
- 수업시간에 끊임없이 친구들의 일에 참견하거나 간섭하여 학습을 방해한다.
- 공부를 포함하여 학교에서 이루어지는 대부분의 활동에서 주의를 집중하지 못하고 과제를 완성하지 못한다.

보기

㉠ 행동교정을 위해 단회상담적 접근방법을 적용한다.
㉡ 부모가 비협조적이라도 설득을 통해서 지도과정에 참여시킨다.
㉢ 행동수정기법, 인지행동적기법, 사회성 증진훈련 등을 다양하게 활용한다.
㉣ 학습을 지도할 때 시청각 보조자료, 구조화된 자료, 조작 가능한 자료 등은 주의를 분산시킬 수 있으므로 사용하지 않는다.

① ㉠, ㉡
② ㉠, ㉣
③ ㉡, ㉢
④ ㉠, ㉡, ㉢
⑤ ㉡, ㉢, ㉣

정답풀이

※ 제시문 속 아동은 주의력결핍 – 과잉행동장애(ADHD)의 주요 특징인 '과잉행동, 충동성, 부주의'를 보이고 있다.
㉡ 주의력 결핍 – 과잉행동장애의 치료를 위해서는 부모와 교사, 치료자의 긴밀한 상호협력 체계가 절대적으로 필요하다.
㉢ 주의력 결핍 – 과잉행동장애의 심리 치료로는 행동치료, 인지행동치료, 바람직한 의사소통방법 교육, 화와 분노 다스리기, 행동수정, 자기통제능력 키우기 등을 들 수 있다.

오답풀이

㉠ 주의력결핍 – 과잉행동장애는 단회상담적 접근으로는 치료가 어렵다. ADHD의 경우 전문가의 도움이 반드시 필요하다. 일반적으로 심리치료와 약물치료를 통해 치료는 가능하지만 만성 경과를 갖기 때문에 오랜 시간이 걸리며 상황에 따라 증상의 변화가 있을 수 있다.
㉣ 주의력결핍 – 과잉행동을 보이는 학생들을 위하여 작은 단위로 과제를 나누고 과제를 단순화하여 제시하고, 과제의 양과 시간을 아동의 속도에 맞추어 제시하며, 시청각 보조 교수, 구조화된 자료, 조작 가능한 자료 등 다양한 자료 사용하는 등의 다양한 교수전략을 활용할 수 있다.

만점대비 +α

💡 주의력 부족 및 과잉 행동으로 인한 집중력 결핍(ADHD) 아동의 지도전략

(1) 특징

부주의	관계없는 자극에 쉽게 방해받음, 면밀한 감독이 없는 경우에 지시를 따르기가 어려움, 과제나 다른 놀이 활동에서 주의를 유지하기 어려움, 지속적인 정신적 노력을 요하는 과제를 싫어하고 피하려고 함, 과제나 활동에 필요한 것들을 잃어버림 등
과잉활동	자리에 앉아 있어야 하는 교실 내와 같은 상황에서 자리를 쉽게 떠남, 여가활동을 조용히 즐기는 것을 어려워함, 손과 발을 가만히 두지 못하며 자리에서 꿈틀거림 등
충동성	순서를 기다리는 것을 어려워함, 질문에 대한 대답이 완성되기도 전에 불쑥 말해 버림, 타인을 참견하고 방해함

(2) 치료와 개입 : 약물치료, 행동주의 접근(행동수정, 토큰법, 모델링 등), 인지행동주의 접근(자기관찰, 자기교수), 사회성 증진 치료, 부모교육 등

(3) 수업전략
① 작은 단위로 과제를 나누고 과제를 단순화하여 제시
② 과제의 양과 시간을 아동의 속도에 맞추어 제시
③ 과제수행 결과를 수시로 점검하고 즉각적으로 피드백을 줌
④ 시청각 보조 교수, 구조화된 자료, 조작 가능한 자료 등 다양한 자료 사용
⑤ 지시사항은 짧고 명확하게 하며, 아동이 활동하기 전에 지시사항을 반복해서 말해보게 함

(4) 학급에서의 행동 관리
① 학급 내에서 수행할 목표행동을 구체적으로 정하고, 난이도에 따라 단계화하여 가장 용이한 수준부터 목표행동을 수행하도록 격려한다.
② 아동의 행동을 지속적으로 관찰하여 목표행동을 보일 때 적극적으로 격려하고 칭찬함
③ 아동 스스로 목표행동을 관찰, 평가하게 하고 자기강화 계획을 세우도록 함
④ 학급환경을 정돈하여 주의산만한 요인을 제거함
⑤ 충동성 및 과잉행동을 조절할 수 있도록 상황에 맞는 구체적인 행동을 가르침
⑥ 학급 구성원이 공동생활을 하는 데 필요한 기본적인 규칙을 전체 학급 구성원들과 함께 정함

| 정답 | ③

논술 문제 적용 하기

예시답안

1)
수업 중에 지민이는 충민이를 무시하는 발언을 하고 툭 치거나 밀치는 공격적 행동을 하며, 충민이는 화를 내며 밖으로 나가버리는 등 공격적이며 수업에 방해가 되는 행동이 벌어지고 있다. 그러나 김 교사는 문제 행동을 그대로 방치한 채 아무런 개입도 하지 못하고 있다. 학생의 행동에 대한 교사의 반응은 학생이 어떻게 행동할 것인가를 배우는 중요한 요인이다. 따라서 김 교사는 학생의 사회적 행동의 적절성 여부에 대해 분명하게 피드백 할 필요가 있다. 이때 교사 혼자서 잘못된 행동을 교정하려고 하기보다 공격적이고 수업을 방해하는 행동이 학급 내에서 결코 허용되지 않도록 학급회의를 통해 행동 규칙을 정하는 것이 효과적이다. 즉각적인 처벌과 제재는 행동을 일시 금지하는 효과가 있지만 처벌과 제재가 약해지면 다시 반복될 수 있다. 학급회의를 통하여 서로 관계하는 규칙을 검토하고 새롭게 정립하는 일은 서로 사회적 관계를 맺는 방식을 새롭게 조정하는 것이기 때문에 학급 내에서 바람직한 행동을 형성하는 데 효과적인 대안이 될 수 있다.

2)
충민이는 사람들이 말하는 것을 듣지 않는 것처럼 보이고, 질문과 관계없는 답을 불쑥 말해 버리며, 교사의 지시를 따르지 않고 수업 시간에 교실 밖으로 나가고 있다. 충민이는 부주의, 과잉활동, 충동성의 문제를 지속적으로 보이는 것으로 보아 ADHD 아동이라고 볼 수 있다. 그런데 김 교사는 충민이의 행동을 단순히 무시하거나 질문을 통해 주의 집중을 유도하려고 하는 등 ADHD 아동에 대한 이해가 부족하고 효과적으로 다루는 방법을 모르고 있다. ADHD 아동이 보이는 많은 행동들은 아동의 의지와 관계없이 나타나는 하나의 장애라는 점을 잘 이해하고, 아동의 행동을 개선하기 위한 특별한 교육적 방안을 강구해야 한다. 이를테면 산만하게 하는 자극들을 줄이도록 환경을 조절하고, 집중력 패턴에 따라 과제부여와 개입 방식을 달리할 수 있다. 주의집중력이 약한 충민이는 주변 자극들에 의해 쉽게 산만해 질 수 있으므로, 모둠별로 토론하는 상황에만 충민이가 모둠과 함께 앉고 설명을 듣거나 개별과제를 수행할 때는 따로 떨어져 앉도록 하는 배려가 필요하다. 또한 충민이가 비교적 흥미를 보이는 과제를 활용한 개별화된 과제를 부여하여 통제력의 향상을 경험하도록 도울 수 있다.

58

렌줄리(J. S. Renzulli)의 심화학습 모형에 대한 〈보기〉의 설명 중 옳은 것을 고르면?

보기

㉠ 처음에는 영재 학생들을 위해 제안된 수업모형이었으나, 일반 학생들을 포함한 학교 전체 심화학습 모형으로 발전하였다.
㉡ 이 모형에 근거한 최초의 프로그램은 중등학교 학생들을 대상으로 개발되었다.
㉢ 수업의 전개는 일반적 탐색활동 → 집단 훈련활동 → 개인과 소집단의 실제문제 탐구활동의 3단계로 이루어진다.
㉣ 개인과 소집단의 실제문제 탐구활동은 영재 수준의 학생들보다 보통 수준의 학생들에게 더 적합하다.

① ㉠, ㉡ ② ㉠, ㉢
③ ㉡, ㉣ ④ ㉢, ㉣

오답풀이

㉡ 렌줄리의 심화학습 모형에 근거한 최초의 프로그램은 초등학교 학생들을 대상으로 개발되었다.
㉣ 개인과 소집단의 실제문제 탐구활동은 영재 수준의 학생들에게 적용되는 단계이다.

만점대비 +α

💡 렌줄리(Renzulli)의 영재교육

(1) 영재의 정의
  ① 렌줄리(Renzulli)는 평균 이상의 능력, 높은 과제집착력, 그리고 높은 수준의 창의성의 세 가지 독립적 규준을 통해 영재성을 정의할 수 있다고 하였다.
  ② 세 구인이 서로 중첩되는 부분에 영재성이 위치하기 때문에 개인이 영재성을 나타내기 위해서는 세 구인이 적절하게 조화되어야 한다는 것을 강조하고 있다.

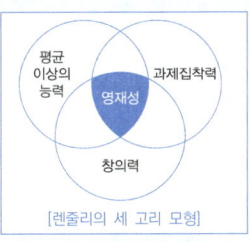
[렌줄리의 세 고리 모형]

(2) 영재교육 방법 – 심화학습 모형
  ① 렌줄리의 심화학습 모형은 소수 영재들만을 대상으로 하던 영재교육 개념에서 벗어나 보다 많은 학생들을 대상으로 하는 영재교육을 시도하였기 때문에 학교 전체 교육의 질 향상을 도모하고 있다는 점에서 높이 평가되며 오늘날 여러 영재교육과정 모형 중 가장 널리 활용되고 있다.
  ② 심화학습 모형은 모든 학습자들에게 적용 가능한 1단계(일반적인 탐구 활동)와 2단계(집단 훈련활동), 그리고 영재아들에게 해당하는 3단계(실제적인 문제를 탐구하기 위한 개별적 또는 소집단 활동)로 구성된다.

단계	내용
[1단계] 일반적 탐색활동	• 학생들이 학습하는 주제와 내용에 흥미를 가질 수 있도록 하는 경험과 활동으로 구성 • 학생들이 장차 제 3단계 심화학습에서 독자적인 탐구과제를 수행할 수 있도록 동기유발의 계기를 마련하기 위하여 학생들에게 공연예술, 주제, 쟁점, 취미, 인물, 장소, 사건 등의 광범위하고 다양한 주제를 접하게 하며 아이디어를 내면화시켜주는 과정
[2단계] 집단 훈련활동	• 사고와 지각과 관련된 단계로, 학습자가 내용을 효과적으로 다룰 수 있도록 창의적 사고력, 문제해결력 등의 정신작용을 발전시키는 단계 • 1단계의 심화 활동이 '내용' 위주의 심화학습이라면, 2단계의 심화 활동은 '방법'을 보다 중요시하는 전략적인 심화학습이 이루어지는 단계라고 할 수 있음 • 스스로 사고하는 기회를 제공한다는 점에서 2단계가 모든 단계 중에서 가장 중심을 이룸
[3단계] 개인과 소그룹의 실제문제 탐구	• 심화학습 모형의 핵심요소로서 개인과 소그룹으로 실제 문제를 다룸 • 1, 2단계에서 습득한 지식과 기능을 바탕으로 일상생활의 문제나 자기주도적 관심사를 선택하여 이를 창의적으로 해결하고 산출물을 만들어내는 단계

|정답| ②

WHY TO HOW
New 논객특강
논술 기출과 객관식 기출의 통합

Chapter 04

생활지도 및 상담

THEME 01. 비행이론
THEME 02. 진로이론
THEME 03. 상담기법
THEME 04. 상담이론

THEME 01　비행이론

논술 문제 적용 하기

01-1　　　　　　　　　　　　　2014 중등

학교 부적응 행동의 원인을 청소년 비행이론 중 2가지로 설명하시오.

> 일지 #1　2014년 4월 ○○일 ○요일
> 우리 반 철수가 의외로 반 아이들과 잘 지내지 못하는 것 같아 마음이 쓰인다. 철수와 1학년 때부터 친하게 지냈다는 학급 회장을 불러서 이야기를 해 보니 그렇지 않아도 철수가 요즘 거칠어 보이는 동네 친구들과 어울려 다니는 모습을 자주 보게 되어 학급 회장도 걱정을 하던 중이라고 했다. 그런데다 철수가 반 아이들에게 괜히 시비를 걸어 싸움이 나게 되면, 그럴 때마다 아이들이 철수를 문제아라고 하니까 그 말을 들은 철수가 더욱 더 아이들과 멀어지고 제멋대로 행동한다고 한다. 오늘도 아이들과 사소한 일로 다투다가 갑자기 소리를 지르고 물건을 던지고는 교실에서 나가 버렸다고 한다. 행동이 좋지 않은 친구들과 몰려 다니며 그 아이들의 행동을 따라 해서 철수의 행동이 더 거칠어진 걸까? 1학년 때 담임 선생님 말로는 가정 형편이 그리 넉넉하지 않고 부모님이 철수에게 신경을 쓰지 못함에도 불구하고 행실이 바른 아이였다고 하던데, 철수가 왜 점점 변하는 걸까? 아무래도 중간고사 이후에 진행하려고 했던 개별 상담을 당장 시작해야겠다. 그런데 철수를 어떻게 상담하면 좋을까?

01　　　　　　　　　　　　　2009 중등

다음 사례의 박 교사와 같이 청소년 비행에 접근하는 이론으로 가장 적절한 것은?

> A중학교에서 박 교사가 맡고 있는 반의 많은 학생들은 지각과 무단결석을 일삼고 학교폭력을 비롯한 크고 작은 말썽을 피웠다. 문제의 원인을 찾던 박 교사는 다른 아이들과는 달리 문제행동을 일으키지 않는 재민이를 주목하였다. 관찰 결과 박 교사는 재민이가 교우관계가 좋고 부모와의 관계도 친밀할 뿐만 아니라 이웃과도 사이좋게 지낸다는 것을 알게 되었다. 이에 박 교사는 재민이 주변에 있는 좋은 친구와 부모, 이웃이 재민이가 문제행동을 자제하도록 하는 데 중요한 역할을 하고 있다고 생각하게 되었다.

① 낙인이론(labelling theory)
② 편류이론(drift theory)
③ 아노미이론(anomie theory)
④ 문화일탈이론(cultural departure theory)
⑤ 사회통제이론(social control theory)

오답풀이

① **낙인이론** : 권력이나 영향력, 지위가 있는 사람들이 비행행동 혹은 비행자라고 낙인찍었기 때문에 비행행동이 지속되고 강화된다고 보는 관점이다. 한 청소년이 우연히 혹은 분명하게 설명할 수 없는 비행이나 문제행동을 일으키고 난 후 주변 사람들이 그를 '문제아'나 '비행청소년'으로 낙인찍게 되면, 그는 스스로 주변의 기대나 지각에 부응하여 2차, 3차 비행행동을 하게 된다는 관점이다.

② **편류이론** : 청소년 비행이란 일시적인 하나의 편류현상과 같은 것으로, 기존의 인습가치(지배문화)와 일탈가치 사이에서 방황하다가 다시 제 모습을 찾아 돌아오는 현상(U-turn)이다.

③ **아노미이론** : 비행을 사회구조의 결함에 대한 정상적인 개인들의 반작용으로 보는 사회학적 접근법 중 하나이다. 모든 사람에게 공유된 가치인 물질적 성공의 기회는 합법적인 방법으로 동등하게 제공되어야 하지만 모든 사람에게 이 기회는 균등하게 주어질 수 없으며, 특히 하위계층의 사람들에게는 기회가 제한되어 있다고 본다. 따라서 이들은 물질적 성공을 하고 싶으나, 가능성을 제공받지 못하기에 목적과 수단 간 괴리 현상인 아노미를 경험하게 되고, 비합법적인 방법으로라도 성공을 위해 범죄를 저지를 확률이 높아진다는 것이 이 이론의 핵심이다. 즉 사회구조에 의한 욕구좌절로 인해 다양한 일탈적 방식이 발생하는 것이다.

④ **문화일탈이론** : 문화일탈이론은 빈민 거주자들이 법을 위반하는 것에 대한 가정이다. 왜냐하면 그들은 낮은 계층지역에 존재하는 독특한 하위문화에 속해 있기 때문이다. 하위집단의 문화는 기존의 지배문화에 반대하거나 지배규범의 합법성을 거부하고 저항의 하위문화가 형성되며, 기존의 사회문화에서 벗어난 가치를 중시함으로써 비행을 행하는 것을 자연스럽게 조장하는 분위기를 형성하게 된다.

만점대비 +α

💡 사회통제이론

① 비행의 원인
   ㉠ 사회통제이론은 사람들이 비행을 하지 않는 이유는 사회로부터 법을 어기지 않도록 통제를 받기 때문이라고 보았다.
   ㉡ 가정에서 사회기관에 이르기까지 개인이 갖고 있는 유대가 통제력이 되어 청소년들로 하여금 법과 규범이나 규칙을 지키게 한다고 보았다.
   ㉢ 따라서 청소년이 관습적인 사회에서 벗어나면 벗어날수록 비행가능성은 높은 것이고, 사회와의 유대를 가질수록 비행동기를 억제할 수 있게 되어 비행을 저지르지 않는다.
   ㉣ 즉, 가정, 학교, 사회와의 결속(유대)이 없고 가정, 학교, 사회의 통제력이 약화되어 청소년에게 어떤 영향력도 미치지 못하며, 청소년도 부모나 교사 등 사람들에 대해 아무 관심(연결, 유대)이 없으면, 이들의 비행행동은 더욱 자유롭게 이루어질 수가 있다고 보는 것이다.

② 개인의 사회에 대한 유대 요인 : 애착, 관여, 참여, 신념
   ㉠ 애착 : 의미 있는 타자에 대한 의미 있는 유대관계
   ㉡ 관여 : 일반적인 사회적 목표나 수단을 존중하고 그에 순응하는 것
   ㉢ 참여 : 일상적인 활동에 적극적으로 참여하는 것
   ㉣ 신념 : 개인이 전통적인 가치를 어느 정도 수용하고 있는가를 의미

| 정답 | ⑤

논술 문제 적용 하기

예시답안

차별접촉이론의 관점에서 철수의 학교 부적응 행동의 원인을 설명하면 철수가 비행친구와 어울리면서 반사회적 행동이나 비행에 대해 학습한 결과 부적응 행동을 저지르게 된다고 볼 수 있다. 이 이론은 비행이 다른 사람 특히 친밀한 친구들과의 차별적 접촉을 통해서 학습된다고 간주하며, 이러한 접촉이 얼마나 강하게 자주 그리고 오래 이루어졌느냐에 따라서 비행행동의 정도가 달라진다고 본다. 비행행동은 사람들 사이의 상호작용에 의해 학습되는 행위로서, 어떤 청소년이라도 비행이나 문제행동을 직·간접적으로 자주 접하게 되면 비행청소년이 될 수 있다고 가정한다. 비행청소년 집단과 접촉한 경험이 오래되고 그 집단의 아이들하고만 계속 관계를 갖는다면 비행행동의 학습이 빨리 일어나고, 그 집단에서 벗어나지 않는 한 비행행동은 계속 강화되고 지속될 수 있다. 따라서 철수가 비행친구와 어울리는 것을 부적응 행동의 원인으로 설명할 수 있다.

한편, 낙인이론의 관점에서는 철수가 부적응 행동을 하는 이유를 철수 개인의 행동이나 성격의 문제 때문이 아니라 사람들이 비행이라는 낙인을 찍기 때문이라고 설명할 수 있다. 낙인 이론에 따르면 어떠한 경험을 계기로 특정 개인에게 문제라는 낙인이 일단 부여되면 다른 사람들은 그를 낙인찍힌 사람으로 대하기 시작한다. 결과적으로 그 낙인은 낙인찍힌 개인의 앞으로의 생활에 지속적으로 작용하고, 그 스스로도 그러한 낙인을 의식적이든 무의식적이든 받아들이게 된다. 사람들의 기대에 부합하는 새로운 자아의 개념을 발전시키고, 거기에 따라 행동하기 시작하는 것이다. 이러한 낙인과정을 통하여, 일탈행동은 더욱 강화되고 영속화된다. 다시 말해 철수는 우연히 저지른 특정행동 때문에 문제아로 낙인찍히게 되었고, 그 이후 항상 문제아로 취급받게 되며, 스스로를 문제아로서 인식하고, 비슷한 유형의 행동을 계속하게 된 것이므로 문제아라는 사람들의 낙인이 철수의 부적응 행동의 원인이 되었다는 것이다.

더 알아보기

💡 **차별접촉이론 – 서덜랜드(Sutherland)**

① 차별접촉이론은 비행이 다른 사람, 특히 친밀한 친구들과의 차별적 접촉을 통해서 학습되며, 이런 접촉이 얼마나 강하게, 자주 그리고 오래 이루어졌느냐에 따라서 비행행동의 정도가 달라진다고 본다.
② 어떤 청소년이라도 비행이나 문제행동을 작간접적으로 자주 접하게 되면 비행아가 될 수 있다고 가정한다.
③ 요컨대, 비행행동은 사람들 사이의 상호작용에 의해 학습되는 행위로서, 비행청소년집단과 접촉한 경험이 오래되고 그들과 계속 관계를 맺는다면 비행행동의 학습이 빨리 일어나고, 그 집단에서 벗어나지 않는 한 비행행동은 계속 강화되고 지속될 수 있음을 강조한다.

THEME 01 비행이론

02
낙인이론(labeling theory)에 관한 설명 중 옳지 않은 것은?

2008 중등

① 낙인은 추측 → 고정화 → 정교화의 순서로 이루어진다.
② 낙인의 주요 요인에는 성, 인종, 외모, 경제적 배경 등이 있다.
③ 낙인에 따른 교사의 차별적인 기대는 학생의 자기지각에 영향을 준다.
④ 낙인이론은 학교에서 교사와 학생 간의 상호작용을 연구하는 데 활용된다.

정답풀이

① 낙인의 과정은 추측 → 정교화 → 고정화 단계로 나눌 수 있다.
  하그리브스(Hargreaves), 헤스터(Hester) 등은 낙인을 붙이는 과정의 세 단계를 확인하였는데, 첫 번째는 '추측' 단계로서 교사들은 처음으로 학급의 학생들을 만나 전체적으로 학급학생들의 첫인상을 형성하는데, 다른 학급을 가르치면서 얻은 배경과 대조하여 그 학급 개개 구성원들의 첫인상을 형성한다. 그 다음은 학생이 실제로 첫인상에서 보여 준 것과 같은지를 확인하는 '정교화' 단계이다. 이것은 교사가 학생의 행동이 처음의 판단과 일치되지 않으면 첫인상이 바뀌어질 수 있는 가설검증의 과정이다. 마지막으로 '고정화' 단계다.

만점대비 +α

💡 낙인이론

① 권력이나 영향력, 지위가 있는 사람들이 비행행동 혹은 비행자라고 낙인찍었기 때문에 비행행동이 지속되고 강화된다고 보는 관점으로, 비행소년과 정상소년 간에는 근본적인 차이가 있다는 가정을 부정한다.
② 주변 사람들이 문제행동을 일으킨 아동을 비행아동으로 낙인찍게 되면, 그는 스스로 주변의 기대나 지각에 부응하여 2차, 3차 비행행동을 하게 된다는 것이다.
③ 특히, 아동이 사회적 통제를 많이 받고 있는 사회나 집단에 속해 있을수록 낙인찍힐 가능성은 높아지고 이로 인해 2차, 3차 비행으로 연결될 수 있는 확률도 높아진다.
④ 낙인의 과정 : 모색(추측) → 명료화(정교화) → 공고화(고정화)
⑤ 레머트(Lemert) : 사회적 낙인으로서의 일탈 : 일차적 일탈과 이차적 일탈
  ㉠ 일차적 일탈 : 사회적, 문화적, 심리적, 생리적 요인들로 인해 야기되는 일시적인 일탈로서, 자아정체감이 훼손되지 않은 상태에서 발생하는 행위
  ㉡ 이차적 일탈 : 일차적 일탈에 대하여 사회적 반응으로 야기된 문제들에 대한 행위자의 반응으로서, 자신에 대한 부정적 정의와 자신을 동일시하고, 동일시를 통해 정체성을 형성하고 이것이 다른 일탈로 연결되는 것, 즉 새롭게 형성된 자아정체성이 원인이 되어 나타나는 지속적인 일탈
⑥ 베커(Becker) : 사회적 지위로서의 일탈
  ㉠ 비행 혹은 범죄는 그 행위 자체가 의미를 갖는 것이 아니라, 행위자와 사회적 반응 사이의 상호작용에 더 의미가 있다.
  ㉡ 일탈은 한 사람이 저지른 행위의 본질이 아니라 오히려 한 위반자에게 다른 사람들이 규칙과 제재를 적용한 결과일 뿐이라는 것이다.
  ㉢ 즉, 사회적 반응으로서의 낙인은 행위자의 지위를 변화시키며, 일탈자라는 지위는 행위자의 다른 형태의 지위를 지배함으로써, 사회적 지위와 같은 효과를 준다.
  ㉣ 예를 들어, 사회적 지위가 높은 집단이 범죄자를 낙오자로 여기고 그들을 낮은 지위로 강등시키는 것처럼, 낙인은 행위자의 사회적 참여를 막으며, 부정적 자기정체성을 확립하고, 그들의 공식적인 사회적 지위를 강화시킨다.

| 정답 | ①

THEME 02 진로이론

03
2013 중등

홀랜드(J. Holland)의 진로이론에 관한 설명으로 옳은 것만을 〈보기〉에서 있는 대로 고른 것은?

〈보기〉
㉠ 직업적 행동은 성격과 환경의 상호작용의 결과이다.
㉡ 직업을 선택할 때 자신의 태도와 가치관에 맞는 직업 환경을 선호한다.
㉢ 직업적 성격유형 중 실재형(realistic type)에 해당하는 사람이 선택하는 대표적인 직업으로는 정치가, 판사, 관리자 등이 있다.
㉣ 직업환경을 실재적(realistic), 탐구적(investigative), 예술적(artistic), 사회적(social), 설득적(enterprising), 관습적(conventional)환경으로 분류한다.

① ㉠, ㉢
② ㉡, ㉣
③ ㉠, ㉡, ㉣
④ ㉡, ㉢, ㉣
⑤ ㉠, ㉡, ㉢, ㉣

오답풀이
㉢ 정치가, 판사, 관리자 등은 설득형(enterprising type)에 해당하는 직업이다.

만점대비 +α

💡 **직업인성유형 이론의 네 가지 가설**
① 대부분의 사람들은 여섯 가지 유형, 즉 '실재적(realistic), 탐구적(investigative), 예술적(artistic), 사회적(social), 설득적(enterprising), 관습적(conventional)' 유형 중의 하나로 분류될 수 있다.
② 환경에도 6가지 직업 환경유형(실재적, 탐구적, 예술적, 사회적, 설득적, 관습적인 유형)이 있으며, 일반적으로 각 환경에는 그 성격유형에 일치하는 사람들이 머물고 있다.
③ 사람들은 자신의 능력과 기술을 발휘하고 태도와 가치를 표현하고 자신에게 맞는 역할을 수행할 수 있는 환경을 찾는다.
④ 개인의 행동은 성격과 환경의 상호작용에 따라 결정된다. 따라서 사람과 환경의 성격유형을 안다면 진로선택, 직업변경, 직업성취, 역량 등에 대해서 예측할 수 있게 해 준다.

| 정답 | ③

04

최 교사는 학생들의 진로지도를 위하여 홀랜드(J. Holland)의 진로탐색검사를 실시하였다. 검사 결과, 영철이의 직업적 성격 유형은 다음 그림의 ㉠과 ㉡에 해당되는 것으로 나타났다. 영철이의 직업적 성격 특성을 가장 잘 설명하는 것은?

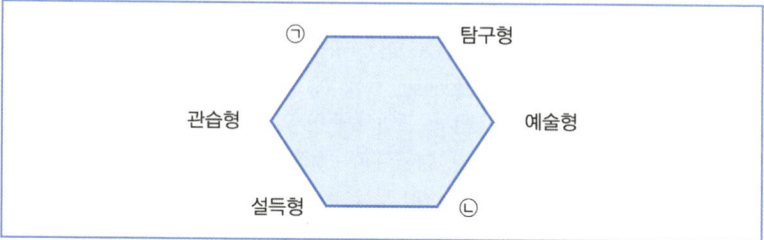

① ㉠ 다른 사람들과 어울리는 것을 좋아하고, 다른 사람들을 도와주는 활동을 선호한다.
　㉡ 계획에 따라 일하기를 좋아하며, 계산적인 능력을 발휘하는 활동을 선호한다.
② ㉠ 지도력과 통솔력이 있으며, 말을 잘하고 다른 사람들을 관리하는 활동을 선호한다.
　㉡ 기계를 만지거나 조작하는 것을 좋아하며, 몸을 움직이는 활동을 선호한다.
③ ㉠ 정확하고 분석적이며, 지적 호기심이 많고 체계적인 활동을 선호한다.
　㉡ 변화와 다양성을 좋아하고, 자유롭고 창의적인 활동을 선호한다.
④ ㉠ 계획에 따라 일하기를 좋아하며, 계산적인 능력을 발휘하는 활동을 선호한다.
　㉡ 지도력과 통솔력이 있으며, 말을 잘하고 다른 사람들을 관리하는 활동을 선호한다.
⑤ ㉠ 기계를 만지거나 조작하는 것을 좋아하며, 몸을 움직이는 활동을 선호한다.
　㉡ 다른 사람들과 어울리는 것을 좋아하고, 다른 사람들을 도와주는 활동을 선호한다.

정답풀이

⑤ ㉠현실적/실재적(realistic) 유형, ㉡사회적(social) 유형이다.

오답풀이

① ㉠사회적 유형(social), ㉡관습적(conventional) 유형이다.
② ㉠진취적/설득적(enterprising) 유형, ㉡현실적/실재적(realistic) 유형이다.
③ ㉠탐구적(investigative) 유형, ㉡예술적(artistic) 유형이다.
④ ㉠관습적(conventional) 유형, ㉡진취적/설득적(enterprising) 유형이다.

만점대비 +α

💡 **홀랜드의 직업성격 유형**

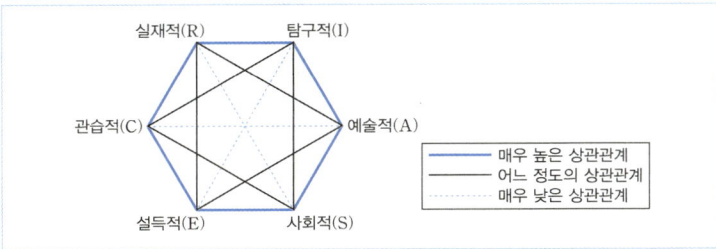

직업적 성격유형	성격 특징	선호/싫어하는 직업적 활동	대표적인 직업
현실적 유형 (실재적, realistic)	남성적, 솔직, 성실, 검소, 지구력, 신체적으로 건강, 소박, 고집, 직선적, 단순함	기계, 도구, 동물에 관한 체계적인 조작 활동을 좋아하는 반면, 교육적인 활동이나 치료적인 활동은 좋아하지 않음	기술자, 자동차 및 항공기 조종사, 정비사, 농부, 운동선수 등
탐구적 유형 (investigative)	논리적, 분석적, 합리적, 비판적, 지적호기심, 신중함, 내성적, 수줍음	관찰적·상징적·체계적으로 현상을 탐구하는 활동에는 흥미를 느끼나, 리더십 기술이 부족함	생물학자, 물리학자, 과학자, 인류학자, 지질학자, 의사 등
예술적 유형 (artistic)	상상력과 감수성 풍부, 자유분방, 개방적, 독창적, 개성이 강함	예술적 창조와 표현, 변화와 다양성을 좋아하나, 틀에 박힌 구조화된 활동에는 흥미가 없음	예술가, 무대감독, 작곡가, 작가, 배우, 디자이너 등
사회적 유형 (social)	친절, 이해심 풍부, 봉사적, 감정적, 이상주의적	타인의 문제를 듣고, 이해하고, 도와주는 활동에는 흥미를 보이나, 기계적인 활동에는 무관심	사회복지가, 교육자, 간호사, 종교지도자, 상담가 등
진취적 유형 (설득적, enterprising)	지배적, 통솔력·지도력, 경쟁적, 야심적, 외향적, 낙관적, 열성적	조직목표나 경제적 목표를 달성하기 위해 타인을 조작하는 활동을 즐기나, 상징적·체계적인 활동에는 흥미가 없음	기업경영인, 판사, 정치가, 영업사원, 판매원, 관리자, 연출가 등
관습적 유형 (conventional)	정확, 빈틈이 없음, 조심성, 세밀, 계획성, 완고함, 책임감	정해진 원칙과 계획에 따라 자료들을 기록·정리하는 일을 좋아하거나, 심미적 활동은 피함	공인회계사, 경제분석가, 은행원, 세무사, 경리사원, 컴퓨터프로그래머, 감사원, 안전관리사, 사서, 법무사 등

| 정답 | ⑤

05

2011 중등

로우(A. Roe)의 욕구이론에 관한 설명으로 옳은 것을 〈보기〉에서 고른 것은?

보기

ⓐ 개인의 직업적 성격유형을 직업 환경과 연결시킨 육각형모형에 기반하고 있다.
ⓑ 부모와 자녀의 관계에 따라 자녀의 성격이 형성되고, 이는 직업선택에 영향을 준다고 본다.
ⓒ 냉담한 양육 환경에서 성장한 사람은 인간 지향적인(person-oriented) 직업을 선택하게 된다고 본다.
ⓓ 새로운 직업분류체계를 개발함으로써 직업선호도검사, 직업 흥미검사, 직업명 사전 개발에 영향을 주었다.

① ㉠, ㉡　　　　　　　　② ㉠, ㉢
③ ㉡, ㉢　　　　　　　　④ ㉡, ㉣
⑤ ㉢, ㉣

오답풀이

㉠ 홀랜드의 직업-인성유형이론에 대한 설명이다.
㉢ 차가운 부모-자녀의 관계에서 성장한 사람은 비인간 지향적인 직업(기술직, 옥외활동직, 과학직)을 선택하게 된다.

만점대비 +α

💡 로우의 욕구이론

(1) 개요
  ① 로우는 초기 아동기 특히 12세 이전에 부모가 보여 준 자녀양육방식이 자녀의 진로 선택에 영향을 줄 수 있다고 보고, 이를 검증하고자 시도하였다.
  ② 그녀는 "직업만큼 모든 수준의 기본욕구를 충족시켜 줄 수 있는 단일 상황은 없다."고 하면서 직업과 기본욕구 충족의 관련성을 매슬로우의 욕구위계설의 바탕으로 보았다.
  ③ 직업은 생리적 욕구와 안전의 욕구를 제공하며, 동질집단과 일하는 것은 만족스러운 직업생활의 중요한 측면이자 그 집단 속의 다른 동료들에 의해 수용됨으로써 자존감을 증가시킬 수 있다는 것이다.
  ④ 로우는 개인이 이런 심리적 욕구를 발달시키는 과정에는 부모가 자녀를 대하는 양육방식이 영향을 미치고 이것이 진로선택에도 연결된다고 하였다.

(2) 부모-자녀관계와 직업선택
  ① 부모가 자녀를 수용하고 따뜻한 분위기에서 성장한 사람은 어떤 필요가 생길 때 사람으로부터 충족시키고자 하는 방식을 배우게 되고 이는 직업선택에도 영향을 미쳐 사람지향적인 경향이 있는 직업을 고른다.
  ② 반면, 거부적인 양육환경에서 성장한 사람들은 자신이 필요로 할 때 부모로부터 따뜻한 사랑과 관심을 받지 못하였기 때문에 사람과의 관계가 아닌 것에 관심을 쏟으며 이를 해결하는 방식을 취한다. 이로써 그들은 사람과의 관계보다는 사람회피적인 직업에 관심을 갖게 된다.

(3) 직업분류체계
  ① 로우는 각 직업군집이 기본적으로 개인의 욕구구조와 함수를 이루지만 각 군집은 책임, 능력, 기술의 정도에 따라 몇 개의 단계로 구분된다고 가정하였다.
  ② 고급 전문관리, 중급 전문관리, 준전문관리, 숙련직, 반숙련직, 미숙련직의 6단계가 바로 그것이다.
  ③ 그녀는 8개의 각 직업군과 함께 곤란도와 책무성을 고려한 8×6 구조를 만들었다.

직업군		수준
사람 지향적 직업	서비스직(사회사업, 가이던스, 가정적이고 보호적인 서비스)	• 고급 전문관리 • 중급 전문관리 • 준전문관리 • 숙련직 • 반숙련직 • 미숙련직
	비즈니스직(일대일 만남을 통해 공산품, 투자 상품, 부동산, 용역을 판매하는 것)	
	행정직(사업, 산업체, 정부기관 등에서 일하는 화이트칼라)	
	보편적문화직(교육자, 언론가, 법률가, 성직자, 언어학자, 인문학자)	
	예능직(예술가, 연예인)	
사람 회피적 직업	기술직(상품과 재화의 생산, 유지, 운송)	
	옥외활동직(농산물, 수산자원, 지하자원, 임산물, 축산업)	
	과학직(심리학, 인류학, 물리학, 의학직)	

| 정답 | ④

THEME 02 진로이론

06
2011 초등

영철이의 진로 선택 요인을 가장 잘 설명해 주는 상담이론은?

> 김 교사는 '진로와 직업'이라는 집단상담 프로그램을 학생들에게 실시하였다. 김 교사는 학생들에게 직업카드를 보여주고 좋아하는 직업을 선택하게 한 후 그 이유를 발표하게 하였다. 변호사 카드를 선택한 영철이는 변호사가 되어 억울한 사람을 도와주고 싶다고 말하였다. 영철이는 최근 아버지가 친구의 빚보증을 섰다가 억울하게 법적 소송에 휘말려 어려움을 겪고 있는 사정을 이야기하였다.

① 로우(A. Roe)의 욕구 이론
② 홀랜드(J. Holland)의 인성 이론
③ 파슨스(F. Parsons)의 특성 - 요인 이론
④ 크럼볼츠(J. Krumbolts)의 사회학습 이론
⑤ 해켓과 베츠(G. Hackett & N. Betz)의 자기효능감 이론

오답풀이

③ 파슨스(Parsons)의 특성 - 요인 이론 : 이 이론은 고도로 개별적이고 과학적인 방법으로 개인(자아)과 직업을 연결시켜 주는 것으로 과학적인 측정방법을 통해 개인의 인성특성을 식별하여 직업특성에 연결시키는 것을 핵심으로 하고 있다. 파슨스는 직업선택에 관련된 세 가지 주요 요인으로 자신에 대한 명확한 이해(자신의 적성, 능력, 흥미, 포부, 환경 등의 이해), 직업에 대한 지식, 위의 두 요인 간의 합리적인 연결을 제시하였다.

⑤ 해켓과 베츠(Hackett & Betz)의 자기효능감 이론 : 진로발달 이론에 있어 성차를 설명한 가장 유력한 이론은 반두라(Bandura)의 사회학습 이론을 토대로 한 해켓과 베츠의 자기효능감 이론이다. 반두라의 사회학습 이론에서는 자기효능감이 심리적 기능에 영향을 미치는 개인의 사고와 심상을 포함한다.

만점대비 +α

💡 **크럼볼츠의 사회학습이론**

(1) 개요
① 크럼볼츠의 진로의사결정에 대한 사회학습이론은 교육적·직업적 선호 및 기술이 어떻게 획득되며 교육 프로그램, 직업, 현장의 일들이 어떻게 선택되는가를 설명하기 위하여 발달된 이론이다.
② 행동에 대한 일반적인 사회학습 이론을 기초로 개인의 성격과 행동은 그의 독특한 학습경험에 의해서 가장 잘 설명할 수 있다고 가정하면서, 진로의사 결정에 영향을 미치는 요인들의 상호작용을 밝히고 있다.
③ 진로결정에 영향을 주는 요인으로서 유전적 요인과 특별한 능력, 환경적 조건과 사건, 학습경험, 과제접근 기술을 들고 있으며, 이 중에서 '유전적 요인과 특별한 능력' 및 '환경적 조건과 사건'을 환경적 요인이라 하였고, '학습경험'과 '과제접근기술'을 심리적 요인이라고 정의하였다.

(2) 진로선택에 영향을 미치는 네 가지 요인

선천적으로 타고난 능력	• 개인의 타고난 유전적 재능 • 이는 학습된 것이 아니라 물려받거나 타고난 개인의 특성에 해당하는 것으로 신체적인 외모, 특정 질병에 걸릴 소인 그리고 그 밖의 기질을 포함
환경적 상황과 여러 가지 일들	• 개인이 속해 있는 사회의 다양한 여건들 • 일의 기회, 소수민족 보호와 같은 사회정책, 직업에 제공되는 보상, 노동법, 물리적 여건, 자연환경, 기술의 발전, 사회조직의 변화, 가족자원, 교육체제, 공동체 및 지역사회 영향 등
학습경험	• 한 개인이 어떤 진로에 대해 이것은 '좋다' 혹은 '싫다'라는 경향을 갖게 되는데 이러한 경향성을 갖게 되는 것은 이전 학습경험의 결과에 의한 것 ① 도구적 학습경험(조작적 조건화) : 학습이론에서 행동과 그 행동의 결과와의 관계를 학습하게 된다는 것으로, 행동의 결과가 긍정적이라면 그 행동은 증가할 것이라는 가정에 기초함 ② 연합적 학습경험(고전적 조건화) : 이전에는 중립적이던 자극이 긍정적 또는 부정적 자극과 함께 짝지어 경험되면서 중립적 자극이 부정적 또는 긍정적인 자극의 성격을 띠게 되는 것
과제접근기술	• 이는 선천적 능력, 환경적 상황, 학습경험 등을 기반으로 하여 갖추게 되는 기술 • 즉, 개인이 어떤 당면한 문제를 성취하기 위해 동원하는 기술로, 여기에는 수행에 대한 기대, 업무습관, 인지적 과정, 정서적 반응 등이 포함됨

| 정답 | ④

THEME 02 진로이론

07
진로이론에 대한 설명 중 옳은 것을 〈보기〉에서 고른 것은? [2010 중등]

〈보기〉

㉠ 수퍼(D. Super)의 발달이론에서는 직업 선택이 부모–자녀관계에서 형성된 개인의 성격과 욕구구조에 의해서 결정된다고 본다.
㉡ 홀랜드(J. Holland)의 인성이론에서는 성격유형과 직업환경을 각각 6가지로 분류하고, 개인의 성격유형에 맞는 직업환경을 찾아야 한다고 본다.
㉢ 파슨스(F. Parsons)의 특성요인이론에서는 자아개념을 중요시하며, 진로선택을 타협과 선택이 상호작용하는 적응 과정으로 본다.
㉣ 블로(P. Blau)의 사회학적 이론에 따르면 가정, 학교, 지역사회 등의 사회적 요인이 직업 선택에 큰 영향을 미친다.

① ㉠, ㉡   ② ㉠, ㉢
③ ㉡, ㉢   ④ ㉡, ㉣
⑤ ㉢, ㉣

오답풀이

㉠ 로우(Roe)의 욕구이론에 대한 설명이다.
㉢ 수퍼(Super)의 발달이론에 대한 설명이다.

만점대비 +α

💡 **수퍼(D. Super)의 진로발달이론**

(1) 개요
① 수퍼의 이론은 긴츠버그(Ginzberg) 등 종전 진로발달이론가들의 한계를 극복하고자 하는 노력에서 시작되었다.
② 수퍼는 긴츠버그의 이론이 진로의사결정과정에서 흥미의 역할을 충분히 고려하지 않았고 선택과 적응의 개념을 구분하지 못하고 있으며 진로선택과 관련된 타협의 과정을 설명하지 못한다고 지적하였다.

(2) 전생애 발달이론
① 수퍼의 이론의 가장 큰 특징은 진로를 전생애적 측면에서 바라보고 있다는 점이다.
② 그에 따르면 진로는 심리사회적 발달과 사회적 기대의 맥락, 직업기회구조의 배경과 관련하여 발달한다.

단계	특징
성장기 (출생~14세)	• 가정과 학교에서의 주요인물과 동일시함으로써 자아개념 발달 • 이 시기의 초기에는 욕구와 환상이 지배적이나 사회참여와 현실검증이 증가함에 따라 흥미와 능력을 중요시하게 됨 • 주요 발달과업 : 미래 지향성 증진, 자율성 증진, 자기 효능감, 일 습관 및 태도 증진 등 • 하위단계 : 환상기 → 흥미기 → 능력기
탐색기 (15~24세)	• 학교활동, 여가활동 등을 통해 자아검증, 역할시행, 직업탐색을 시도 • 주요 발달과업 : 직업선택을 명료화하고, 구체화하며, 실행하는 것 • 하위단계 : 잠정기 → 전환기 → 시행기
확립기 (25~44세)	• 자신에게 적합한 분야 발견, 안정된 위치 확보를 위해 노력 • 주요 발달과업 : 자신의 직업적 위치의 안정화(적응, 만족스런 업무수행), 공고화(일에 대한 긍정적 태도, 좋은 동료관계), 승진 • 하위단계 : 시행기 → 안정기
유지기 (45~64세)	• 주요 발달과업 : 현재까지 자신이 성취한 것을 유지하고, 지식과 기술을 새롭게 하며 일상적인 일을 하는 새로운 방법을 고안해 내는 것(유지, 갱신, 혁신) • 이때 만약 새로운 직업분야를 선택하게 되면, 개인은 탐색-확립-유지의 과업을 통한 재순환을 수행해야 함
쇠퇴기 (65세 이후)	• 정신적, 신체적인 힘이 약해짐에 따라 직업전선에서 은퇴하게 됨 • 주요 발달과업 : 은퇴이후의 새로운 역할을 개발하는 것(감속, 은퇴준비, 은퇴생활)

(3) 자아개념
① 자아개념은 어떤 역할, 상황, 지위에서 특정한 기능을 수행하고 있으며 일련의 복잡한 관계 속에서 자신에 대한 상을 제공한다.
② 수퍼는 아치웨이 모형(archyway model)을 통해 다양한 개인적 혹은 상황적 결정요인이 전생애과정에서 개인이 수행하는 생애역할의 군집을 형성하고, 이러한 개인 및 상황적 결정요인들이 개인의 자아개념 발달에 상호작용하며 영향을 미친다고 설명하였다.
③ 아치웨이 모형은 진로 자아개념이 심리사회적 개념임을 잘 보여주고 있다.

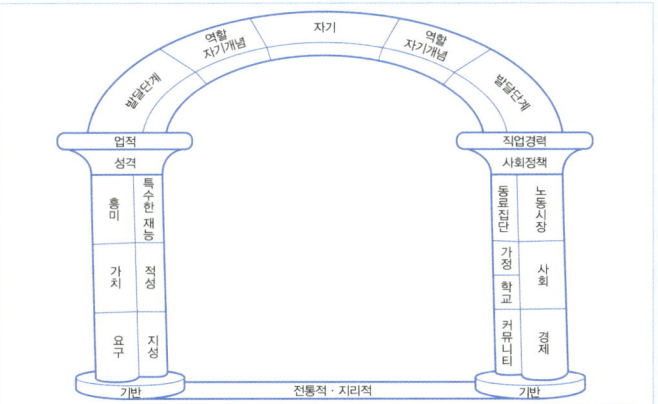

(4) 진로성숙도
① 수퍼는 진로성숙의 정도를 '진로발달의 연속선상에서 개인이 도달하는 위치'로 정의하였다.
② 진로성숙도의 하위요인 : 진로계획, 직업탐색, 의사결정, 직업세계에 대한 지식, 선호하는 직업군에 대한 지식 등

(5) 진로적응
① 수퍼는 진로성숙도라는 개념을 성인에게 적용하는 문제와 관련하여 진로적응이라는 개념을 제안하였다. 진로적응 개념은 각 개인이 일의 세계와 자신의 개인적 환경 사이에서 추구하는 균형에 초점을 맞춘다.
② 즉, 진로적응은 성인이 진로조건의 변화에 대응함에 따라 그 개인이 환경에 영향을 주고, 환경은 다시 그 개인에게 영향을 주게 되는 과정에서 나타난다.

블로(P. Blau)의 사회학적이론

① 개요
  ㉠ 개인을 둘러싼 사회·문화적 환경이 개인의 행동에 영향을 미친다는 사회학적 지식을 바탕으로 생성된 이론이 곧 사회학적 이론이다.
  ㉡ 이 이론의 핵심은 가정, 학교, 지역사회 등의 사회적 요인이 직업선택과 발달에 영향을 미친다는 것이다.
② 진로선택에 영향을 주는 사회요인
  ㉠ **가정** : 가정의 사회경제적 지위, 부모의 직업, 부모의 수입, 부모의 교육 정도, 주거지역, 주거양식, 가정의 종족적 배경, 가족규모, 부모의 기대, 형제의 영향, 출생 순서, 가정의 가치관, 가정에 대한 개인의 태도
  ㉡ **학교** : 교사와의 관계, 동료와의 관계, 교사의 영향, 동료의 영향, 학교의 가치
  ㉢ **지역사회** : 지역사회에서 주로 하는 일, 지역사회의 목적 및 가치관, 지역사회 내에 지역사회에서 특수한 경험을 할 수 있는 기회, 지역사회의 경제조건, 지역사회의 기술변화
③ 이 이론의 특징은 개인이 통제할 수 없는 요인들이 직업선택에 중요한 영향을 끼친다는 것이다. 즉, 개인이 가지고 있는 직업선택의 재량권은 다른 이론에서 가정되는 것보다 훨씬 적다.

| 정답 | ④

08
2012 중등

진로이론에 대한 설명 중 옳은 것을 〈보기〉에서 고른 것은?

보기

- ㉠ 홀랜드(J. Holland)의 진로이론 : 성격 유형과 환경 유형을 각각 6가지로 구분하고, 책무성 수준에 따라 직업 분류 체계를 만들었다.
- ㉡ 로우(A. Roe)의 진로이론 : 흥미에 기초해서 직업분야를 8개의 군집으로 나누고, 직업군의 선택은 부모-자녀 관계 속에서 형성된 도구적 학습경험에 의해서 결정된다.
- ㉢ 수퍼(D. Super)의 진로이론 : 진로발달은 인간의 전 생애에 걸쳐서 이루어지며, 15~17세 시기는 자신의 욕구, 흥미, 능력 등을 고려하여 잠정적인 진로를 선택하는 탐색기에 해당된다.
- ㉣ 티이드만과 오하라(D. Tiedeman & R. O'Hara)의 진로이론 : 직업발달이란 직업 자아정체감을 형성해 나가는 계속적 과정이며, 직업 자아정체감은 의사결정을 되풀이 하는 과정에서 성숙된다.

① ㉠, ㉡ ② ㉠, ㉢
③ ㉡, ㉢ ④ ㉡, ㉣
⑤ ㉢, ㉣

오답풀이

- ㉠ 성격 유형과 환경 유형을 각각 6가지로 구분한 것은 홀랜드의 직업인성유형 이론에 대한 설명이다. 그러나 책무성 수준에 따른 직업 분류 체계는 로우의 욕구이론에 대한 설명이다.
- ㉡ 로우의 욕구이론은 흥미에 기초해서 직업분야를 8개의 군집으로 나누고, 직업군의 선택이 부모-자녀 관계를 통하여 결정된다고 보았다. 그러나 도구적 학습경험으로 인하여 직업이 결정된다고 보는 것은 크럼볼츠의 사회학습이론에 대한 설명이다.

THEME 02 진로이론

만점대비 +α

💡 티이드만과 오하라(Tiedeman & O'Hara)의 의사결정이론

① 티이드만과 오하라는 진로발달을 '직업 자아정체감'을 형성해 나가는 계속적 과정으로 보았다.
② 직업 자아정체감이란 개인이 자신의 제반 특성을 정확히 파악하고 자신의 자아를 실현시킬 수 있는 일이 과연 무엇인가에 대한 자기 나름대로의 인식 또는 생각을 말한다.
③ 티이드만과 오하라의 이론이 기본적으로 전제하는 것은 개인의 진학, 취업, 직업전환 등이 개인이 직면하는 연속적 사건으로 이루어지며, 동시에 개인의 이해와 의지가 따르는 의사결정 행위로 그려진다는 것이다.
④ 개인의 이해와 의지에 따른 의사결정에 의하여 이루어지는 진로선택의 과정은 예상기와 적응기로 구분된다.
　㉠ 예상기 : 의사결정의 절차와 내용에 관한 개인의 사전인식단계(탐색기 → 구체화기 → 선택기 → 명료화기)
　㉡ 적응기(실천기) : 실행에 대한 상상과 선택의 변화, 자신과 외부 현실 간에 일어나는 현실적 적응과 선택이 수행됨(순응기 → 개혁기 → 통합기)
⑤ 이러한 '탐색 → 구체화 → 선택 → 명료화 → 순응 → 개혁 → 통합'의 연속과정은 진로를 선택할 때 거치게 되는 과정으로, 이를 통하여 연령이 증가하고 경험이 쌓일수록 직업적 자아개념이 발달하게 된다.

| 정답 | ⑤

THEME 03 상담기법

09
2010 초등

상담을 구조화하기 위해 상담교사가 학생에게 하는 말로 적절한 것을 〈보기〉에서 모두 고르면?

보기

㉠ 상담은 40분에서 50분 정도 하게 될 거고, 일주일에 한 번씩 약 네 번쯤 만나게 될 거야.
㉡ 나는 진심으로 너를 도와줄 생각이야. 그러니까 힘든 일이 있을 때는 언제든지 나를 찾아와도 돼.
㉢ 이 시간은 훈계를 듣는 시간이 아니니까 네가 생각하고 느끼는 것을 솔직하게 이야기하는 게 무엇보다 중요하단다.
㉣ 여기서 하는 이야기는 모두 비밀이야. 하지만 너나 다른 사람에게 해로울 수 있는 내용에 대해서는 예외가 있을 수 있지.
㉤ 우선 이렇게 시작하지만, 혹시 힘든 점이 있으면 중간에라도 이야기해주면 좋겠구나. 어떤 식으로 할지는 다시 정할 수 있으니까.

① ㉠, ㉡
② ㉠, ㉢, ㉤
③ ㉡, ㉢, ㉤
④ ㉠, ㉢, ㉣, ㉤
⑤ ㉠, ㉡, ㉢, ㉣, ㉤

오답풀이

㉡ 상담에서 시간의 틀에 대한 논의는 내담자에게 예정된 것을 알려주고 내담자가 상담에 어떻게 참여할 것인가의 관점을 갖게 한다. 힘든 일이 있을 때는 언제든지 찾아와도 되는 것이 아니라, 추가적 상담이 결정된다면 상담자에게 만나기로 예약한 특정한 일정을 말해 주어야 한다. 이것은 내담자가 앞으로의 회기를 기대하게 하고 그 상담회기에 어떻게 참여할 것인가를 예상하게 한다.

만점대비 +α

💡 **상담의 구조화**

구조화는 상담과정의 본질, 제한조건과 방향에 대하여 상담자가 내담자에게 정의를 내려 주는 것이다. 즉, 상담자가 내담자에게 상담과정의 바람직한 체계와 방향을 알려주는 것이다. 이러한 구조화를 통해 내담자는 상담관계가 합리적인 계획을 가지고 있다는 점을 알게 된다. 따라서 초기에 구조화가 이루어지지 않으면 상담자를 의존하게 되고 상담과정과 목표가 혼란에 빠질 수 있다.

상담면접에서 구조화는 그 자체가 상담의 목적이 아니라 상담관계를 바람직한 방향으로 안정시키는 중요한 수단으로서 기능한다. 제도적 혹은 환경적 제약이 있을 때 구조화를 하지 않으면 내담자의 비현실적 기대 때문에 상담 결과나 과정이 혼란에 빠질 수도 있다. 상담자는 구조화를 통해 상담시간, 내담자의 행동, 상담자의 역할, 내담자의 역할 및 과정목표를 설정한다.

내담자와 상담자는 그들이 함께 어떻게 작업할 것인가의 패턴을 확립한다. 상담자는 비밀유지, 상담회기의 길이와 빈도, 상담의 계획된 지속시간, 내담자와 상담자의 책임, 가능한 상담의 성과 등에 대한 논의를 할 것이다.

| 정답 | ④

논술 문제 적용 하기

09-1
2023 초등

박 교사의 의견대로 상담 목표 설정에서 고려해야 할 사항을 3가지 제시하고, 상담 목표를 적절하게 설정함으로써 상담 과정이나 성과에서 기대할 수 있는 효과를 2가지 논하시오.

박 교사: 영우와 진서 모두 대인관계 능력을 기르기 위한 상담이 필요한 것 같아요.
김 교사: 맞아요. 영우와 진서의 부모님께서도 요구하셔서 제가 우선 영우와 진서에게 개별 상담을 진행하고 있으려고요. 이에 대해 좋은 의견 부탁드려요.
서 교사: 상담을 할 때 영우와 진서의 강점을 찾아 활용하실 필요가 있을 것 같아요. 영우와 진서에게 자신의 강점을 알게 해 주고 상담을 진행하면 대인관계 문제를 해결하는 데 도움이 될 거예요.
박 교사: 저는 상담 목표를 설정하실 것을 제안합니다. 상담 목표를 설정할 때는 고려해야 할 사항이 많지만 상담 목표를 적절하게 설정하면 상담 과정이나 성과에 도움이 돼요.

예시답안

성공적인 상담을 위해서는 다음과 같은 점들을 고려하여 목표를 설정할 필요가 있다. 첫째, 뚜렷하고 구체적인 것이어야 한다. 구체적인 목표는 상담과정에 강력한 추진력을 제공하며, 대개 분명하고 구체적인 목표는 행동적인 용어로 기술된다. 둘째, 적절하고도 현실적인 수준이어야 한다. 현실적이지 않고 달성이 불가능한 목표는 내담자에게 또 다른 좌절을 줄 수 있기에, 내담자가 현실적인 목표를 설정하도록 조력해야 한다. 셋째, 상호동조적이어야 한다. 가장 좋기로는 내담자가 자발적으로 목표 설정하는 것이 효과적이다. 이처럼 적절하게 설정된 상담목표는 상담과정과 상담결과에 긍정적인 효과를 준다. 우선, 구체적이고 분명한 목표는 상담자와 내담자가 이 목표를 향해 어떻게 해야 할지를 심도 깊게 논의할 수 있도록 한다. 그리고 상담이 얼마나 효과적으로 진행되어 가는지를 이 목표를 기준으로 점검할 수도 있다. 다음으로, 상담결과를 목표달성 여부에 비추어 판가름 할 수 있다. 즉, 목표달성 여부를 통하여 상담을 종결할 것인지 아니면 새로운 목표를 설정하여 상담을 계속 진행할 것인지를 결정할 수 있다.

THEME 03 상담기법

논술 문제 적용 하기

더 알아보기

● 성공적인 상담목표 진술을 위한 준거

① 구체화된 것이어야 한다. 처음에는 목표가 애매하고 주관적이나 상담이 진행됨에 따라 최종 행동과 조건이 구체적인 용어로 진술되는 것이 이롭다.
② 적절하고도 현실적인 수준이어야 한다. 광범위한 것은 현실적이지 못하다. 거창하지 않고 고도로 초점을 맞춘 목표일수록 이행하기 쉽다.
③ 성공 지향적이어야 한다. 변화를 도모할 목표는 성공할 확률이 높으며 성취 가능한 것이 효과적이다.
④ 측정·관찰이 가능한 것이어야 한다.
⑤ 당면문제와 관련된 표적 행동이어야 한다. 실생활에 적용되지 않는 목표는 무익하고 좌절감만 주는 연습에 불과하다. 유능한 상담자는 내담자의 변화 회피를 강화하는 구태의연한 목표를 세우도록 부채질하지 않는다.
⑥ 이해·반복 가능한 것이어야 한다. 내담자가 목표를 이해한 후 명확히 재진술 할 수 있을 때가 가장 효과적으로 구조화된 것이다.
⑦ 상호동조적이어야 한다. 가장 좋기로는 내담자가 자발적으로 목표 설정하는 것이 효과적이다. 상담자는 목표설정 과정을 촉진시키되 내담자를 위해 모든 일을 하려는 경향이나 인내심 부족 때문에 일방적으로 정함으로써 내담자로 하여금 책임 전가 및 의존심을 갖게 하지 말아야 할 것이다.

10 〔2008 초등〕

〈보기〉의 상담사례에서 교사가 사용한 상담기법을 바르게 나열한 것은?

보기

아동 : 어제 오빠랑 싸웠다고 엄마에게 혼났어요. 전 억울해요.
교사 : ㉠ 엄마에게 혼나서 억울하다는 거구나.
아동 : 예, 정말 오빠가 먼저 잘못했단 말이에요. 그런데도 엄마는 저를 인정하지 않으시고 항상 저만 혼내세요.
교사 : ㉡ 엄마가 너를 좀 인정해 주셨으면 하는 마음이 있구나. 그런데 그렇지 않았으니 정말 섭섭했겠다.
아동 : (울면서) 정말이에요. 엄마는 계속 저를 인정해주지 않았어요.
교사 : 그래, 울어도 괜찮아. 그 동안 많이 울고 싶었겠다.

	㉠	㉡
①	명료화	즉시적 반응
②	명료화	공감적 이해
③	재진술	즉시적 반응
④	재진술	공감적 이해

정답풀이

㉠ 재진술(내용 되돌려 주기) : 아동의 메시지에 표현된 핵심 인지내용을 되돌려 주는 기술로서 아동이 표현한 바를 상담자의 언어로 뒤바꾸어 표현하는 기술이다. 즉, 아동이 표현한 내용을 단순히 앵무새처럼 반복하는 것이 아니라 이를 듣고 아동에게 소화된 바를 되돌리는 것이다.
㉡ 공감적 이해 : 상대방의 입장이 되어 그의 주관적 세계를 이해하는 것이다. 로저스(Rogers)는 상대방의 내적 준거체제를 가지고 상대방이 지니고 있는 생각과 감정을 이해하는 것을 공감적 이해라고 하고 상담과 심리치료의 핵심적 요소로 보았다. 자신이 상대방에게 공감적으로 이해되고 있다고 느끼는 사람은 상대방에게 신뢰를 가지고 자신의 내면세계를 드러내 보일 수 있는 힘을 가지게 되기 때문에 의사소통이 촉진될 뿐 아니라 내적인 변화의 가능성이 높아진다고 본다.

오답풀이

※ **명료화** : 상대방의 대화내용을 분명히 하고 상대방이 표현한 바를 정확히 지각하였는지 확인하는 대화 기술이다.
※ **즉시적 반응** : 즉시적 반응, 또는 즉시성은 특히 대인관계와 관련하여 과거 – 거기서 벌어졌던 일보다는 지금 – 여기서 벌어지는 일들에 직면하여 그것을 다루도록 하는 초점화 기술이며, 상담관계에서 상담자와 내담자 간의 즉각적인 상호작용을 의미한다. 상담대화가 방향을 잃고 진전되지 않을 때, 둘 사이에 심리적 거리감이 느껴질 때, 아동이 교사에게 지나치게 의존할 때, 전이 또는 역전이 현상이 작용할 때와 같이 지금–여기에서 벌어지고 있는 두 사람의 관계가 문제가 된다고 판단될 경우 이를 과감히 대화의 초점으로 삼아 말을 시키는 것이다.

| 정답 | ④

11

다음 대화의 ㉠, ㉡, ㉢에서 김 교사가 활용하고 있는 상담기법으로 가장 적절한 것은?

> 철   수 : 친구들이 모두 저를 싫어하는 것 같아요. 저한테는 아무도 말을 걸지 않아요.
> 김 교사 : ㉠ 친구들과 친하게 지내고 싶은데 철수에게 말을 거는 친구가 없어 속상한가 보구나.
> 철   수 : 네.
> 김 교사 : 그런데 친구들이 철수를 싫어한다는 것은 어떻게 알게 되었지?
> 철   수 : 그냥 알아요. 직접 듣지는 않았지만 느낌으로 알아요.
> 김 교사 : ㉡ 철수 얘기를 들어보니 선생님 생각에는 그것이 사실이라기보다 철수 혼자서 그럴 거라고 짐작하고 있는 것 같구나.
> 철   수 : 아니에요. 진짜 싫어해요.
> 김 교사 : 그렇다면 철수 생각이 맞는지 우리 한번 확인해 보면 어떨까?
> 철   수 : 어떻게요?
> 김 교사 : 혹시 철수가 친구들한테 먼저 말을 걸어본 적 있니?
> 철   수 : 아니요.
> 김 교사 : 이번에는 철수가 친구들한테 먼저 말을 걸어보면 어떨까? 만약 다섯 명의 친구들에게 말을 건다면 몇 명이나 대답을 할 것 같아?
> 철   수 : 아마 한 명도 없을 걸요?
> 김 교사 : ㉢ 그럼 내일 다섯 명의 친구들에게 말을 걸어보고, 친구들이 한 명도 대답을 하지 않을 거라는 철수의 생각이 맞는지 확인해 보자. 그리고 방과 후에 나랑 만나서 결과를 살펴보고 다음 단계를 의논해 보는 거야. 할 수 있겠니?
> 철   수 : 한 번 해 볼께요. 그런데 무슨 말을 하죠?
> 김 교사 : 아무 말이라도 좋아. 지우개를 빌려 달라고 해도 좋고 말이야.

	㉠	㉡	㉢
①	반영	직면	행동수정
②	재진술	해석	행동실험
③	반영	직면	문제해결
④	반영	해석	행동실험
⑤	재진술	해석	행동수정

THEME 03 상담기법

> 정답풀이

㉠ **반영(정서 되돌려주기)** : 아동의 메시지에 담겨 있는 정서를 되돌려 주는 기술을 말한다. 즉, 내담자의 말과 행동에서 표현된 기본적인 감정, 생각 및 태도를 상담자가 다른 참신한 말로 부연해 주는 것이다. 반영은 정서에 초점을 맞춘다는 점을 제외하면 재진술(내용 되돌려주기)과 매우 유사한 대화 기술이다. 내담자의 감정을 반영해 주려면 상담자의 감수성이 동원되어야 하므로 상담자는 감수성 훈련을 통하여 적절한 반영을 할 수 있도록 준비되어 있어야 한다.

㉡ **해석** : 아동의 말에 대해 교사가 자신의 판단을 섞어 반응하는 대화기술로, 아동의 대화를 들으면서 교사는 나름대로 아동, 아동의 문제상황, 아동의 행동 등을 보는 틀이 생기기 마련인데 이런 틀을 아동에게 이야기해 줌으로써 아동을 통찰 또는 새로운 깨달음으로 인도하려는 시도인 것이다. 이는 사태를 지각하고 이해하는 교사의 준거체제를 드러내놓는 행위이다.

㉢ **행동실험** : 일련의 계획된 행동을 해 봄으로써 내담자의 사고나 가정의 타당성을 직접적으로 검증해 보는 것이다.

> 오답풀이

※ **재진술(내용 되돌려 주기)** : 아동의 메시지에 표현된 핵심 인지내용을 되돌려 주는 기술로서 아동이 표현한 바를 상담자의 언어로 뒤바꾸어 표현하는 기술이다.
※ **직면** : 모순되거나 일관성이 결여된 언어와 행동을 드러내 노출시키는 대화기술이다.
※ **행동수정** : 행동치료 혹은 행동요법이라는 용어로도 사용되고, 행동주의의 원리와 기법을 이용하여 바람직하지 않은 행동을 소거하고 바람직한 행동을 형성한다.

만점대비 +α

💡 반영(정서 되돌려주기)

개념	• 아동의 메시지에 담겨 있는 정서를 되돌려주는 기술 • 즉, 내담자의 말과 행동에서 표현된 기본적인 감정, 생각 및 태도를 상담자가 다른 참신한 말로 부연해 주는 것
효과	• 자신의 깊은 속을 이해받고 있다는 느낌을 심어 주어 아동의 자기 개방 수준을 심화시킴 • 아동이 느끼는 여러 감정들을 정확히 변별하는 데 도움을 줌 • 아동의 감정을 통제하고 조절하는 역할을 수행하기도 함
유의점	• 내담자의 감정을 반영해 주려면 상담자의 감수성이 동원되어야 하므로 상담자는 감수성 훈련을 통하여 적절한 반영을 할 수 있도록 준비되어 있어야 함 • 상담자는 내담자의 내적 참조 틀에 근거해서 그의 감정을 파악할 수 있도록 적극적인 경청을 하는 것이 필요하며, 상담자는 반영을 할 때 자신의 관점을 덧붙이기보다 내담자의 표현 이면에 숨어 있는 감정을 표면적으로 드러내야 함

💡 재진술(내용 되돌려주기)

개념	• 아동의 메시지에 표현된 핵심 인지 내용을 되돌려 주는 기술로서 아동이 표현한 바를 상담자의 언어로 뒤바꾸어 표현하는 기술 • 즉, 아동이 표현한 내용을 단순히 앵무새처럼 반복하는 것이 아니라 이를 듣고 아동에게 소화된 바를 되돌리는 것
효과	• 아동에게 자신의 말이 제대로 이해되고 있는지 판단할 수 있는 정보를 제공함 • 대화의 주제를 통제하고 대화의 초점을 찾아가는 기능을 담당함 • 아동의 정서가 대화의 초점으로 등장하는 것이 시기상조 또는 역효과가 있을 것이라는 판단이 들 때 교사는 내용 되돌려주기를 활용함으로써 대화에 부여되는 에너지 수준을 조절 할 수 있음

• 반영(정서 되돌려주기)은 정서에 초점을 맞춘다는 점을 제외하면 재진술(내용 되돌려주기)과 매우 유사한 대화기술이다. 그러나 반영이 아동에게서 끌어내는 반응은 재진술과 전혀 다르다.

• 재진술(내용 되돌려주기)과 반영(정서 되돌려주기)의 예

  - 아동 : "엄마는 말 그대로 자기 말만 해요. 자기만이 제일 중요하고 자기가 항상 중심이라고 생각해요. 그래서 엄마와 함께 있으면 항상 엄마 혼자 떠들어요. 저는 아예 대꾸할 생각도 안 하지요."
  - 상담자 : "엄마가 자기 말만 너무 심하게 해서 엄마와 아예 대화를 하지 않는다는 말이구나." (→ 내용 되돌려주기)
  - 아동 : "예, 엄마가 자기 말만 하지 말고 내 말도 들어주었으면 좋겠어. 왜 그렇게 자기만 생각하고 잘난 척하는지 이해가 안돼요."
  - 상담자 : "엄마에 대해 실망감, 좌절감이 심한 것 같구나." (→ 정서 되돌려주기)
  - 아동 : "예. 엄마 잔소리만 일방적으로 들어야 하니 몹시 답답하고 대화가 통하지 않아서 무척 괴로워요."

| 정답 | ④

12

2009 초등

다음은 김 교사가 영철이를 상담하는 장면에서의 대화내용이다. 〈보기〉에서 김 교사가 사용한 상담기법에 대한 옳은 설명을 모두 고른 것은?

> 영 철 : 오늘도 지난번 그 애들이 저를 놀렸어요.
> 김 교사 : 네가 말한 그 애들이란 진수, 용선이, 희철이를 얘기하는 거니?

보기

㉠ 학생으로 하여금 보다 구체적으로 말하도록 돕는다.
㉡ 학생으로 하여금 자신의 감정을 더 많이 표현하도록 격려한다.
㉢ 학생의 진술내용이 모호하거나 분명하지 않은 경우에 사용한다.
㉣ 학생이 한 말 중에서 일관성 있게 강조되어 표현되는 내용을 확인하여 드러내는 기술이다.

① ㉠, ㉡ ② ㉠, ㉢
③ ㉠, ㉡, ㉣ ④ ㉠, ㉢, ㉣
⑤ ㉡, ㉢, ㉣

정답풀이

② 김 교사가 사용한 상담기법은 명료화이다.

오답풀이

㉡ 반영에 해당한다.
㉣ 요약에 해당한다.

만점대비 +α

💡 명료화

개념	• 상대방의 대화 내용을 분명히 하고 상대방이 표현한 바를 정확히 지각하였는지 확인하는 대화기술
활용	• 상대방이 전달하는 메시지를 잘 이해하지 못했을 때, 상대방이 표현한 내용을 보다 정교하게 이해하려 할 때 또는 자신이 들은 내용의 정확성 여부를 직접 점검하고 싶을 때 • 상담 대화 도중에 불명확한 대명사, 애매모호한 어휘, 다중 의미를 가진 어구, 뒤틀린 문법의 사용 등으로 혼란스러워질 때 • 아동의 대화 내용 중 전후 관계가 불명료한 경우, 논리의 비약이 심해서 생략된 부분이 많은 경우
효과	• 상담의 중간 중간 사실을 확인함으로써 교사로 하여금 검증되지 않은 가정과 추리에 의해 섣부른 결론에 도달하지 않도록 돕는 역할을 수행함 • 아동으로 하여금 상담자가 자신의 말을 정확히 이해하고 있고, 전력을 다해 자신의 말을 집중해 듣고 있다는 신뢰감을 심어주기도 함
효율적 활용을 위한 4단계	① 아동이 언어적, 비언어적으로 표현한 실제 메시지의 내용을 확인 ② 청취한 메시지 중에서 애매한 부분, 혼란스러운 부분, 더 확인할 부분을 찾아냄 ③ 명료화해야 할 내용을 적당한 말로 표현함. 대개 의문형으로 표현 ④ 아동의 반응을 듣고 관찰함으로써 명료화의 효과를 평가

💡 요약(실행반응)

① 내담자의 이야기를 어느 정도 듣다 보면 그가 표현한 내용 중에서 반복적으로 또는 일관성있게 등장하는 주제들이 발견된다. 반복해서 강하게 표현되는 이 주제들을 확인하여 드러내는 대화 기술이 바로 요약이다.

② 요약은 단순히 앞에 언급된 내용들을 간추려 정리하는 수준이 아니라 여러 상황과 장면들 속에 흩어져 표현된 이야기 주제들을 찾아내어 묶고 이를 아동에게 되돌려 주는 기술이라고 말할 수 있다.

③ 따라서 요약은 재진술과 반영과는 차이가 있다. 재진술(내용 되돌려 주기)과 반영(정서 되돌려 주기)이 대화의 매 시점에 적용되는 상담자의 대응기술이라면 요약(실행반응)은 이들의 모음 또는 집합이라고 할 수 있는 종합 표현 기술이다.

| 정답 | ②

13

다음 (가), (나), (다)의 박 교사 반응과 가장 부합하는 상담기법을 각각 바르게 짝지은 것은?

> (가) (가영이가 같은 반 친구와 다툰 일에 대해 괜찮다고 말하면서 울먹이며 눈시울이 약간 젖어 있다.)
> 박 교사 : 가영아, 너는 괜찮다고 말하지만 목소리가 떨리고 눈물이 글썽이네.
>
> (나) (자신이 공부를 못해서 친구들에게 무시당한다고 생각하는 철수는 학교에서 친구들에게 습관적으로 욕을 하고 자주 싸운다. 그러나 박 교사는 이런 철수가 자신에게 관심을 보이는 음악 선생님께는 깍듯이 인사도 하고, 음악 시간에 좋은 수업태도를 보인다는 것을 알고 있다. 박 교사는 철수와 상담을 하고 있다.)
> 철　수 : 애들이 나보고 공부 못한다고 할 때마다 화가 나서 참을 수가 없어요.
> 박 교사 : 철수가 제일 화가 날 때는 친구들이 너를 무시한다는 느낌이 들 때구나. 무시당하는 느낌이 들면 화가 나고 그래서 욕을 하고 싸우게 되니 말이야. 그런 걸 보면 다른 사람들이 철수를 함부로 대하지 않고 존중해 주고 인정해 주는 것이 너에게는 정말 중요한가 보다.
>
> (다) 기　욱 : 선생님, 저는 영희가 좋아요. 그런데 영희가 어떤 때는 저에게 웃으며 대해 주다가 어떤 때는 차갑게 대해요. 영희가 저를 좋아하는지 싫어하는지 헷갈려요.
> 박 교사 : 영희가 너를 대하는 태도가 때에 따라 달라지니까 너를 좋아하는지 아닌지 잘 모르겠다는 거구나.

	(가)	(나)	(다)
①	공감	해석	재진술
②	직면	재진술	해석
③	즉시성	재진술	자기개방
④	직면	해석	재진술
⑤	즉시성	직면	공감

정답풀이

(가) 직면 : 모순되거나 일관성이 결여된 언어와 행동을 드러내 노출시키는 대화기술이다.

(나) 해석 : 아동의 말에 대해 교사가 자신의 판단을 섞어 반응하는 대화기술로, 아동의 대화를 들으면서 교사는 나름대로 아동, 아동의 문제상황, 아동의 행동 등을 보는 틀이 생기기 마련인데 이런 틀을 아동에게 이야기해 줌으로써 아동을 통찰 또는 새로운 깨달음으로 인도하려는 시도인 것이다. 이는 사태를 지각하고 이해하는 교사의 준거체제를 드러내놓는 행위이다.

(다) 재진술 : 내용 되돌려 주기는 아동의 메시지에 표현된 핵심 인지내용을 되돌려 주는 기술로서 아동이 표현한 바를 상담자의 언어로 뒤바꾸어 표현하는 기술이다. 즉, 아동이 표현한 내용을 단순히 앵무새처럼 반복하는 것이 아니라 이를 듣고 아동에게 소화된 바를 되돌리는 것이다.

오답풀이

※ **공감** : 공감적 이해란 상대방이 주관적으로 경험하는 사적 세계를 정확하고 민감하게 이해하는 것으로 공감, 정확한 공감, 공감적 태도, 공감적 자세라고도 한다.

※ **즉시성** : 즉시적 반응, 또는 즉시성은 특히 대인관계와 관련하여 과거 – 거기서 벌어졌던 일보다는 지금 – 여기서 벌어지는 일들에 직면하여 그것을 다루도록 하는 초점화 기술이며, 상담관계에서 상담자와 내담자 간의 즉각적인 상호작용을 의미한다.

※ **자기개방(노출)** : 상담자가 상담과정에서 자신의 행동, 생각, 감정을 내담자에게 드러내는 것으로, 교사의 자기개방에는 분명한 목적이 있어야 한다. **자기개방**은 아동에게 교사의 자기개방 행동을 학습시키고, 아동에게 상담과제와 과제해결에 관해 새로운 조망과 시각을 갖도록 돕는다.

| 정답 | ④

14

다음의 (가)와 (나)에서 최 교사가 학생들의 문제를 해결해 주기 위해 사용한 상담기법을 바르게 짝지은 것은?

> (가) 수희는 학생들 앞에서 발표할 때마다 앞이 캄캄해지고 전날 준비한 발표 내용이 전혀 기억나지 않는다. 어지럼증이 나고 숨쉬기도 힘들어진다. 최 교사는 먼저 수희에게 이완 훈련을 실시한 후 긴장될 때마다 이를 활용하도록 하였다. 다음으로는 불안을 유발하는 요인들을 그 강도에 따라 순서대로 적어 보도록 하였다. 마지막으로 이완된 상태에서 발표 장면을 상상하며 불안 강도가 낮은 것부터 높은 것까지 떠올려 보는 연습을 반복하게 하였다.
>
> (나) 재　영 : 선생님, 저는 엄마 잔소리 때문에 괴로워요. 엄마는 제가 조금만 쉬고 있어도 "공부 안 하니?" 하고, 학교 마치고 집에 조금만 늦게 가도 "왜 이렇게 늦게 오니?" 하며 야단치세요. 엄마는 칭찬은 않고 늘 꾸중만 하세요.
>
> 　　　최 교사 : 엄마가 잔소리하고 야단만 쳐서 속상한 모양이구나, 그런데 그건 너에 대한 엄마의 관심의 표현일거야. 너를 많이 사랑해서 그러시는 게 아닐까?

	(가)	(나)
①	역설적 개입	재구조화
②	역설적 개입	탈중심화
③	체계적 둔감법	직면
④	체계적 둔감법	재구조화
⑤	홍수법(flooding)	탈중심화

정답풀이

(가) **체계적 둔감법** : 역조건형성을 이용하여 공포를 일으키는 자극에 점진적으로 노출시켜 공포를 소거시키려는 방법이다. 공포에 상반되는 반응은 이완이다. 절차는 '불안위계의 작성 → 이완훈련 → 상상하면서 이완하기'의 순서로 이루어진다.

(나) **재구조화** : 재구조화는 어떤 문제나 상황에 대한 내담자의 관점을 수정하거나 재구성하는 기법이다. 이는 교사가 학부모로 하여금 부모로서의 자기 자신이나 자녀를 보는 관점의 변화를 촉진하는 데 유용한 방법이다. 상황이나 문제에 대처하는 부모의 행동에 정면으로 도전하거나 부정하지 않으면서, 그 상황이나 문제에 대한 대안적 시각을 제공함으로써 부모의 고착된 관점을 흔들어놓고 긍정적 변화의 가능성을 높일 수 있는 것이다. 일단 어떤 상황이나 문제의 의미가 변화하면, 그 상황과 문제에 대한 전형적인 반응도 달라지기 때문이다.

오답풀이

※ **역설적 개입(역설적 의도)** : 내담자에게 자신을 나약하게 만드는 생각이나 행동에 의도적으로 관심을 가지고 과장하는 것으로, 이 기법의 핵심은 내담자의 저항에 대항하기보다는 편승하는 것이다. 시간의 대부분을 걱정으로 보내는 내담자에게는 하루를 온통 가능한 한 모든 것을 걱정하는 데 소비하는 과제를 준다.

※ **탈중심화** : 어떤 상황의 한 면에만 주의를 집중하지 않고 여러 측면을 한꺼번에 고려할 수 있는 것을 말한다.

※ **홍수법(flooding)** : 상담자가 내담자를 강력하고도 지속적으로 문제상황에 노출시키는 방법으로, 강한 반응을 야기시킨다는 특징이 있다.

※ **직면** : 모순되거나 일관성이 결여된 언어와 행동을 드러내 노출시키는 대화기술이다.

| 정답 | ④

THEME 04 상담이론

논술 문제 적용 하기

15-1 [2014 중등]
철수의 학교생활 적응을 향상시키기 위한 행동중심 상담에서의 상담 기법 2가지를 제시하시오.

> 일지 #1   2014년 4월 ○○일 ○요일
> 우리 반 철수가 의외로 반 아이들과 잘 지내지 못하는 것 같아 마음이 쓰인다. 철수와 1학년 때부터 친하게 지냈다는 학급 회장을 불러서 이야기를 해 보니 그렇지 않아도 철수가 요즘 거칠어 보이는 동네 친구들과 어울려 다니는 모습을 자주 보게 되어 학급 회장도 걱정을 하던 중이라고 했다. 그런데다 철수가 반 아이들에게 괜히 시비를 걸어 싸움이 나게 되면, 그럴 때마다 아이들이 철수를 문제라고 하니까 그 말을 들은 철수가 더욱 더 아이들과 멀어지고 제멋대로 행동한다고 한다. 오늘도 아이들과 사소한 일로 다투다가 갑자기 소리를 지르고 물건을 던지고는 교실에서 나가 버렸다고 한다. 행동이 좋지 않은 친구들과 몰려 다니며 그 아이들의 행동을 따라 해서 철수의 행동이 더 거칠어진 걸까? 1학년 때 담임 선생님 말로는 가정 형편이 그리 넉넉하지 않고 부모님이 철수에게 신경을 쓰지 못함에도 불구하고 행실이 바른 아이였다고 하던데, 철수가 왜 점점 변하는 걸까? 아무래도 중간고사 이후에 진행하려고 했던 개별 상담을 당장 시작해야겠다. 그런데 철수를 어떻게 상담하면 좋을까?

예시답안

우선 철수는 주로 대인관계에서 어려움을 겪고 있고 이러한 행동을 수정하기 위해 행동중심 상담의 기법 중 자기표현훈련과 체계적 둔감법을 활용할 수 있다. 첫째, 자기표현훈련은 대인관계에서 억제된 생각과 감정을 적절한 방식으로 표현하도록 함으로써 부적절한 정서와 반응을 바꾸거나 비합리적인 사고를 없애고 소극적이고 공격적이었던 행동을 수정하여 자기표현적 의사소통을 증가시키는 기술을 익히는 것을 말한다. 철수에게 구체적인 행동수행 규칙을 제공하고 훈련 중 자기표현적 행동이 나타날 때마다 적절한 강화를 주거나, 역할연기나 행동시연을 통해 자기표현적 행동은 칭찬해 주고 부족한 행동은 지적해 줄 수 있다. 둘째, 체계적 둔감법은 부정적 정서를 일으키는 자극에 점진적으로 노출시켜 부정적 정서를 소거시키려는 방법이다. 철수의 경우 분노에 맞서는 행동을 하면서 더욱 분노를 일으키는 상황을 상상하도록 한다. 이를 통해 점진적으로 철수가 분노를 일으켰던 상황에 둔감해지도록 한다. 이러한 체계적 둔감법은 근육긴장 이완훈련, 위계 작성, 역조건 형성의 3단계로 구성된다. 한편, 특수한 행동변화가 상담의 목적인 행동중심 상담과 달리 인간중심 상담에서는 상담자가 내담자를 인간 대 인간으로 만나고 내담자가 자신을 탐색하며 자신의 진정한 모습을 발견하고 수용할 때 성장할 수 있다고 본다. 따라서 상담적 환경조성에 초점을 두고, 기본적으로 상담자는 자신의 전체 인격을 내담자를 변화시키는 도구로 사용한다.

15 [2008 중등]
수업에서 활용한 상담기법을 옳게 제시한 것은?

> 김 교사는 수학시간에 ㉠ 일차 방정식을 푸는 과정을 보여주고 학생들에게 그 방법을 적용하여 문제를 따라서 풀어보도록 하였다. 그리고 ㉡ 학생들이 문제를 맞게 풀 때마다 칭찬을 하고 스티커 한 장을 주며 네 장 이상 모으면 자기가 하고 싶은 활동을 해도 좋다고 허락하였다. ㉢ 문제를 풀지 않고 떠들거나 다른 행동을 하는 학생에게는 교실 뒤편에 서서 김 교사가 풀어 놓은 방정식을 보도록 하였다.

	㉠	㉡	㉢
①	모델링	부적강화	자극통제
②	모델링	토큰강화	타임아웃
③	조성법	토큰강화	자극통제
④	조성법	부적강화	타임아웃

정답풀이

㉠ 모델링 : 관찰자가 모델의 행동을 관찰하는 과정을 통해 새로운 행동이나 기능을 학습하는 것
㉡ 토큰강화 : 토큰을 이용해서 바람직한 반응의 확률을 증가시키려는 기법으로, 토큰이란 그 자체로는 아무 가치가 없지만 다른 물품을 구입하거나 교환하는 데 사용될 수 있다.
㉢ 타임아웃 : 강화물이 많은 상태에서 적은 상태로 옮겨 놓는 것

오답풀이

※ 조성법 : 형성하고자 하는 목표행동을 향하여 행동을 점진적으로 접근하여 가는 과정
※ 자극통제 : 변별자극을 이용해서 행동을 통제하는 기법
※ 부적 강화 : 반응확률을 높이기 위해 반응 후 싫어하는 자극이나 대상(부적강화물)을 제거하는 절차

만점대비 +α

💡 행동치료

(1) 기본가정 및 인간관
  ① 행동치료는 효과적이건 비효과적이건, 우리가 통제하는 대부분의 행동이 학습된다는 전제에 근거한다.
  ② 인간행동을 결정하는 데 환경적 사건들이 무엇보다도 중요하다고 강조하였다.
  ③ 인간에 대한 성선설이나 성악설을 믿지 않으며, 조건형성과 강화의 학습법칙에 의해 인간을 선하게도 악하게도 만들 수 있다는 입장을 취한다.
  ④ 행동주의 상담자는 인간이 조건형성의 산물이라고 보며, 모든 인간학습의 기본적 유형으로서 자극-반응의 패러다임을 주장한다.

(2) 행동수정의 기본원리와 치료기법
  ① 고전적 조건형성 : 역조건형성, 상호억제, 체계적 둔감화, 혐오치료, 이완기법 등
  ② 조건적 조건형성 : 강화 프로그램, 토큰경제, 프리맥의 원리, 처벌(타임아웃, 반응대가) 등
  ③ 모방학습 : 자기강화, 본보기, 내파치료, 자기효능감 등
  ④ 인지적 행동수정 : 자기대화, 인지재구조화, 자기교시훈련, 스트레스 예방훈련, 사고중단 등

(3) 문제원인 : 잘못된 학습으로 인한 부적응행동(사회 안에서 살아가는 데 바람직하지 않은 문제행동)

(4) 상담목표
  ① 부적응행동을 제거하고 보다 효율적인 행동을 학습하게 한다(학습을 위해 새로운 조건을 만드는 것).
  ② 행동에 영향을 주는 요인을 발견하고 문제행동에 대해 무엇을 할지를 결정하는 데 초점을 둔다.

(5) 상담기법

단계적 둔화 (체계적 감감법)	상호제지이론에 기초를 둔 방법, 공포 및 불안을 제거하는 데 쓰임
자기표현훈련 (Wolpe)	• 고전적 조건형성에 근거, 주로 대인관계의 문제를 해결하는 데 사용 • 불쾌한 감정이나 분노를 제대로 표현하지 못하거나 거절을 잘하지 못하는 사람 또는 애정이나 호감을 제대로 표현하지 못하는 사람들에게 매우 효과적 • 상담자와 내담자가 특정한 인간관계 상황을 놓고 서로 역할을 바꾸어 가며 자유로이 자신의 감정과 의사를 표현하는 역할행동의 연습을 통해 상대방의 입장에서 서로 이야기하면서 자기표현을 효과적으로 표시할 수 있도록 지도해 주는 것 • '자기표현적 의사소통'을 증가시킴으로써 소극적, 공격적인 스타일이 줄어듦

자기교습훈련과 스트레스 예방훈련 (Meichenbaum)	• 자기교습훈련
	  - 내담자로 하여금 자기대화를 지각하도록 하여 내담자를 조력하는 것으로, 자기관찰, 새로운 내적 대화의 시작, 새로운 기술학습 등의 방법을 사용
	  - 환자의 사고방식이 치료의 초점이기는 하나, 행동치료의 실제적인 행동연습절차가 첨가되는 것이 자기교습훈련의 특징이다.
	  - 즉, 환자의 자기언어를 단순히 토론하는 데 그치지 않고 치료자가 보다 적절한 자기언어의 본보기를 제시하며, 이를 환자의 역할연습을 통해 연습을 하고, 이렇게 환자가 익혀 가는 자기언어를 굳히기 위한 강화기법을 활용하는 것이다.
	  - 상담목표 : 인지양식에의 자기검토를 통해서 보다 적응적인 사고를 독려하는 것
	• 스트레스 예방훈련 : 이 전략은 스트레스 상황에서 수행에 대한 자신의 신념과 자기대화를 수정함으로써 스트레스에 대처하는 능력에 영향을 줄 수 있다는 가정을 근거로 함

기타	혐오치료, 자극통제, 타임아웃, 홍수법, 토큰경제법, 모델링 기법 등

| 정답 | ②

THEME 04 상담이론

논술 문제 적용 하기

16-1 *2014 중등*

철수의 학교생활 적응을 향상시키기 위한 인간중심 상담에서의 상담 기법 2가지를 제시하시오.

> 일지 #1   2014년 4월 ○○일 ○요일
> 우리 반 철수가 의외로 반 아이들과 잘 지내지 못하는 것 같아 마음이 쓰인다. 철수와 1학년 때부터 친하게 지냈다는 학급 회장을 불러서 이야기를 해 보니 그렇지 않아도 철수가 요즘 거칠어 보이는 동네 친구들과 어울려 다니는 모습을 자주 보게 되어 학급 회장도 걱정을 하던 중이라고 했다. 그런데다 철수가 반 아이들에게 괜히 시비를 걸어 싸움이 나게 되면, 그럴 때마다 아이들이 철수를 문제라고 하니까 그 말을 들은 철수가 더욱 더 아이들과 멀어지고 제멋대로 행동한다고 한다. 오늘도 아이들과 사소한 일로 다투다가 갑자기 소리를 지르고 물건을 던지고는 교실에서 나가 버렸다고 한다. 행동이 좋지 않은 친구들과 몰려 다니며 그 아이들의 행동을 따라 해서 철수의 행동이 더 거칠어진 걸까? 1학년 때 담임 선생님 말로는 가정 형편이 그리 넉넉하지 않고 부모님이 철수에게 신경을 쓰지 못함에도 불구하고 행실이 바른 아이였다고 하던데, 철수가 왜 점점 변하는 걸까? 아무래도 중간고사 이후에 진행하려고 했던 개별 상담을 당장 시작해야겠다. 그런데 철수를 어떻게 상담하면 좋을까?

예시답안

인간중심 상담이론의 접근에서는 진실성, 무조건적인 긍정적 수용과 같은 상담자의 태도가 중요하다. 첫째, 진실성은 상담자가 내담자에게 진실하고 정직한 모습으로 다가가야 함을 말한다. 상담자는 내담자에 대한 자신의 경험과 그것에 대한 표현이 일치해야 하고 자신의 감정을 자유롭게 표현할 수 있어야 한다. 이때 감정의 표현은 내담자와 전인적인 만남을 유지하고 그 만남을 더욱 깊이 발전시키려는 목적에서 실행되어야 한다. 단순히 내담자의 기분을 좋게 하기 위해 마음에 없는 말을 하는 것이나 충동적으로 개인적인 욕구에 의해 모든 감정을 내담자에게 표현하는 것은 진실성의 원리에 위배된다. 둘째, 무조건적인 긍정적 존중은 상담자가 내담자를 있는 그대로 존중하고 수용해야 한다는 것이다. 상담자는 내담자의 감정, 사고, 행동의 의미를 판단하고 자신의 가치기준으로 평가해서는 안 된다. 또 상담자가 내담자의 감정, 사고, 행동을 수용할 때에는 조건적이어서도 안 되며 "나는 당신을 있는 그대로 수용한다"는 태도를 견지할 필요가 있다. 여기서 내담자를 수용한다는 것은 내담자의 감정과 생각, 욕구 자체를 수용한다는 의미이지 모든 행동을 인정하고 받아들인다는 의미는 아니다. 예를 들면 내담자의 행동 중에서 타인에 대한 폭력, 자해 또는 자살행위 등은 수용될 수 없는 행동이다.

16 *2013 중등*

로저스(C. Rogers)의 인간중심 상담이론에 따른 상담자의 태도로서 공감(empathy), 수용(unconditional positive regard), 진정성(genuineness)에 관한 설명으로 옳지 <u>않은</u> 것은?

① 진정성은 자신의 감정과 경험을 주관적으로 표현하는 것이다.
② 공감, 수용, 진정성을 내담자에게 얼마나 잘 지각하게 하느냐가 중요하다.
③ 공감은 객관적인 현실보다 내담자가 지각한 현실에 초점을 두는 것이다.
④ 공감, 수용, 진정성은 함께 행해지는 것보다 각각 행해질 때에 더 효과적이다.
⑤ 수용은 내담자의 '자기실현 경향성(self-actualization tendency)'을 인정하고 신뢰하는 것이다.

정답풀이

④ 로저스는 상담자가 내담자의 변화를 위해 가져야 할 필요 충분한 세 가지 인간중심적 태도로서 일치성, 무조건적 긍정적 존중, 공감적 이해를 제시하였다. 즉, 인간중심적 접근을 사용하는 상담자는 단순히 상담기법을 배우는 것이 아니라 내담자를 대하는 근본적인 태도가 변화되어야 하고, 이는 상담자 자신의 노력과 태도변화로서 이루어지는 것이다.

만점대비 +α

💡 **로저스의 상담기법 : 상담자가 가져야 할 인간중심적 태도**

(1) 일치성(= 진솔성, 사실성, 개방성, 투명성, 현재성)
  ① 상담관계에서 상담자가 순간순간 경험하는 자신의 감정이나 태도를 있는 그대로 진솔하게 인정하고 개방하는 것을 의미한다.
  ② 상담자의 일치성은 상담의 필요충분조건인 세 가지 태도 중에서 가장 기본이 되는 태도이다. '지금-여기'에서의 경험을 강조하는 것도 일치성의 태도와 관련된다.
  ③ 일치성을 유지하기 위해 상담자는 높은 수준의 자각, 자기수용, 자기신뢰를 갖는 게 필요하다.
  ④ 상담자의 진솔한 태도는 내담자와의 인간 대 인간의 만남을 가능하게 하며, 상담자는 내담자에게 모델로서 본보기가 된다.
  ⑤ 결과적으로 상담자의 일치성 태도는 내담자로 하여금 개방적 자기탐색을 촉진하여 그가 지금-여기에서 경험하는 감정을 자각하도록 하는 요인이 된다.

(2) 무조건적 긍정적 존중
  ① 가치의 조건화를 버리고 조건 없이 내담자를 수용하는 것을 의미하며, 이의 동의어는 비소유적 온화, 돌봄, 칭찬, 수용, 존경 등이다.
  ② 로저스가 제안한 무조건적 긍정적 존중은 올바른 양육조건이 주어지면, 내담자가 건설적 변화를 위한 잠재력을 실현할 수 있다는 깊은 인간 신뢰와 관련되어 있다.
  ③ 상담자가 실현화 경향성을 가진 존재로서 내담자를 철저하게 믿는 태도는 그로 하여금 자신을 믿고 자기성장을 이루도록 하는 촉진적 조건을 작용한다.
  ④ 상담자는 내담자의 감정, 사고, 행동의 의미를 판단하고 자신의 가치기준으로 평가해서는 안 된다.

(3) 공감적 이해
  ① 상대방이 주관적으로 경험하는 사적 세계를 정확하고 민감하게 이해하는 것으로 공감, 정확한 공감, 공감적 태도, 공감적 자세라고도 한다.
  ② 로저스가 제안한 '내적 참조 틀'과 '외적 참조 틀'의 개념도 공감적 이해의 개념과 밀접하게 관련되어 있다.
  ③ 대화의 상대자가 경험하는 감정을 공감적으로 이해하기 위해서는 상대방이 주관적으로 경험하는 내적 세계에 따른, 즉 내적 참조 틀에 근거해서 상대방을 이해해야 한다.
  ④ 이런 점에서 로저스는 자극-반응에 따라 상대방을 평가하는, 다시 말하면 외적 참조 틀에 근거해서 상대방을 이해하려는 행동주의적 접근을 강렬하게 비판한다.

| 정답 | ④

논술 문제 적용 하기

16-2 2019 초등

박 교사의 제안에서 상담 초기에 필요한 관계 형성 방법 3가지, 김 교사가 그 방법들을 진영이에게 어떻게 적용할지 언어적 표현의 예시 3가지를 제시하시오.

> 김 교사: 우리 반 진영이가 평소에는 학교생활에 큰 어려움이 없는 듯한데, 발표할 때 긴장하고 떨어요. 평소 실력을 발휘하지 못해 너무 속상하다고 합니다. 그래서 저는 진영이를 정말 도와주고 싶어요.
> 박 교사: 저런, 진영이 입장에서는 정말 속상할 것 같아요. 우선 진영이 감정부터 공감해 줘야겠어요.
> 김 교사: 네, 그래야겠어요. 진영이는 발표 시간에 자기 생각과 감정을 제대로 표현하지 못해요. 남의 말을 경청하지 못하고, 남의 의견을 존중하지 않아요. 또 한 가지는 진영이가 자신감도 떨어지고, 선생님과 친구들에게 자꾸 의존하고 자기가 주도적으로 하지 않아요.
> 박 교사: 그렇군요. 선생님도 염려되시겠어요. 그렇지만 진영이와 이야기를 하려면 선생님을 믿고 편안하게 이야기할 수 있도록 수용해 줄 필요가 있겠어요.
> 김 교사: 네, 저도 그렇게 할 생각입니다. 그런데 진영이가 저에게 의지하려고만 할 때는 어떻게 하는 것이 좋을까요? 저는 진영이가 남에게 의지만 하다가 자기의 능력을 기를 수 있는 기회를 놓칠까 걱정이 됩니다.
> 박 교사: 지금 선생님이 말씀하신 그 마음을 그대로 진솔하게 표현하시면 좋을 것 같아요.
> ...(하략)...

THEME 04 상담이론

논술 문제 적용 하기

예시답안

상담 초기에 필요한 관계 형성 방법은 공감적 이해, 무조건적 존중, 일치성이다.

공감적 이해란 상담자가 내담자의 감정을 자기 것으로 느끼되, 그 감정에 빠져 자신과 객관성을 잃지 않는 상태를 의미한다. 그리고 정확한 공감이란 나타나는 감정을 단순히 알아차리는 것을 넘어서서 아직 내담자에게는 덜 분명한 감정을 느끼고 알아차리며 표현하는 것을 의미한다. 상담자는 내담자의 경험과 감정세계를 그것들이 표현되는 순간마다 민감하고 정확하게 이해해야 한다. 다시 말해 공감적 이해는 상담자가 내담자가 될 수 없지만 그러나 마치 내담자인 것처럼 내담자의 내적 참조 틀에 근거해서 그가 경험하는 감정을 파악하고 이해하는 것이다. 내담자에 따라서는 자신의 감정을 잘 표현하지 못하거나 자신의 의도와는 다른 방식으로 감정이나 행동을 보이는 경우도 있는데, 이때 상담자는 표현되지 않은 내담자의 감정이나 긍정적인 동기를 이해하고 수용해야 한다. 김 교사는 진영이에게 "열심히 준비한 발표였는데 긴장돼서 준비한 만큼 못 하니 정말 속상하겠구나. 더 잘 할 수 있는데 정말 아쉽겠다."라고 말할 수 있다.

무조건적 존중은 가치의 조건화를 버리고 조건 없이 내담자를 수용하는 것을 의미한다. 상담자는 내담자를 있는 그대로 존중하고 수용해야 한다. 상담자가 보여주는 무조건적 긍정적 존중을 통해 내담자는 그동안 자신에게 의미 있는 사람에게 긍정적 존중을 얻기 위해 형성한 가치의 조건화 태도를 서서히 바꾸기 시작한다. 즉, 가치의 조건화에 의해 자신이 왜곡하고 부정해 왔던 경험을 보다 개방적으로 탐색하기 시작한다. 상담자는 내담자의 감정·사고·행동의 의미를 판단하고 자신의 가치기준으로 평가해서는 안 된다. 또 상담자가 내담자의 감정·사고·행동을 수용할 때에는 "나는 당신이 ~ 하기 때문에(또는 ~ 할 때) 수용한다."는 식으로 조건적이어서도 안 되며 "나는 당신을 있는 그대로 수용한다."는 태도를 견지할 필요가 있다. 여기서 내담자를 수용한다는 것은 내담자의 모든 감정과 생각·욕구 자체를 수용한다는 의미이지 모든 행동을 인정하고 받아들인다는 의미는 아니다. 예를 들면 내담자의 행동 중에서 타인에 대한 폭력·자해 또는 자살행위 등은 수용될 수 없는 행동이다. 김 교사는 진영이에게 "발표시간에 사람들과 의견을 나누는 것이 어렵다는 말이구나. 다른 사람들과 이야기 하는 건 어려운 일이지."라고 말할 수 있다.

일치성은 상담관계에서 상담자가 순간순간 경험하는 자신의 감정이나, 태도를 있는 그대로 진솔하게 인정하고 개방하는 것을 의미한다. 상담자는 내담자에 대한 자신의 경험과 그것에 대한 표현이 일치해야 하고 자신의 감정을 자유롭게 표현할 수 있어야 한다. 일치성 태도를 가진 상담자는 경험하는 유기체로서 내담자와 인간 대 인간의 만남이 되도록 개방적으로 직면한다. 상담관계에서 일치성을 유지하며 솔선수범하여 일관되게 실제적이 되려고 하는 상담자의 자세는 내담자를 신뢰하게 한다. 만약 상담자가 내담자를 대하는 태도가 가식적이라면 내담자는 진정으로 수용되는 경험을 하기 어렵다. 단순히 내담자의 기분을 좋게 하기 위해 마음에 없는 말을 하는 것은 진실성의 원리에 위배된다. 그러나 반대로 상담자가 진실해야 한다고 해서 충동적으로 모든 감정을 내담자에게 표현하라는 것은 아니며, 자신의 모든 경험과 감정을 내담자와 나누라는 것 또한 아니다. 상담자도 분노, 좌절, 좋아하는 마음, 염려, 지루함 등의 감정을 표현할 수 있지만 이러한 감정들은 개인적인 욕구에 의해서가 아니라 내담자와 전인적인 만남을 유지하고 그 만남을 더욱 깊이 발전시키려는 목적에서 표현되어야 한다. 김 교사는 진영이에게 "네가 나에게 의지하다가 너의 능력을 기를 수 있는 기회를 놓칠까봐 걱정이 된다."고 말할 수 있다.

---

17 [2011 중등]

다음 대화에서 최 교사가 활용하고 있는 상담기법과 가장 밀접한 상담이론에 대한 설명으로 옳은 것은?

> 민　　영 : 요즘 영주가 저를 멀리하는데, 저를 정말 싫어하는 것 같지 않으세요?
> 최 교사 : 나한테 질문하지 말고 네가 영주에 대해 어떻게 느끼는지 말해 보렴.
> 민　　영 : 예전에는 정말 친했는데 요즘은 영주를 보면 섭섭한 마음이 들어요.
> 최 교사 : 요즘 영주와 얘기를 잘 안 하는 이유가 뭐니? 여기 의자가 두 개 있는데 먼저 네가 앉고 싶은 곳에 앉고, 나머지 의자에는 영주가 앉아 있다고 상상해 보렴. 자, 지금부터 네가 영주에게 원하는 것이 무엇이고, 어떤 감정을 느끼고 있는지 영주에게 직접 얘기해 보겠니?
> 민　　영 : 무엇을 말해야 할지 모르겠어요.
> 최 교사 : 그럼 '내가 너에게 무엇부터 말해야 할지 잘 모르겠어'라고 말해 보렴.
> 민　　영 : 영주야. 무슨 말부터 해야 할지 잘 모르겠지만……. 난 너와 계속 좋은 친구로 지내면 좋겠어. 그런데 요즘 넌 나한테 신경을 너무 안 쓰는 것 같아. 내가 말을 걸면 대꾸도 잘 안 해서 너무 속상해.
> 최 교사 : 그럼 이제 의자를 바꾸고, 네가 영주의 입장이 되어 민영이에게 얘기해 보겠니?
> 민　　영 : 난 여전히 너를 가장 친한 친구로 생각하고 있어. 그런데 내가 공부에 열중하고 있을 때 네가 말을 걸면 짜증날 때가 많았어. 중학교에 오면서 공부할 게 많아져서 부담스러웠고, 그래서 너한테 신경을 많이 못 썼던 것 같아.
> 최 교사 : 민영아, 지금 기분이 어떠니?

① 미해결 과제는 현재에 대한 자각(awareness)을 방해한다고 본다.
② 상담자의 진솔성, 무조건적인 긍정적 존중, 공감적 이해를 강조한다.
③ 자아가 무의식적 충동을 조절하기 위해 방어기제를 사용한다는 점을 강조한다.
④ 3R(책임감, 현실, 옳고 그름)을 강조하며, 책임감 있는 사람이 정신적으로 건강하다고 본다.
⑤ 상담자로 하여금 내담자가 최종목표행동에 도달하도록 행동조형(shaping)을 사용할 것을 강조한다.

오답풀이

② 로저스(Rogers)의 인간중심상담에 대한 설명이다.
③ 프로이트(Freud)의 정신분석상담에 대한 설명이다.
④ 글래서(Glasser)의 현실치료상담에 대한 설명이다.
⑤ 행동치료에 대한 설명이다.

만점대비 +α

💡 펄스(F. Perls)의 형태주의(Gestalt) 상담

(1) 게슈탈트
① 게슈탈트는 '형태' 또는 '전체'라는 뜻으로서 여기서 말하는 전체는 산만한 부분들의 단순한 합 이상의 것, 즉 개체의 욕구나 감정이 하나의 의미 있는 전체로 조직된 것을 의미한다.
② 유기체는 가진 자기 조정능력에 의해 매 순간 자신에게 가장 필요한 욕구와 감정의 순서대로 게슈탈트를 형성하고 조정하며 욕구와 감정을 해결한다.
③ 그런데 이때 개체가 완결된 형태로 게슈탈트를 형성하지 못하거나 자연스럽게 조정·해결하지 못하면 그 개체는 심리적·신체적 장애를 겪게 된다.

(2) 전경과 배경
① 사람이 대상을 지각할 때에는 지각의 중심부분에 떠올려지는 부분과 그 뒤로 물러나는 부분이 있는데 이때 지각의 초점이 되는 부분이 전경이고 관심 밖에 있는 부분을 배경이라고 한다. 이것을 정서적 측면에 적용하면 어떤 상황에서 사람의 욕구와 필요의 초점이 되는 부분을 전경, 그 밖의 부분은 배경이라고 할 수 있다.
② 정서적으로 건강한 사람은 매 순간 자신에게 중요한 게슈탈트를 전경으로 떠올릴 수 있고 그 욕구를 알아차리며, 그것을 충족시켜 해소하기 위해 적극적 활동 및 환경과의 접촉을 통해 평형상태를 이룬다.
③ 그러나 건강하지 못한 사람은 전경과 배경을 명확하게 구분하지 못하며 매 순간 자신이 가진 욕구나 하고 싶은 일, 또는 그 욕구를 충족시키기 위해 필요한 일이 무엇인지 모른다. 결과적으로 욕구를 충족하기 위한 활동이나 환경과의 접촉에 실패한다.

(3) 알아차림(awareness, 자각)
① 알아차림이란 개체가 자신의 욕구나 감정을 지각하고 그것을 게슈탈트로 형성하여 전경으로 떠올리는 행위를 의미한다.
② 개체가 자기 조정작용을 원활히 하기 위해서는 매 순간 자신의 사고와 감정, 욕구와 감각을 명확하게 알아차리는 상태를 유지하는 것이 중요하다.
③ 알아차림이 원활해지려면 개체는 과거나 미래에 지나치게 빠져 있지 않고 현재 자신의 욕구와 경험에 초점을 맞추며 현재의 경험과 감정, 그리고 행동을 책임질 수 있어야 한다.

(4) 미해결 과제
① 미해결 과제란 개체가 게슈탈트를 형성하지 못했거나 형성된 게슈탈트가 적절히 해소되지 못하여 배경으로 물러나지 못한 상태를 의미한다. 여기에는 상황이나 과제와 관련해 충분히 경험되거나 소화되지 못한 감정들도 수반된다.
② 이와 같이 과거의 미해결 과제를 현재까지도 전경으로 떠올리고 있으면, 개체는 현재 자신의 경험과 욕구를 명확히 알아차릴 수 없고 그 순간의 타인 또는 환경과 진실하게 접촉할 수도 없다.

| 정답 | ①

18

〈보기〉에서 글래서(W. Glasser)의 현실치료 이론에 대한 옳은 설명을 모두 고른 것은?

> **보기**
> ㉠ 인간은 기본적으로 생존, 자유, 힘, 즐거움, 소속의 욕구를 가지고 있다.
> ㉡ 인간은 행동을 선택할 수 있고 이미 행한 모든 행동은 선택에 의해서 이루어진 것이다.
> ㉢ 인간은 행동을 선택할 때 자신의 욕구를 최대한으로 충족시키기 위해서 자신을 통제한다.
> ㉣ 전행동(total behavior)은 활동(acting), 생각(thinking), 느낌(feeling), 신체반응(physiology)의 네 가지로 구성된다.
> ㉤ 전행동 중에서 인간이 통제할 수 있고, 행동의 방향을 잡아주는 것은 활동과 신체반응이다.

① ㉠, ㉡
② ㉠, ㉢, ㉣
③ ㉢, ㉣, ㉤
④ ㉠, ㉡, ㉢, ㉣
⑤ ㉡, ㉢, ㉣, ㉤

오답풀이

㉤ 전행동 중에서 인간이 통제할 수 있고, 행동의 방향을 잡아주는 것은 활동과 생각이다.

만점대비 +α

💡 글래써(Glasser)의 현실치료상담

(1) 기본가정 및 인간관
① 현실치료는 인간본성에 대한 결정론적 철학에 의존하지 않고 인간은 궁극적으로 자기결정을 하고 자기 삶에 책임을 갖고 있다는 가정에 근거한다.
② 실존적이고 현상학적인 전제에 기초하는 것으로, 인간은 자유롭고 자신의 목표를 스스로 선택하고자 하는 욕구를 지닌다고 가정한다.

(2) 주요개념

기본 욕구	• 인간은 심리적 욕구와 생리적 욕구인 5가지 기본적 욕구에 의해 끊임없이 행동함 – 구뇌 : 크기가 작고 무의식적으로 하는 행동, 즉 생리적 욕구와 관련 – 신뇌 : 크고 의식기능이 활발, 심리적·정신적인 욕구(소속, 힘, 자유, 즐기고 싶은 욕구)
통제 이론	• 우리 자신의 내적 동기가 우리의 행동을 통제한다는 심리학적 이론 • 우리의 욕구를 만족시키는 내적 세계인 지각(사진첩)을 창조, 이에 따라 행동 생성
행동 체계	• 욕구충족에 도움이 되었던 조직화된 행동으로 구성 • 전체행동의 4가지 요소 : 활동하기와 생각하기(앞바퀴), 느끼기와 생리기능(뒷바퀴) • 전체행동을 자동차에 비유 : 인간의 욕구는 자동차의 엔진에 해당, 원함은 핸들이 되어 전체행동인 자동차가 가고 싶은 방향으로 가게 됨
선택 이론	• 개인의 자유를 강조하는 이론, 우리가 하는 모든 것을 선택할 수 있다고 주장 • 원리 : 모든 전체행동은 선택되는데, 우리는 단지 행동하기와 생각하기를 직접적으로 통제 가능, 이를 선택하는 방법을 통해서 간접적으로 느끼기와 생물학적 행동을 통제할 수 있음
정체감	성공적인 정체감을 가진 사람은 더 효과적으로 자신을 통제하고, 강하며, 책임감이 있고, 자기훈련적이며, 기본적 욕구를 충족시키는 사람
3R	• 책임(Responsibility) : 타인의 욕구충족을 방해하지 않는 선에서 자신의 욕구충족을 하는 능력 • 현실(Reality) : 현실과의 직면 • 옳고 그름(Right and Wrong) : 가치판단, 이를 하지 않으면 문제를 현실적으로 해결 불가능

(3) 문제원인 및 상담목표
① 문제원인 : 현재 행동의 문제
② 상담은 내담자가 그들의 현재 행동에 대한 가치 있는 평가를 하도록 하는 것과 그들의 삶을 효율적으로 통제하도록 이끌 책임 있는 행동변화의 건설적인 계획을 결정하도록 돕는 것이다.
③ 즉, 내담자가 생의 목표를 규정하고 명확히 하도록 도우며, 자신의 목표를 좌절시키는 이유들을 분명하게 하도록 돕고 내담자가 목표에 도달하는 여러 다른 방법들을 발견하도록 돕는다.
④ 여기서 중요한 것은 상담의 목표를 결정하는 것은 바로 내담자 자신이라는 점이다.

| 정답 | ④

19

글래서(W. Glasser)와 우볼딩(R. Wubbolding)의 현실주의 상담에서 사용되는 〈보기〉의 4단계 상담과정을 순서대로 옳게 배열한 것은?

보기

㉠ 내담자의 책임 있는 행동 계획하기
㉡ 내담자의 욕구 파악하기
㉢ 내담자의 현재행동 탐색하기
㉣ 내담자 자신의 행동 평가하기

① ㉠ - ㉡ - ㉢ - ㉣
② ㉠ - ㉢ - ㉡ - ㉣
③ ㉠ - ㉣ - ㉢ - ㉡
④ ㉡ - ㉢ - ㉣ - ㉠
⑤ ㉡ - ㉣ - ㉢ - ㉠

만점대비 +α

💡 우불딩(Wubbolding)이 제시한 WDEP

W(Want)	→	D(Doing)	→	E(Evaluation)	→	P(Plan)
욕구지각을 탐색하기		전체 행동을 탐색하고 평가하는 과정		내담자에게 평가(가치판단)를 요청하기		활동에 대한 긍정적 계획 짜기

① 바람 파악(W)
　㉠ 내담자에게 "무엇을 원하는가?"라고 질문함으로써, 그가 자신의 욕구를 충족시킬 수 있는 방법을 발견할 수 있도록 한다.
　㉡ 상담자가 "진정으로 원하는 것이 무엇이지요?"라고 묻는 것은 내담자가 성취할 수 있는 현실적인 그림을 자기 자신 안에 있는 이상적인 '사진첩'에 있는 어쩌면 비현실적인 그림과 바꿀 수 있도록 도움을 주게 되는 것이다.

② 현재행동 파악(D)
　㉠ 현재행동 파악은 상담자가 상담 초기에 내담자에게 내담자가 어디로 가고 있는가를 탐색하도록 도와주는 절차다. 이 단계에서는 "당신은 무엇을 하고 있습니까?"라고 묻는다.
　㉡ 현실치료 상담자들은 통제할 수 있는 활동을 스스로 탐색할 것을 강조한다. 내담자는 활동요소를 바꿈으로써 그가 지녔던 우울, 격분, 외로움 등의 느낌 요소와 생리기능까지 변화시킬 수 있기 때문이다.

③ 평가하기(E)
　㉠ 이 단계는 내담자의 행동과 욕구와의 관계를 점검해 보는 것이다.
　㉡ 내담자의 행동변화를 위해 현실치료에서 가장 핵심이 되는 부분은 그들 스스로 자기 평가를 하게 하는 단계다.
　㉢ 상담자는 "당신은 지금의 행동이 당신에게 도움이 된다고 봅니까?"와 같은 능숙한 질문을 통해 내담자가 자신의 행동과 자신의 수행능력을 평가하도록 한다.

④ 계획하기(P)
　㉠ 현실요법 전체가 목표하는 바는 내담자의 바람과 욕구를 충족시킬 수 있는 계획을 수립하는 것이다.
　㉡ 욕구충족과 관련된 내담자의 현재 행동 중에서 비효과적이고 부정적인 것들을 찾아 이를 긍정적인 것으로 바꾸는 것이다.
　㉢ 긍정적이라는 것은 자신의 욕구나 바람을 충족시키기 위해 현실적으로 받아들여질 수 있고 타인에게 피해를 끼치지 않는 전체행동을 말한다.
　㉣ 이 단계는 계획과 실행과정으로서, 긍정적인 행동계획과 그 계획에 대한 약속, 과정에 대한 마무리, 제언으로 이루어진다.

정답 | ④

20

다음의 민호에게서 나타나는 문제행동의 원인에 대한 가설을 상담이론별로 다양하게 세울 수 있다. 주요 상담이론과 가설이 옳게 짝지어진 것은?

> 초등학교 5학년, 외동아들인 민호는 엄격하고 폭력적인 아버지와 무엇이든 다 받아주는 어머니 밑에서 자라왔다. 어려서는 얌전하고 말을 잘 듣는 아이였으나, 커가면서 점점 폭력적이고 반항적인 아이로 변해가고 있다. 최근에 민호는 싸움 중에 친구의 앞니를 부러뜨렸는데, 어머니가 사태를 해결해주지 않으면 학교에 안 가겠다며 버티고 있다.

① 인지치료 - 엄격하고 폭력적인 아버지의 행동방식을 보고 배운 것이다.
② 행동수정 - 존중과 이해를 받지 못해 부정적 자아개념을 형성한 것이다.
③ 정신분석 - 무조건 다 받아주는 어머니로 인해 폭력적인 행동이 강화되었다.
④ 인간중심 - 폭력적인 행동의 이면에는 외동아들로서의 의존적 성격이 깔려 있다.
⑤ 현실치료 - 결핍된 힘의 욕구를 충족하기 위해 폭력이라는 잘못된 방법을 선택한 것이다.

정답풀이

⑤ 민호는 힘의 욕구가 결핍되어, 이를 충족하기 위해 잘못된 방법을 선택하고 있다. 현실치료에 따르면, 개인의 욕구는 순간적으로 충족되었다가 다시 불충분한 상태로 가기 때문에 계속 충족된 상태로 지속되기는 어렵다. 충족된 상태가 지속될 수 없기 때문에 이것이 동기의 근원이 된다. 인간은 심리적 욕구와 생리적 욕구인 다섯 가지의 기본적 욕구(생리적, 사랑과 소속, 힘과 성취, 자유, 즐기고 싶은 욕구)에 의해 끊임없이 행동해야만 하며, 순간순간 최선이라고 판단되는, 즉 주관적이기는 하나 자기 나름대로의 창의적인 방법을 찾아서 개인의 욕구를 충족시킨다.

오답풀이

① 모방학습에 대한 설명이다.
② 로저스(Rogers)의 인간중심상담에 대한 설명이다.
③ 행동수정에 대한 설명이다.
④ 아들러(Adler)의 개인심리상담에 대한 설명이다.

| 정답 | ⑤

21 2012 초등

교류분석(Transactional Analysis) 상담이론에 관한 진술로 옳지 않은 것은?

① 각본분석은 내담자를 조력하기 위해 사용되는 방법 중의 하나다.
② 어른자아(adult ego)는 현실을 검증하고 문제를 해결하는 합리적이고 객관적인 기능을 한다.
③ 자기긍정 - 타인긍정의 생활자세를 갖는 아동은 자신과 타인에 대한 긍정적인 삶의 태도를 갖는다.
④ 구조분석을 통해 내담자는 자신의 세 가지 자아상태가 어떻게 구성되어 있는지 알 수 있다.
⑤ 상보교류(complementary transaction)는 두 사람이 대화할 때 상대방이 기대하는 욕구가 무시되거나 잘못 이해되는 경우에 나타나는 교류 유형이다.

정답풀이

⑤ 교차적 교류에 대한 설명이다.

만점대비 +α

💡 **교류분석 상담이론의 기법**

(1) 구조분석 : 자신의 자아상태가 어떤지 아는 법을 배워가는 것이다.

오염	• 부모자아나 아이자아 상태가 성인자아 상태를 침범하여 상황을 객관적으로 판단하는 것을 방해하는 것(한 자아상태가 다른 자아상태와 혼합되어 있는 경우) • 부모에 오염된 어른 : 전형적으로 편중된 사고나 태도 예 십대들은 믿지 마. • 아이에 오염된 어른 : 현실을 왜곡 예 어른들은 나를 미워해, 나를 따돌린다.
배타	• 세 가지 자아 중 에너지가 집중되어 에너지의 흐름이 차단되는 것 – 부모자아가 어른과 아이자아를 소외 : 도덕주의자, 책임감에 압도, 타인요구에 따라 행동 – 아이자아가 어른과 부모자아를 소외 : 양심이 없고 반사회적, 성장 거부, 무책임한 회피 – 어른자아가 부모와 아이자아를 소외 : 사실에만 집착, 너무 딱딱하고 로봇같은 느낌

(2) 교류분석 : 의사교류가 일으키고 있는 문제점이 무엇인가를 분석·확인하여 그 문제의 해결을 돕고자 하는 것이다.

상호적 교류분석	같은 자아끼리 교류(기대했던 메시지가 교류)
교차적 교류분석	다른 자아끼리 교류(예상하지 못했던 메시지가 교류)
저의적(암시적) 교류분석	이면에 다른 의미를 포함한 교류, 혐오적 속임수를 내포하는 메시지가 교류

(3) 게임분석 : 심리적 게임을 중단하고, 직접적이며 진솔한 친밀감을 교류할 수 있도록 시간을 구조화하는 게 필요하다.
(4) 각본분석
  ① 각본이란 생의 초기에 있어서 개인이 경험하는 외적 사태들에 대한 해석을 바탕으로 하여 형성·결정된 반응행동양식이다.(삶의 방식과 입장은 생애 초기에 결정)
  ② 각본분석은 내담자의 생활 자세와 생활 각본에 의하여 이루어진 생활극을 통해 자신의 생활양식을 깊이 이해할 수 있고, 자신의 현재 생활에 대해 새롭게 재결단을 내릴 수 있는 기회를 제공한다.(비결정론적)

| 정답 | ⑤

THEME 04 상담이론

논술 문제 적용 하기

22-1 [2019 초등]

진영이의 비합리적 신념 2가지, 박 교사의 의견에 근거하여 그 신념들이 비합리적인 이유 2가지 및 합리적 신념으로 변화시키는 방법 1가지를 구체적으로 제시하시오.

...(상략)...

김 교사: 정말 감사합니다. 마지막으로 고민이 하나 더 있어요. 학생들에게 관심을 가질수록 더 도와주고 싶어요. 진영이는 항상 실수 없이 잘해야만 한다는 신념과 모든 사람에게 인정받아야만 한다는 신념이 너무 강해서 오히려 실수를 많이 하는 거 같아요.

박 교사: 그럴 수도 있겠네요. 진영이에게 그런 신념들은 현실적이지도 않고, 도움도 안 되잖아요. 그래서 제가 추천해 드리고 싶은 것은 진영이의 비합리적 신념을 합리적 신념으로 변화시키는 거예요.

예시답안

진영이가 가지고 있는 비합리적 신념은 '항상 실수 없이 잘해야만 한다는 신념'과 '모든 사람에게 인정받아야만 한다는 신념'이다. 이러한 신념들이 비합리적인 이유는 첫째, 현실적이지 않기 때문이다. 진영이는 항상 실수 없이 잘해야만 한다는 자신에 대한 당위성과 모든 사람에게 인정받아야만 한다는 타인에 대한 당위성을 강조하고 있다. 그러나 인간은 근본적으로 불완전한 존재이다. 전지전능하지 않기 때문에 인간과 관련하여 당위성을 강조하는 것은 비합리적이다. 둘째, 도움이 되지 않기 때문이다. 비합리적 신념체계를 가진 사람은 일어난 사건에 대해 비합리적으로 해석하여 바람직하지 않은 정서적, 행동적 결과를 경험하게 된다. 정신적으로 건강한 사람은 합리적 신념체계에 따라 행동하는 사람이며 건강하지 않은 사람은 비합리적 신념체계의 지배를 받는 사람이다. 이러한 비합리적 신념을 합리적 신념으로 변화시키기 위하여 인지적 과제를 제시할 수 있다. 인지적 과제에는 일상생활에서 비합리적 신념을 찾아 목록을 만들고 스스로 논박하게 하는 것, 비합리적 신념이 떠오를 때 그에 상응하는 합리적 신념을 큰소리로 되뇌이는 것 등이 있다. 예를 들면 "나는 다른 사람에게 인정을 받지 못하면 큰일이다." 대신에 "나는 다른 사람에게 인정을 받으면 좋겠지만, 그렇지 않더라도 인생이 끝나는 것은 아니다."등으로 바꾸어 말하게 한다.

---

22 [2008 초등]

〈보기〉의 대화에서 합리적-정서적 행동치료의 ABCDE 상담모형 중 B단계에 해당하는 것은?

보기

㉠ 교사: 어떤 이야기를 하고 싶니?
  아동: 너무 화가 나서 죽겠어요.
㉡ 교사: 무슨 일이 있었길래 그러니?
  아동: 호영이가 다른 애랑만 놀아요.
㉢ 교사: 어떤 생각이 들어 화가 난 걸까?
  아동: 호영이는 나랑만 놀아야 해요.
㉣ 교사: 호영이는 정말 너랑만 놀아야 될까?
  아동: 꼭 그렇지는 않지만……. 나랑 많이 놀면 좋겠어요.

① ㉠ ② ㉡
③ ㉢ ④ ㉣

오답풀이

B단계는 비합리적 신념을 가리키는 것이다. ㉠은 C(결과), ㉡은 A(사건), ㉢은 B(신념), ㉣은 D(논박)에 해당한다.

만점대비 +α

💡 엘리스(Ellis)의 합리적·정서적 상담(RET or REBT)

(1) 기본가정
① 이 이론은 인지적 영역에 중점을 둔 것으로 엘리스는 자신의 상담과 치료경험을 통하여 정신분석의 한계점을 인식하고 인간의 사고과정, 특히 신념이 인간행동을 움직이는 가장 큰 원동력이 된다는 점에 착안하였다.
② 인간은 합리적 사고를 하는 동시에 비합리적인 사고도 한다. 그들은 비합리적인 사고에 빠질 위험을 갖고 있으며 이런 신념들을 자신 속에 주입시키는 경향을 지니고 있다.
③ 치료는 인지적·행위적이며, 사고, 판단, 분석, 행동, 재결정을 중시한다. 이 모형은 교훈적이며 직접적이다. 치료는 재교육의 과정이다.

(2) 주요 개념
① 당위주의
  ㉠ 인간은 근본적으로 불완전한 존재이므로, 당위성을 강조하는 것은 비합리적이다.
  ㉡ 대체로 비합리적인 신념의 뿌리를 이루고 있는 것은 자신에 대한 당위성, 타인에 대한 당위성, 조건에 대한 당위성과 관련되어 있다.
② ABC이론: 우리의 정서적·행동적 결과에 영향을 미치는 원인으로 사건보다는 신념체계의 중요성을 강조한다는 점에서 인지·정서·행동치료를 ABC이론이라고도 한다. 여기서 A는 당신에게 의미 있는 활성화된 사건(Activating events)을, B는 신념체계(Belief system)를, C는 정서적·행동적 결과(Consequences)를 의미한다.

(3) 상담목표
① 문제는 자기, 타인, 주변조건에 대한 자신의 비합리적 생각에서 비롯되기 때문이다.
② 내담자의 비합리적 신념을 합리적 신념으로 바꾸어 수용할 수 있는 합리적 결과를 갖게 하는 것이다.
③ 내담자가 과학적인 방법을 일상적인 정서적 문제나 행동적 문제를 해결하는 데 적용하도록 돕는 것이다.

(4) 상담과정 - ABCDEF모델

A 선행사상, 촉발사상 (Activating Event)	인간의 정서를 유발하고 어떤 사건이나 현상을 가리키는 개념으로, 어떤 사건이나 현상
B 신념 (Belief)	환경적 자극에 대해서 각 사람이 지니고 있는 사고
C 결과 (Consequence)	선행사건과 관련된 신념으로 인해서 생긴 결과
D 논박 (Dispute)	• 비합리적 신념에 대해 도전하고 다시 생각하도록 하여 재교육하기 위해 적용하는 논박 ① 논리성에 근거한 논박 : 내담자 자신이 가지고 있는 생각의 비논리성에 대해 질문하고 지적하는 것 ② 현실성에 근거한 논박 : 내담자가 자신의 생각이 현실적으로 일어날 수 없는 것임을 알게 하는 것 ③ 실용성에 근거한 논박 : 내담자가 그렇게 비합리적인 생각을 하는 것이 실제로 자신에게 어떤 도움이 되는지 돌아보게 함으로써 내담자의 사고를 변화시키는 방법
E 상담의 효과 (Effect)	논박하기를 통해 비합리적 신념이 효과적인 합리적 신념으로 바뀐 것을 의미
F 감정 (Feeling)	논박하기를 통해 바뀐 효과적·합리적 신념에서 비롯된 새로운 감정이나 행동

(5) 상담기법

인지적 기법	• 비합리적 신념에 대한 논박 : RET의 가장 일반적인 인지적 방법은 치료자가 적극적으로 내담자의 비합리적 신념을 논박하는 것으로, 치료자는 내담자에게 그가 장애를 겪는 것은 "어떤 사건이나 상황 때문이 아니라 그런 상황이나 사건을 자각하는 방법과 그런 것들을 반복해서 자기진술을 하기 때문이다."라는 것을 보여줌 • 인지적 과제 : 내담자의 자기-메시지의 일부인 추상적인 should나 must를 제거시키려는 방법 • 자신의 말 바꾸기 : 내담자의 절대적인 '해야 한다'를 절대적이 아닌 '하고 싶다'로 대치함으로써 개인적인 힘을 얻도록 함
정서적 기법	• 합리적-정서적 이미지 : 습관적으로 부적절한 감정을 느끼는 상황에서 활발하게 상상하도록 격려하면, 부적절한 감정들을 적절한 감정으로 변화시키기 위해 활발히 작업하며 그 결과로 행동이 바뀌게 됨 • 부끄러움 공격연습 : 내담자들은 원래 다른 사람들이 자신을 어떻게 생각할까 하는 것 때문에 두려워하게 되므로 어떤 것을 과감히 해보는 과제를 받게 될 것이며, 그 과제를 수행함으로써 내담자는 타인이 자신의 행동에 큰 관심을 보이지 않는다는 것을 깨닫고 타인의 반응에 연연해 할 필요가 없음을 배움 • 역할놀이, 유머사용 등
행동적 기법	• 내담자가 실제 해보면서 깨닫게 하는 방법 : 역할연기, 역할 바꾸기 • 습득한 내용을 실제생활에 적용하고 그에 대한 피드백을 받도록 하는 방법 : 실제생활에서 해보기, 여론조사하기 • 상담자를 보고 배우는 방법 : 모델링 • 그 밖에 전통적인 이완법(체계적 둔감법, 이완기법, 범람법)과 강화 스케줄의 적용

| 정답 | ③

23

다음 글의 (가)~(다)에서 김 교사가 학생들의 문제를 해결하기 위해 활용한 상담 기법을 올바르게 짝지은 것은?

> (가) 기훈이는 공부한 만큼 성적이 나오지 않는 편이라 공부 방법을 개선하고 싶어 한다. 김 교사는 기훈이가 효과적인 공부 방법을 사용할 수 있을 때까지 적절한 공부 방법을 알려주고 사용해 보도록 한 후, 피드백을 제공하였다.
> (나) 수정이는 시험 때가 되면 너무 예민해지고 압박감을 많이 느낀다. 김 교사는 이완훈련과 불안위계를 사용하여 수정이의 시험불안을 줄이고자 하였다.
> (다) 철수는 기말고사를 앞두고 '이번 시험은 틀림없이 망칠 것이고, 난 결국 인생의 실패자가 될 거야'라고 생각하고 있다. 김 교사는 철수에게 왜 이번 시험을 망칠 것이라고 확신하는지, 또 시험에 한두 번 실패 안 해 본 사람이 어디 있으며, 설령 시험성적이 원하는 만큼 나오지 않는다고 해도 그것이 어떻게 인생의 실패와 관련되는지를 생각해 보도록 하여 합리적인 신념을 갖게 하고자 하였다.

	(가)	(나)	(다)
①	행동시연	체계적 둔감법	역설적 기법
②	행동시연	체계적 둔감법	논박하기
③	행동시연	용암법(fading)	논박하기
④	자극포화법	용암법(fading)	역설적 기법
⑤	자극포화법	용암법(fading)	논박하기

정답풀이

(가) 행동시연 : 심리치료에서 피치료자로 하여금 치료실 내에서 어떤 역할을 시험적으로 해보도록 함으로써 인간관계의 형성과 유지에 필요한 태도나 행동특징을 습득할 수 있도록 하는 행동수정의 기법
(나) 체계적 둔감법 : 역조건형성을 이용하여 공포를 일으키는 자극에 점진적으로 노출시켜 공포를 소거시키려는 방법
(다) 논박하기 : 비합리적 신념에 대해 도전하고 다시 생각하도록 하여 재교육하기 위해 적용하는 방법(논리성·현실성·실용성에 근거한 논박)

오답풀이

※ 자극포화법(포만) : 문제행동을 지칠 때까지 반복하도록 하여 문제행동을 감소시키는 방법이다.
※ 용암법 : 단서철회로서, 반응에 도움을 주는 단서나 강화물을 갑자기 중단하는 것이 아니라 점진적으로 줄여가는 절차를 가리킨다. 원래 fade out은 연극용어로, 화면이나 음향을 점차 희미하게 한다는 의미를 갖고 있어 이를 용암법이라고 한다.
※ 역설적 기법 : 상담자는 내담자에게 모순된 요구나 지시를 주어 그를 딜레마에 빠지게 하는 기법이다. 예를 들면, 실수하지 않으려고 강박적으로 생각하는 내담자에게 실수를 하도록 요구할 수 있다. 역설의 두 가지 유형은 '틀 바꾸기'와 증상처방이다. 이러한 역설적 기법은 내담자가 통제에 있고 자신의 행동을 선택하는 것을 느끼도록 해 준다.

| 정답 | ②

24

2011 초등

다음에서 무단결석을 한 철수의 문제행동에 대한 박 교사의 생각인 (가)에 가장 부합하는 상담이론은?

> 철　수 : 어제 늦잠을 잤어요. 아무리 서둘러도 1교시 수업에 늦을 것 같아 '지각할 바에는 학교에 가서 뭐하나'하는 생각을 했어요.
> 박 교사 : 음, 그래서 결석을 했구나! …… 그런데 조금 늦게라도 학교에 왔으면 좋지 않았을까?
> 철　수 : 어차피 수업에 늦을 바에는 학교에 안 가는 게 나을 것이라고 생각했어요.
> 박 교사 : 지각할 바에는 결석하는 게 낫다고 생각했구나. (가) (박 교사는 철수의 무단결석이 흑백 논리적 사고 때문이라고 보고, 그가 보다 합리적으로 사고할 수 있도록 도와주어야겠다고 생각하였다.)

① 인지행동 이론　　　② 교류분석 이론
③ 게슈탈트 이론　　　④ 정신분석 이론
⑤ 실존주의 이론

만점대비 +α

💡 벡(Beck)의 인지상담(인지치료)

① 자동적 사고 : 정서적 반응으로 이끄는 특별한 자극에 의해 유발된 개인화된 생각으로, 노력 혹은 선택 없이 자발적으로 일어남(순간 떠오르는 생각이나 영상)
② 인지적 왜곡(역기능적 자동적 사고) : 그릇된 가정 및 잘못된 개념화로 이끄는 추론에서 나타나는 체계적인 오류로, 별다른 노력 없이도 자발적이고 자동적으로 발생하는 것

흑백논리	양극단적인 사고, 이분법적 사고
재앙화	어떤 사태에 대하여 지나치게 비판적으로 부정적으로 생각하는 것
터널 시야	여러 가지의 문제해결책이나 생각하는 방법이 있음에도 불구하고 부정적이고 잘못된 측면에 선택적으로 초점하여 주의를 기울이는 것
긍정적 측면 무시	분명히 가지고 있는 자신의 장점이나 긍정적인 측면을 평가절하하는 행동
감정적 추론	자신의 감정과 느낌을 근거로 다른 여러 가지의 상황들을 판단하는 것
낙인 찍기	한 가지 행동 또는 어떤 상황의 부분적인 특성을 가지고 단정적인 언어를 사용하여 상황 전체를 표현하는 것
의미의 과장과 축소	경험의 중요성이나 의미를 지나치게 확대 과장하거나 축소하여 평가절하함
과잉 일반화	한두 번의 경험이나 우연한 사건을 바탕으로 일반적 결론을 내리고 다른 모든 상황에 적용하여 해석하는 것
독심술	정확한 증거나 확인 절차를 하지 않은 채 상대방의 마음을 자기 마음대로 판단, 확신
내 탓/네 탓	어떤 일이 잘되지 않을 때 그 책임을 일방적으로 자기 탓이나 남의 탓으로 돌림
당위적 사고	'반드시 ~해야 한다'는 기준과 고정관념을 앞세워 생각하는 사고
비논리적 사고	논리적으로 서로 아무런 관련이 없는 사실을 연관시켜서 생각하는 것
반추	이미 지나가버려서 돌이킬 수 없는 사건을 반복하여 계속적으로 떠올리면서 후회함
인지적 회피	자신의 문제나 경험을 무시하거나 이를 바로 보지 않거나 생각하지 않고 회피

| 정답 | ①

THEME 04 상담이론

논술 문제 적용 하기

25-1
2023 초등

영우와 진서의 강점을 각각 1가지씩 제시하고, 학생에게 자신의 강점을 알게 해 주는 것이 대인관계 능력 함양에 미치는 긍정적인 영향을 2가지 논하시오.

....(상략)...

김 교사: 좋습니다. 학교에서는 협력 지원 체제를 적극 가동하고, 저는 담임교사로서 우리 반 학생들의 대인관계 문제부터 살피려고요. 우리 반에도 사소한 문제로 대인관계가 나빠진 학생들이 있거든요. 영우가 진서에게 수업 끝나고 자기 집에 가서 같이 놀자고 했는데 진서가 앞뒤 설명 없이 바로 싫다고 거절해 버려서 영우가 상처를 많이 받은 것 같아요. 평소 영우는 친구들과 어울리기를 좋아하는 아이지만 자기 마음을 표현하는 방법을 잘 모르는 것 같아요. 진서는 다른 친구랑 수영을 가기로 약속되어 있어서 어쩔 수 없었다고 하는데, 사실 진서는 평소에 친구의 입장을 고려해서 말하는 태도가 부족하긴 해요.

박 교사: 영우와 진서 모두 대인관계 능력을 기르기 위한 상담이 필요한 것 같아요.

김 교사: 맞아요. 영우와 진서의 부모님께서도 요구하셔서 제가 우선 영우와 진서에게 개별 상담을 진행하고 있으려고요. 이에 대해 좋은 의견 부탁드려요.

서 교사: 상담을 할 때 영우와 진서의 강점을 찾아 활용하실 필요가 있을 것 같아요. 영우와 진서에게 자신의 강점을 알게 해 주고 상담을 진행하면 대인관계 문제를 해결하는 데 도움이 될 거예요.

박 교사: 저는 상담 목표를 설정하실 것을 제안합니다. 상담 목표를 설정할 때는 고려해야 할 사항이 많지만 상담 목표를 적절하게 설정하면 상담 과정이나 성과에 도움이 돼요.

예시답안

영우는 다른 친구들에게 친밀감을 나타내고 친밀한 관계를 유지해 나가고자 한다는 측면에서, 반면 진서는 친구와의 선약을 중시하는 태도를 보임으로써 상대에 대한 믿음과 신뢰를 지킨다는 점에서 강점을 가지고 있다.

학생들에게 이 같은 자신의 강점을 알게 해 주는 것은 그들의 문제해결에 있어 다음과 같은 긍정적 영향을 미친다. 첫째, 학생들의 자신감과 자기존중감을 강화시킬 수 있다. 인간은 개인적으로 갖는 흥미와 강점에 기초하여 발전하고 성장하며, 보통 잘 하지 못하는 것은 피하고 대신에 자신이 잘 할 수 있는 것에 시간을 사용하고 그것을 즐기며 의미를 둔다. 따라서 학생의 강점과 자원을 알게하는 것은 곧 그들이 대인관계 문제 등의 해결책으로 그들의 강점을 활용할 수 있도록 돕는다. 둘째, 학생들로 하여금 문제중심적인 사고에서 벗어나게 하고, 자신의 대처능력에 대한 새로운 인식을 가져온다. 이는 문제의 원인이 되는 과거가 아닌, 그들이 원하는 변화라는 미래에 초점을 두게 한다. 학생 자신이 원하는 것을 이루어 내기 위해 현재 무엇을 하고 있고, 미래에 무엇을 할 것인가에 관심을 두게 되는 것이다. 즉, 대인관계에서의 문제를 적극적으로 해결해 나갈 수 있게 된다.

25
2008 중등

다음 대화에서 김 교사가 적용한 상담이론은?

철 수: 인터넷 게임을 너무 많이 하고 지각을 자주 하니까 성적이 말이 아니에요.
김 교사: 그래, 인터넷 게임 시간을 줄이고, 지각을 하지 않았으면 좋겠단 말이지? 그런데 게임 시간과 지각을 줄일 자신이 있니? 완전히 줄일 수 있는 것을 100점으로 하면 몇 점을 줄 수 있어?
철 수: 인터넷 게임 줄이기는 80점 정도 자신 있고요, 지각 안 하기는 95점 정도 자신있어요.
김 교사: 철수야, 네가 원하는 대로 이루어진다면 너에게 어떤 일이 일어날 것 같아?
철 수: 당연히 성적이 오르겠죠. 부모님이 제일 좋아하실 것 같아요. 요즘 집안 분위기가 별로 안 좋아요. 그런데 제가 성적이 오르고, 게임도 덜 하고, 부모님이 기뻐하실 것 같아요.

① 인지치료 상담
② 해결중심 상담
③ 현실요법 상담
④ 합리적·정서적 행동 상담

정답풀이

② 김 교사는 해결중심 상담의 주요 상담 기법인 해결을 위한 상담 목표 세우기, 척도화 질문, 기적 질문을 사용하고 있다. 먼저 상담 목표를 세우기 위하여 "인터넷 게임과 지각을 자주하여 성적이 엉망이다."라는 철수의 말에 초점을 둔다. 그 다음 상담자는 인터넷 게임과 지각(행동)을 어느 정도 줄일 수 있는지(자신감)를 물어보고 있다. 여기에서 다른 상담과 구별되는 해결중심 상담의 주요 기법인 척도화 질문(100점으로 하면 몇 점을 줄 수 있어?)을 사용하고 있다. 척도화란 문제의 심각도, 우선 순위, 자아 존중감, 성공 가능성이나 자신감 등을 수치화하는 것을 말한다. 마지막으로 상담자는 철수에게 인터넷과 지각을 줄이면 어떤 일이 일어날 것이라고 생각하는지 물어본다. 이것은 해결중심 상담 기법 중에서 기적 질문(miracle question)에 해당한다.

만점대비 +α

💡 드 세이져(Stave de Shazer)의 해결중심 상담

(1) 개요
  ① 문제의 원인규명보다는 학생이 가진 자원을 활용하면서 '해결방법에 중점'을 두어 단기간 내에 상담목적을 성취하는 상담모델이다.
  ② 학생과 함께 해결책을 발견하고 학생의 '성공경험'을 통하여 '강점을 발견'하고, 그것을 확대시키는 해결중심적 패러다임을 가진다.

(2) 원리
  ① 성공에 초점을 둘 때 해결방법이 보임
  ② 모든 문제상황에는 '예외'가 있고 그것이 해결책으로 가는 실마리가 됨
  ③ 문제를 가진 모든 사람은 해결책 또한 가지고 있음
  ④ 긍정적·해결적·미래에 관한 것이 부정적·문제중심적·과거에 관한 것보다 도움이 됨
  ⑤ 추가적 개념 : 문제를 분석하지 말아라, 상담을 길게 끌지 말아라, 현재와 미래에 초점을 맞춰라, 생각보다는 행동에 초점을 맞춰라.

(3) 상담과정 : 문제기술 → 목표형성 → 예외탐색 → 회기 종결 피드백 → 내담자 향상 정도 평가

(4) 상담자와 청담자와의 관계 유형 : 상담자는 관계 유형에 따라서 다른 접근을 시도해야 함

방문형	• 상담을 받아야 한다는 필요성이나 문제해결의 동기가 약한 사람들 • 상담받으러 온 사실 그 자체에 대하여 먼저 상담을 하여, 가지고 온 불만을 수용하고 긍정적인 기대와 동기를 갖게 하고 난 후에 상담을 시작해야 함
불평형	• 문제가 무엇인지는 알지만, 그 문제해결책이 자신과는 무관하다고 생각하는 학생들 • 상담에서 타인을 변화시키는 것은 불가능하다는 점, 문제의 원인을 타인의 탓으로 돌리면 해결책을 찾을 수 없다는 점 이야기하고, 자신의 변화를 통한 방법을 찾을 것을 권함
고객형	• 자신의 문제가 무엇인지를 잘 알며, 문제해결을 위한 동기가 높고 적극적으로 노력을 함 • 청담자의 아이디어나 대안들을 탐색하고 활용하여 상담을 하면 더욱 효과적

(5) 상담기법
  ① 면담 이전의 변화를 묻는 질문 : 문제해결을 위한 잠재력 확인, 해결방안 찾는 데 활용
  ② 해결을 위한 상담목표 세우기
  ③ 전형적인 질문 : 기적질문, 예외질문, 척도질문, 대처질문 등
  ④ 메시지 쓰기 : 상담을 종료하면서 아동이 해결책을 실행하는 데 도움이 될 만한 여러 가지의 자료나 정보들을 체계화하고 칭찬을 통해 노력에 대하여 격려하고 동기를 부여하는 피드백 과정

| 정답 | ②

26

시험불안 증상이 있는 학생과의 상담에서 해결중심(solution focused) 상담이론의 전형적인 질문의 예시라고 할 수 없는 것은?

① 시험을 볼 때마다 불안하다고 했는데, 혹시 불안하지 않은 적은 없었니?
② 만약 오늘 밤 기적이 일어난다면, 내일 아침 무슨 일이 일어나 있을 것 같니?
③ 그렇게 불안해하면서도 어떻게 그 동안 결석 한번 없이 학교를 잘 다닐 수 있었니?
④ 시험을 앞두고 매번 반복적으로 떠오르는 생각이 있니? 그렇게 생각하는 근거는 뭐지?
⑤ 가장 불안할 때를 10점, 전혀 불안하지 않을 때를 0점이라고 한다면, 지금은 몇 점 정도 될까?

오답풀이

① 예외질문에 대한 예시이다.
② 기적질문에 대한 예시이다.
③ 대처질문에 대한 예시이다.
⑤ 척도질문에 대한 예시이다.

|정답| ④

27

2012 초등

다음에서 김 교사가 사용한 해결중심상담의 질문기법으로 가장 적절한 것은?

(철수 어머니는 학교를 방문하여, 철수의 문제행동에 대해 김 교사와 상담하였다. 어머니는 철수 아버지가 교통사고로 갑자기 돌아가신 후 혼자서 철수를 힘들게 키워온 이야기를 하였다.)

철수 어머니 : 철수가 내 말은 이제 전혀 듣지 않아요. 정말 제 나름대로는 최선을 다해 왔는데…. 왜 이렇게 계속해서 힘든 일들이 생기는지 모르겠어요. 이제는 지치네요.

김 교사 : 고생을 많이 하셨겠군요. 그래도 철수 어머니께서 그렇게 힘든 상황에서도 포기하지 않고 지금까지 버틸 수 있게 해 준 것은 무엇이었나요?

철수 어머니 : 철수 아버지가 부모 없이 자라서 늘 입버릇처럼 철수가 하고 싶은 건 다 해 주고 싶다고 하셨거든요. 전 정말 그 바람을 지켜 드리고 싶어요.

① 기적 질문
② 척도 질문
③ 관계 질문
④ 대처 질문
⑤ 악몽 질문

만점대비 +α

💡 해결중심 상담의 질문기법

기적질문	• 만약 문제가 해결되거나 더 나아진다면, 내담자가 자신의 삶이 그렇게 될 것이라는 것을 가능한 한 분명하고 명확히 기술하도록 도와주는 미래지향적인 질문 • 문제와 분리하여 문제가 해결된 상황을 상상해 보게 하고, 자신이 해결하기를 원하는 것들이 무엇인지 구체적이고 명료화하는 데 도움이 되고, 상담목표를 설정하는 데 도움이 됨
예외질문	• 예외란 학생이 문제라고 생각하고 있는 행동이 일어나지 않는 상황이나 행동, 그리고 문제가 덜 심각했던 상황 • 문제해결을 위해 우연적이며 성공적으로 실시한 방법을 발견하여 의도적으로 실시하는 것 • 즉, 평소에는 의식하지 못했던 성공적인 경험을 의도적으로 시행하도록 하여 강화를 하는 방법
척도질문	• 숫자를 활용하여 학생이 생각하는 문제의 심각도, 가장 먼저 해결해야 할 문제의 우선순위, 상담목표의 성취정도와 상담동기, 성공가능성, 자신감 그리고 상담과정에서의 문제해결정도 등을 수치로 나타내도록 하는 방법 • 척도화의 목적은 내담자들이 확인할 수 있는 작은 목표를 세우고, 진전을 측정하고, 또 행동의 우선순위를 설정하도록 돕는 것
대처질문	• 문제해결의 예외를 발견하지 못하고 문제해결의 어떠한 희망도 찾지 못해 절망하고 있는 내담자에게 사용하는 질문 • 만성적인 어려움이나 심한 좌절과 실패로 비관적인 상황에 있을 때, 그 정도인데도 지금까지 그 학생이 대처해 온 나름대로의 방법을 찾아서 성공감과 자긍심을 갖도록 하는 질문 • 이 질문은 내담자에게 아직도 문제를 심각한 상황으로 가져가지 않을 힘과 그 정도 선에서 버텨낼 수 있는 힘이 남아 있다는 것을 알게 하고 자신에게 남아 있는 자원과 강점을 인정하게 함
관계성 질문	내담자가 자기중심적 생각에서 벗어나 중요한 타인의 시각에서 보면서 문제해결에 관한 새로운 가능성을 찾아내는 데 도움을 주는 질문
악몽질문	• 부정적인 생각에 사로잡힌 내담자에게 역설적인 질문을 함으로써 오히려 긍정적인 변화에의 의지를 일깨우고자 하는 질문기법 • 예외질문이 효과가 없을 때 대처질문을 한 것처럼 면담 전 변화에 대한 질문, 기적질문, 예외질문 등이 효과가 없을 때 악몽질문을 활용할 수 있음 • 악몽질문은 해결중심상담에서 유일하게 문제중심적인 부정적 질문인데, 내담자가 자신의 처지에 대해 심각하게 비관하면서 긍정적인 변화나 해결의 가능성을 전혀 생각하지 못할 때 사용함

| 정답 | ④

28

2012 초등

상담이론에 대한 설명 중 옳은 것을 〈보기〉에서 고른 것은?

> ㉠ 프로이드(S. Freud)의 정신분석 상담이론은 집단 무의식을 강조하며, 주요한 상담기법 중의 하나로 자유 연상을 사용한다.
> ㉡ 엘리스(A. Ellis)의 합리·정서·행동 상담이론(REBT)은 신념체계를 강조하며, 주요한 상담기법 중의 하나로 논박을 사용한다.
> ㉢ 번(E. Berne)의 교류분석 상담이론은 세 가지 자아상태(부모, 성인, 아동)를 강조하며, 주요한 상담기법 중의 하나로 구조분석을 사용한다.
> ㉣ 글래서(W. Glasser)의 현실주의 상담이론은 인간의 5가지 기본 욕구(소속감, 힘, 즐거움, 자유, 생존)를 강조하며, 주요한 상담기법 중의 하나로 생활양식을 분석한다.

① ㉠, ㉡ ② ㉠, ㉢
③ ㉡, ㉢ ④ ㉡, ㉣
⑤ ㉢, ㉣

오답풀이

㉠ 융(C. Jung)의 분석심리학적 상담에 대한 설명이다.
㉣ 인간의 5가지 기본 욕구(소속감, 힘, 즐거움, 자유, 생존)를 강조하는 것은 글래서의 현실주의 상담이론이다. 그러나 생활양식의 분석은 아들러의 개인심리학적 상담의 주요 기법이다.

만점대비 +α

💡 융(Jung)의 분석심리학적 치료

(1) 집단 무의식

융이 제안한 독창적 개념으로 분석심리학의 이론 체계에서 가장 핵심적인 개념이다. 집단무의식은 개인적 경험이 아니라 사람들이 역사와 문화를 통해 공유해 온 모든 정신적 자료의 저장소다. 융은 인간의 정신적 소인이 유전된 것으로 생각하였다. 따라서 집단무의식은 인류역사를 통해 선조로부터 물려받은 우리의 행동에 영향을 주는 정신적 소인인 수없이 많은 원형으로 구성되어 있다. 집단무의식은 직접적으로 의식화되지는 않지만 인류역사의 산물인 신화, 민속, 예술 등이 지니고 있는 영원한 주제의 현시를 통해 간접적으로 관찰될 수 있다.

(2) 원형

집단무의식을 구성하고 있는 인류역사를 통해 물려받은 정신적 소인이 원형이다. 원형은 형태를 가진 이미지나 심상이지 내용은 아니다. 상징은 원형의 내용이며 원형의 외적 표현이다. 원형은 꿈, 신화, 동화, 예술 등에서 나타나는 상징을 통해서만 표현된다. 원형은 인간이 갖는 보편적, 집단적, 선험적인 심상들로 융의 분석심리학에서 성격의 중요한 구성요소다. 지적한 것처럼 원형의 수는 무수히 많다. 예를 들면, 신, 악마, 부모, 대모, 현자, 사기꾼, 영웅, 지도자 등 사람들이 삶을 영위하면서 형성해 온 수없이 많은 원초적 이미지가 원형이다. 융이 언급한 대표적인 원형은 페르소나, 아니마와 아니무스, 그림자, 자기가 있다.

💡 아들러의 개인심리 상담에서 생활양식

생활양식은 삶을 영위하는 근거가 되는 기본적 전제와 가정을 의미한다. 생활양식은 삼단논법에 의해 "나는 ~이다 ; 세상은 ~다 ; 그러므로, 나는 ~다."로 표현될 수 있다. 우리는 생활양식에 따라 생각하고, 느끼고, 행동한다. 생활양식이 어떻게 발달하는가를 이해하기 위해서는 열등감과 보상의 개념을 이해하는 것이 필요하다. 왜냐하면 이 개념들이 생활양식의 근본을 결정하기 때문이다. 아들러는 우리 모두가 어릴 때 상상이든 실제로든 열등감을 경험하고, 이것이 우리로 하여금 어떤 방법으로 보상을 하게끔 만든다고 가정하였다. 구체적으로 말하면, 신체적으로 허약한 어린이는 체력을 보다 훌륭하게 발달시키는 쪽으로 보상하려고 애쓸 것이다.

개인의 행동은 자기의 신체적 한계점을 의식함으로써 형성되는 것이므로, 이것은 차츰 그의 생활양식, 즉 열등감을 보상하기 위한 행동이 되어 버린다. 따라서 우리의 생활양식은 우리의 독특한 열등감을 극복하기 위한 노력을 나타낸다.

| 정답 | ③

29
다음의 집단상담 상황에서 철수가 보이는 문제행동은?

2009 초등

> 영희 : 우리 엄마, 아빠는 제가 초등학교 1, 2학년 때만 하더라도 공부도 잘 하고 말도 잘 듣는다고 무척 예뻐하셨어요. 그런데 6학년에 올라오면서 엄마는 사사건건 제게 잔소리만 하고, 아빠는 사정도 잘 모르면서 소리 지르고 꾸중만 하시는 거예요. 저도 나름대로 좋은 딸이 되려고 얼마나 노력하고 있는지 아빠는 잘 모르실 거예요. (이야기를 잇지 못하고 흐느껴 울기 시작한다.)
> 철수 : 영희야, 다 잊어버려. 너희 엄마, 아빠만 그런 것이 아니고, 우리 엄마, 아빠도 그래. 뭘 그런 걸 가지고 고민하고 그러니? 그러지 말고 모두 잊어버려.

① 대화 독점
② 소극적 참여
③ 습관적 불평
④ 의존적 자세
⑤ 일시적 구원

THEME 04 상담이론

만점대비 +α

💡 집단원의 문제행동

대화 독점	• 문제점 : 다른 집단원들과 집단시간을 공유하는 데 방해 • 대처방안 : 미완성문장 등을 활용하여 집단원들이 대화를 독점하는 집단원에게 노골적으로 좌절감을 표현하기 전에 즉각적인 개입을 해야 함
소극적 참여	• 문제점 : 전반적인 분위기를 흐트러뜨리게 되어 집단의 응집력과 생산성 감소 • 대처방안 : 다른 집단원들이 소극적인 집단원들에게 비난하거나 공격적인 태도를 나타내지 않도록 시의적절하게 개입, 적극적으로 참여할 수 있는 기회 제공 등
습관적 불평	• 문제점 : 불평은 또 다른 불평으로 퍼져나가게 하므로 집단 응집력에 악영향 • 대처방안 : 생산적인 집단을 위해 협조와 도움을 요청, 개별면담을 통해 이유를 알아봄
일시적 구원	• 문제점 : 집단원에 대한 보호나 배려로 보이나, 진정으로 도움주는 행동과 거리가 멂 • 대처방안 : 자기탐색을 통해 자신에 대해 보다 심도있게 이해하기, 안전한 집단 분위기 속에서 교정적 감정경험을 충분히 거치고 난 후에 집단의 지지와 격려를 받는 것
사실적 이야기 늘어놓기	• 문제점 : 집단의 한정된 시간이 장황한 이야기를 늘어놓는 집단원에게 집중되어 상담자의 공평하지 못한 시간 안배에 대해 다른 집단원들의 불만 초래, 공허함 경험 • 대처방안 : 공감적 이해를 통해 해당 집단원이 지금–여기에 초점을 맞추고 과거의 경험에서 야기된 감정을 적절하게 표현할 수 있도록 도움, 차단기법 사용
질문 공세	• 문제점 : 호기심충족을 위한 수단으로 잘못 사용, 생각에 의존하는 방향을 이끌 가능성 • 대처방안 : 질문 속에 포함된 핵심내용을 자신을 주어로 해서 직접적인 방식으로 표현
충고나 조언 일삼기	• 문제점 : 충고대로 실행에 옮겼다가 효과가 미미할 경우, 조언제공자에게 책임 전가 • 대처방안 : 자신의 문제에 대해 깊이 탐색하도록 기회를 제공하는 것의 가치를 강조하거나 행동으로 보여줄 필요
적대적 태도	• 문제점 : 심리적 위협을 느껴 자기개방을 어렵게 함 • 대처방안 : 집단에서 원하는 것이 무엇인지 탐색하고 다른 집단원들 앞에서 직접 확인
의존적 자세	• 문제점 : 게임을 하듯이 교묘하게 집단원들의 제안을 회피하거나 무시하는 경향 • 대처방안 : 자신의 문제를 올바르게 인식, 타인에게 의존함으로써 얻을 수 있었던 욕구충족의 고리를 끊는 것
우월한 태도	• 문제점 : 불필요한 적대감을 일으켜 집단의 역동에 부정적인 영향 • 대처방안 : 느낌이나 집안을 통해 얻고자 하는 점을 탐색함으로써 자신은 문제가 없다는 입장을 방어적이지 않은 상태에서 스스로 점검하도록 기회 제공
소집단 형성	• 문제점 : 공유된 정보의 차이로 괴리감 조장, 집단 대 개인의 대결양상으로도 발전 • 대처방안 : 집단원들에게 소집단이 효과적으로 발전하는 데 관심이 있는지를 확인
지성화	• 대처방안 : 역할놀이를 하거나 집단상담자가 감정표현을 직접 시범해 보이는 방법
감정화	• 대처방안 : 반드시 시간을 염두에 두고 문제의 십난원에게 어떻게 반응을 보일 것인가를 결정, 집단원들에게 짝을 짓게 하여 서로의 감정과 생각을 나누도록 함

| 정답 | ⑤

WHY TO HOW
New 논객특강
논술 기출과 객관식 기출의 통합

Chapter 05

교육사회

THEME 01. 기능이론과 교육
THEME 02. 갈등이론과 교육
THEME 03. 교육에 대한 해석적 접근
THEME 04. 신교육사회학
THEME 05. 교육평등과 사회평등
THEME 06. 학업성취격차의 결정요인
THEME 07. 학력의 상승
THEME 08. 학교교육의 위기와 교육개혁
THEME 09. 평생교육
THEME 10. 대안·다문화교육

THEME 01 기능이론과 교육

논술 문제 적용 하기

01-1
2015 상반기 중등

기능론적 관점에서 학교 교육의 선발·배치 기능 및 한계 각각 2가지만 제시하시오.

> 여러분들도 잘 아시겠지만 최근 우리 사회는 학교가 다양한 역할을 수행하도록 요구하고 있습니다. 이에 따라 선생님들께서는 학교 및 수업에 대한 기본적인 이해가 필요하다고 생각합니다. 먼저 교사로서 우리는 학교 교육의 기능을 이해해야 합니다. 지금까지 학교는 학생들이 사회 구성원으로서 올바로 성장할 수 있는 보편적 가치와 규범을 가르쳐 왔습니다. 그러나 최근 사회는 학교 교육에 다양한 요구를 하게 되면서 학교가 세분화된 직업 집단의 교육 요구를 충족시켜 주기를 원하고 있고, 학교 교육의 선발·배치 기능에 다시 주목하고 있습니다. 그러므로 여러분은 학교 교육의 선발·배치 기능을 이해하는 한편, 이것이 어떤 한계를 갖는지도 생각해야 할 것입니다.

예시답안

기능론적 관점에서는 학교 교육의 선발, 배치 기능을 다음과 같이 본다. 첫째, 학생들을 능력의 종류와 수준에 따라 분류함으로써 학습자에 대한 진단 기능을 하며, 이를 토대로 서로 다른 교육적 경험을 부여하고 사회진출을 가능하게 함으로써 직업세계가 필요로 하는 사람들을 적재적소에 분류하는 여과기능을 한다. 즉, 능력 있는 사람들을 분류하고 선발하여 각자의 능력과 소질에 적합한 사회적 업무에 적절하게 배분한다. 성취에 따라 사회경제적 지위를 배분함으로써 직업의 분화에 도움이 되고, 사회적으로 인력활용을 극대화 할 수 있게 된다. 둘째, 능력과 성취에 따라 사회적 지위와 소득을 배분함으로써 개인들에게 능력을 극대화할 수 있는 기회를 부여하고, 이를 통해 사회의 평등에 기여한다. 산업화 이전의 사회에서는 특정계급 출신자만이 자질과 능력을 가지고 있는 것으로 간주되었다. 그러나 산업사회에서는 자질과 능력이 신분과 관계없이 모든 사람에게 있으며, 따라서 오로지 능력과 자질에 의거하여 선발해 지위를 배분하는 일이 매우 필요하고 중요하다. 학교는 그러한 일을 수행하는 합리적인 장소다. 그리고 이처럼 타고난 신분이 아니라 개인이 쌓은 실력, 능력, 업적, 실적에 따라 교육의 기회와 사회적 신분이 제공되는 것은 공정한 사회이동을 촉진한다.

01
2011 중등

다음은 학교교육의 사회적 기능에 대한 관점 중 하나이다. 이 관점에 대한 설명으로 옳지 <u>않은</u> 것은?

> 사회를 구성하고 있는 각 요소는 전체의 존속에 공헌한다. 각 구성요소들은 서로 영향을 미치는 상호의존적 관계에 있으며, 전체적으로 조화롭게 통합되어 있다. 지각·정서·가치관·신념체계의 주요 부분에 대해서 사회 구성원들 사이에 합의가 이루어져 있다. 교육은 전체 사회의 한 구성요소이며, 전체 사회의 존속과 유지에 공헌한다.

① 학교교육의 주요 기능은 사회화에 있다.
② 사회체제 존속에 필요한 규범교육을 강조한다.
③ 학교교육은 업적주의 사회 기반을 공고히 한다.
④ 대표적 이론가로 뒤르껭(E. Durkheim)과 파슨스(T. Parsons)가 있다.
⑤ 교육을 둘러싼 집단 간의 이해관계를 분석하는 데 주안점을 둔다.

정답풀이

※ 기능이론은 사회유기체설에 기반을 두고, 사회는 여러 구성요소로 구성되어 있어 그 구성요소 간에는 상호영향을 주고 받는 상호작용이 있다고 전제한다. 또한 사회는 항상 안정과 질서를 유지하려고 하며 사회질서는 구성원들의 합의에 의하여 만들어진다고 본다.
⑤ 갈등론의 관점에 대한 설명이다.

만점대비 +α

교육에 대한 기능이론의 기본 입장

학교의 사회적 기능	• 사회화 기능 및 선발의 기능 ① 사회화의 기능 : 학교교육의 목적은 본질적으로 기존 사회의 유지와 변화하는 사회에 적응할 수 있도록 하는 사회화에 있음 ② 선발의 기능 : 학교는 능력 있는 사람들을 분류하고 선발하는 합리적인 방안으로서 가장 능력 있는 사람이 가장 높은 사회적 지위를 획득할 수 있게 해줌
능력주의 (업적주의)	• 기능주의는 개인의 신분이 아니라 능력과 업적에 따라 교육의 기회와 사회적 신분이 제공되는 능력주의(업적주의)를 정당한 것으로 봄 • 개인의 능력에 따라 학생을 선발하여 이에 적절한 교육을 제공한 다음, 각자의 교육수준에 따라 사회적 지위를 제공하는 능력주의(업적주의) 사회를 지향
교육의 기회균등과 사회평등	• 교육을 통해 능력이 증진되면, 이에 따라 높은 사회적 지위와 소득을 부여받게 되므로 교육을 통한 사회직 계층의 상승이농이 가능함 • 따라서 교육의 기회가 확대되면 능력과 환경에 맞는 능력의 개발이 가능해지고 업적과 능력에 따른 사회진출을 통해 신분상승이 이루어지므로 교육의 기회가 확대되면 될수록 사회가 평등해질 수 있음
교육문제의 원인	• 교육의 문제는 교육내부의 조정과정에서 일어나는 일시적인 병리현상 • 따라서 교육내부의 개혁을 통해 교육의 문제를 해결할 수 있다고 주장
교육개혁	• 교육개혁을 사회가 변화함에 따라 사회의 유지와 안정에 기여하기 위한 교육체제의 대응이라고 봄 예 사회가 창의성을 중시한다면, 학교에서도 창의성을 중시하는 방향으로 교육

| 정답 | ⑤

02

2009 초등

다음 대화에서 학교교육에 관한 기능론적 관점에 가까운 얘기를 한 교사들은?

> 김 교사 : 요즘, 교과서에 대해 말이 많죠? 역시 교과서 내용은 특정 집단의 입장이 반영된 것이라는 생각을 하게 되요.
> 최 교사 : 글쎄요. 교과서는 모든 국민들이 합의하고 있는 내용을 담은 것이라고 생각해요.
> 박 교사 : 그나저나 요즘은 집안형편이 어려운 학생들이 점점 대학에 진학하기 어려운 것 같아요.
> 정 교사 : 좋은 성적을 받아서 명문대학에 가려면 부유한 집에 태어나는 게 유리하죠.
> 민 교사 : 그래도 학교는, 가난하지만 노력하는 학생들에게 기회를 주는 곳이라고 봐요.

① 김 교사, 최 교사
② 김 교사, 민 교사
③ 박 교사, 정 교사
④ 최 교사, 정 교사
⑤ 최 교사, 민 교사

오답풀이

김 교사, 박 교사, 정 교사는 갈등론적 관점에서 얘기하고 있다.

만점대비 +α

💡 교육에 대한 갈등이론의 입장

학교의 기능	• 갈등론은 학교가 지배집단에 유리한 기존 질서를 유지하는 데 기여한다고 봄 • 즉, 학교가 사회의 불평등구조를 유지·심화시키는 역할을 한다는 것
선발관	• 능력과 성취에 따른 선발을 지배계급의 사회지배를 정당화하는 것에 불과함 • 능력주의는 선발의 기준으로 개인의 능력과 성취를 내세우고 있는데, 이에 가장 큰 영향을 미치는 것이 학습자의 사회경제적 배경 → 능력주의는 지배계급의 학생들에게 절대적으로 유리
학교교육의 내용	• 학교의 교육내용이 보편적이고 객관적인 것이 아니라 지배계급의 이데올로기를 담고 있는 편협한 것으로, 이를 통해 사회의 지배-피지배구조를 정당화함 • 이러한 학교의 교육은 인간을 강제해서 수동적인 존재로 만듦
학업성취에 대한 입장	• 학업성취에 가장 큰 영향을 미치는 것은 사회경제적 배경 • 학교의 교육내용이 지배계층의 논리를 담고 있으므로, 이러한 문화에 익숙해 있는 지배계층의 아동들이 좋은 성적을 받게 된다는 것
교육의 기회균등과 사회평등	• 학교교육이 지배계층의 아동에게 절대적으로 유리하므로 교육이 사회적 불평등을 해소하기는 커녕, 이를 더욱 심화시킴 • 따라서 사회체제의 근본적인 변화 없이 교육의 기회균등의 보장만으로 사회평등을 이룰 수 없다고 주장

| 정답 | ⑤

논술 문제 적용하기

그러나 학교 교육의 선발과 배치에 대한 이러한 관점은 다음과 같은 측면에서 그 한계를 지적할 수 있다. 첫째, 출발선상의 아동들이 모두 동일선상에서 교육받기 시작하는 것은 아니라는 점을 간과하고 있다. 교육을 받기 시작하는 단계에 이미 사회 계급적 차이가 존재하여 교육기회에의 접근이 공정하지 않다. 기능론에서는 기회균등, 업적주의, 경쟁적 사회이동 등을 전제로 하고 있지만 현실에서는 불평등한 출발과 과정으로 인해 선발과 배치의 결과가 불평등하게 나타나고 있다. 둘째, 교육선발의 과정, 방법, 제도 등이 편파적으로 상류층에 유리하도록 되어 있다. 선발과 배치의 근거가 되는 업적 속에는 아동의 노력뿐만 아니라 부모의 노력, 가정 내에 축적된 문화자본의 영향 등도 포함되어 있다. 학교교육 문화와 공통점이 많은 문화를 가진 가정에서 자란 아동들이 학교교육에 보다 잘 적응한다는 것은 당연하고, 이 같은 학교와 가정의 문화적 동질성은 보다 높은 학력을 약속한다. 교육적 선발과정이 그러한 문화적인 편파에 따라서 특정계급에게 유리하게 작용하고 있다는 점을 무시하고 있다.

더 알아보기

💡 기능론적 관점의 한계

① 출발선상의 아동들이 모두 동일선상에서 교육받기 시작하는 것은 아니라는 점을 간과하고 있다. 교육을 받기 시작하는 단계에 이미 사회 계급적 차이가 존재하여 교육기회에의 접근이 공정하지 않다는 점을 과소평가한다. 기회균등, 업적주의, 경쟁적 사회이동 등을 전제로 하며 불평등한 출발과 과정에 따라 불평등한 결과가 나타나는 현실에 무관심하다.

② 교육선발의 과정, 방법, 제도 등이 편파적으로 상류층에 유리하도록 되어 있다. 학력으로 나타난 업적 속에는 아동의 노력뿐만 아니라 부모의 노력, 가정 내에 축적된 문화자본의 영향도 포함되어 있다. 학교교육 문화와 공통점이 많은 문화를 가진 가정에서 자란 아동들이 학교교육에 보다 잘 적응한다는 것은 당연하고, 또 학교와 가정의 문화적 동질성은 보다 높은 학력을 약속한다. 교육적 선발과정이 그러한 문화적인 편파에 따라서 특정계급에게 유리하게 작용하는 것을 저지할 수는 없다.

③ 교육선발은 중립적이고 객관적이지 않고 권력의 이해관계를 보여주는 측면이 있다. 어떤 방식으로 선발하고 그것은 누가 결정하며 선발의 방향과 내용은 어떻게 할 것인가에 대한 결정은 모두 특정 권력집단의 특정한 의도를 지향하며 이는 한편으로 다른 집단의 주장을 배제한다. 그러나 공식적이고 강력한 권력을 통해 행사됨으로써 이를 당연시하고 순응하게 되는 결과를 가져온다. 특정한 과목, 특정한 형식, 특정한 평가방식에 의해 수행되는 시험이 다양한 인간을 객관적으로 우수와 열등으로 구분한다는 것 자체가 모순인데 사람들은 그 결과를 가지고 그 사람을 등급화하여 이를 당연시한다. 선발제도는 학생들을 분류하고 통제하는 기능을 하게 되고, 대개의 경우 당사자도 자신이 그런 사람이라는 것을 내면화하게 된다.

THEME 01 기능이론과 교육

03
2008 초등

뒤르껭(E. Durkheim)의 교육사회학적 입장에 대한 설명으로 옳은 것은?

① 사회구조가 변화하더라도 교육해야 할 도덕이념은 동일하다.
② 세대가 바뀌어도 집합의식이 유지될 수 있도록 기성세대의 영향을 최소화해야 한다.
③ 산업사회에서 분업화가 진행될수록 보편사회화보다는 특수사회화가 더 중요해진다.
④ 이기적인 어린 세대에게 규율의 정신을 가르치는 것은 필요하다. 체벌을 허용해서는 안 된다.

정답풀이

④ 뒤르껭은 학교교육의 목표는 기술인을 양성하는 데 둘 것이 아니라, 인간의 도덕적 자율성을 계발하는 데 두어야 한다고 주장하였다. 인간의 존엄성을 바탕으로 한 공민성 계발을 도덕교육의 중요한 사회화 목표로 삼아야 하고, 도덕사회화를 위한 교육에서 신체적인 처벌행위는 도덕적 행위가 될 수 없으므로 삼가야 하며, 교육은 개인의 능력에 따라 교육기회가 부여되어야 한다는 점을 강조했다.

오답풀이

① 사회가 분화됨에 따라 자기가 소속한 집단이 요구하는 가치관, 태도, 지식, 행동양식, 기술 등을 갖추어야 한다.
② 집합의식이 유지되기 위해서는 보편사회화를 강조해야 하며, 이는 기성세대의 영향을 최소화해야 한다는 것과는 거리가 멀다.
③ 사회가 이질사회가 되면 될수록 사회의 동질성 확보를 위한 보편사회화가 더 필요하며, 교육의 핵심이 된다고 한다.

만점대비 +α

💡 뒤르껭(E. Durkheim)의 도덕사회화론

사회적 유대	• 사회구성원인 개인과 사회구조의 구성요소인 제도의 기능적 상호의존관계 설명 • 분업화와 전문화를 통해 사회 구성요소들이 이질적으로 바뀌었음에도 사회가 존속되는 이유 : '유기적 유대'를 바탕으로 사회구성원들 간의 내적 의존성 강화	
도덕적 개인주의	• 근대적인 산업사회의 출현으로 아노미 상태가 만연. 이를 해소하기 위해 새로운 도덕률 확립의 필요성을 깊이 인식 → 의무함축적 개인주의로서 도덕적 개인주의 주장(자유방임적 X) • 인간의 존엄성을 바탕으로 한 공민성 계발을 도덕교육의 중요한 사회화 목표로 삼아야 하고, 도덕사회화를 위한 교육에서 신체적인 처벌행위는 도덕적 행위가 될 수 없으므로 삼가야 하며, 교육은 개인의 능력에 따라 교육기회가 부여되어야 한다는 점을 강조	
집합의식	• 같은 사회 내 보통 시민들의 공통된 믿음과 감정의 총체 • 한 사회의 공통적 감성과 신념, 즉 집합의식을 새로운 세대에 내면화시킴으로써 그 사회의 특성을 유지하고 구성원들의 동질성을 확보	
교육	• 교육개인을 사회적 존재로 형성하여 사회적 생존을 가능하게 만드는 일종의 사회적 과정	
교육의 기능	보편적 사회화	• 전체로서의 사회가 요구하는 한 사회의 공통적 감성과 신념, 즉 집합의식을 새로운 세대에게 내면화시키는 것을 의미하며, 이를 통해 그 사회의 특성을 유지하고 구성원들의 동질성을 확보하게 됨 • 사회가 분화되고 전문화될수록 사회의 동질성 확보가 필요하므로 보편적 사회화는 더욱 요구되어짐 • 학교교육의 목표는 기술인을 양성하는 데 둘 것이 아니라, 인간의 도덕적 자율성을 계발하는 데 두어야 한다고 주장
	특수 사회화	• 한 사회가 유지되기 위해서는 다양한 집단이 필요하며, 산업화가 진행됨에 따라 사회의 분업화가 가속되었다고 봄 • 분업화된 각 사회집단은 나름대로 요구하는 신체적·지적·도덕적 특성을 지니고 있으므로 사회에 순응하기 위해서는 이를 위한 교육이 필요하게 됨 • 개인이 속하여 살아가게 될 직업집단의 규범과 전문지식을 학습하도록 하는 것을 특수사회화로 보았음

| 정답 | ④

THEME 01 기능이론과 교육

04 2001 초등

드리븐(Dreeben)의 학교사회화 내용 중 다음 <보기>에 해당하는 규범은?

> **보기**
> - 시험시간에 부정행위를 못하게 한다.
> - 숙제를 다른 사람이 대신 하지 못하도록 하고, 평가는 개인별로 실시한다.
> - 학교에서 학생들 스스로 과제를 처리하게 하고, 자신의 행동에 대한 책임을 지게 한다.

① 특정성(specificity) ② 성취성(achievement)
③ 독립성(independence) ④ 보편성(universalism)

만점대비 +α

💡 드리븐(Dreeben)의 이론 : 학교규범론

구분	내용
학교의 기능	• 학교의 기능 : 사회규범을 적절한 방법을 동원하여 학생들에게 내면화시키는 것 • 학생의 역할 : 교과목과 학교생활에서 이루어지는 상호작용을 통해 산업화된 민주 사회에 적합한 네 가지의 핵심적 규범을 배우는 것
사회화	산업사회에서 중요시되는 규범인 독립성, 성취지향성, 보편성과 특정성을 가르치는 것
독립의 규범	• 이 규범은 학교에서 과제를 스스로 처리해야 하고 자신의 행동에 대한 책임을 지게 함으로써 습득됨 • 또한 좌석을 분리시키고 의견교환이나 부정행위를 할 수 없도록 감시하는 가운데 치르는 시험을 통해 독립성을 강조하게 됨
성취의 규범	• 성취의 규범이란 학생들이 할 수 있는 최선을 다해 그들의 과제를 수행해야 한다는 전제를 받아들이고 그에 따라 행동하는 것 • 성취결과에 따라 사회적 희소가치가 배분된다는 것을 인식함 • 이 규범은 '교수-학습-평가'라는 체계 속에서 형성되며, '공동'으로 수행하는 활동에도 적용됨 → 독립성과 구별
보편의 규범	• 보편성의 규범은 동일연령의 학생들이 같은 학습내용과 과제를 공유함으로써 형성됨 • 예를 들어, 한 학생이 과제물을 늦게 제출했을 때 교사는 그 학생의 개인적인 사정을 고려하지 않고 과제물이 늦은 것에 대한 조치를 함으로서, 학생은 보편주의의 규범을 습득하게 됨
특정의 규범 (예외의 규범)	• 학년이나 학교의 수준이 높아지면서 흥미와 적성에 맞는 분야에 한정하여 그 분야의 교육을 집중적으로 수행함으로써 특수성의 규범을 학습하는 것 • 학생이 학교대표팀의 일원으로 경기에 출전하여 과제물의 제출이 늦어졌다면, 교사는 그것을 이해하게 되고 따라서 학생들은 정당한 이유가 있다면 예외적으로 대우받을 수 있다는 예외의 규범을 습득하게 됨

| 정답 | ③

THEME 02 갈등이론과 교육

05
2008 중등

보울즈(S. Bowles)와 긴티스(H. Gintis)의 대응이론(correspondence theory)에서 바라본 교육과 노동의 사회적 관계에 대한 설명으로 옳지 않은 것은?

① 학생과 노동자는 각각 학습과 노동으로부터 소외되어 있다.
② 학교에서의 성적 등급은 작업장에서의 보상체제와 일치한다.
③ 작업장에서의 사회적 관계는 학교에서의 사회적 관계에 그대로 반영되어 있다.
④ 지식의 단편화와 분업을 통해서 학생과 노동자의 임무가 효율적으로 확장된다.

정답풀이

④ 분업을 통하여 노동자의 업무가 제한되고 단결이 저해되는 것처럼 지식의 전문화, 단편화 및 과도한 경쟁을 통하여 학생의 임무가 제한된다.

만점대비 +α

보울즈 긴티스(Bowles & Gintis)의 경제적 재생산이론

기본 입장	• 하부구조인 경제구조가 상부구조를 결정 • 학교가 자본주의의 특성을 그대로 반영하므로 기존의 불평등구조가 재생산된다는 것
학교의 기능	• 학교가 사회적인 위계구조를 그대로 반영하여 자본주의 질서에 순응하도록 함 • 차별적 사회화 : 지배집단은 독립적이고 진취적인 지도자로 기르고, 피지배집단은 순종적인 노동자로 기름
능력주의 선발은 허구	사회의 상층부에 있는 사람들의 능력은 사회계층적 배경에 의한 능력
대응이론 (상응, 일치이론)	• 학교교육과 경제적 생산체제가 서로 대응 ① 노동자가 작업내용을 결정할 수 없듯이 학생들도 교육과정에 대하여 아무런 결정권을 갖지 못함 ② 교육은 노동과 마찬가지로 목적이 아니라 수단임(임금을 얻기 위한 노동, 졸업장을 얻기 위한 교육) ③ 생산현장이 각자에게 분업을 시키듯이 학교도 계열을 구분하고 지식을 과목별로 잘게 나눔 ④ 생산현장에 여러 직급별 단계가 있듯이 학교도 학년에 따라 여러 단계로 나뉘어 있음
잠재적 교육과정	잠재적 교육과정이 더 중요한 기능을 수행 : 자본주의 생산구조에서 요구되는 행동양식과 태도를 주입

| 정답 | ④

06

〈보기〉에서 재생산이론, 인간자본론, 의식화이론의 각 관점에 가장 부합하는 것은?

2012 초등

> ㉠ 경제적인 측면보다 사회변화에 맞춰 청소년들의 의식과 가치관을 합리적으로 변화시키는 것이 더욱 중요하다.
> ㉡ 국가의 예산을 투입하여 지식과 기술력을 갖춘 인재를 육성하는 것은 경제적인 측면에서 매우 생산적이고 유용하다.
> ㉢ 사회구조상 계층이동 방식이 상위계층에 의해 결정되기 때문에 하위계층의 학생들은 상위계층에 진입하기가 힘들며 계층의 대물림이 이어진다.
> ㉣ 교육을 통해서 사회 불평등에 대한 모순을 깨닫게 하고, 비판적 의식을 저항의 실천으로 옮길 수 있도록 해야 한다.

	재생산이론	인간자본론	의식화이론
①	㉠	㉡	㉣
②	㉠	㉣	㉢
③	㉢	㉠	㉡
④	㉢	㉡	㉣
⑤	㉣	㉡	㉢

정답풀이

㉡ 인간자본론의 관점이다.
㉢ 재생산이론의 관점이다.
㉣ 의식화이론의 관점이다.

오답풀이

㉠ 기능론적 관점이다.

만점대비 +α

💡 재생산이론

학교가 학교 내의 사회적 관계를 자본주의 경제구조의 사회관계와 일치시킴으로써 자본주의적 생산관계를 재생산한다고 보는 이론이다. 학교 내의 사회관계와 경제영역의 사회관계가 대응되는 이론이라 하여 대응이론이라고도 한다. 이 이론은 미국의 경제학자 보울즈(Bowles)와 긴티스(Gintis)에 의해 주장되었다. 이들은 학교제도가 자유와 평등이라는 자유주의의 이상을 실현시키지 못하고 있다고 보고, 그 이유로 학교의 교육내용 및 사회적 관계가 경제영역의 지배·종속관계를 재생산한다는 점을 지적하였다. 그들은 교육제도는 노동력의 생산과 제도와 사회관계의 재생산을 통해 경제구조를 재생산한다고 본다. 노동력의 재생산은 직업수행에 필요한 지식, 기술, 기능을 가르치는 것을 의미한다. 제도와 사회관계의 재생산은 업적주의의 이념을 내세워 경제적 불평등을 합리화하며 위계질서에 맞게 개인의 특성을 강화함으로써 의식을 계층화시킴을 의미한다. 경제재생산이론은 마르크스의 「하부 – 상부구조 결정론」 관점에서 하부구조, 즉 자본주의 경제 활동이 상부구조 즉 학생들이 학교에서 겪는 일상적 생활경험을 규율하는 사회관계를 결정한다고 보는 이론이다. 따라서 학교교육 개혁을 위한 비판의 초점은 경제구조 혹은 직업구조에 모아진다.

💡 인간자본론

인간자본이란 미래 금전적 소득을 창출하는 데 있어서 인간에 내재되어 있고 활용할 수 있는 자산을 말한다. 인간자본론에 의하면 교육을 많이 받을수록 개인의 능력과 노동생산성이 커지므로 결과적으로 경제적 이익을 얻게 된다는 것이다. 이는 물적 자본에 대한 투자가 미래에 높은 경제적 이익을 가져다주는 것과 같은 이치이다. 인간자본론은 특히 미국의 노동경제학자인 베커(Becker)에 의해 강조되었는데, 그는 노동의 양보다는 질을 중요시하였다.

💡 의식화이론

한 개인 혹은 집단이 그가 처한 상황에 맹종하는 태도에서 자각을 통한 비판적 시각으로 현실적 제 모순에 대항해 그것을 극복하려는 태도로 변화하는 과정 또는 그러한 변화를 유도하는 작업이다. 이 말은 브라질의 민중 교육가인 프레이리(P. Freire)로부터 비롯된 것으로 그는 이것을 "사회적·정치적·경제적 모순들을 인식하고, 현실의 억압적 요소들에 대항하여 행동을 취하게 되는 것"으로 정의하고 있다. 즉, 현실은 주어진 것이 아니라 주체적으로 만드는 것이며, 자기에게 불리한 여건은 누군가의 조작에 의한 것으로 인간다운 삶을 살기 위해서는 그러한 모순에 대항하여 권리를 쟁취해야 된다는 의식적 자각이 의식화의 내용이다. 이러한 자각은 지배자의 위치에 있는 사람에게도 요구되며, 포괄적으로 의식화는 보다 나은 사회를 위해 현실적 모순에 대항·극복하려는 모든 사람들의 의식적 자각이라 할 수도 있다. 이러한 의식의 자각을 위한 교육이 의식화교육이다.

| 정답 | ④

07

다음은 학교의 사회적 역할과 기능에 대한 학자들의 주장이다. (가)와 (나)가 나타내는 개념은?

(가) 학교에서 교장과 교사, 교사와 학생, 학생과 학생, 학생과 학업 사이의 관계는 위계적 노동 분업을 그대로 본뜨고 있다. 자본주의 기업체의 노동 분업처럼 학교제도도 정교하게 구분된 위계적 권위와 통제 체제를 가지고 있으며, 경쟁과 외적인 보상체계가 참여자들의 관계를 지배한다.

(나) 자본주의 사회는 생산관계의 재생산을 통해 유지된다. 이는 가족, 교회, 학교, 언론, 문학, 미디어 등에 의해 자본주의적 생산 관계의 유지에 필요한 지식, 기술, 태도, 가치 등이 전달되기 때문에 가능하다. 특히 학교는 자본주의 사회에 복종하는 순치된 노동력을 재생산하는 핵심장치이다.

	(가)	(나)
①	대응원리	이데올로기적 국가기구
②	대응원리	억압적 국가기구
③	헤게모니	관료주의적 국가기구
④	아비투스(habitus)	억압적 국가기구
⑤	아비투스(habitus)	관료주의적 국가기구

오답풀이

※ 헤게모니 : 이탈리아의 마르크시스트인 그람시가 말한 개념으로, 그는 헤게모니를 지배계급이 행사하는 문화적 지도력이라고 정의한다. 억압이 법이나 실무 등 제도적 차원의 영향력인 데 비해, 헤게모니는 문화적 차원의 영향력이다. 공산주의혁명에서 지배계급의 문화적 차원의 영향력인 헤게모니의 본질을 깨우쳐 줄 공산주의적 엘리트가 중요한 역할을 한다는 것이 그의 생각이다.

※ 아비투스 : 부르디외(Bourdieu)의 독특한 개념인 아비투스는 각각의 계급 혹은 사회계급 내의 파벌들이 그들의 특징적인 문화양식이나 지배유형을 발전시켜 그 관점을 가지고 아동을 사회화시키고, 그들의 세계관을 형성해 나가는 것을 말한다. 아비투스는 내면화된 문화자본으로서 계급적 행동유형과 가치체계를 반영하고 있다.

만점대비 +α

💡 대응이론
① 학교가 자본주의 경제구조를 재생산할 수 있는 것은 학교교육과 경제적 생산체제가 서로 상응(대응)하기 때문이다.
② 상응(대응)은 다음과 같은 네 가지 일치성에 의하여 이루어진다.
　㉠ 첫째, 노동자가 자신의 작업내용을 스스로 결정할 수 없듯이 학생들도 자기가 배워야 할 교육과정에 대하여 아무런 결정권을 갖지 못한다.
　㉡ 둘째, 교육은 노동과 마찬가지로 목적이 아니라 수단이다(임금을 얻기 위한 노동, 졸업장을 얻기 위한 교육).
　㉢ 셋째, 생산현장이 각자에게 잘게 나누어진 분업을 시키듯이, 학교도 계열을 구분하고 지식을 과목별로 잘게 나눈다.
　㉣ 넷째, 생산현장에 여러 직급별 단계가 있듯이 학교도 학년에 따라 여러 단계로 나뉘어 있다.

💡 자본주의 국가론
① 국가가 단순히 경제구조를 반영하는 것이 아니라 나름대로의 자율성을 지니고 기존 질서의 유지에 앞장선다는 입장을 취한다.
② 국가가 교육이라는 이데올로기 기구를 통해 국가가 중립적이라고 믿게 만들어 피지배계급으로부터 능동적인 동의를 이끌어 냄으로써 기존의 불평등관계를 정당화시킨다는 것이다.
　㉠ 억압적 국가기구 : 국가권력을 의미하며, 일반적으로 마르크스주의자들이 일컫는 국가의 개념과 일치하는 것으로 경찰, 군대, 관공서 등으로 구성된다.
　㉡ 이데올로기적 국가기구 : 억압적 국가기구에 기반을 둔 문화 제도를 뜻하며 교육, 종교, 가족, 법, 정치, 조합, 언론, 문학, 예술, 미디어 등으로 구성된다.

| 정답 | ①

THEME 02 갈등이론과 교육

08
다음 내용과 공통적으로 관련된 개념은?

2010 중등

- 애플(M. Apple)이 교육사회학 이론에 활용한 그람시(A. Gramsci)의 개념이다.
- 학교는 지배 이데올로기를 정당화하는 역할을 한다.
- "학교교육이 교육의 기회를 공정하게 제공하고 능력에 따라 사회계층을 결정하게 한다."고 믿게 하는 지배력 행사 방식이다.

① 프락시스(praxis)
② 아비투스(habitus)
③ 문화적응(accommodation)
④ 모순간파(penetration)
⑤ 헤게모니(hegemony)

오답풀이

① 프락시스(praxis) : 모든 의도적 실천을 일컫기 위한 개념으로, 이론이 아닌 실천과 실행이다. 프레이리(Freire)는 비인간화된 침묵문화에 의해 행해지는 억압자적 행동을 은행저금식 교육으로 분석한다. 그리고 이것에 대한 대안으로 문제제기식 교육방법과 비판적 문해교육으로 인간화 교육을 지향해야 한다고 주장한다. 이에 따르면 교육행위란 인간을 자유롭게 하는 것이어야 하며, 방법, 기술과정 전체가 인간해방의 구현방법이어야 한다. 인간해방으로서 교육은 실재나 상황에 대한 반성 이상의 것, 즉 실천(praxis)이라고 주장한다. 교육으로서 실천은 실재에 대한 반성과 실재를 변형시키는 행동 사이의 통일점이다.

② 아비투스(habitus) : 부르디외(Bourdieu)의 독특한 개념인 아비투스는 각각의 계급 혹은 사회계급 내의 파벌들이 그들의 특징적인 문화양식이나 지배유형을 발전시켜 그 관점을 가지고 아동을 사회화시키고, 그들의 세계관을 형성해 나가는 것을 말한다. 아비투스는 내면화된 문화자본으로서 계급적 행동유형과 가치체계를 반영하고 있다.

③ 문화적응(accommodation) : 새로운 문화적 환경에 노출되거나 적응해야 하는 사람들 모두에게 적용되는 것으로, 문화 간 접촉의 결과 사회문화적이고 심리적인 변화가 발생하는 현상이다.

④ 모순간파(penetration) : 윌리스(Willis)는 '간파'와 '한계'라는 개념을 통해, 학교에서 제시되는 사회적 상승기제가 불평등하게 배분되고 있음을 간파하지만, 육체노동직을 선택함으로써 사회관계를 재생산하는 한계가 있음을 밝혔다. 즉 간파란 구성원들이 집단적, 무의식적 또는 충동적으로 그들이 직면하고 있는 불평등한 존재조건을 꿰뚫어 알아채는 경우를 의미한다. 반면, 존재조건에 대한 그러한 간파가 보다 분명하고 확실한 의식의 형태로 발전되지 않고 중단되는 것이 한계이다.

만점대비 +α

💡 애플(Apple)의 문화적 헤게모니 이론

기본 입장	하부구조(경제적 생산관계)에 의한 상부구조(교육을 포함한 제도, 이념, 종교, 국가 등)의 결정론을 배격하고 상부구조와 학교의 상대적 자율성을 인정
학교의 기능	• 문화적·이념적 헤게모니를 보존하고 전달하여 사회를 통제 • 학교가 다루는 지식, 가치규범, 즉 교육과정에 헤게모니가 깊숙이 잠재되어 있음
헤게모니 (hegemony)	• 지배계층의 문화가 보편적이고, 계층의 질서는 대중의 합의를 통해서 실행된다고 믿게 하는 힘 • 일상생활과 사회의식 속에 깊이 스며 있는 지배집단의 의미와 가치의 체계

| 정답 | ⑤

09
2011 초등

부르디외(P. Bourdieu)가 말한 '상징적 폭력(symbolic violence)'에 해당하는 사례를 〈보기〉에서 고르면?

> ㉠ 민철이는 집안이 갑자기 경제적으로 어려워져 전학을 하게 되었는데 상급생들이 인사를 안 한다고 자주 때려서 그 학교가 싫어졌다.
> ㉡ 종현이는 전국 사투리 경연 대회에 나가 1등을 하였는데 친구들이 매우 부러워해서 어른이 되면 사투리를 연구하는 사람이 되겠다고 다짐했다.
> ㉢ 수업시간에 선생님이 해외 여행 경험을 발표하라고 해서 여러 학생들이 다양한 나라의 여행 경험을 발표했으나 현영이는 외국에 가본 적이 없어서 창피했다.
> ㉣ 지혜는 선생님이 클래식 음악회에 다녀와서 감상문을 써 내라고 숙제를 내줬는데 자신은 클래식 음악을 접해 보지도 못한 데다 가정형편상 음악회에 다녀올 수도 없어 괴로웠다.

① ㉠, ㉡
② ㉠, ㉢
③ ㉠, ㉣
④ ㉡, ㉣
⑤ ㉢, ㉣

만점대비 +α

💡 부르디외(Bourdieu)의 문화재생산이론

기본 입장	학교는 특정계급의 문화자본을 선택, 조직, 사용함으로써 특정계급에게 유리하게 운영되고 있으며, 그것을 통해 자본주의(사회적 불평등)를 재생산
자본의 형태	경제적 자본, 사회적 자본, 상징적 자본, 문화적 자본으로 구분 • 경제적 자본 : 소유권형태로 제도화되어 있는 물적 자본(재산, 소득, 화폐) • 사회적 자본 : 어떤 조건에 소속됨으로써 얻게 되는 이득(가문, 학벌, 정당) • 상징적 자본 : 문화적·사회적 자본을 정당화하는 이데올로기적 기능을 하는 자본(객관화하거나 제도화할 수 없음) • 문화적 자본 : 각 계급이 가지고 있는 언어, 사고, 태도, 행동 등 생활양식
문화자본	• 체화된 문화자본 : 개인에게 내면화되어 있는 문화능력(품위, 세련됨, 교양 등) • 객관화된 문화자본 : 법적 소유권의 형태로 존재, 보편타당한 것으로 인정되는 내용(책, 그림, 사전, 도구, 물건 등) • 제도화된 문화자본 : 누구에게 중립적이고 공정한 것으로 생각하는 학교와 같은 문화제도를 통하여 획득한 학위나 자격증. 상징적인 능력의 지표
언어의 중요성	특유의 문화적 경험과 의식의 차이를 표현할 수 있어 중요한 권력이 됨
상징적 폭력	• 지배계급이 자신들의 문화에 대한 정통성을 확보하기 위해 사용하는 상징적 힘의 행사를 의미 • 지배계급의 문화와 지배유형이 사회질서를 위해 필연적이고 자연스러운 것이라는 것을 학교와 같은 문화제도를 통해 알게 하는 과정
아비투스 (habitus)론	• 내면화된 문화자본으로서 계급적 행동유형과 가치체계를 반영 • 행위자가 다양한 상황에 대응하도록 하는 '사회화된 주관성' • 언어나 의식을 통해서 형성되는 것이 아니라 표면적으로 무의미해 보이는 관행이나 상황에 의해서 개인의 의식 속에 내면화되고 체질화되는 것
티내기 (구별짓기)	자신을 다른 사람과 구별하여 두드러지게 하는 노력으로, 계급적 차원에서 일어나는 구별하기 행위의 전형. 학력과 사회계급에 따라 향유하는 문화적 가치인 취향이 다름

| 정답 | ⑤

10

〈보기〉에서 부르디외(P. Bourdieu)의 문화자본론에 관한 옳은 내용을 모두 고른 것은?

보기

㉠ 아비투스(habitus)는 제도화된 문화자본을 의미한다.
㉡ 학교는 인류의 보편적 가치가 담긴 문화를 가르친다.
㉢ 문화자본은 인류의 핵심가치를 담은 문화적 자산이다.
㉣ 학교교육은 지배계급의 의미체계를 주입하는 상징폭력이다.
㉤ 학교는 자의적 문화상징물에 대해 가치와 정통성을 부여한다.

① ㉠, ㉡
② ㉡, ㉢
③ ㉣, ㉤
④ ㉠, ㉣, ㉤
⑤ ㉡, ㉢, ㉤

정답풀이

③ 문화자본이란 특정한 사회적 장 또는 관계에서 정통성을 획득한 재산으로, 계급별 심미적 취향, 의식수준과 상징조작능력의 차이를 나타내는 언어, 의미체계, 사고방식, 지향성의 총체로 정의한다. 그 중 아비투스는 체화된(내면화된) 문화자본을 의미한다. 가령 어떤 음식이나 음악을 좋아하고 어떻게 즐기느냐 하는 것은 개인의 '자의적인' 취향에 달려 있지만, 특정한 장에서 음식이나 음악에 대한 개인들의 취향 차이는 위계적인 '구별짓기'로 바뀌게 된다.

부르디외에 따르면, 학교는 자의적인 문화 상징물에 대해서 가치와 정통성을 부여해 주는 역할을 하는 주된 문화기관으로, 학교에서 가르치는 것은 지배–피지배 집단 간 권력관계의 정통성을 받아들이도록 구성된 상징체제이다. 그는 문화 중에서도 어렸을 때부터 계급적 배경을 통해서 자연스럽게 내면화된 '아비투스적 문화'를 중요하게 취급하는데, 학교는 지배계급의 문화를 강조하면서 상징적 폭력을 행사하며 이를 통한 불평등을 재생산한다는 것이다.

오답풀이

㉠ 아비투스는 체화된 문화자본을 의미한다
㉡ 부르디외는 학교에서 가치를 부여하는 문화는 결코 보편적인 문화도 아니며 '임의적' 성격을 띠고 있다고 주장한다. 이 문화는 사실 사회, 경제, 정치체제를 통제하는 지배집단들의 문화다.
㉢ 문화자본이란 특정한 사회적 장 또는 관계에서 정통성을 획득한 재산으로, 계급별 심미적 취향, 의식수준과 상징조작능력의 차이를 나타내는 언어, 의미체계, 사고방식, 지향성의 총체를 의미한다.

| 정답 | ③

11

번스타인(B. Bernstein)의 교육과정사회학 이론에 근거하여, ○○고등학교 교육과정 운영의 특성을 설명한 것으로 옳은 것은?

> ○○고등학교에서는 A, B, C 과목의 경계가 뚜렷하게 구분되지 않아서 이 교과를 담당하는 세 명의 교사는 담당 교과에 얽매이지 않고 자유롭게 상호 교류한다. 또한 세 명의 교사는 차시마다 가르칠 내용을 정하지 않고 학생들의 흥미나 수업상황에 따라 융통성 있게 조정한다. 수업에서 다루는 주제에 대한 시간 배정도 엄격하지 않다.

① 강한 분류(Classification)와 강한 구조(frame)의 집합형 교육과정을 운영하고 있다.
② 강한 분류(Classification)와 약한 구조(frame)의 집합형 교육과정을 운영하고 있다.
③ 약한 분류(classification)와 강한 구조(frame)의 통합형 교육과정을 운영하고 있다.
④ 약한 분류(classification)와 약한 구조(frame)의 집합형 교육과정을 운영하고 있다.
⑤ 약한 분류(classification)와 약한 구조(frame)의 통합형 교육과정을 운영하고 있다.

THEME 02 갈등이론과 교육

만점대비 +α

💡 번스타인의 교육자율이론

(1) 교육과정분석

분류 (classification)	• 과목 간, 전공분야 간, 학과 간의 구분을 말하는 것으로, 구분된 교육내용들 사이의 경계의 선명도를 의미 • 체계이론의 용어로 표현하면 '경계유지'의 정도가 높으냐 낮으냐의 문제
구조 (frame)	• 과목 또는 학과 내의 조직의 문제로, 가르칠 내용과 가르치지 않을 내용의 구분이 뚜렷한 정도, 계열성의 엄격성, 시간배정의 엄격도 등을 포함하는 개념 • 즉, 교육내용의 선정, 조직, 진도, 시정(時程)에 대하여 교사와 학생이 소유하고 있는 통제력의 정도를 말함 • 구조화가 철저하면 교사나 학생의 욕구를 반영하기 어렵고, 반대로 구조화가 느슨하게 되어 있으면 욕구를 반영시키기 용이
교육과정의 조합	• 집합형 교육과정 : 강한 분류·강한 구조, 강한 분류·약한 구조 • 통합형 교육과정 : 약한 분류·강한 구조, 약한 분류·약한 구조

(2) 교육과정의 유형

집합형 교육과정	• 종적 관계 중시 : 엄격히 구분된 과목 및 전공분야 또는 학과들로 구성되어 있어서 과목 간, 전공분야 간, 학과 간의 상호관련이나 교류는 찾아볼 수 없음 • 상급과정으로 올라감에 따라 점점 전문화되고, 세분되어 학습영역이 좁아짐 • 학생과 교사들이 어느 분야 또는 어느 학과에 속해 있는지가 분명하며 소속 학과에 대한 강한 충성심이 요구됨 • 교육과정의 계획과 운영에 학생들이 참여할 기회는 극히 적음
통합형 교육과정	• 횡적 교류 중시 : 과목 및 학과 간의 구분이 뚜렷하지 않아서 횡적 교류가 많으며, 대체로 여러 개의 과목들이 어떤 상위개념이나 원칙에 따라 큰 덩어리로 조직됨 • 교사와 학생들의 재량권이 늘어나고, 교사와 교육행정가의 관계에서도 교사의 권한이 증대됨 • 행정가, 교사, 학생 사이의 권한경계가 약화되는 것이라고도 표현할 수 있음

| 정답 | ⑤

12

2008 초등

번스타인(B. Bernstein)의 '보이는 교수법(visible pedagogy)'과 '보이지 않는 교수법(invisible pedagogy)'에 대한 설명으로 잘못된 것은?

① 전통적인 지식교육은 '보이는 교수법'에 해당한다.
② '보이는 교수법'은 강한 분류와 강한 구조를 특징으로 한다.
③ '보이지 않는 교수법'에서는 놀이와 공부를 엄격히 구분한다.
④ 두 교수법 사이의 갈등은 신 - 구 중간계급 사이의 갈등을 반영하고 있다.

정답풀이

③ '보이지 않는 교수법'에서는 놀이와 공부를 엄격히 구분하지 않는다.

만점대비 +α

💡 **번스타인의 보이지 않는 교수법과 보이는 교수법**

(1) 보이지 않는 교수법(invisible)
 ① 교육과정양식이 계급적 이데올로기를 구현하고 있는 현상을 밝히기 위하여 아동중심 교육과정에서 흔히 보이는, 이른바 '진보적' 교수법의 기원과 특징을 분석하고 이러한 교수법을 보이지 않는 교수법으로 규정한다.
 ② 놀이가 학습의 주요내용, 일이 곧 놀이이며, 놀이가 곧 일이 된다.
 ③ 보이지 않는 교수법에 내재된 교육규칙은 '느슨한 분류와 구조'로 특징 지어진다.
(2) 보이는 교수법(visible)
 ① 전통적인 지식교육 교수방법으로 학습내용상의 위계질서가 뚜렷하며 전달절차의 규칙이 엄격히 계열화되어 있으며, 학습내용의 선정준거가 명시적이다.
 ② 일과 놀이의 구분이 명백하다.
 ③ 전통적 지식교육은 학습경험을 '강력한 분류와 구획'으로 규율한다.
(3) 두 가지 교수법의 대치와 갈등은 사회관계를 강력한 분류와 구조로 규율할 것인가 아니면 느슨한 분류와 구조로 규율할 것인가 하는 사회통합의 근본원리상의 차이에 비롯된다. 이 원리의 차이는 또한, '신' 중간계급이 전통적 중간계급으로부터 분리되어 나오는 계급분화와, 이 계급분화의 결과로 나타난 두 중간계급 간의 갈등에서 근원된다.

| 정답 | ③

THEME 02 갈등이론과 교육

13
2011 중동

교사가 회고하는 다음 학생의 삶을 가장 잘 설명하는 이론은?

> 그 학생은 학창 시절 말썽을 많이 피웠지. 비슷한 또래들과 몰려다니면서 싸움도 자주 하고, 각종 교칙을 밥 먹듯이 위반했어. 수업을 시시하다고 하면서 방해하기도 하고, 공부 잘 하는 애들을 계집애 같다고 놀려 대기도 했어. 반면에 자기 부류의 애들은 사내답다며 우쭐댔지. 자기는 육체노동직에 종사하는 아버지처럼 사나이답게 살고 싶다고 했지. 나중에 보니 그 학생은 스스로 진학을 포기하고 자기 아버지와 같이 육체노동직을 선택하더라고.

① 저항이론
② 헤게모니이론
③ 문화재생산론
④ 경제재생산론
⑤ 상징적 상호작용론

만점대비 +α

💡 윌리스(Willis)의 저항이론

기본입장	• 영국의 윌리스가 한 문화기술연구에서 처음 제시, 지루(Giroux), 애플(Apple), 아론위츠(Aronwitz)에 의해 발전 • 노동계급의 학생들은 학교로부터 제시된 문화를 적극적으로 거부하고 스스로의 의지(해석적 관점)에 의해 아버지들의 직업인 노동계급을 선택 → 남성우월주의에 근거하여 사나이의 길 선택
특징	• 인간은 주체적인 의지를 지닌 능동적인 존재 • 교육을 통한 사회변화의 가능성 • 재생산이론의 한계를 극복
개념	• 간파 : 노동계급의 학생들은 이미 직업세계에 대한 정보와 경험이 학교교육내용과 다르다는 것을 터득함으로써 그들이 속하게 될 직업위치를 알고 있음 • 제한 : 정신노동과 육체노동의 구분이 존재하는 자본주의사회의 현실은 노동자계급이 아무리 노력하더라도 그들의 사회적·경제적 성공에 한계가 있듯이 학교교육을 통한 사회이동도 한계가 있음
한계점	• 학생들의 저항이 어떤 조건에서 비판적 의식으로 발전되고, 또 그것이 어떻게 사회변화의 동인으로 작용하는가 하는 점을 명확히 규명 못함 • 12명의 학생을 대상으로 연구 : 저항이 노동계급 전체에게 적용될 수 있다고 본 것은 저항의 개념을 지나치게 확대 해석한 것

| 정답 | ①

THEME 03 교육에 대한 해석적 접근

14 2010 초등

다음과 같은 학급상황을 설명하는 데 가장 적합한 이론은?

> 우리 학급 친구들은 대체로 쾌활하고 말이 많은 편이다. 영어 교과 전담 선생님은 학급 분위기가 들떠 있어서 수업을 제대로 진행할 수가 없다고 하면서, 우리를 '문제 학생'이라고 부르며 자주 꾸짖으신다. 영어시간만 되면 힘들고 수업분위기도 가라앉는다. 그런데, 담임 선생님은 우리를 '명랑학생'이라고 부르며 자주 칭찬해 주신다. 담임 선생님의 수업 시간에는 적극적으로 의사표현을 하게 되고 수업 분위기도 활발하다.

① 저항이론
② 구조기능론
③ 경제재생산론
④ 문화재생산론
⑤ 상징적 상호작용론

THEME 03 교육에 대한 해석적 접근

> **만점대비 +α**
>
> 💡 **상징적 상호작용론**
>
> (1) 개요
>   ① 미드와 쿨리(Mead & Cooley)에서 시작되어 블루머(Blumer)가 체계화하였다.
>   ② 개개인에 있어서의 자아의식의 형성은 사회에서의 상호작용의 결과이다. 개개인은 일상생활에 있어서 다양한 상황에서 접촉하게 되는 타인들의 눈을 통하여 자신을 알게 된다.
>   ③ 우리는 타인과의 상호작용을 통하여 의미를 이해하고 사회적으로 주어진 의미를 중심으로 우리 생활을 조직하게 된다.
>   ④ 사회관계는 상호작용 관계에 있는 쌍방이 각각 자신의 행동에 대하여 상대방이 어떻게 대응할 것인가를 예지하고 상호 용납할 수 있는 방법으로 상황을 정의하며, 쌍방이 받아들일 수 있는 행동의 선을 설정한다.
>   ⑤ 사회를 사람들 간의 상호작용 관계라고 봄으로써 사회를 정태적인 불변하는 구조적 측면을 중시하는 구조기능주의론과는 대조적으로 사회의 과정적 측면을 강조하고 있다
>
> (2) 학교교육에의 시사점 : 교사와 학생의 상호작용은 서로에게 어떤 의미를 부여하고 기대를 갖는지에 따라 달라진다.
>
> | | |
> |---|---|
> | 하그리브스의 상징적 상호작용론 | • 학교에는 교장, 교사, 학생들의 상호작용이 일어나고 있으며, 그들 간의 상호작용을 세밀하게 관찰하여 분석하는 것이 중요
• 교사의 자기개념유형 : 맹수조련사형, 연예인형, 낭만가형
• 학생의 적응양식 : 낙관적 순응형, 도구적 순응형, 식민화유형, 도피형, 비타협형, 반역형 |
> | 우즈(Woods)의 교사의 생존전략 | 사회화, 지배, 친목, 결근과 자리이동, 치료요법, 관습적인 전략(받아쓰기) |
> | 맥닐(McNeil)의 방어적 수업 | 교수방식은 학생들의 반응을 줄이는 방식으로 진행
• 단편화 : 어떠한 주제든지 단편들 혹은 서로 연결되지 않는 목록들로 환원시킴
• 신비화 : 복잡하거나 논의의 여지가 있는 주제에 관한 토론을 막기 위해서 중요하지만 알기 힘든 것처럼 보이게 함
• 생략 : 학생들이 몰라도 된다고 생각하는 부분이나 한 단원 전체를 생략하고 넘어가는 행위
• 방어적 단순화 : 학생들의 능력이 모자란다고 여겼을 때 그것을 극복하기 위해 사용 |
> | 낙인과 상호작용 | • 일탈행위 원인은 일탈자와 이에 영향을 주는 사람 간의 상호작용의 결과
• 리스크의 연구 : 교사는 학생의 가정배경, 옷차림, 외모, 언어사용능력에 따라 학생을 분류
• 하그리브스의 연구 : 학생의 일탈행동은 교사가 학생의 행동을 일탈로 규정하는 태도에 의해 판단 |

| 정답 | ⑤

15

2008 중등

다음 내용에 나타난 교육사회학적 관점은?

> 교육은 기계에 맞는 톱니바퀴를 만드는 것이 아닙니다. 삶의 방식은 개인의 선택에 따르는 것으로 매우 다양합니다. 성적이 부진하더라도 그것을 중요한 문제로 삼을지 여부는 학생의 인식에 달려 있습니다. 학생이 학업성적의 가치를 높게 인식하면 열심히 공부할 것이고, 그렇지 않다면 다른 가치 있는 활동에 전념할 것입니다. 교사가 할 일은 학생 자신이 상황을 어떻게 인식하는가에 따라서 사회적 현실이 달라진다는 생각을 갖게 하고, 그에 대한 책임을 다하도록 학생을 격려하는 것입니다.

① 갈등론적 관점
② 급진론적 관점
③ 구조기능론적 관점
④ 상호작용론적 관점

만점대비 +α

💡 상황정의

① 상황정의는 미국 사회학자인 토마스(Thomas)가 발전시킨 상징적 상호작용론의 중요한 기본개념으로서, 토마스의 공리로 알려져 있다.
② 이는 "만일 인간이 상황을 현실적인 것으로 정의하면, 그들은 그 결과에 관해서도 현실적인 자세를 갖게 된다."는 것으로 상황규정, 상황의 정의라고 한다.
③ 상황정의는 문제에 직면한 개체가 자기결정적·내성적 행위의 방향을 잡는 '음미와 사색의 단계'이다.
④ 사회성원들이 행하는 자발적인 상황정의와 사회가 그들에게 제시하는 정의 사이에서 치열한 경쟁관계가 있다고 지적하고, 상황정의는 행위의 복수선택의 가능성 속에서 특정 행위를 선택하여 의지를 갖는 행위에 불가피한 여건과 의미를 부여하는 것으로 보았다.
⑤ 머튼(Merton)은 토마스의 상황정의에 착안하여 자성적 예언을 개발했다. 그는 실제로 의미 부여를 하여(자인) 그렇게 되도록 계속적으로 행위를 하면, 그 결과는 그 의미에 의해 규정(성취)된다고 했다. 종국적으로 행위자의 상황정의가 실제상황을 규정하게 된다.

| 정답 | ④

16

다음은 맥닐(L. McNeil)의 연구결과에서 설명하고 있는 수업전략 중 하나이다. 이 수업전략에 해당하는 것은?

2013 중등

> 사회과 교사가 학생들의 능력이나 수업에 대한 관심이 부족하다고 생각할 때 즐겨 사용하는 수업전략이다. 이것의 주요 특성은 교사가 수업 시간에 정치적으로 덜 민감하거나 논쟁의 여지가 적은 주제를 선택한다는 점이다. 이 수업전략을 사용할 때, 교사는 학생들에게 '빈칸 채우기' 형태의 연습문제를 풀게 하거나 주제의 개요만을 말해 주는 방식을 취한다. 이러한 과정을 통해 교사가 중요한 주제를 수업 시간에 다루었다고 학생들이 느끼게 한다.

① 사회화(socialization)
② 식민화(colonization)
③ 신비화(mystification)
④ 도구적 순응(instrumental conformity)
⑤ 방어적 단순화(defensive simplification)

만점대비 +α

맥닐의 방어적 수업

① **맥닐의 연구**: 한 명의 교사가 수십 명의 학생들을 가르치는 학급상황에서 교사는 학생들로부터 자신을 지켜야 한다는 구조적인 방어의식을 갖게 된다. 교사의 그러한 방어의식은 교과지도에서는 방어적 수업으로 나타나며, 생활지도에서는 학생다움을 요구하는 각종 규제로 구체화된다. 맥닐은 교사들이 이러한 상황 속에서 살아남기 위해 일방적인 강의식 수업을 선호하며, 학생을 통제하는 강의전략을 구사하여 방어적 수업을 진행한다고 설명했다.

② **방어적 수업을 위한 강의전략**
  ㉠ **단편화**: 수업의 내용을 단편적 지식과 이들의 목록으로 구성하여 단순화함으로써 토론과 반대의견을 제시하지 못하게 막는다.
  ㉡ **신비화**: 복잡한 주제는 전문가가 아닌 학생들은 파고 들어가기가 어렵다고 말하여 신비화시킨다. 예를 들어, 국제통화기금 등을 언급할 때는 그 용어들을 그대로 베껴 쓰라고 시킨다.
  ㉢ **생략**: 시사문제나 논쟁의 여지가 있는 주제를 다룰 경우, 학생들이 반대의견을 제시하거나 토론을 할 만한 자료 혹은 자료를 보는 관점을 언급하지 않고 생략한다.
  ㉣ **방어적 단순화**: 학생들을 이해시키기 위해서는 다양한 방법과 많은 시간이 드는 주제를 다룰 경우, 이를 간단히 언급만 하고 넘어가는 전략이다. 학생들에게는 이 주제는 깊이 공부하지 않아도 된다고 말함으로써 이를 정당화시킨다.

| 정답 | ⑤

THEME 04 신교육사회학

17
밑줄 친 부분의 지식과 가장 부합하는 관점은?

2012 초등

> <u>최교사는 몇 차례 수업 참관을 통해, 김 교사가 수업 중에 매우 정교하고 세련된 논리적 어법을 사용하는 반면 학생들은 투박하고 비논리적인 어법을 사용하는 것을 확인하였다. 최 교사는 김 교사의 언어에 익숙하지 않은 학생들이 수업 내용을 제대로 이해하기 힘들어 하고 있으며, 결국 이것이 낮은 학업성취도로 이어질 수 있다고 지적했다.</u> 김 교사는 지금까지 그러한 문제가 있음을 느끼지 못했다며 앞으로 수업 중에 유의하여 지도하겠다고 했다.

① 일리치(I. Illich)의 탈 학교론
② 윌리스(P. Willis)의 저항이론
③ 카노이(M. Canoy)의 종속이론
④ 랑그랑(P. Lengrand)의 생애교육학
⑤ 번스타인(B. Bernstein)의 교육과정사회학

만점대비 +α

💡 번스타인의 교육과정 사회학 : 언어실조론

① 사회언어학적 입장에서 학교 내부의 불평등문제에 접근하여, 계층의 언어사용형태가 학업성취의 차이를 가져온다고 본다.
② 번스타인은 영국사회의 노동계급과 중류계급이 갖고 있는 독특한 구어양식을 각각 '대중어'와 '공식어'로 지칭하였다.
③ 중류계급의 아동들은 공식어와 대중어를 모두 사용할 줄 알며 필요에 따라서 적절한 언어를 구사하지만, 노동계급은 대중어만을 사용하기 때문에 공식적 장면에서 공식어를 사용할 수 없으며 자신들에게 익숙한 대중어를 이용하여 메시지를 이해해야 한다.
④ 번스타인은 이러한 점을 부각하기 위하여 노동계급과 중류계급의 어법을 각각 제한된 어법과 정련된 어법으로 지칭하기도 하였다.
⑤ 대중어와 공식어

대중어 (제한된 어법)	• 하류층이 사용하는 언어 • 구문형식이 어설픔, 비인칭 주어 사용이 많음 • 문법적으로 미완성의 문장 • 단순한 접속사 자주 사용 • 상투적인 관용어·표현어 잦은 사용 • 구체적 의미
공식어 (정련된 어법)	• 중상류집단이 사용하는 언어, 교실에서 사용하는 언어 • 비인칭주어 사용이 적음 • 문법적 어순과 구조화 • 언어가 복잡한 인지위계 표현 • 전치사의 잦은 사용 • 보편적 의미

| 정답 | ⑤

18

2010 초등

번스타인(B. Bernstein)이 학업성취에서 노동계급의 자녀들은 중류계급의 자녀들에 비해 불리하다고 주장한 이유로 가장 적절한 것은?

① 부모의 낮은 지적능력이 자녀들에게 유전되어 학습부진을 초래하기 때문이다.
② 부모의 교육수준이 낮아서 자녀들의 학교과제를 제대로 도와줄 수 없기 때문이다.
③ 부모가 자녀교육에 대한 관심과 열정이 부족하여 자녀와 교육적 상호작용이 부족하기 때문이다.
④ 부모의 소득수준이 낮아서 자녀들의 학습활동에 필요한 경제적 지원을 충분히 하지 못하기 때문이다.
⑤ 부모의 정교하지 못한 어법을 습득한 자녀들이 학교의 공식적 교육상황에 적응하는 데 어려움을 겪기 때문이다.

정답풀이

⑤ 번스타인은 학교에서 교과서에 쓰여지는 언어나 교사가 사용하는 언어들은 주로 중류층이 쓰는 정교한 어법임을 밝혀내었다. 학교교육은 중류계층의 구어인 '공식어'의 구어양식이 나타내는 인지적·정의적 활동을 조장한다. 그래서 학교에서 가르치는 교과와 학교에서의 교사와 학생 간 인간관계는 추상적인 논리가 강조되고, 감정이 언어형식에 의하여 매개된다. 그 결과 노동계급의 아동은 학교가 요구하는 언어모형에 익숙하지 않으므로 교과내용을 따라가는 데 있어서 상대적으로 불리할 수밖에 없다. 반면에 중산층 아동은 자신이 가정에서 익숙한 언어코드를 학교에서 사용하므로 노동계층의 아동보다 학업성취도가 높은 경향이 있다. 이처럼 학습장면에서 중류계급의 어법으로 의사소통이 이루어지기 때문에 중류계급 아동은 아무런 불편 없이 교사로부터 교육적 메시지를 전달받을 수 있지만, 노동계급 아동은 말을 이해할 수 없어 메시지를 전달받는 데 어려움을 겪게 된다.

| 정답 | ⑤

THEME 05 교육평등과 사회평등

19 `2008 초등`

다음의 ㉠과 ㉡에 해당하는 교육의 평등 개념은?

> A군은 고등학교가 없는 도서지역의 가난한 집안 출신이다. A군은 육지로 유학을 나가 고등학교에 다닐 수 있는 경제적 형편이 안 되어 걱정이 컸었는데, ㉠ 지방자치단체에서 통학을 위한 배편을 무상으로 지원하게 됨에 따라 집에서 고등학교를 다닐 수 있게 되었다. 더욱이 A군의 담임교사는 미술에 재능이 있는 A군이 작은 시골 학교에서 지도를 제대로 받을 수 없는 상황을 안타깝게 여겨, 방과 후 학교에 미술 강사를 초빙하여 지도를 받을 수 있도록 하였다. A군은 ㉡ 대도시에서 학교를 다닌 학생들 못지않은 미술 실력을 갖춰 M대학의 장학생으로 입학할 수 있게 되었다.

	㉠	㉡
①	기회의 보장적 평등	결과의 평등
②	기회의 허용적 평등	조건의 평등
③	기회의 보장적 평등	조건의 평등
④	기회의 허용적 평등	결과의 평등

THEME 05 교육평등과 사회평등

만점대비+α

💡 보장적 평등

개념	취학을 가로막는 "경제적·지리적·사회적 제반 장애를 제거"해 취학을 보장해 주는 대책이 있어야 교육평등을 이룰 수 있다고 보는 관점
영국의 교육기회 보장정책	• 영국의 〈1944년 교육법〉 • 의무무상교육의 확대, 학비보조, 중등교육의 보편화와 단선제 • 결과 : 교육기회의 확대는 가져왔지만, 계층 간의 교육 기회 분배구조를 변화시키는 데까지는 미치지 못함
우리나라의 보장정책	• 경제적 제약 극복 : 무상의무교육 실시, 학비보조제도 및 장학금제도의 운영 • 지리적, 사회적 제약 극복 : 학교를 지역적으로 종류별로 고르게 설치, 근로 청소년을 위한 야간학급 및 방송통신학교의 설치
법적 규정	• 「헌법」 제31조 : 의무교육은 무상으로 한다. • 「교육기본법」 제8조 : 의무교육은 6년의 초등교육과 3년의 중등교육으로 하며, 모든 국민은 의무교육을 받을 권리를 가진다. • 「초·중등교육법」 제52조 : 산업체에 근무하는 청소년에 대한 중학교 및 고등학교 과정의 교육을 위해 산업체에 인접한 중학교 및 고등학교에 야간수업을 주로 하는 특별학급을 둘 수 있다.

💡 결과의 평등

등장 배경	• 콜맨의 보고서가 나온 이후 적극적인 개념으로서 교육결과의 평등이 교육기회 균등의 측정기준이 되어야 한다는 주장이 우세하게 되었음 • 콜맨의 보고서는 학생들의 학업성취의 불평등은 학교 간의 격차에 원인이 있는 것이 아니라 그들이 처한 가정배경이나 동료집단에 원인이 있다고 밝혔는데, 이는 교육조건을 개선하더라도 교육평등을 실현하기 어렵다는 것을 시사하는 것이었기 때문
개념	• 교육결과가 같지 않으면 결코 평등이 아니라는 주장 → 교육결과란 최종적으로 도달해야 할 지점을 의미하는 것이 아니라, '최소한의 기초 수준'을 의미함 • 즉, 교육의 결과 나타나는 학업성취나 이로 인한 소득과 삶의 기회에 있어 집단 간의 격차가 작아야 한다는 것을 의미 • 이러한 접근은 사회적·경제적·지역적 격차를 축소시켜 보자는 의도를 가지고 있는 것으로, 저소득층·벽지·문화적 혜택을 받기 어려운 곳에 더 많은 교육자원을 투입하여 학생 간, 계층 간, 지역 간의 교육적 불평등을 축소시키려는 접근
보상적 평등정책	• 학생 간 격차 축소 : 능력이 낮은 학생에게 더 좋은 교육조건 제공, 학습부진아에 대한 보충학습 지도 • 계층 간 격차 축소 : Head Start Program, Middle Start Program, EPA, 교육복지우선지원사업, 기회균형선발제 • 지역 간 격차 축소 : 읍면지역의 중학교 의무교육의 우선 실시, 농어촌 학생의 대학 입시 특별전형

| 정답 | ①

20

2010 초등

고등학교 의무교육제도화에 관한 교사들의 대화 내용과 교육평등관을 가장 적절하게 연결한 것은?

> 홍 교사 : 이제 우리나라 경제수준도 높아지고 했으니, 모든 국민이 고등학교 교육을 받을 수 있도록 고등학교 무상의무교육제도를 도입하는 것이 좋을 것 같아요.
> 정 교사 : 개인의 고등학교 진학 여부는 국가에서 개입하기보다는 당사자의 능력과 노력에 맡기는 것이 좋지 않을까요?
> 박 교사 : 글쎄요. 저는 요즘 같은 사회양극화 시대에는 고등학교 무상의무교육제도 도입에서 한발 더 나아가, 계층 간 학업성취도의 격차를 좁힐 수 있도록 소외 계층 학생을 위한 적극적 배려 정책이 필요하다고 보는데요.

	홍 교사	정 교사	박 교사
①	기회 허용적 평등	조건의 평등	기회 보장적 평등
②	기회 보장적 평등	조건의 평등	결과의 평등
③	기회 보장적 평등	기회 허용적 평등	결과의 평등
④	조건의 평등	기회 허용적 평등	기회 보장적 평등
⑤	조건의 평등	결과의 평등	기회 허용적 평등

만점대비 +α

💡 허용적 평등

개념	모든 사람에게 교육받을 기회를 고르게 허용, 인간의 능력이 유전에 의해 결정되며, 능력에 따라 사회적 지위가 배분된다고 생각함
기본입장	사람이 타고나는 능력이 각기 다르다고 믿었기 때문에 누구나 능력이 미치는 데까지 교육을 받을 수 있도록 하자는 것
선발관	교육의 양은 능력에 비례해야 하므로, 교육기회는 엄격한 기준에 의한 선발을 거쳐 차등적으로 주어져야 한다는 입장(초등학교에서는 차별이 있을 수 없지만 중등교육과 대학은 능력 있는 인재들에게만 주어져야 한다고 봄)
법적규정	• 헌법 제31조 제1항 : 모든 국민은 능력에 따라 균등하게 교육받을 권리를 가진다. • 교육기본법 제4조 : 모든 국민은 성별, 종교, 신념, 인종, 사회적 신분, 경제적 지위 또는 신체적 조건 등을 이유로 교육에 있어 차별을 받지 않는다.

💡 조건의 평등

개념	교육체제 내에서 제공되는 교사, 교육목표, 교육과정, 교육자료, 교육방법, 교육시설 등에 있어 집단 간 차별이 없는 것을 의미하는 것
고교평준화 정책	• 고교평준화정책은 이론상으로는 교육조건의 평등관을 반영한 것 → 고등학교 간의 학교차를 없애고 그대로 평준화하자는 정책이기 때문 • 그러나 실제로는 입시제도의 일환으로 시행된 것으로 교육조건의 평등화보다 학생의 학교 간 균등배정에 근본목적이 있었음 • 이는 고교평준화가 교육조건이 양호한 대도시보다는 조건이 열악한 농촌과 벽지부터 시행해야 하나 실제는 거꾸로 이루어진 데서도 알 수 있음

| 정답 | ③

21

다음 대화에서 두 교사의 견해와 가장 관련이 깊은 이론에 대한 설명으로 옳지 않은 것은?

> 김 교사 : 우리 반에는 부모님이 안 계셔서 할머니와 아주 어렵게 사는 학생이 있는데, 문화적으로 결핍된 부분이 많아요. 가정에서 적절한 학습지원을 못 받아서인지, 공부에 대한 의욕도 없고 교과내용에 대한 기초 지식도 부족해요.
>
> 박 교사 : 우리 반에도 결혼이민자가정 학생이 몇 명 있는데, 학생들의 언어 환경이 열악한 것 같아요. 그래서인지 기본적인 읽기, 쓰기가 되지 않고 수업에서도 잘 알아 듣지 못해요. 이런 학생들의 학력(學力)을 어떻게 높여야 할지 걱정입니다.

① 취학 이전의 학생의 경험이 학업 성취에 중요하게 작용한다고 본다.
② 헤드스타트(Head Start) 프로그램은 이 이론과 관련된 보상정책 중 하나이다.
③ 이 이론을 지지하는 연구로 젠크스(C. Jencks)와 번스타인(B. Bernstein)의 연구가 있다.
④ 가정의 문화적 자원 및 활동이 부족하면 학교에서 학습하는 데 필요한 소양을 갖추기 힘들다고 본다.
⑤ 학교 시설과 교사의 질과 같은 학교 교육환경의 차이로 인해 학생의 학업성취 격차가 발생한다고 본다.

정답풀이

※ 김 교사와 박 교사의 견해는 결과의 평등(보상적 평등)과 관련이 깊다.
⑤ 교육조건의 평등(과정적 평등)에 대한 설명이다.

만점대비 +α

💡 결과의 평등(보상적 평등)

① 결과의 평등을 위한 교육으로 저소득층의 취학전 어린이들을 위한 보상교육을 들 수 있다.
② 미국에서는 'Project Head Start', 'Middle Start Project'를 비롯하여 수많은 이름의 교육사업이 벌어지고, 영국에서는 '교육우선지역(EPA : Educational Priority Area)' 사업이 벌어지고 있는데, 이들은 모두 불우층의 취학전 어린이들에게 기초학습능력을 길러주어서 이들이 학교교육에서 뒤떨어지지 않도록 예비적 조치를 취하는 것이다.
③ 불우가정에 태어난 어린이들은 가정환경이 좋지 않기 때문에 기초학습능력을 발전시키지 못한 것이 취학 후에 그들의 성적을 낮게 하는 주요 원인이라는 연구들이 이러한 조기교육의 필요성을 뒷받침해 주고 있다.
  ㉠ 젠크스(C. Jencks)의 연구 결과는 학생들의 학업성취의 차이는 학교의 교육환경의 차이 때문이 아니라고 단정하였다. 그는 여러 연구결과와 자료를 분석한 뒤에 결국 학교는 학생들의 타고난 지적 차이와 환경의 차이를 어떻게 하지 못한다고 결론을 내렸다.
  ㉡ 번스타인(B. Bernstein)은 사회계층에 따른 언어적 습관의 차이가 교육적 성취나 사회적 성취 등에 영향을 준다고 보았다. 상류계층의 자녀들이 세련된 언어양식(elaborated code)을 사용한다면, 노동자 또는 하류계층의 자녀들은 제한된 언어양식(restricted code)을 사용한다. 학교는 주로 상류층의 가치관과 언어를 전수하는 곳이므로 학교교육은 지배계급의 이익을 재생산하기 위한 제도라고 본다.

| 정답 | ⑤

22

다음 상황을 읽고, 물음에 답하시오. 밑줄 친 ㉠에 가장 부합하는 교육평등관을 가지고 있는 정책이나 사업은?

> 푸른초등학교는 저소득층이 밀집된 지역에 위치하고 있는 공립학교이다. 낮은 학업성취도, 경제적·문화적 결핍 등으로 인해 학생들의 분위기는 가라앉아 있었다. 교사들은 이것을 어쩔 수 없는 것으로 받아들였고, 학생교육에 대한 열의도 부족하였다. 그런데 김 교장이 부임하면서 학교 분위기는 크게 변화하기 시작하였다. 우선 김 교장과 교사들은 계속적인 대화를 통해 서로 인식의 차이를 인정하고 학교를 발전시킬 비전을 공동으로 설정하였다. 학교문제 해결을 위해 여러 팀을 구성하여 교사들이 전체 상황과 연계시켜 체제적으로 사고할 수 있도록 하였으며, 이 과정에서 교사 상호 간에 존중하면서 배우는 문화가 정착되었다. 김 교장은 교사들을 개별적으로 배려하면서 참신하고 비판적인 사고를 할 수 있는 개인적 역량을 고취시켰다. 그 결과 교사들로부터 신뢰와 존경을 얻었으며, 전반적인 학생들의 학업 분위기가 개선되었다. 이러한 분위기에서 학생들의 학업성취도 향상과 문화결손 치유 등을 위한 새로운 교육과정을 개발하였으나 이를 운영할 수 있는 물적·인적 지원이 턱없이 부족하였다. 문제해결을 위하여 노력한 결과 ㉠ '교육투자우선지역지원사업'의 학교로 지정되었다.
> 교사들은 준비된 프로그램을 운영하고 그 결과를 분석하고 평가하여 지속적으로 프로그램의 질을 높여 나갔다. 이러한 과정을 거쳐 푸른초등학교는 학생들의 학업성취 수준이 향상되었으며, 점차 변화와 발전에 대한 조직역량을 갖추어 가고 있다.

① 의무교육제도
② 학교정보공시제
③ 고교평준화정책
④ 차터스쿨(Charter School)제도
⑤ 헤드스타트(Head Start) 프로젝트

정답풀이

※ 교육복지우선지원사업은 결과적 평등(보상적 평등)을 위한 정책이다.
⑤ 결과의 평등을 위한 교육으로 저소득층의 취학전 어린이들을 위한 보상교육을 들 수 있다. 미국에서는 'Project Head Start', 'Middle Start Project'를 비롯하여 수많은 이름의 교육사업이 벌어지고 있는데, 이들은 모두 불우층의 취학전 어린이들에게 기초학습능력을 길러주어서 이들이 학교교육에서 뒤떨어지지 않도록 예비적 조치를 취하는 것이다.

| 정답 | ⑤

23

2010 중등

대학입학전형에서 실시하는 기회균형선발제(affirmative action)에 대한 설명으로 적절하지 않은 것은?

① 사회 구성원의 통합에 기여한다.
② 업적주의 교육관에 바탕을 두고 있다.
③ 대학 구성원의 다양성 확보에 도움을 준다.
④ 구체적인 시행 방법으로는 할당제, 가산점제, 목표설정제 등이 있다.
⑤ 교육기회의 불평등과 사회적 차별을 교정하는 차원에서 발전되었다.

정답풀이

※ 기회균형선발제는 교육격차 해소를 위해 대학이 저소득층이나 농어촌 출신 학생, 특성화고 학생 및 특수교육 대상자 등 사회적 취약계층을 따로 선발하는 전형으로, 결과적 평등(보상적 평등)을 위한 정책이다.
② 허용적 평등관에 대한 설명이다.

만점대비 +α

💡 기회균형선발제

① **등장배경** : 정부는 대학의 정원 내 지역균형선발이나 저소득층 특별전형 등 사회적 배려 대상자 전형을 권장하는 한편, 정원 외 농어촌 및 전문계고 학생 특별전형 등을 마련·시행해 왔으나, 사회적 소외계층 중 지원을 받지 못하는 사각지대가 발생하고, 대학 진학 후 지속적으로 학업을 수행할 수 있는 환경 조성에 대한 지원이 미흡하다는 지적을 받아 왔다.
② **개념** : 사회적 소외계층이 대학에 진학할 수 있는 경로를 마련하는 한편, 진학 후 장학금 및 학습능력 보충프로그램 등을 지원함으로써 실질적인 고등교육 접근기회를 보장하기 위한 정책이다.

| 정답 | ②

24
다음에서 공통적으로 설명하고 있는 '이것'은?

- 이것은 보상적 평등관에 입각해 있다.
- 이것의 목적은 소득분배구조 악화, 빈곤층 비중 확대, 지역별 계층분화현상 등이 심화됨에 따라, 경제적 취약 집단을 비롯한 교육취약 아동·청소년의 교육적 성취를 제고하는 데 있다.
- 이것의 내용에는 저소득층 학생이 취약한 환경에서 비롯된 어려움을 극복할 수 있도록 학습, 문화·체험, 심리·정서, 복지 등과 같은 영역의 프로그램이 포함된다.

① 고교선택제
② 복선형 학교제도
③ 고교다양화 정책
④ 교육복지우선지원사업
⑤ 농어촌학생특별전형제.

만점대비 +α

교육복지우선지원사업

① 대도시 내 저소득 지역 중 교육·문화적 조건이 상대적으로 열악한 지역을 선정하여 특별한 정책적 배려와 지원을 통해 해당 지역의 교육·문화·복지 환경의 질을 획기적으로 개선하는 데 목적이 있다.
② 교육복지우선지원사업의 목표는 다음과 같다.
　㉠ 저소득층 영·유아 및 초·중등 학생의 학습 결손 예방 및 치유를 통한 학력 증진으로 학습에 대한 흥미가 낮고, 학업 성취가 낮은 학생들에게 개별, 소집단, 학습 단위의 학습지도를 적절하게 제공하여 학습에 대한 흥미 및 자기 주도적 학습능력 제고에 있다.
　㉡ 저소득층 아동·청소년의 건강한 신체 및 정서 발달과 다양한 문화적 욕구 충족으로 가정환경이 취약한 학생들에게 급식 및 의료 지원을 통해 건강한 신체 발달과 문화 활동 프로그램과 심리·심성 계발, 전문적인 진단과 치료 프로그램을 제공함으로써, 특기의 신장, 자신의 잠재력을 계발과 정서·행동 발달상의 문제를 극복하고 건강을 증진하여 안정적인 정서 발달을 도모하기 위함이다.
　㉢ 저소득층 지역의 열악한 환경으로 자원의 확보나 정보체계도 빈약하기에 교육·문화·복지 수준 제고를 위한 가정, 학교, 지역사회의 통합 서비스망을 구축하기 위함이다.
③ 지원 대상 : 교육급여 수급권자, 차상위계층의 자녀, 한부모가족의 자녀, 북한이탈주민법에 따라 보호 및 지원을 받는 북한이탈주민의 자녀, 다문화가족의 자녀, 특수교육대상자 등

| 정답 | ④

25

2011 중등

다음은 교육과 사회 평등의 관계에 대한 세 교사의 대화이다. 이들 교사의 관점에 대한 설명으로 옳지 않은 것은?

> (가) 박 교사 : 교육은 사람들의 직업 능력을 향상시켜 줍니다. 실제로 개인의 교육 수준이 직업을 획득하는 데 결정적인 역할을 하고 있기 때문이죠. 그러므로 교육을 통해 지위 이동이 가능하고 사회가 평등해 질 수 있습니다.
>
> (나) 이 교사 : 교육은 사회 평등을 실현하기보다는 오히려 사회 불평등을 유지한다고 생각합니다. 단적으로, 교육 기회는 모든 사람에게 공평하게 분배되기보다는 상위 계층 자녀에게 유리하게 제공되고 있죠. 교육은 계층구조를 유지하는 데 결정적 역할을 하고 있습니다.
>
> (다) 최 교사 : 교육은 사회 평등의 문제와는 관계가 없는 것 같아요. 설령 관계가 있다고 하더라도 무시할 정도가 아닐까요? 사회 평등 또는 불평등은 교육이 아닌 다른 요인의 영향을 받는 것 같습니다.

① (가)의 관점은 블라우와 던컨(P. Blau & O. Duncan)의 지위획득모형에 반영되어 있다.
② (가)의 관점은 누구나 자신의 재능과 노력에 따라 상급 학교에 진학할 수 있고, 원하는 직업을 획득할 수 있다는 주장과 상통한다.
③ (나)의 관점은 교육이 자본주의 체제 내의 계층 간 불평등을 정당화하는 기제에 불과하다는 주장과 유사하다.
④ (나)의 관점은 교육수익률이 높을 때에는 교육 기회의 제한과 치열한 경쟁으로 인해 중상위계층만이 교육을 통해 이익을 누리게 된다는 카노이(M. Carnoy)의 연구 결과와 일치한다.
⑤ (다)의 관점은 교육수익률이 고용주, 관리자, 노동자의 순서로 높게 나타나는 현상에 적용해 볼 수 있다.

정답풀이

(가) 평등화론, (나) 불평등재생산론, (다) 무관론
⑤ 불평등 재생산론에 대한 설명이다.

THEME 05 교육평등과 사회평등

> **만점대비 +α**

💡 블라우와 던컨의 지위획득모형(평등화론)

블라우와 던컨은 지위획득의 결정변수를 '아버지의 교육', '아버지의 직업', '본인의 교육', '본인의 첫 번째 직업' 등 네 가지로 구분했다. 아버지의 교육과 직업은 사회적 배경요인으로 보고, 본인의 교육과 첫 번째 직업은 개인의 훈련과 경험을 대표하는 것으로 보고 이들 변수가 개인의 직업지위에 어떤 영향을 미치는지를 분석했다. 분석결과 개인이 받은 교육과 초기 경험이 그의 직업적 성공에 큰 영향을 미치며, 이러한 영향력은 배경요인보다 더 강하다는 결론을 내렸다. 학력이 개인의 직업지위획득에 가장 큰 영향을 미친다는 것은 교육을 통한 계층상승이 가능하다는 것을 의미하므로, 교육을 통한 사회평등이 가능하다는 것이 된다.

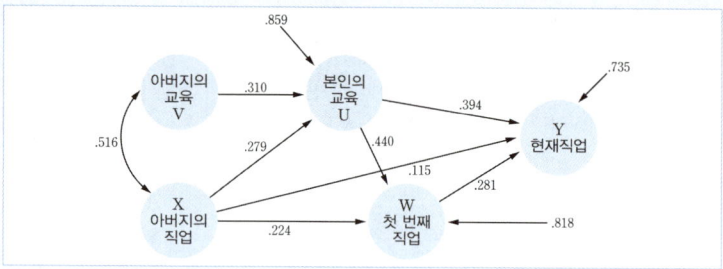

💡 카노이의 교육수익률곡선(불평등재생산론)

교육이 지배층의 이익에 봉사한다는 불평등재생산론의 주장을 교육수익률의 교육단계별 변화를 가지고 설명을 시도한다. 교육수익률이 학교발달의 초기에는 낮았다가 취학률이 높아짐에 따라 상승하지만 취학이 보편화되고 상급학교가 발달하기 시작하면서 다시 낮아진다는 사실에 착안하였다.

각급의 학교교육, 예컨대 초등교육의 수익률이 높을 때 초등학교에 다니는 사람들과 수익률이 낮아지는 단계에 이르러서야 다니는 사람들의 계층배경이 다르다. 수익률이 높을 때에는 그 학교교육의 기회가 아직 제한되어 있고 경쟁이 치열하므로 하류층은 다니기가 어려워서 중·상류층이 주로 다닌다. 그러나 그 교육이 보편화되는 단계에 이르면 수익률이 낮아져서 경제적으로 가치가 없지만, 하류층은 최소한의 교육수준을 유지하기 위하여 다니기 시작한다. 이와 똑같은 과정이 다시 상급의 교육에서 반복된다. 교육수익률이 높을 때, 즉 교육의 경제적 가치가 높을 때에는 중·상류층이 다니면서 그 이득을 취하고, 하류층은 이득도 없이 따라다닌다.

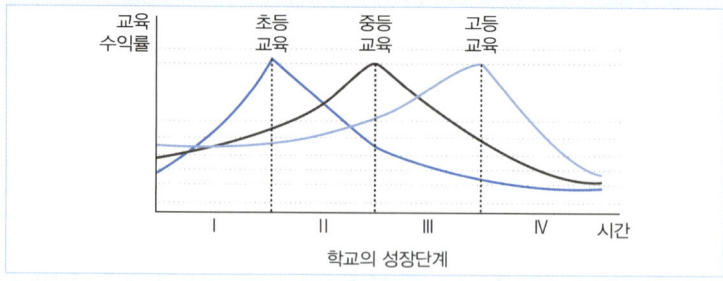

💡 라이트와 페론(Wright & Perrone)

(1) 연구의 개요

교육수준이 소득에 미치는 영향을 직업집단별, 성별, 인종별로 비교·분석함으로써 교육과 계층구조와의 관계를 밝히려 하였다. 교육은 상층집단에는 의미 있게 작용하나 하층집단에는 큰 의미가 없다는 것을 체계적으로 밝힌 연구이다.

(2) 연구의 결과
① 교육의 수익은 노동계급보다 관리자계급에 있어서 크다.
② 관리자와 노동자의 계급차이는 백인 여성과 흑인 남성에서는 작은 반면, 백인 남성에서는 크다. 이것은 백인 남성이 지배적인 위치에 있으며 현재의 계급구조를 지속시키는 세력임을 말해 준다.
③ 교육, 직업지위, 연령, 경력을 모두 통제해도 고용주는 관리자나 노동자보다 많은 소득을 차지한다.

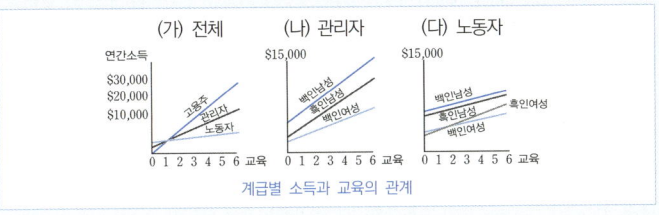

계급별 소득과 교육의 관계

|정답| ⑤

THEME 06 학업성취격차의 결정요인

26 [2009 중등]

학교에 대한 브루코버(W. B. Brookover)와 그 동료들의 사회체제 접근 모형에 관한 설명으로 옳은 것을 〈보기〉에서 모두 고른 것은?

보기
㉠ 학교의 사회·심리적 풍토를 강조한다.
㉡ 학교사회에 대한 거시적 접근방식을 취한다.
㉢ 교장, 교사, 직원의 배경 요인을 과정 변인으로 설정한다.
㉣ 학교를 분석하기 위해 투입-과정-산출 모형을 도입한다.
㉤ 학교 구성원 상호 간의 역할 지각, 기대, 평가 등을 강조한다.

① ㉠, ㉡
② ㉠, ㉣, ㉤
③ ㉡, ㉢, ㉤
④ ㉢, ㉣, ㉤
⑤ ㉠, ㉡, ㉣, ㉤

오답풀이
㉡ 학교 내 요인에 대해 연구한 것으로 미시적 접근방식이다.
㉢ 교장, 교사, 직원의 배경 요인을 투입변인으로 설정한다.

만점대비 +α

💡 **브루코버(Brookover)의 사회체제 접근모형**

① 학교의 분위기를 '학교 풍토'라고 개념 정의하였다.
② 학교사회의 투입요소(학생 구성, 교직원 등), 학교의 사회적 구조, 학교풍토와 학교 산출변인(성적, 자아개념, 자신감)의 관계를 규명하였다.
③ 학생의 학업적 성공에 대한 교사의 기대, 학생의 학습능력에 대한 교사의 평가, 교사의 평가와 기대에 대한 학생의 지각 등의 '학교풍토'가 학업성취에 영향을 준다고 하였다.
④ 학교풍토의 하위변인 중에서 학업성취에 가장 큰 영향을 주는 것은 학생의 학구적 무력감, 학생에 대한 현재의 평가 및 기대, 학구적 규범 등이다.

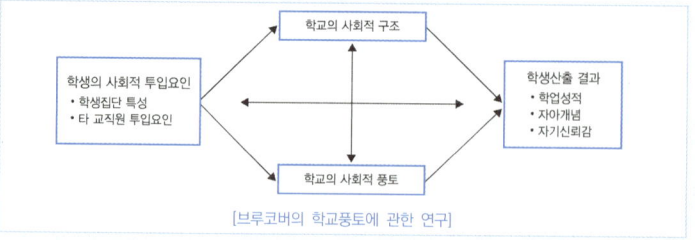

[브루코버의 학교풍토에 관한 연구]

| 정답 | ②

27

2010 초등

다음 사례에 나타난 학업성취도와 가정환경의 관계를 가장 잘 설명해주는 이론은?

> 진영이의 학업성적은 매우 우수하다. 사실 진영이의 가정은 경제적으로 어렵고, 부모님의 교육수준도 낮은 편이다. 그렇지만 부모님의 자녀교육에 대해 관심과 열의가 높아서, 평소 진영이의 공부를 잘 도와주는 것은 물론 대화도 자주 나눈다. 진영이는 이러한 부모님이 있어서 든든하다.

① 콜만(J. Coleman)의 사회자본론
② 콜린스(R. Collins)의 계층경쟁론
③ 뒤르껭(E. Durkheim)의 아노미론
④ 애플(M. Apple)의 문화적 헤게모니론
⑤ 보울즈와 긴티스(S. Bowles & H. Gintis)의 대응이론

정답풀이

① 제시문에서 진영이의 가정은 경제적으로 어렵고, 부모님의 교육수준도 낮은 편이다. 즉, 물적 자본(경제적 자본)과 인적 자본이 약하다. 그러나 부모님의 자녀교육에 대해 관심과 열의가 높고, 평소 진영이의 공부를 잘 도와주는 것은 물론 대화도 자주 나눈다. 이를 통해 부모와 자식 간의 상호작용인 사회자본은 강한 것을 알 수 있다.

만점대비 +α

콜만의 사회자본론

물적자본 (경제적 자본)	• 도구, 기계 혹은 다른 생산설비와 같이 실체화된 자본(가시적, 물질에 내재) • 가족의 부나 소득으로 측정, 학생들의 학업성취를 도울 수 있는 물적 자원
인간자본	• 사람들로 하여금 새로운 방법으로 행위를 할 수 있도록 하는 능력과 기능을 부여하기 위하여 사람을 변경시킴으로써 생성되는 자본 • 형식교육을 통해 획득할 수 있는 기능과 지식(물적 자본에 비해 덜 가시적) • 부모의 교육수준으로 측정, 학생의 학업을 돕는 아동의 인지적 환경을 제공
사회자본	• 사람들 간의 관계를 변화시킴으로써 생성되는 자본(비가시적) • 사회적 관계에서는 '호혜성'과 '평등'에 대한 믿음이 중요한 요소 　- 가정 내 사회자본 : 부모와 자식 사이의 관계 　- 가정 밖 사회자본 : 부모의 사회적 활동과 각종모임·조직에의 참여

| 정답 | ①

28

다음은 사회적 자본에 대한 콜맨(J. Coleman)의 설명이다. (가)에 들어갈 것으로 적합하지 않은 것은?

2012 중등

> 사회적 자본은 사람들 사이의 사회적 관계에서 형성된다. 가정을 중심으로 사회적 자본을 정의한다면, 좁게는 가정 내 부모와 자녀의 관계이고, 넓게는 부모가 가정 밖에서 맺고 있는 사회적 관계의 전체이다. 실증연구를 수행하고자 할 때, 가정의 사회적 자본은 __(가)__ 과(와) 같은 변인을 통하여 측정될 수 있다.

① 부모의 문화 취향
② 부모의 친구 관계
③ 어머니의 취업 여부
④ 자녀 교육에 대한 기대 수준
⑤ 이웃과의 교육정보 교류 정도

정답풀이

① 문화자본에 해당한다.

만점대비 +α

콜만의 사회적 자본

콜만은 사회적 자본이란 사람들 사이의 사회적 관계에 존재하는 어떤 것으로 구체적인 형체를 발견하기란 어렵지만, 그것은 상호 믿음에 기초한 의무와 기대, 사회적 정보 유통, 그리고 효과적 제재를 수반하는 규범을 가지고 있다고 주장한다. 다시 말해 사회적 자본이란 '집합 행동'을 촉진하는 사회적 관계에 내재된 자원을 의미하는 것으로, 사회적 관계에서는 '호혜성'과 '평등'에 대한 믿음이 중요한 요소이다.

가정을 중심으로 사회적 자본의 예를 들어보자. 사회적 자본은 좁게는 가정에서 부모와 자녀의 관계로 정의할 수 있으며, 넓게는 부모들이 가정 밖에서 맺고 있는 사회적 관계의 전체를 의미한다. 전자는 부모가 자녀들에게 투자하는 시간과 노력을 사회적 자본으로 이해하고, 가족 규모, 부모의 양육 행동이나 취업 여부 등을 통하여 사회적 자본을 측정한다. 반면에 후자는 사회적 자본을 개인이나 개별 가정의 내부 수준에서 이해하는 것이 아니라 한 가정이 사회와 연결을 맺는 관계로 이해한다. 어떤 이웃과 사느냐, 어떤 학교 혹은 지역사회에 거주하며, 어떤 친구를 사귀고 어떤 단체에 가입하고 있느냐 등이 가정 밖에 위치하는 사회적 자본들이다. 그런데 사람들이 사회적으로 맺는 관계는 그 유형이 매우 다양하다. 예를 들어, 경제적 활동을 기본으로 모인 '계', 사회봉사를 목적으로 하는 '로터리클럽', 특정 직업과 이익을 중심으로 하는 '전문직 단체', 학교 졸업생들의 모임인 '동창회', 정치적 혹은 사회 이념을 기초로 모인 '정당' 혹은 '학부모회' 등 매우 다양하다. 그런데 이러한 사회적 관계는 양극화되기 쉬우며, 계급에 영향을 강하게 받을 수 있다.

| 정답 | ①

29

2009 초등

다음은 학생의 학업성취도에 영향을 미치는 가정배경에 관한 대화이다. 각 교사의 대화내용을 콜만(J. S. Coleman)이 제시한 세 가지 자본과 가장 적절하게 짝지은 것은?

> 권 교사 : 부모의 교육수준이 중요하죠. 학력이 높으면 지적 능력도 뛰어나고 자녀의 학습에도 알게 모르게 영향을 미칠 테니까, 결국 자녀의 성적도 높아진다고 봐야죠.
> 김 교사 : 저는 부모의 소득이 자녀의 성적에 크게 영향을 미친다고 봐요. 엄청난 사교육비를 생각해 보세요.
> 류 교사 : 학력과 소득이 높아도 자녀교육에 관심이 없으면 소용없어요. 자녀에게 관심을 가지고 격려도 하고 학습 도우미 역할도 해 주고 그래야 성적이 좋아지죠.

	권 교사	김 교사	류 교사
①	경제자본	사회자본	인간자본
②	사회자본	경제자본	인간자본
③	사회자본	인간자본	경제자본
④	인간자본	사회자본	경제자본
⑤	인간자본	경제자본	사회자본

정답풀이

⑤ 물적자본(경제자본)은 가족의 부나 소득으로 측정하고, 인간자본은 부모의 교육수준으로 측정한다. 사회자본은 부모가 자녀들에게 투자하는 시간과 노력을 사회적 자본으로 이해하고, 가족 규모, 부모의 양육 행동이나 취업 여부 등을 통하여 측정한다.

| 정답 | ⑤

30

2008 중등

콜만(J. S. Coleman)의 사회자본(social capital)과 인적 자본(human capital)의 개념에 기초하여, 철수네 가정의 인적 자본과 사회자본의 강약 정도를 바르게 제시한 것은?

> 철수는 서울 중심지의 작은 셋집에서 다섯 식구와 함께 살고 있는 중학교 2학년생이다. 부모님의 학력은 중졸이고 수입은 넉넉하지 않지만 화목한 가족관계는 이웃의 모범이 될 정도이다. 철수는 반에서 1등을 놓친 적이 없으며, 작년에는 전국 수학경시대회에서 금상의 영예를 안았다.

① 인적 자본과 사회자본이 모두 강하다.
② 인적 자본과 사회자본이 모두 약하다.
③ 인적 자본은 약하지만 사회자본은 강하다.
④ 인적 자본은 강하지만 사회자본은 약하다.

정답풀이

③ 제시문에서 부모님의 학력은 중졸이므로 인적 자본은 약하다. 그럼에도 불구하고 철수가 반에서 1등을 하는 걸 보면 부모와 자식 간의 상호작용인 사회자본은 강한 것을 알 수 있다.

| 정답 | ③

31

2011 중등

가정배경과 관련된 철수 아버지와 영희 아버지의 대화에서 찾아볼 수 있는 자본으로 가장 적절한 것끼리 짝지은 것은?

> 철수 아버지 : 저는 교육적 차원에서 철수에게 틈틈이 박물관이나 클래식 연주회에 다녀오도록 해요. 교양서적도 자주 읽도록 해 견문을 넓히게 하지요. 이젠 스스로 알아서 합니다.
> 영희 아버지 : 저희 부부는 영희와 대화를 자주 합니다. 대화시간을 늘리기 위해 텔레비전을 없앴고, 가급적 식구들이 함께 식사를 해요. 고민도 들어주며 때로는 친구가 되고, 때로는 든든한 후원자가 되려고 노력해요. 영희도 집안의 화목이 공부하는 데 큰 힘이 된다고 자주 말해요.

	철수 아버지	영희 아버지
①	인간 자본	문화적 자본
②	인간 자본	경제적 자본
③	문화적 자본	경제적 자본
④	문화적 자본	가정 내 사회적 자본
⑤	경제적 자본	가정 내 사회적 자본

정답풀이

※ 문화적 자본은 개인이 소유하고 있는 지식으로, 문화적 지식과 언어적 취향 그리고 예절이나 여가활동 등과 관련된 지식이다. 그 중, 체화된 상태의 문화자본은 그것을 소유한 사람에게서 풍기는 품위, 세련됨, 교양 등을 의미한다. 이는 주입을 통해 획득될 수 있는 것이 아니라 아동기 이후로 문화자본이 풍부한 환경에 지속적으로 노출될 때 형성될 수 있다.

※ 사회적 자본은 좁게는 가정에서 부모와 자녀의 관계(가정 내 사회적 자본)로 정의할 수 있으며, 넓게는 부모들이 가정 밖에서 맺고 있는 사회적 관계의 전체(가정 밖 사회적 자본)를 의미한다. 전자는 부모가 자녀들에게 투자하는 시간과 노력을 사회적 자본으로 이해하고, 가족 규모, 부모의 양육 행동이나 취업 여부 등을 통하여 사회적 자본을 측정한다.

| 정답 | ④

논술 문제 적용 하기

32-1
2014 중등

다음 대화 내용을 바탕으로 학생들이 수업에서 소극적으로 행동하는 문제를 문화실조 관점에서의 진단하시오.

> 박 교사: 선생님께서는 교직 생활을 오래 하셨으니 학교의 일상적인 업무뿐만 아니라 가르치는 일에서도 큰 어려움이 없으시죠? 저는 새내기 교사라 그런지 아직 수업이 힘들고 학교 일도 낯섭니다.
> 최 교사: 저도 처음에는 선생님과 마찬가지로 교직 생활이 힘들었지요. 특히 수업시간에 반응을 잘 보이지 않으면서 목석처럼 앉아 있는 학생이 있을 때는 어떻게 해야 할지 모르겠더군요.
> 박 교사: 네, 맞아요. 어떤 학급에서는 제가 열심히 수업을 해도, 또 학생들에게 질문을 던져도 몇몇은 그냥 고개를 숙인 채 조용히 있습니다. 심지어 어떤 학생은 수업시간에 아예 침묵으로 일관하기도 하고, 저와 눈도 마주치지 않으려고 해요. 또한 가정환경이 좋지 않은 몇몇 학생은 다양한 문화적 경험을 가질 기회가 상대적으로 부족해서 그런지 수업에 관심도 적고 적극적으로 참여하지도 않는 것 같아요.

예시답안

학생들의 소극적 수업 태도는 문화실조의 관점에서도 진단할 수 있다. 문화실조의 관점에서는 교육성취의 격차가 가정의 문화적 환경에 의해 상당히 좌우된다고 본다. 가정의 문화적 환경에 따라, 학생들은 학교에 들어오기 이전에 문화적 자극을 충분히 받기도 하고 부실하게 받기도 한다. 가정에서 문화적 자극을 제대로 받지 못한 학생은 학교에서 가르치는 내용을 학습하는 데 필요한 최소한의 기본적 소양을 갖추고 있지 못한 지적 '영양실조' 상태가 되어 학습활동에 지장을 받게 된다. 문화실조 집단의 구성원들은 자신들이 이미 가지고 있는 문화적 재원의 부족과 그에 따른 불충분한 문화적 경험 때문에 낯선 문화적 장면에 더 많이 직면할 수밖에 없고, 그만큼 적응에 어려움을 겪게 된다. 문화적 소양이 부족한 학생들은 교수학습과정에서 전달되는 교사의 교육적 메시지를 파악하는 데 어려움을 겪게 되고, 학습내용을 제대로 이해하지 못할 뿐만 아니라 교사와 원활하게 의사소통할 수 없다. 이 때문에 교사가 학급에서 사용하는 문화가 아닌 문화를 가진 학생들은 학급에 출석하고 있어도 학습과정에 참여하지 못하고 학급의 상호교섭에 참여하기 어려워 소극적인 수업태도를 갖게 된다.

32
2013 중등

다음 (가)와 (나)에 제시된 학업성취 결정요인의 관점에 대한 설명으로 옳지 않은 것은?

> (가) 학업성취는 학생의 가정배경에 달려 있다. 부모의 사회·경제적 지위가 높은 학생일수록 더욱 우수한 능력을 갖춘 상태에서 학교에 입학한다. 또한 학교교육의 과정에서도 부모의 사회·경제적 지위가 높은 학생일수록 높은 학업성취를 나타내며, 그 지위가 낮은 학생일수록 낮은 학업성취를 나타낸다.
> (나) 교사가 학생을 어떻게 범주화하느냐가 학생의 성적에 영향을 준다. 교사는 대개 학생을 우수학생, 중간 학생, 열등 학생으로 구분하고 집단별로 상이한 관심과 기대를 드러낸다. 교사가 성적이 향상될 것으로 기대한 학생의 성적은 실제로 향상되는 경향이 있으며, 이 기대효과는 저학년과 하위계층 출신 학생들에게 더 뚜렷하게 나타난다.

① (가)는 헤드스타트 프로그램(Head Start Program)과 같은 보상교육의 필요성에 대한 근거가 된다.
② (가)는 학생의 가정배경과 학업성취의 관계에 관한 콜만 보고서(Coleman Report, 1966)의 연구결과와 일치한다.
③ (가)는 학교교육을 통해 독립성, 성취성, 보편성, 특정성의 규범을 습득할 수 있다는 드리븐(R. Dreeben)의 학교사회화 이론의 배경이 된다.
④ (나)는 교사의 기대가 학생들에게 자성예언(Self-fulfilling prophecy)으로 작용함을 보여준다.
⑤ (나)는 학생에 대한 교사의 범주화 방식이 교사와 학생 간 상호 작용에 영향을 주었음을 시사한다.

정답풀이

(가) 문화환경 결핍론(Cultural-deficit theory), (나) 교사 결핍론(Teacher-deficit theory)
③ 드리븐(Dreeben)의 학교사회화 이론(학교규범론)은 기능론의 하위이론이다.

만점대비 +α

💡 콜맨(Coleman) 보고서

(1) 개요
① 콜만은 학업성적에 영향을 미친다고 보는 제반 교육여건(학교도서관, 교과서, 교사의 능력, 교육방법 등)의 차이가 학생들의 실제 성적에 어떤 영향을 미치는가를 분석했다.
② 그러나 연구결과는 예상을 뒤엎는 것이었다. 학교의 교육조건들은 성적차이에 별다른 영향을 주지 못하며, 오히려 학생들의 가정배경과 친구집단이 훨씬 강한 영향을 미치는 것으로 밝혀진 것이다.

(2) 연구결과
① 학생의 가정배경은 학생의 학업성취에 미치는 가장 중요한 요인이며, 이것은 학생이 학교에 다니는 동안 계속하여 영향을 미친다.
② 학교의 물리적인 시설, 교육과정, 교사의 질 등은 성적에 매우 미소한 영향을 주는데, 이 중에서 교사의 질은 학교의 다른 특성요인에 비하여 상대적으로 성적에 주는 영향이 크다.
③ 학생집단의 사회적인 구조는 가정환경과는 별도로 학교의 다른 어떤 요인보다도 학생의 성적에 미치는 영향이 크다.
④ 즉, 학생의 '가정환경(부모-자식 간의 긴밀한 상호작용)'이 학업성취에 가장 큰 영향 → 그 다음으로는 동료집단의 영향이 크다.

💡 교사의 기대수준

로젠탈과 제이콥슨(Rosenthal and Jacobson, 1966)은 무선 표집으로 추출한 일부 학생들에게 '성적이 크게 향상될 사람'이라는 표지를 달아 놓았다. 그 결과 무작위로 뽑힌 학생들이 그렇지 않은 학생들보다 성적이 크게 향상되는 결과가 나타났다. 이것은 '자성 예언'을 검증한 연구이다. 자성예언은 영향력 있는 타인의 기대수준이 학습자의 수행능력에 미치는 영향력이다. 개인은 타인이 바라보는 자기 자신에 대한 이미지에 맞추어 행동을 하려는 경향이 있기 때문에 학교현장에서 교사의 학생에 대한 학업성취에 대한 기대수준에 따라 이들의 학업수준은 달라질 수 있다. 자기충족적 예언, 피그말리온 효과, 플라시보 효과 등과 같은 의미로 사용된다.

| 정답 | ③

논술 문제 적용 하기

더 알아보기

💡 문화실조론과 문화다원론

(1) 문화실조론

문화실조론은 지능이 유전에 의해서 결정된다는 주장을 반박하고 학업성취가 유전적으로 결정되기보다는 가정의 문화적 환경에 의해 상당히 영향을 받는다고 주장한다. 언어적 및 수학적 상징을 사용할 수 있는 적절한 지적 기술을 갖고 인과적 관계를 분석하기 위해서는 언어발달이나 인지발달 등 학습활동에 필요한 기본 소양이 적절하게 발달해야 한다. 그런데 학교에 들어오기 이전에 가정에서 문화적 자극을 제대로 받지 못한 아동은 발달에 필요한 이러한 경험을 갖지 못하여 문화적으로 실조되고 학교 학습에 지장을 받게 된다. 이들은 교수학습과정에서 전달되는 메시지를 파악하는 데 어려움을 겪게 되며, 학습내용을 제대로 이해하지 못하고, 교사와 원활하게 의사소통할 수 없다. 이로 인해 이 아동들은 학업성적이 뒤떨어지게 될 뿐만 아니라 학교생활에의 적응에도 어려움을 겪게 된다.

문화실조론은 가정의 문화적 환경의 부실과 그 결과로 나타나는 학업성취의 실패를 지적함으로써, 기회균등 정책이 문화적으로 실조된 아동들에게 문화적 환경을 제공하는 보상정책이 되도록 유도하였다. 즉, 학업성취가 낮은 집단에 문화실조를 보충해 줌으로써 학업성취의 격차를 해소시킬 수 있다고 본 것이다.

(2) 문화다원론

문화다원론을 주장하는 학자들은 하나의 절대적 기준에 의해서 문화의 우열을 판단할 수 없다고 본다. 그들의 입장에서 보면 문화실조로 분류된 아동들은 사회를 지배하고 있는 집단(중·상류계층)의 문화를 경험할 수 있는 기회를 갖지 못했을 가능성은 많지만, 자신들이 속한 문화로부터 실조된 상태는 아니다. 어떤 집단도 자기 문화로부터 실조될 수는 없다. 사회적으로 소외된 소수집단들이 문화적으로 실조되었다고 진단받는 것은 이들의 문화가 학교와 사회로부터 소외되어 있기 때문이다. 즉 문화실조이론에서 흔히 실조집단으로 불리워지는 집단은 실제로는 다른 문화를 가지고 있는 것이며 그 기준이 그들에게서 나온 것이 아니기 때문에 일어나는 현상이다.

학교는 항상 그 사회의 지배집단이 가진 문화를 반영하고 있다. 학교 교육은 주류집단 또는 지배집단의 문화에 의존해서 이루어지며, 따라서 소수집단의 문화에 익숙해져 있는 소수집단 아동들은 학교에서 적응하기 어렵다. 교사가 사용하는 언어, 교수학습 방식, 교재, 평가 방식 등이 중산층의 문화를 반영한 것이어서 소수집단 아동들에게는 불리할 수밖에 없다. 즉, 소수집단 학생의 학업성취도가 낮은 것은 이들의 문화가 열등하다거나 이들의 학업능력이 뒤떨어지기 때문이 아니라 학교 교육을 지배할 수 있는 권력에 있어 주류집단에 비해 열세에 있기 때문이다. 문화다원론에서는 소수집단 학생들의 학업성취를 돕기 위해 교수방법과 교육내용이 소수집단의 문화에 상응하는 방식으로 변화되어야 한다고 주장한다. 교사는 다양한 문화적 배경, 성, 사회계층 집단에 속하는 학생들의 학업성취를 향상시키기 위하여 수업을 수정할 필요가 있다. 이것은 문화적·인종적·계층적 배경에 따른 다양함을 인정하고, 집단 내에 존재하는 독특한 학습 습관에 부합하는 다양한 교수법을 사용하는 것을 포함한다.

THEME 07 학력의 상승

33
2011 초등

교육팽창과 관련된 설명으로 옳은 것을 〈보기〉에서 모두 고르면?

보기

㉠ 학벌주의란 학력(學歷)보다 지적·기술적 능력이 지위결정에 중요한 요소로 작용하는 사회적 풍토를 말한다.
㉡ 학력 인플레이션이란 학력의 공급이 수요에 비하여 지나치게 많아 그 가치가 노동시장에서 평가절하되는 것을 말한다.
㉢ '졸업장 병(diploma disease)'이란 학력이 지위 획득의 수단으로 작용하여 더욱 높은 학력을 쌓기 위한 경쟁이 계속되는 것을 말한다.

① ㉡
② ㉠, ㉡
③ ㉠, ㉢
④ ㉡, ㉢
⑤ ㉠, ㉡, ㉢

오답풀이

㉠ 학력(學力)주의에 대한 설명이다.
※ 학벌주의(學閥主義) : 학벌을 중요하게 여기는 입장이나 태도
※ 학력(學力)주의 : 학문을 쌓은 정도나 수준 혹은 실력에 바탕을 둔 원칙이나 경향
※ 학력(學歷)주의 : 수학한 이력이나 경력을 중시하는 관행이나 경향. 즉, 실질적인 가치보다는 상징적인 가치가 능력과 실력으로 간주되어 과도하게 중시되는 관행과 경향

만점대비 +α

💡 교육팽창 관련 개념

① 학력(學歷) 인플레이션 : 교육이나 학력의 가치가 폭락하는 것을 말함. 고학력자가 수급 관계에서 불필요하게 증가하면, 종래 고학력자가 누리던 지위가 상대적으로 떨어진다. 전통적으로 저학력자가 하던 일에도 고학력자가 종사해야 되므로 엘리트적 지위를 상실하게 된다. 더욱이 실력 없는 형식적 간판의 학력으로서는 그 가치를 인정받기 힘들게 되며, 학력 인플레 현상은 더욱 심화된다.
② 졸업장 병 : 도어(Dore)가 말하는 학력의 연쇄적 상승에서 나타난 증상으로서, 지위 획득의 수단으로 학력이 작용하고 진학률의 상승을 유발하여 졸업생이 증가하게 되면 학력의 가치가 떨어지게 된다. 따라서 더 높은 학력을 취득하기 위한 경쟁이 치열해지는 현상을 말한다.

|정답|④

34

2012 중등

다음은 학력(學歷) 상승의 원인에 대한 두 교사의 대화이다. 각 교사의 설명에 부합하는 학력상승 이론을 바르게 짝지은 것은?

> 강 교사 : 학교는 산업사회를 지탱하는 핵심 장치입니다. 사람들의 학력이 높아지는 원인은 직종이 다양해지고 각 직업에서 요구하는 지식의 수준이 높아지는 데 있어요. 우리 시대가 유능한 인재를 요구하고 있으니, 학교는 인재 양성에 매진해야 합니다.
>
> 정 교사 : 저는 그렇게 생각하지 않습니다. 직업구조의 변화가 학력 상승을 유발하기는 하지만 그것만으로는 충분한 설명이 되지 못합니다. 남보다 한 단계라도 높은 학력을 가지고 있는 것이 좋은 직업 획득에 도움이 되는 상황을 생각해 보세요. 학력 상승은 그 결과로 발생하는 현상입니다.

	강 교사	정 교사
①	마르크스이론	지위경쟁이론
②	기술기능이론	마르크스이론
③	기술기능이론	지위경쟁이론
④	지위경쟁이론	기술기능이론
⑤	지위경쟁이론	학습욕구이론

만점대비 +α

💡 학력상승 이론

학습욕구이론	• 인간이 학습욕구를 가지고 있으며, 학교는 그 욕구를 충족시켜 주는 기관이라는 것을 전제함 • 이럴 때 인구가 증가하고 경제 발전으로 인해 경제적 여유가 증대하면 학교가 팽창한다는 것
기술기능이론	• 학교가 산업사회를 지탱하는 핵심장치이어서 직종수준에 알맞게 학교제도가 발달하였다고 봄 • 그래서 직업세계의 기술수준과 학교의 교육수준이 일치한다는 것
신마르크스이론	• 경제적 재생산론자인 보울즈와 진티스(Bowles & Gintis)는 마르크스이론에 근거하여 미국의 학교제도가 교육 그 자체나 국민 전체를 위해서가 아니라 자본가계급의 이익을 위하여 자본가계급에 의해 발전되었다고 주장함 • 미국의 학교제도는 자본주의 경제체제를 유지하기 위하여 고용주의 구미에 맞는 기술인력을 공급하고, 자본주의에 적합한 사회규범을 주입시키는 핵심적 장치로 출발했다는 것
지위경쟁이론	• 학력이 사회적 지위획득의 수단이기 때문에 사람들이 경쟁적으로 높은 학력을 취득하려 하여 학력이 계속 높아진다고 설명 • 그래서 학교가 확대되지만, 그래도 경쟁은 끝나지 않고 계속해서 높은 학력을 요구하게 되어 학력인플레이션이 일어나게 된다고 주장 • 이 이론에 따르면 공교육제도는 서로 상충되는 이해관계를 지닌 다양한 지위집단들의 기득권 수호 또는 합법적인 사회적 지위 상승을 위한 제도화된 경쟁의 수단
국민통합이론	• 국민통합론자들은 19세기 이후, 특히 제2차 세계대전 이후 전 세계적으로 교육이 팽창했다는 사실에 주목함 • 그래서 국가의 형성과 이에 따른 국민통합의 필요성 때문에 교육이 팽창했다고 봄 • 국가권력이 팽창하는 과정에서 국민을 형성하기 위해 교육을 제도화하고, 그 결과로 학교교육이 팽창하게 되었다는 것

| 정답 | ③

35

대학의 팽창에 대한 다음과 같은 설명에 가장 근접한 이론은?

2009 초등

> 한국사회가 지식기반사회로 진입함에 따라 고급인력에 대한 수요가 증가하였다. 국가는 이러한 고급인력의 수요에 부응하기 위하여 대학교의 설립과 대학정원의 확대를 허용하였으며, 그 결과 대학이 팽창하였다.

① 지위경쟁론 ② 기술기능론
③ 국민통합론 ④ 계급통제론
⑤ 학습욕구론

정답풀이

② 기술기능론 : 학교가 산업사회를 지탱하는 핵심장치여서 직종수준에 알맞게 학교제도가 발달하였다고 본다. 그래서 직업세계의 기술수준과 학교의 교육수준이 일치한다는 것이다.

오답풀이

① 지위경쟁이론 : 학력이 사회적 지위획득의 수단이기 때문에 사람들이 경쟁적으로 높은 학력을 취득하려 하여 학력이 계속 높아진다고 설명한다. 그래서 학교가 확대되지만, 그래도 경쟁은 끝나지 않고 계속해서 높은 학력을 요구하게 되어 학력 인플레이션이 일어나게 된다고 주장한다.
③ **국민통합론** : 국가 형성과 그에 따른 국민 통합의 필요성 때문에 교육이 팽창했다고 주장하며 교육제도가 수행한 정치적 기능을 새롭게 지적하였다.
④ **계급통제론(신마르크스이론)** : 사회구성원이나 집단의 조화적 분업화를 전제로 하는 기능이론을 거부하는 갈등이론에 해당한다. 계급통제론은 지배집단이 이익을 지속하기 위하여 불평등 구조를 재생산하는 데 온갖 방법을 동원한다고 비판하여 이 구조가 타파되어야만 인본주의 사회와 평등사회가 실현될 수 있다고 주장한다.
⑤ **학습욕구론** : 학습욕구를 충족하기 위해 교육을 받기 원한다는 것이 기본 전제이다.

| 정답 | ②

36

2009 중등

콜린스(R. Collins)의 계층경쟁론에 대한 설명으로 옳은 것을 〈보기〉에서 고른 것은?

보기

㉠ 교육팽창의 주된 원인을 개인의 경제적 동기에서 찾고자 한다.
㉡ '학교교육 → 생산성 향상 → 소득증대'라는 합리적 인과관계를 주장한다.
㉢ 학력 상승의 원인에 대한 기술기능이론의 설명에 들어 있는 모순 및 한계점을 비판한다.
㉣ 고등교육의 팽창 등 학력 인플레이션이나 과잉교육현상의 원인을 설명하는 데 관심이 많다.

---

① ㉠, ㉡
② ㉠, ㉣
③ ㉡, ㉢
④ ㉡, ㉣
⑤ ㉢, ㉣

오답풀이

㉠ 계층경쟁론은 사회적 동기에서 교육팽창의 원인을 찾는다.
㉡ 인간자본론에 대한 설명이다.

만점대비 +α

💡 **콜린스(R. Collins)가 정리한 학교팽창의 논리**
① 과학기술의 변화에 따라 직업의 기술요건이 끊임없이 높아진다.
② 이로 인해 낮은 수준의 기술을 필요로 하는 직업의 비율이 줄어드는 반면에, 높은 수준의 기술을 필요로 하는 산업의 비율이 늘어나게 되며, 동일한 직업 내에서도 요구되는 기술수준이 높아진다.
③ 학교는 기술수준이 높아지는 직업에 필요한 전문기술과 일반 능력을 교육한다.
④ 취업을 위한 교육수준이 계속 높아지고 사람들은 더 오랫동안 학교교육을 받게 되므로, 과학기술이 변화하는 한 학교교육기간은 장기화되고 학력 또한 상승하게 되어 있다.

| 정답 | ⑤

THEME 08 학교교육의 위기와 교육개혁

37
교사들의 대화내용과 공교육의 개혁방향에 대한 관점을 가장 적절하게 연결한 것은?

2010 초등

> 김 교사 : 학교에 대한 국가의 획일적 통제와 학교의 비효율성이 문제입니다. 수요자의 선택권과 학교 간 경쟁을 강화하고, 민간주도의 교육서비스를 확대해야 합니다.
>
> 정 교사 : 그런 방식은 계급 간 교육 불평등을 더욱 심화시킬 뿐입니다. 교육 불평등을 줄일 수 있는 대책을 세워야 해요. 지배집단의 관점에 치우친 교육과정도 수정해야 하구요.
>
> 최 교사 : 저는 학교교육이 학습자의 자율성을 억압하는 것이 문제라고 생각해요. 누구나 자율적으로 학습할 수 있도록 학교를 '학습 조직망'으로 대체하는 것이 문제해결의 열쇠가 될 수 있을 것 같아요.

	김 교사	정 교사	최 교사
①	신자유주의	신마르크스주의	탈학교론
②	신자유주의	포스트모던주의	생태주의
③	포스트모던주의	신자유주의	탈학교론
④	포스트모던주의	탈학교론	생태주의
⑤	탈학교론	신마르크스주의	생태주의

정답풀이

※ **신자유주의** : 개인주의, 시장의 효율성, 시장의 자유경쟁을 강조하며 교육에서도 시장경쟁의 원리가 적용될 필요가 있다고 주장하는 사조이다. 정부의 간섭을 최소화하기 위해 교육기관의 자율성을 최대한 보장하고 수요자의 선택권을 확대하며 학교 간의 경쟁을 통해 교육서비스의 질을 향상시키고 교육기관의 민영화 촉진을 통해 세계시장에서 교육경쟁력 확보를 목표로 한다.

※ **신마르크스주의** : 모든 사회적 현상을 생산양식과 생산관계로 설명하려는 경제결정론적인 고전적 마르크스주의의 사고에 한정하지 않고 인간의 주체적 인식과 해방적 의식을 강조하는 경향의 마르크스주의적 노선을 의미한다. 교육의 문제와 관련해서는 주로 자본주의적 사회체제에서 지배 이데올로기의 재생산기능, 억압적 문화의 구조, 소외의 개념, 그리고 해방적 이성의 실현을 위한 문제 등에 관심이 주어지고 있다.

※ **탈학교론** : 학교교육이 안고 있는 문제의 대부분은 교육이 학교와 동일시되며 학교에 의해서 독점적으로 이루어지는 것에 반대하는 급진적인 주장이다. 일리치(Illich)는 학습을 원하는 사람은 누구든지 쉽게 접근할 수 있도록 새로운 열린 '학습망'의 구축을 주장하였다.

만점대비 +α

💡 학교교육의 위기

(1) 일리치(Illich)의 탈학교사회론
  ① 「탈학교 사회」: 일리치는 학교교육의 폐지론자로서, "학교는 가르치는 것을 배우는 것으로, 상급학교 진학을 교육으로, 졸업장을 능력으로, 그리고 언어의 유창성을 새로운 것을 구안해 내는 능력으로 오해하고 있다."고 비판하였다.
  ② 문맹퇴치를 위한 의무교육 무용론
    ⊙ 오늘날 문맹퇴치를 위한 의무교육의 확대가 후진국에서 활발히 이루어지고 있으나, 후진국은 선진국과 같이 의무교육을 실시하는 것이 불가능할 뿐만 아니라 오히려 빈부 간의 갈등만을 초래한다고 본다.
    ⓒ 또한 학교교육의 목적은 유용한 기술의 습득, 인지적 성숙, 지적인 자율성 등에 있으나 오늘날 학교는 오히려 관료적이고 기계적인 세계관을 가르쳐 준다고 본다.
  ③ 특수기술센터(대안적 친목기구)에 의한 교육을 주장 → 학습망(learning web)

(2) 라이머(Reimer)의 학교사망론
  ① 「학교는 죽었다」: 그의 교육론은 교육문제만을 따로 떼어서 보는 것이 아니라 사회 전체와 관련하여 보고 있으며, 학교 자체를 거부하는 것이 아니라 건강한 학교의 소생을 기원하는 의미다.
  ② 학교는 한편에서는 순종을, 다른 한편에서는 규정위반을 가르친다. 즉, 학교에서 강조하는 규범에는 절대적으로 순종하여야 하나, 학교에서 크게 강조하지 않는 규범은 위반해도 된다는 것을 가르친다.
  ③ 오늘날 학교는 국가에 의하여 운영되고 있으므로 국가의 이념을 주입한다. 이것은 마치 중세의 종교와도 비슷한 역할을 하는 것으로 학교교육이 대중화된 현시점에서는 학교가 모든 가치와 규범을 규정하는 막강한 힘을 갖게 된 것을 의미한다. 따라서 학교는 더 이상 인간의 잠재력을 계발해 주고 전인적 인간을 키워준다는 본래의 사명을 다하고 있지 못하므로 학교는 죽었다는 것이다.

(3) 실버만(Silberman)의 학급위기론
  ① 「학급의 위기」: 미국 교육의 위기적 상황을 경고하고, '인간교육으로의 방향전환'을 제시, 즉 인간교육이라는 핵심적인 관점에 따라 현 학교교육 및 사회교육을 비판하고 개혁의 방향을 제시하였다.
  ② 실버만에 의하면 활발한 지적 탐구보다 단편적인 암기에 치중하는 교육은 어떠한 생산적인 가치도 지니고 있지 못하고, 피교육자의 성장가능성을 저해하는 현대의 교육을 학급의 위기라 부른다.

| 정답 | ①

38

학습사회에 대한 기구나 학자의 주장이 바르게 진술된 것은?

2007 초등

① 유네스코는 1972년에 '소유를 위한 학습(learning to have)'을 강조하는 학습사회를 주장하였다.
② 허친스(R. Hutchins)는 노동시장의 변화에 대응한 인적자원 개발을 강조하는 학습사회를 주장하였다.
③ 카네기 고등교육위원회는 1973년에 직업교육보다 개인의 자아 실현을 강조하는 학습사회를 주장하였다.
④ 일리치(I. Illich)는 학습자원을 쉽게 활용할 수 있도록 지역차원의 연계된 학습망에 기초한 학습사회를 주장하였다.

오답풀이

① 유네스코는 1973년 포르보고서(Faure report)에서 존재하기 위한 학습(learning to be)을 주장하였다. 유네스코의 생존학습론은 소유와 소비에 대한 탈소유적인 학습론으로써 교육의 목적을 자기실존과 자아실현에 두고 있다.
② 카네기 고등교육위원회의 주장이다.
③ 허친스의 주장이다.

만점대비 +α

💡 교육개혁 : 학습사회론

(1) 정의 : 문자 그대로 '학습하는 사람, 늘 배움을 추구하는 사람들로 구성되는 사회의 학습화'
(2) 허친스(Hutchins)의 학습사회론 : 자아실현
  ① 허친스는 학습사회를 모든 사람들이 언제 어느 때라도 교육을 받을 수 있고 교육의 목표는 인간가치 실현에 두어야 하며, 모든 제도가 인간가치 실현을 지향하는 방향으로 가치전환에 성공한 사회라고 규정하였다.
  ② 허친스가 주장하는 학습사회는 현행 교육제도가 부분적으로 수정된 사회가 아닌 근본적으로 새로운 교육제도 이념이 도입되고 그것이 체질화된 사회로, 학습사회의 목표는 평생학습을 통한 자기실현에 있다.
(3) 유네스코의 학습사회론 : 탈소유학습론
  ① 1973년 유네스코의 포르보고서(Faure report)에서 생존학습론(learning to be)은 소유와 소비에 대한 탈소유적인 학습론으로써 교육의 목적을 자기실존과 자아실현에 두고 있다.
  ② 유네스코의 포르보고서의 핵심은 탈소유양식을 위한 학습의 중요성을 강조하고 있다. 탈소유라는 것은 어떤 것에도 구애나 제약을 받지 아니하고, 변화를 두려워하지 않고 지속적으로 성장하는 것을 의미한다.

(4) 카네기 고등교육위원회의 학습사회론 : 초급 고등교육의 직업교육
   ① 허친스와 유네스코의 학습사회론은 자유로운 정신에 바탕을 둔 교양교육으로서의 학습사회 실현에 그 초점을 둔 반면, 카네기 고등교육위원회의 학습사회론은 실용적인 입장에서 어떤 교육이든 교육의 목적은 인간실현에 있다는 점을 공감하면서 교육의 무게중심을 인간의 노동참여에 두어 직업교육을 포함시키는 광의의 입장에서 학습사회론을 전개하고 있다.
   ② 이를 위한 새로운 교육체제로 회귀교육, 순환교육과 같이 성인이나 청소년들에게 중등교육 이후의 초급의 고등교육, 즉 전문대학이나 기술대학 또는 대학교육의 기회를 보장하는 일이 필요하게 되었다.

(5) 일리치(Illich)의 학습사회론 : 탈학교사회
   ① 일리치는 「탈학교사회론」이라는 책에서 학습사회에 대한 견해를 제공하고 있는데, 그의 학습론은 허친스나 유네스코의 학습론에 학습방법론을 제공하고 있다.
   ② 그는 진정한 교육의 목적은 개인적으로 자아실현을 도모하고, 사회적으로는 억압적인 요소를 제거하는 것으로 보았다.
   ③ 지금의 교육이 국가발전과 생존을 위한 수단인 목적에만 치우쳐 있다고 지적하고, 인간을 억압하는 제도화된 학교교육의 잘못된 측면을 폐지하자는 것이다.
   ④ 기존의 교육방식을 은행저축식 교육으로 보고, 학교교육은 교사와 학생이 정해진 틀 속에서 주고받는 지식을 선물하는 듯한 교육의 형태를 비판하면서, 이는 학습자의 자율성과 경험, 지식을 손상시키는 일종의 폭력이라고 비판하면서 새로운 학습망을 제시하였다.
   ⑤ 그가 제시한 '새로운 학습망'은 몇 가지 특징을 가지고 있다.
      ㉠ 누구든지 학습하려고 한다면, 젊거나 늙었거나 인생의 어느 때에 필요한 수단이나 교재를 이용할 수 있게 해주어야 한다.
      ㉡ 자기가 알고 있는 것을 다른 사람과 더불어 나누어 가지고자 하는 다른 사람을 발견할 수 있게 해주어야 한다.
      ㉢ 배우고자 노력하는 모든 사람들에게 기회를 부여해 주어야 한다.
   ⑥ 일리치의 학습사회론은 학습을 원하는 사람은 누구든지 쉽게 접근할 수 있도록 새로운 열린 학습망의 구축을 원하고 있다.
   ⑦ 학습자의 신원에 대한 증명이나 가계 및 문벌에 관계없이 자기실현에 최대한 이용할 수 있는 학습경로의 건설이 새로운 학습사회론이다.

| 정답 | ④

39

2013 중등

다음 내용을 공통으로 포함하는 개념과 그 개념을 제안한 학자로 옳은 것은?

> • 학습자가 학습에 필요한 자료에 쉽게 접근할 수 있도록 한다.
> • 함께 학습하기를 원하는 학습동료를 쉽게 찾을 수 있도록 지원한다.
> • 학습자가 원하는 전문가, 준전문가, 프리렌서 등 교육자들의 인명록을 갖추어 놓는다.
> • 기능을 가지고 있는 사람들의 인명록을 비치하여 기능교환이 이루어질 수 있도록 한다.

	개념	학자
①	학습망 (learning webs)	일리치(I. Illich)
②	학습망 (learning webs)	프레이리(P. Freire)
③	학습망 (learning webs)	허친스(R. Hutchins)
④	학습공동체 (learning community)	프레이리(P. Freire)
⑤	학습공동체 (learning community)	허친스(R. Hutchins)

오답풀이

※ 학습공동체 : 학습을 주목적으로 하는 개인들이 자발적으로 구성한 집단으로서, 구성원들이 협력적으로 상호작용하면서 학습에 새로운 가치를 부여하고 이를 통해 학습활동을 전개해 가는 것이다. 즉, 학습공동체는 학습경험을 공유하는 사람들의 집단이라고 할 수 있다.

※ 허친스는 1968년 학습사회론을 제창한 미국의 교육사회학자이다. 평생학습사회를 현실화하는 정책수단의 하나로 주목받고 있는 것 중 하나가 바로 평생학습도시의 구축이다. 학습도시란 도시의 총체적 역량을 동원하여 시민의 학습활동과 도시의 활성화라는 두 가지 목적을 동시적으로 추구하는 이상적인 학습사회로서의 도시를 말한다.

만점대비 +α

💡 **일리치의 학습망 : 특수기술센터(대안적 친목기구)에 의한 교육**

① 교육자료에 대한 정보제공 : 교육자료란 도구상점, 도서관, 실험실, 인쇄소, 박물관, 화랑 등을 의미하는 광의의 개념을 학습가능성을 갖고 있는 모든 장소와 도구의 집합체를 의미한다.
② 동료 짝짓기 : 특정 학습활동에 참여하고 싶은 사람들을 찾아내어 연결시켜주는 활동, 통신망을 통해 일어난다.
③ 기능 교환 : 특정한 기술에 관심 있는 학습자들에게 공비를 지원, 기능훈련을 받게 한다.
④ 일반교육자 전체에 대한 정보제공

| 정답 | ①

40

2000 중등 추시

'효과적인 학교연구'에서 공통적으로 지적하고 있는 효과적인 학교의 특성과 가장 거리가 먼 것은?

① 학습집단의 이질성
② 학부모의 적극적인 참여
③ 학생의 성장에 대한 적절한 참여
④ 학생들에 대한 교사의 높은 기대수준

만점대비 +α

💡 교육개혁 : 학교효과론

(1) 논점 : 학교교육을 비관적으로 보는 데 대한 일종의 반대 견해로 교육과정부분을 중점적으로 연구하여 학교의 효과를 찾으려 했다.
(2) 효과적인 학교의 의미
  ① 효과적인 학교란 인적·물적 투입여건은 비슷한데 학생이 얻게 되는 지적·비지적인 산출이나 결과가 다른 학교보다 더 높게 나오는 학교를 말한다.
  ② 여기서 투입여건이란 학부모의 사회경제적 지위와 학생의 학업능력 등과 같이 학교에서 통제할 수 없는 것을 뜻한다.
(3) 학교효과의 요인
  ① 학교효과의 의미 : 학교효과란 학교 자체의 특성에서 생기는 효과로 학교의 사회심리적 체제와 밀접한 관계를 맺고 있다.
  ② 학교의 사회심리적 체제의 구성요소
    ㉠ 학교의 사회심리적 규범 : 학교구성원이 학교교육에 대해 가지는 기대, 평가, 감정, 신념 등을 의미한다.
    ㉡ 학교의 조직구조 및 운영방식 : 크게는 학교의 행정조직부터, 작게는 학급 내 학습집단 구성형태까지를 포함한다.
    ㉢ 학급 내 수업실천 행위 : 학급 내의 의사소통방식, 행동강화, 보상방식, 수업자료, 수업시간량 등과 관련된다.
(4) 효과적 학교의 특성 요인
  ① 교장과 교사의 강한 지도력
  ② 학생의 학업성취에 대한 교사의 높은 기대
  ③ 분명한 교수-학습목표
  ④ 학교의 학구적 분위기와 그에 따른 교직원 연수
  ⑤ 학생의 학업진전도의 주기적 점검

| 정답 | ①

논술 문제 적용 하기

40-1

2020 초등

(가)에서 언급하고 있는 학교효과의 요인을 (나)와 (다)에 근거하여 3가지 제시하시오.

> (가) 이 학교에 다니는 학생들은 사교육에 상대적으로 덜 노출되어 있고 가정배경은 보통 수준이다. 이 학교가 자체적으로 조사한 지난 수년 간의 자료를 분석해 본 결과, 현재 이 학교는 성취기준 도달 정도에서 그다지 뚜렷한 향상을 보여주지 못하고 있다. 성취기준을 달성하는 데 영향을 끼치는 요인으로 학생의 선천적 능력이나 가정배경 및 사교육이 많이 언급되지만 학교교육 내에도 중요한 요인들이 있다. 따라서 이 학교는 학교효과의 요인들을 학교교육 내에서 찾아 학생들이 성취기준을 달성할 수 있도록 노력할 필요가 있다.
>
> (나) 이 학교의 의사결정 방식은 비교적 민주적으로 이루어지고 있다. 학교장은 '함께 배우고 성장하는 학교'라는 확고한 학교경영 목표를 세우고 자신의 권한에서 많은 부분을 교사들에게 위임하고 있다. 하지만 교사들 간의 역량 차이로 인해 사안별로 참여와 관심에서 많은 편차를 보이고 있다. 어떤 교사들은 회의에 관행적으로 참여하거나 선배 교사의 의견을 간섭으로 여기면서도 그냥 따르기만 하는 경우가 있다. 또 어떤 교사들은 동료 교사와의 협업보다 혼자서 학교 행정 업무를 하는 것을 선호하고 자신의 수업 방법 개선에만 몰두한다. 따라서 이 학교의 교사들은 동료 교사에 대해 지도성을 효과적으로 발휘할 수 있는 역량을 개발할 필요가 있다.
>
> (다) 이 학교는 상대적으로 작은 규모의 학교이다. 소규모 학교이기에 교사들과 학생들 사이의 친밀도가 높은 반면에, 교사 개인별로 수행해야 할 업무량은 대규모 학교에 비해 많은 편이다. 교사들은 수업의 재구성과 같은 교육과정 개선에 관심이 많지만, 여러 가지 잡무로 인해 교육 활동에 전념하는 데 어려움이 있다. 최근 교육청이 실시하고 있는 '공문 없는 날'에 맞춰 이 학교도 '공문처리 없는 날'을 실시한 바 있고 학교장의 주도 하에 '학교업무경감위원회'도 운영해 보았지만, 행정 업무 경감에 대한 교사들의 만족도는 그다지 높지 않다. 따라서 이 학교는 현행 제도 내에서 교사들과의 협의 과정을 통해 학교 행정 업무 경감을 위한 구체적인 방안 마련이 요구된다.

THEME 09 평생교육

논술 문제 적용하기

41
2011 중등

다음은 평생교육의 발전에 공헌한 학자들의 주장이다. (가)~(다)에 들어갈 말을 올바르게 짝지은 것은?

- 랑그랑(P. Lengrand) : 「평생교육(L'éducation permanente)」(1965)을 통해 평생교육은 학습자가 필요로 할 때 언제든지 접근할 수 있어야 하며, __(가)__ 이 통합된 학습을 지원하는 것을 강조하였다. 이를 위해 분절되었던 각 교육제도들을 연계하고 통합하는 사회적 시스템의 필요성을 역설하였다.
- 포르(E. Faure) : 「존재를 위한 학습(Learning To Be)」(1972)을 통해 새 시대 교육제도의 개혁방향으로 '__(나)__ 건설'을 제안하였다. 이 보고서는 초·중등 및 고등교육 제도와 교육의 틀을 개혁함으로써 교육의 지평을 넓힐 것을 강조하였다.
- 들로어(J. Delors) : 「학습 : 그 안에 담긴 보물(Learning : The Treasure Within)」(1996)을 통해 21세기를 준비하는 네 개의 학습 기둥을 제시했다. 네 개의 학습 기둥은 알기 위한 학습, 행동하기 위한 학습, 존재하기 위한 학습, __(다)__ 위한 학습이다.

	(가)	(나)	(다)
①	앎과 삶	학습사회	함께 살기
②	여가와 노동	학습사회	성찰하기
③	여가와 노동	민주사회	함께 살기
④	여가와 노동	민주사회	성찰하기
⑤	앎과 삶	학습사회	성찰하기

예시답안

제시문 (가)에 언급되는 효과적인 학교란 학생의 선천적인 능력, 가정배경, 사교육 등 학교에서 통제할 수 없는 투입여건은 비슷함에도 학생이 얻게 되는 교육적 산출이 다른 학교보다 더 높게 나오는 학교이다. 그러므로 학교효과란 학교 자체의 특성에서 생기는 효과로 학교의 사회·심리적 체제와 밀접한 관계를 맺고 있다. 제시문 (나)와 (다)에 근거하여 도출될 수 있는 학교효과의 요인은 다음과 같다. 첫째, 교장과 교사의 강한 지도력이다. 제시문 (나)는 해당 학교의 학교장의 지도성이 효과적이지 못하며, 동료 교사 간 협업도 원활히 이루어지지 않음을 보여주고 있다. 이와 같은 교장과 교사의 약한 지도력은 학교효과에 부정적인 영향을 미치는 요인으로 볼 수 있으며, 이들의 지도력이 강하고 효과적일 때 학교효과는 높아진다. 둘째, 학생의 학업성취에 대한 교사의 높은 기대이다. 제시문 (나)의 경우 교사들은 '함께 배우고 성장하는 학교'라는 교육목표에 대한 참여나 관심의 정도에서 많은 편차를 보이고 있으므로, 모든 교사가 학생의 성장에 대한 높은 기대를 가지고 있다고 보기 어렵다. 학생의 학업성취에 대한 교사의 기대는 학교효과를 결정하는 중요한 요인으로, 교사가 학생의 학업 성취에 대해서 높은 기대를 가질 경우 학교효과성은 높아진다. 셋째, 학교의 학구적 분위기이다. 제시문 (다)의 소규모 학교의 교사들은 과중한 행정업무로 인해 교육과정 개선을 포함한 교육활동에 전념하지 못하고 있으므로, 이는 학교효과성을 떨어뜨리는 요인으로 작용한다. 학교 내 교사조직의 풍토가 학구적이며 그에 따른 교직원 연수 등의 장학활동이 활발히 이루어진다면 학교효과는 높아진다.

만점대비 +α

💡 렝그랑(P. Lengrand)의 평생교육체제 변혁론

① 교육활동은 인간의 기본적인 정신활동으로 교육은 전생애에 걸쳐 통합적으로 이루어지는 평생교육이어야 한다.
② 올바른 교육은 인지적 과정뿐만 아니라 정서적, 심미적, 직업적, 정치적, 신체적인 면을 모두 포괄하는 전일적(holistic)인 것이어야 한다. → "앎과 삶"의 통합
③ 평생교육은 인간 발달을 지원하는 다양한 교육장면과 형식들, 즉 직업교육과 교양교육, 형식교육과 무형식교육, 학교교육과 사회교육 등이 네트워킹하는 형태로 재배치하고 재구성해야 한다.
④ 평생교육에서는 인간을 지속적으로 탐구하며 교육활동을 전개하는 학습주체로 상정한다.
⑤ 평생교육은 한 사람 한 사람이 가지고 있는 개성이나 독자성, 자기자신이 가진 특성에 따라 자발적, 자주적으로 성장·발달해 가는 것에 중점을 둔다.
⑥ 평생교육은 전생애에 걸쳐 다양한 통로의 선발의 기회가 여러 차례 보장될 것을 전제로 한다.

⑦ 평생교육은 교육이라는 것을 초·중등학교, 대학, 기술전문학교 등 임의로 분리시킨 분야 뿐만 아니라, 친구관계, 가족, 직장 등 사람들의 실제 생활에 관련된 여러 가지 환경이나 상황에까지 확대시키는 것으로 생각한다.
⑧ 평생교육은 때와 상황에 따라 사회전체가 교육의 기회를 제공하는 것, 즉 모든 사람이 배우고 모든 사람이 가르치는 가르침과 배움의 상호 네트워킹으로 상정한다.

💡 포르(E. Faure)의 「존재를 위한 학습」

① 포르 보고서는 초·중등교육 및 고등교육제도가 '수많은 장애물과 장벽, 그리고 차별' 그 자체임을 지적한다.
  ㉠ 교육제도 안에 있는 사람과 밖에 있는 사람 사이에는 건널 수 없는 강이 존재하며, 이것은 교육제도가 사회 비민주화 및 계급 재생산 기제로서 작동하고 있음을 나타내는 것이었다.
  ㉡ 이들이 제시한 다양한 정책 대안은 이러한 장애물과 장벽, 그리고 차별을 극복하려는 의도를 담고 있었다. 즉, 교육에서의 일종의 민주성 실현을 지향하는 것이었다.
② 1980년대 말 미국과 영국에서 일종의 포퓰리즘과 신자유주의가 사회를 휩쓸게 된 시기가 오기 전까지 세계의 구호는 평등화, 민주화였으며, 포르의 평생교육 이상은 교육의 민주화를 통한 삶의 민주화를 가능하게 하는 것이었다. 그가 제시한 궁극적 이념으로서의 '학습사회'는 '사회변혁을 궁극적으로 이끌어 갈 핵심적인 교육개념'으로 받아들였다.
③ 학습사회가 지향하는 학습이 무엇인가에 관하여 포르만큼 확실한 대답을 한 사람도 드물 것이다. 그는 학습의 본질을 생명을 위한 학습, 지속적인 배움을 위한 학습, 자유롭고 비판적인 사고를 위한 학습, 세계와 인간을 사랑하기 위한 학습, 창조적 노동을 개발하기 위한 학습 등으로 제시함으로써 인간의 학습이 삶의 생성과 유지, 그리고 비판적 재창조를 위한 필수 기제임을 주장하고 있다.
④ 포르 보고서는 학교교육 틀에 대한 개혁을 통해 교육의 지평을 학교사회에서 평생학습사회로 넓힌 선구자적 문건이라고 평가할 수 있다.
  ㉠ 그는 당시의 세계 제도교육의 문제는 단지 실천적 변화만으로는 해결될 수 없으며, 오히려 교육을 바라보는 이론적 패러다임을 평생교육이라는 새로운 담론으로 전환함으로써만 해결될 수 있다는 것을 이해한 사람이었다.
  ㉡ 그는 새로운 인식론적 근거 안에서 생활세계와 학습자, 그리고 그 안에서의 지식 구성 및 자기 성장으로 무게 중심을 옮김으로써, 새로운 교육체제가 기존의 한계에서 벗어나 스스로 구성·진화할 수 있는 인식론적 자기해방의 실마리를 던져 주었던 것이다.

|정답| ①

42

2008 초등

유네스코(UNESCO) 보고서 「학습 : 내재된 보물」(learning : The Treasure Within) (1996)에 제시된 평생교육의 '네 가지 기둥(4 pillars)'을 〈보기〉에서 고르면?

보기

ㄱ. 알기 위한 학습(learning to know)
ㄴ. 존재하기 위한 학습(learning to be)
ㄷ. 행동하기 위한 학습(learning to do)
ㄹ. 활력화를 위한 학습(learning to empower)
ㅁ. 함께 살기 위한 학습(learning to live together)

① ㄱ, ㄴ, ㄷ, ㅁ
② ㄱ, ㄴ, ㄹ, ㅁ
③ ㄱ, ㄷ, ㄹ, ㅁ
④ ㄴ, ㄷ, ㄹ, ㅁ

만점대비+α

💡 학습의 네 가지 기둥

알기 위한 학습 (learning to know)	• 인간 개개인의 삶에 의미를 부여해 주는 살아 있는 지식습득의 목적과 수단 • 즉, 충분하고 광범위한 일반지식을 소수의 주제까지 깊이 있게 적용할 수 있도록 조합하는 데 쓰임 • 이는 또한 학습하기 위한 학습이라 할 수 있으며, 전 생애를 거쳐 교육의 혜택을 받을 수 있게 함
실천하기 위한 학습 (learning to do)	• 개인의 환경에 대한 창조적 대응(직업)능력의 획득 • 즉, 직업기술을 습득할 뿐 아니라 보다 넓게는 여러 상황에 대처하고 팀을 이루어 일할 수 있는 능력을 얻는 데 쓰임 • 행함(do)은 단순히 기술/테크닉/역량을 넘어 윤리적 실천의 의미, 실천공동체를 포함하는 것으로, 지식과 행동이 연결되어 강력한 실천을 만들어내는 윤리적 행함을 의미함
더불어 살기 위한 학습 (learning to together)	• 공동체 속에서 다른 지역이나 외국 사람들과의 조화 있는 삶의 영위와 공존·번영을 위한 능력 향상 • 타인을 이해하고 상호의존성을 인정하면서 이루어짐. 이는 다원주의, 상호이해, 평화의 가치를 존중하는 정신으로 타인들과 함께 공동과업을 수행하고 갈등을 관리하는 법을 배우면서 얻어짐
존재하기 위한 학습 (learning to be)	• 개인의 전인적 발전, 즉 마음과 몸, 지능, 미적 감각, 개인적 책임감, 정신적 가치의 모든 면에서 조화로운 발전 • 개인의 인성을 보다 잘 성장시키고 항상 보다 큰 자율성, 판단력, 책임감을 가지고 행동할 수 있게 해 줌 • 따라서 교육은 기억력, 추리력, 미적 감각, 체력, 의사소통기술 등 다양한 잠재력을 중요시해야 함

| 정답 | ①

43

2008 초등

평생교육제도로서의 순환교육(recurrent education)에 대한 설명으로 잘못된 것은?

① 유급 교육휴가제는 순환교육 제도 가운데 하나이다.
② 학교에서의 학습과 일터에서의 학습이 상호 보완적으로 이루어진다.
③ 유네스코(UNESCO)에서 저개발국의 교육발전을 지원하기 위한 목적으로 제안하였다.
④ 경제협력개발기구(OECD)의 「순환교육 : 평생학습의 전략」 보고서 이후 순환교육의 개념이 널리 사용되었다.

정답풀이

③ 유네스코에서 저개발국의 교육발전을 지원하기 위한 목적으로 제안한 것은 '문해교육'이다.
※ 제2차 세계대전 직후 창립된 유네스코(UNESCO)는 '교육하는 것이 사람을 자유롭게 하는 것'이라는 구호 아래 문해교육을 최우선 사업으로 삼았다. 이는 모든 교육의 토대가 되는 인간 생활의 가장 기본적 능력으로, 유네스코는 이를 개인의 교육받을 권리를 실현하는 기본 전제로 설정하고 있다.

만점대비 +α

💡 순환교육

(1) 개념
  ① 1973년, 경제협력개발기구(OECD)에서는 미래교육을 위한 정책문서로 「순환교육 : 평생학습을 위한 전략」을 발표하였는데, 순환교육은 의무교육 또는 기본교육 이후에 전 생애에 걸쳐 주로 직업활동과 교육에 순환적으로 참여할 수 있도록 만드는 종합적 교육전략이라고 할 수 있다.
  ② 순환교육은 정규학교를 졸업하고 직업을 가진 성인들에게 직업에 관련된 새로운 지식과 기술을 교육하는 것으로 산업사회의 직업기술 갱신을 위한 교육을 뜻한다.
(2) OECD가 제시한 순환교육의 원리
  ① 의무교육 최종 학년에 진로선택을 위한 교육과정이 설정되어야 한다.
  ② 의무교육 이후에 각자의 생활 적기에 따라서 가장 적절한 시기에 교육의 기회를 부여해 준다.
  ③ 모든 사람이 필요한 장소와 시간에 교육받을 수 있는 적절한 시설이 골고루 분포되도록 한다.
  ④ 일과 사회적 경험이 입학규정이나 교육과정 작성 시 주로 고려되어야 한다.
  ⑤ 학업과 직업을 교대할 수 있는 계속적 방법으로 생애 과정을 구성하도록 한다.
  ⑥ 교육과정 편성, 교과 내용, 교수 방법을 흥미집단, 연령집단, 사회집단별로 고려하여 동시화시킨다.
  ⑦ 학위나 증서를 학습 결과로 보지 않고, 평생교육의 과정 지도와 인격의 발달을 중시한다.
  ⑧ 의무교육 이후 각 개인은 적절한 직업 준비와 사회적 안정을 얻을 수 있는 준비과정으로 일정한 학습 휴가를 가질 권리를 가진다.

|정답| ③

44

2010 초등

노울즈(M. Knowles)가 말한 안드라고지(andragogy)의 기본 가정에 해당하는 것을 〈보기〉에서 모두 고르면?

보기

㉠ 학습자의 학습 성향은 생활·과업·문제 중심적이다.
㉡ 학습은 내적 동기보다 외적 동기에 의해 이루어진다.
㉢ 학습자는 자신의 결정과 삶에 대하여 책임지려고 한다.
㉣ 학습자는 학습하기 전에 학습할 필요가 있는지 알고자 한다.
㉤ 학습자의 경험은 학습자원으로 중요하게 간주되지 않는다.

① ㉠, ㉡, ㉢
② ㉠, ㉢, ㉣
③ ㉡, ㉢, ㉤
④ ㉢, ㉣, ㉤
⑤ ㉠, ㉡, ㉣, ㉤

오답풀이

㉡ 노울즈에 따르면, 성인의 학습동기는 외적인 평가도 중시하지만 자기 존중감, 인정, 더 나은 삶의 질, 보다 큰 자신감, 자아실현의 기회 등 내재적 요인들에 의해 발생하는 경우가 많다.
㉤ 노울즈에 따르면, 성인학습자는 사회적으로 풍부한 경험을 바탕으로 학습한다. 즉, 매우 풍부한 과거의 경험을 가지고 학습활동에 참여한다.

만점대비 +α

💡 노울즈(Knowles)의 안드라고지

(1) 개념 : 안드라고지는 기존의 전통적 교육학이 아동과 청소년을 대상으로 한 것으로서의 페다고지라고 규정하고, 그것에 대비하여 성인학습자의 자율성, 자기주도성, 경험중심성, 현장중심성 등을 강조하며 등장한 것이다.

(2) 페다고지와 안드라고지의 비교

기본가정	페다고지	안드라고지
학습자	• 학습자는 의존적 존재 • 교사가 학습내용, 시기, 방법을 전적으로 결정	• 인간은 점차 자기주도적으로 성숙 • 교사들은 이러한 변화를 자극시키고 지도할 책임을 가짐 • 상황에 따라 의존적일 수 있지만 자기주도적이고자 하는 강한 욕구 소유
학습자 경험 및 학습방법	• 학습자 경험을 중요시하지 않음 • 학습방법은 강의, 읽기, 과제부과, 시청각자료 제시 같은 전달식 방법	• 인간의 경험은 자신뿐만 아니라 다른 사람에게도 학습자원으로 활용 가능 • 학습방법에는 실험, 토의, 문제해결, 모의게임, 현장학습 등 활용

학습 준비도	• 사회가 학습해야 한다고 요구하는 것을 학습 • 같은 연령이면 동일한 내용을 학습 • 같은 연령의 학습자들이 단계적으로 학습해나갈 수 있도록 교육과정을 표준화	• 실제 생활에 관련된 문제를 대처해나갈 필요성을 느낄 때 학습 • 학습프로그램은 실제 생활에의 적용을 중심으로 조직되고 학습자의 학습준비도에 따라 계열화
교육과 학습에 대한 관점	• 교육은 교과내용을 습득하는 과정 • 교과과정은 여러 가지 교과가 논리적으로 체계있게 조직된 것 • 교과목 중심의 학습	• 교육은 학습자가 자신의 잠재력을 계발하는 과정 • 학습경험은 능력개발 중심으로 조직

(3) 아동기 학습과 성인기 학습의 특성 비교
  1) 아동기 학습
    ① 수동적 학습
      ㉠ 아동기학습은 교사나 부모 등 가르치는 이의 지도를 수동적으로 수행하는 것이 주가 된다.
      ㉡ 가르치는 이는 아동이 언제, 어디에서, 무엇을, 어떻게 학습해야 하는지를 결정한다. 아동의 학습 전반을 책임지는 것이다.
      ㉢ 아동에게도 학습활동에 활용될 수 있는 약간의 경험이 있겠지만, 아동의 경험보다 중요한 것이 가르치는 이의 경험이다.
      ㉣ 아동과 교수자의 의사소통은 쌍방이 대등한 관계에서 주고받는 것이 아니라 가르치는 이에서 배우는 이인 아동으로 일방향 흐름이 되기 쉽다.
    ② 학습 목적(동기)
      ㉠ 아동기 학습은 주로 상급학교 진학이 목적이 되는 경우가 많다.
      ㉡ 이미 학습의 내용이 위계적으로 조직되어 제시되기 때문에 현 단계의 학습은 다음 단계의 학습을 위한 준비과정의 성격이 강하다.
      ㉢ 따라서 학습의 동기를 부여할 때도 아동의 내적인 욕구보다 상급학교 진학과 관련된 외적인 평가를 중요하게 여기는 경우가 많다.
  2) 성인기 학습 특징
    ① 능동적 학습
      ㉠ 성인기 학습은 수동적이라기보다는 학습자의 능동적인 자기주도성이 발휘되는 경우가 많다.
      ㉡ 학습자는 스스로의 학습을 기획, 실행, 평가하는 주체가 된다.
      ㉢ 성인은 매우 풍부한 과거의 경험을 가지고 학습활동에 참여한다. 따라서 성인은 자신의 경험이 교수자로부터 무시당한다고 생각하거나, 가르치는 내용이 자신의 경험에 비추어 적절하지 않다고 판단하면 이의를 제기하거나 교수자를 거부하기도 한다.
    ② 학습 목적(동기)
      ㉠ 성인은 생활 속에서 부딪히는 여러 문제를 해결하기 위해 새로운 지식과 기술이 필요하다고 생각할 때 학습활동을 시작한다. 즉, 배운 것을 가능한 한 빨리 실제 삶에 적용하려고 한다.
      ㉡ 따라서 성인의 학습 동기는 외적인 평가도 중시하지만 자기존중감, 인정, 더 나은 삶의 질, 보다 큰 자신감, 자아실현의 기회 등 내재적 요인들에 의해 발생하는 경우가 더 많다.

| 정답 | ②

45

2013 중등

다음 (가)와 (나)에 해당하는 평생교육 관련 개념으로 옳은 것은?

> (가) OECD 교육혁신센터(CERI)에서 제안한 개념으로, 정규교육을 마친 성인이 언제든지 직업능력 향상과 갱신을 위한 교육을 받을 수 있도록 기존의 학교교육 시스템과 직업능력 계발교육을 유기적으로 통합한 교육체제를 의미한다. 이것은 성인의 생산성 증진과 지속적인 고용 가능성을 지원하기 위해 학습과 일 사이의 긴밀한 연계를 강조한다.
>
> (나) 노울즈(M. Knowles)가 제안한 개념으로, 아동·청소년을 대상으로 하는 교육과 대비된다. 이것은 학습자의 자율성 및 자기 주도성, 학습에서의 경험, 현장 중심의 학습 등을 중시한다.

	(가)	(나)
①	경험학습 (experiential learning)	안드라고지 (andragogy)
②	경험학습 (experiential learning)	학습사회 (learning society)
③	순환교육 (recurrent education)	안드라고지 (andragogy)
④	순환교육 (recurrent education)	전환학습 (transformative learning)
⑤	순환교육 (recurrent education)	학습사회 (learning society)

정답풀이

(가) 순환교육 : 의무교육 또는 기본교육 이후에 전 생애에 걸쳐 주로 직업활동과 교육에 순환적으로 참여할 수 있도록 만드는 종합적 교육 전략

(나) 안드라고지 : 기존의 전통적 교육학이 아동과 청소년을 대상으로 한 것으로 페다고지라고 규정하고, 그것에 대비하여 성인학습자의 자율성, 자기주도성, 경험중심성, 현장중심성 등을 강조하며 등장한 것

오답풀이

※ 경험학습 : 교사가 교과서를 통해 가르치는 것을 간접적으로 받아들이는 학습이 아니고, 현실 사회 또는 자연과 접촉하며 생활하는 가운데 얻은 경험을 바탕으로 학습하는 것

※ 학습사회 : 모든 구성원의 계속적 학습이 생활의 주축을 이루는 사회로서, 미국의 교육사회학자 허친스(Hutchins)는 사람들이 각자의 필요성과 동기부여에 따라서 언제라도 학습의 기회가 주어지도록 제도적으로 보장된 사회를 학습사회라고 칭함

| 정답 | ③

46

2008 중등

성인학습 이론 중 다음의 특성에 가장 부합되는 이론은?

- 경험, 비판적 성찰, 발달이 핵심요소이다.
- 학습자의 내부에서 발생하는 인지적 과정을 집중적으로 규명한다.
- 자신을 구속하는 자기 신념, 태도, 가치로부터 자신을 해방시킨다.

① 실천학습(action learning)
② 경험학습(experience learning)
③ 전환학습(transformative learning)
④ 자기주도학습(self-directed learning)

오답풀이

① 실천학습 : 교육참가자들이 소집단을 구성하여 팀워크를 바탕으로 각자 또는 전체가 업무상 직면한 실제의 문제를 정해진 시점까지 해결하는 동시에 문제해결과정에 대한 성찰을 통해 학습하도록 지원하는 교육방식
② 경험학습 : 교사가 교과서를 통해 가르치는 것을 간접적으로 받아들이는 학습이 아니고, 현실 사회 또는 자연과 접촉하며 생활하는 가운데 얻은 경험을 바탕으로 학습하는 것
④ 자기주도학습 : 개인이 스스로의 학습욕구를 진단하고, 학습목표를 설정하며, 목표를 달성하기 위하여 필요한 물적·인적 자원을 탐색하고, 적절한 학습전략을 시행하며, 스스로 학습의 성과를 평가하는 과정

만점대비 +α

💡 메지로우(Mezirow)의 전환학습(Transformative learning)

① 전환학습이론은 하버마스의 세 가지 지식(도구적·의사소통적·해방학적 지식)에 기초한다.
　㉠ 도구적 지식 : 원인·결과, 과학적 방법들로부터 나온 객관적인 지식
　㉡ 의사소통적 지식 : 자기 자신이나 다른 사람들, 사람들이 살고 있는 공동체나 사회의 사회적 규범들을 이해하는 것이며, 이는 언어를 통해 유추되고 사람들 사이에서 동의에 의해 확증
　㉢ 해방학적 지식 : 어떤 제한으로부터 자신을 해방시키는 자기인식이며 비판적 자아성찰의 산물(모든 성인교육 영역에서의 목적)
② 메지로우는 기존의 성인학습이 도구적 지식의 성격을 강하게 가짐으로써 행동변화를 기반으로 하는 학습모델을 지배적인 모델로 삼아왔음을 지적하였다.
③ 성인학습에서 가장 중요한 것은 비판적 성찰을 통한 관점의 전환이며, 해방학적 지식을 획득하는 것이 전환인 것이다.
④ 메지로우는 인간 인식구조에 있어서 '의미도식'과 '의미관점'을 구별하였는데, 우리가 경험하는 실제 사태 속에서 모종의 학습에 의한 변화를 유발하기 위해서는 경험 하나하나를 바꾸기보다 그 경험 전체를 지배하는 관점 자체를 바꿀 필요가 있다는 것이다.
　㉠ 의미도식 : 일종의 표피적 행태
　㉡ 의미관점(의미전망) : 표피적 행태를 유발하는 원리 혹은 관점

| 정답 | ③

47

평생교육과 관련된 제도와 그에 대한 설명으로 옳지 않은 것은?

① 평생교육사 – 평생교육의 기획, 진행, 분석, 평가, 교수 업무를 수행하는 전문 인력
② 학점은행제 – 학교 내외에서 이루어지는 다양한 학습활동을 학점으로 인정하여 학위 취득을 가능하게 하는 제도
③ 학습계좌제 – 평생교육을 촉진하고 인적자원의 개발·관리를 위하여 개인의 학습경험을 종합적으로 관리하는 제도
④ 전문인력정보은행제 – 평생교육기관의 전문 인력을 선발하는데 필요한 문제은행을 만들어 체계적으로 제공·관리하는 제도
⑤ 학습휴가제 – 국가·지방자치단체와 공공기관의 장 또는 각종 사업의 경영자가 소속 직원의 평생학습 기회 확대를 위해 유급 또는 무급의 학습휴가를 실시하는 제도

정답풀이

④ 전문인력정보은행제 : 각급학교나 평생교육기관 등에서 필요한 인적자원을 활용할 수 있도록 하기 위하여 강사에 관한 정보를 수집하여 제공·관리하는 제도

| 정답 | ④

48

2011 초등

다음 상황에 가장 적합한 평생교육제도는?

> 새봄초등학교에서는 학부모와 지역 주민을 대상으로 방과 후와 주말에 평생교육 프로그램을 운영하고 있다. 학부모와 지역 주민들이 프로그램에 참여하는 주된 목적은 취미와 여가를 위한 것이다. 주민들은 자신들의 평생교육 경험이 체계적으로 누적되어 사회적으로 인정받을 수 있도록 국가가 관리하고 인증해 주기를 바라고 있다.

① 독학학위제
② 학습계좌제
③ 학습휴가제
④ 직업능력인증제
⑤ 문하생학력인정제

정답풀이

② 학습계좌제 : 국민의 개인적 학습경험을 종합적으로 집중 관리하는 제도

오답풀이

① 독학학위제 : 대학에 진학하지 못한 학습자가 스스로 학습한 후 국가기관에서 실시하는 절차에 따라 시험을 거쳐 학사학위를 취득할 수 있도록 한 제도
③ 학습휴가제 : 직장인·공무원이 계속교육 및 재교육을 위해 일정기간 유·무급 휴가를 실시하는 제도
④ 직업능력인증제 : 모든 직종에 필요한 공통기초능력을 측정하여 인정하는 제도
⑤ 문하생학력인정제 : 중요무형문화재 보유자 및 전수교육이수자의 경험학습을 학점으로 인정하는 제도

| 정답 | ②

THEME 09 평생교육

49 2009 중동

다음에 해당하는 평생학습 제도는?

- 국가의 총체적인 인적 자원관리를 위한 장치
- 국민의 개인적 학습경험을 종합적으로 집중 관리하는 제도
- 모든 성인의 다양한 교육과 학습활동을 누적·기록하는 '종합교육·학습기록부'

① 학습계좌제 ② 학점은행제
③ 전문인력정보은행제 ④ 문하생 학점·학력인정제도
⑤ 독학에 의한 학위취득제도

정답풀이

① 학습계좌제 : 국민의 개인적 학습경험을 종합적으로 집중 관리하는 제도

오답풀이

② 학점은행제 : 「학점인정 등에 관한 법률」에 의거하여 학교에서 뿐만 아니라 학교 밖에서 이루어지는 다양한 형태의 학습 및 자격을 학점으로 인정받고, 학점이 누적되어 일정 기준을 충족하면 학위취득이 가능한 제도이다.
③ 전문인력정보은행제 : 각급학교나 평생교육기관 등에서 필요한 인적자원을 활용할 수 있도록 하기 위하여 강사에 관한 정보를 수집하여 제공·관리하는 제도이다.
④ 문하생 학점·학력인정제도 : 기존 도제적 방식으로 유지·전승되어 온 무형문화재를 교육적 지평 위로 끌어들여 현대교육제도와 연계하는 노력을 통해 우리의 전통문화를 지속적이면서 체계적으로 발전시키고자 하는 의도로 촉구된 것이다.
⑤ 독학에 의한 학위취득제도 : 독학자에게 학사학위 취득의 기회를 부여함으로써 평생교육의 이념을 구현하고 개인의 자아실현과 국가사회의 발전에 기여함을 목적으로 국가가 정한 시험에 합격한 자에게 학위를 수여하는 제도로서 대학에서 취득한 학위와 동등한 대우를 받는다.

| 정답 | ①

50

2008 초등

우리나라의 평생학습도시 사업에 대한 설명으로 잘못된 것은?

① 평생학습도시는 광역시·도마다 한 곳씩 선정한다.
② 주민자치센터를 기초단위 평생교육의 장으로 활용하고 있다.
③ '평생학습진흥종합계획'에 의거하여 2001년부터 조성사업이 시작되었다.
④ 평생학습도시로 선정되면 지방자치단체의 대응투자를 원칙으로 국고가 지원된다.

정답풀이

① 「평생교육법」 제15조(평생학습도시)
국가는 지역사회의 평생교육 활성화를 위하여 특별자치시, 시(「제주특별자치도 설치 및 국제자유도시 조성을 위한 특별법」 제10조제2항에 따른 행정시를 포함한다. 이하 이 조 및 제15조의2에서 같다)·군 및 자치구를 대상으로 평생학습도시를 지정 및 지원할 수 있다.

만점대비 +α

💡 평생학습도시

① 개요
㉠ 학습도시란 도시의 총체적 역량을 동원하여 시민의 학습활동과 도시의 활성화라는 두 가지 목적을 동시적으로 추구하는 이상적인 학습사회로서의 도시를 말한다.
㉡ 1968년 허친스(Hutchins)가 학습사회론을 제창한 이후, 평생학습사회를 현실화하는 정책수단의 하나로 주목받고 있는 것 중 하나가 바로 평생학습도시의 구축이다.

② 정의
㉠ 주민이 언제, 어디서나, 누구나 원하는 유비쿼터스 학습을 할 수 있는 학습공동체 건설을 도모하는 총체적 도시를 재구성화하고자 하는 운동이다.
㉡ 개인의 삶의 질 제고와 도시 전체의 경쟁력 향상을 추구한다.
㉢ 지역사회의 모든 평생교육자원을 네트워크화하여 학습공동체를 형성하려는 지역시민에 의한, 시민을 위한, 시민의 지역사회 평생교육운동이다.

③ 필요성
㉠ 지식기반 경제사회가 되어 지역이 평생교육체제로 전환되는 것을 요구한다.
㉡ 세계화와 지방화가 공존체계를 구축한다.
㉢ 학교교육체제에서 평생학습사회로의 학습체계를 전환한다.
㉣ 지방자치시대에 지역발전을 도모하고자 하는 지역적 요구와 도전에 대한 해법이다.

④ 국가는 지역사회의 평생교육 활성화를 위하여 시·군 및 자치구를 대상으로 평생학습도시를 지정 및 지원할 수 있다.

| 정답 | ①

THEME 10 대안·다문화교육

51
다음 내용이 가리키는 학교는?

2008 중등

- 인간을 수치로 평가하는 것을 거부한다.
- 외국어를 1학년 입학할 때부터 가르친다.
- 모든 학생이 학년 유급 없이 진급하며, 졸업 때까지 동일 교사가 담임을 맡는 것을 원칙으로 한다.
- 주요 과목은 과목별로 한 과목씩 매일 두 시간 정도 3~5주간 수업하고, 그 후 다른 과목을 같은 방식으로 배우는 에포크(Epoch) 수업방식을 활용한다.

① 니일(A. S. Neil)의 섬머힐 학교
② 듀이(J. Dewey)의 시카고대학 실험학교
③ 프레네(C. Freinet)의 에콜 레옹그리모
④ 슈타이너(R. Steiner)의 발도르프 학교

오답풀이

① 니일의 섬머힐 학교 : 영국의 교육학자 니일이 1921년에 설립한 학교이다. 학생들의 자유를 최대한 존중하고 그 자유 안에서 총체적이고 조화로운 인간으로 성장하게 함을 목표로 하고 있으며 5세부터 17세까지의 학생을 받는다.
② 듀이의 시카고대학 실험학교 : 듀이스쿨이라고도 하며, 미국의 교육자 듀이가 자신의 교육이론을 실험하기 위하여 1896년 시카고대학에 개설한 실험학교이다. 학교가 어떻게 하면 학생들이 각자의 능력을 발달시키고 욕구를 충족시켜가면서 공동사회를 이룩할 수 있을 것인가를 발견하는 것이 목적이었으며, 진보주의 교육의 진지한 실험장이 되었다.
③ 프레네의 에콜 레옹그리모 : 산책수업, 인쇄 도입, 아뜰리에를 통한 노작교육을 강조한 프랑스의 대안학교이다.

만점대비 +α

💡 슈타이너의 발도르프 학교

(1) 개요
① 개혁교육학자인 슈타이너의 인지학적 인간 이해에 기초하여 1919년 설립되었다.
② 자유로운 사학으로 교장, 교감, 기타 여러 관리직이 없고 교사들 간의 동료적인 경영체제에 의해 운영되는 완전히 평등한 학교이다.
③ 학교운영과 교육에서 교사와 학부모의 깊은 협력이 특징이며, 일반 인간교육을 목표로 하고 있다.

(2) 운영상의 특징

8년 담임제	한 담임교사가 한 학급을 8년 동안 담당하는 것. 초등학교 1학년부터 8학년까지 똑같은 학생들의 성장 과정을 지켜보고 학생들 하나하나의 특성을 자세하게 파악하며 지도한다는 것과 교육의 연속성을 유지한다는 장점이 있음
예술수업 강조	• 에포크수업(주기집중수업) : 전학년 동안 3~4주간을 단위로 매일 아침 첫 두 시간에 일정한 교과를 집중적으로 지도하는 수업방식. 하나의 주기 동안 같은 교과만 가르치고 다음번에는 다른 교과목을 택해 같은 식으로 운영하는 방법 • 포르맨(형태 소묘) : 노트에 크레용으로 선을 긋고, 형태를 그리면서 대칭, 색채감 및 형태에 대한 감각을 익히는 것. 별도의 교과가 아니고 다양한 주기집중수업의 내용에 형태 그리기가 적절히 사용되는 것으로 행해짐 • 오이리트미(동작예술) : 음악이나 언어에 따라 신체의 움직임을 예술적으로 형상화시키도록 하는 수업방식 • 노작과 수공예수업, 시낭송 등
평가	• 원칙적으로 성적 등급에 의한 학생 평가를 하지 않고 1년에 한 번 학년말에 성적표가 나감 • 성적표에는 그 학생에 대한 전체적인 평가가 상세하게 문장으로 서술되는데, 개개 어린이의 장점과 단점을 관찰하여 그 어린이의 능력 현상까지 기술하여 어린이로 하여금 장래 성장을 위한 계기로 삼도록 함

| 정답 | ④

THEME 10 대안·다문화교육

52
(가)에 나타난 다문화가정 학생의 교육과 관련된 설명으로 옳은 것을 <보기>에서 모두 고르면?

> (가) 김 교사가 전보 발령을 받은 푸른초등학교에는 다문화가정 학생이 점차 증가하고 있다. 그들 대부분은 학업성취도가 낮을 뿐만 아니라 언어 문제를 비롯하여 학교적응에 많은 어려움을 겪고 있다. 김 교사는 여러 선생님들과 함께 학교 차원의 대책을 세우기로 하였다.

보기

㉠ 다문화가족지원법상 다문화 가족이란 결혼이민자로 이루어진 가족만을 가리킨다.
㉡ 국내 거주 사실이 서류상으로 확인된 외국인 근로자의 자녀들은 초등학교에 취학할 수 있다.
㉢ 언어교육 등 다문화가정 학생의 교육을 지원하는 것뿐만 아니라 일반 학생 대상의 다문화 이해 교육도 필요하다.
㉣ 2010년 현재 다문화가정 학생 수는 초·중·고등학교 중에서 초등학생이 가장 많고, 그 다음이 중학생, 고등학생 순이다.

① ㉠, ㉡
② ㉡, ㉣
③ ㉠, ㉢, ㉣
④ ㉡, ㉢, ㉣
⑤ ㉠, ㉡, ㉢, ㉣

오답풀이

㉠ 다문화가족이란 ⓐ 결혼이민자, ⓑ 출생 시부터 대한민국 국적을 취득한 자, ⓒ 귀화허가를 받거나 ⓓ 인지에 의해 대한민국 국적을 취득한 자로 이루어진 가족을 가리킨다.
※ 인지 : 법률상 혼인 관계가 아닌 남녀 사이에서 출생한 아이에 대해서, 생부나 생모가 자신의 자식이라고 인정하는 일

만점대비 +α

💡 「다문화가족지원법」

| 제2조 (정의) | 이 법에서 사용하는 용어의 뜻은 다음과 같다.
1. "다문화가족"이란 다음 각 목의 어느 하나에 해당하는 가족을 말한다.
　가. 「재한외국인 처우 기본법」 제2조제3호의 결혼이민자와 「국적법」 제2조(출생에 의한 국적 취득)부터 제4조까지의 규정에 따라 대한민국 국적을 취득한 자로 이루어진 가족
　나. 「국적법」 제3조(인지에 의한 국적 취득) 및 제4조(귀화에 의한 국적 취득)에 따라 대한민국 국적을 취득한 자와 같은 법 제2조부터 제4조까지의 규정에 따라 대한민국 국적을 취득한 자로 이루어진 가족
2. "결혼이민자등"이란 다문화가족의 구성원으로서 다음 각 목의 어느 하나에 해당하는 자를 말한다.
　가. 「재한외국인 처우 기본법」 제2조제3호의 결혼이민자
　나. 「국적법」 제4조에 따라 귀화허가를 받은 자
3. "아동·청소년"이란 24세 이하인 사람을 말한다. |

| 정답 | ④

찾아보기

내용 찾아보기

(ㄱ)

갈등이론	221
강화계획	93
강화이론	91
거시체계	65
결과의 평등	244
결과의 평등(보상적 평등)	247
결정지능	114
경제적 재생산이론	225
고전적 조건형성	87
공감적 이해	195
공식어	241
과정적 준거	34
관찰학습	95
교류분석 상담	203
교사의 기대수준	261
교육복지우선지원사업	250
교육수익률곡선	252
교육의 준거	34
구조(frame)	234
국민통합이론	263
귀인이론	146
규범적 준거	34
규율적 권력	58
근접발달영역	76
기능이론	220
기술기능이론	263
기억의 과정(인지과정)	102
기적질문	212
기회균형선발제	249

(ㄴ)

낙인이론	168

(ㄷ)

다중지능	116
단기기억	113
대응이론	229
대중어	241
대처질문	212
더불어 살기 위한 학습(learning to together)	274
도구적 합리성	48
도덕사회화론	223
도덕성 발달단계	85
도식이론(schema theory)	110
동굴의 비유	12
동일시	159
동일요소설	139
동화	67

(ㅁ)

메타인지	98, 108
명료화	187
목표지향성이론	151
몰입이론	157
무조건적 긍정적 존중	195
문화공평검사	130
문화다원론	261
문화실조론	261
문화재생산이론	231
미시체계	65

(ㅂ)

반동형성	159
반성적 인지양식	136
반영(정서 되돌려주기)	185
발도르프 학교	285
방어기제	158
방어적 수업	240
변동비율	93
보이는 교수법(visible)	235
보이지 않는 교수법(invisible)	235
보장적 평등	244
보편적 사회화	223
부호화	102
분류(classification)	234
분석철학	46

찾아보기

비계설정(scaffolding)	77
비판이론	50

(ㅅ)

사회인지학습이론	95, 96
사회자본론	255
사회적 실제	36
사회적 자본	256
사회통제이론	167
사회학습이론	175
사회학적이론	178
삼원지능이론	123
상담의 구조화	181
상징적 상호작용론	238
상황정의	239
선험적 정당화	35
섬머힐 학교	284
세 고리 모형	163
수행목표	151
숙달목표	151
순서행렬검사	130
순환교육	275
승화	159
시간체계	65
신마르크스이론	263
신인문주의	22
신자유주의	61
신피아제 이론	72
실존주의	45
실천하기 위한 학습(learning to do)	274
실학주의	21
실학주의(Realism)	24
심리적 유예	81

(ㅇ)

아동용 카우프만 지능검사	130
아비투스	231
안드라고지	276
알기 위한 학습(learning to know)	274
언어게임	56

역동적 평가	76
예외질문	212
외체계	65
요약(실행반응)	187
욕구위계이론	146
욕구이론	173
유동지능	114
유용성의 법칙	28
의식화이론	227
이중처리(분산된 처리)	113
인간자본론	227
인지상담(인지치료)	207
인지적 준거	34
일반(g)요인	121
일반화설	139
일치성	195

(ㅈ)

자기가치이론(self-worth theory)	155
자기결정성이론	149
자기보존의 법칙	28
자동화	113
자본주의 국가론	229
자연주의	22
자유교육	18, 20
자유교육(free education)	17
자유교육(liberal education)	17
자이가닉 효과	143
잠입도형검사	134
장 독립	134
장 의존	134
장기기억	100
재생산이론	227
재진술(내용 되돌려주기)	185
저항이론	236
적응	67
전문인력정보은행제	280
전환학습	279
정교화	106
정보처리모형	98

정서지능	122	프리맥의 강화원리	88
정의(Justice)	10	피그말리온 효과	143
정체감 성취형	83	필연의 법칙	28
정체감 유예형	83		
정체감 폐쇄(유실)형	83		
정체감 혼미형	83	**(ㅎ)**	
조건의 평등	245	학교규범론	224
조절	67	학교사망론	267
조직화	106	학교효과론	271
존재하기 위한 학습(learning to be)	274	학급위기론	267
졸업장 병	262	학력(學歷) 인플레이션	262
중간체계	65	학습계좌제	281, 282
지식의 형식	20	학습망	270
지위경쟁이론	263	학습망(learming webs)	270
지위획득모형	252	학습사회론	268
직업인성유형 이론	169	학습스타일	138
진로발달이론	176	학습욕구이론	263
집합형 교육과정	234	합리적·정서적 상담	204
		합리화	159
		항존주의	44
(ㅊ)		해결중심 상담	209, 212
차별접촉이론	167	해석	189
척도질문	212	해석학적 순환	60
청킹	113	행동조성(shaping)	89
체계적 둔감법	191	행동주의	96
충동적 인지양식	136	행동치료	193
		허용적 평등	245
		헤게모니	230
(ㅋ)		현상학적 환원	52
콜맨(Coleman) 보고서	261	현실치료상담	199
		형식논리학	56
(ㅌ)		형식도야설	139
탈학교사회론	267	형태이조설	139
통합형 교육과정	234	형태주의(Gestalt) 상담	197
투사	159	훈육론	58
		흥미의 원리	43
(ㅍ)			
판단중지	52		
평생교육체제 변혁론	272	**(영문)**	
평생학습도시	283	ABCDEF모델	205
평형화	67	ADHD	161
포스트모더니즘	55	K - WISC - Ⅲ	125

MMPI	125
PQ4R	140
SOMPA	130
TAT	125
WDEP	201

인물 찾아보기

(ㄱ)

가다머	60
가드너	116, 119, 124
골만(Goleman)	122
글래써(Glasser)	199
길포드(J. Guilford)	122

(ㄴ)

노울즈(Knowles)	276
니일(A. S. Neil)	284

(ㄷ)

데시와 라이언(Deci & Ryan)	149
뒤르껭(E. Durkheim)	223
듀이	41, 42, 43
드 세이져(Stave de Shazer)	209
드리븐(Dreeben)	224

(ㄹ)

라이머(Reimer)	267
라이트와 페론(Wright & Perrone)	252
렌줄리(Renzulli)	163
렝그랑(P. Lengrand)	272
로우	173
로저스	195
루소(J. J. Rousseau)	28

(ㅁ)

마샤(Marcia)	83
매슬로우(Maslow)	146
맥닐(L. McNeil)	240
메지로우(Mezirow)	279

(ㅂ)

바이너(Weiner)	146
반두라(Bandura)	95

번스타인	234, 235, 241		**(ㅋ)**	
벡(Beck)	207	카노이		252
보울즈 긴티스(Bowles & Gintis)	225	카텔과 혼(Cattell & Horn)		114
부르디외(Bourdieu)	231	케이건(Kagan)		136
브론펜브레너	65	코메니우스(Comenius)		25
브루코버(Brookover)	254	콜린스(R. Collins)		265
블라우와 던컨	252	콜맨		255
블로(P. Blau)	178	콜버그		85
비고츠키	79	콜브(Kolb)		138
비트겐슈타인	56	크럼볼츠		175

(ㅅ)			**(ㅌ)**	
서스톤(L. Thurstone)	121	티드만과 오하라(Tiedeman & O'Hara)		180
소크라테스	8			
손다이크(Thorndike)	121		**(ㅍ)**	
수퍼(D. Super)	176	펄스(F. Perls)		197
슈타이너	285	포르(E. Faure)		273
스턴버그	124	푸코(Foucault)		58
스턴버그(R. J. Sternberg)	123	피아제		67
스피어만(C. Spearman)	121	피터스(R. Peters)		34
실버만(Silberman)	267	프레이리(P. Freire)		54

(ㅇ)			**(ㅎ)**	
아들러	214	하버마스(Habermas)		50
아리스토텔레스	16	허스트		20
애플(Apple)	230	허스트(Hirst)		36
에릭슨	81	허친스(Hutchins)		268
에클스와 위그필드(Eccles & Wigfield)	154	허친스(R. Hutchins)		44
엘리스(Ellis)	204	헤르바르트		29
오크쇼트(M. Oakeshott)	37	홀랜드		171
우볼딩(Wubbolding)이	201	홀랜드(J. Holland)		169
위트킨	134	화이트		39
윌리스(Willis)	236	화이트헤드		39
융(Jung)	214			
일리치(Illich)	267			

(ㅊ)	
칙센트미하이	157

이경범

고려대학교 대학원 졸업(교육심리 전공)
서울대, 한국교원대, 부산대 외 다수 대학교 초빙교수
2011 EBS 교육학 대표 교수
전) 이그잼, 아이티칭 교육학 교수
전) 박문각 임용고시학원, 티치스파 교육학 교수
전) 임용단기 교육학 논술 대표 교수
현) 공단기 교육학 대표 강사
현) 윌비스임용고시학원 교육학 교수

WHY TO HOW New 논객특강

발행일 · 2022년 2월 17일 초판 1쇄
　　　　2024년 2월 22일 2판 1쇄

저　자 · 이경범 | 발행인 · 이경범 | ISBN 979-11-986418-1-6 (14370)　979-11-986418-0-9 (세트)

발행처 · 씨엘웍스 | 주소 · 서울시 영등포구 국회대로54길 2, 1202호

주문 및 배본처 | Tel · 02) 785-3088 | Fax · 02) 786-3088

본서의 無斷轉載·複製를 禁함 | 본서의 무단 전재·복제행위는 저작권법 제136조에 의거 5년 이하의 징역 또는 5,000만 원 이하의 벌금에 처하거나 이를 병과할 수 있습니다. | 파본은 구입처에서 교환하시기 바랍니다.

정가 38,000원(전 2권)

하권

교육학 논술

중등·보건교사·교육전문직·교육행시 대비

WHY TO HOW

New 논객특강

- 논술 기출과 객관식 기출의 통합 -

이경범 편저

윌비스 임용 ssam.willbes.net
다음카페 cafe.daum.net/eduism

정답풀이, 오답풀이, 만점대비+α로 이어지는 상세한 해설
객관식 문제를 논술 문제에 적용할 수 있는 구성과 예시답안 제시

WHY TO HOW New 논객특강
논술 기출과 객관식 기출의 통합

PREFACE

출간계기
임용 교육학 출제 방식이 객관식에서 논술로 바뀐지가 벌써 10년이 넘었다. 논술시험으로 바뀐 후 출제될 내용과 형태를 객관식에서 찾아야 한다고 생각을 하였고, 그 근거는 문항 출제의 원칙인 의사소통도로 보았다. 그래서 시험이 논술로 바뀐 첫해에 논객특강이라는 책을 출간하였으며, 예상대로 논술시험은 논객특강 안에서 거의 모두 출제가 되었다.
논술문항의 데이터가 쌓이면서 객관식과 논술문항을 연계한 통합 기출분석집을 드디어 출간하게 되었다. 기존의 '논술과 객관식의 연계성 강화'를 위해 만든 논객특강이 객관식 기출 문항만을 다룬다는 점에 항상 아쉬움이 있었다. 그러나 이제는 논술 문항 따로 객관식 따로 공부하지 않고, 한 번에 두 문제를 연계하여 효율적으로 학습할 수 있는 'New 논객특강'을 출간하게 되어 기쁘다.

이 책의 특징
1. 객관식 문제를 논술문제에 적용하여 함께 학습할 수 있도록 편집에 중점을 두었다.
2. 객관식 문항을 풀면서 이론서 없이도 충분히 학습할 수 있도록 꼼꼼한 해설과 만점대비 추가자료를 제공하였다.
3. 논술문항의 경우 예시답안과 별도의 추가 읽기자료를 통하여 충실한 학습을 할 수 있도록 하였다.
4. 핵심 개념들의 인덱스를 제공하여 알아내고자 하는 부분들을 바로 찾아 볼 수 있도록 함으로써 학습의 효율성을 높였다.

이 책의 활용
교육학 논술 KTX를 공부하고 New 논객특강을 통해 학습한 이론 내용을 실제 기출문제에 적용하는 학습을 하게 된다면, 이해력과 적용력이 동시에 향상될 것을 확신한다. 또한, New 논객특강은 과거 교원임용 객관식 기출이 현재 논술문항으로 어떻게 연계되어 출제되고 있는지를 파악하고, 최신 기출의 출제 경향을 분석하는 데 최적의 자료가 되어 줄 것이다.

이 책이 나오기까지 수고해준 이들이 많다. CL Works 박인찬 이사님, 배움출판사 사장님을 비롯한 모든 직원분들, 우리 연구실 가족들 그리고 마지막으로 사랑하는 가족에게 고마움을 전한다.

2024년 2월
이 경 범

WHY TO HOW New 논객특강

논술 기출과 객관식 기출의 통합

CONTENTS

Chapter 06
교육행정

THEME 01. 교육행정의 기초	8
THEME 02. 교육행정학의 발달과정	10
THEME 03. 동기론	17
THEME 04. 지도성론	24
THEME 05. 교육조직론	34
THEME 06. 의사소통론	45
THEME 07. 교육기획론	46
THEME 08. 교육정책론	48
THEME 09. 장학론	54
THEME 10. 교육재정론	64
THEME 11. 교육제도	69
THEME 12. 학교·학급경영론	73

Chapter 07
교수학습이론

THEME 01. 교수-학습이론의 기초	78
THEME 02. 교수-학습방법의 유형	80
THEME 03. 교수-학습이론	90
THEME 04. 최신 교수-학습이론	106

Chapter 08
교육공학

THEME 01. 교육공학의 발달	146
THEME 02. 교수설계	149
THEME 03. 교수매체	159
THEME 04. 교수매체의 활용	168

Chapter 09
교육과정

THEME 01. 교육과정의 역사	178
THEME 02. 교육과정의 설계	180
THEME 03. 교육과정의 유형	198
THEME 04. 교육과정 연구의 패러다임	214
THEME 05. 교육과정의 개발	221
THEME 06. 교육과정의 실행 및 운영	235
THEME 07. 우리나라 교육과정	240

Chapter 10
교육평가

THEME 01. 교육평가의 기초	252
THEME 02. 교육평가의 유형	254
THEME 03. 평가도구의 조건	268
THEME 04. 교육평가에 대한 다양한 관점	279
THEME 05. 평가문항의 제작	285

Chapter 11
교육통계 및 연구

THEME 01. 기술통계 및 추리통계	288
THEME 02. 문항의 통계적 분석	308
THEME 03. 표집과 표집방법	316
THEME 04. 실험적 연구법	318
THEME 05. 질적 연구	329
THEME 06. 자료수집 방법	331

Chapter 12
교사론

THEME 01. 교직관	336
찾아보기	338

WHY TO HOW
New 논객특강
논술 기출과 객관식 기출의 통합

Chapter 06

교육행정

THEME 01. 교육행정의 기초
THEME 02. 교육행정학의 발달과정
THEME 03. 동기론
THEME 04. 지도성론
THEME 05. 교육조직론
THEME 06. 의사소통론
THEME 07. 교육기획론
THEME 08. 교육정책론
THEME 09. 장학론
THEME 10. 교육재정론
THEME 11. 교육제도
THEME 12. 학교·학급경영론

THEME 01 교육행정의 기초

01 2013 중등

다음 제도 개혁의 취지에 부합하는 '교육행정에 대한 관점'을 설명한 내용으로 가장 적절한 것은?

> 최근 지방교육행정조직에서 '지역교육청'의 명칭을 '교육지원청'으로 변경하고 그 역할에 있어서도 변화를 꾀하였다. 이를 통해 행정의 기능을 종래의 '관리·점검' 중심에서 '일선 학교의 교육활동에 대한 지원 강화' 중심으로 새롭게 정립하고자 하였다.

① 교육행정을 '교육에 관한 행정'으로 보는 입장이다.
② 자율적 행정지원보다 관료적 효율성을 강조한 관점이다.
③ 교육의 자주성·전문성 측면보다 행정의 통제성·획일성 측면을 강조한 관점이다.
④ 교육 관점 법규에 따라 교육정책을 집행하는 공권적 작용으로 강조하는 입장이다.
⑤ 교육행정을 교육목표의 효과적 달성에 필요한 조건을 정비·확립하는 수단적 활동으로 보는 입장이다.

정답풀이

⑤ 제시문은 조건정비론에 대한 설명이다. 조건정비론이란 교육행정을 교육목표를 효율적으로 달성하기 위해 필요한 인적·물적 제 조건을 정비·확립하는 수단적·봉사적 활동이라고 보는 견해이다.

오답풀이

① ② ③ ④ 국가통치권론(분류체계론)에 대한 설명이다.

만점대비 +α

📍 교육행정의 개념

국가통치권론	• 교육행정을 국가권력작용, 즉 총체적인 국가행정의 관점에서 파악하려는 관점(교육행정은 일반행정의 한 부분) → '교육에 관한 행정' • 법규해석적 정의, 공권력설, 분류체계론, 교육행정 영역구분론 • 교육행정을 '교육을 대상으로 하는 법적·행정적 작용'이라고 보기 때문에 교육행정의 특수성과 전문성을 무시하고 행정의 관료성과 획일성을 강조하며, 교육의 정치적 중립성과 자주성을 간과함
조건정비론	• 교육행정은 교육목표를 효율적으로 달성하기 위해 필요한 인적·물적 제 조건을 정비·확립하는 수단적·봉사적 활동이라고 보는 견해 → '교육을 위한 행정' • 교육행정의 기능주의적 입장을 대표하는 정의, 민주적 교육행정을 설명하는 데 가장 많이 인용 • 대표 학자 : 몰맨(Moehlman), 캠벨(Campbell)
행정과정론	• 행정가의 일반적 기능이 무엇이며, 행정은 어떠한 순환적 경로를 밟아 이루어지고 있는가에 초점을 둔 정의 • 행정과정이란 계획수립에서부터 실천·평가에 이르는 행정의 전체 경로를 말함과 동시에 이 경로 속에서 이루어지는 행정작용의 제 구성요소를 의미 • 교육행정은 목표를 달성하기 위해 하나의 통합 체제 내에 공식적·비공식적으로 조직된 인적·물적 자원을 파악·유지·자극·통제하는 하나의 사회적 과정 • 대표 학자 : 페이욜(Fayol), 귤릭(Gulick), 시어즈(Sears)
협동행위론	• 행정을 합리성을 토대로 한 집단적 협동행위로 보는 견해로서 주로 행정행위에 초점을 두며, 그 가운데서도 의사결정의 과정에 역점을 두고 있음 - 왈도(Waldo) • 교육행정은 계획된 절차에 따른 인간행위의 신장을 최대한 합리적으로 성취하려는 목적을 달성하기 위하여 교육활동과 관련된 모든 조직의 상호관계를 학습장면의 제 조건을 정비하는 봉사적 활동의 방향으로 만드는 협동적 행위
교육지도성론	• 교육행정은 교육목적을 효과적으로 달성하기 위해 교육지도성을 발휘하는 활동 • 교육경영론의 관점을 반영 : 어떤 학생을, 어떤 교육조건을 갖추어, 어떻게 교육시킬 것인가에 초점

| 정답 | ⑤

THEME 02 교육행정학의 발달과정

02

〈보기〉와 같은 원칙을 제시하고 있는 교육행정이론은?

2008 초등

> **보기**
> - 교육에서의 낭비요소를 최대한 제거하여야 한다.
> - 가능한 모든 시간에 모든 교육시설을 활용하여야 한다.
> - 교직원의 작업능률을 최대로 유지하며, 교직원의 수를 최소로 감축하여야 한다.
> - 교사들에게 학교행정을 맡기기보다는 학생들을 가르치는 데에 전념하도록 한다.

① 행동과학론 ② 인간관계론
③ 과학적 관리론 ④ 사회체제론

정답풀이

③ 제시문은 보비트(Bobbit)가 제시한 네 가지의 과학적 관리원칙이다. 테일러(Taylor)의 과학적 관리론을 교육행정의 연구와 실제에 도입한 보비트는 과학적 관리이론을 학교관리와 장학행정에 적용할 것을 주장했다. 그는 교육에서도 기업체에서와 마찬가지로 생산품(학생)과 생산(교육방법)의 표준화, 생산자(교원)의 자격 및 생산자의 교육과 훈련에 과학적 관리론을 적용해야 하며, 특히 생산자들에게 작업의 성격, 달성해야 할 목표, 목표를 달성하기 위한 방법의 채택, 그리고 활용해야 할 시설 등에 관한 상세한 지시를 해주어야 한다고 주장했다.

만점대비 +α

💡 과학적 관리론(1910~1930년대)

(1) 의의 : 산업경영의 합리화와 능률화를 위한 이론·지식·기술의 체계화
(2) 주요 원리 : 최대의 일일 작업량, 표준화된 조건, 성공에 대한 높은 보상, 실패에 대한 책임, 과업의 전문화
(3) 내용
　① 물리적 환경에 초점, 인간을 수단시 함
　② 요소동작연구 및 시간연구
　③ 업무의 표준화·계획화
　④ 모든 노동자에게 적정한 일일과업의 부여
　⑤ 성과급제도의 확립
(4) 과학적 관리론과 교육행정학
　① 스폴딩(Spaulding)의 입장 : 교육의 가장 큰 취약점은 교육행정의 비능률이기 때문에 교육행정에도 기업경영의 원리를 적용해야 한다고 주장
　② 보빗(Bobbitt)의 입장
　　㉠ 가능한 한 모든 시간에 교육시설을 활용함
　　㉡ 교직원 수를 최소화하되 교직원의 능률을 최대로 신장시킴
　　㉢ 교육행정에서의 낭비를 최대한 제거함
　　㉣ 교원들에게는 학교행정을 맡기지 않고 학생을 가르치는 일에만 전념하도록 하게 함
(5) 과학적 관리론의 영향과 비판
　① 경영과 행정의 합리화·능률화에 기여
　② 과학적 분석기법의 도입에 영향을 줌(PERT, CPM 등) → 효율성 증대
　③ 조직과 환경과의 상호의존작용을 무시
　④ 비공식 조직을 무시
　⑤ 경제적 동기의 지나친 강조로 인간의 사회적·심리적 요인 등을 간과

| 정답 | ③

논술 문제 적용 하기

03-1 2016 중동

'학교 내 조직 활동'에 나타난 조직 형태가 학교 조직과 구성원에 미치는 순기능 및 역기능 각각 2가지씩 논하시오.

개선 영역	개선 사항
학교 내 조직 활동	• 학교 내 공식 조직 안에서 소집단 형태로 운영되는 다양한 조직 활동을 파악할 것 • 학교 구성원들의 욕구 충족을 위한 자발적 모임에 적극 참여할 것 • 활기찬 학교생활을 위해 학습조직 외에도 나와 관심이 같은 동료 교사들과의 모임 활동에 참여할 것

03 2010 중동

다음은 어떤 교육행정이론에 대한 설명이다. 이 이론을 적용한 학교 행정의 특징으로 옳은 것을 〈보기〉에서 모두 고른 것은?

> • 교육행정의 민주화에 공헌하였다.
> • 비공식 집단의 중요성을 강조한다.
> • 인간은 경제적 유인보다는 사회적·심리적 요인으로 동기 유발된다.

보기

> ㉠ 조직 구성원 간의 권위의 위계가 명확하다.
> ㉡ 동료 교사 간의 인간관계와 교사의 개인적 사정에 대한 배려를 중시한다.
> ㉢ 교사와 행정직원의 역할 구분이 명확하여 교사는 가르치는 일에 전념한다.
> ㉣ 교장은 의사결정 과정에 교사 친목회, 교사 동호회의 의견을 반영한다.
> ㉤ 교원 평가 결과를 바탕으로 성과 상여금을 지급한다.

① ㉠, ㉢ ② ㉠, ㉤
③ ㉡, ㉣ ④ ㉠, ㉢, ㉣
⑤ ㉡, ㉣, ㉤

정답풀이

③ 제시문은 인간관계론에 대한 설명이다.

오답풀이

㉠ ㉢ ㉤ 과학적 관리론에 대한 설명이다.

만점대비 +α

💡 **인간관계론(1930~1950년대)**

(1) 개요
  ① 조직의 생산성 향상을 위하여 인간의 정서·감정적·사회적·심리적·비합리적·비공식적·비제도적 요인에 역점을 두어 인간을 관리하는 기술 내지 방법에 관한 이론체계·관리체계
  ② **성립배경** : 과학적 관리법 적용에 따른 대규모 조직의 비인격성 및 인간의 기계화 심화가 초래되자, 이러한 문제를 해결할 수 있는 관리기법이 필요
  ③ **대표학자** : 폴렛(Follet), 메이요(E. Mayo), 뢰슬리스버거(F. J. Roethlisberger), 딕슨(W. Dickson), 화이트헤드(T. Whitehead) 등

(2) 내용 및 특징
  ① 사회심리적 요인의 중시
  ② 비합리적·감정적 요소의 중시
  ③ **사회인관** : 합리적·경제적 존재가 아니라 비합리적·사회적 존재로 간주
  ④ **비공식집단의 중시** : 생산성 수준은 비공식집단의 사회적 규범에 의해 규정
  ⑤ **조직관리의 민주화·인간화 강조** : 심리적 욕구 충족으로 능률향상에 크게 기여

(3) 메이요의 호손(Hawthorne)실험
  ① **호손실험** : 조명실험, 전화계전기 조립실험, 면접프로그램, 건반배선조립 관찰실험
  ② 호손실험의 의의
    ㉠ 경제적 유인이 유일한 동기유발 요인이 아님. 비경제적인 사회적 제재가 경제적 유인의 효과를 제함
    ㉡ 생산수준은 생리적 능력보다는 비공식조직의 사회적 규범에 의해 더 영향을 받음
    ㉢ 전문화가 반드시 작업집단의 가장 효과적인 조직을 만들어 내는 것은 아님
    ㉣ 사람은 기계와 같이 수동적인 존재가 아니라 능동적 존재

(4) 인간관계론의 교육행정에의 공헌
  ① 민주화에 크게 공헌
  ② 교육행정가는 교직원의 사기와 인화를 촉진시키는 촉진자
  ③ 교육행정은 봉사활동
  ④ 의사결정은 광범위한 참여로 이루어져야 함
  ⑤ 행정적 권위는 집단에 의해서 주어져야 한다고 강조
  ⑥ **인간관계론을 교육행정에 도입한 학자** : 그리피스(Griffiths)

(5) 인간관계론의 비판
  ① 조직 내의 인간적 측면에만 지나치게 집착, 조직의 구조적 측면과 생산성 문제는 등한시
  ② 조직을 개방체제보다는 폐쇄체제로 간주, 조직과 환경과의 상호작용관계를 명백히 다루지 못함
  ③ 지나치게 인간적 가치만을 중시, 조직의 생산성과 효과성 문제를 도외시

| 정답 | ③

논술 문제 적용 하기

예시답안

비공식 조직은 구성원 상호 간의 상호 작용에 의하여 자연발생적으로 성립되며 혈연, 지연, 학연, 취미, 종교, 이해관계 등의 기초 위에 형성된다. 비공식조직은 다음과 같은 순기능이 있다. 첫째, 비공식 조직은 조직 구성원의 지위와 집단 소속욕구를 충족시킨다. 비공식 조직에 소속됨으로써 자신의 지위를 다른 사람과 구별되어 인정받아 자존감을 세울 수 있고 조직원들과 친밀한 상호교류를 통해 사회적 욕구를 충족시킬 수 있다. 특히 혈연, 지역, 학벌 등과 같은 귀속성과 업적성을 근거로 형성되는 조직에서 두드러지게 나타난다. 둘째, 비공식조직은 조직 구성원의 신속한 정보 공유수단이 된다. 새로운 정보의 획득은 조직의 위계구조를 확고히 하는 수단이 된다. 공식적인 경로를 통해서 조직에서 필요한 정보를 취득하는 것이 일반적이나 비공식 조직을 통해서 다양하고 현실성 있는 정책 변화의 요구나 저변의 조직원들의 불만사항을 여과 없이 받아들일 수 있다. 결국 의사전달체계의 기능을 확대한다고 볼 수 있다. 비공식조직을 통해서 다양하고 현실성 있는 정보나 조직원들의 불만사항을 여과 없이 받아들여 관료제의 경직성을 완화시키고 보수적인 고위층을 자극시켜 조직에 쇄신적 분위기 조성에 기여하기도 한다.

반면 비공식조직은 다음과 같은 역기능이 있다. 첫째, 비공식조직은 조직 내에 파벌집단을 조성함으로써 대립, 갈등, 분열을 조장할 가능성이 있다. 비공식조직의 멤버십이 귀속성과 배타성을 보일 때에 이러한 집단들은 파벌집단으로 둔갑하여 서로 반목하고 대립하게 된다. 이러한 집단들은 조직운영에 윤활유와 같은 역할을 하는 것이 아니라 오히려 조직운영을 마비시켜 버린다. 일반적으로 비공식적 집단의 구성원들은 자기집단에 대해서만 충성심을 바치고, 다른 집단에 대해서는 편견과 적대감을 지니기 때문에 조직 내에서 심한 분파작용을 일으킨다. 파벌로 인해서 조직 단위 간에 반목이 생기고 조직의 규범, 가치, 문화를 통한 일체감을 구성원들로 하여금 느끼지 못하게 하여 조정과 통합을 어렵게 한다. 둘째, 사전에 정보를 누설하고 공식적인 의사경로를 마비시킨다. 사전에 정보를 누설하거나 조작 전달하여 공식적인 업무수행을 방해하는 여론을 형성한다. 비공식조직을 이용하여 인사정보를 사전에 알아내어 힘이 있고 유력한 부서의 배치를 받고자 정실을 조장하고 좌천을 막기 위해 압력을 행사할 수 있다. 정보의 시시비비를 가려서 다른 사람에게 전달하는 것이 아니라 감정적 판단이 개입되어 자신에게 유익하고 불리함에 따라 정보를 왜곡시키기도 한다. 비공식조직에 불리한 정보는 축소하고 유리한 정보는 확대 재생산하여 공식조직의 의사소통을 방해하기도 한다.

04

`2012 중등`

교육행정 이론에서 과학적 관리론과 인간관계론의 공통점으로 옳은 것만을 〈보기〉에서 있는 대로 고른 것은?

보기

㉠ 공식 조직보다 비공식 조직의 중요성을 더 강조한다.
㉡ 조직 외부 환경과의 상호작용보다 조직 내부 문제에 더 관심을 갖는다.
㉢ 구성원의 동기 유발을 위해 사회·심리적 보상보다 경제적 보상을 더 강조한다.

① ㉠
② ㉡
③ ㉠, ㉢
④ ㉡, ㉢
⑤ ㉠, ㉡, ㉢

오답풀이

㉠ 인간관계론에 대한 설명이다.
㉢ 과학적 관리론에 대한 설명이다.

만점대비 +α

💡 **과학적 관리론과 인간관계론의 비교**

구분	과학적 관리론	인간관계론
이념	기계적 능률	사회적 능률(인간관계, 사기)
인간관	경제적 인간	사회적인 인간
조직에 대한 관점	조직의 공식적 측면	조직의 비공식적 측면
원리에 대한 관점	조직관리의 일반적 원리 발견	조직관리의 일반적 원리 비판
영향	• 정치·행정 이원론 • 행정의 과학화에 기여 • 조직운영의 능률성 강조	• 과학적 관리론 보완 • 인간의 사회적 측면 부각 • 조직의 인간화에 기여
비판	• 인간의 비공식적 측면 무시 • 조직의 목적만을 강조 • 비공식 집단 경시	• 조직의 공식적 측면 무시 • 공식적 집단에 대한 고려가 부족
공통점	• 조직 외부 환경과의 상호작용보다 조직 내부 문제에 관심 → 폐쇄체제적 접근 • 조직의 목표는 외부에서 누군가에 의해 주어진다고 보며, 조직 구성원들 스스로 조직의 목표를 설정하는 과정에 대한 관심은 소홀함 • 조직은 항상 조화롭게 돌아가야 한다고 믿고, 조직 안에서의 갈등은 일탈 현상(과학적 관리론) 또는 병리현상(인간관계론)으로 간주함 • 인간을 조직목적 달성을 위한 수단적 존재로 인식 → 효율적 목표 달성이 최상의 관심	

| 정답 | ②

05

2009 초등

다음과 가장 부합하는 교육행정이론은?

- 학교구성원들은 역할과 인성의 상호작용을 통해 행동한다.
- 학교는 지역사회의 가치, 정치 및 역사 등에 의해 영향을 받는다.
- 학교의 주요목적은 학생들에게 성인의 역할을 하도록 준비시키는 것이다.
- 학교구성원들의 적절한 행동은 공식적 규칙과 비공식적 규범에 의해 이루어진다.

① 비판이론 ② 인간관계론
③ 행정과정론 ④ 사회체제이론
⑤ 과학적 관리론

만점대비 +α

💡 체제이론(1960 ~ 현재)

(1) 개방체제론
  ① 개방체제의 기본모형

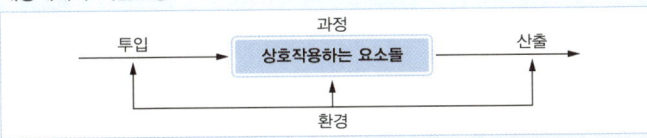

  ㉠ 투입 : 체제에 투입되는 자원과 정보 등 체제 내의 작용을 통해 체제의 유지나 산출을 가능케 하는 요소
  ㉡ 과정 : 목적 달성을 위해 여러 자원과 정보를 활용하여 산출로 만들고 가치를 창조하는 과정
  ㉢ 산출 : 체제에 투입된 것이나, 체제가 처리한 것을 체제가 내부의 작용을 통해 변화시켜 내보내는 것
  ㉣ 환경 : 체제와 일정한 접촉을 유지하고 그것에 일정한 영향을 주는 경계 밖의 주변 조건이나 상태

  ② 개방체제의 특징 : 투입과 산출, 안정성, 자기통제력, 이인동과성, 환류, 역동적인 상호작용, 발전적 분화, 점진적 기제화, 부정적 엔트로피

(2) 사회과정이론(사회체제이론)
① 겟젤스(Getzels)와 구바(Guba)의 사회과정 모형
   ㉠ 인간의 행동은 사회적 조건들로 이루어진 규범적 차원과 개인의 심리적 특성들로 이루어진 개인적 차원의 기능적 관계에서 나타나는 사회적 행위이다.
   ㉡ 사회체제 속에 위치한 구성원은 부여된 역할을 수행하는 과정에서 서로 영향을 주고 받는 사회적 상호작용을 하며, 그에 알맞은 행동을 보이게 된다.

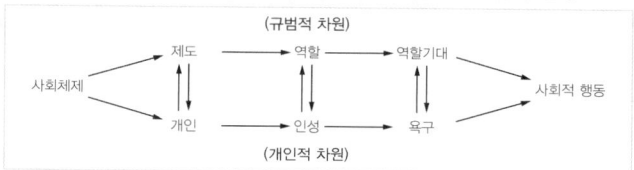

② 겟젤스(Getzels)와 셀렌(Thelen)의 수정모형

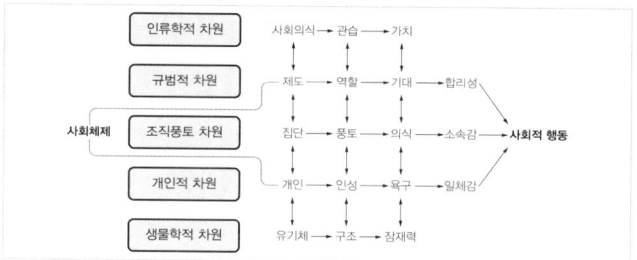

   ㉠ 단순히 조직과 개인의 차원에서만 이루어지는 것이 아니라, 보다 복잡한 차원인 인류학적 차원, 조직풍토 차원, 생물학적 차원에서 사회적 행동이 이루어진다고 보았다.
   ㉡ 사회적 행동의 발생조건
      ⓐ 합리성 : 조직이 개인에게 요구하는 역할이 사회적 가치와 일치할 때
      ⓑ 소속감 : 개인과 집단의 풍토 조화를 이루어 조직의 일에 적극적으로 동참할 때
      ⓒ 일체감 : 조직의 목표가 개인의 욕구성향을 충족시켜줄 때
(3) 카우프만(Kaufman)의 체제접근 모형

| 정답 | ④

THEME 03 동기론

06 2009 초등

허즈버그(F. Herzberg)의 동기-위생 이론(motivation-hygiene theory)에 근거할 때, 다음의 상황에서 김 교사의 직무동기를 유발시키는 방법으로 가장 효과적인 것은?

> 김 교사는 출근하는 데 2시간가량 걸리는 초등학교로 1년 전에 전근 발령을 받아 정보부장의 직무까지 수행하면서 피로감을 많이 느끼고 있다. 정보부장이라는 직위를 가지고 있지만 정보실 관리와 정보관련 업무에 대한 권한과 책임이 학교장에게 있어서 학교장의 지시에 따라 정보관련 업무를 수행하고 있다. 정보실에 비치된 컴퓨터 등이 노후화되고 고장이 빈번하여 컴퓨터 관련 수업이 이루어지지 못하는 경우가 자주 발생하지만, 학교에서는 정보관련 교육에 대해 관심도 적고 재정지원도 미흡하다. 그런데도 다른 교사들은 정보부장 탓만 한다. 또한 학교 방침에 대한 의견 차이로 동료교사와 종종 갈등을 겪기도 한다. 이러한 상황에서도 김 교사는 항상 학생들의 정보역량 육성방안에 대해 고민을 하면서 직무를 수행하고 있다.

① 정보실의 컴퓨터를 최신 기종으로 교체하고 수업환경을 개선해준다.
② 김 교사를 집 근처의 학교로 특별전근을 시켜 주고 그 학교에서 정보부장을 맡게 해 준다.
③ 인간관계 개선 프로그램을 통해 김 교사와 동료교사들 간의 대인관계를 원활하게 해 준다.
④ 정보부에 대한 재정지원을 확대해 주고 김 교사에게 업무실적에 따른 성과급을 지급해 준다.
⑤ 김 교사가 정보관련 업무 전체에 대한 권한과 책임을 위임받아 자율적으로 일을 수행하게 해 준다.

정답풀이

※ 허즈버그에 따르면, 직무 만족에 기여하는 요인과 직무 불만족에 기여하는 요인이 별개로 존재한다. 즉, 만족요인이 존재할 경우에는 만족하겠지만 부재 상태라고 해서 불만족하지 않으며, 불만족요인이 존재할 경우에는 불만을 갖게 되지만 부재한다고 해서 만족에 크게 기여하지 못한다는 것이다. 따라서 김 교사의 직무동기를 유발시키기 위해서는 동기(만족)요인을 충족시켜주어야 한다.
⑤ 직무 자체의 책임과 권한을 부여하는 것으로 동기요인에 해당한다.

오답풀이

① 작업환경에 관한 것으로 위생요인에 해당한다.
② 근무조건에 관한 것으로 위생요인에 해당한다.
③ 인간관계에 관한 것으로 위생요인에 해당한다.
④ 보수에 관한 것으로 위생요인에 해당한다.

THEME 03 동기론

만점대비 +α

💡 **동기요인과 위생요인**

동기요인 (만족요인)	• 작업 자체로부터 도출된 내용적·내적 혹은 심리적인 것에 직접적으로 관련된 것 • 성취, 인정, 작업 자체, 책임, 발전, 성장가능성 등 • 만족요인은 접근욕구와 관련이 있음 • 만족요인이 심리적 성장에 대한 개인적 욕구를 충족시키므로 이를 동기요인이라고 함 • 만족은 개인적인 특성에 귀속되며, 동기추구자는 욕구체제에서 상위욕구에 관심의 초점을 둠
위생요인 (불만족요인)	• 작업환경으로부터 도출된 맥락적·외적 혹은 물리적인 것에 직접적으로 관련된 것 • 보수, 인간관계, 지위, 감독, 정책과 행정, 근무조건, 작업안정, 개인생활 등 • 불만족요인은 회피욕구와 관련이 있음 • 불만족요인은 예방적이고 환경적이므로 이를 위생요인이라고 함 • 불만족은 조직의 특성에 귀속되며, 위생추구자는 하위욕구에 관심의 초점을 둠

| 정답 | ⑤

07

다음은 어떤 이론을 학교에 적용한 내용이다. 이 내용에 가장 부합하는 (가) 이론과 (나) 제도를 바르게 짝지은 것은?

2012 중등

- 교사가 더 큰 내적 만족을 얻을 수 있도록 직무를 재설계하는 방법을 모색한다.
- 교사의 동기는 보수 수준이나 근무 조건의 개선보다 가르치는 일 그 자체의 성취감 등을 통해 더욱 강화된다.
- 교사에게 직무 수행상의 책임을 증가시키고, 자신의 능력을 발휘할 수 있도록 기회와 재량권을 부여하여 심리적 보상을 얻게 한다.

	(가)	(나)
①	공정성이론	학습연구년제
②	공정성이론	수석교사제
③	목표설정이론	교원성과급제
④	동기 – 위생이론	수석교사제
⑤	동기 – 위생이론	교원성과급제

정답풀이

(가) 동기–위생이론 : 만족요인이 존재할 경우에는 만족하겠지만 부재 상태라고 해서 불만족하지 않으며, 불만족요인이 존재할 경우에는 불만을 갖게 되지만 부재한다고 해서 만족에 크게 기여하지 못한다.

(나) 수석교사제 : 선임교사가 교장·교감 등 관리직이 되지 않고도 정년까지 수업·장학·신규교사 지도를 맡는 제도이다. 수석교사제도의 도입 취지와 관련하여 초기에는 교수직으로의 자격이나 직위를 추가적으로 마련함으로써 관리직 승진을 위한 과열 경쟁을 완화시키는 데 목적을 두었으나, 점차 수업과 연구에 전문성을 지닌 교사들을 양성하여 교원의 전문성 향상에 기여하는 것으로 취지가 변화되어 왔다.

오답풀이

※ 학습연구년제 : 교원능력개발평가 결과에 따른 합리적 보상 수단으로서 교원의 전문성을 자율적으로 함양할 수 있도록 지원하는 제도이다. 교원이 수업과 기타 업무의 부담으로부터 벗어나 스스로 세운 학습 계획에 의거해 학습과 연구에 전념함으로써 전문성을 개발할 수 있도록 도와주는 교원 전문성 개발 프로그램이라 할 수 있다.

만점대비 +α

💡 로크(Locke)의 목표설정이론

(1) 개요
  ① 대부분의 인간 행동은 유목적적이며, 행위는 목표와 의도에 의하여 통제되고 유지된다.
  ② 정신적 혹은 신체적 활동에 대한 목표의 가장 기본적인 영향은 생각과 행위를 한쪽 방향으로 지향하도록 지시한다.
  ③ 이러한 과정에서 목표는 에너지의 사용도 역시 통제하게 된다.

(2) 목표가 성과를 결정하는 요인(Steers)
  ① 목표의 구체성 : 막연한 목표보다 구체적 목표가 성과를 높일 수 있는 행동을 불러일으킨다.
  ② 목표의 곤란성 : 쉬운 목표보다는 다소 어려운 목표가 동기를 유발시킨다.
  ③ 목표설정에의 참여 : 구성원들이 목표설정과정에 참여함으로써 성과가 향상될 수 있다.
  ④ 노력에의 피드백 : 노력에 대하여 피드백이 주어질 때 성과가 올라간다.
  ⑤ 목표달성에 대한 동료들 간의 경쟁 : 동료들 간의 경쟁이 성과를 높일 수 있다.
  ⑥ 자발적 수용성 : 일방적으로 강요된 목표보다는 구성원이 자발적으로 수용한 목표가 더 큰 동기를 유발시킨다.

| 정답 | ④

08

다음 내용에 가장 부합하는 동기이론은?

`2012 초등`

- 최 교장은 교사들이 노력만 하면 성과를 얻을 수 있다는 믿음을 주기 위해서 교사를 위한 훈련프로그램, 안내, 지원, 후원, 참여 등을 강화하였다.
- 최 교장은 교사들의 성과와 보상의 연결 정도를 분명히 하였다.
- 최 교장은 교사들이 생각하는 보상에 대한 유인가를 증진시키기 위해 교사들이 더 매력적으로 생각하는 보상내용을 파악하고 그들이 바라는 보상을 적절히 제공하였다.

① 브룸(V. Vroom)의 기대 이론
② 허즈버그(F. Herzberg)의 동기 - 위생 이론
③ 아지리스(C. Argyris)의 미성숙 - 성숙 이론
④ 알더퍼(C. Alderfer)의 생존 - 관계 - 성장 이론
⑤ 로크(E. Locke)와 라탐(G. Latham)의 목표설정 이론

오답풀이

③ 미성숙 - 성숙 이론 : 아지리스는 작업현장 내에서의 관리방식이 인간 성장에 미치는 영향을 연구한 결과, 어떤 조직에서는 구성원을 미성숙한 상태로 묶어 놓으려 하고, 또 어떤 조직에서는 구성원이 계속 성장하도록 유도·격려한다는 것을 발견하였다. 즉, 사람이 조직에 들어갈 경우 그 조직에서 활용되고 있는 관리방식에 의해 그 개인의 성숙이 방해를 받는다는 것이다. 따라서 구성원을 미성숙에 묶어 두지 않고 성숙에의 길로 나아갈 수 있게 터주며, 책임을 많이 부여하여 신의와 존경을 바탕으로 하게 하고, 작업을 단조롭게 하는 너무 좁은 분업을 지양하여 각자가 성숙한 인간임을 인정할 때 조직의 효과도 올라간다.

④ 생존 - 관계 - 성장 이론 : 인간의 욕구가 생존의 욕구(Existence), 관계의 욕구(Relatedness), 성장의 욕구(Growth)로 구성되어있다고 보는 이론이다. 생존의 욕구는 신체적인 생존을 유지하는 데 필요한 욕구로서 매슬로우의 생리적 욕구와 안전욕구가 이에 포함된다. 관계의 욕구는 만족스러운 대인관계와 사회적 관계를 갖고 싶어하는 욕구로서 매슬로우의 대인관계 측면의 안전욕구와 사회적 욕구, 존경의 욕구 일부를 포함한다. 성장의 욕구는 자아의 개발과 성장을 갈망하는 욕구로서 매슬로우의 존경의 욕구와 자아실현의 욕구를 포함한다.

만점대비 +α

💡 브룸(Vroom)의 기대이론

(1) 기본가정
① 인간은 그들의 욕구, 동기, 과거의 경험에 대한 기대를 가지고 조직에 들어온다. 이는 조직에 대하여 개인이 어떻게 반응하느냐에 영향을 미친다.
② 개인의 행동은 의식적인 선택의 결과이다. 즉, 사람들은 자신의 기대치 계산에 의하여 제시된 행동을 자유롭게 선택한다.
③ 인간은 조직에 대하여 각각 다른 것을 원한다. 예를 들면 높은 수준의 보수, 직업안정, 승진, 성취감, 성장 가능성 등과 같은 것이다.
④ 인간은 자신을 위한 산출을 극대화할 수 있도록 여러 대안 가운데서 선택한다.

(2) 기대이론의 4가지 기본 요소

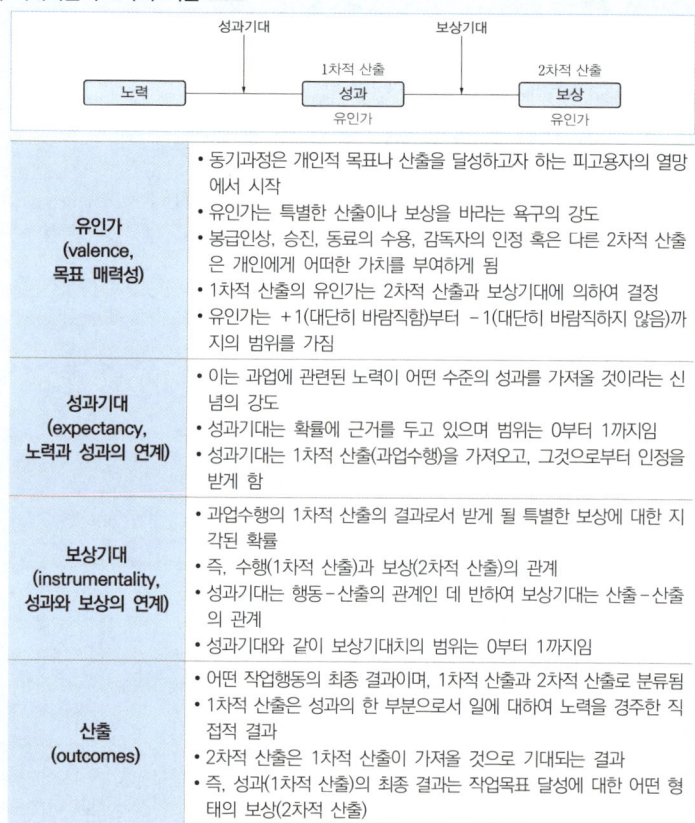

유인가 (valence, 목표 매력성)	• 동기과정은 개인적 목표나 산출을 달성하고자 하는 피고용자의 열망에서 시작 • 유인가는 특별한 산출이나 보상을 바라는 욕구의 강도 • 봉급인상, 승진, 동료의 수용, 감독자의 인정 혹은 다른 2차적 산출은 개인에게 어떠한 가치를 부여하게 됨 • 1차적 산출의 유인가는 2차적 산출과 보상기대에 의하여 결정 • 유인가는 +1(대단히 바람직함)부터 -1(대단히 바람직하지 않음)까지의 범위를 가짐
성과기대 (expectancy, 노력과 성과의 연계)	• 이는 과업에 관련된 노력이 어떤 수준의 성과를 가져올 것이라는 신념의 강도 • 성과기대는 확률에 근거를 두고 있으며 범위는 0부터 1까지임 • 성과기대는 1차적 산출(과업수행)을 가져오고, 그것으로부터 인정을 받게 함
보상기대 (instrumentality, 성과와 보상의 연계)	• 과업수행의 1차적 산출의 결과로서 받게 될 특별한 보상에 대한 지각된 확률 • 즉, 수행(1차적 산출)과 보상(2차적 산출)의 관계 • 성과기대는 행동-산출의 관계인 데 반하여 보상기대는 산출-산출의 관계 • 성과기대와 같이 보상기대치의 범위는 0부터 1까지임
산출 (outcomes)	• 어떤 작업행동의 최종 결과이며, 1차적 산출과 2차적 산출로 분류됨 • 1차적 산출은 성과의 한 부분으로서 일에 대하여 노력을 경주한 직접적 결과 • 2차적 산출은 1차적 산출이 가져올 것으로 기대되는 결과 • 즉, 성과(1차적 산출)의 최종 결과는 작업목표 달성에 대한 어떤 형태의 보상(2차적 산출)

| 정답 | ①

09

2008 중등

동기부여에 관한 아담스(J. S. Adams)의 '공정성이론'에서 가장 중시하는 인간의 욕구는?

① 정서적 유대를 위한 소속의 욕구
② 타인과의 비교를 통한 형평의 욕구
③ 기본적 생존을 위한 생물학적 욕구
④ 조직의 목표설정에 대한 참여의 욕구

만점대비 +α

💡 아담스(Adams)의 공정성이론

(1) 개요
① 한 개인이 타인에 비해 얼마나 공정한 대우를 받고 있다고 느끼는가에 초점을 두고 정립된 이론이다.
② 사람들은 자신이 수행한 일로 받은 성과와 이를 얻기 위해 자신이 투자한 투입에 대한 특정한 신념을 가지고 있다.
③ 대체로 이 투입에 대한 성과의 비율이 공평하거나 공정하기를 기대하므로, 자신과 타인간의 투입-성과 비율을 비교한다.
  ㉠ 투입-성과 비율이 동등할 때 : 고용자와 공정한 거래를 하고 있다고 느끼게 되며, 직무에 대한 만족을 느끼게 된다.
  ㉡ 불공정하다고 느낄 때 : 직무에 대하여 불만을 갖거나 불안을 느끼게 되어, 이때 긴장을 감소시키고 공정성을 회복하도록 동기화 된다.

(2) 투입과 산출의 주요 변인

$$\frac{성과(Output)}{자신의\ 투입(Input)} \begin{matrix} > \\ = \\ < \end{matrix} \frac{성과(Output)}{준거인물의\ 투입(Input)}$$

① 투입요인 : 노력, 교육, 과업달성, 능력 등
② 산출(결과)요인 : 급료, 승진, 인정, 성취, 지위 등

(3) 균형상태를 위한 행동형태 : 투입조정, 성과조정, 투입과 성과에 대한 인지적 왜곡, 비교하는 타인의 투입과 성과의 변경, 비교대상의 변경, 조직이탈(퇴직)

(4) 공정성 이론의 특징
① 지각된 불균형은 개인에게 긴장을 유발한다.
② 긴장의 양은 불균형의 정도에 비례한다.
③ 개인에게서 나타나게 된 긴장은 그로 하여금 이를 감소시키도록 동기화된다.
④ 불균형을 감소시키려는 동기부여의 강도는 지각된 불균형에 비례한다.

(5) 한계점(Hoy & Miskel)
① 공정성에 대한 판단은 주관적 : 공정성은 보는 사람마다 다를 수 있고, 그 판단은 기본적으로 개인이 하기에 일정한 규칙성을 보장할 수 없다.
② 사람들은 마땅히 받아야 할 것 이상을 받는 것보다는 더 적게 받는 것에 민감하다.
③ 공평성과 정의는 많은 사람들에게 중요한 동기 요인이 되기 때문에, 오히려 공평성을 높이는 방향으로만 행동이 집중되고 불공정 문제의 개선에는 소홀할 수 있다.

|정답| ②

THEME 04 지도성론

10
2008 중등

다음은 허시(P. Hersey)와 블랜차드(K. H. Blanchard)의 '상황적 지도성 이론'에 관한 모형이다. 이 모형을 학교의 교원조직에 적용하여 가장 잘 해석한 것은?

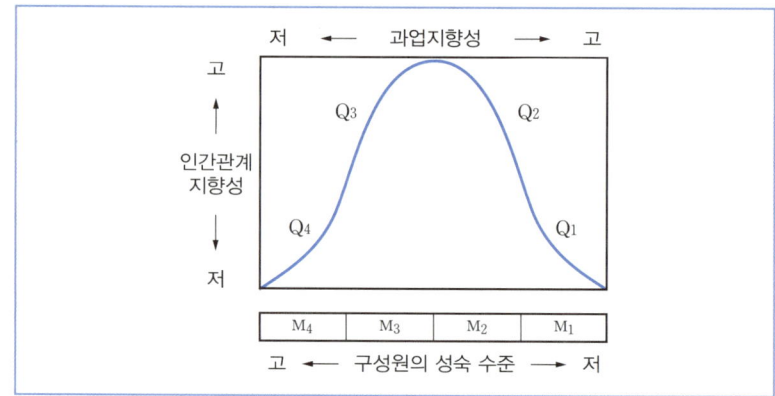

① 교사들의 성숙 수준이 M1이나 M4에 있을 때 교장의 지도력 효과는 가장 낮다.
② 교사들이 의욕과 능력 가운데 어느 하나가 저조하면 교장은 Q1 또는 Q4의 지도력을 보이는 것이 좋다.
③ 교사들의 성숙 수준이 향상될수록 교장은 과업지향성을 점점 낮추어가는 지도력을 발휘하는 것이 좋다.
④ 교장이 과업지향성을 중간 정도로, 인간관계 지향성을 최고로 지닐 때, 교사들의 성숙 수준은 정점에 이른다.

오답풀이

① 상황적 지도성론의 기본가정에 따르면, 모든 상황에 효과적일 수 있는 일반적인 최선의 지도성은 없다. 효과적인 지도성을 확인하기 위해서는 지도성과 상황의 적합성을 사정하기 위한 체계가 필요하다.
② 교사들이 의욕과 능력 가운데 어느 하나가 저조할 때, 즉 교사들의 의욕(동기)이 저조하면 교장은 Q3의 지도력을, 능력이 저조하면 교장은 Q2의 지도력을 보이는 것이 좋다.
④ 허쉬와 블랜차드의 이론은 지도자가 구성원들의 성숙 수준에 따라 점차적으로 지도성 유형을 변화시켜 나감으로써 효과를 극대화 시킬 수 있다는 점을 제시하고 있다. 따라서 교장의 지도성에 따라 구성원의 성숙수준이 정점에 이를 수 있다는 주장은 옳지 못하다.

| 정답 | ③

11

2008 초등

허시(P. Hersey)와 블랜차드(K. H. Blanchard)의 상황적 지도성이론에서 구성원의 성숙 수준과 효과적 지도성이 바르게 연결된 것은?

	구성원의 성숙 수준	효과적 지도성
①	대단히 낮음(M_1)	낮은 과업, 높은 관계중심 행동
②	보통보다 조금 낮음(M_2)	높은 과업, 낮은 관계중심 행동
③	보통보다 조금 높음(M_3)	높은 과업, 높은 관계중심 행동
④	대단히 높음(M_4)	낮은 과업, 낮은 관계중심 행동

만점대비 +α

💡 허시(Hersey)와 블랜차드(Blanchard)의 상황적 지도성론

① 허쉬와 블랜차드의 상황적 지도성 이론에서는 지도자의 과업행동, 지도자의 관계행동, 조직 구성원들의 성숙수준 등 3요소 간의 상호작용으로 효과적인 지도성 유형을 설명한다.

② 조직 구성원들의 성숙수준
  ㉠ 직무 성숙도 : 교육과 경험에 의하여 영향을 받게 되는 개인적 직무수행 능력
  ㉡ 심리적 성숙도 : 성취 욕구와 책임을 지려는 의지를 반영한 개인적 동기 수준

③ 지도성 유형

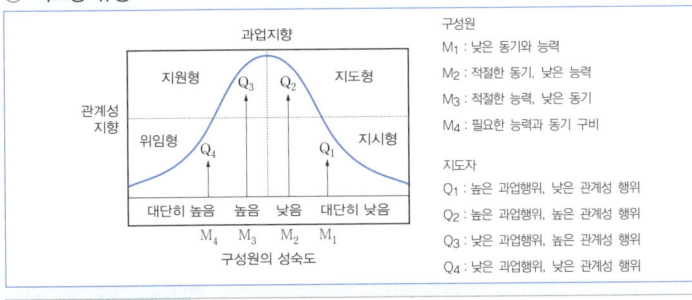

구성원
M_1 : 낮은 동기와 능력
M_2 : 적절한 동기, 낮은 능력
M_3 : 적절한 능력, 낮은 동기
M_4 : 필요한 능력과 동기 구비

지도자
Q_1 : 높은 과업행위, 낮은 관계성 행위
Q_2 : 높은 과업행위, 높은 관계성 행위
Q_3 : 낮은 과업행위, 높은 관계성 행위
Q_4 : 낮은 과업행위, 낮은 관계성 행위

지시형 (설명형, telling)	• 높은 과업, 낮은 관계성 유형(Q_1) • 구성원의 동기와 능력이 낮을 때(M_1) 효과적
지도형 (설득형, selling)	• 높은 과업, 높은 관계성 유형(Q_2) • 구성원이 능력은 낮으나 적절하게 동기를 갖고 있는 경우(M_2)에 효과적
지원형 (참여형, participating)	• 낮은 과업, 높은 관계성 유형(Q_3) • 구성원이 적절한 능력을 갖되 낮은 동기를 갖고 있는 경우(M_3)에 효과적
위임형 (delegating)	• 낮은 과업, 낮은 관계성 유형(Q_4) • 구성원이 높은 능력과 동기를 갖고 있는 경우(M_4)에 효과적

④ 허쉬와 블랜차드는 조직 구성원의 성숙 수준이 변화하여감에 따라, 그에 상응하여 효과적인 지도성 유형도 지시형(높은 과업, 낮은 관계행동) → 설득형(높은 과업, 높은 관계행동) → 참여형(낮은 과업, 높은 관계행동) → 위임형(낮은 과업, 낮은 관계행동) 순으로 달라져야 함을 보여주고 있다.

⑤ 즉, 조직 구성원들의 성숙 수준이 미성숙 수준으로부터 성숙 수준으로 변화됨에 따라 지도성 유형도 그에 맞추어 가운데 종모양의 곡선을 따라 변화해 나가야 한다는 것이다.

| 정답 | ④

THEME 04 지도성론

12 2013 중등

다음 송 장학사의 진술에서 피들러(F. Fiedler)의 상황적 지도성 모형에 근거할 때, '상황' 요소에 해당하는 내용으로 옳은 것만을 있는 대로 고른 것은?

> 송 장학사는 A중학교의 학교경영 컨설팅 의뢰에 따라 학교를 방문하여 학교 현장을 분석하고 그 결과를 다음과 같이 진술하였다. A중학교는 ㉠ 교장과 교사가 서로 신뢰하며 존중하고 있었다. ㉡ 교사들은 교육에 대한 열의가 높았고, 업무능력도 탁월했다. 또한 ㉢ 교사들의 관계도 좋은 편이었다. ㉣ 교사들이 학교에서 하는 업무들은 구조화·체계화되어 있었고, ㉤ 교장이 교사들에게 행사할 수 있는 지위권력 수준은 낮은 편이었다.

① ㉠, ㉣, ㉤
② ㉡, ㉢, ㉣
③ ㉢, ㉣, ㉤
④ ㉠, ㉡, ㉢, ㉣
⑤ ㉠, ㉡, ㉣, ㉤

정답풀이

㉠ 지도자와 구성원의 관계에 대한 설명이다.
㉣ 과업구조에 대한 설명이다.
㉤ 지도자의 지위권력에 대한 설명이다.

만점대비 +α

💡 피들러(Fiedler)의 상황적합론

① 피들러의 지도성 상황이론에 의하면, 높은 집단성취를 달성함에 있어서 지도자의 효과성은 지도자의 동기체제와 지도자가 상황을 통제하고 영향을 주는 정도에 달려 있다.
② 상황에는 지도자와 구성원의 관계, 과업구조, 지도자의 지위권력의 세 가지 요소가 포함되어 있다.
　㉠ 지도자 - 구성원관계 : 지도자와 구성원 간 관계의 질을 의미한다. 지도자가 가지고 있는 부하직원에 대한 신뢰, 지도자에 대한 구성원의 존경도 등에 의하여 평가된다.
　㉡ 과업구조 : 부하들의 과업 특성을 의미한다. 과업이 명확하게 규정되고 수행방법이 체계화되어 있으면 구조화되었다고 하며, 그렇지 않은 경우에는 비구조화된 것이라고 한다. 과업의 구조성은 ㉠목표의 명료도 ㉡목표 달성의 복잡성 ㉢수행평가의 용이도 ㉣해결책의 다양성의 네 가지에 따라 구분된다.
　㉢ 지도자의 지위권력 : 지도자가 합법적·보상적·강압적 권력을 가지고 부하의 행위에 영향을 줄 수 있는 능력을 소유한 정도를 의미한다.
③ 상황의 호의성이란 상황이 지도자로 하여금 집단에 대하여 영향력을 발휘할 수 있도록 하는 정도를 의미한다.
　㉠ 호의적인 상황에서는 과업지향적 지도자가 인화지향형 지도자보다 더 효과적이다.
　㉡ 보통 정도의 호의적인 상황에서는 인화지향적 지도자가 과업지향적 지도자보다 더 효과적이다.
　㉢ 비호의적인 상황에서는 과업지향적 지도자가 인화지향적 지도자보다 더 효과적이다.

| 정답 | ①

13

2009 초등

다음 상황을 읽고, 물음에 답하시오. 김 교장의 지도성을 잘 나타낸 것은?

- 푸른 초등학교는 저소득층이 밀집된 지역에 위치하고 있는 공립학교이다. 낮은 학업성취도, 경제적·문화적 결핍 등으로 인해 학생들의 분위기는 가라앉아 있었다. 교사들은 이것을 어쩔 수 없는 것으로 받아들였고, 학생교육에 대한 열의도 부족하였다. 그런데 김 교장이 부임하면서 학교 분위기는 크게 변화하기 시작하였다.
- 우선 김 교장과 교사들은 계속적인 대화를 통해 서로 인식의 차이를 인정하고 학교를 발전시킬 비전을 공동으로 설정하였다. 학교문제 해결을 위해 여러 팀을 구성하여 교사들이 전체 상황과 연계시켜 체제적으로 사고할 수 있도록 하였으며, 이 과정에서 교사 상호간에 존중하면서 배우는 문화가 정착되었다. 김 교장은 교사들을 개별적으로 배려하면서 참신하고 비판적인 사고를 할 수 있는 개인적 역량을 고취시켰다. 그 결과 교사들로부터 신뢰와 존경을 얻었으며, 전반적인 학생들의 학업 분위기가 개선되었다.
- 이러한 분위기에서 학생들의 학업성취도 향상과 문화결손 치유 등을 위한 새로운 교육과정을 개발하였으나 이를 운영할 수 있는 물적·인적 자원이 턱없이 부족하였다. 문제해결을 위하여 노력한 결과 교육투자우선지역지원사업의 학교로 지정되었다.
- 교사들은 준비된 프로그램을 운영하고 그 결과를 분석하고 평가하여 지속적으로 프로그램의 질을 높여 나갔다. 이러한 과정을 거쳐 푸른 초등학교는 학생들의 학업성취 수준이 향상되었으며, 점차 변화와 발전에 대한 조직역량을 갖추어 가고 있다.

① 기술적 지도성
② 변혁적 지도성
③ 정치적 지도성
④ 교환적 지도성
⑤ 과업지향 지도성

논술 문제 적용 하기

13-1

2014 중등

다음 A 중학교 초임 교사인 박 교사와 경력 교사인 최 교사의 대화 내용을 바탕으로 수업에 소극적인 학생들의 학습 동기를 유발하기 위한 방안을 교사지도성 행동 측면에서 2가지 논하시오.

...(상략)...
박 교사 : 그렇군요. 그런데 제가 보기에는 학생들의 수업 참여 정도가 교사의 지도성에 따라서도 다른 것 같아요.
최 교사 : 그렇죠. 교사의 지도성 행동에 따라 달라질 수 있죠. 그래서 교사는 지도자로서 학급과 학생의 상황을 고려하여 학생들의 학습 동기를 불러일으킬 수 있는 지도성을 발휘해야겠지요.
박 교사 : 선생님과 대화를 하다 보니 교사로서 더 고민하고 노력해야겠다는 생각이 듭니다.
최 교사 : 그래요, 선생님은 열정이 많으니 잘하실 거예요.

예시답안

학생들의 수업 태도는 교사의 지도성 행동에 영향을 받는다. 구성원의 기대와 동기를 지속적으로 자극하여 높은 수행과 발전을 유도할 수 있는 지도성은 변혁적 지도성이다. 변혁적 지도성이란 구성원의 성장욕구를 자극하여 구성원의 태도와 신념을 변화시켜 자신감을 갖게 하며, 더 많은 노력과 헌신을 이끌어 내어 기대 이상의 성과를 내게 하는 지도성을 의미한다.

이를 위해 첫째, 지적 자극을 준다. 기존 상황에 대해 새롭고 개방적인 방식으로 접근함으로써 학생들이 혁신적이고 창의적이 될 수 있도록 격려한다. 일상적인 생각에 대해 의문을 제기하고 문제들을 재구조화하며 학생들이 문제해결을 위한 새로운 방법을 구안하고 비판적으로 사고하며 창조적인 방법을 생각하도록 한다. 둘째, 개별화된 배려를 한다. 성취하고 성장하려는 개개인의 욕구에 특별한 관심을 보임으로써 새로운 학습기회를 만들어 학생이 잠재력을 계발하고 자신의 개인적 발전을 모색하며, 그에 대해 책임을 지도록 한다. 교사가 학생의 욕구에 개인적인 관심을 보이고, 학생을 신뢰하고 존중하며 책임감을 고취시킴으로써 학생들이 개인적 욕구를 스스로 확인하게 만들고, 보다 높은 차원의 욕구를 가질 수 있도록 하는 것이다.

THEME 04 지도성론

논술 문제 적용 하기

13-2 *2019 중등*

#4에 언급된 바스(B.Bass)의 지도성의 명칭, 김 교사가 학교 내에서 동료교사와 함께 이 지도성을 신장할 수 있는 방안 2가지

> #4 더 나은 수업을 위해서 새로운 지도성이 필요하겠어. 내 윤리적·도덕적 기준을 높이고 새로운 방식으로 학생들을 대하자. 학생들의 혁신적·창의적 사고에 자극제가 될 수 있을 거야. 학생들을 적극 참여시켜 동기와 자신감을 높이고 학생 개개인의 욕구에 특별한 관심을 가지며 잠재력을 계발시켜야지. 독서가 이 지도성의 개인적 신장 방안이 될 수 있겠지만, 동료교사와 함께 하는 방법도 찾아보면 좋겠어.

예시답안

제시문에 언급된 바스의 지도성은 변혁적 지도성이다. 김 교사는 동료교사와 함께 변혁적 지도성을 신장하기 위하여 먼저 동료장학을 통해 일상적인 수업과 생각에 대해 의문을 제기하고 문제들을 재구조화하며 종래의 상황을 새롭고 개방적인 방식으로 접근함으로써 혁신적이고 창의적이 되도록 한다. 또한 전문적 학습공동체를 통해 성취하고 성장하려는 개개인의 욕구에 특별한 관심을 보임으로써 새로운 학습 기회를 만들어 잠재력을 계발하고, 자신의 개인적 발전을 모색하며, 그에 대해 책임을 지도록 한다. 서로의 개인적 성장 욕구에 관심을 보이며, 신뢰하고 격려하는 지원적 분위기에서 학습 기회를 제공한다.

오답풀이

① 기술적 지도성 : 기술적 지도자란 계획, 시간관리기술, 상황적응 지도력 이론 및 조직의 구조와 같은 개념을 강조함으로써 지도자는 최적의 효과를 보장하기 위한 전략 및 상황의 조작에 익숙해 있다. 말하자면 사무적 기술에 능한 지도자이다.(건전한 경영관리자로서의 역할)

③ 정치적 지도성 : 조직은 자원이 희소하기 때문에 개인이나 집단간의 자원배분을 놓고 끊임없이 권력과 영향력이 사용된다고 본다. 갈등을 해결하기 위해서 지도자들은 정치적인 기술과 재능을 발휘할 것이 요청된다. 그러나 갈등은 반드시 조직에 부적합하고 문제인 것만은 아니며, 조직에서의 자원이 불충분하기 때문에 불가피하게 발생하게 된다. 따라서 갈등은 해소되어야 하기 보다는 적절한 전략과 전술을 통하여 개인이나 집단이 갈등을 잘 이용해야 하는 것이다.

④ 거래적(교환적) 지도성 : 리더와 구성원 사이의 비용-효과 거래로 이뤄지는 리더십으로, 할당된 업무를 효과적으로 수행하도록 구성원들의 욕구를 파악해 구성원들이 적절한 수준의 노력과 성과를 나타내면 그에 알맞는 보상하는 것이다.

⑤ 과업지향 지도성 : 과업지향적 지도성은 구성원들에게 무슨 과업을 언제, 어떻게 수행해야 할 것인가를 지시하는 일방적 의사소통을 중심으로 이루어진다.

만점대비+α

💡 변혁적 리더십 요인(4I)

이상적인 완전한 영향력 (Idealized influence)	지도자가 높은 기준의 윤리적·도덕적 행위를 보이고, 목표 수행 과정에서 발생하는 위험을 구성원과 함께 분담하며, 자신보다는 타인의 욕구를 배려하고, 개인의 이익이 아니라 조직의 이익을 위해 행동하는 것을 토대로 구성원의 존경과 신뢰를 받고 칭송을 얻는 것
감화력 (Inspirational motivation)	조직의 미래와 비전을 창출하는 데 사람들을 참여시키고, 구성원이 바라는 기대를 분명하게 전달함으로써 조직의 문제를 해결할 수 있고, 조직이 발전할 수 있다고 믿도록 구성원의 동기를 변화시켜 단체정신, 낙관주의, 열성과 헌신 등을 이끌어 내는 것
지적인 자극 (Intellectual stimulation)	일상적인 생각에 대해 의문을 제기하고 문제들을 재구조화하며 종래의 상황을 새로운 방식으로 접근함으로써 구성원들이 혁신적이고 창의적이 되도록 유도하는 것
개별적 배려 (Individualized consideration)	성취하고 성장하려는 개개인의 욕구에 특별한 관심을 보임으로써 새로운 학습 기회를 만들어 구성원이 잠재력을 계발하고 자신의 개인적 발전을 모색하며, 그에 대해 책임을 지도록 하는 것

💡 변혁적 지도자와 거래적(교환적) 지도자의 특성비교

구분	변혁적 지도성	거래적 지도성
권위의 원천	• 지도자의 능력에 대한 구성원의 신념에 기초하므로 카리스마적 권위에 바탕	• 공식적인 지위에 기초하므로 합법적 권위에 바탕
지도자의 역할	• 구성원의 발전에 대한 진정한 관심 • 새로운 비전창출과 조직에의 헌신	• 구성원이 행한 과업에 대한 보상을 하고 이윤을 추구
요구되는 지도자의 자질	• 정열적이고 헌신적 노력 • 미래에 대한 통찰 등	• 합리적인 사고와 행동 • 거래적(교환적) 사고

| 정답 | ②

14
2010 초등

교사들에게 보상을 대가로 일정한 노력을 요구하기보다는, 교사들의 의식을 변화시키고 지적 자극을 주어 학교 조직의 변화를 도모하려는 리더십을 지닌 교장이 일반적으로 가지는 교사관이나 학교 경영 전략이 아닌 것은?

① 교사들의 잠재력이나 업무 수행 능력 등을 발전시키는 일은 교장의 책임이라고 생각한다.
② 교사들이 수동적이고 학교 변화에 저항적인 것은 그들의 과거 교직 경험에서 기인한다고 생각한다.
③ 교장이 통제하지 않아도 교사들은 스스로 자기 책임을 수행하고 자기 통제를 행사할 수 있다고 믿는다.
④ 교장은 학교의 여건과 운영 방식을 개선하여 교사들이 스스로 조직 목표를 위해 노력하도록 해야 한다고 생각한다.
⑤ 학교 경영은 학교의 변화를 주도하기 위하여 교사들의 행동을 관리하고, 그들에게 책무성을 요구하는 과정이라고 생각한다.

정답풀이
⑤ 거래적(교환적) 지도성: 리더와 구성원 사이의 비용-효과 거래로 이뤄지는 리더십으로, 할당된 업무를 효과적으로 수행하도록 구성원들의 욕구를 파악해 구성원들이 적절한 수준의 노력과 성과를 나타내면 그에 알맞은 보상하는 것이다.

만점대비 +α

💡 변혁적 지도성 행동차원에 대한 진단목록
① **비전설정 및 공유**: 학교가 추구해야 할 미래지향적인 발전방향과 성취해야 할 도전적인 목표를 설정하고, 교사들에게 이를 내면화시키기 위해 노력하는 학교장의 행동
② **인간존중**: 교사들을 동등하고 사려깊게 대우하고 그들의 노고를 인정하며, 그들의 문제와 처지에 관심을 기울이는 학교장의 행동
③ **지적 자극**: 교사들에게 자신의 교직생활을 반성·개선하고, 혁신과 변화를 추구하도록 독려하는 학교장의 행동
④ **높은 성과 기대**: 교사들에게 교육의 수월성 확보와 질 높은 교육의 실시를 기대하는 학교장의 행동
⑤ **목표수용**: 교사들 간의 협동을 촉진시키고, 공통목표를 향하여 상호 협력하도록 유도하는 학교장의 행동
⑥ **솔선수범**: 신봉하는 가치에 따라 말보다는 행동으로 모범을 보이며 헌신적으로 직무수행에 임하는 학교장의 행동
⑦ **학교문화의 창조**: 학생중심적이고, 교사들의 전문적 성장을 지속적으로 지원하는 학교 규범, 가치, 신념 및 기본 가정을 확립하기 위해 노력하는 학교장의 행동
⑧ **집단참여 허용**: 교사들에게 의사결정에 참여할 수 있는 기회를 제공하고, 그들의 전문성이 최대로 발휘될 수 있도록 자유재량권을 부여하는 학교장의 행동

| 정답 | ⑤

논술 문제 적용하기

13-3
2020 초등

제시문에 근거하여 이 학교 교사들이 교사지도성을 발휘하는 데 요구되는 역량 3가지, 그 이유를 각각 논하시오.

> 이 학교의 의사결정 방식은 비교적 민주적으로 이루어지고 있다. 학교장은 '함께 배우고 성장하는 학교'라는 확고한 학교경영 목표를 세우고 자신의 권한에서 많은 부분을 교사들에게 위임하고 있다. 하지만 교사들 간의 역량 차이로 인해 사안별로 참여와 관심에서 많은 편차를 보이고 있다. 어떤 교사들은 회의에 관행적으로 참여하거나 선배 교사의 의견을 간섭으로 여기면서도 그냥 따르기만 하는 경우가 있다. 또 어떤 교사들은 동료 교사와의 협업보다 혼자서 학교 행정 업무를 하는 것을 선호하고 자신의 수업 방법 개선에만 몰두한다. 따라서 이 학교의 교사들은 동료 교사에 대해 지도성을 효과적으로 발휘할 수 있는 역량을 개발할 필요가 있다.

예시답안
제시문의 교사들이 교사지도성을 발휘하여 교육 전문가로서의 상호 성장을 이루기 위해서는 변혁적 지도성이 요구된다. 변혁적 지도성은 조직 구성원들의 욕구와 능력을 인정하고 그들의 잠재력을 일깨워 그들로 하여금 보다 더 훌륭한 사람으로 향상시키는 지도성으로, 구성원들이 더 높은 수준의 동기유발과 도덕성을 갖도록 고양시킨다. 이러한 지도성은 지도가가 단순히 상황에 부합하는 방식으로 조직을 관리하거나 경영하기보다는 자신의 특성과 행동 스타일에 부합하도록 상황을 만들어내고, 이를 통해 조직의 효과성을 이끌어내게 한다. 제시문의 교사들에게는 다음과 같은 3가지의 변혁적 지도성의 역량이 요구된다. 첫째, 감화력이다. 교사들은 '함께 배우고 성장하는 학교'라는 학교조직의 목표를 창출하는 데 동료교사들을 참여시키고, 그들에게 바라는 기대를 분명히 전달하는 역량을 갖춰야 한다. 이를 통해 그들은 학교조직의 문제를 해결할 수 있고, 조직이 발전할 수 있다고 믿도록 구성원의 동기를 변화시킴으로써 단체정신, 낙관주의, 열정과 헌신 등을 이끌어 낼 수 있다. 둘째, 지적인 자극이다. 교사들은 동료 교사들이 회의에서 다양한 의견을 활발히 교환할 수 있도록, 일상적인 생각에 대해 의문을 제기하고 문제들을 재구조화하는 역량을 갖춰야 한다. 이를 통해 종래의 상황을 새로운 방식으로 접근함으로써 교사들이 혁신적이고 창의적이 되도록 유도할 수 있다. 셋째, 개별적인 배려다. 교사들은 사안별로 상이한 참여와 관심을 보이고 있는 동료 교사 개개인의 욕구에 특별한 관심을 보임으로써 새로운 학습기회를 만들어야 한다. 이를 통해 동료 교사들이 잠재력을 계발하고 자신의 개인의 발전을 모색하며, 그에 대해 책임을 지도록 할 수 있다.

15

2011 초등

가을초등학교에서 김 교장이 직면한 사태를 설명할 수 있는 리더십 이론으로 가장 적절한 것은?

> 김 교장은 9월에 여름초등학교에서 가을초등학교로 전보발령을 받았다. 그는 여름초등학교에서 리더십이 뛰어나 학교를 크게 발전시켰다는 평을 들었었다. 그러나 중진 교사들이 대부분인 가을초등학교에서는 리더십을 발휘해도 별다른 성과를 거두지 못했다. 교사들이 "몇 년 후에 승진을 해야 하는데 교장이 내게 해 줄 수 있는 것이 아무 것도 없다." 라고 하면서, 김 교장의 지시를 따르지 않고 승진 점수를 취득하는 일에만 몰두했기 때문이다. 그의 리더십도 승진 앞에서는 무용지물이 되어 버린 것이다.

① 슈퍼 리더십 이론
② 리더십 특성 이론
③ 변혁적 리더십 이론
④ 서번트 리더십 이론
⑤ 리더십 대용 상황 이론

오답풀이

① 슈퍼 리더십 이론 : 만즈(Manz)와 심스(Sims Jr.)에 의해 제안된 것으로, 슈퍼 리더십이란 "리더가 구성원들 스스로 판단하고 행동하며 그 결과도 책임을 지는 자율적 리더를 만드는 리더십"이다.
② 리더십 특성 이론 : 특성이론이란 가장 전통적인 학설로서, 지도자는 어떤 특질을 구비해야 한다고 보고, 그것을 구비한 자는 어떤 집단이나 어떤 상황 아래서도 지도자가 된다고 보는 입장이다.
③ 변혁적 리더십 이론 : 변혁적 지도성이란 구성원의 성장욕구를 자극하여 동기화시킴으로써 구성원의 태도와 신념을 변화시켜 자심감을 갖게 하며, 더 많은 노력과 헌신을 이끌어내며 기대 이상의 성과를 달성하게 하는 지도성을 의미한다.
④ 서번트 리더십 : 로버트 그린리프가 처음 제시한 것으로, 그는 '서번트 리더십은 타인을 위한 봉사에 초점을 두며, 종업원·고객 및 커뮤니티를 우선으로 여기고 그들의 욕구를 만족시키기 위해 헌신하는 리더십'으로 정의했다.

만점대비 +α

💡 리더십 대용 상황이론 - 커와 저마이어(Kerr & Jermier)

(1) 리더십 대용상황과 억제상황
　① **대용상황** : 지도자의 행동을 불필요하게 만들고 때로는 과다하게 만드는 사람 혹은 사물 등과 관련된 상황, 즉 구성원의 태도, 지각, 행동에 영향을 미치는 지도자의 능력을 대신하거나 감소시키는 상황적 측면
　　　예 우수한 교사를 보상할 수 있는 권력을 가지고 있지 못한 것은 학교장의 지도자 행동을 제약하는 상황적 조건
　② **억제상황** : 지도자의 행동을 대체하는 것이 아니라 지도자가 특정한 방식으로 행동하지 못하게 하거나 지도자 행동의 영향력을 무력화시키는 상황적 측면
　　　예 학교장이 제공하는 인센티브에 대해 교사들이 무관심한 것은 학교장의 행동을 무력화하는 상황적 조건

(2) 리더십 대용상황으로 작용할 수 있는 상황변인
　① **구성원의 특성** : 구성원의 능력, 훈련, 경험과 지식, 전문지향성, 보상에 대한 무관심
　② **과업의 특성** : 구조화된 일상적 과업, 내재적 만족을 주는 과업, 과업에 의해 제공하는 피드백
　③ **조직의 특성** : 절차의 공식화, 규정과 정책의 신축성, 작업집단의 응집력, 행정가와 구성원 사이의 공간적 거리

|정답| ⑤

THEME 04 지도성론

16
다음 특징을 가진 학교장의 지도성 이론으로 가장 적절한 것은? `2011 중등`

> • 학교조직 내의 모든 교원을 각각 지도자로 성장시킨다.
> • 교원들이 자신을 스스로 이끌 수 있는 능력을 개발하도록 한다.
> • 교원들이 자율적으로 팀을 형성하고 협력적으로 직무를 수행할 수 있는 조직문화를 만든다.

① 교환적 지도성
② 과업지향 지도성
③ 관계지향 지도성
④ 초우량(super) 지도성
⑤ 카리스마적(charismatic) 지도성

오답풀이

① 교환적 지도성 : 지도자의 능력에 대한 구성원의 신념에 기초하여, 지도자가 부하에게 순종을 요구하고 그 대가로 보상을 제공하는 지도성이다.
② 과업지향 지도성 : 과업지향적 지도성은 구성원들에게 무슨 과업을 언제, 어떻게 수행해야 할 것인가를 지시하는 일방적 의사소통을 중심으로 이루어진다.
③ 관계지향 지도성 : 관계지향적 지도성은 구성원들에게 사회정서적인 지원을 제공하고 동기를 부여하는 쌍방적 의사소통을 중심으로 이루어진다.
⑤ 카리스마적 지도성 : 베버(Weber)의 생각에 기반을 둔 것으로, 탁월한 비전, 가능성 있는 해결책, 압도하는 인간적 매력을 소유한 지도자가 구성원의 헌신적인 복종과 충성을 바탕으로 나타내는 강력한 영향력을 카리스마적 리더십으로 본 것이다. 카리스마는 다른 사람들의 신념, 가치, 행동, 그리고 수행에 강력한 영향력을 행사하고 확산시키는 지도자의 능력을 말한다.

만점대비 +α

💡 초우량(super) 지도성이론 - 만즈와 심스(Mans & Sims)

① **추종자들의 자율적 지도성 계발에 초점** : 지도자만의 독특한 특성이나 능력보다는 구성원들이 스스로 지도자로서의 능력을 계발·활용할 수 있도록 하는 지도자의 능력에 초점을 맞춘다.
② **초우량 지도성**
  ㉠ 직원들의 자율적 지도성을 계발시키는 지도자의 능력이다.
  ㉡ 즉, 지도자가 조직구성원 개개인을 지도자로 성장시킴으로써 지도자가 '추종자들의 지도자'가 아니라 '지도자들의 지도자'가 되게 하여 추종자를 지도자로 변혁시키는 지도성을 의미한다.
③ **초우량 지도성의 구성요인**
  ㉠ 모델링 : 지도자는 자기 자신이 먼저 자율적 리더가 되어 본보기가 되어야 함
  ㉡ 목표설정 : 조직구성원의 독립성, 책임의식, 자율적인 동기부여를 지향하는 목표설정
  ㉢ 격려와 지도 : 조직구성원들의 독창성과 자율성을 격려, 구성원들이 자율적 리더십 기술을 발전시키도록 지도
    ▶ 자율적 리더십 전략 : 행태중심 전략(자기관찰, 자발적인 목표설정, 단서 관리, 연습, 자기보상, 자기처벌), 인지중심 전략(과업의 내재적 보상 및 효과적인 사고방식 확립)
  ㉣ 보상과 질책 : 리더는 보상과 질책을 적절하게 사용하여 조직구성원들의 자율적 리더십을 유도

| 정답 | ④

17

2012 중등

지도성 이론에 관한 설명으로 옳지 <u>않은</u> 것은?

① 분산적 지도성(distributed leadership) - 인간관계, 동기화 능력 등을 강조하고, 참여적 의사결정을 통해 구성원의 사기를 높인다.
② 변혁적 지도성(transformational leadership) - 구성원의 개인적 성장에 관심을 보이며, 비전을 공유하고 지적 자극을 촉진한다.
③ 초우량 지도성(super leadership) - 지도자의 특성이나 능력보다 구성원 스스로가 지도자로서의 능력을 계발하고 활용할 수 있도록 한다.
④ 카리스마적 지도성(charismatic leadership) - 지도자의 비범한 능력과 개인적 매력 등을 통해 구성원의 헌신적 복종과 충성을 이끌어 낸다.
⑤ 문화적 지도성(cultural leadership) - 가치와 의미 추구 욕구를 만족시킴으로써 구성원을 조직의 주인으로 만들고 조직의 제도적 통합을 가능하게 한다.

만점대비 +α

💡 분산적 지도성이론

(1) 개요
① 분산적 지도성이란 학교장과 학교구성원 모두가 공동의 지도성을 실행하며, 그에 대한 공동의 책임을 수행하면서 조직의 효과성을 극대화하는 것을 목표로 하는 지도성을 말한다.
② 이러한 분산적 지도성은 '지도성 실행'에 초점을 두면서 학교가 지도성을 통해 성취해야 할 거시적 기능과 일상적이고 미시적인 과업 간의 연계에 초점을 둔다.
③ 아울러 학생 학업성취도 제고, 학교 개선을 위한 효과적인 조직구성 및 네트워킹 구축, 학교조직 내외의 요구와 압력에 대한 신축적인 대응, 학교조직 내의 지도자와 구성원들의 가치와 비전 공유, 이들이 공식적 및 비공식적 권위를 함께 나누면서 공동으로 지도성을 실행할 것을 강조한다.
④ 즉, 지도자와 구성원 요소가 통합된 지도자확대, 구성원들의 상호의존, 신뢰와 협력에 바탕을 둔 긍정적인 조직문화 등을 핵심요소로 한다.

(2) 특징
① 분산적 지도성은 지금까지 지도성 연구주제로서의 행동과학적 접근, 상황이론, 변혁 지도성, 참여적 지도성, 도덕적 지도성 등의 지도성과 입장을 달리한다.
② 그론(Gronn)과 레이스우드(Leithwood) 등은 지도자의 역할, 지위, 권위에 초점을 맞춘 지도성연구를 분산적 지도성이론과 비교하여 '집중된 지도성'이라고 명명한다.
  ㉠ 집중된 지도성 : 공식적인 권위, 영웅적이고 카리스마적인 특성을 지닌 지도자에 초점
  ㉡ 분산적 지도성 : 지도자와 구성원이 조직의 상황과 맥락에서 조직이 직면한 문제 및 이슈에 대한 의사결정의 공유를 통해 조직 역량과 개인의 전문성을 극대화하기 위한 지도성이론

| 정답 | ①

THEME 05 교육조직론

논술 문제 적용 하기

18-1   2023 중등

관료제 이론의 특징 중 '규칙과 규정'이 학교조직에 미치는 순기능 2가지, 역기능 1가지

> 학교 운영 전반에 대한 교사의 만족도가 전년도에 비해 상승했다. 학교의 외부 환경 변화와 내부 구성원의 변동이 있었음에도 불구하고 함께 이루어낸 성과였다. 이는 교사의 서술식 응답에서 볼 수 있듯이 기본에 충실한 학교 문화가 형성되었고, 학교 구성원 간 공동의 약속이 준수된 결과라 할 수 있다. 즉, 베버(M. Weber)가 제시한 관료제 이론의 특징 중 하나인 '규칙과 규정'이 학교 조직에 잘 적용된 것으로 판단된다. 앞으로도 이러한 결과가 유지될 수 있도록 '규칙과 규정'의 순기능을 강화하고 역기능을 줄여야 할 것이다.

예시답안

베버에 의하면 관료제란 계층제의 형태를 지니고 합법적 지배가 제도화되어 있는 대규모조직의 집단관리현상을 의미한다. 이러한 관료제의 특징은 분업과 전문화, 몰인정성, 권위의 체계, 규칙과 규정, 경력지향성으로 설명할 수 있으며, 각 특징별로 조직에 미치는 순기능과 역기능이 존재한다. 그 중, 규칙과 규정은 조직의 모든 업무가 설정된 규정대로 수행되어야 한다는 것으로, 다음과 같은 점에서 조직에 순기능을 미친다. 첫째, 복잡하고 거대하면서 거의 모든 것이 문서로 규정된 원칙에 의해 움직이므로 조직의 안정성을 가져올 수 있다. 둘째, 담당자가 바뀌어도 규정이 바뀌지 않는 한 동일하게 조직을 관리할 수 있기 때문에 조직관리의 계속성과 통일성을 유지할 수 있다. 반면에 규정과 규칙에 집착하다보면, 목표보다 수단이 중요시되면서 수단 자체가 목적이 되어버리는 목표전도 현상이 나타날 수 있다. 규정 때문에 업무를 추진하지 못하는 문제가 발생하는 것이다.

18   2008 초등

다음은 홀(R. H. Hall)의 교육조직구조 유형을 나타낸 것이다. (나)에 대한 설명으로 가장 올바른 것은?

		전문성 정도	
		높음	낮음
관료성 정도	높음	(가)	(나)
	낮음	(다)	(라)

① 일상적 운영에서 혼돈과 갈등이 전형적으로 나타나는 구조이다.
② 의사결정의 실질적인 권한이 교사들에게 위임되어 있는 구조이다.
③ 규칙과 절차가 인정에 얽매이지 않고 일관성 있게 적용되는 구조이다.
④ 베버(M. Weber)가 주장한 이상적 관료제의 모습과 가장 유사한 구조이다.

정답풀이

(가) 베버형, (나) 권위형, (다) 전문형, (라) 혼돈형
③ 권위형에 대한 설명이다.

오답풀이

① 혼돈형에 대한 설명이다.
② 전문형에 대한 설명이다.
④ 베버형에 대한 설명이다.

만점대비 +α

🔍 홀(Hall)의 교육조직구조 유형
① 홀은 조직의 관료제적 6가지 성향을 제시 : 권한의 위계, 전문화, 재직자에 대한 규율, 절차의 명세화, 몰인정성, 기술적 능력
② 호이와 미스켈(Hoy & Miskel)은 관료적 조직과 전문적 조직을 구별
　㉠ 관료적 : 권한의 위계, 재직자에 대한 규율, 절차 명세화, 몰인정성
　㉡ 전문적 : 기술적 능력, 전문화
③ 유형(관료제적 성향과 전문적 성향의 정도에 따라)

		전문성 정도	
		높음	낮음
관료성 정도	높음	베버형	권위형
	낮음	전문형	혼돈형

　㉠ 베버형 : 전문주의와 관료주의가 모두 높은 성향을 가지고 있는 구조
　㉡ 권위형 : 전문적 유형은 매우 낮고, 관료적 권위를 강조하는 구조
　㉢ 전문형 : 실제적인 의사결정이 전문가(교사)들에게 위임되어 있는 구조
　㉣ 혼돈형 : 관료주의와 전문주의가 모두 낮은 조직구조

🔍 관료제론
(1) 관료제의 개념
　① 관료제는 지극히 다의적·불확정적 개념으로 현대 대규모조직의 일반적 형태를 이루고 있음
　② 막스 베버에 의하면 관료제란 계층제의 형태를 지니고 합법적 지배가 제도화되어 있는 대규모조직의 집단관리현상
(2) 관료제의 특성
　① 분업과 전문화 : 조직의 목적달성을 위한 과업이 구성원의 책무로서 공식적으로 배분된다.
　② 몰인정성 : 조직의 분위기가 감정과 정리에 지배되지 않고 엄정한 공적 정신에 의해 규제된다.
　③ 권위의 위계 : 부서가 수직적으로 배치되고 하위부서는 상위부서의 통제와 감독을 받는다.
　④ 규정과 규칙 : 의도적으로 확립된 규정과 규칙체계를 통해 활동이 일관성 있게 규제된다.
　⑤ 경력지향성 : 연공이나 업적 혹은 양자를 조합한 승진제도를 갖추고 있으며 경력이 많은 자가 우대된다.
(3) 관료제의 역기능 및 순기능

관료제의 특성	역기능	순기능
분업과 전문화	권태감의 누적	전문성 향상
몰인정성	사기의 저하	합리성 증진
권위의 체계	의사소통 장애	순응과 원활한 조정
규칙과 규정	경직과 목표전도	안정성, 계속성과 통일성 확보
경력지향성	실적과 연공의 갈등	동기의 유발

| 정답 | ③

THEME 05 교육조직론

19
2011 중등

다음의 칼슨(R. Carlson) 모형을 적용할 때, 우리나라 평준화 지역에서의 교육정책 예시 중 Ⅱ 또는 Ⅳ 영역에서 Ⅰ 영역으로 전환한 경우에 해당하는 것은?

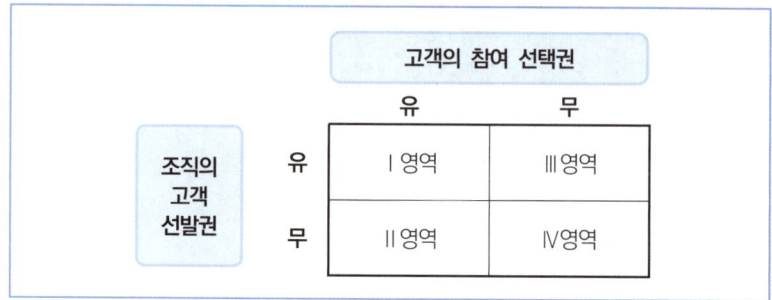

① 사립중학교에서 공립중학교로 전환
② 사립중학교에서 사립 일반계고등학교로 전환
③ 특성화고등학교에서 공립 일반계고등학교로 전환
④ 사립 일반계고등학교에서 자립형사립고등학교로 전환
⑤ 사립 일반계고등학교에서 공립 일반계고등학교로 전환

만점대비 +α

💡 **칼슨(Carlson)의 조직유형**

① 칼슨은 봉사조직을 고객선발권과 참여선택권 여부에 따라 보다 세분화하여 분류하였다.
② 조직의 입장에서 고객을 선발하는 선발권이 있느냐, 고객의 입장에서 조직에 참여하는 선택권이 있느냐 여부에 따라 그 과정을 '예'와 '아니오'로 결정하게 하여 봉사조직을 다음과 같이 유형화하였다.
③ 선택과정과 통제권에 따른 봉사조직의 유형

[선택과정과 통제권에 따른 봉사조직의 유형]

		고객의 참여선택권 유	고객의 참여선택권 무
조직의 고객 선발권	유	유형 Ⅰ 야생조직 (사립학교, 개인 병원, 공공복지기관 등)	유형 Ⅲ (이론적으로는 가능하나 실제는 없음)
	무	유형 Ⅱ (주립대학)	유형 Ⅳ 사육조직 (공립학교, 정신병원, 형무소 등)

㉠ 유형 Ⅰ : 조직과 고객이 독자적인 선택권을 갖고 있는 조직(야생조직)
㉡ 유형 Ⅱ : 조직에는 고객선발권이 없고, 고객에게만 참여선택권이 있는 경우
㉢ 유형 Ⅲ : 고객에게는 참여선택권이 없고 조직이 고객선택권을 가지고 있는 경우
㉣ 유형 Ⅳ : 조직이 고객을 선발하지도 않고, 고객도 조직을 선택하지 않는 조직(사육조직, 온상조직)

| 정답 | ④

20

2012 초등

다음 김 교사와 박 교사의 견해와 가장 부합하는 학교조직 유형을 각각 바르게 짝지은 것은?

> 최 교장 : 학교조직도 다른 조직과 마찬가지로 일정한 목적을 달성하기 위해 협동하는 사람들의 집단입니다. 따라서 구성원들은 학교의 교육목표를 효과적으로 달성하기 위해 정해진 직무분장에 맞춰 일사분란하게 움직여야 합니다. 선생님들은 어떻게 생각하시죠?
> 김 교사 : 저도 학교는 위계적인 조직이어야 한다고 생각합니다. 다른 한편으로 교사는 개별 교실에서 각기 다른 배경의 학생들을 가르치면서 교육과정, 교수방법, 교육평가 등에서 상당한 자유재량권을 행사하는 전문가이기도 하죠. 따라서 직무수행의 통일된 표준을 찾기는 어렵다고 생각되는데요.
> 박 교사 : 저는 교직원의 잦은 인사이동, 학생들의 졸업과 입학, 학부모와 지역사회 관계자의 유동적 참여 등의 학교 조직의 특성을 고려해 볼 때, 학교구성원 모두가 동의하는 학교 경영목표가 명확하게 설정되기도 어렵고 그 해석 또한 서로 상이하여 일사분란하게 실행되기도 어렵다고 생각합니다.

	김 교사	박 교사
①	전문적 관료제	조직화된 무질서 조직
②	전문적 관료제	야생조직
③	사육조직	조직화된 무질서 조직
④	사육조직	전문적 관료제
⑤	조직화된 무질서 조직	야생조직

정답풀이

(가) 전문적 관료제 : 분권화와 표준화가 동시에 인정되는 구조이며, 집권화되지 않은 관료구조일 수 있다. 이 구조는 기본적 조정기제로서 기술의 표준화를 활용하며, 핵심작업층이 조직의 주요 부문이 되며, 전문화가 가장 중요한 과정이다.

(나) 조직화된 무질서 조직 : 학교는 코헨(Cohen)과 마치(March), 올센(Olsen)이 제안한 무질서 속의 질서 혹은 조직화된 무질서 조직이라는 조직의 범주로 설명할 수 있다. 조직화된 무정부의 주요특징은 불명료한 목표, 불확실한 기술 그리고 유동적인 참여이다. 이러한 특성을 지닌 학교조직의 의사결정은 구조화되어 있지 않다. 즉, 학교조직의 의사결정은 불확실한 선택으로 이루어진다. 불확실한 선택으로 이루어지는 조직화된 무정부의 의사결정이 바로 '쓰레기통 모형'이다.

오답풀이

※ 사육조직 : 이 유형은 조직이 고객을 선발하지도 않고, 고객도 조직을 선택하지 않는 조직이다. 이 조직은 법에 의하여 조직이 고객을 받아들여야 하고, 고객도 의무적으로 참여해야 한다. 즉, 법적으로 존립을 보장받고 있다. 이 유형에는 의무교육기관인 학교나 교도소 등이 속한다.
※ 야생조직 : 조직과 고객이 독자적인 선택권을 갖고 있는 조직이다. 사립학교와 대학교, 개인병원, 공공복지기관 등이 여기에 속한다. 이 조직은 고객이 참여하지 않는다면 조직이 생존할 수 없기 때문에 많은 동일유형의 조직들과 생존경쟁을 해야 한다.

THEME 05 교육조직론

만점대비 +α

민츠버그의 교육조직구조의 유형

조직유형	주 구성성분	주 조정기제	예
단순구조	최고 관리층	직접적 감독	신설된 행정조직, 작은 대학
기계적 관료구조	기술 구조층	직무과정의 표준화	대량생산업체, 항공회사, 교도소
전문적 관료구조	핵심 작업층	직무기술의 표준화	종합대학교, 공예품 생산조직, 종합병원
사업부제구조	중간 계선층	산출의 표준화	대규모 기업체, 캠퍼스가 여러 곳에 있는 대학교
임시구조	지원 인사층	상호 조절	첨단조사연구기관, 새로운 예술단체, 광고 회사

조직화된 무질서 조직의 특징

불분명한 목표	• 교육조직의 목적은 구체적이지 못하고 분명하지 않음 • 교육조직의 목표는 수시로 변하고, 대립적인 목표들이 상존하며, 구성원들마다 다르게 규정함
불확실한 기술	• 교육조직의 기술이 불명확하고 구성원들에게 잘 알려져 있지 않음 • 교육조직에서는 아주 많은 기술들이 활용되지만, 그들이 학습자에게 어떠한 영향을 미칠지에 대해서는 분명하게 말할 수 없음 • 특히 어떤 방법과 자료를 활용해야 학습자들로 하여금 요구된 목표에 도달하게 할 수 있는지에 대해 교사와 행정가, 장학담당자들의 합의된 견해가 없음
유동적 참여	• 교육조직에서의 참여는 유동적임 • 학생들은 입학한 후 일정한 기간이 지나면 졸업을 하고, 교사와 행정가도 때때로 이동하며, 학부모와 지역사회 관계자도 필요시에만 참여함

| 정답 | ①

21

2010 중등

학교조직에 대한 학자들의 설명으로 옳지 않은 것은?

① 코헨(M. Cohen)등에 의하면, 학교는 구성원들의 참여가 고정적이고 조직의 목표와 기술이 명확한 조직이다.
② 민츠버그(H. Mintzberg)에 의하면, 학교는 전문적 성격이 강하지만 관료적 성격도 동시에 지니는 전문적 관료제 조직이다.
③ 에치오니(A. Etzioni)의 순응에 기반한 조직 분류에 의하면, 학교는 규범적 권력을 사용하여 구성원들의 높은 헌신적 참여를 유도하는 규범 조직이다.
④ 파슨스(T. Parsons)의 사회적 기능에 따른 조직 분류에 의하면, 학교는 유형유지 조직에 속하며 체제의 문화를 유지하고 새롭게 하는 기능을 수행한다.
⑤ 와익(K. Weick)에 의하면, 학교는 조직 구조 연결이 자체의 정체성과 독립성을 가지고 있어서 다른 조직에 비해서 구조적으로 느슨하게 결합되어 있는 조직이다.

정답풀이

① 학교는 코헨(Cohen)과 마치(March), 올센(Olsen)이 제안한 무질서 속의 질서 혹은 조직화된 무질서조직이라는 조직의 범주로 설명할 수 있다. 조직화된 무정부 조직은 세 가지의 주요 특징을 가진다. 교육조직의 목적이 구체적이지 못하고 분명하지 않다. 또한 교육조직의 기술이 불명확하고 구성원들에게 잘 알려져 있지 않다. 마지막으로 교육조직에서의 참여가 유동적이다.

오답풀이

② 전문적 관료제에 대한 설명이다.
③ 에치오니의 조직유형 분류 중 규범적 조직에 대한 설명이다.
④ 파슨스의 조직유형 분류 중 유형유지 조직에 대한 설명이다.
⑤ 이완조직에 대한 설명이다.

논술 문제 적용 하기

21-1

2015 상반기 중등

학교 조직의 관료제적 특징과 이완결합체제적 특징 각각 2가지만 제시하시오.

> 여러분들도 잘 아시겠지만 최근 우리 사회는 학교가 다양한 역할을 수행하도록 요구하고 있습니다. 이에 따라 선생님들께서는 학교 및 수업에 대한 기본적인 이해가 필요하다고 생각합니다. 이와 함께 학교에 대한 사회의 요구에 효율적으로 대응하기 위해서 학교장을 포함한 모든 학교 구성원들은 서로의 행동 특성을 이해해야 합니다. 이를 위해서 학교 조직의 특징을 먼저 파악해야 합니다. 학교라는 조직을 합리성의 측면에서만 파악하면 분업과 전문성, 권위의 위계, 규정과 규칙, 몰인정성, 경력 지향성의 특징을 갖는 일반적 관료제의 틀로 설명할 수 있습니다. 그러나 교사들의 전문성이 강조되는 교수·학습의 측면에서 보면 학교 조직은 질서 정연하게 구조화되거나 기능적으로 분명하게 연결되어 있지 않은 이완결합체제(loosely coupled system)의 특징을 지닙니다. 따라서 우리는 관료제적 관점과 이완결합체제의 관점으로 학교 조직의 특징을 이해할 필요가 있습니다.

THEME 05 교육조직론

논술 문제 적용하기

....
....
....
....
....
....
....
....

예시답안

학교 조직의 특성을 어떤 관점으로 보느냐에 따라 조직에서 일어나는 일에 대한 문제의 해결방법이 다를 수 있다. 학교 조직은 관료제적 특징과 이완결합체제적 특징을 모두 가지고 있다고 볼 수 있다. 먼저 학교 조직의 관료제적 특징은 다음과 같다. 첫째, 공식적으로 제정된 규칙과 절차에 따라 공식적인 결정과 행동들을 다스린다. 규칙과 절차 체제는 운영의 일관성과 합리성을 보장해 주며 다양한 활동들을 조정할 수 있도록 해준다. 학교조직에서는 다양한 구성원들의 행동을 통제하기 위해서, 그리고 과업 수행에 합리적인 일관성을 보장하기 위해 일반적인 규칙들을 활용한다. 정책 안내서, 규칙, 규정, 문서 등을 사용하는데, 일반적으로 이 규칙들은 신임 교사나 학생들을 조직으로 질서 있게 유도하기 위해서도 쓰이고 행정가 등의 상급자가 저지를지도 모를 변덕스러운 행동을 제어하기 위해서도 활용된다. 둘째, 지위가 위계적인 구조로 되어 있다. 위계 조직 내에서 각 공직자는 그 아래 하급자의 결정과 행동에 책임을 지고, 자기 아래에 있는 공직자들을 거느릴 권위를 가지고 있다. 즉 지위 체제에 따라서 권위는 등급화 된다. 학교 조직에서도 지위 체제가 존재한다. 교육감, 교육위원회, 교육장과 같은 학교 외부의 계층과 교장, 교감, 교사와 같은 학교 내 계층이 위계적으로 존재한다. 조직의 기구들은 권위의 계열과 의사소통의 통로를 보여 준다. 만일 위계 조직을 무시하고 평교사가 교육감에게 바로 간다면 그는 교장에게 사후에 어떤 형태로든 제재를 받게 된다.

다음으로 학교 조직의 이완결합체제적 특징은 다음과 같다. 첫째, 체제 내의 참여자에게 보다 많은 자유재량권과 자기결정권이 제공된다. 학교에는 교실이라는 독립적인 조직 단위가 있으며, 교실 내 교사는 자율성을 갖는다. 행정적 영역에서는 행정가가 주도권을 갖지만 교수학습 영역에서는 교사들의 자율성이 보장되는 것이다. 예컨대 교육과정이나 시간표 등이 짜여 있지만 교실에서 수업을 할 때는 교사의 판단에 따라 다양하게 이루어진다. 둘째, 학교의 부서와 교사들은 서로 연결은 되어 있으나 각자의 정체성과 독립성을 보유하고 있다. 예컨대 학교에서 교장과 상담교사는 연결되어 있는 것처럼 보이지만 실제로 각자는 정체감을 지닌 채 분리되어 있으며, 그들이 연관되어 있다는 것도 한계가 정해져 있고, 그다지 빈번한 접촉을 하는 것은 아니며 상호 영향력도 약하고 반응도 더디 나타난다. 특별한 일이 있지 않는 한 학교의 교직원들은 자신의 독자적인 공간 속에서 독자적으로 작업을 한다.

만점대비 +α

💡 파슨스(Parsons) : 사회적 기능을 기준으로 한 분류

생산조직	사회가 소비하는 재화와 용역을 생산하는 조직 **예** 기업체 조직
정치적· 목표지향적 조직	사회 내부의 정치권력을 배분하고 사회를 통하여 부여된 정치적 목표를 획득할 수 있도록 하는 조직 **예** 정부기관, 은행
통합적 조직	조직의 제도화된 기대를 실현하도록 전체적으로 구성원들의 활동을 통합하는 조직 **예** 법원, 정당, 사회통제기관 등
유형유지조직	• 체제의 문화유형을 유지하고 새롭게 하는 잠재기능을 수행하는 조직 • 문화를 창조하고, 보존하고, 전달하는 기능을 수행하는 기관 등이 여기에 속함 **예** 공립학교, 대학교, 교회, 박물관 등

💡 에치오니(Etzioni) : 지배·복종관계를 기준으로 한 분류

		(관여)	
	소외적	타산적	헌신적
강제적	1 강제적 조직	2	3
(권력) 보상적	4	5 공리적 조직	6
규범적	7	8	9 규범적 조직

강제적 조직	• 이 조직은 부하직원의 활동을 통제하기 위한 수단으로 물리적 제재나 위협을 사용 • 그러한 권력에 대한 구성원의 반응은 소외적 참여를 특징으로 함 **예** 형무소, 정신병원 등
공리적 조직	• 이 조직은 부하직원에게 물질적 보상체제를 사용하여 조직을 통제 • 그에 대해 구성원은 타산적으로 참여 **예** 공장, 일반회사, 농협 등
규범적 조직	• 이 조직은 규범적 권력을 사용하여 구성원의 높은 헌신적 참여를 유도 **예** 종교단체, 종합병원, 전문직 단체, 공립학교 등

| 정답 | ①

22
2009 초등

다음 상황을 읽고, 푸른초등학교가 지향하는 학교조직으로 가장 적합한 것은?

> 푸른초등학교는 저소득층이 밀집된 지역에 위치하고 있는 공립학교이다. 낮은 학업성취도, 경제적·문화적 결핍 등으로 인해 학생들의 분위기는 가라앉아 있었다. 교사들은 이것을 어쩔 수 없는 것으로 받아들였고, 학생교육에 대한 열의도 부족하였다. 그런데 김 교장이 부임하면서 학교 분위기는 크게 변화하기 시작하였다. 우선 김 교장과 교사들은 계속적인 대화를 통해 서로 인식의 차이를 인정하고 학교를 발전시킬 비전을 공동으로 설정하였다. 학교문제 해결을 위해 여러 팀을 구성하여 교사들이 전체 상황과 연계시켜 체제적으로 사고할 수 있도록 하였으며, 이 과정에서 교사 상호간에 존중하면서 배우는 문화가 정착되었다. 김 교장은 교사들을 개별적으로 배려하면서 참신하고 비판적인 사고를 할 수 있는 개인적 역량을 고취시켰다. 그 결과 교사들로부터 신뢰와 존경을 얻었으며, 전반적인 학생들의 학업 분위기가 개선되었다.
> 이러한 분위기에서 학생들의 학업성취도 향상과 문화결손 치유 등을 위한 새로운 교육과정을 개발하였으나 이를 운영할 수 있는 물적·인적 지원이 턱없이 부족하였다. 문제해결을 위하여 노력한 결과 '교육투자우선지역지원사업'의 학교로 지정되었다.
> 교사들은 준비된 프로그램을 운영하고 그 결과를 분석하고 평가하여 지속적으로 프로그램의 질을 높여 나갔다. 이러한 과정을 거쳐 푸른초등학교는 학생들의 학업성취 수준이 향상되었으며, 점차 변화와 발전에 대한 조직역량을 갖추어 가고 있다.

① 야생조직(wild organization)
② 학습조직(learning organization)
③ 조직화된 무정부(organized anarchy)
④ 이완결합조직(loosely coupled system)
⑤ 전문적 관료조직(professional bureaucracy)

논술 문제 적용 하기

22-1
2015 중등

A중학교가 내년에 중점을 두고자 하는 학습조직의 구축 원리를 각각 3가지씩 설명하시오.

> ...(상략)...
> 내년에 우리 학교는 교육 개념에 충실한 지식 교육을 하고, 학생들의 학업 성취와 학습 동기를 향상하는 데 좀 더 세심한 관심을 가져야 할 것입니다. 이 일의 성공 여부는 교사가 변화의 주체로서 자발적인 노력을 얼마나 기울이느냐에 달려 있습니다. 그래서 우리 학교는 교사 모두가 교육 활동에 능동적으로 참여하여, 지식과 학습 정보를 서로 공유하면서 지속적으로 변화해 가는 학습조직(learning organization)을 구축하고자 합니다.

예시답안

학습조직은 간단히 말해 모든 조직 구성원들의 학습활동을 촉진시킴으로써 조직 전체에 대한 변화를 지속적으로 촉진시키는 조직이라 할 수 있다. 구체적으로 보면, 학습조직은 구성원들이 계속적으로 창조와 성취를 위해 그들의 능력을 확장하는 조직이고, 참신한 사고 유형이 북돋아지는 조직이며, 집단적 열망이 가득 찬 조직이며, 참여자들이 학습하는 방법을 함께 배우는 조직이며, 개혁과 문제 해결을 위해 조직의 능력을 계속 키워나가는 조직을 말한다. 센지(Senge)는 어떤 조직이 학습조직이 되기 위해서 필요한 다섯 가지의 요건을 제시한다. 그 중 제시문의 A 중학교에서는 다음과 같은 세 가지 원리를 강조하고 있다. 첫째, 개인적 숙련의 원리이다. 개인이 지향하는 본질적 가치를 위해 개인적 역량을 계속적으로 넓혀가고 심화시켜 나가는 행위를 의미한다. 조직구성원의 개인적 숙련을 위해서는 개개인의 권능 확대가 이루어져야 하며, 일상 업무 속에서 시행착오들에 의해 축적된 지식(know-how)과 일의 기본적인 원리(know-why)를 지속적으로 발견하고, 만들어 내고, 개발할 수 있는 동기부여가 필요하다. 또한 개인적 비전을 갖는 것이 필요하며, 개인적 비전과 현실을 동시에 파악했을 때 이들 간에 일치하지 않는다는 것을 알게 되는 순간에 작용하는 힘인 창조적 긴장이 필요하다. 둘째, 공유비전이다. 개인이나 소수 집단에 의해 제시되는 것이 아니라 구성원 개개인의 비전과 리더의 비전간에 계속적인 대화를 통해 얻어지고 모든 구성원이 공감대를 형성할 수 있는 공동의 비전을 의미한다. 조직구성원의 공유 비전을 도모하기 위해서는 모든 구성원을 동등하게 대우하고, 그들의 의견과 이견을 조율하고 수렴할 수 있는 참여적 조직문화의 정착이 필요하며, 또한 변혁적 지도성의 역량이 보다 필요하다. 셋째, 팀 학습이다. 개별적으로 학습하는 것이 아니라 구성원들끼리 상호작용하여 개인학습으로는 형성하기 힘든 학습의 질을 이끌어내는 집단적 학습과정을 의미한다. 조직구성원의 팀 학습 훈련을 위해서는 타인의 관점이나 의견을 존중하면서 자신의 의견을 밝히는 가운데 서로의 생각들이 유연하게 교감할 수 있는 대화와 토론의 문화의 정착이 필요하다. 신속한 혁신의 결과를 가져오기 위해 다기능팀(cross-functional team)을 조성하여 학습능력을 증진시키는 것이 필요하다. 학교조직이 학습조직이 되기 위해서는 특히, 팀 학습이 중요하다.

THEME 05 교육조직론

만점대비 +α

💡 학습조직이 되기 위한 5가지 훈련

개인적 숙련	• 개인이 지향하는 본질적 가치를 위해 개인적 역량을 계속적으로 넓혀가고 심화시켜 나가는 행위를 의미 • 개개인의 권능 확대가 이루어져야 하며, 일상 업무 속에서 시행착오들에 의해 축적된 지식과 일의 기본적인 원리를 지속적으로 발견하고, 만들어 내고, 개발할 수 있는 동기부여가 필요 • 개인적 비전을 갖는 것이 필요하며, 개인적 비전과 현실을 동시에 파악했을 때 이들 간에 일치하지 않는다는 것을 아는 순간에 작용하는 힘인 창조적 긴장이 필요
체제 사고	• 전체를 인지하고 부분들 사이의 순환적 인간관계 또는 역동적 관계를 이해할 수 있게 하는 사고의 틀을 의미(주변적이거나 부분적인 현상은 배제) • 체제 사고의 원리를 이해하고 다양한 상황 속에서 전체를 인식하는 지속적인 사고 연습이 필요
정신 모델	• 자기 자신뿐만 아니라 세상의 제반 측면에서 발생하는 현상들에 대해 갖고 있는 이미지나 가정 그리고 신념 등과 같은 인식체계를 의미 • 세상에 대한 우리의 생각과 관점을 끊임없이 성찰하고, 객관화하고, 다듬으면서 그것들이 자신의 행동과 선택에 어떤 영향을 미치는지를 깨닫는 수련이 필요
공유 비전	• 개인이나 소수집단에 의해 제시되는 것이 아니라 구성원 개개인의 비전과 리더의 비전 간에 계속적인 대화를 통해 얻어지고 모든 구성원이 공감대를 형성할 수 있는 공동의 비전을 의미 • 모든 구성원을 동등하게 대우하고, 그들의 의견과 이견을 조율하고 수렴할 수 있는 참여적 조직문화의 정착이 필요하며, 또한 변혁적 지도성의 역량이 보다 필요
팀 학습	• 개별적으로 학습하는 것이 아니라 구성원들끼리 상호작용하여 개인학습으로는 형성하기 힘든 학습의 질을 이끌어내는 집단적 학습과정을 의미 • 타인의 관점이나 의견을 존중하면서 자신의 의견을 밝히는 가운데 서로의 생각들이 유연하게 교감할 수 있는 대화와 토론의 문화의 정착이 필요하며, 신속한 혁신의 결과를 가져오기 위해 다기능팀을 조성하여 학습능력을 증진시키는 것이 필요

💡 이완조직

(1) 개요
① '이완', 즉 '느슨한 결합'이란 연결된 각 사건이 서로 대응되는 동시에 각각 자체의 정체성을 보존하면서 물리적·논리적 독립성을 갖는 경우에 쓰는 말이다.
② 와익(Weick)에 의하면 학교는 교사에 대한 감독과 평가의 미약, 교사의 전문직으로서의 자율성, 교육목표의 불명료성, 교사의 행동에 대한 행정가의 통제의 제약, 넓은 통솔의 범위 등을 특징으로 하는 이완조직이다.
③ 교육조직의 경우에 상담실이 좋은 예로, 학생상담과 관련하여 학교장과 카운슬러는 어느 정도 관계를 맺고 있다. 그러나 양자는 각자 정체성과 독립성을 보유하고 있다. 이들의 결합관계는 견고하지 않으며, 상호 간에 영향력이 약하고 제한적이다.
④ 한편, 메이어(Meyer)와 로완(Rowan)도 교육평가와 교육과정, 교수방법, 교육권 등에서 교육 행정가는 교사를 통제할 위치에 있지 못하기 때문에 학교는 이완조직의 측면에서 신뢰의 논리에 의해 운영되어야 한다고 하였다.

(2) 특징
① 환경변화에 적응하기 위해 한 조직에서 이질적인 요소가 공존하는 것을 허용한다.
② 광범한 환경변화에 대해 민감하여야 한다.
③ 국지적인 적응을 허용한다.
④ 기발한 해결책의 개발을 장려한다.
⑤ 다른 부분에 영향을 주지 않는 한 체제의 일부분이 분리되는 것을 용납한다.
⑥ 체제 내의 참여자에게 보다 많은 자유재량권과 자기결정권을 제공한다.
⑦ 부분 간의 조정을 위하여 비교적 소액의 경비가 요구된다.

| 정답 | ②

23
호이와 미스켈(W. Hoy & C. Miskel)의 학교풍토 유형에서 (가)에 대한 설명으로 옳은 것은?

[2011 초등]

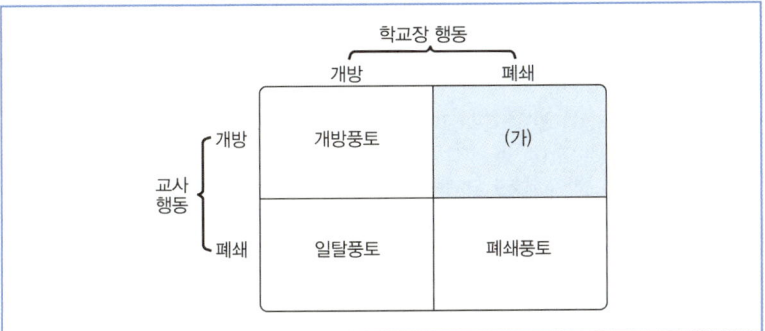

① 학교장의 관리가 비효율적이지만, 교사들의 업무 수행은 효율적으로 이루어지는 풍토이다.
② 학교장과 교사들 사이에 신뢰는 있지만, 교사들의 전문적인 업무 수행은 미흡한 풍토이다.
③ 교사에 대한 학교장의 관심과 지원이 미흡하여 교사들이 업무수행을 태만하게 하는 풍토이다.
④ 학교장은 교사들의 제안을 잘 받아들이고, 교사들은 업무 달성을 위해 매우 헌신하는 풍토이다.
⑤ 학교장이 불필요한 업무만을 강조하기 때문에 교사들이 반감을 가지고 업무를 태만히 하는 풍토이다.

정답풀이
① (가)는 참여적(몰입적) 풍토이다. 이 유형의 학교풍토에서는 학교장의 비효과적인 통제방식이 있지만 교사들이 높은 전문적인 성과를 보인다.

오답풀이
② 학교장과 교사들 사이에 신뢰가 있는 것은 개방적 풍토에, 교사들의 전문적인 업무 수행이 미흡한 것은 폐쇄적 풍토에 대한 설명이다.
③ ⑤ 폐쇄적 풍토에 대한 설명이다.
④ 개방적 풍토에 대한 설명이다.

논술 문제 적용 하기

23-1
[2020 중등]

스타인호프와 오웬스(C. Steinhoff & R. Owens)가 분류한 학교문화 유형에 따를 때 D 교사가 우려하는 학교문화 유형의 명칭과 학교 차원에서 그러한 학교문화를 개선하는 방안 2가지를 제시하시오.

구분	주요 의견
D 교사	• 학교문화 개선은 토의식 수업 활성화를 위한 토대가 됨 • 우리 학교의 경우, 교사가 학생의 명문대학 합격이라는 목표 달성에 필요한 수단으로 간주되는 학교문화가 형성되어 있어 우려스러움 • 이런 학교문화에서는 활발한 토의식 수업을 기대하기 어려움

예시답안
스타인호프와 오웬스가 분류한 학교문화 유형에 따르면, D교사가 우려하는 학교문화 유형은 기계문화이다. 이러한 학교에서는 모든 것을 기계적인 관계로 파악한다. 학교의 원동력은 조직 자체의 구조로부터 나오고, 행정가는 자원을 획득하기 위하여 시시각각으로 변화하는 능력가로 묘사된다. 학교는 목표달성을 위해 교사들을 이용하는 하나의 기계인 것이다. 기계문화적인 학교문화를 개선하기 위한 두 가지 방안은 다음과 같다. 첫째, 새로운 학교 문화를 조성하기 위해서는 우선 학생을 존중하는 풍토를 만들어야 한다. 이를 위해 교사는 학생들의 문화를 인정하고 이를 반영하는 배움 중심 수업을 실천해야 한다. 둘째, 교사들 간의 전문적 학습 공동체를 구축해야 한다. 공동체적 학교문화를 혁신하고 배움 중심 수업을 이끄는 데 교사의 전문성이 중요한 요소이기 때문이다. 교사는 이와 같은 학교문화에 대한 교육학적 관점을 바탕으로 학교문화가 토의식 수업에 적절하게 개선될 수 있도록 최선의 노력을 기울여야 한다.

논술 문제 적용 하기

더 알아보기

슈타인호프와 오웬스의 학교문화유형

① 슈타인호프와 오웬스는 공립학교에서 발견될 수 있는 네 가지의 특유한 문화형질을 통해 학교문화를 분류한다.
② 이들은 학교문화의 특질을 비유를 사용하여 설명하고 있다.

가족 문화	• 학교는 가정이나 팀의 비유를 통해 설명됨 • 이 학교에서는 교장이 부모나 코치로 묘사되며, 구성원들은 의무를 넘어 서로에 대한 관심을 가지고, 가족의 한 부분으로서 제 몫을 다하기로 요구받음 • 가족으로서의 학교는 애정어리고 우정적이며, 때로는 협동적이고 보호적임
기계 문화	• 학교는 기계의 비유로 설명됨, 비유로 사용되는 것은 잘 돌아가는 기계, 녹슨 기계, 벌집 등이며, 교장은 일벌레부터 느림보에 이르기까지 기계공으로 묘사됨 • 이 학교에서는 모든 것을 기계적인 관계로 파악하며, 학교의 원동력은 조직 자체의 구조로부터 나오고, 행정가는 자원을 획득하기 위하여 시시각각으로 변화하는 능력가로 묘사됨 • 학교는 목표달성을 위해 교사들을 이용하는 하나의 기계인 것
공연 문화	• 서커스, 브로드웨이쇼, 연회 등을 시연하는 공연장으로 비유됨 • 교장은 곡마단 단장, 공연의 사회자, 연기주임 등으로 간주됨 • 이 문화에서는 공연과 함께 청중의 반응이 중시됨 • 명지휘자에 의해 이루어지는 공연과 같이, 훌륭한 교장의 지도 아래 탁월하고 멋진 가르침을 추구하는 것
공포 문화	• 학교는 전쟁터나 혁명 상황, 혹은 긴장으로 가득 찬 악몽으로 묘사될 수 있음 • 교장은 자기 자리를 유지하기 위해 무엇이든지 희생의 제물로 삼을 준비가 되어 있음 • 교사들은 자신의 학교를 밀폐된 상자 혹은 형무소라고 표현 • 이러한 학교의 교사들은 고립된 생활을 하고, 사회적 활동이 거의 없으며, 구성원들은 서로를 비난하며 적의를 가지고 있음, 곧 이 문화는 냉랭하고 적대적임

만점대비 +α

호이와 미스켈의 학교풍토 유형

(1) 개방적 풍토
① 교사들 내부에서뿐만 아니라 교사와 교장 간에도 서로 협동하고 존중한다.
② 교장의 높은 지원, 낮은 지시, 낮은 제한적 행동의 특징을 보인다.
③ 교사들의 높은 동료관계, 높은 친밀도, 낮은 비참여의 특징을 보인다.

(2) 참여적(몰입적) 풍토
① 교장의 비효과적인 통제방식이 있지만 교사들이 높은 전문적인 성과를 보인다.
② 교장의 높은 지시, 낮은 지원, 높은 제한적인 행동을 보인다.
③ 교사들은 교장의 행동을 무시하고 전문가로서의 능력을 발휘하며, 높은 동료적 행동, 높은 친밀도, 높은 참여를 보인다.

(3) 일탈적 풍토
① 교장의 행동은 개방적이고 지원적이지만 교사들은 교장을 기꺼이 받아들이지 않고 동료 교사들 간에도 동료로서 존중하지 않는다.
② 교사들은 낮은 동료관계, 낮은 친밀도, 높은 비참여적 행동을 보인다.

(4) 폐쇄적 풍토
① 개방적인 풍토의 정반대이다.
② 교장은 높은 제한, 높은 비참여도, 높은 지시적 행동을 보인다.
③ 교사들은 낮은 친밀도, 낮은 동료관계, 높은 비참여의 특성을 보인다.

| 정답 | ①

THEME 06　의사소통론

24
2010 초등

다음은 교장과의 의사소통에 곤란을 겪고 있는 교사들의 대화내용이다. 각각의 경우에 교사들이 교장에게 기대하는 교육조직에서의 의사소통 원리를 옳게 짝지은 것은?

> 박 교사 : 교장 선생님은 부장 선생님에게만 말씀하시면 그것으로 다됐다고 생각하시나 봐요. 어제는 나를 보자마자 지난번에 말한 일은 어떻게 됐냐고 하시지 뭐예요. 글쎄 알아보니 부장 선생님께만 말씀하셨던 모양이에요. 그렇게 중요한 일이면 저에게도 알려주셨어야죠.
> 최 교사 : 그랬어요? 저도 지난 주 운동회 진행하느라 정신없이 바쁜데, 운동장에서 다음 달에 있을 학교평가를 앞두고 준비할 일을 자세하게 말씀하셔서 힘들었어요. 그런 일이면 조용할 때 교장실에서 말씀하시면 좋잖아요.

	박 교사	최 교사		박 교사	최 교사
①	분포성	적응성	②	적량성	명료성
③	일관성	적응성	④	적응성	명료성
⑤	분포성	일관성			

만점대비 +α

💡 효과적인 의사소통의 원리(Redfield)

① **명료성의 원리** : 의사소통에 있어서 전달하는 내용은 더욱 분명하고 정확하게 이해될 수 있도록 표시되어야 한다는 원리. 이를 위해서는 의사소통시 간결한 문장과 쉬운 용어가 사용되어야 함
② **일관성의 원리** : 의사소통의 내용은 전후가 일치되어야 한다는 원리. 즉, 이 원리에 의하면, 지시와 명령에 있어서 모순은 있을 수 없고, 고위 관리층의 지시나 명령에 위배되는 중간 관리층의 지시나 명령은 있을 수가 없음
③ **적절성(적정성)의 원리** : 의사소통시 전달하고자 하는 양이 적절해야 한다는 것으로, 과다하지도 과소하지도 않은 적당량의 정보가 전달되어야 한다는 원리. 정보의 양이 과다할 경우에는 이해가 곤란해져 의사소통에 혼란이 생길 수 있으며, 정보의 양이 과소할 경우에는 자료로써의 가치가 상실
④ **적시성의 원리** : 의사소통이 효율적으로 이루어지기 위해서는 적정한 시기를 놓쳐서는 안 된다는 원리. 소통시 필요한 정보는 필요한 시기에 적절히 투입되어야만 함
⑤ **분포성(배포성)의 원리** : 의사전달의 내용은 전달자로부터 의사소통의 모든 대상에게 바르게 골고루 전달되어야 한다는 원리. 공식적인 의사소통에서는 분포성의 원리가 특히 더 중요. 행정에서 과실을 유발하는 원인 중 가장 빈번한 것 중의 하나는 정보를 수신자에게 제대로 전달하지 못하는 것
⑥ **적응성의 원리** : 의사소통의 내용이 환경에 적절히 적응해야 한다는 원리. 그 내용이 지나치게 세밀하게 규정되어 있을 경우에는 환경에 대한 적응이 불리해짐(융통성과 신축성)
⑦ **통일성의 원리** : 의사소통은 개별성과 현실합치성, 그리고 전체적 통일성이 조화됨
⑧ **관심과 수용의 원리** : 효율적인 의사소통은 수신자의 관심과 수용태도에 의해 결정되므로, 적절한 의사소통이 이루어지려면 수신자에게 정보가 수용될 수 있어야 함

| 정답 | ①

THEME 07 교육기획론

논술 문제 적용 하기

25-1
`2017 중동`

A교장이 강조하고 있는 교육기획의 개념과 그 효용성 2가지 제시하시오.

◆ 교육기획의 중요성 부각
A 교장은 단위 학교에서 새 교육과정이 체계적으로 운영되도록 돕는 교육기획(educational planning)을 강조하였다.
"새 교육과정은 교육의 핵심인 교수·학습 활동의 중심을 교사에서 학생으로 이동시키는 근본적인 전환을 강조하고 있습니다. 저는 실질적 의미에서 학생 중심 교육이 우리 학교에 정착할 수 있도록 모든 교육활동에 앞서 철저하게 준비할 생각입니다."

25
`2008 초등`

〈보기〉에서 '인력수요 접근법(manpower approach)'에 의한 교육계획의 수립절차를 순서대로 바르게 나열한 것은?

보기
- ㉠ 교육자격별 노동력의 부족분 계산
- ㉡ 인력수요 자료의 교육수요 자료로의 전환
- ㉢ 학교수준 및 학교종류(학과)별 적정 양성규모 추정
- ㉣ 기준연도와 추정연도의 산업부문별, 직종별 인력변화 추정

① ㉠ → ㉢ → ㉡ → ㉣
② ㉠ → ㉣ → ㉢ → ㉡
③ ㉣ → ㉡ → ㉠ → ㉢
④ ㉣ → ㉢ → ㉡ → ㉠ (원문표기: ㉣ → ㉢ → ㉡)

예시답안

교육기획은 미래의 교육활동에 대한 사전의 지적·정의적 준비과정이라 할 수 있다. 즉, 미래의 교육활동에 대비하여 교육목표 달성을 위한 효과적인 수단과 방법을 제시함으로써 교육정책 결정의 효율성과 안정성을 보장해 주는 지적이고 합리적인 과정이다. 교육기획의 효용은 다음과 같다. 첫째, 교육기획은 교육행정 혹은 교육경영의 효율성과 타당성을 제고할 수 있다. 설정된 교육목표를 가장 효율적으로 달성할 수 있는 최적의 교육적 대안을 선택하는 과정을 통하여 경제적인 효율성을 높일 수 있으며, 교육목표와 그를 달성하기 위한 수단을 합리적으로 연결시킴으로써 교육행정 활동의 합목적성과 타당성을 제고할 수 있다. 둘째, 교육기획은 교육개혁과 교육적 변화를 촉진하는 역할을 수행한다. 단순히 여건의 변동에 따라 수동적으로 대응책을 강구하는 것이 아니라 상황과 여건의 변화를 미리 예견하여 그에 기민하게 대처하고, 나아가 개혁과 변화를 계획함으로써 교육발전을 촉진할 수 있다.

만점대비 +α

💡 인력수요에 의한 접근방법

① 경제성장에 필요한 인적 자본의 중요성에 대한 인식을 전제로 경제성장을 뒷받침하는 인력수요를 예측하고 그에 기초하여 인력수요를 충족시킬 수 있도록 교육면의 공급을 조절해 나가는 방법이다.

② 인력수요 추정방법의 절차
  ㉠ **기초연도의 인력현황 조사** : 교육정도별로 산업별, 직업별 및 연령별 인력현황을 파악한다.
  ㉡ **추정연도의 총 노동력 추정** : 인력공급의 상한선을 제시한다.
  ㉢ **추정연도의 산업부문별 총 고용자수 추정** : 목표연도의 생산수준, 생산성 증가율을 고려하여 총 고용자수를 산업부문별, 직종별로 배정하여 그 총계가 인력의 총 수요를 결정한다.
  ㉣ **직종별 인력수요 자료의 교육자격별 인력수요 자료로의 전환** : 교육의 정도와 과정의 구분에 따라서 교육자격별 인력수요를 밝히는 것은 직종과 그것에 대비하는 교육자격이 반드시 일치하지 않기 때문이다.
  ㉤ **추정된 노동력의 교육자격별 구조와 현재노동력의 교육자격별 구조의 비교** : 교육자격별로 노동력의 순증분을 계산할 수 있다.
  ㉥ **교육자격별로 노동력의 보충분 계산** : 은퇴, 이민 등에 의한 퇴직률을 계산한다.
  ㉦ 감모율을 고려하여 각 수준별, 부문별 소요 졸업생수를 배출하기 위한 재적자수를 계산한다.
  ㉧ 소요 재적자수를 고려하여 교원, 시설, 재정면의 증가 소요를 산출한다.

③ 장점 : 교육과 취업, 나아가 교육과 경제성장을 보다 긴밀하게 연결시켜 교육에 대한 계획을 수립할 수 있으며, 교육운영면에서도 낭비를 줄여 효율성을 높일 수 있다.

④ 단점
  ㉠ 교육과 취업이 반드시 1대 1의 대응관계를 갖지 않고, 급변하는 사회에 있어서는 교육수요나 인력수요의 구조도 역시 급변하기 때문에 추정 자체가 대단히 어렵고, 교육과 취업 간의 시차로 인해 수급면에서 차질을 빚기 쉽다는 점과 예측의 어려움으로 기술상 난점이 크다는 단점이 있다.
  ㉡ 특히, 이 방법은 교육에 관한 기획을 하면서 교육의 본래 목표와는 다른 경제성장을 위한 인력공급이라는 외적 목적에 초점을 맞춤으로써 기본적으로 교육의 본질을 훼손할 수 있다는 위험에 노출되어 있다.

| 정답 | ③

THEME 08 교육정책론

논술 문제 적용하기

26-1 [2021 중등]

A 안과 B 안에 해당하는 의사결정 모형의 단점 각각 1가지, 김 교사가 B 안에 따라 학생들의 요구를 반영하기 위해 제안할 수 있는 구체적인 방안 1가지를 제시하시오.

> 보고 싶은 친구에게
> … (중략) …
> 교사 협의회에서는 학교 운영에 학생들의 요구를 반영하는 방안에 대해 논의했어. 다양한 의사결정 방식들이 제안되었는데 그중 A 안은 문제를 확인한 후에 목적과 세부 목표를 설정하고, 가능한 대안들을 모두 탐색하고, 각 대안에 따른 결과를 예측하고 비교해서 최적의 방안을 찾는 방식이었어. B 안은 현실적인 소수의 대안을 검토하고 부분적으로 수정해서 현재의 문제 상황을 조금씩 개선해 나가는 방식이었어. 많은 논의를 거친 끝에 B 안으로 결정했어. 나는 B 안에 따른 구체적인 방안을 다음 협의회 때 제안하기로 했어.
> … (하략) …

26 [2009 초등]

다음과 같은 내용을 간과하고 있다고 비판받는 교육정책결정모형은?

> • 인간은 감정을 가진 심리적·사회적 동물이다.
> • 실제 교육정책결정 상황에서는 가치와 사실이 불가분의 관계에 있다.
> • 인간은 전지전능하지 못하고 문제분석능력에 한계를 가질 수밖에 없다.
> • 대안을 과학적으로 비교 평가하는 데 요구되는 정보를 충분히 구하지 못하는 경우가 많다.

① 점증모형
② 혼합모형
③ 만족화모형
④ 합리성모형
⑤ 쓰레기통모형

예시답안

A안에 해당하는 의사결정 모형은 합리모형이다. 합리모형은 인간과 조직의 합리성과 지식 및 정보의 가용성을 전제로 한 이론 모형이다. 이는 인간을 너무 합리적인 동물로만 파악한 나머지 감정을 가진 심리적·사회적 동물이라는 점을 간과하고 있다는 단점을 갖는다. 즉, 인간은 전지전능하지 못하며, 문제분석능력에 한계를 가질 수밖에 없다는 것이다. B에 해당하는 의사결정 모형은 점증모형이다. 점증모형은 현재 추진되고 있는 기존의 정책 대안과 경험을 기초로 약간의 점진적인 개선을 도모하는 모형이다. 이는 새로운 목표의 적극적인 추구보다는 드러난 문제나 불만의 해소에만 주력함으로써 적극적인 선의 추구보다는 소극적인 악의 제거에만 관심을 쏟는다는 단점이 있다. 특히, 급격한 변화나 장기적 전망에 의거한 계획적인 변화를 거부하고 적당히 되는대로 해 나가는 점진적인 개선을 도모하기 때문에 지나치게 보수적이고 대증적인 정책결정모형이다. 김 교사는 B안에 따라 학생들의 요구를 반영하기 위해, 학급회의 때 교칙에 대한 점진적인 개선 방안을 수렴하는 방법을 제안할 수 있다. 이를 통해 학교는 첨예한 갈등이나 문제를 야기하지 않고 학생들의 요구를 반영하여, 학교가 가진 기존의 문제점을 안정적으로 수정할 수 있다.

만점대비 +α

💡 **합리모형**

① 인간과 조직의 합리성과 지식 및 정보의 가용성을 전제로 한 이론 모형이다.
② 정책결정시 정책결정자가 제기된 문제의 성격과 필요를 완벽하게 파악할 수 있고, 그것을 해결하기 위한 가장 합리적이고 최선인 대안을 찾을 수 있다는 인간의 이성과 합리적 행동에 대한 믿음을 기초로 한 모형이다.
③ 정책결정자의 전지전능함, 최적 대안의 합리적 선택, 목표의 극대화, 합리적 경제인을 전제로 하고 있다는 점에서 이상적·낙관적 모형이라고도 한다.
④ 합리모형의 비판점
 ㉠ 인간을 너무 합리적인 동물로만 파악한 나머지 감정을 가진 심리적·사회적 동물이라는 점을 간과하고 있다.
 ㉡ 인간은 전지전능하지 못하며, 문제분석능력에 한계를 가질 수밖에 없다.
 ㉢ 대안의 과학적인 비교평가를 위해 필요한 정보를 충분히 구하지 못하는 경우가 많다.
 ㉣ 합리모형에 따라 정책 결정을 하는 데 꼭 필요한 인적·물적 자원을 조달하지 못하는 경우가 많다.
 ㉤ 합리모형은 가치와 사실을 구분할 것을 요구하고 있지만 실제 정책상황에서는 이 양자가 불가분의 관계에 있다.

| 정답 | ④

27

2011 초등

다음 내용에 가장 부합하는 교육정책 결정 모형은?

> • 정책 결정이 항상 합리적으로 이루어지는 것은 아니다.
> • 부족한 자원, 불충분한 정보, 불확실한 상황 등이 정책의 합리성을 제약한다.
> • 때때로 직관이나 초합리적인 생각도 정책을 결정하는 데 중요한 요인이 된다.
> • 창의적인 정책 결정에 도움을 주지만, 너무 이상에만 치우칠 수 있다는 비판을 받는다.

① 최적모형(optimal model)
② 만족모형(satisfying model)
③ 점증모형(incremental model)
④ 혼합모형(mixed-scanning model)
⑤ 쓰레기통모형(garbage can model)

만점대비 +α

💡 최적모형

① 드로우(Dror)가 제안한 것으로, 합리모형과 점증모형의 절충을 시도하고 있다는 점에서 혼합모형과 유사하나, 양자의 단순 합계적 혼합이 아니라 합리성과 초합리성을 동시에 고려하는 최적치를 추구하는 규범적인 모형이라는 점에서 혼합모형과는 다르다.
② 드로우는 정책결정이 합리성으로만 이루어지는 것이 아니며, 때때로 초합리적인 것, 즉 직관, 판단, 창의 등과 같은 잠재적 의식이 개입되어 이루어진다고 주장한다.
③ 최적모형은 그동안 비합리성으로 배제해 왔던 요인들도 최적의 정책결정을 위한 핵심 요소가 될 수 있음을 확인해 줌으로써 창의적이고 혁신적인 정책결정을 거시적으로 정당화할 수 있는 이론적 근거를 마련해 주었다.
④ 초합리성의 개념을 도입함으로써 합리모형을 한층 더 체계적으로 발전시켰다는 평가를 받고 있으나, 달성방법도 명확하지 않고 개념도 불명료한 초합리성이라는 개념에 의존하고 있어 다소간 비현실적이고 이상적인 모형이라는 비판도 받고 있다.

|정답| ①

THEME 08 교육정책론

28
교육정책 결정 모형에 대한 설명으로 옳은 것만을 〈보기〉에서 있는 대로 고른 것은?

2013 중등

> **보기**
> ㉠ 쓰레기통모형(garbage-can model)은 조직화된 무질서(organized anarchies) 상태에서 정책 결정이 우발성에 기초하여 이루어지고 있음을 강조한 모형이다.
> ㉡ 점증모형(incremental model)은 합리모형의 비현실성을 극복하기 위해 제안된 것으로, 기존의 정책 틀을 기반으로 하여 현재보다 다소 개선된 수준의 대안을 선택해 나가는 모형이다.
> ㉢ 최적모형(optimal model)은 정책 결정이 합리성에만 근거해서 이루어지는 것은 아니며, 때때로 직관 등 초합리성이 개입되어 이루어짐을 주장한 모형이다.
> ㉣ 혼합모형(mixed-scanning model)은 정책 결정을 기본적인 결정과 세부적인 결정으로 나누고 전자는 합리모형을, 후자는 만족모형을 활용하는 모형이다.

① ㉠, ㉢
② ㉠, ㉡, ㉢
③ ㉠, ㉡, ㉣
④ ㉡, ㉢, ㉣
⑤ ㉠, ㉡, ㉢, ㉣

오답풀이

㉣ 혼합모형은 합리모형과 점증모형의 장점을 결합시킨 이론 모형이다. 기본 방향의 설정과 같은 것은 합리모형을 적용하고 방향 설정 후 특정한 문제해결은 점증모형을 적용하는 방식으로 이루어진다.

만점대비 +α

💡 **만족모형**
① 마치(March)와 사이먼(Simon)이 주장한 것으로 합리성의 한계를 어느 정도 수용한 제한적인 합리성을 전제한 이론 모형이다.
② 최선의 결정은 절대적 의미에서 최고가 아니라 만족스러운 상태의 것이라는 생각을 반영하는 이론 모형인 것이다.
③ 정책결정에 있어 객관적인 상황적 조건보다는 정책결정자의 행동에 더 많은 주의를 기울인다.
④ 정책결정자의 개인적 차원을 강조함으로써 개인의 의사결정을 설명하는 데에는 상당한 설득력을 가지고 있지만, 조직 차원의 거시적 정책결정의 문제를 설명하는 데는 상당한 무리가 있다는 평가를 받고 있다.

💡 점증모형

① 린드블롬(Lindblom)에 의해 제안되었으며, 정책결정 과정에서 선택되는 대안은 대체로 기존 정책의 문제점을 개선해 나가는 것이라는 전제를 갖는다.
② 현재 추진되고 있는 기존의 정책 대안과 경험을 기초로 약간의 점진적인 개선을 도모할 수 있는 제한된 수의 대안만을 검토하여 현실성 있는 정책을 선택하려 한다는 특징을 가지고 있다.
③ 첨예한 갈등이나 문제를 야기하지 않고 안정적인 정책결정과 집행을 할 수 있을 뿐만 아니라 정책에 대한 폭넓은 지지를 받기 쉽고 실현 가능성이 높은 대안을 선택할 수 있다는 장점이 있다.
④ 그러나 선택된 대안이 얼마나 폭넓은 동의를 얻을 수 있느냐에만 관심이 많고, 새로운 목표의 적극적인 추구보다는 드러난 문제나 불만의 해소에만 주력함으로써 적극적인 선의 추구보다는 소극적인 악의 제거에만 관심을 쏟는다는 비판을 받고 있다.
⑤ 특히, 급격한 변화나 장기적 전망에 의거한 계획적인 변화를 거부하고 적당히 되는대로 해 나가는 점진적인 개선을 도모하기 때문에 지나치게 보수적이고 대증적인 정책결정모형이라는 평가를 받고 있다.

💡 혼합모형

① 에치오니(Etzioni)에 의해 제시된 것으로, 합리모형의 이상주의와 점증모형의 보수주의를 비판하고, 이 두 모형의 장점을 결합시킨 이론 모형이다.
② 기본 방향의 설정과 같은 것은 합리모형을 적용하고 방향 설정 후 특정한 문제해결은 점증모형을 적용하는 방식으로, 두 모형의 특성과 장점을 혼합한 것이다.
③ 인간의 결정행태에 대한 설명으로만 국한하지 않고 사회체제에 대한 조직 원칙으로까지 발전시켜 합리모형은 전체주의체제에, 점증모형은 다원적이고 합의지향적인 민주주의 체제에, 그리고 이 혼합모형은 활동적인 사회체제에 적합하다는 전략적 원칙까지 제시하고 있다는 특징이 있다.
④ 그러나 이 모형은 새로운 모형이 아니라 절충·혼합한 모형에 불과하기 때문에 이론모형으로서 가치는 떨어지는 것으로 평가된다.

💡 쓰레기통모형

① 조직화된 무질서 상태를 전제로 하는 모형으로서, 코헨(Cohen)·마치(March)·올센(Olsen) 등에 의해 제시된 것이다.
② 이 모형에 의하면 조직에서의 정책결정은 합리성에 기반을 두고 있는 것이 아니라 다분히 우발성에 기초하고 있다.
③ 교육조직처럼 조직화된 무질서 상태에서의 정책 결정은 문제, 해결책, 선택기회, 그리고 참여자 등 네 요소의 흐름이 서로 다른 시간에 쓰레기통 안에 들어와서 우연히 동시에 모여지게 될 때 이루어지는 것이다.
④ 정책의 문제 제기가 반드시 해결책보다 먼저 이루어질 필요가 없는데, 이는 해결책이 될 만한 것이 따로 있었고 이것이 우연히 어떤 참여자에 의해 선택되어 어떤 문제의 해결과 연결이 된다고 보는 것이다.
⑤ 이 모형은 일부 교육조직, 공공조직, 불법조직 등에서 부분적으로 일시적으로 적용될 수는 있으나 모든 조직에 적용될 수 있는 처방적 모형은 될 수 없다는 단점을 지니고 있다.

|정답| ②

29

다음 그림은 호이와 타터(W. K. Hoy & C. J. Tarter)가 제시한 참여적 의사결정의 규범 모형이다. 이 모형에서 교장은 특정 사안에 대한 교사의 관련성과 전문성을 확인하여 해당 교사가 속한 수용영역(zone of acceptance)을 판단하며, 이에 따라 의사결정에 대한 교사의 참여 정도를 다양하게 결정한다. ㉠, ㉡, ㉢의 경우에 해당하는 학교장의 역할이 바르게 나열된 것은?

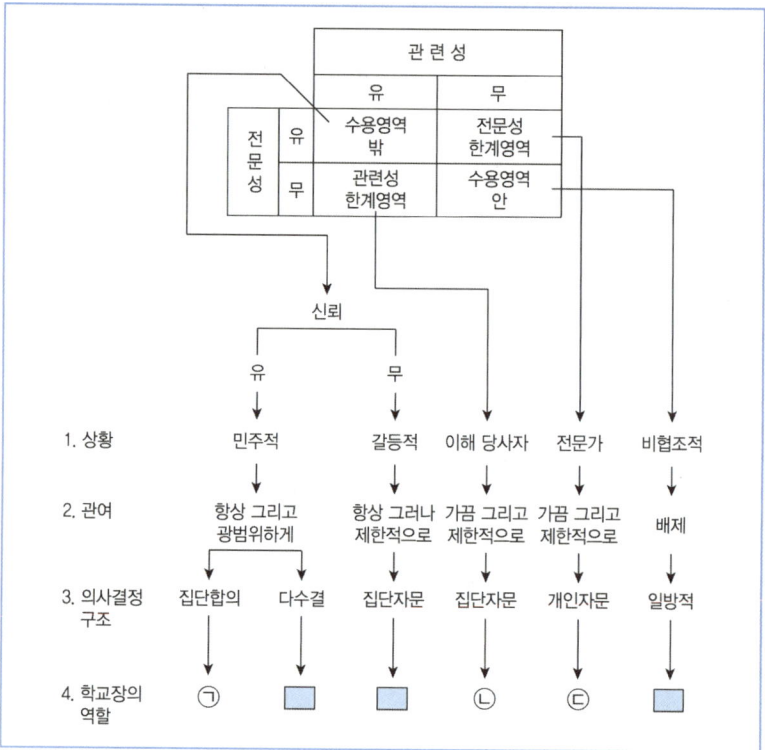

	㉠	㉡	㉢
①	통합자	교육자	간청자
②	간청자	지시자	교육자
③	교육자	통합자	간청자
④	통합자	지시자	교육자
⑤	간청자	통합자	지시자

만점대비 +α

💡 호이와 타터(Hoy & Tarter)의 참여적 의사결정 규범 모형

(1) 개요
① 브리지스가 제안한 관련성과 전문성 검토 이외에 의사결정에 참여하는 '구성원에 대한 신뢰성'을 중요한 상황으로 제시하였다.
② 신뢰성이란 의사결정에 참여하는 구성원이 조직의 사명에 헌신하고, 조직의 이익에 최선을 다할 수 있는 상황에 놓여 있는가에 관한 문제이다.

(2) 상황

민주적	특정교사가 수용범위 밖이고 신뢰성이 있다면, 참여는 극대화해야 하며 유일의 과제는 만장일치 또는 다수결에 의한 의사결정이 이루어져야 함
갈등적	특정 교사가 수용영역 범위 밖에 있으나 신뢰성이 없다면, 학교전체의 복리와 배치되므로 참여는 제한되어야 함
이해관계자	관련성은 있으나 전문성이 없을 때는 참여는 가끔씩 이루어지는데, 의사소통이 원만하고 의사결정에 대한 저항이 적을 때 제한된 범위 내에서 참여시켜야 함
전문가	관련성은 없으나 전문성은 가졌을 경우, 한정된 범위 내에서 가끔 참여시킴
비협력적	전문성과 관련성이 모두 없을 경우에는 특정교사에게 참여를 강요하면 저항을 가지기에 참여를 배제해야 함

(3) 참여

수용영역 밖	이해관계 및 전문성을 모두 가진 경우로 구성원을 최대한 참여시켜야 하며, 결정 방법은 의회민주주의식으로 되어야 함
제한영역	전문성의 제한영역은 이해관계는 있으나 전문성이 없는 경우이며, 관련성 제한영역은 이해관계는 없으나 전문성이 있는 경우로 의사결정에 대한 구성원의 참여는 제한적이며 간헐적
수용영역 안	이해관계도, 전문성도 없는 경우로 의사결정에서 배제시켜야 함

(4) 의사결정구조

집단합의	행정가가 집단의 일원으로 의사결정에 참여하며, 모든 구성원이 평등하게 의제를 제안하고 모든 사람의 합의를 통해 의사결정을 하는 방식
다수결	행정가는 집단의 일원으로 의사결정에 참여하며, 다수결의 원칙에 따라 의사결정을 함
집단의 조언	행정가는 집단으로부터 의견을 청취하여 의사결정을 하는데, 구성원의 의견 반영 여부는 행정가의 결정에 달려 있음
개별적 조언	사안을 잘 알고 있는 개별 구성원에게 조언을 구한 후 의사를 결정하는 방식
일방적	구성원에게 조언을 구하지 않으며, 의사결정에도 참여시키지 않고 일방적으로 의사를 결정하는 방식

(5) 상급자의 역할

통합자	합의를 도출하기 위해 다양한 의견과 관점을 조화시키는 일을 해야 함
의회의원	소수의 의견을 보호하면서 동시에 민주적 과정을 통해 집단의 의사결정을 이루어내야 함
교육자	결정할 사안이 지닌 기회와 제한점을 구성원에게 설명하고 논의함으로써 변화에 대한 저항을 줄이는 일을 함
의뢰인 (간청자)	의사결정의 질을 높이기 위하여 전문성을 지닌 구성원들로부터 조언을 구함
지시자	효율성을 위해 전문성이나 관심이 없는 구성원들을 의사결정에서 배제하고 일방적으로 의사결정을 함

| 정답 | ①

THEME 09 장학론

30 2009 초등

서지오바니(T. J. Sergiovanni)의 인적자원론적 장학의 관점을 가장 잘 나타낸 것은?

① 교사의 만족도가 증가하면 학교의 효율성이 증가하고, 이를 통해 공동의 의사결정이 달성된다.
② 교사의 만족도가 증가하면 공동의 의사결정이 달성되고, 이를 통해 학교의 효율성이 증가된다.
③ 학교의 효율성이 증가하면 교사의 만족도가 증가하고, 이를 통해 공동의 의사결정이 달성된다.
④ 공동의 의사결정을 도입하고 나면 학교의 효율성이 증가하고, 이를 통해 교사의 만족도가 증가한다.
⑤ 공동의 의사결정을 도입하고 나면 교사의 만족도가 증가하고, 이를 통해 학교의 효율성이 증가한다.

정답풀이

④ 인간자원 장학은 참여를 통해 학교효과성을 증대시키고 그 결과로서 교사의 직무만족을 목표로 한다는 특징을 가지고 있다. 따라서 이 장학 개념은 기본적으로 인간의 가능성을 신봉하며, 인간이 안락만을 추구하는 존재가 아니라 일을 통한 자아실현을 추구한다는 기본 가정하에 학교 과업의 성취를 통한 직무만족에 초점을 두는 인본주의적 특징을 보여준다.

오답풀이

⑤ 인간관계장학에 대한 설명이다.

만점대비 +α

장학의 발달 과정

장학형태	장학방법	교육행정 관련이론
관리장학 (~1930년)	• 권위주의적이고 강제적인 시학활동, 관료제적 특성을 활성화 • 과학적 관리론의 영향 : 능률성과 생산성 강화, 분업과 기술적 전문화, 조직 규율 강조	과학적 관리론
협동장학 (1930~1955년)	• 인간관계론의 영향 : 인간적이고 민주적인 장학으로 변화 • 장학활동의 핵심 : 장학담당자에서 교사로 전환 • 최소한의 장학이 최선의 장학이라고 간주	인간관계론
수업장학 (1955~1970년)	• 학문중심 교육에 영향, 행동과학론의 영향 • 교육과정의 개발과 수업효과 증진에 중점 • 유형 : 임상장학, 마이크로티칭 기법(연습수업)	행동과학론
발달장학 (1970년~ 현재)	• 경영으로서 장학 : 교사 개인에 대한 관심보다 학교경영에 더 큰 관심 • 인간자원 장학 : 인간의 가능성을 신봉하며, 학교과업의 성취를 통한 직무만족에 초점을 두는 인본주의적 특징 • 지도성으로서 장학 : 자발적 참여를 통한 학교 효과성과 직무만족 증대를 동시에 이끌어낼 수 있는 지도성 강조	일반체제론 인간자원론 지도성론

인간관계장학과 인간자원장학의 비교

(1) 공통점 : 인간관계장학, 인간자원장학 모두 교사의 직무만족에 관심을 갖는다.

(2) 차이점

① 인간관계장학(협동장학시대) : 교사의 직무만족을 학교의 운영과 조직의 효과성 확보를 위한 수단으로 보고 있고, 교사의 의사결정에의 참여는 이것이 교사의 직무만족을 증가시키는 계기가 된다고 본다.

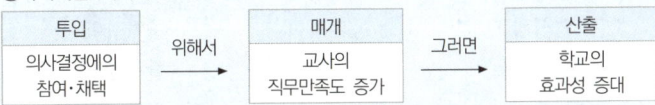

② 인간자원장학(발달장학시대) : 교사의 직무만족을 교사가 일하게 되는 바람직한 목적으로 보고, 교사들은 학교의 효과성을 증대시킬 수 있는 잠재력을 지니고 있다고 보고 의사결정에 참여시킨다.

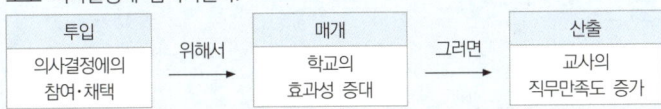

| 정답 | ④

THEME 09 장학론

논술 문제 적용 하기

31-1
2014 중등

최 교사가 수업 효과성을 높이기 위하여 선택한 장학 활동에 대하여 논하시오.

> 일지 #2   2014년 5월 ○○일 ○요일
> 중간고사 성적이 나왔는데 영희를 포함하여 몇 명의 점수가 매우 낮아서 답안지를 확인해 보았다. OMR 카드에는 답이 전혀 기입되어 있지 않거나 한 번호에만 일괄 기입되어 있었다. 아이들이 시험 자체를 무성의하게 본 것이다. 점심시간에 그 아이들을 불러 이야기를 해 보니 학교에서 배우는 내용이 대학 진학을 하지 않고 취업할 본인들에게는 전혀 쓸모없이 느껴진다고 했다. 특히 오늘 내 수업시간에 휴대전화만 보고 있어서 주의를 받았던 영희의 말이 아직도 귀에 생생하다. "저는 애견 미용사가 되려고 하는데, 생물학적 지식 같은 걸 배워서 뭐 해요? 내신 관리를 해야 하는 아이들조차 어디 써먹을지도 모르는 개념을 외우기만 하려니까 지겹다고 하던데, 저는 얼마나 더 지겹겠어요."라고 말하는 것이었다. 학교에서 배우는 기초 지식이나 원리가 직업 활동의 근간이 되기도 한다는 것을 어떻게 아이들이 깨닫게 할 수 있을까? 이런 생각들로 머릿속이 복잡하던 중에, 오후에 있었던 교과 협의회에서 수업 전문성 개발을 위한 장학 활동을 몇 가지 소개 받았다. 이제 내 수업에 대해 차근차근 점검해 봐야겠다.

....
....
....
....
....
....
....

예시답안

최 교사가 수업 효과성을 높이기 위하여 선택한 방안은 동료장학이다. 동료 장학은 수업개선과 전문적 성장을 위하여 서로 어울려 노력하는 동료적 협동의 과정으로, 교사가 자신의 전문성 발달을 위해 함께 협력하는 비교적 형식화된 과정인 수업관찰 및 피드백 제공에 국한되지 않고 공동의 관심사나 경험 등에 대해 공유함으로써 상호 협력적으로 전문성 발달을 이루어가는 것이다. 즉 동료 교사들 간에 공식적이거나 비공식적인 일련의 협의를 통하여 어떤 주제에 관해 서로 경험, 정보, 아이디어, 도움, 충고, 조언 등을 교환하거나, 서로 공동과제와 공동관심사를 협의하거나, 공동과업을 추진하는 활동이다. 이를 통해 새로운 지식이나 기술에 대해 함께 연구하고, 문제가 되는 교수 상황을 해결할 수 있다. 다시 말해 교사의 교수기술의 향상뿐만 아니라 실제 현장에서 직면하는 문제나 어려움을 공유하고 해결해감으로써 교사의 전문성 발달을 도모하는 것이다.

31
2012 중등

다음의 대화에서 세 교사가 언급하고 있는 장학지도 유형을 가장 바르게 짝지은 것은?

> 김 교사 : 금년에 발령받은 최 교사는 수업의 질이 낮아 학생과 학부모의 불만이 많습니다. 그의 수업 전문성을 향상시키기 위해서는 전문성을 갖춘 교내 교원의 개별적 도움이 필요합니다. 최 교사의 수업을 함께 계획하고, 실제 수업을 관찰, 분석, 피드백해 줄 필요가 있습니다.
>
> 박 교사 : 김 선생님, 저도 초임 때는 그런 경험이 있었어요. 이제 중견교사가 되고 보니 그 동안의 노력과 경험으로 수업에 대한 자신감이 생기긴 했어요. 그래도 더 좋은 수업을 위해 제가 필요하다고 생각하면 대학원에도 다니고 각종 연수에도 적극 참여하려고 합니다.
>
> 이 교사 : 부족한 부분을 채워야 하겠다는 자발적 의지가 중요해요. 학교에서 일상적으로 이루어지는 장학 활동보다는 내가 모르는 것을 교내·외의 유능한 전문가에게 의뢰하고 체계적인 도움을 받았으면 해요. 때로는 누군가가 전문가를 소개해 주었으면 해요.

	김 교사	박 교사	이 교사
①	동료장학	자기장학	약식장학
②	동료장학	요청장학	컨설팅장학
③	임상장학	자기장학	컨설팅장학
④	임상장학	동료장학	자기장학
⑤	요청장학	약식장학	자기장학

정답풀이

※ 임상장학 : 장학 담당자가 실제 교수 상황을 직접 관찰하고 거기서 얻은 자료를 토대로 하여 교사와의 대면적 상호작용을 통해 교사와 교수활동을 분석하여, 교사의 전문적 자질과 수업의 질을 향상하려는 수업장학의 한 형태

※ 자기장학 : 외부의 강요나 지도에 의해서가 아니라 교사 스스로가 자신의 전문성 신장을 위해 스스로 계획을 수립하고 실천해 나가는 장학으로, 이는 개인 교사가 자신의 전문성 신장을 위한 프로그램을 수립하고 독립적으로 실천해 나간다는 점에서 외부에서 주어지는 연수와는 크게 성격이 다름

※ 컨설팅장학 : 학교교육을 개선하기 위해서 일정한 전문성을 갖춘 사람들이 학교와 학교 구성원의 요청에 따라 제공하는 독립적인 자문활동

오답풀이

※ **동료장학** : 동료교사들이 자신들의 교육활동의 개선을 위해 공동으로 노력하는 과정으로, 일반적으로 둘 이상의 교사가 서로 수업을 관찰하고, 관찰사항에 대하여 상호 조언하며, 서로의 전문적 관심사에 대하여 토의함으로써 자신들의 전문적 성장을 위해 함께 연구하는 장학형태(수업연구중심, 협의중심, 연수중심)

※ **요청장학** : 지방장학의 한 방법으로, 개별학교의 요청에 의하여 해당 분야의 전문 장학담당자를 파견하여 지도·조언에 임하는 장학활동

※ **약식장학(일상장학)** : 단위학교의 교장이나 교감이 간헐적으로 짧은 시간동안 학습순시나 수업 참관을 통하여 교사들의 수업 및 학급경영 활동을 관찰하고, 이에 대해 교사들에게도 지도·조언을 제공하는 과정

만점대비 +α

💡 동료장학

(1) 개요
① 동료장학은 동료교사들이 자신들의 교육활동의 개선을 위해 공동으로 노력하는 과정이다.
② 일반적으로 둘 이상의 교사가 서로 수업을 관찰하고, 관찰사항에 대하여 상호 조언하며, 서로의 전문적 관심사에 대하여 토의함으로써 자신들의 전문적 성장을 위해 함께 연구하는 장학형태이다.
③ 이는 교사들 간에 서로의 경험을 공유함으로써 교수능력의 향상을 도모할 수 있을 뿐만 아니라 협동적 인간관계의 수립을 통해 동료 간의 유대와 공동성취감 등을 향상시킬 수 있다는 점에서 최근 그 중요성이 부각되고 있다.
④ 동학년 또는 동교과 단위로 수업연구나 수업방법 개선을 위해 공동으로 협의하는 것이 전형적인 동료장학의 형태이다.
⑤ 동료 상호 간에 정보, 아이디어, 도움 또는 충고, 조언 등을 주고받는 공식적·비공식적 행위도 모두 동료장학에 포함된다.
⑥ 동료장학의 방식 : 수업연구중심의 동료장학, 협의중심의 동료장학, 연수중심의 동료장학

(2) 동료장학의 활성화 방안
① 장학활동이 형식적이거나 학교활동 등을 과시하는 것이 되지 않을 수 있도록 비공식 조직을 지원하고 권장해 줘야 한다. 수업연구중심 동료장학은 형식적이고 강제성을 띠고 있기 때문에 공개수업에 대한 심적 부담을 줄이고 형식적이기보다는 교사의 필요에 의한 자율적이며 비공식적인 동료장학이 더 효과적이다. 그리고 평가받는다는 개념에서 벗어나 서로 유용한 정보를 공유할 수 있도록 계획되어야 한다.
② 동료장학에 대한 교사들의 적극적인 수용자세와 동료 교사들 간의 친밀한 인간관계, 학교관리자의 민주적이고 개방적인 학교풍토 조성이 필요하다. 동료장학은 교육에 관련된 모든 사람들의 신뢰감이 형성되었을 때 그 효율성이 높아진다. 그러므로 비판이나 의견제시가 가능한 민주적인 학교 분위기와 협동하는 교직 사회 풍토가 조성되도록 힘써야 한다.
③ 수업개선을 위한 행·재정적 지원이 필요하다. 체계적인 수업개선을 위해 경험이 풍부한 교사를 장학전담요원으로 배치하여 수업모형 제공뿐 아니라 자료제작 또는 교수학습 과정안 자문역할 등을 하도록 할 수 있다. 교사들의 전문성 향상과 수업기술 발전을 도모할 수 있는 연수 및 수업 사례담이나 시범수업 등을 활성화시키고, 교내 수업 연구와 각 협의회 회의 시 예산을 최대한 지원하며, 연수기회 확대와 소규모 교과연구실의 확충으로 연구 분위기를 조성하는 등 교사의 전문성 제고를 위한 지원이 필요하다.

논술 문제 적용 하기

31-2 `2018 초등`

황 교사의 말에 내포된 교직문화 2가지와 이를 개선하는 데 필요한 교사상 2가지를 각각 제시한 다음, 이러한 교사상의 정립을 위해 활용할 수 있는 동료장학의 방법 2가지를 논하시오.

> ...(상략)...
> 박 교사: 좋은 지적이네요. 「인성교육진흥법」에서 인성교육을 정의한 것을 보면, 인성은 '자신의 내면을 바르고 건전하게 가꾸고 타인·공동체·자연과 더불어 살아가는 데 필요한 인간다운 성품과 역량'이라 할 수 있는데, 인성의 이러한 의미는 인성교육에서 왜 통합과 연계가 필요한지를 잘 보여 주는 것 같아요.
> 김 교사: 그런데 통합과 연계를 위해서는 선생님들이 모여서 긴밀하게 협의하고 조정하는 과정이 필요한데, 그게 보통 어려운 문제가 아니에요.
> 황 교사: 그렇죠. 선생님들 중에는 자기 경험에 갇힌 나머지 각자의 의견을 허심탄회하게 드러내어 함께 검토하는 것 자체를 상대에 대한 불필요한 간섭으로 여겨 기피하는 분들이 있어요. 문제에 부딪혔을 때 스스로 궁리해 새로운 해결 방안을 찾기보다 과거의 경험이나 전통적 방식만을 답습하려는 경향도 없지 않고요.

예시답안

황 교사의 말에 내포된 교직문화는 다음과 같다. 첫째, 교사들은 교사 자신의 교육활동에 관해 경계를 유지하고, 그것을 침해받지 않으려는 경계 유지 성향의 문화적 특성이 있다. 교사들 간의 관계는 상호 간 무관심을 특징으로 하며 특히 교육활동에 대해 더욱 그러하다. 둘째, 교사들은 적극적으로 새로운 일, 조언, 결정 등을 하려고 하지 않고 선례에 따르거나 상관의 지시에 무조건 영합하는 소극적 행동을 보인다.

이러한 교직문화를 개선하는데 필요한 교사상은 다음과 같다. 첫째, 교사는 구성원 간에 비전 및 가치를 공유해야 한다. 교사들은 학생과 교사의 역할, 학생의 학습능력, 교수학습활동 개선에 대해 공통적인 신념과 가치를 가지며, 교수학습활동 개선을 위해 새로운 아이디어나 교수방법에 대한 가치를 공유해야 한다. 둘째, 교사는 전문적 탐구를 지향하는 학교문화를 형성해야한다. 교사들의 교수학습에 대한 공동의 연구를 통해 새로운 교수학습방법이나 아이디어를 개발하는 문화를 존중해야하며, 새로운 시도를 존중하고 전문적 탐구를 지향하는 학교문화를 형성해야한다.

이러한 교사상의 정립을 위해 활용할 수 있는 동료장학의 방법은 다음과 같다. 첫째, 동 학년 협의회, 동 교과 협의회, 동 부서 협의회 등을 통해 동료교사들이 어떤 주제에 관해 서로 경험, 정보, 아이디어, 도움, 충고, 조언 등을 교환하거나 공동과업을 추진해야 한다. 둘째, 동료교사 상호간에 수업을 공개·관찰하고 이에 대한 의견을 교환함으로써 수업 연구 과제를 해결하고, 수업 방법 및 그 외 문제점을 개선하기 위해 서로 의견을 교환하여 문제점의 개선을 도모하고 서로 도와 협력해야 한다.

THEME 09 장학론

논술 문제 적용 하기

31-3
2018 중등

김 교사가 언급하는 교내장학 유형의 명칭과 개념, 그 활성화 방안 2가지를 논하시오.

> 박 교사: 선생님, 우리 학교 학생의 학업 특성을 보면 학습흥미와 수업참여 수준이 전반적으로 낮아요. 그리고 학업성취, 학습흥미, 수업참여의 개인차가 크다는 것이 눈에 띄네요.
> 김 교사: 학생의 개인별 특성이 그만큼 다양하다는 것을 의미하겠죠. 우리 학교 교육과정도 이를 반영해야 하지 않을까요? 그런데 저 혼자서 학생의 다양한 특성을 고려해서 교육과정을 개발하고 수업을 설계하고 평가하는 것은 힘들어요. 선생님과 저에게 이 문제가 공동 관심사이니, 여러 선생님과 경험을 공유하고 협력해서 피드백을 주고받는 것이 좋겠어요.

④ 과중한 수업부담을 해결해야 한다. 현실적으로 단위학교의 현실에서 수업일수는 거의 그대로인데 모든 과목의 교사가 자신의 수업을 한 학기 당 1·2회 이상 공개하고 협의회를 거치는 일련의 과정은 수업시수와 학교행정 업무 등을 감안할 때 교사에게 과도한 시간과 노력을 요한다. 교사들이 본인에게 배당된 수업시수에 충실하기 위해서 동교과 교사의 수업에 참관하는 것 또한 어렵다. 따라서 수업자와 참관자 모두에게 유의미한 동료장학이 이루어질 수 있도록 수업시수와 업무분장 시 현실적으로 교사에게 도움이 될 정책과 지원이 필요하다.

|정답| ③

예시답안

김 교사가 언급하고 있는 교내장학은 동료장학이다. 동료장학은 공식적이든 비공식적으로든 교사들 상호간에 교사의 전문성 발달과 개인적 발달을 꾀하기 위하여 둘 이상의 교사가 서로 수업을 관찰하고 관찰사항에 관하여 상호 조언하고 공동과제와 관심사를 협의, 연구 추진, 정보와 의견 교환, 조언을 구하면서 공동으로 노력하는 활동 전반을 의미한다. 즉 동료장학은 수업의 개선을 위해 교사들이 서로 협동하는 장학의 형태다. 교사 간에 서로의 경험을 공유함으로써 교수능력의 향상을 도모할 수 있을 뿐만 아니라 협동적 인간관계의 수립을 통해 동료 간의 유대와 공동성취감 등을 향상시킬 수 있는 특징이 있다.

동료장학을 활성화하기 위해 다음과 같은 점들을 제안할 수 있다. 첫째, 수업개선을 위한 행·재정적 지원이 필요하다. 체계적인 수업개선을 위해 경험이 풍부한 교사를 장학전담요원으로 배치하여 수업모형 제공뿐 아니라 자료제작 또는 교수학습 과정안 자문역할 등을 하도록 할 수 있다. 교사들의 전문성 향상과 수업기술 발전을 도모할 수 있는 연수 및 수업 사례담이나 시범수업 등을 활성화시키고, 교내수업 연구와 각 협의회 회의 시 예산을 최대한 지원하며, 연수기회 확대와 소규모 교과연구실의 확충으로 연구 분위기를 조성하는 등 교사의 전문성 제고를 위한 지원이 필요하다. 둘째, 과중한 수업부담을 해결해야 한다. 현실적으로 단위학교의 현실에서 수업일수는 거의 그대로인데 모든 과목의 교사가 자신의 수업을 한 학기 당 1·2회 이상 공개하고 협의회를 거치는 일련의 과정은 수업시수와 학교행정 업무 등을 감안할 때 교사에게 과도한 시간과 노력을 요한다. 교사들이 본인에게 배당된 수업시수에 충실하기 위해서 동교과 교사의 수업에 참관하는 것 또한 어렵다. 따라서 수업자와 참관자 모두에게 유의미한 동료장학이 이루어질 수 있도록 수업시수와 업무분장시 현실적으로 교사들에게 도움이 될 정책과 지원을 해야 한다.

32

장학의 유형 중 컨설팅장학의 특징을 가장 잘 설명한 것은?

2008 초등

① 교육청이 주제별로 학교를 무선표집하여 주제활동을 점검한다.
② 장학지도반이 교육청의 시책에 대한 학교별 추진사항을 파악하고 평가한다.
③ 각 학교 담당장학사가 이전 장학지도시의 지시사항에 대한 이행 여부를 확인한다.
④ 교원의 의뢰에 따라 전문성을 갖춘 장학요원들이 교원들의 직무상 문제를 진단하고 해결을 위한 대안마련 및 실행과정을 지원한다.

오답풀이

① 표집장학에 대한 설명이다.
② 종합장학에 대한 설명이다.
③ 확인장학에 대한 설명이다.

논술 문제 적용 하기

31-4

2022 중등

김 교사가 언급한 학교 중심 연수의 종류 1가지, 학교 중심 연수를 활성화하기 위해 학교 차원에서 지원할 수 있는 구체적인 방안 2가지를 논하시오.

...(상략)...
김 교사: 네, 좋은 전략을 찾으시면 제게도 알려 주세요. 그런데 우리 학교는 온라인 수업을 해야 될 상황이 생길 수도 있어요. 제가 온라인 수업을 해 보니 일부 학생들이 고립감을 느끼더군요. 선생님들이 온라인 수업을 하는 데 필요한 정보를 공유하는 학교 게시판이 있어요. 거기에 학생의 고립감을 해소하는 데 효과를 본 테크놀로지 기반의 교수·학습 활동을 정리해 올려 두었어요.
송 교사: 네, 온라인 수업을 하게 되면 활용할게요. 선생님 덕분에 좋은 정보를 많이 얻을 수 있어 좋네요. 선생님들 간 활발한 정보 공유의 기회가 더 많아지길 바랍니다.
김 교사: 네. 앞으로는 정보 공유뿐만 아니라 교사들 간 실질적인 협력도 있었으면 해요. 이를 위해 학교 중심 연수가 활성화되면 좋겠어요.

예시답안

김 교사는 교사들 간의 정보 공유 및 실질적인 협력을 위해 학교 중심 연수가 활성화되기를 희망한다. 대표적인 학교 중심 연수의 종류로 전문적 학습공동체를 들 수 있다. 전문적 학습공동체는 교원들의 동료성을 강화하여 협력적인 연구와 실천 과정을 통해 함께 성장하는 학습공동체를 의미하며, 학교조직의 학습조직화, 수업 개방과 성찰, 공동연구와 공동실천을 핵심 특징으로 한다. 학교 차원에서 학교 중심 연수를 활성화하기 위한 지원방안은 다음과 같다. 첫째, 수업 공개 및 협의회를 정례화한다. 전문적 학습공동체 안에서 교사들은 한 달에 한두 번 정기적으로 자신의 수업을 동료 교사들에게 공개하고 공개한 수업에 대해 함께 논의하며 협력적으로 전문성을 신장할 수 있다. 둘째, 직무연수를 위한 시간을 충분히 확보할 수 있도록 지원한다. 학교는 일주일에 한 번 직무연수 시간으로 지정하여, 전문적 학습공동체 안에서 교사들의 협의가 충분히 이루어질 수 있도록 독려할 수 있다.

THEME 09 장학론

만점대비 +α

💡 컨설팅 장학

① 컨설팅장학이란 학교교육을 개선하기 위해서 일정한 전문성을 갖춘 사람들이 학교와 학교 구성원의 요청에 따라 제공하는 독립적인 자문활동을 의미한다.
② 학교컨설팅에서 출발된 개념으로, 현재 시도되고 있는 자율장학, 임상장학, 선택적 장학, 요청장학, 발달장학 등이 가지고 있는 한계점을 극복할 수 있는 대안으로 제안되었다.
③ 컨설팅 장학의 목표
  ㉠ 학교 현장의 현안과제에 대한 종합적·예방적 지도
  ㉡ 단위학교 및 학교 현장의 현안과제 해결방안 모색
  ㉢ 현안문제 해결지원을 통한 신뢰받는 교육풍토 조성
④ 컨설팅장학의 원리

자발성의 원리	컨설팅은 의뢰인이 자발적으로 나서서 컨설턴트의 도움을 요구함으로써 시작되며, 공식적 컨설팅 관계는 컨설턴트와 의뢰인의 상호 합의와 계약에 의해 성립됨
전문성의 원리	컨설턴트는 자격증이나 직위 또는 소속된 기관의 위상에 수반하는 형식적인 전문성이 아니라 실제적으로 학교의 문제를 해결할 수 있는 전문성을 갖추어야 함
교육성의 원리	컨설턴트는 의뢰인이 학교 구성원의 문제해결에 도움을 줄 수 있는 정보를 제공하고, 기술 습득과 능력 함양을 위한 교육훈련을 실시함
자문성의 원리	컨설턴트는 변화에 관한 결정을 내리거나 그것을 집행하는 직접적인 권한을 가지고 있지 않으며, 그 컨설팅을 선택함으로써 발생하는 최종적인 책임은 원칙적으로 의뢰인에게 있음
독립성의 원리	컨설턴트가 의뢰인과 상급자-하급자 관계로 되지 않아야 함
일시성의 원리	의뢰한 문제가 해결되면 컨설팅 관계는 종료되어야 함. 컨설팅의 목적은 의뢰인이 컨설턴트의 도움을 더 이상 필요로 하지 않도록 만드는 것이기 때문

💡 지방장학

① **종합장학(집단장학)** : 시·도교육청 주관 아래 학교별로 주기적으로 실시하는 집단장학
② **확인장학** : 종합장학의 결과, 시정할 점과 계획상으로 시간이 소요되는 사항의 이행 여부를 확인·점검하는 활동
③ **개별장학(담임장학)** : 담당장학사가 담당학교를 개별적으로 수시로 방문하여 지도·조언하는 장학
④ **요청장학** : 학교장이 학교운영 전반에 대한 요청장학의 요구가 있을 경우에, 교육청이 장학반을 편성하여 지원하는 장학
⑤ **특별장학** : 교육청이 필요하다고 판단되는 경우 예방적 차원에서 학교 교육활동을 집중적으로 지원하는 장학
⑥ **공개장학** : 교과부 또는 교육청으로부터 연구학교로 지정받아 외부에 공개수업으로 장학지도를 받는 활동
⑦ **표집장학** : 초등교육국에서 학교교육추진상황을 정확히 진단·분석하여 교육시책 및 장학방침 구현에 반영하기 위해 실시하는 장학

| 정답 | ④

33

다음과 같은 형태의 장학은?

2012 초등

김 교사는 부유한 지역에 위치한 초등학교에서 사회·경제적으로 열악한 지역의 학교로 옮기게 되었다. 김 교사는 이 학교에 오면서부터 유난히 수업진행에 어려움을 느꼈다. 김 교사는 무엇이 문제인지 혼란스러웠다. 그러던 중에 교육청에서 홈페이지에 장학코너를 개설했다는 이야기를 듣고 접속하여, 수업 상 애로점을 올리고 도움을 요청했다. 교육청에서 장학위원으로 선발되어 있던 샛별초등학교의 경력 12년차인 최 교사가 장학을 맡게 되었다. 최 교사는 학습동기를 유발하기 위한 전략과 학생들이 학습내용을 잘 이해할 수 있도록 하는 전략이 필요하다고 지적했다.

우선 학습동기를 유발하기 위해 다음 방법을 적용해 볼 것을 제안했다. 학습자들에게 평가의 기준과 구체적 방법을 수업 전에 명확하게 설명해 주고, 학습자들이 학습 속도를 스스로 조절할 수 있는 개별화된 학습을 하도록 하며, 단순하고 쉬운 과제를 먼저 제시하고 점진적으로 복잡하고 어려운 과제를 제시하도록 제안했다. 김 교사는 매 수업 이러한 제안을 실행에 옮기려고 노력했다.

다음으로 학생들이 학습내용을 잘 이해할 수 있도록 하기 위한 방법을 다음과 같이 제안했다. 첫째, 주요 장의 머리말, 요약 등을 읽어 본 후 교재의 각 부분에 관한 질문을 만들어 보게 하고, 내용에 주의를 집중해서 교재를 읽게 한다. 둘째, 교재를 읽는 동안 교재에 대해 반성적으로 사고하도록 한 후 교재를 보지 않고 읽은 내용을 이야기하게 한다. 셋째, 처음에 만들어 놓은 질문에 답해 보도록 한 후 읽은 것을 토대로 복습하도록 한다.

최 교사의 권고에 따라 실행을 해 본 결과 학생들이 수업에 집중하고 관심을 보이기 시작했다. 또한 전 시간에 배운 내용을 물어보면 대답도 곧잘 하게 되었다. 그러나 여전히 수업 중에 김 교사는 무언가를 설명할 때 학생들이 잘 알아듣지 못하는 것 같은 느낌이 들었다. 이러한 고민을 듣고 이번에는 최 교사가 직접 김 교사의 학교를 방문해 수업을 참관했다.

최 교사는 몇 차례 수업 참관을 통해, 김 교사가 수업 중에 매우 정교하고 세련된 논리적 어법을 사용하는 반면 학생들은 투박하고 비논리적인 어법을 사용하는 것을 확인하였다. 최 교사는 김 교사의 언어에 익숙하지 않은 학생들이 수업내용을 제대로 이해하기 힘들어 하고 있으며, 결국 이것이 낮은 학업성취도로 이어질 수 있다고 지적했다. 김 교사는 지금까지 그러한 문제가 있음을 느끼지 못했다며 앞으로 수업 중에 유의하여 지도하겠다고 했다.

그 이후로 김 교사의 수업은 많이 개선되었고 학생들도 수업에 적극적으로 참여하게 되었다. 이 소식을 들은 최 교사는 보람을 느꼈고, 과거와 달리 이러한 형태의 장학이 많이 활성화되어야 한다고 생각했다.

① 확인장학 ② 자기장학
③ 약식장학 ④ 관리장학
⑤ 컨설팅장학

정답풀이

⑤ **컨설팅장학** : 학교교육을 개선하기 위해서 일정한 전문성을 갖춘 사람들이 학교와 학교 구성원의 요청에 따라 제공하는 독립적인 자문활동

오답풀이

① **확인장학** : 종합장학의 결과 시정할 점과 계획상으로 시간이 소요되는 사항의 이행 여부를 확인·점검 하는 활동
② **자기장학** : 교사 개인이 자신의 전문적 발달을 위하여 스스로 체계적인 계획을 세우고 이를 실천하는 과정
③ **약식장학(일상장학)** : 단위학교의 교장이나 교감이 간헐적으로 짧은 시간동안 학급순시나 수업참관을 통하여 교사들의 수업 및 학급경영 활동을 관찰하고, 이에 대해 교사들에게 지도·조언을 제공하는 과정
④ **관리장학** : 1930년대까지 주를 이루었던 장학의 한 형태. 공교육 제도가 정착되면서 별도의 시학관을 임명하여 학교의 인원과 시설 및 재정 등을 점검·검열하고, 과학적 관리론의 영향으로 능률과 생산성을 강화하고, 분업과 기술적 전문화, 조직 규율을 강조한 장학

| 정답 | ⑤

34
교사의 수업전문성 향상을 목적으로 〈보기〉와 같이 진행되는 수업은?

2008 초등

보기

- 모의수업을 실시하고 이를 비디오로 녹화한다.
  ↓
- 비디오를 반복적으로 보면서 수업내용을 관찰·분석한다.
  ↓
- 분석내용을 토대로 수업 실시자에게 피드백을 제공한다.
---

① 팀티칭(team teaching)
② 마이크로 티칭(micro teaching)
③ 상보적 수업(reciprocal teaching)
④ 프로그램 수업(programmed teaching)

만점대비 +α

💡 마이크로 티칭(micro teaching)
마이크로 티칭은 정식수업이 축소된 연습수업이라고 할 수 있다. 학생 수도 줄이고, 수업시간도, 수업과제나 동원되는 수업기술도 모두 축소시킨 연습수업이다. 계획을 세워 수업을 하고 이를 녹화하여 되돌려 보면서 비평하고, 이 비평에 따라 재계획을 세워 수업하고, 다시 녹화하여 재비평하는 식으로 반복하면서 수업기술을 향상시키는 장학방법이다. 즉, 계획 – 교수 – 관찰 – 비평 – 재계획 – 재비평의 과정으로 반복된다.

| 정답 | ②

THEME 10 교육재정론

35　　　　　　　　　　　　　　　　　　　　　　　　　　　2013 중등

다음 (가) ~ (다)에 들어갈 말로 옳은 것은?

> 교육재정의 운영은 재정의 '확보 → 배분 → 지출 → 평가'의 과정으로 이루어진다. 확보, 배분, 지출, 평가의 각 단계에는 중요하게 요구되는 원리가 있다. '확보' 단계에서 요구되는 원리 중 ＿(가)＿ 는 교육활동을 운영하는 데 필요한 재원을 충분히 확보해야 한다는 것이고, '배분' 단계에서 요구되는 원리 중 ＿(나)＿ 는 최소한의 재정투자로 최대한의 교육성과를 이룰 수 있도록 교육재정을 사용해야 한다는 것이다. '평가' 단계에서 요구되는 원리 중 ＿(다)＿ 는 사용한 경비에 대해서는 납득할 만한 이유를 제시할 수 있고 책임을 질 수 있어야 한다는 것이다.

	(가)	(나)	(다)
①	안정성의 원리	자율성의 원리	효과성의 원리
②	안정성의 원리	효과성의 원리	적정성의 원리
③	자구성의 원리	효율성의 원리	효과성의 원리
④	충족성의 원리	효과성의 원리	책무성의 원리
⑤	충족성의 원리	효율성의 원리	책무성의 원리

만점대비 +α

💡 **교육재정의 원리**

① **충족성**: 교육활동을 운영하는 데 필요한 재원이 충분히 마련되어야 한다는 것으로 적정 교육재정 확보의 원리라고도 불린다.
② **자구성**: 중앙으로부터 지원되는 기본 교육경비 이외의 필요 재정을 지방자치단체가 스스로 확보할 수 있는 제도적 장치가 마련되어야 함을 의미한다.
③ **효율성**: 최소의 노력과 비용으로 최대의 효과를 거두는 것으로, 최소한의 재정으로 최대의 교육 효과를 얻어야 함을 의미한다.
④ **공정성**: 특정 기준에 의하여 재정 규모, 재정 배분 등에 있어서 차이가 나는 것을 정당하다고 보는 것이다. 개인의 능력, 교육환경의 차이, 학교 단계, 교육프로그램, 정책 목표의 우선순위 등에 따라 교육재정이 달리 운영되는 것은 정당할 수 있다는 것이다.
⑤ **자율성**: 외부적 통제나 규율이 없이 재정에 관한 결정을 내리고 집행한다는 것을 의미한다.
⑥ **적정성**: 표준화된 성과를 산출할 수 있는 자원의 배분 그리고 교육대상자의 필요를 충족시킬 수 있는 교육 프로그램의 양과 질 보장을 강조하는 것이다.
⑦ **효과성**: 투입된 재원이 교육의 질적 향상을 가져오도록 해야 한다는 것이다.
⑧ **책무성**: 사용된 경비에 대해서 납득할 만한 명분을 제시할 수 있고 책임을 져야 함을 의미한다.

영역	확보	집행		평가
		배분	지출	
대표원리	충족성, 자구성	효율성, 공정성	자율성, 적정성	효과성, 책무성

| 정답 | ⑤

36

2009 중등

다음의 학교예산편성과정에 활용한 예산편성기법으로 가장 적절한 것은?

> 올해 9월 A중학교에 부임한 김 교장은 금년도 예산에 구애받지 않고 모든 사업과 활동을 전면적으로 재검토하여 내년도 사업계획안을 마련하였다. 그리고 교직원회의를 거쳐 사업의 우선순위를 결정한 다음, 김 교장은 이에 근거하여 한정된 예산을 우선순위에 따라 배분하는 내년도 예산안을 편성하여 학교운영위원회의 심의를 거쳐 확정하였다.

① 목표관리제도
② 기획예산제도
③ 품목별 예산제도
④ 영기준 예산제도
⑤ 성과주의 예산제도

오답풀이

① 목표관리제도 : 참여의 과정을 통해 활동의 목표를 명료화하고 체계화함으로써 관리의 효율화를 기하려는 관리기법
② 기획예산제도 : 장기적인 기획의 수립과 단기적인 예산의 편성을 프로그램 작성을 통하여 유기적으로 연결시킴으로써 자원배분에 관한 의사결정을 일관성 있게 합리적으로 하려는 예산제도
③ 품목별 예산제도 : 지출대상을 인건비, 시설비, 운영비 등과 같이 품목별로 세분화하여 지출대상과 그 한계를 명확히 규정하는 예산제도
⑤ 성과주의 예산제도 : 예산을 기능, 사업계획 및 활동을 바탕으로 분류·편성함으로써 업무수행의 성과를 명백히 하려는 예산제도로서, 사업계획을 세부사업으로 분류하고 각 세부사업을 '단위원가 × 업무량 = 예산액'으로 표시하여 편성함

만점대비 +α

💡 영기준 예산제도(ZBBS : Zero-Base Budgeting System)

(1) 개념
① 예산편성시 전년도 예산에 구애받지 않고 모든 사업이나 활동에 대해 새롭게 검토하여 우선순위를 설정한 후 이에 따라 자원을 배분하는 방식을 말한다.
② 예산을 편성할 때 종래의 전년도 답습 점증주의적 예산편성방식에서 벗어나 전년도 예산은 아주 없는 것으로 보거나 전혀 고려하지 않고 모든 사업을 계획목표에 맞추어 재평가하며, 그 우선순위에 따라 예산을 편성하는 예산편성기법을 의미한다.
③ 영기준 예산제도는 점증주의적 예산과정을 탈피하여 합리적으로 예산을 편성하고, 기획예산제의 약점을 보완하며, 급변하는 경기변동에 신축성 있게 대응하려는 데 목적이 있다.

(2) 장점
① 우선순위가 낮은 사업에서 우선순위가 높은 사업으로 재원을 전환함으로써 합리적인 예산배분이 가능하다.
② 전년도 예산을 그대로 답습하지 않기 때문에 재정의 경직성을 극복할 수 있다.
③ 예산편성 과정에서 계층 간 의사소통이 원활하고 참여의 폭이 확대된다.
④ 최고관리자에게 업무수행에 관한 상세한 정보를 제공함으로써 내용의 파악을 용이하게 한다.
⑤ 의사결정단위가 조직단위일 수도 있고, 기능이나 사업일 수도 있으므로 타 예산제도와 공존이 가능하다.

(3) 단점
① 모든 사업과 활동을 영(zero)의 상태에서 분석해야 하므로 시간과 노력의 부담이 과중된다.
② 우선순위를 결정하는 데 어려움이 있다.
③ 최고관리자가 충분한 시간을 가지고 의사결정패키지를 분석하여 우선순위를 검토할 수 없는 경우가 많다.
④ 현행 경비 수준에서 재평가하기 때문에 새로운 프로그램을 개발하기 어렵고, 사업효과를 측정하는 데도 어려움이 있다.
⑤ 사업담당자가 불리한 것은 은폐하고 유리한 것만 제시할 우려가 있고, 현실적으로 예산결정과정에 영향을 미치고 있는 정치적 요인, 담당자의 가치관 등을 도외시하고 있다.

| 정답 | ④

37

다음 내용을 특징으로 하는 학교관리기법으로 가장 적절한 것은?

> • 차기 예산을 편성하는 데 필요한 정보를 얻는다.
> • 세출 예산에 대한 엄격한 사전·사후 통제가 가능하다.
> • 회계 책임을 분명하게 하고, 예산 담당자의 자유재량 행위를 제한한다.
> • 지출대상을 인건비, 시설비, 운영비 등과 같이 세분화하여 금액으로 표시한다.

① 목표관리
② 품목별 예산제도
③ 기획예산제도
④ 영기준 예산제도
⑤ 정보관리체제

오답풀이

① 목표관리 : 참여의 과정을 통해 활동의 목표를 명료화하고 체계화함으로써 관리의 효율화를 기하려는 관리기법
③ 기획예산제도 : 장기적인 기획의 수립과 단기적인 예산의 편성을 프로그램 작성을 통하여 유기적으로 연결시킴으로써 자원배분에 관한 의사결정을 일관성 있게 합리적으로 하려는 예산제도
④ 영기준예산제도 : 전회계연도의 예산에 구애됨이 없이 정부의 모든 사업활동에 대하여 영기준을 적용해서 그 능률성과 효과성 및 중요성 등을 체계적으로 분석하여 우선순위를 결정하고 그에 따라 실행예산을 편성·결정하는 예산제도
⑤ 정보관리체제 : 의사결정자가 합리적인 결정을 내릴 수 있도록 필요한 정보를 즉각적으로 제공하는 체제, 즉 정보의 수집, 분류, 저장, 인출, 사용의 과정을 통하여 의사결정을 도와주는 체제

만점대비+α

💡 **품목별 예산제도(LIBS : Line-Item Budgeting System)**

(1) 개념
   ① 지출대상을 인건비, 시설비, 운영비 등과 같이 품목별로 세분화하여 지출대상과 그 한계를 명확히 규정하는 예산제도이다.
   ② 예산집행에 있어 유용이나 부정을 방지하고자 하는 통제지향의 예산제도로서, 20세기 초에 미국에서 공무원의 재량권을 제한하기 위하여 만들어졌다.

(2) 장점
   ① 지출의 대상을 명확하게 세분하여 금액으로 표시함으로써 행정부의 세출예산에 대한 엄격한 사전·사후통제가 가능하다.
   ② 회계책임을 분명하게 할 수 있다.
   ③ 예산에 대한 공무원의 자유재량행위를 제한할 수 있다.
   ④ 차기예산을 편성하는 데 필요한 정보를 얻을 수 있다.

(3) 단점
   ① 지나치게 자유재량을 제한함으로써 예산집행시 예상치 못한 사태에 신축성 있게 대응하기 어렵다.
   ② 세부적인 지출대상에 중점을 두기 때문에 정부사업의 전체적인 개요를 파악하기 어렵다.
   ③ 예산편성시 예산항목에만 관심을 가지기 때문에 정책이나 사업의 우선순위를 등한시할 수 있다.

| 정답 | ②

THEME 11 교육제도

38 2010 초등

〈보기〉는 2006년 12월에 개정된 「지방교육자치에 관한 법률」에 따라 현재 시행되고 있거나 시행될 예정인 교육자치제도의 내용이다. 〈보기〉의 내용과 그에 반영된 교육자치의 원리를 가장 적절하게 연결한 것은?

보기

㉠ 교육의원이 과반수가 되도록 교육위원회를 구성한다.
㉡ 교육감과 시·도지사가 지방교육행정협의회를 구성한다.
㉢ 교육감은 주민의 보통·평등·직접·비밀선거에 따라 선출한다.
㉣ 일정한 교육경력 또는 교육행정경력을 가진 자만이 교육의원 후보자가 될 수 있다.
㉤ 심의·의결기관이던 교육위원회를 시·도의회 상임위원회로 전환하여 기관통합형으로 운영한다.

---

① ㉠ - 적도집권 원리
② ㉡ - 전문적 관리 원리
③ ㉢ - 주민 통제 원리
④ ㉣ - 자주성 존중 원리
⑤ ㉤ - 전문적 관리 원리

정답풀이

㉢ 주민 통제 원리에 대한 내용이다.

오답풀이

㉠ ㉣ 전문적 관리 원리에 대한 내용이다.
㉡ 적도집권 원리에 대한 내용이다.
㉤ 효율성 원리에 대한 내용이다.

THEME 11 교육제도

만점대비 +α

💡 교육자치제도의 원리

지방분권의 원리	• 중앙집권의 원리에 대립되는 개념으로, 주민자치의 실효를 거두기 위하여 지방의 교육행정은 중앙의 획일적 통제에서 벗어나야 한다는 것 • 즉, 중앙정부로부터 권한을 위양받아 지방교육행정기관이 독자적·창의적·자율적으로 의사결정권을 가지고 지역의 특성과 실정에 맞는 교육을 해야 함 • 이 원리는 중앙의 정치적 변혁을 초연한 안정적인 지방행정을 위해서도 중요함 • 지방분권은 과도한 중앙집권을 지양하고 교육행정을 민주화하려는데 취지가 있으며, 자치제 성립의 가장 기본적인 원리
주민통제의 원리 (주민자치의 원리)	• 일정지역의 교육사업은 그 지역의 실정과 특수성을 고려하여 그 지역주민의 공정한 의사에 따라 자율적으로 실시되어야 한다는 것 • 이는 의회민주주의의 이념을 지방 수준에서 구현하자는 것 예 학교운영위원회 제도
자주성의 원리	• 분리·독립의 원리라고도 하며 교육행정이 일반행정으로부터 분리·독립되어야 하며, 교육의 정치적·종교적 중립이 보장되어야 함을 의미 • 즉, 자주성의 원리는 교육의 본질 추구와 교육의 중립성 보장이라는 점에서 외부의 지나친 간섭과 통제를 거부함
전문적 관리의 원리	• 교육에 대한 깊은 이해와 고도의 교육행정 식견을 갖춘 요원들에 의해서 교육활동이 효율적으로 관리·운영될 수 있어야 한다는 것 • 이는 업무의 독자성 내지 특수성과 지적·기술적 수월성을 필요로 한다는 의미 예 교육감은 교육경력 3년 이상을 자격요건으로 함

지방분권의 원리와 주민통제의 원리는 지방자치의 이념 및 연원과 관련된 원리이고, 자주성 존중의 원리와 전문적 관리의 원리는 교육자치의 이념 및 특수성을 바탕으로 한 것이다. 지방분권의 원리와 자주성 존중의 원리는 지방교육자치기관이 국가 및 지방자치단체의 기관에 대하여 갖는 권한의 위임 및 이양의 범위를 설정하는 준거가 된다. 주민통제의 원리와 전문적 관리의 원리는 권한 부여의 정당성 및 특수성의 근거가 되는 것이며, 행정의 능률성의 도모 차원에서 전면적 지방분권보다는 적도집권의 재조정이 강조된다.

| 정답 | ③

39
2012 초등

다음은 어느 공립 중학교의 학교운영위원회 구성·운영 사례이다. 현행 초·중등교육법 및 동법시행령에 근거할 때, 옳지 않은 것은?

> ㉠ 학교의 교원대표·학부모대표 및 지역사회 인사로 학교운영위원회를 구성하였다. 교장을 제외한 교원위원은 교직원 전체회의에서 선출되었고, 학부모위원은 학부모 전체회의에서 직접 선출되었으며, ㉡ 학부모위원 및 교원위원이 지역위원을 선출하였다. 이번 회의의 주요 ㉢ 안건은 학칙의 개정에 관한 사항이었고, 이를 심의하였다. 이번 회의에 ㉣ 교감은 부위원장으로 참여하였다. 다음 회의에는 ㉤ 학교발전기금에 관한 사항을 심의·의결하기로 하였다.

정답풀이

㉣ 「초·중등교육법 시행령」 제59조(위원의 선출 등) 제7항
운영위원회에는 위원장 및 부위원장 각 1인을 두되, 교원위원이 아닌 위원중에서 무기명투표로 선출한다.

오답풀이

㉠ 「초·중등교육법」 제31조(학교운영위원회의 설치) 제2항
국립·공립 학교에 두는 학교운영위원회는 그 학교의 교원 대표, 학부모 대표 및 지역사회 인사로 구성한다.

㉡ 「초·중등교육법 시행령」 제59조(위원의 선출 등) 제6항
지역위원은 학부모위원 또는 교원위원의 추천을 받아 학부모위원 및 교원위원이 무기명투표로 선출한다.

㉢ 「초·중등교육법」 제32조(기능) 제1항 제1호
학교에 두는 학교운영위원회는 다음 각 호의 사항을 심의한다. 다만, 사립학교에 두는 학교운영위원회의 경우 제7호 및 제8호의 사항은 제외하고, 제1호의 사항에 대하여는 자문한다.
1. 학교헌장과 학칙의 제정 또는 개정

㉤ 「초·중등교육법」 제32조(기능) 제3항
학교운영위원회는 제33조에 따른 학교발전기금의 조성·운용 및 사용에 관한 사항을 심의·의결한다.

논술 문제 적용 하기

39-1
2024 중등

전문가 G가 언급한 학교운영위원회의 법적 구성 위원 3주체, 이러한 3주체 위원 구성의 의의 1가지, 위원으로 학생 참여의 순기능과 역기능 각 1가지

> 교 사 F: 그렇다면, 학습자 맞춤형 교육의 구체적 내용을 학교 교육과정에 반영하려면 학교 내에서 어떠한 논의 과정을 거쳐야 하나요?
> 전문가 G: 여러 과정이 있겠습니다만, 학교 교육과정 운영 방법에 대해 법에서 규정한 대로 학교운영위원회의 심의나 자문을 거쳐야 합니다. 이를 위해서는 먼저 학생과 교사의 의견 수렴 과정을 거치는 것이 좋겠습니다.

예시답안

전문가 G가 언급한 학교운영위원회는 「초·중등교육법」에 근거하여 초·중등학교에서 설치하는 협의체 기구로서, 학교운영에 관한 주요 사항에 대해 심의하는 기능을 한다. 이러한 학교운영위원회는 교원 대표, 학부모 대표 및 지역사회 인사의 3주체로 구성되며, 이는 학교의 구성주체이면서도 이제까지 학교운영으로부터 소외되어 왔던 교사와 학부모, 지역사회 인사들이 학교운영의 중요한 의사결정에 참여할 수 있도록 한다는 점에서 그 의의를 지닌다. 즉, 학교경영의 중요한 의사결정과정에 교원, 학부모, 지역 인사의 요구를 반영함으로써 학교정책 결정의 민주성 및 투명성을 확보하고, 지역의 실정과 특성에 맞는 다양하고 창의적인 교육을 실시할 수 있게 된 것이다. 그런데 모든 학교 운영과 규정은 학생들과 관련되어 있음에도 불구하고, 정작 교육의 당사자인 학생은 학교운영위원회의 법적 구성 위원으로서의 참여를 보장받지 못하고 있다. 따라서 학교운영위원회 위원으로서 학생 참여가 가지는 순기능과 역기능에 대하여 생각해 볼 필요가 있다. 우선, 순기능으로는 학교운영에 있어서 학생들의 의견 반영이 용이하는 점을 들 수 있다. 학교 운영과 관련해 최종 심의를 하는 학교운영위원회에 학생들이 참여를 보장받지 못하다 보니, 학생들의 의견이 누락·왜곡되는 경우가 발생한다. 그런데 학생위원으로서 학교운영위원회 참여가 보장된다면, 학생들이 학교운영과정에서 그들의 관심과 필요사항 등의 의견을 직접 표출할 수 있는 기회를 제공할 수 있다. 이는 학생들이 민주시민으로 성장하는 데 적절한 경험으로까지 이어질 수 있을 것이다. 반면, 역기능으로 학교운영위원회의 어려운 안건을 학생들이 감당할 능력이 부족하다는 점을 들 수 있다. 학생들은 수학여행, 체육대회, 급식 등 본인들과 직접 관련이 있는 안건에 한정적으로 관심을 가질 우려가 있다. 따라서 학교예산이나 다른 심의안건에 대해서는 이해도나 관심도가 현저히 낮고, 이를 감당할 전문적 지식이나 능력이 부족하다고 볼 수 있다.

THEME 11 교육제도

논술 문제 적용 하기

더 알아보기

💡 **학교운영위원회 학생참여 경험에 대한 사례 분석결과**

(1) 학교운영위원회 학생참여에 대한 인식 분석
  - 긍정적 측면 : 학생 의견수렴 및 민주적 의사결정 모델 제공, 교육주체 정체성 형성과 학교자치 성장
  - 부정적 측면 : 학생들의 심의안건 이해도 부족, 장시간 참여를 통한 학업 지장 초래 및 발언 기회 편중

(2) 학교운영위원회 학생참여 법제화 인식 분석 : 법제화된 학생참여 vs 관제 민주주의적 학생참여
  - 찬성 : 학생들이 운영위원 못지않은 전문가적인 식견을 가졌다는 점, 교육의 3주체에 속하는 학생이 빠져버리면 대표성이 없다는 점, 현행처럼 관제 민주주의 차원에서 참여 확보가 되지 않는다면 학생의 의견 반영이 한계가 있다는 점 등을 강조하며 현행 법령을 개정해서라도 학생위원을 선출해야 한다고 주장
  - 반대 : 심의안건이 민감한 부분도 있고, 학생들의 관심 분야가 한정되었다는 점, 심의안건의 이해 및 사전 분석에 시간이 소요된다는 점, 고3 수험생으로서 장시간 회의 참석이 부담스럽다는 점, 법제화가 되면 학생위원으로서 어려운 안건을 감당할 능력이 될지 우려된다는 점 등 현실적인 다양한 문제점을 고려하여 현행유지가 더 적정하다고 주장

만점대비 +α

💡 **학교운영위원회**

(1) 학교운영위원회의 설치 – 「초·중등교육법」 제31조
  ① 학교운영의 자율성을 높이고 지역의 실정과 특성에 맞는 다양하고도 창의적인 교육을 할 수 있도록 초등학교·중학교·고등학교·특수학교 및 각종학교에 학교운영위원회를 구성·운영하여야 한다.
  ② 위원의 구성 : 교원 대표, 학부모 대표 및 지역사회 인사
   cf 학생은 학교운영위원회의 법적 구성 위원으로 포함되지 않음. 그러나 일부 사항에 대하여 필요하다고 인정하는 경우 학생 대표 등을 회의에 참석하게 하여 의견을 들을 수 있다. – 「초·중등교육법 시행령」 제59조의4(의견 수렴 등)
  ③ 위원의 정수 : 5명 이상 15명 이하의 범위에서 학교의 규모 등을 고려하여 당해 학교의 학교운영위원회규정으로 정한다.

(2) 학교운영위원회의 성격
  ① 단위학교 차원의 교육자치기구
  ② 학교 내외의 구성원이 함께하는 학교 공동체
  ③ 개성 있고 다양한 교육을 꽃 피울 수 있는 제도적 장치

(3) 학교운영위원회의 기능 – 「초·중등교육법」 제32조
  ① 학교운영위원회의 '심의'사항
    ㉠ 학교헌장과 학칙의 제정 또는 개정
    ㉡ 학교의 예산안과 결산
    ㉢ 학교교육과정의 운영방법
    ㉣ 교과용 도서와 교육 자료의 선정
    ㉤ 교복·체육복·졸업앨범 등 학부모 경비 부담 사항
    ㉥ 정규학습시간 종료 후 또는 방학기간 중의 교육활동 및 수련활동
    ㉦ 공모 교장의 공모 방법, 임용, 평가 등
    ㉧ 초빙교사의 추천
    ㉨ 학교운영지원비의 조성·운용 및 사용
    ㉩ 학교급식
    ㉪ 대학입학 특별전형 중 학교장 추천
    ㉫ 학교운동부의 구성·운영
    ㉬ 학교운영에 대한 제안 및 건의 사항
    ㉭ 그 밖에 대통령령이나 시·도의 조례로 정하는 사항
      ▶ 다만, 사립학교에 두는 학교운영위원회의 경우 제㉦호 및 제㉧호의 사항은 제외, 제㉠호의 사항에 대하여는 자문함
  ② 학교운영위원회는 학교발전기금의 조성·운용 및 사용에 관한 사항을 '심의·의결'함

| 정답 | ④

THEME 12 학교·학급경영론

40
다음에서 공통적으로 설명하고 있는 학교경영 관리기법은? `2010 중등`

- 드러커(P. Drucker)가 소개하고, 오디온(G. Odiorne)이 체계화하였다.
- 조직 구성원의 전체적인 참여와 합의를 중시한다.
- 활동의 과정과 결과에 대해 평가하며 수시로 피드백 과정을 거친다.
- 학교운영의 분권화와 참여를 통해 관료화를 방지할 수 있다.

① 델파이기법(Delphi Technique)
② 비용 - 수익분석법(Cost - Benefit Analysis)
③ 목표관리기법(Management by Objectives)
④ 영기준예산제(Zero - Base Budgeting System)
⑤ 정보관리체제(Management Information System)

오답풀이
① 델파이기법: 미래예측기법으로, 예측하려는 문제에 대하여 선행 참고자료가 없을 때 관계 전문가들로부터 그들의 견해를 유도하고 이를 종합하여 집단적인 판단을 내리는 방법
② 수익률 분석법: 수익률에 의한 접근은 교육투자에 대한 경제적 효과를 분석하는 한 방법으로, 특정 단계 혹은 특정 분야의 교육이나 그 제도 혹은 운영방법 등에 대한 경제적 수익률을 측정하여 비교수익률이 높은 부문이나 방식을 채택하는 접근방법(비용 – 수익의 접근)
④ 영기준예산제도: 전회계연도의 예산에 구애됨이 없이 정부의 모든 사업활동에 대하여 영기준을 적용해서 그 능률성과 효과성 및 중요성 등을 체계적으로 분석하여 우선순위를 결정하고 그에 따라 실행예산을 편성·결정하는 예산제도
⑤ 정보관리체제: 의사결정자가 합리적인 결정을 내릴 수 있도록 필요한 정보를 즉각적으로 제공하는 체제, 즉 정보의 수집, 분류, 저장, 인출, 사용의 과정을 통하여 의사결정을 도와주는 체제

논술 문제 적용 하기

Q. 교원행정업무경감 `2020 초등`

제시문의 권고를 바탕으로 이 학교 교사들이 교육활동에 전념하기 위해 필요한 학교 차원의 구체적인 지원 방안 3가지를 제시하고, 그 이유를 각각 논하시오.

이 학교는 상대적으로 작은 규모의 학교이다. 소규모 학교이기에 교사들과 학생들 사이의 친밀도가 높은 반면에, 교사 개인별로 수행해야 할 업무량은 대규모 학교에 비해 많은 편이다. 교사들은 수업의 재구성과 같은 교육과정 개선에 관심이 많지만, 여러 가지 잡무로 인해 교육 활동에 전념하는 데 어려움이 있다. 최근 교육청이 실시하고 있는 '공문 없는 날'에 맞춰 이 학교도 '공문처리 없는 날'을 실시한 바 있고 학교장의 주도 하에 '학교업무경감위원회'도 운영해 보았지만, 행정 업무 경감에 대한 교사들의 만족도는 그다지 높지 않다. 따라서 이 학교는 현행 제도 내에서 교사들과의 협의 과정을 통해 학교 행정 업무 경감을 위한 구체적인 방안 마련이 요구된다.

예시답안

제시문은 교원 업무 경감에 대한 내용이다. 학교업무 정상화와 행복교육 실현을 위해서는 교사가 교육활동에 전념할 수 있도록 교원업무를 경감하는 것이 기본 전제이며 이는 교육활동 중심의 교사 전문성 신장을 가능하게 한다. 교사의 교원 업무 경감을 위한 학교 차원의 지원 방안과 그 이유는 각각 다음과 같다. 첫째, 학교는 기존의 행정 업무 중심 학교 조직을 교육활동 및 교육과정 운영 중심으로 조직을 재편성해야 한다. 이렇게 교육업무, 교무업무, 행정업무로 구분하여 교육활동 중심으로 사무분장을 편성하여 학교 실정에 맞게 교무행정팀을 구성하되 교무행정사에게 고유한 업무와 그에 따른 권한과 책임을 부여하고 명확한 업무 분장 체계와 매뉴얼을 구축한다면 학교 인력을 효율적으로 운용하고 업무의 효율성을 높일 수 있을 것이다. 둘째, 업무처리 문화와 방식을 개선해야 한다. 형식을 중시하던 업무처리 관행을 개선하고 결재라인을 축소하고 형식적 행사를 폐지함으로서 교사들이 행정업무가 아닌 법률에 규정된 교사 본연의 임무인 학생 교육에 집중할 수 있도록 할 수 있을 것이다. 마지막으로 교육행정직의 역량 강화 및 지원 마인드를 제고해야 한다. 교무행정팀과 행정실의 유기적 협력 마인드를 제고하고 행정실 직원들의 의식이 변화된다면 교원의 행정업무 경감을 이뤄낼 수 있을 뿐더러 추진하는 과정에서 나타나는 다양한 형태의 갈등을 해소하기 위해 필요한 절차와 협의기구를 마련하는 과정 속에서 구성원 사이의 의사소통 확대를 통한 민주적 학교 공동체를 구축할 수 있는 효과도 얻을 수 있다.

논술 문제 적용 하기

더 알아보기

교원행정업무경감 매뉴얼

영역	하위영역 및 세부내용
1. 교육활동 중심의 학교조직 재편성	1.1 교무행정팀 구성 　- 교무행정팀 편성 운영 1.2 학교업무 재편성 (교육활동 중심 사무분장 표준화) 　- 교육활동 중심 사무분장 편성(교육업무, 교무업무, 행정업무로 구분) 　- 사무분장에 직원 업무 명시 　- 학교 홈페이지 교직원 소개 방식 개선 　- 모델학교 운영 피드백 1.3 지원인력 업무 명료화 　- 지원인력 직무 권한 부여(NEIS, 에듀파인 등) 및 직무 명료화 　- 사적인 업무 부담 금지 1.4 교장(교감)의 역할 강화 　- 교감 중심 교무행정팀 운영 1.5 비담임교사 교무행정부서 배치 　- 교무행정 부서 배치 1.6 담임교사 학년부(교과부) 배치 　- 담임교사 학년부(교과부) 배치 　- 각 학교급 고학년부터 단계적 시행 가능
2. 업무처리 시스템 개선	2.1 공문서 총량 관리 　- 공문발송 담당자 분석(개인별 형평성 고려) 　- 내부결재 감축(연도별 일정 비율 감소) 　- 교내 불필요사업 일몰제 2.2 공문서 처리 시간 관리 　- 공문서 발송 없는 날 시행 　- 공문처리 집중시간대 지정 　- 오전은 교육활동 집중 시간 2.3 업무처리 문화 및 방식 개선 　- 교육활동 중심의 조직문화 　- 업무처리 관행 개선 　- 결재라인 축소 　- 형식적 행사 폐지 　- 업무 떠넘기기 문화 개선 2.4 각종 정책사업의 효율적 운영 　- 단위학교별 자율평가 　- 연구학교의 합리적 운영 2.5 업무처리 시스템 개선 지원 　- 매뉴얼 연수 　- 학교 컨설팅 및 우수사례 발굴
3. 인적 자원 관리	3.1 모든 구성원의 마인드 변화 　- 학교업무정상화의 관점에서 접근 　- 교원, 교무행정사, 행정실 직군별 고유의 직무 정체성 확립 3.2 교장·교감 등 관리자 역량 강화 　- 학교조직 재편성 모델의 자발적 적용 　- 관리자의 정책 의지

만점대비 +α

목표관리기법(MBO : Management By Objectives)

(1) 개요
① 목표관리는 참여의 과정을 통해 활동의 목표를 명료화하고 체계화함으로써 관리의 효율화를 기하려는 관리기법을 말한다.
② 1954년에 드러커(Drucker)가 「경영의 실제」라는 책에서 기업의 성패 여부는 명확한 목표설정과 경영자의 목표관리 여하에 따라 결정된다고 주장하면서, 목표와 자기통제에 의한 관리를 강조한 데서 유래한다.
③ 이후 이 개념은 오디온(Odiorne)에 의해 체계화되었으며, 1970년대 들어 이반세비치(Ivancevich) 등에 의해 교육행정관리의 기법으로 소개되었다.

(2) 목표관리의 과정
① 목표설정 : 보다 구체적이고 분명한 목표의 설정을 추구한다.
② 목표달성을 위한 과정관리(참여관리) : 참여를 통한 목표 설정과 추진을 강조하기 때문에 참여관리라는 특성을 보인다.
③ 성과의 측정과 평가(환류, feedback) : 중간평가와 최종평가 등으로 이루어지는데, 환류를 가장 중요한 과정으로 취급한다.

(3) 효과
① 모든 학교교육 활동을 학교교육 목표에 집중시킴으로써 교육의 효율성을 제고시킬 수 있다.
② 교직원들의 참여의식을 높이고 인력자원 활용의 효율성을 도모할 수 있다.
③ 직원 간의 의사소통을 활성화하고 상하 간의 인화를 도모할 수 있다.
④ 목표와 책임에 대한 명료한 설정으로 교직원들의 역할 갈등 해소할 수 있다.
⑤ 학교운영의 분권화와 참여관리를 통해 학교의 관료화를 방지, 교직의 전문성 신장시킬 수 있다.

(4) 한계점
① 단기적이고 구체적인 목표를 강조하여 장기적이고 전인적인 목표를 내세우는 학교에 부적합하다.
② 업무부담이 가중된다.
③ 측정 가능하고 계량적인 교육목표의 설정과 평가 때문에 학교교육을 오도할 가능성이 있다.
④ 학교에서는 효율성과 성과를 기대하기가 어려운 측면이 있다.

| 정답 | ③

	논술 문제 적용 하기
	3.3 교육행정직 역량 강화 및 지원 마인드 제고 　- 교무행정팀과 행정실의 유기적 협력 마인드 제고 　- 행정실 직원의 의식변화
	3.4 지원인력 직무분류 및 전문성 강화 　- 자체 연수
	3.5 지원인력 근무환경 개선 및 협의체 구성 　- 근무 장소, 호칭 등 정비 　- 관련자 대표(교감, 교사, 행정실 직원, 지원인력 대표 등) 협의회 구성
	3.6 정책에 대한 관련 구성원의 저항 관리(갈등관리) 　- 교무실, 교무행정팀, 행정실 구성원간 갈등관리
4. 성과평가	4.1 교원 행정 업무 경감도 점검 및 분석 　- 현황보고(교무행정팀 구성 등) 　- 교원 행정 업무 경감 자체 점검(체크리스트) 　- 만족도 결과 활용
	4.2 직원 업무수행 효능감 점검 및 분석 　- 자체 직원 업무수행 효능감 조사
	4.3 공문서 총량 관리 　- 학교 감축도 조사
	4.4 실효성 조사 및 종합분석
	4.5 기대효과 　- 학교 구성원의 효능감, 직무만족도 제고 　- 교원의 학습공동체, 전문공동체 발전

WHY TO HOW
New 논객특강
논술 기출과 객관식 기출의 통합

Chapter 07

교수학습이론

THEME 01. 교수-학습이론의 기초
THEME 02. 교수-학습방법의 유형
THEME 03. 교수-학습이론
THEME 04. 최신 교수-학습이론

THEME 01 교수-학습이론의 기초

논술 문제 적용하기

01-1
2024 초등

최 교사가 사용한 피드백의 문제점 3가지를 제시하고, 이에 대한 개선 방안을 각각 1가지씩 논하시오.

> 최 교사: 포트폴리오의 피드백에 대해 상의하고 싶어요. 4주간에 걸쳐 매주 8차시씩 총 32차시 분량으로 '우리 동네의 환경을 살리자' 통합 단원을 운영하고, 조화로운 삶에 대한 학생의 이해와 실천의 성장 과정을 살펴보기 위하여 매 차시 학습한 결과물을 모아서 포트폴리오를 만들었어요. 그리고 16차시가 끝나고 한 번, 24차시가 끝나고 한 번, 총 2회에 걸쳐서 포트폴리오에 '참 잘했어요!', '창의적이에요!'라는 도장으로 피드백을 제공했어요. 그런데 생각보다 학생들이 제출한 포트폴리오의 최종 결과물의 질이 개선되지 않았어요.

....

....

....

....

예시답안

포트폴리오의 피드백 과정에서 최 교사가 범하고 있는 문제점과 해결 방안은 다음과 같이 지적할 수 있다. 첫째, 피드백이 주어지는 시점이 적절하지 않다. 최 교사는 32차시의 수업 중 단 2번의 피드백을 제공하였다. 그러나 효과적인 피드백을 제공하기 위해서는 필요한 순간, 자주 피드백을 제공해 주어야 한다. 만약 오랜 시간이 지났거나 모든 과정이 종료된 후 피드백을 제공한다면 학생들은 수행, 보완할 기회를 잃게 될 수도 있기 때문이다. 둘째, '참 잘했어요.', '창의적이에요'라는 도장으로 피드백을 제공하는 것은 단순히 칭찬에 불과하다. 피드백이란 우리가 목표에 도달하기 위한 우리의 노력 과정에서 어떻게 하고 있는지에 대한 정보이다. 따라서 효과적인 피드백은 구체적이고 명확한 언어로 제공되어야 한다. 다시 말해, '정말 훌륭해'가 아닌 '이번 과제는 ~한 점이 좋았어. 만약 다른 대안을 함께 제시했다면 더 다양한 접근이 가능할 수 있어 더욱 좋았을 거야' 등과 같이 목표를 달성하기 위해 학생들이 정확하게 무엇을 해야 하는지 구체적으로 제시해 주어야 한다. 셋째, 최 교사가 일방적으로 피드백을 제공하고 있다. 효과적인 피드백을 위해서는 학생과 함께 검증하는 과정이 되어야 한다. 피드백이란 교사가 학생에게 주는 것만이 아니며, 가장 강력한 피드백은 학생으로부터 교사에게로 향하는 피드백이라 할 수 있다. 즉, 학생이 피드백을 이해하고 있는지 확인하는 것이 중요하다. 만약 피드백을 제공하고 검증하지 않는다면, 학생은 일반적인 평가로 인식하고 적극적으로 자신의 수행을 보완해 나가지 않을 수 있다.

01
2010 중등

다음은 효과적인 질문 기법에 관한 일련의 연구 결과들에서 도출한 내용이다. 내용에 근거해서 판단할 때, 수업 상황에서 교사가 바르게 사용한 질문 전략을 〈보기〉에서 모두 고른 것은?

> 질문할 때 교사는 자주 질문하되, 가능한 한 모든 학생을 골고루 호명하여 소수 학생이 응답 기회를 독점하지 않게 해야 한다. 또한 질문을 먼저 하되 응답할 학생을 호명하기 전과 후에 잠시 침묵하여 생각할 수 있는 시간을 주어야 하며, 학생을 적절히 격려하여 참여를 유도해야 한다. 그러나 질문 내용이 기초 기능의 연습에 관련된 것이라면 대답은 빠를수록 좋다.

보기

㉠ 주 교사: 학생들에게 간단한 암산 문제를 제시하고 가급적 빠른 시간 내에 대답하도록 하였다.
㉡ 장 교사: 만유인력의 법칙에 대해 질문하고 호명한 학생이 당황하여 대답을 못하자 안심시킨 후 좀 더 알아듣기 쉽게 질문하였다.
㉢ 조 교사: 지구과학 수업 중 질문하기 전에 먼저 한 학생을 지목하여 일어서게 한 후, 지층의 형성 과정에 관해 질문하고 설명하게 하였다.
㉣ 정 교사: 특수한 역사적 사건의 의의에 관해 질문하고 잠시 학생들에게 생각할 시간을 준 다음, 학생들을 한 명씩 호명하여 각자의 생각을 말하게 하였다.

① ㉠, ㉡
② ㉡, ㉢
③ ㉢, ㉣
④ ㉠, ㉡, ㉣
⑤ ㉠, ㉢, ㉣

만점대비 +α

💡 발문의 원리

(1) 발문의 내용 면에서의 원리
① 교사는 계획된 수업목표의 전 영역을 망라하는 다양한 발문을 하여야 한다. 높은 수준과 낮은 수준의 발문을 어느 정도의 비율로 할 것인가는 아동의 능력, 수업목표, 발문의 목적에 따라 결정된다.
② 발문에 사용되는 용어는 직접적이고 명료해야 하며, 그리고 아동들에게 잘 알려진 어휘와 어형을 사용해야 한다.
③ 아동의 지식, 경험, 능력에 적합한 발문을 한다. 아동들은 반응에 필요한 지식과 이해를 갖고 있을 때 적절히 반응할 것이지만, 그들의 경험과 일치하지 않는 발문에는 좌절하게 될 것이기 때문이다.

(2) 발문의 방법 면에서의 원리
① 한 번에 한 가지 발문만 한다. 대부분의 아동들은 답변을 하기도 전에 계속해서 여러 가지 발문을 받게 되면 당황하게 되고, 한 번에 하나씩 발문할 때가 학생의 높은 학업 성취에 도움이 된다.
② 쉬운 것부터 시작하여 어려운 것 순으로 발문한다. 아동들은 초기 발문이 잘 알고 있는 교과 내용에 관한 것일 때, 자신감을 가질 것이다.
③ 발문 후에 아동들이 적절한 답변을 준비하도록 충분한 시간을 제공한다. 생각할 시간이 충분히 부여된 아동들은 보다 나은 답변을 할 수 있고, 학습 과제에 좀 더 능동적으로 참여할 수 있다.
④ 수업에 참여한 아동들에게 고루 발문하고, 어떤 특정한 아동만을 편애하지 않는다. 대부분의 아동들은 학급 토의에 대한 그들의 참여가 가치가 있음을 알게 되면 능동적으로 참여할 것이다.

(3) 아동의 응답에 교사가 반응할 때의 원리
① 발문할 때 관대하고 비위협적인 역할을 수행한다. 아동들은 발문과 답변 과정에서 비판적인 교사에 긴장하기 때문이다.
② 발문할 때는 긍정적인 태도를 취한다. 아동들은 발문 답변 과정 동안, 지원적이고 조장적인 교사에 의해 고무된다.
③ 발문과 답변 과정에서 자신의 의사를 적절히 표현하는데 곤란을 겪는 아동들에게 용기를 준다. 어떤 아동들은 언어적 기술이 부족하여 답변할 때도 도움을 필요로 한다.
④ 아동들의 답변에서, 아동들이 발문 내용을 잘못 이해하는 것으로 나타나면 그들이 이해할 수 있게 다시 발문한다. 아동들은 교사가 보다 심층적인 설명을 요구하는 발문에 관해 추가적인 설명을 해줄 것이라는 사실을 알면 긍정적으로 반응할 것이다.

| 정답 | ④

논술 문제 적용 하기

더 알아보기

💡 효과적인 피드백 전략

① 시의적절하게 제공해야 한다. 피드백은 적절한 장소에서 필요한 순간, 자주 제공해 주어야 한다. 만약 오랜 시간이 지났거나 모든 과정이 종료된 후 피드백을 제공한다면 학생들은 수행, 보완할 기회를 잃게 될 수도 있다.
② 학생의 발전을 위한 건설적인 과정이어야 한다. 피드백은 학생을 비난, 비판하기 위한 것이 아니다. 지식, 술기, 태도 측면에서 현재 학생의 위치와 목표를 달성하는 데 필요한 구체적인 정보를 설명해 주어야 한다. 또한 목표를 달성하기 위해 어떤 과정을 거쳐야 하는지에 대한 구체적인 논의도 포함되어야 한다.
③ 구체적이고 명확한 언어로 제공해야 한다. '정말 훌륭해', '이 점수면 유급이야'가 아닌 '이번 발표는 구체적인 사례를 포함하고 있어 좋았어. 만약 다른 대안을 함께 제시했다면 주제에 대한 다양한 접근이 가능할 수 있어 더욱 좋았겠어'와 같이 목표를 달성하기 위해 학생들이 정확하게 무엇을 해야 하는지 구체적으로 제시해 주어야 한다.
④ 개인의 행동에 초점을 두어야 한다. 피드백은 사람이 아닌 구체적인 '행동'에 초점을 두어야 한다. 예를 들어 '넌 왜 이렇게 소심해'와 같이 학생의 개인적 특성을 언급해서는 안 되며, '발표할 때 앞에 듣고 있는 동료들의 반응을 살피는 자세가 필요하다고 생각해'와 같이 구체적인 행동에 대해 설명해 주어야 한다.
⑤ 인상이 아닌 관찰에 근거해야 한다. 피드백은 학생에 대한 기존의 평가에서 비롯된 선입견이 아닌 명확한 준거를 바탕으로 한 관찰에 근거해야 한다.
⑥ 학생과 함께 검증해야 한다. 학생이 피드백을 이해하고 있는지 확인하는 것이 중요하다. 만약 피드백을 제공하고 검증하지 않는다면, 학생은 일반적인 평가로 인식하고 적극적으로 자신의 수행을 보완해 나가지 않을 수 있다. 따라서 어떤 목표를 세웠는지, 어떤 방법으로 달성해 나갈 것인지, 어떤 지원이 필요한지를 함께 확인하고 지속적으로 학생의 변화를 모니터링하며 필요할 때마다 적절한 피드백과 지원을 제공해 도움을 줄 수 있도록 계획을 수립해야 한다.

이러한 전략 외에도 효과적인 피드백이 되기 위한 기준이나 요령에는 '목표 달성에 초점을 맞춘다.', '피드백을 주는 사람을 받는 사람이 신뢰할 수 있어야 한다.', '학습자 수준을 고려한다.', '감정적 반응이기보다는 인지적 반응이어야 한다.', '지속적이고 일관성이 있다.', '단순한 조언보다 상호작용이나 질문형식의 피드백이 효과적이다.' 등 여러 가지를 들 수 있다.

THEME 02 교수-학습방법의 유형

02
2012 초등

다음의 내용과 가장 부합하는 토의 유형은?

- 여러 개의 소집단이 열띠게 토의하는 과정을 비유해 토의유형의 이름이 붙여졌다.
- 3~6명으로 편성된 소집단들이 주어진 주제에 대해 6분 정도 토의하는 형태로 시작된다.
- 사회자가 비슷한 결론을 내린 소집단들을 점점 합쳐 가며 토의를 진행하고, 최종적으로 전체가 모여 토의의 결론을 내린다.
- 좌석배치의 예를 들면 아래 그림과 같다.

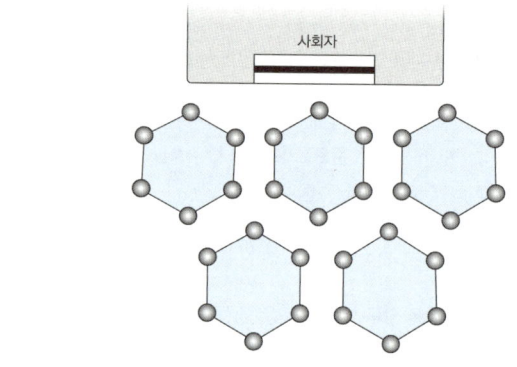

① 버즈토의(buzz)
② 배심토의(panel)
③ 공개토의(forum)
④ 단상토의(symposium)
⑤ 원탁토의(round table)

정답풀이

① 버즈토의 : 학습분단을 구성하여 토의학습을 전개하는 한 형태. 벌들이 윙윙거리는 것과 같이 분단으로 구성된 학생들이 조용히 또는 왁자지껄하게 의견을 교환하면서 주체적으로 학습하는 그룹 학습의 한 방법을 말한다. 버즈법에 의한 대표적인 그룹 편성은 '6·6 법'인데 이것은 6명씩으로 구성하여 6분간 토의한 결과를 다시 전체가 모여 토의한다. 토의 학습은 흔히 몇몇 학생의 독무대화하는 경향이 있는데 여기에서는 그룹 전원이 토론에 적극 참여하여 소극적 성원이 없도록 함으로써 학습에서 자아관여와 사회적 협동심을 높이고 의사발표의 기술과 요령 있는 발표능력을 높이려는 점을 주안점으로 한다.

오답풀이

② **배심토의(panel)** : 토의문제에 대한 지식과 경험이 풍부한 전문가(4~6명 : panel members)가 사회자의 사회 아래 청중 앞에서 자유토의하는 방법이다.
③ **공개토의(forum)** : 여러 형태로 어떤 주제에 관하여 새로운 방식이나 정보, 자료 등의 정보를 제공하고 그 문제에 대한 질의응답을 함으로써, 관심과 열의를 북돋고 더 나아가 필요한 정보를 부여하여 문제를 명백히 밝히고 참가자의 사고를 더욱 활발히 하고자 하는 방법이다.
④ **단상토의(symposium)** : 이 방법은 상당한 부분이 배심토의와 흡사한 점이 있지만 배심토의보다는 좀 더 형식적이다. 서로 다른 의견이나 견해를 가진 대표자 4~5명이 각기 다른 입장에서 10~15분 정도 강연을 하고 그 후에 일반 참가자가 질문을 하거나 의견을 진술하여 종합적으로 의견을 집약하는 방법이다.
⑤ **원탁토의** : 10명 정도의 인원이 둘러앉아 고정적인 규칙에 구속되지 않고 자유로이 의견이나 태도를 표명하고 지식이나 정보를 상호 제공·교환함으로써, 참가자 상호간의 의견이나 견해의 차이를 조성하여 집단으로서의 의견을 요약해 나가는 방법이다.

| 정답 | ①

논술 문제 적용 하기

03-1 2017 초등

다음 대화에 근거하여 모둠성취분담(STAD) 모형의 보상 방식을 구체적으로 설명한 후 그것이 협동학습의 촉진에 어떻게 기여하는지 논하시오.

> …(상략)…
> 김 교사: 맞아요. 진도를 나가야 한다는 부담감에 단편적 지식의 암기에 치중하거나, 학생의 수준을 고려하지 않은 채 교과서 내용을 단원 순서에 따라 기계적으로 가르치는 것을 지양해야 할 것 같아요. 교과 울타리에 갇힌 수업 관행도 개선해야 하고요.
> 박 교사: 이런 측면에서 협동학습의 중요성도 강조한 것 같은데, 김 선생님 반에서는 예전부터 협동학습 자주 하셨죠?
> 김 교사: 네, 저는 주로 과제분담학습(Jigsaw, 직소) 모형을 활용했어요. 처음에는 이른바 '직소Ⅰ' 모형을 활용했는데, 개별 보상만 하다 보니까 협동학습의 취지가 약해지더라고요. 그래서 모둠성취분담(STAD) 모형의 보상 방식을 적용해 보았더니 협동학습이 훨씬 잘 이루어졌어요.

예시답안

STAD 모형은 공동 학습을 기반으로 하면서 개인별 성취에 대해서도 보상하는 구조를 가지고 있다. 또한 개인별 성취에 대해 팀 점수가 올라가므로 팀에게는 집단 보상이 추가된다. 다시 말해 개인의 성취에 대해 팀 점수가 가산되고 팀에게 주어지는 집단 보상이 추가된 구조이다. 개별적으로 시험을 보고 개인의 점수를 받지만 자신의 이전까지 시험의 평균점수를 초과한 점수만큼은 팀 점수에 기여하게 되고 집단 보상을 받는다. 즉 STAD 모형은 집단 보상, 개별적 책무성, 성취결과의 균등 배분이라는 특징을 지니고 있다. 이러한 특징으로 인해 집단의 성공을 위해서는 자신뿐만 아니라 동료들도 함께 성취해야 하므로 서로 도움을 주는 관계가 형성된다. 집단 목표 및 그에 따른 집단 보상이 있기 때문에 구성원들이 서로에게 질문하고 도움을 주는 등 긍정적인 상호의존성을 높일 수 있고, 공동 목표를 도달해 나가는데 있어서 다른 사람의 성과는 나에게 도움이 되고 나의 성과는 다른 사람에게 도움이 되기 때문에 각자가 서로 의지하는 관계를 형성하게 되는 것이다. 그리고 집단의 구성원으로서 학생들 개개인의 수행에 대한 평가 결과가 그 학생이 속해 있는 집단과 자신에게 적용되기 때문에 과제를 수행해야 하는 책임이 각 학생들에게 있게 된다. 이러한 보상체계는 과거 자신의 점수에서 그 점수를 넘어서려는 노력을 유도하고, 개인의 능력에 관계없이 모든 구성원이 모둠에 기여할 수 있는 기회를 동등하게 준다. 따라서 타인과의 경쟁이 아니라 자신과의 경쟁에 집중 하게 한다. 마지막으로 단원의 수업이 끝나면 즉시 팀 점수와 뛰어난 개인의 성과를 게시하고 우수한 개인이나 팀을 시상하기 때문에 팀 간의 경쟁이 유발되어 팀 내 구성원들의 결속이 다져질 수 있다.

03 2011 중등

다음은 토의법과 협동학습에 대한 교사들의 대화이다. 각 교사의 요구에 가장 부합하는 토의법이나 협동학습 방법을 옳게 짝지은 것은?

> 이 교사: 발표자 중심의 교실 전체 토의수업에서는 나머지 학생들의 참여와 상호작용이 저조한 경우가 많아요. 소집단 토의처럼 학생들이 청중이 아닌 토론의 주체가 되어 활발하게 상호작용하면 좋겠습니다.
> 장 교사: 저는 협동학습에서 무임승차하는 학생들이 더 문제라고 봅니다. 집단 보상 시에 개인의 성취 결과를 집단점수에 반영하여 모든 학생들이 책무성을 갖도록 하면 좋겠습니다.
> 김 교사: 토의법이나 협동학습에서 학생들은 무엇을 어떻게 해야 할지 몰라서 시간을 낭비하는 경우가 종종 있지요. 토의나 협동학습의 주제, 형식과 절차 및 구성원의 역할 분담이 명확하게 제시되면 좋겠습니다.

	이 교사	장 교사	김 교사
①	버즈토의	함께 학습하기	원탁토의
②	버즈토의	성취 - 과제분담	과제분담학습 Ⅱ
③	배심토의	팀경쟁학습	집단조사
④	공개토의	팀경쟁학습	원탁토의
⑤	배심토의	함께 학습하기	집단조사

정답풀이

※ 버즈토의 : 버즈란 벌이 붕붕소리를 내면서 무리를 이루고 있는 상태를 말하며, 여기서는 토의법의 하나로서 시간적 제약이나 다수인에서 오는 압박감으로 인해 일부 인원은 발언할 수가 없을 때, 여러 사람을 토의에 참가시키기 위하여 참가자들을 소집단으로 편성하여 특수한 주제나 문제점에 대하여 토론하도록 하는 교수법이다.

※ 성취 – 과제분담(STAD) : 슬래빈(Slavin)에 의해 기본 기능의 습득이나 지식의 이해를 촉진시키기 위해 고안된 것이다. 이 모형은 '집단보상, 개별적 책무성, 성취 결과의 균등분배'라는 협동전략을 택하고 있다. 교사는 학급의 전체 학생들을 대상으로 학습할 내용을 소개한다. 학생들은 4~5명이 한 팀을 이룬 후 집단활동을 한다. 모든 학생들은 형성평가를 받고 과거의 점수와 비교하여 향상점수를 받는다. 개인별 향상점수와 팀점수를 공고하고, 최고 득점자와 팀점수가 가장 높은 집단에게 보상을 준다(능력이 낮은 학습자에게 동기를 부여).

※ 과제분담학습 Ⅱ(Jigsaw Ⅱ) : 집단은 5~6명의 이질집단으로 구성되고, 학습과제를 학습자의 흥미를 고려하여 부과하거나 학생들이 스스로 분담하도록 한다. 각 집단에서 같은 부분을 담당한 학생들끼리 따로 모여 전문가 집단을 형성한 후 분담된 내용을 토의하고 학습하고 나서 제각기 원 소속 집단으로 돌아가 학습한 내용을 구성원들에게 가르친다. 직소Ⅰ에서는 개인의 점수만 산출하지만 직소Ⅱ에서는 STAD에서처럼 향상점수와 팀점수를 산출하여 그 결과에 따라 보상을 한다.

오답풀이

※ **팀경쟁학습(TGT)** : 팀경쟁학습에서는 게임을 이용하여 각 팀 간의 경쟁을 유도한다. 먼저 교사는 문제카드, 정답지, 기록카드를 준비한다. 각 토너먼트 게임의 성적에 따른 점수 기준도 미리 제시해 주어야 한다. 수업이 진행되고 학생들이 퀴즈에 대비한 소집단별 학습이 끝나면 게임이 진행된다. 각 팀은 학습능력별로 상위, 중위, 하위의 학생들로 구성되고, 각자 자신의 학습능력에 따라 다른 팀의 같은 학습능력을 가진 학생과 게임을 하게 된다. 4명의 학습자들이 토너먼트 테이블에 둘러앉아 교사가 준비해 둔 문제카드 묶음에서 한 장을 골라 문제를 다른 학생들이 들을 수 있도록 읽는다. 교사가 수업 종료 10분 전에 게임의 종료를 알리면, 게임이 끝나고 교사는 STAD와 마찬가지로 소집단별 보상을 한다.

※ **함께 학습하기(LT)** : 5~6명 정도의 이질적 구성원으로 구성되며 과제는 집단별로 부여하고 보상도 집단별로 하여 평가도 집단별로 받는다. 시험은 개별적으로 시행하나 성적은 소속된 집단의 평균점수를 받게 되므로 자기 집단 내의 다른 학생들의 성취 정도가 개인의 성적에 영향을 준다. 이 방법은 학생들의 협동적 행위에 대해서 보상(보너스 점수)을 줌으로써 협동을 격려하고 조장한다. 그러나 이 방법은 하나의 집단 보고서에 집단보상을 함으로써 무임승객효과, 봉효과 같은 현상이 나타나 다른 협동학습 모형보다 효과적이지 못하다.

※ **집단조사(GI)** : 이 모형은 집단 프로젝트의 수행을 통하여 고차적 인지기능을 습득시키려는데 초점을 둔다. 학생들은 2~6명의 팀으로 구성되며, 학습과제는 집단 구성원들이 공동으로 협의하여 선정한다. 선정된 학습과제와 관련된 하위주제들을 학생들의 흥미에 따라 선정하고, 개인별로 하위주제를 하나씩 맡아서 해결한다. 보상구조는 개별보상과 집단보상을 자유롭게 선택할 수 있는 구조이다.

| 정답 | ②

THEME 02 교수-학습방법의 유형

논술 문제 적용 하기

04-1
2014 중등

다음 대화 내용을 바탕으로 수업에 소극적인 학생들의 학습 동기를 유발하기 위한 방안을 협동학습 실행 측면에서 2가지 논하시오.

> ...(상략)...
> 최 교사: 선생님의 고충은 충분히 공감해요. 그렇다고 해서 수업 시간에 학생들을 그대로 방치해서는 안 됩니다. 교육적으로 바람직하지 않아요.
> 박 교사: 그럼 수업에 소극적인 학생들을 적극적으로 참여시킬 수 있는 동기 유발 방안을 고민해 보아야겠네요. 이를테면 수업방법 차원에서 학생들끼리 서로 도와 가며 학습하는 형태로 수업을 진행하면 어떨까요?
> 최 교사: 그거 좋은 생각이네요. 다만 학생들끼리 함께 학습을 하도록 할 때는 무엇보다 서로 도와주고 의존하도록 하는 구조가 중요하다는 점을 유의해야겠지요. 그러한 구조가 없는 경우에는 수업활동에 열심히 참여하지 않는 학생들이 많아진다는 문제가 발생할 수 있어요.

예시답안

소극적인 수업 태도를 가진 학생들의 학습동기를 유발하기 위하여 교사는 협동학습을 실행할 수 있다. 협동학습은 소집단 활동에서 야기되는 부익부 현상이나 무임승객효과, 봉 효과 같은 단점을 보완하고 학습자 사이의 협력적인 상호작용을 촉진하기 위해 집단보상과 협동기술을 추가한 교수학습방법이다. 협동학습은 자신의 학습에 대하여 보다 강한 책임감을 제공할 수 있고, 개인에게만 주어지는 보상에 비해 학생을 외적으로 훨씬 크게 동기화시켜 줄 수 있다. 이를 위해 교사는 첫째, 협동학습에서 개별책무성을 높여준다. 모든 구성원들이 집단 전체의 성취와 학습에 기여해야 할 책임의식을 증가시키기 위해 발표나 리더의 역할을 돌아가면서 하거나 집단의 성과물에 모든 개인의 개별적 성과물이 포함되도록 할 수 있다. 둘째, 동시적 상호작용을 지원한다. 학생이 서로의 의견에 대해 충분히 관심을 가질 수 있는 활동을 하도록 고안할 필요가 있다. 예컨대 어떤 결정을 내리거나 주제에 대한 토론을 하기 전에 능력이 뛰어난 일부 학생이 아니라 팀 구성원 모두가 충분히 발언할 기회를 갖도록 지도하고 웹의 토론방을 이용하여 의견을 올리게 한 후 모든 의견에 댓글을 달도록 할 수 있다.

04
2010 중등

(가)와 (나)에 해당하는 협동학습 모형을 바르게 짝지은 것은?

> (가) 교사는 단원을 몇 개의 소주제로 나누어 원집단에 질문의 형식으로 제시한다. 원집단의 구성원들은 소주제를 하나씩 나누어 맡는다. 각 구성원은 원집단에서 나와, 같은 소주제를 맡은 다른 집단의 구성원들과 전문가 집단을 형성하여 맡은 과제를 집중적으로 학습한다. 학습이 끝나면 원집단으로 돌아가 습득한 전문 지식을 다른 구성원에게 가르친다. 마지막으로 단원 전체에 대해 개별 시험을 치른 후, 집단 보상을 받는다.
>
> (나) 교사와 학생들이 토의를 통해서 학습과제를 선택한 후, 이것을 다시 소주제로 분류한다. 학생들은 각자 학습하고 싶은 소주제를 선택하고, 같은 소주제를 선택한 학생들끼리 팀을 구성한다. 팀 구성원들은 소주제를 더 작은 미니주제들(mini-topics)로 나누어 개별 학습한 후, 그 결과를 팀 내에서 발표한다. 팀 별로 보고서를 작성한 후, 학급 전체에서 발표한다.

	(가)	(나)
①	과제분담학습 II (Jigsaw II)	팀경쟁학습 (TGT)
②	과제분담학습 II (Jigsaw II)	자율적 협동학습 (Co-op Co-op)
③	과제분담학습 II (Jigsaw II)	팀보조 개별학습 (TAI)
④	성취 - 과제분담 (STAD)	경쟁학습 (TGT)
⑤	성취 - 과제분담 (STAD)	자율적 협동학습 (Co-op Co-op)

정답풀이

(가) 과제분담학습 II (Jigsaw II) : 집단은 5~6명의 이질집단으로 구성되고, 학습과제를 학습자의 흥미를 고려하여 부과하거나 학생들이 스스로 분담하도록 한다. 각 집단에서 같은 부분을 담당한 학생들끼리 따로 모여 전문가 집단을 형성한 후 분담된 내용을 토의하고 학습하고 나서 제각기 원 소속 집단으로 돌아가 학습한 내용을 구성원들에게 가르친다. 직소 I 에서는 개인의 점수만 산출하지만 직소 II 에서는 STAD에서처럼 향상점수와 팀점수를 산출하여 그 결과에 따라 보상을 한다.

(나) 자율적 협동학습(Co-op Co-op) : 캘리포니아 대학의 케이건에 의해서 개발된 이 모형은 학생들로 하여금 그들 자신이 학습과제를 선택하도록 하고 자신과 동료들의 평가에 참여하도록 한다.

오답풀이

※ 팀보조 개별학습(TAI) : 슬래빈(Slavin)과 그의 동료들에 의해 개발된 팀보조 개별학습은 협동학습과 개별학습의 혼합모형이다. 우선, 4~6명 정도의 이질적 구성원이 한 집단을 형성한다. 프로그램화된 학습자료를 이용하여 개별적인 진단검사를 받은 후 각자의 수준에 맞는 단원을 개별적으로 학습한다. 개별학습 이후 단원평가 문제지를 풀고 팀구성원들은 두 명씩 짝을 지어 문제지를 상호 교환하여 채점한다. 여기서 80% 이상의 점수를 받으면 그 단원의 최종적인 개별시험을 보게 된다. 개별시험 점수의 합이 각 팀의 점수가 되고 미리 설정해 놓은 팀 점수를 초과했을 때 팀이 보상을 받게 된다. 이 모형은 대부분의 협동학습 모형이 정해진 학습 진도에 따라 이루어지는 것과는 달리, 학습자 개개인이 각자의 학습속도에 따라 학습을 진행해 나가는 개별학습을 이용한다는 점에서 독특하다.

만점대비 +α

💡 자율적 협동학습(Co - op Co - op)

(1) 전개절차
① 주제 소개 : 교사가 학급의 학습주제를 선택하여 학생들에게 소개
② 학생중심 학급토론 : 교실 전체 토론을 통하여 최종적으로 다룰 소주제를 선정
③ 모둠구성을 위한 소주제들의 선택 : 소주제 중 학생들은 자신이 학습하고자 하는 주제를 선택
④ 소주제별 모둠 구성 및 모둠워크 형성 : 학생들이 선택한 주제를 중심으로 모둠을 편성, 효과적인 모둠활동을 통해 모둠워크를 다짐
⑤ 소주제의 정교화 : 소주제별로 모인 모둠은 모둠 내 토의를 통해 소주제를 보다 정교한 형태로 구체화하고 연구범주를 정함
⑥ 미니 주제의 선택과 분업 : 모둠구성원들은 정교화된 소주제를 몇 개의 미니주제로 나누고 이를 구성원 모두가 자신이 원하는 것으로 분담
⑦ 개별학습 및 준비 : 학생들은 자신이 맡은 소주제를 개별학습, 모둠 내에서 발표할 준비를 함
⑧ 모둠 내 미니주제 발표 : 모둠 내에서 자신이 맡은 소주제에 대한 학습조사 및 조사결과를 발표
⑨ 모둠별 발표준비 : 모둠별로 전체 학급에서 발표할 보고서를 준비
⑩ 모둠별 학급발표 : 모둠별로 전체 학급에 대해 발표 후 교실 전체가 토의
⑪ 평가와 반성 : 모둠 구성원들의 개별 미니주제에 대한 평가, 학급 동료들의 모둠 발표에 대한 평가, 교사의 소주제 및 보고서에 대한 평가

(2) 특징
① 집단탐구 모형(GI)을 보완하기 위한 것 : Co-op Co-op는 GI 모형이 정교하지 못한 절차와 활동으로 인해 협동학습의 효과를 충분히 보여 주지 못한 점을 보완하기 위해 개발된 것이다.
② 학급 전체의 협동 : 각 모둠이 전체 주제와 관련된 소주제를 학습하여 전체 학급에 공헌하도록 한다.
③ 협동을 위한 협동 : STAD와 Jigsaw에서 학습자가 자신의 팀을 위해 협동학습을 하는 반면, Co-op Co-op에서는 자신의 호기심을 만족하고 공부한 내용을 학급 동료들과 공유하기 위해 학습한다.

| 정답 | ②

05

다음과 같은 학습절차를 갖는 협동학습 유형으로 가장 적절한 것은?

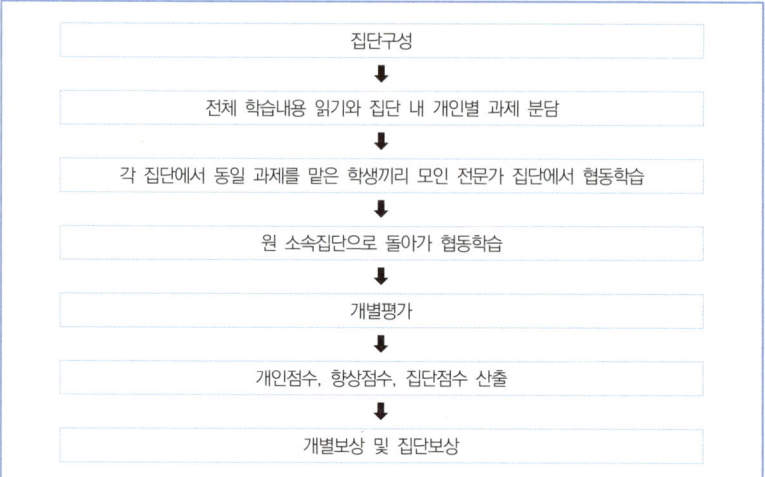

① 직소 Ⅱ(Jigsaw Ⅱ)
② 자율적 협동(Co-op Co-op)
③ 집단 조사(Group Investigation)
④ 팀 경쟁(Teams Games Tournaments)
⑤ 성취과제분담(Student Teams Achievement Divisions)

만점대비 +α

💡 직소(Jigsaw) Ⅰ, Ⅱ, Ⅲ

(1) Jigsaw Ⅰ
① 이 모형은 1978년 미국 텍사스 대학교의 아론슨(Aronson)과 그의 동료들이 개발한 협동학습 모형으로 학업성취뿐만 아니라 인종 간·문화 간의 교우관계 형성과 같은 정의적 특성의 형성에 관심을 둔다.
② 전개절차
  ㉠ 개별과제 부여 : 집단은 5~6명의 이질집단으로 구성, 하나의 학습단원은 집단 구성원 수에 맞게 나눈 후에 학습자들에게 한 부분씩 할당
  ㉡ 전문가 집단 형성 : 각 집단에서 같은 부분을 담당한 학생들끼리 따로 모여 전문가 집단을 형성한 수 분담된 내용을 토의하고 학습하고 나서 제각기 원 소속집단으로 돌아가 학습한 내용을 구성원들에게 가르침
  ㉢ 학생들은 시험을 보고 개인별로 성적을 받게 되며, 팀 점수는 합산하지 않음
  ㉣ 따라서 이 모형은 과제 해결력의 상호의존성은 높으나 집단보상이 없음

(2) Jigsaw Ⅱ
① 이 모형은 Jigsaw Ⅰ을 수정하여 개념중심의 학습내용을 가르치는 데 목적을 둔다.
② Jigsaw Ⅰ과 다른 점은 다음과 같다.
  ㉠ Jigsaw Ⅰ에서는 학습과제를 몇 개의 소주제로 나눈 다음 교사가 일방적으로 부과하지만, Jigsaw Ⅱ에서는 학습자의 흥미를 고려하여 부과하거나 학생들이 스스로 분담하도록 한다.
  ㉡ Jigsaw Ⅰ에서는 개인의 점수만 산출하지만 Jigsaw Ⅱ에서는 STAD에서 처럼 향상점수와 팀점수를 산출하여 그 결과에 따라 보상을 한다.

(3) Jigsaw Ⅲ : Jigsaw Ⅱ가 모집단 학습을 마친 후 곧바로 시험을 보기 때문에 공부할 시간이 부족하다는 문제점이 지적되면서 제시된 모형이다. 즉, 시험에 대비할 학습시간 및 기회를 추가한 모형이다.

(4) Jigsaw의 학습절차

직소우 Ⅲ	직소우 Ⅱ (3단계 이후 STAD식 평가)	직소우 Ⅰ	1단계	모집단 : 과제분담 활동
			2단계	전문가집단 : 전문가 활동
			3단계	모집단 : 동료 교수 및 질문 응답
		4단계	일정기간 경과
	5단계	모집단 : 퀴즈대비 공부
6단계	퀴즈(STAD 평가방법 사용)

| 정답 | ①

06

2010 중등

다음은 켈러(F. Keller)의 개별화 교수체제(personalized system of instruction, 일명 Keller Plan) 모형을 적용하여 e-러닝과 교실수업을 혼합한 블렌디드 러닝(blended learning)을 설계한 것이다. 밑줄 친 (ㄱ) ~ (ㅁ) 중 개별화 교수체제 원리를 잘못 적용한 것은?

> 학생들의 수학 교과 기초능력 결손을 보완하기 위해 김 교사는 개별화 교수체제 원리를 토대로 보충수업을 설계하였다. 김 교사는 (ㄱ) 전체 학습과제를 소단위로 나누어 단계적으로 학습하도록 e-러닝 콘텐츠를 설계하였다. 학생들은 인터넷을 통해 가정에서 (ㄴ) 자신의 학습속도에 맞게 e-러닝을 진행하였다. 각 소단위 학습을 마치면 곧바로 해당 단위에 대한 온라인 평가가 실시되고, (ㄷ) 해당 소단위 목표를 달성한 경우에만 다음 단계의 소단위 학습을 할 수 있었다. 소단위 학습 목표 달성에 실패할 때는 해당 단위를 다시 학습하고 평가도 다시 받도록 하였다. e-러닝 시스템은 각 평가문항에 학생이 응답하면 즉시 정답 여부를 알려 주었다. (ㄹ) 별도의 학습 조력자 없이 학생들이 개별적으로 전체 학습을 진행하도록 하였다. 김 교사는 학생의 개별학습에 개입하는 것을 최소화하기 위해 모든 학습자료와 전달 사항을 인쇄물로 나누어 주었다. (ㅁ) 김 교사는 학생들에게 학습 동기유발이나 학습의 전이를 촉진할 필요가 있다고 판단될 때, 이를 위해 교실에서 강의식 수업을 간단하게 실시하였다.

① (ㄱ)   ② (ㄴ)
③ (ㄷ)   ④ (ㄹ)
⑤ (ㅁ)

정답풀이

④ 켈러의 PSI는 별도의 학습 조력자 없이 학생들이 개별적으로 전체 학습을 진행하도록 하는 것이 아니라 학습보조원이 학습자의 개별학습을 도와주는 것에 초점을 둔 개별화 교수법이다.

만점대비 +α

💡 개별화 교수체제(PSI : Personalized System of Instruction)

(1) **개요** : 개별화 교수체제는 1968년 심리학자인 켈러(F. S. Keller)에 의해서 체계화된 것으로, 스키너(B. F. Skinner)의 조작적 조건형성의 원리에 기초한 프로그램 학습법을 발전시킨 것이다.

(2) **프로그램 학습법과의 차이**
   ① 프로그램 학습법은 교수기계(학습지)를 가지고 자율적으로 학습을 하지만 개별화 교수체제에는 학습보조원이 학습자의 개별학습을 도와준다.
   ② 학습자의 동기강화와 개별학습을 위해 강의도 실시한다.

(3) **교수절차**
   ① 모든 학습자에게 각기 스스로 공부할 수 있는 프로그램 학습 자료와 그것에 따른 학습안내서가 배부된다.
   ② 학습자는 자기의 속도에 맞추어서 자율적으로 학습자료를 공부한다.
   ③ 모든 학습자들은 각 단원의 일정 요구수준을 완전히 성취해야 다음 단원으로 넘어간다.
   ④ 학습보조원이 학습자의 개별학습을 도와주고, 채점도 하고, 토의에도 응해 주어 그 결과를 교수에게 환류해준다.
   ⑤ 학습자들의 동기를 강화시켜주고 학습자들의 개별학습을 풍요롭게 하기 위한 강의도 실시한다.

(4) **특성**
   ① 완전학습을 지향한다.
   ② 개별적인 속도로의 진행을 허용한다.
   ③ 학생들을 자극하고 동기를 불러일으키기 위한 목적 이외에는 거의 강의를 하지 않는다.
   ④ 패키지화된 인쇄물의 학습지침서를 제공한다.
   ⑤ 자주 퀴즈를 실시하고 퀴즈의 성취도 평가를 위해 학생 감독자를 활용한다.

| 정답 | ④

THEME 03 교수-학습이론

07
2012 중등

다음은 캐롤(J. Carroll)의 학교학습모형이다. 김 교사가 캐롤의 모형을 올바르게 이해한 것만을 〈보기〉에서 있는 대로 고른 것은?

$$학습의\ 정도 = f\left(\frac{학습에\ 사용한\ 시간}{학습에\ 필요한\ 시간}\right) = f\left(\frac{학습기회,\ (가)}{적성,\ 수업이해력,\ (나)}\right)$$

보기

㉠ '학습에 사용한 시간'을 계산하기 위해 김 교사는 학생이 학습에 소비한 총 시간과 능동적으로 학습에 몰두한 시간을 구분할 수 있는 수업관찰 기법을 공부하였다.
㉡ (가)를 개선하는 한 방법으로, 김 교사는 우선 학생의 학습 동기를 유발하고 유지하는 방법을 집중적으로 다루는 교수설계 기법에 관한 연수를 받았다.
㉢ 김 교사는 '수업이해력'이 교사의 일반지능과 언어능력에 의해 결정되지만 일반지능은 개선하기 어렵다고 판단하여 '교사의 수업 중 화법(話法) 개선' 연수에 참여하였다.
㉣ (나)와 관련해서, 김 교사는 학습활동의 계열화, 학습단서의 제공, 피드백과 학습교정 활동 등 수업의 질적 수준 향상을 위해 수업 후 협의회, 마이크로 티칭, 동료장학, 수업 컨설팅 등의 활동에 참여하였다.

① ㉠, ㉡
② ㉠, ㉢
③ ㉢, ㉣
④ ㉠, ㉡, ㉣
⑤ ㉡, ㉢, ㉣

정답풀이

㉠ '학습에 사용한 시간'은 학생이 학습에 소비한 총 시간인 '학습기회'와 능동적으로 학습에 몰두한 시간인 '학습지구력'으로 구성된다.
㉡ (가)는 학습지구력이다. 이는 주어진 시간을 활용하려는 시간으로, 지구력은 일종의 학습동기라고 볼 수 있다.
㉣ (나)는 수업의 질이다. 이는 주어진 학습과제를 가장 빠른 속도로, 즉 가장 효율적으로 학습할 수 있도록 제시하는 적절성을 의미하는데, 교사가 사용하는 언어의 적절성, 학습자 개개인의 학습자료와 적절히 접촉할 수 있게 하는 것, 학습과제를 제 단계별로 자세하고 적절한 순서로 제시해 주는 것, 전 수업과정이 학습자들의 특정한 욕구와 성격에 적절히 조절되는 것을 들고 있다.

오답풀이

㉢ 수업이해력은 학생변인으로, 개인차 변인에 해당한다.

만점대비 +α

학교학습 모형

$$학습의\ 정도 = f\ \frac{학습에\ 사용한\ 시간}{학습에\ 필요한\ 시간} = f\ \frac{(학습기회,\ 학습지구력)}{(적성,\ 수업이해력,\ 수업의\ 질)}$$

(1) 학교학습의 5가지 변인
 1) 학생변인(개인차변인)
  ① **적성**: 최적의 수업조건하에서 주어진 과제를 완전히 학습하는 데 필요한 시간이다.
  ② **수업이해력**: 학습자가 수업내용, 교사의 설명, 제시된 과제를 이해하는 정도로, 수업이해력의 주된 변인은 언어능력이다. 일반지능과 선행학습의 질과 양도 수업이해력의 중요한 요인이 된다.
  ③ **학습지구력**: 주어진 시간을 활용하려는 시간으로, 일종의 학습동기라고 볼 수 있다.
 2) 교사변인(수업변인)
  ① **수업의 질**: 주어진 학습과제를 가장 빠른 속도로, 즉 가장 효율적으로 학습할 수 있도록 제시하는 적절성을 의미한다. 교사가 사용하는 언어의 적절성, 학습자 개개인이 학습자료와 적절히 접촉할 수 있게 하는 것, 학습과제를 제 단계별로 자세하고 적절한 순서로 제시해 주는 것, 전 수업과정이 학습자들의 특정한 욕구와 성격에 적절히 조절되는 것을 들고 있다.
  ② **학습기회**: 외부로부터 주어지는 시간, 학습을 위해 실제로 허용되는 총 시간량을 의미한다. 각 학습자는 적성과 수업이해력에 의해서 그의 학습속도가 달라지므로 각기 주어진 학습과제의 학습에 필요한 시간량이 다르다. 캐롤은 각기 다른 양의 시간을 각자에게 충분히 주지 않는 데에 불완전학습의 주된 원인이 있음을 시사한다.

(2) 시사점
  ① 학습의 정도는 학습에 실제로 주어진 시간이 과제를 학습하는 데에 필요한 시간에 비해 얼마나 되느냐에 따라서 결정된다.
  ② 캐롤의 모형에 의하면 모든 학생이 특정 과제의 학습에 필요한 시간을 모두 바칠 수 있다면 그 학생은 학습의 목표수준을 100% 성취할 것이라는 기대를 할 수 있다.
  ③ 이러한 그의 생각은 학습지도이론의 발전에 큰 자극을 주었으며, 현재의 상대평가를 절대평가로 바꾸는 것을 불가피하게 만들어 주고 있다.
  ④ 즉, 수업의 질을 높이면 학생의 수업이해력이 상승하므로 학습에 필요한 시간을 줄일 수 있으며, 여기에 학습기회를 충분히 제공하면 완전학습에 이를 수 있다.

|정답| ④

08

2010 중등

박 교사는 오수벨(D. Ausubel)의 유의미 수용학습 이론에 따라 수업을 하고자 한다. (가), (나), (다)에 들어갈 내용을 바르게 짝지은 것은?

> 박 교사는 학생들에게 먼저 수업목표를 명확히 제시하고, 수업내용을 쉽게 이해하도록 하기 위해 수업내용을 포괄하는 예를 (가) 로 제시하였다. 박 교사는 (가) 가 학생들의 인지구조 내에서 새로운 학습내용을 (나) 하여 의미 있는 수용학습이 이루어지도록 촉진할 것이라고 기대하였다. 그 이유는 수업내용을 학습하기 전에 수업내용에 관한 포괄적인 예를 제시하면 그것이 (다) 의 역할을 수행하여 학습의 정교화를 촉진할 것이기 때문이다.

	(가)	(나)	(다)
①	비교조직자	대조	정착 아이디어(anchoring ideas)
②	비교조직자	포섭	지식망(knowledge network)
③	설명조직자	대조	정착 아이디어(anchoring ideas)
④	설명조직자	포섭	지식망(knowledge network)
⑤	설명조직자	포섭	정착 아이디어(anchoring ideas)

정답풀이

(가) 설명조직자 : 학생들에게 친숙하지 않은 학습과제를 제시할 때, 아이디어의 발판을 만들어주기 위해 그 과제에 대한 개념적 근거를 제공해 주는 선행조직자

(나) 포섭 : 새로운 명제나 아이디어가 이미 조직되어 존재하고 있는 보다 포괄적인 인지구조 속으로 동화 또는 일체화되는 과정

(다) 정착 아이디어 : 학습과제를 유의미하게 학습하기 위해서 학습자가 그 과제와 관련을 맺을 수 있는 정착 지식

오답풀이

※ 비교조직자 : 상대적으로 친숙한 학습과제를 학습할 때, 기존 개념과 새로운 개념 간의 유사성으로 인한 혼동을 줄여 주기 위하여 개념 간의 유사점과 차이점을 밝히기 위해 사용되는 선행조직자

만점대비 +α

💡 **오수벨(D. Ausubel)의 유의미 수용학습 이론**

(1) 유의미 학습의 과정

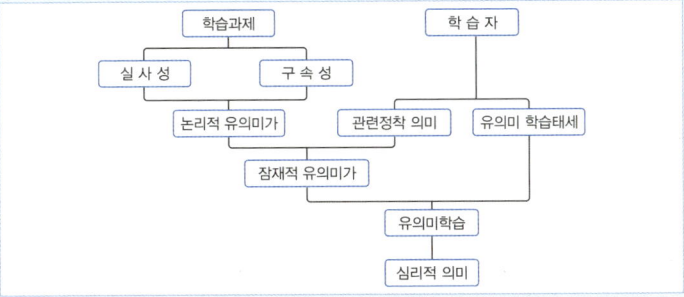

① 유의미 학습과제 : 실사성과 구속성을 지닌 과제
  ㉠ 실사성 : 어떻게 표현하더라도 명제의 의미변화 없음(예 삼각형)
  ㉡ 구속성 : 관습으로 굳어져 임의로 변경할 수 없음(예 칠판)
② 논리적 유의미가 : 학습과제가 실사성과 구속성을 가지고 있을 때, 이는 논리적 유의미가를 갖게 됨
③ 관련정착 의미 : 학습과제를 유의미하게 학습하기 위해서 학습자가 그 과제와 관련을 맺을 수 있는 정착 지식
④ 잠재적 유의미가 : 유의미학습의 기초를 마련
⑤ 유의미 학습태세 : 실사적·구속적인 학습과제를 유의미하게 관련시키고자 하는 성향
⑥ 심리적 의미 : 새로운 과제가 기존의 인지구조에 포섭되어 기존의 지식과 어떤 관련이 있는가를 구분할 수 있는 것

(2) 선행조직자

① 개념 : 새로운 학습과제를 제시하기에 앞서 먼저 제시하는 것으로, 새로운 학습과제보다 추상적 형태로 제시되고 내용이 일반적이며 포괄성의 정도가 높은 자료를 말한다.
  예 핵심적인 문장, 중요개념들, 비유, 지도와 도표, 개념도 등의 다양한 형식
② 선행조직의 종류
  ㉠ 설명 선행조직자 : 새로 학습할 내용이 기존의 내용에 비해 생소한 정보일 경우에 적절, 새로 학습될 자료의 안정된 통합과 파지를 위한 개념적 기초를 제공하는 역할 - 점진적 분화의 원리와 연결
  ㉡ 비교 선행조직자 : 새로 학습할 내용이 비교적 친숙한 자료일 경우에 적절, 이미 학습된 자료와 비교하는 방법을 통하여 유사한 기존 아이디어와 새로운 아이디어 사이의 분별력 증진 - 통합적 조정의 원리와 연결
③ 효과
  ㉠ 수업주제에 초점을 맞추는 역할자가 된다. 즉, 앞으로 제시하는 자료에서 중요한 부분에 주의를 기울이게 한다.
  ㉡ 수업마다 배울 내용이 전혀 생소한 것으로 보이는 것을 막아주며, 앞으로 제시될 개념들 간의 관계를 부각시킨다.
  ㉢ 나중에 더 실제적인 단원 학습목표가 될 더욱더 큰 패턴과 추상화 속으로 관련 개념을 통합시키는 역할을 한다.
  ㉣ 수업의 계열을 이루어 가장 고차원적인 수준의 행동을 명료화시키고 나아가 당일 수업을 학습하는 데 기여하게 된다.
  ㉤ 학습자의 인지구조 속에 자리 잡고 있는 아이디어의 기억과 회상, 그리고 자극과 활성화의 수단이 된다.

| 정답 | ⑤

09

〈보기〉에 제시된 (가)와 (나)의 학습에 활용된 오수벨(D. P. Ausubel)의 포섭 유형을 바르게 나열한 것은?

> **보기**
>
> (가) • 사각형의 개념을 학습하였다.
>   ↓
>   • 정사각형, 직사각형, 마름모 등을 학습하여 사각형에는 여러 가지 형태가 있음을 알게 되었다.
>
> (나) • 고양이, 소, 돌고래의 특징을 학습하였다.
>   ↓
>   • 이 동물들은 새끼에게 젖을 먹이며, 이런 공통점을 지닌 동물들이 포유류임을 알게 되었다.

	(가)	(나)
①	상관적 포섭	상위적 포섭
②	상관적 포섭	병렬적 포섭
③	파생적 포섭	상위적 포섭
④	파생적 포섭	병렬적 포섭

만점대비 +α

💡 **인지과정 포섭**

새로운 명제나 아이디어가 학습자의 머릿속에 이미 조직되어 존재하고 있는 보다 포괄적인 인지구조 속으로 동화 또는 일체화되는 과정

종속적 포섭	• 포괄성이 높은 포섭자가 그보다 낮은 개념이나 아이디어를 포섭(가장 능률적) – 파생적 포섭 : 앞서 학습한 명제나 개념에 대해 구체적 예를 들어주면서, 새로운 예나 사례를 포섭/학습하는 것 　**예** 지중해성 과일의 종류에 대해 배우고 난 후, 지중해성 과일의 예를 학습하는 것 – 상관적 포섭 : 새로운 아이디어의 포섭을 통해 이전 학습 개념이나 명제를 정교화, 확장, 수정하는 것 　**예** 지중해성 과일의 종류에 대해 배운 후, 지중해성 과일의 특징에 대해 배우는 것
상위적 포섭	• 이미 세워진 아이디어를 종합하면서 새롭고 포괄적인 명제나 개념을 학습하는 것 　**예** 지중해성 과일의 종류와 특징을 배운 후, 이 둘을 종합하여 지중해성 과일에 대한 종합적인 개념을 형성하는 것
병렬적 포섭	• 새로운 과제와 인지구조 속에 이와 관련된 정착개념이 특별한 의미적 연관이 없지만, 이들이 갖는 광범위한 배경이 서로 연관되었을 때 일어나는 학습 　**예** 새로 학습한 지중해성 과일의 특징과 이전에 학습한 열대성 과일의 특징이 동일한 수준에서 의미있게 연결되는 경우

| 정답 | ③

10

2012 중동

다음은 오수벨(D. Ausubel)의 선행조직자 교수모형이다. (가)단계에서 교사가 수행하는 대표적인 교수 활동으로 옳은 것을 〈보기〉에서 고른 것은?

선행조직자 제시 → 학습과제와 자료 제시 → (가)

보기

㉠ 학습결과를 분석하여 선행조직자의 개선을 위한 자료를 수집한다.
㉡ 수업목표를 제시하고 점진적 분화의 원리에 따라 학습자료에 나오는 개념이나 명제를 학습하도록 유도한다.
㉢ 학습자가 학습자료의 내용을 다른 시각에서 살펴보거나 숨겨져 있는 가정이나 추론 등에 대해 도전하게 한다.
㉣ 학습자료에 제시된 여러 가지 개념이나 명제들 사이의 공통점과 차이점을 학습자의 선행학습 내용에 근거해서 비교·설명하게 한다.

① ㉠, ㉡
② ㉠, ㉢
③ ㉡, ㉢
④ ㉡, ㉣
⑤ ㉢, ㉣

정답풀이

(가) 인지조직 강화 단계이다.
㉢, ㉣ 제3단계(인지조직 강화)는 학생이 존재하는 인지구조에 새로운 학습내용을 정착시키고, 이를 통해 학생의 인지조직을 강화시키는 것이다. 이 단계를 오수벨은 네 가지 활동으로 구체화하였다. 통합적 조정 유도하기, 능동적 수용학습 유도하기, 교과내용에 대한 비판적 접근 드러내기, 명료화하기가 그것이다. 수업의 마무리 단계에서는 수업 시간에 배운 학습 내용이 학습자의 인지 구조에 의미 있게 관련되었다는 가정 하에 중요한 부분을 강조하고 요점을 정리해 준다. 이를 학습자의 인지 구조 굳히기라고 한다. 이 단계에서는 새로 배운 지식이나 정보가 앞에서 학습한 내용과 통합되고 조정되어야 한다. 또한 교사는 지금까지 배운 사실, 개념들 간의 유사점과 차이점을 찾고 개념들 간에 불일치성을 파악하여 이들 사이에 의미 있는 연관이 지어지도록 설명과 질문을 통하여 수업을 마무리 짓는 것이 중요하다.

오답풀이

㉠ 선행조직자 제시(제1단계) 단계에 대한 설명이다. 제1단계에서는 수업목표를 분명히 인식한 상태에서 선행조직자를 준비한다. 이때 선행조직자는 학습내용이 무엇인가에 따라서 비교조직자와 설명조직자가 있다. 이를 통해 인지구조를 활성화시키고 자극한다. 1단계의 핵심 활동은 수업목표의 명료화, 선행조직자 제시, 관련정착지식의 자극하기이다.
㉡ 학습과제와 자료제시(제2단계) 단계에 대한 설명이다. 제2단계에서는 학습 과제 및 자료가 제시되는데, 여기에서 학습 과제는 유의미가를 가져야만 학습자의 인지 구조에 의미 있게 관련지어진다. 이를 용이하게 하기 위해서 제시된 것이 점진적 분화의 원리이다. 이 단계의 학습내용 제시는 강의, 토론, 사진, 영화, 실험, 읽을거리 등의 형태로 제공된다. 제시하는 동안 학습내용의 조직은 학생에게 명시적으로 만들 것을 필요로 한다. 그래야만 그것들은 전반적인 방향성을 가질 수 있으며, 학습내용의 논리적인 순서를 볼 수 있다.

THEME 03 교수-학습이론

만점대비 +α

유의미 학습이론의 교수모형

제1단계 선행조직자 제시	제2단계 학습과제와 자료제시	제3단계 인지조직 강화
• 수업목표를 명료화 • 선행조직자를 제시 　- 정의적 특성 확인 　- 예시를 제시 　- 배경을 제공 • 학습자가 자신의 지식과 경험을 의식적으로 자극	• 학습과제의 구속성과 실사성을 분명히 함 • 학습 자료의 논리적 조직을 명확히 함 • 자료의 제시 • 점진적 분화의 원리 적용	• 통합적 조정의 원리 이용하기 • 능동적 수용학습을 유도함 • 교과내용에 대한 비판적 접근을 드러냄 • 학습내용 명료화하기

| 정답 | ⑤

11

2011 중등

가네(R. Gagné)의 교수-학습이론에 대한 진술로 옳은 것만을 〈보기〉에서 모두 고른 것은?

―――――――― 보기 ――――――――

㉠ 학습을 주관적 경험에 근거한 개인적 의미 창출 과정으로 본다.
㉡ 학습 영역(learning outcomes)을 언어 정보, 지적 기능, 운동기능, 태도, 인지 전략으로 나눈다.
㉢ 학습자의 내적 학습 과정을 지원하기 위한 9가지 외적 교수사태(events of instruction)를 제안한다.
㉣ 학습 영역(learning outcomes)을 세분화하여 제시한 메릴(M. D. Merrill)의 내용요소 제시 이론(component display theory)의 토대가 되었다.

① ㉠, ㉣
② ㉡, ㉢
③ ㉠, ㉡, ㉢
④ ㉠, ㉡, ㉣
⑤ ㉡, ㉢, ㉣

오답풀이

㉠ 가네에 따르면, '학습'은 두 가지의 의미를 가진다. 하나는 기소유의 지식, 기능, 습관, 행동기능에서의 수정이 이루어지는 과정으로 보는 것이고, 다른 하나는 수업이나 연구에 의해 획득하는 지식이나 기능을 의미하는 것이다.

> 만점대비 +α

💡 가네(Gagné)의 목표별 수업이론

(1) 개요
　① 학습자의 외적조건과 내부조건은 과제의 종류에 따라 달라지고, 과제를 통해 목표가 달라지는, 즉 목표에 따라 학습조건을 상이하게 해야 한다는 것을 전제로 한다.
　② 정보처리적 학습모형의 영향을 많이 받았다.(인지주의적 성격이 강함)
　③ 조건
　　㉠ 독립변인 : 외적조건(강화, 접근, 연습), 내적조건(선행학습, 학습동기, 자아개념, 주의력)
　　㉡ 종속변인 : 학습력의 획득, 파지, 전이

(2) 학습된 능력의 5가지 범주
　학습된능력이란 학습의 결과 얻어지는 것 또는 학습목표를 의미한다.

능력의 종류	특징
언어정보	• 명제적(선언적) 지식, 사물의 이름이나 단순한 사실, 원리, 일반화, 조직된 정보 속함 • 학교교과내용의 대부분을 차지
지적기능	• 방법적(절차적) 지식 : 무엇을 할 수 있다는 것 • 상징이나 기호를 이용하여 환경과 상호작용 할 줄 아는 능력 • 변별, 개념, 원리, 복합원리로 구성, 복합원리의 학습(문제해결)을 위해서는 구체적 원리의 선행학습이 요청되고, 원리학습을 위해 개념학습이, 개념학습을 위해 변별학습력의 소유가 선행학습으로 요청됨
인지전략	• 개인의 학습이나 기억·사고를 통제하는 기능, 개념과 규칙의 활용을 조정하고 점검 • 훈련이 중요한 학습원리
운동기능	• 어떤 일을 수행하기 위한 신체적 움직임과 관련 • 장기간의 반복적 연습을 통해 학습
태도	• 개인적 행동의 선택에 영향을 미치는 내재적 상태(반응경향성) • 직접적으로 보상을 제공하는 방법과 대리적 강화에 의해서도 학습

| 정답 | ⑤

12

2009 초등

가네(R. Gagné)가 제시한 인간의 학습된 능력(learning outcomes) 중 지적기능에 대한 설명으로 옳은 것은?

① 지적기능은 개인의 학습, 기억, 사고행동을 통제한다.
② '말로 진술된 문제를 거꾸로 재배열하기'는 지적기능의 수행사례이다.
③ 지적기능으로 분류된 학습목표의 하위기능을 분석하기 위해서는 군집분석을 한다.
④ 지적기능은 학습자가 언어, 숫자 등 상징을 이용하여 환경과 상호작용하는 능력이다.
⑤ 선언적 지식(declarative knowledge), 혹은 '~에 관한 지식(knowing that)'은 지적기능에 해당한다.

정답풀이

④ 지적 기능이란 학습자가 어떤 특정사실이나 정보를 단순히 암기만 하는 것이 아니라 그 사실이나 정보를 실제로 사용하고 적용할 수 있도록 하는 것이다. 지적 기능에는 변별, 개념, 법칙(원리), 그리고 문제해결의 네 가지 형태가 있다.

오답풀이

①② 인지전략에 대한 설명이다.
③ 위계분석에 대한 설명이다.
⑤ 언어정보에 대한 설명이다.

만점대비 +α

학습영역과 하위기능 분석방법

목적의 학습영역	하위기능 분석 방법
지적기능	위계적 분석
운동기능	절차적 분석
언어정보	군집 분석
태도	위계적, 절차적, 그리고 군집 분석방법의 통합적 적용

| 정답 | ④

13

2008 중등

가네(R. Gagné)의 수업사태(events of instruction)에 관한 진술로 옳지 않은 것은?

① 학습자의 내적 학습과정을 지원하는 일련의 외적 교수활동이다.
② 교실수업을 계획할 때 수업사태의 순서를 변경하거나 생략할 수 있다.
③ '학습안내 제공' 단계에서는 학습을 위한 적절한 자극자료를 제시하고, 교재나 보조자료의 구성과 활용방법을 안내한다.
④ '파지와 전이 촉진' 단계에서는 학습자에게 다양한 종류의 새로운 과제를 제시하여 학습의 전이가 잘 일어날 수 있도록 지원한다.

정답풀이

③ 자극자료 제시 단계에 대한 설명이다.

만점대비 +α

💡 가네의 9가지 교수사태

교수사태 : 다양한 학습상황에서 학습의 외적 조건을 제공하는 일련의 절차이다. 학습정보를 처리하는 학습자의 내적 인지과정에 기초한 외적 조건을 제공한다.

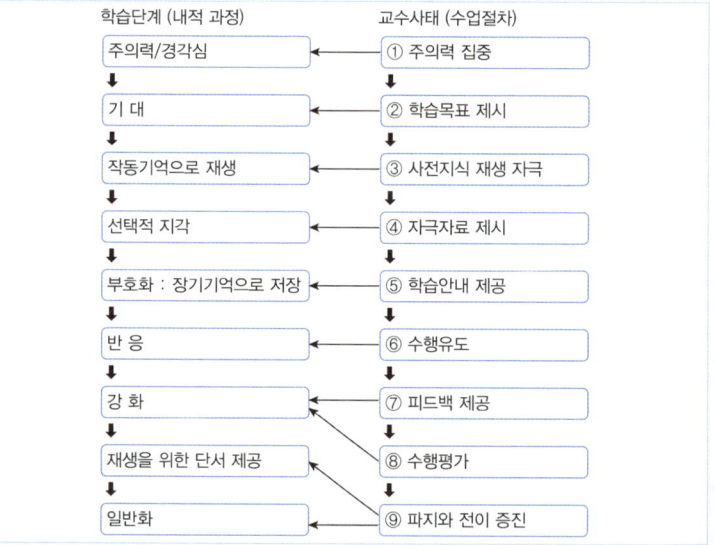

1. 주의획득	• 주의 집중과 통제 : 학생들의 호기심을 끄는 단계 • 주의력의 획득방법은 다양한 사태를 사용할 수 있는데, 가장 흔히 사용되는 방법 중의 하나는 "이것은 중요하다.", "여기에 특히 주의를 기울이길 바란다.", "이것은 항상 알고 있어야 되는 원리야."와 같이 말로 주의력을 획득시키는 것 • 또한 소리나 빛과 같은 강한 자극을 사용하거나 시청각적 자극과 같은 주의력 획득 도구를 사용할 수 있음 • 주의력 획득은 단순한 자극의 변화를 넘어서 학습자의 흥미를 알려줌으로써 학생들로 하여금 기대감을 갖게 하는 것

2. 학습목표 제시	• 학습자에게 수업목표 알려주기 : 학습의 방향제공, 강화의 기능 • 학습이 끝났을 때 무엇을 할 수 있게 되는지를 알려줌으로써 학생들로 하여금 기대감을 갖게 하는 단계 • 학생들에게 "이 단원이 끝나면 여러분은 다음과 같은 것을 알 수 있을 것입니다."와 같이 수업의 목표를 말해주는 것은 그러한 기대감을 형성하는 데 도움을 줌	
3. 선수지식의 회상	• 선수학습의 회상을 자극하기 : 접근의 원리, 재인법(단순한 상기)과 재진술 • 새로운 학습의 성공은 필요한 선수학습이 이미 완료되어 있는지에 달려있음 • 이러한 수업의 사태를 달성하기 위해, 교사는 먼저 새로운 학습과 관련된 선수학습이 무엇인지를 결정해야 하고, 그 다음 그것을 지적해 주거나 다시 회상시켜야 함	
4. 자극의 제시	• 선택적 자극제시 : 비슷한 것끼리 짝지어 제시, 자극사태에 내재된 자극이나 대상은 학습목표에 따라 상이 • 학습자에게 학습할 내용을 제시하는 단계 • 학습과제 자료 또는 교재를 제시하는 것으로 여기서 중요한 것은 성취하려고 하는 학습목표에 적절한 자극자료를 적절한 형태로 제시하는 것	
5. 학습안내 제공	• 학습안내 제시 : 부호화·정교화를 위한 연습의 제공 • 학습할 과제의 모든 요소들을 통합시키는 데 필요한 방법을 제시하는 단계 • 이전 정보와 새로운 정보를 적절히 통합시키고, 그 결과를 장기기억에 저장할 수 있도록 학생들은 도움이나 지도를 받아야 하며 이러한 도움은 통합된 정보가 유의미하게 부호화되는 데 초점을 두어야 함 • 가네는 이것을 "통합교수"라고 지칭했는데, 예나 시연, 도표, 순차적 교수 등은 모두 학습자들이 모든 정보를 목표를 수행하는데 적합하도록 통합하고, 저장하고, 회상하는 것을 돕는 기능을 함	
6. 수행 유도	• 수행 유도하기 : 재생과 반응 • 통합된 학습의 요소들이 실제로 학습자에 의해 실행되는 단계 • 이전의 단계들은 학습자가 학습을 하고, 새로운 정보나 기능이 장기기억에 저장되는 것을 확신시켜주는 데 비해, 이 단계에서는 학습자가 실제로 새로운 학습을 했는지를 증명하는 기회를 제공 • 수행은 학습자들이 연습문제를 작성하거나, 숙제를 하거나, 수업시간의 질문에 대답하거나, 실험을 완료하거나, 그들이 배운 것을 실습할 수 있는 기회를 제공함으로써 유발될 수 있음	
7. 피드백 제공	• 피드백 제공하기 : 즉각적 강화, 조언 또는 조력하기 • 수행이 얼마나 성공적이었고 정확했는지에 대한 결과를 알려주는 단계로, 학습결과에 대한 정보로서 피드백의 제공은 교수사태로서 꼭 필요함 • 가장 효과적인 피드백은 정보적인 피드백, 예를 들면, 반응에 대한 정오판단에 그치는 피드백보다는 오답인 경우 이를 수정할 수 있는 보충 설명을 해주는 피드백이 학습성취에 효과적	
8. 수행의 평가	• 수행을 평가하기 : 학습진전 확인 • 이 단계에서는 다음 단계의 학습이 가능한지를 결정하기 위한 평가를 실시함 • 이번에는 학생들이 다음의 새로운 학습을 위한 준비가 되었는지를 결정하기 전에 학습자들에게 학습한 것을 시연하도록 함 • 특히 시험상황은 단순한 암기가 아니라 이해가 이루어졌는지를 점검하기 위해서 이전에 상황과 유사한 문제사태를 제공	
9. 전이와 파지 증진	• 파지와 전이를 증진시키기 : 연습의 기회를 계속적으로 제공 • 새로운 학습이 다른 상황으로 일반화되거나 적용할 수 있는 경험을 제공해야 하는 단계로, 마지막 단계의 특징은 반복과 적용에 있음 • 다양한 상황과 문맥에 적용하는 것은 전이를 도와주는 것으로 처음에 학습된 특정 상황을 넘어 사용될 수 있도록 해야 함	

| 정답 | ③

14

2009 중등

다음 가네(R. Gagné)의 9단계 수업사태에서 ㉠ ~ ㉤에 해당하는 교사의 수업활동에 대한 설명으로 가장 적합한 것은?

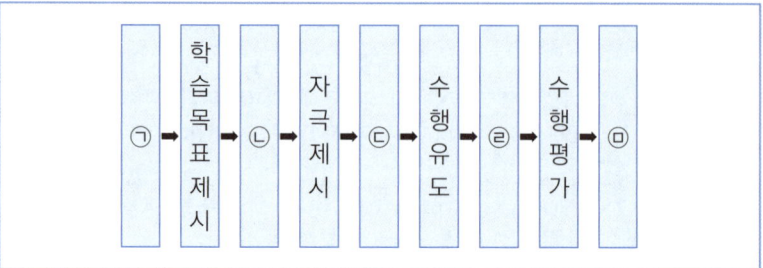

단계		교사의 수업활동
①	㉠	학생들이 내용의 핵심을 선택적으로 지각하여 용이하게 저장할 수 있도록 안내하였다.
②	㉡	학생들이 유의미한 지식구조를 구축하는 데 초점을 맞추어 필요한 기법을 활용하였다.
③	㉢	학생들이 배운 내용을 단기기억에 저장하도록 다양한 흥미 유발기법을 활용하였다.
④	㉣	성공적 수행에 대해서는 강화를 제공하고, 잘못된 수행은 교정할 수 있도록 정보를 제공하였다.
⑤	㉤	학생들이 선수학습 점검 질문에 답을 못할 경우, 다시 가르치기보다는 일단 새로운 학습을 진행하였다.

정답풀이

※ ㉠ 주의획득 단계, ㉡ 선수지식 회상 단계, ㉢ 학습안내제공 단계, ㉣ 피드백 제공 단계, ㉤ 전이와 파지 증진 단계
④ 피드백 제공 단계에 대한 설명이다.

오답풀이

① 자극자료 제시 단계에 대한 설명이다.
② 학습안내제공 단계에 대한 설명이다.
③ 학습안내제공 단계는 학습내용을 단기기억이 아닌 장기기억에 저장하도록 돕는 단계이다.
⑤ 학습 내용을 다른 상황과 문맥에 적용하는 것, 즉 전이와 파지를 돕기 위한 단계이다. 이 단계의 특징은 반복과 적용이다.

| 정답 | ④

15

2012 초등

다음은 가네(R. Gagné)의 수업사태(instructional events) 중 자극자료 제시 단계에 해당하는 수업활동이다. 이를 통해 촉진하고자 하는 학습활동은?

- 삼각형의 내각의 합이 180°라는 것을 가르치기 위해 '삼각형의 내각의 합은 180°이다.'라는 문장을 적고 180° 밑에 빨강색으로 밑줄을 그어 삼각형의 내각의 합이 180°인 것을 강조하였다.
- 평행사변형의 특징을 가르치기 위해 평행사변형을 그린 후, 한 쌍의 평행변은 초록색으로 또 다른 한 쌍의 평행변은 빨강색으로 칠해서 평행사변형의 마주하는 두 쌍의 변이 서로 평행하다는 것을 강조하였다.

① 기대(expectancy)
② 반응(responding)
③ 강화(reinforcement)
④ 선택적 지각(selective perception)
⑤ 의미적 부호화(semantic encoding)

정답풀이

④ 자극자료 제시하기는 학습자에게 학습할 내용, 즉 새로운 학습내용을 본격적으로 제시하는 단계이다. 학습은 새로운 정보의 제시를 요구한다. 새로운 정보의 제시는 학생들에게 새로운 자극의 독특한 특징이 무엇인지를 지적해 줄 수도 있고, 하나의 정의나 규칙의 형태를 띨 수도 있으며, 무엇을 하는 방법에 대한 지식일 수도 있다. 어떤 사태이든 그것은 새로운 자극이며, 교사의 과제는 그것의 독특한 특징을 제시해 줌으로써 학습자들이 기억하기 쉽도록 도와주는 것이다. 즉, 학습과제 자료 또는 교재를 제시하는 것으로 여기서 중요한 것은 성취하려고 하는 학습목표에 적절한 자극자료를 적절한 형태로 제시하는 것이다.

| 정답 | ④

16

다음 (가)~(다)의 교수활동과 가네(R. Gagné)의 수업사태의 단계를 옳게 연결한 것은?

> 홍 교사는 다항식의 덧셈을 가르치려고 한다. 지난 주말 두 가족이 놀이공원 입장표를 사면서 있었던 에피소드로 학생들의 주의를 집중시킨 후, (3X+2Y)+(2X+Y)를 예로 들면서, '미지수가 2개인 다항식의 덧셈을 할 수 있다.'라는 수업목표를 알려준다. 이 수업목표를 달성하기 위해, 홍 교사는 지난 수업 시간에 가르친 다항식의 개념을 상기해 주면서, 다항식의 덧셈 절차를 단계적으로 보여 주며 가르친다. (가) <u>부호화(encoding)를 촉진하기 위해 문자가 같은 항끼리 더하는데 도움이 되는 그림이나 단서를 제공해 준다.</u> (나) <u>학생이 다항식 덧셈의 각 단계를 밟아 놀이공원 입장료를 계산하도록 한다.</u> 학생이 입장료를 정확히 계산하면, 그 사실을 확인해 주고, 틀리면 교정해 준다. 또 학생이 배운 규칙을 이용하여 다양한 다항식 덧셈 문제를 풀도록 하고 이를 평가한다. (다) <u>마지막으로 다항식 덧셈 절차를 노트에 적어 가며 복습하고, 배운 것을 다양한 형태의 다항식 덧셈 문제에 일반화하도록 한다.</u>

① (가) 선수학습 회상하기
　(나) 수행 유도하기
　(다) 파지 및 전이 향상시키기

② (가) 주의 획득하기
　(나) 수행 유도하기
　(다) 파지 및 전략 점검하기

③ (가) 주의 획득하기
　(나) 피드백 제공하기
　(다) 파지 및 전략 점검하기

④ (가) 학습 안내 제시하기
　(나) 수행 유도하기
　(다) 파지 및 전이 향상시키기

⑤ (가) 학습 안내 제시하기
　(나) 피드백 제공하기
　(다) 파지 및 전이 향상시키기

정답풀이

(가) 학습 안내 제시하기 : 이 단계는 학습할 과제의 모든 요소들을 통합시키는 데 필요한 방법을 제시하는 것이다. 이전 정보와 새로운 정보를 적절히 통합시키고, 그 결과를 장기기억에 저장할 수 있도록 학생들은 도움이나 지도를 받아야 하며 이러한 도움은 통합된 정보가 유의미하게 부호화되는 데 초점을 두어야 한다. 즉, 학습안내를 제공하는 것은 학습자가 목표에 나타난 특정 능력을 보다 쉽게 습득할 수 있도록 돕기 위해서다.

(나) 수행 유도하기 : 학습자가 특정 능력을 습득했는지를 확인하기 위해서는 학습자에게 해당되는 행동을 수행하도록 요구하는 것이 필요하다. 이 단계는 통합된 학습의 요소들이 실제로 학습자에 의해 실행되는 단계이다. 수행은 학습자들이 연습문제를 작성하거나, 숙제를 하거나, 수업시간의 질문에 대답하거나, 실험을 완료하거나, 그들이 배운 것을 실습할 수 있는 기회를 제공함으로써 유발될 수 있다. 즉, 이 단계에서는 학습자가 실제로 새로운 학습을 했는지를 증명하는 기회를 제공한다.

(다) 파지 및 전이 향상시키기 : 교수사태의 마지막 단계는 새로운 학습이 다른 상황으로 일반화되거나 적용할 수 있는 경험을 제공함으로써 파지와 전이능력을 향상시킬 수 있는 기회를 제공하는 것이다. 교수활동은 수행평가로 끝나는 것이 아니라, 학습한 것의 파지와 전이를 일부분 포함하여야 한다. 그러므로 마지막 단계의 특징은 반복과 적용이다. 자료를 다시 점검하는 것은 기억을 확실히 하는 데 도움을 준다. 파지를 위해서는 지속적인 반복연습의 기회를 제공해 주어야 하며, 전이를 위해서는 다양한 유사 적용 사례나 심화학습 과제를 제공해 줄 필요가 있다.

| 정답 | ④

THEME 04 최신 교수-학습이론

17
2009 중등

객관주의적 교수설계와 구성주의적 교수설계활동에 대한 단계별 비교 설명으로 옳은 것을 〈보기〉에서 고른 것은?

보기

	객관주의	구성주의
분석	㉠ 수업목표를 사전에 명세화하여 기술한다.	㉡ 학습과제의 구조를 상세히 분석하여 계열화한다.
설계	㉢ 실제적 문제를 상황 맥락적으로 해결할 수 있는 학습자중심의 학습환경을 설계한다.	㉣ 절충(negotiation)과 의미 만들기를 위한 학습환경을 설계한다.
개발 및 구현	㉤ 현실의 복잡함을 반영하는 실제문제를 개발하고, 코칭과 모델링을 위주로 하는 학습환경을 개발한다.	㉥ 문제해결에 초점을 맞추어 학습자의 능동적 지식 구성을 촉진하는 학습환경을 개발한다.

① ㉠, ㉡, ㉣ ② ㉠, ㉣, ㉥
③ ㉠, ㉤, ㉥ ④ ㉡, ㉢, ㉣
⑤ ㉡, ㉤, ㉥

오답풀이

㉡ 객관주의에 대한 설명이다.
㉢ ㉤ 구성주의에 대한 설명이다.

만점대비 +α

💡 **구성주의적 접근에 의한 교수 - 학습이론**

(1) 개요
　① 지식은 단순히 전달되는 것이 아니라, 개인의 인지구조 속에 이미 획득한 지식과 경험에 의해 항상 재창조된다는 이론
　② 관점
　　㉠ 인지적 구성주의 : 주변세계와의 상호작용을 통해 스스로 지식을 구성
　　㉡ 사회적 구성주의 : 사회적 상호작용과 협상의 중요성을 강조
　③ 구성주의의 목표
　　㉠ 인지적 목표 : 이해와 사고의 기능을 강조하는 인지적 목표에 중점
　　㉡ 절차적·방법적 지식에 초점
　　㉢ 실제적 상황 제공
　　㉣ 질적인 평가 지향 : 준거지향평가보다 수행평가 강조
　④ 교사관 : 학습자가 스스로 지식을 구성할 수 있도록 안내, 촉진자의 역할

(2) 객관주의와 구성주의 비교

요소	객관주의	구성주의
실재(지식)	인식주체와 독립되어 외부에 존재	마음의 산물로 인식주체에 의해 결정
학습	외부의 객관적 실재를 수용	개인적 의미의 구성
교육내용	학문적 지식, 체계적인 지식	비판적 사고, 문제해결력, 수행력
교사	지식의 전달자, 교육과정 실행자	학습의 촉진자, 교육과정의 재구성자
학습자	수동적 학습자	능동적인 지식구성자
교육방법	강의식 수업	정착수업, 문제중심학습
평가	양적 평가, 총괄평가 강조	질적 평가, 형성평가 강조

| 정답 | ②

18

인터넷을 활용한 인지적 도제 수업을 설계하고자 할 때 (가)에 가장 적합한 수업 활동은?

① 학생들에게 문제해결 과정을 블로그에 스스로 정리하게 한다.
② 학생들에게 과제수행에 필요한 자료를 인터넷으로 조사하게 한다.
③ 학생들에게 과제수행 과정에 대한 UCC를 제작하여 수업 게시판에 올리게 한다.
④ 전문가의 과제수행 과정이 담긴 동영상을 인터넷에서 찾아 학생들에게 보여 준다.
⑤ 과제수행 중 문제에 봉착한 학생들에게 문제해결의 단서를 트위터를 통해 제공한다.

정답풀이

※ 인지적 도제 수업의 전개 절차는 '모델링 - 코칭 - 비계설정 - 도움 소멸 - 명료화 - 반성적 사고 - 탐구'이다.
④ 모델링에 대한 설명이다. 모델링은 학습자가 전문가의 과제 수행 과정을 관찰하는 단계이다.

오답풀이

① ③ 명료화에 대한 설명이다.
② 탐색에 대한 설명이다.
⑤ 스캐폴딩에 대한 설명이다.

| 정답 | ④

19　　　　　　　　　　　　　　　　　　　　2009 중등

다음은 인지적 도제모형에 기초한 수업단계의 일부이다. 단계별 수업활동에 관한 설명으로 옳지 <u>않은</u> 것은?

- 1단계 : 실제적인 문제해결 과제 제시
- 2단계 : 시범 제공
- 3단계 : 코칭과 지원 제공
- 4단계 : 동료학생들과의 협력 지도
- 5단계 : 일반적 원리로 초점을 옮겨가도록 지도

단계	관련 설명
① 1단계	학생들이 자신의 삶에 활용할 수 있는 지식을 구성해 나가는 데 도움이 되는 실제적인 문제를 제시한다.
② 2단계	학생들이 스스로 문제를 해결하도록 교사는 문제를 풀어 나가는 자신의 사고과정에 대한 설명 없이 시범을 보인다.
③ 3단계	수업 후반부로 갈수록 도움을 점차 감소시켜 학생들 스스로 과제를 수행하는 능력을 길러 나가도록 한다.
④ 4단계	협력학습의 과정에서 학생들이 해당 분야의 용어와 사고방식에 익숙해지는 문화적 적응의 기회를 갖게 한다.
⑤ 5단계	학생들이 특정상황을 넘어 관련된 다른 상황에 적용할 수 있는 보편적 지식을 습득하게 한다.

정답풀이

② 시범 제공(모델링)은 전문가인 교사가 시범을 보이면 학습자는 전문가가 과제를 수행하는 과정을 관찰하는 단계이다.

만점대비+α

💡 콜린스(Collins)의 인지적 도제학습

① 모델링 : 전문가인 교사가 시범을 보이면 학습자는 전문가 과제를 수행하는 과정을 관찰한다.

② 코칭 : 학습자가 과제를 수행하면 교사는 학습자에게 코멘트를 해주고, 잃어버렸던 것, 잘못된 것 등을 일깨워 주고, 격려해 주고, 환류를 시켜 준다.

③ 비계설정 : 교사는 학습자와 공동으로 과제를 수행하며 학습에 도움을 주는 디딤돌 역할을 한다. 학습자가 학습한 지식과 기능을 통합적으로 활용할 수 있도록 모델링과 피드백을 통한 구체적인 도움을 제공한다. 학습자가 익숙해지면 이를 감소시켜 나간다.

④ 점진적 제거 : 학습자가 스스로 문제를 해결할 수 있도록 학습과정의 통제를 점진적으로 학생들에게 이양하면서 교수적 지원을 점차 줄여 가는 단계이다.

⑤ 명료화 : 학습자가 자신이 구성한 지식과 수행기능을 시범을 보이거나 설명하도록 하여 자신이 습득한 지식, 기능, 이해, 사고 등을 종합적으로 연계하도록 한다.

⑥ 반성적 사고 : 학습자는 자신이 수행하고 있는 문제해결과정을 전문가인 교사가 하는 것과 비교하여 반성적으로 검토한다.

⑦ 탐구 : 학습자는 자신의 지식과 기능, 태도를 자유자재로 사용할 수 있는 나름대로의 방략을 탐색한다.

| 정답 | ②

20
2011 초등

문제중심학습(problem-based learning)에 관한 진술로 옳은 것을 〈보기〉에서 모두 고르면?

보기

㉠ 구성주의적 인식론에 바탕을 둔 학습 모형이다.
㉡ 학습 문제는 기본적으로 구조화된 형태로 제시된다.
㉢ 문제 해결을 위해 요구되는 정보, 지식, 해결 방법 등을 자기 주도적으로 탐구한다.
㉣ 학습자에게 제시되는 문제는 일상에서 접하게 되는 수준의 복잡성과 실제성을 가지는 것이 좋다.

---

① ㉠, ㉢
② ㉡, ㉣
③ ㉠, ㉢, ㉣
④ ㉡, ㉢, ㉣
⑤ ㉠, ㉡, ㉢, ㉣

정답풀이

㉠ 문제중심학습은 구성주의 견해를 가장 충실하게 반영하고 있는 것으로 평가받고 있다.
㉢ 문제중심학습은 학습자중심의 자기주도학습을 지향한다. 학습자는 학습과정에서 주인의식을 갖고 학습활동을 능동적으로 주도해야 한다. 학습자는 학습목표를 설정하고, 학습속도를 조절하며, 학습이 제대로 되고 있는지를 수시로 점검하는 역할을 수행해야 한다.
㉣ 문제중심학습은 학습자로 하여금 실생활 문제를 해결하도록 하는 수업방법이다. 따라서 PBL의 문제를 설계할 때는 그 특성들, 즉 비구조화, 실제성, 관련성, 복잡성을 충분히 고려해야 한다.

오답풀이

㉡ 문제중심학습(PBL)에서 사용되는 문제는 구조화된 형태로 제시되기보다 문제를 만들어 내는 것이 가장 중요하며, 우리가 실생활에서 직면할 수 있도록 사실적이고 비구조화되어야 한다.

논술 문제 적용 하기

20-1
2018 중등

박 교사가 언급하는 PBL(문제중심학습)에서 학습자의 역할 2가지, PBL에 적합한 문제의 특성과 그 특성이 주는 학습효과 1가지를 논하시오.

김 교사: 학생의 다양한 특성을 반영하기 위한 수업 방법으로 어떤 것이 있을까요?
박 교사: 우리 학교 학생에게는 학습흥미와 수업참여를 높이는 수업이 필요할 것 같아요. 제가 지난번 연구수업에서 문제를 활용한 수업을 했는데, 수업 중에 학생들이 무엇을 해야 하는지 모르는 것 같았어요. 게다가 제가 문제를 잘 구성하지 못했는지 별로 흥미를 보이지 않더라고요. 문제를 활용하는 수업에서는 학생의 역할을 안내하고 좋은 문제를 개발하는 것이 중요하다는 것을 알게 되었어요.

예시답안

박 교사가 언급하는 문제중심학습에서 학습자는 자기주도학습을 지향한다. 학습자는 학습과정에서 주인의식을 갖고 학습활동을 능동적으로 주도해야 한다. 다시 말해 학습자는 학습목표를 설정하고, 학습속도를 조절하며, 학습이 제대로 되고 있는지를 수시로 점검하는 역할을 수행한다. 또한 문제중심학습은 협동학습을 중시한다. 학생은 다른 사람과 함께 문제를 해결할 수 있는 방안을 수립하고 실행해야 한다. 실제적이고, 비구조화된 문제를 해결하기 위해 협동학습을 하는 과정에서 학습자는 아이디어를 공유하고, 다양한 견해를 경험하며, 자신의 사고를 명료화하고, 자신의 사고를 수정할 수 있다. 문제중심학습에서 제시되는 학습과제는 비구조화, 실제성, 관련성, 복잡성의 특성을 가지고 있다. 비구조화란 문제의 요소가 제대로 정의되지 않고 문제해결에 필요한 정보가 부족해서 다양한 해결책이 가능한 것, 실제성이란 인위적인 문제가 아니라 현실 생활과 긴밀하게 관련된 것, 관련성은 자신이 체험했거나, 체험할 수 있는 문제라고 느끼게 하는 것, 복잡성이란 충분히 길고 복잡하여 학습자들로 하여금 혼자서 하거나 단순한 역할분담만으로는 문제를 효과적으로 풀 수 없고 모든 구성원들이 협동을 해야만 문제를 해결할 수 있는 것을 말한다. 단순한 지식이나 기능을 습득하는 것과는 다른 이러한 문제의 특성으로 인해 학습동기를 높이고 고차적 사고능력과 비판적 사고능력을 기르는데 효과가 있다.

만점대비 +α

💡 문제중심학습(problem - based learning)

(1) 개요
① 실생활과 긴밀하게 관련된 문제를 해결하도록 하는 학습자주도의 수업방법을 지칭한다.
② 구성주의 견해를 가장 충실하게 반영하고 있는 것으로 평가받고 있는 문제중심학습의 특징은 다음과 같다.
  ㉠ 문제중심학습은 학습자중심의 자기주도학습을 지향한다. 학습자는 학습과정에서 주인의식을 갖고 학습활동을 능동적으로 주도해야 한다. 학습자는 학습목표를 설정하고, 학습속도를 조절하며, 학습이 제대로 되고 있는지를 수시로 점검하는 역할을 수행해야 한다.
  ㉡ 단순한 지식이나 기능을 습득하는 것이 아니라 비판적 사고력, 반성적 사고력, 문제해결력, 메타인지기능과 같은 고등정신능력을 함양하는 데 관심이 있다.
  ㉢ 교사는 지식을 일방적으로 전달하는 역할이 아니라 학생을 지원하고 조력하는 안내자·지원자·촉진자의 역할을 수행한다.
  ㉣ 문제중심학습은 협동학습을 중시한다. 학생은 다른 사람과 함께 문제를 해결할 수 있는 방안을 수립하고 실행해야 한다. 실제적이고 비구조화된 문제를 해결하기 위해 협동학습을 하는 과정에서 학생들은 아이디어를 공유하고, 다양한 견해를 경험하며, 자신의 사고를 명료화하고, 자신의 사고를 수정할 수 있다.
  ㉤ 문제중심학습은 학습의 결과에 대한 평가는 물론 학습과정에 대한 평가도 중시한다. 또 교사의 평가는 물론 학생 자신의 평가와 동료학생들의 평가도 포함한다.

(2) 문제중심학습(PBL)에서의 문제의 특성
① 비구조화 : PBL에서 사용되는 문제는 비구조화된 문제여야 한다. 구조화된 문제해결의 경우는 대부분 정형화된 답이 있지만, 비구조화된 문제해결의 경우는 정형화된 답을 찾기 어렵다.
② 실제성 : 좋은 PBL 문제는 학습자의 흥미와 동기를 유발해서 학습내용에 대한 더 깊은 이해를 촉진해야 한다. 학습자의 흥미를 유발하는 한 가지 방법은 실제적인 문제를 사용하는 것이다.
③ 관련성 : 좋은 PBL 문제는 학습자가 관련성을 느끼게 해야 한다. 즉, 자신이 체험했거나, 체험할 수 있는 문제라고 느끼게 해야 하는 것으로서, 이를 위해 문제 속에 학습자로 하여금 관련성을 느끼게 하는 상황을 제시해야 한다.
④ 복잡성 : PBL에서 활용하는 문제는 그 복잡성으로 인하여 조로 편성된 그룹의 모든 구성원들이 문제를 해결하는 데 기여할 수 있도록 해야 한다. 즉, PBL에서 추구하는 문제는 이러한 협동학습이 유기적으로 발생할 수 있는 정도의 복잡성을 지닌 문제이다.

(3) 바람직하지 않은 PBL 문제와 바람직한 PBL 문제의 비교

바람직하지 않은 PBL 문제	바람직한 PBL 문제
한 가지 해결방안만 있는 경우	다양한 해결방안이나 대처방안이 가능한 경우
교과서상에서만 존재할 수 있는 문제	실세계에서 발생 가능한 문제
학습할 사항 내지 논점들을 교수자가 제시하는 경우	학습할 사항 내지 논점들을 학습자가 생성하는 경우
학습자의 경험이 전혀 불가능한 문제	학습자의 경험이 가능했거나 가능한 문제
혼자서 또는 조원들 간의 단순한 역할분담만으로 해결방안을 찾을 수 있는 문제	해결방안을 위해 협동학습이 필요한 문제

| 정답 | ③

21

2008 중등

〈보기〉는 문제기반학습에서 교사의 단계별 행동을 진술한 것이다. 순서대로 바르게 나열한 것은?

> 보기
> ㉠ 학생들에게 자신의 탐구능력과 사고과정을 반성하게 한다.
> ㉡ 학생들이 문제해결을 위한 연구과제를 구체적으로 정의하도록 돕는다.
> ㉢ 학생들이 적절한 자료를 수집하고 실험하여 원인과 해결책을 찾도록 지도한다.
> ㉣ 학생들이 보고서, 비디오, 모형 등 적절한 결과물을 만들어서 발표하게 한다.
> ㉤ 학생들에게 탐구할 과제와 그 요건을 설명하고 학생들이 과제를 선택하여 문제해결활동에 참여하도록 안내한다.

① ㉡ → ㉣ → ㉤ → ㉢ → ㉠
② ㉡ → ㉤ → ㉣ → ㉢ → ㉠
③ ㉤ → ㉡ → ㉢ → ㉣ → ㉠
④ ㉤ → ㉢ → ㉣ → ㉡ → ㉠

만점대비 +α

💡 문제중심학습(PBL)의 수업단계

단계		교사행동
1	문제를 안내하기	수업목표를 검토하고, 중요한 논리적 선행 요소를 기술하고, 학생이 문제해결활동에 참여하도록 동기를 부여한다.
2	연구과제를 조직하기	학생이 문제와 관련된 연구과제를 정의하고 조직하도록 도와준다.
3	독립·집단 연구에 도움 주기	학생이 적절한 정보를 수집하고, 실험을 수행하고, 설명과 해결책을 찾을 수 있도록 용기를 북돋워 준다.
4	가공물·전시회의 개발과 제시	학생이 보고서, 비디오, 모형과 같은 적절한 가공물을 계획하고 준비하며, 다른 사람과 공동작업을 하도록 도와준다.
5	문제해결과정의 분석 및 평가	학생이 그들의 연구와 사용했던 연구과정에 대하여 고찰할 수 있도록 도와준다.

| 정답 | ③

22

다음 김 교사가 활용한 교수 – 학습 유형으로 가장 적절한 것은?

2013 중등

> 김 교사는 해안가의 한 도시에 있는 학교에 근무하고 있다. 그는 학생들에게 '지역 축산 단지에서 흘려보내는 오·폐수로 인한 환경오염이 지역사회에 미치는 피해를 최소화할 수 있는 방법'을 모색해 보는 과제를 웹에 제시하였다. 이 과제는 지역 농가, 도시 주민, 자치단체의 이해관계가 복잡하게 얽혀 있는 실제적 과제(authentic task)로서 비구조화되어 있다. 이 과제를 해결하기 위해서 학생들은 환경오염의 원인에 대해 다양한 가설을 세우고, 오염물질에 관한 자료를 수집하고 분석하여 그 원인을 추론하였다. 이 과정에서 교사는 촉진자의 역할을 수행하였고 학생들은 주인 의식을 갖고 자기 주도적으로 과제를 해결해 나갔다. 마지막으로 학생들에게 보고서를 웹에 올려 평가받게 함으로써 학습과정을 성찰(reflection)해 볼 수 있는 기회를 제공하였다.

① 직접교수모형
② 문제기반학습
③ 완전학습모형
④ 인지적 도제학습
⑤ 정교화 수업모형

정답풀이

② 문제기반(중심)학습 : 복잡한 실제세계의 맥락 속에서 비구조화된 문제를 제시하여 의미 있는 해결방법을 찾아내게 함으로써 교과지식과 기술뿐만 아니라 문제해결전략을 동시에 가르치는 교육과정이며 교수전략이다. 배로우즈(Barrows)는 문제기반학습이 이루어지는 학습구조에서 중요하게 나타나는 학습형태를 팀학습과 자기주도적 학습을 통한 추론으로 보았다.

오답풀이

① 직접교수모형 : 원리나 내용의 의미를 깨닫게 하는 것이 아니라 행동주의 이론에 입각하여 연속적이고 구조화된 학습자료를 명시적이고 반복적으로 제공하여 학생이 자신이 해결해야 할 과제가 무엇인지를 분명히 알게 하는 교사 중심의 수업이다.

③ 완전학습모형 : 완전학습이란 비록 학습집단이 이질적으로 구성되어 있어 학생 간의 개인차가 있다 하더라도, 최적의 학습조건이 마련되고 학습시간이 충분히 주어진다면 학급의 95% 이상의 학생이 90%(90점으로 '수'에 해당) 이상의 점수를 획득하는 학습을 의미한다. 완전학습 이론은 '인간의 능력에 대한 신뢰'에서 출발함을 유의하여야 한다.

④ 인지적 도제학습 : 도제방법의 장점을 살려 학습자들이 현실과 동떨어지지 않은 실제적 상황에서 전문가의 과제수행과정을 관찰하고, 실제로 과제를 수행해 보는 가운데 자신의 지식상태의 변화를 경험할 수 있도록 하는 것이다.

⑤ 정교화 수업모형 : 교수내용을 조직하는 전략에 초점을 둔 교수설계 이론으로서, 교수내용을 선정·계열화하고, 종합·요약하는 측면에서 교수의 효율적 처방에 대한 지침을 구체적으로 제시한다. 교수내용의 계열화 방법으로 정수화와 정교화의 방법을 제시하고 있다.

| 정답 | ②

23

웹기반 학습에 관한 다음의 대화에서 두 교사가 활용한 교수·학습 전략을 바르게 짝지은 것은?

2011 초등

> 김 교사: 복잡한 개념을 가르치기 위해 다양한 관점을 보여주는 여러 사례들을 모은 웹사이트를 만들었어요. 그래서 학생들이 비계열적 방식으로 자유롭게 사례들을 찾아다니며 그 개념을 이해할 수 있도록 했어요.
> 박 교사: 글쎄요, 그럴 경우 학생들이 방향감을 상실할 수도 있지 않을까요? 그래서 저는 학생들이 웹상의 정보를 탐색할 때마다 스스로 목표를 정하여 학습하게 하고, 그 후에는 정보 탐색 활동에 대한 기록과 점검을 통해 자기평가를 수행하도록 했어요.

	김 교사	박 교사
①	정착(anchored) 수업	순차식 - 발견식 수업
②	분지형(branching) 프로그램	자기조절 학습
③	분지형 프로그램	정착 수업
④	인지적 유연성(flexibility) 이론	자기조절 학습
⑤	인지적 유연성 이론	순차식 - 발견식 수업

오답풀이

※ 정착 수업: 상황학습이론을 적극 수용하면서 교수매체를 활용한 학습환경을 제공하여 주고, 이를 통해 현실상황에서 활용 가능한 문제해결력을 증진시키는 데 도움을 주고자 하는 방법론이다.

※ 순차식-발견식 수업: 교수내용이 학습자에게 보다 명료하게 전달될 수 있도록 복잡하고 관찰 불가능한 인지적 조작들을 기본적인 요소의 수준까지 세분화하여 계열적으로 가르치게 되면, 효율적으로 가르칠 수 있을 것이라고 보는 거시적 접근의 교수이론이다.

※ 분지형 프로그램: 스키너의 프로그램 학습이론의 한 유형으로, 선다형으로 구성하였으며, 오답이 나오면 이를 교정한 후 다시 홈페이지로 돌아가는 프로그램이다. 교정 프레임을 통해 오답의 이유를 설명해 주기 때문에 정확한 반응을 알게 된다.

논술 문제 적용 하기

23-1

2023 중등

자기조절 과정에서 목표 설정 및 계획 단계 이후의 지원 방안 2가지

> 수업 내용과 과제의 수준에 실질적인 변화가 없었지만, 학생들의 만족도가 높아졌다. 이는 사회인지이론에서 제시한 자기효능감과 자기조절을 증진하기 위해 노력한 결과로 분석된다. 특히 자기효능감 형성에 영향을 미치는 숙달 경험과 대리 경험을 학생들에게 제공하고, 자기조절을 촉진하기 위해 학생들 스스로 목표 설정 및 계획 단계를 실행하도록 한 것이 효과적이었다. 향후 학생들의 자기효능감 향상을 위해 적절한 교수전략을 지속적으로 모색하고, 자기조절 과정에서 목표 설정 및 계획 단계 이후로 나아가도록 지원할 필요가 있다.

예시답안

자기조절이란 학습자가 과제 수행을 위한 계획을 세우고, 수행을 모니터링하며, 수행 결과에 대해 성찰하고 이 성찰의 결과를 차기 과제수행을 위해 적용하는 일련의 순환적 과정이다. 자기조절 과정에서 목표 설정 및 계획단계 이후에 학습자는 수행과 성찰의 단계를 거치게 되는데, 각 단계에서 교사는 다음과 같은 조력을 할 수 있다. 우선, 수행단계는 학생 자신의 계획을 실천에 옮기는 과정으로, 다양한 전략적 활동과 지속적인 모니터링 과정이 포함된다. 이 단계에서 교사는 시연, 정교화, 조직화 전략 등 다양한 기억전략을 지도해주어야 한다. 구체적으로, 학습전략을 어떻게 사용하는지 모델을 보여주고 시범과 안내를 수반한 연습활동을 제공해 줄 수 있다. 다음으로, 성찰 단계는 학습활동 이후에 자신의 과제수행을 전반적으로 되돌아보는 과정으로, 이 단계에서 교사는 최종결과에 대해 성찰하는 방법을 지도해주어야 한다. 예를 들어, 완성형 문장을 이용해 수행에 대한 성찰을 돕는 방법 등을 활용할 수 있다.

THEME 04 최신 교수-학습이론

> **만점대비 +α**

💡 인지적 유연성 이론(Cognitive Flexibility Theory)
① 정의 : 새로운 상황의 요구에 맞도록 학습자의 기억 내 지식을 융통적으로 재구성하는 능력에 관한 이론이다.
② 특징 : '지식의 특성과 지식구조 형성 과정'에 초점
  ㉠ 지식의 복잡성과 비규칙성을 포함시킨 과제와 학습환경에 제공되어야 함
  ㉡ **다양한 지식의 표상** : 복잡성을 지닌 과제를 작게 세분화하여 다양한 소규모의 예들로 제시하는 것
  ㉢ **재학습** : 동일한 학습과제를 여러 번 반복하여 탐색하는 것
  ㉣ **십자형 접근(임의적 접근, 다차원적 조망교차)** : 비구조적인 지식에 내재하고 있는 복잡한 여러 의미를 비순차적이고 다차원적 학습전략을 활용하여 학습 → 지식의 전이성 효과적으로 높임

💡 자기 조절 학습(SRL : Self-Regulated Learning)
① 학습자 자신이 자신의 학습, 사고, 행동을 스스로 조정하는 학습을 의미한다.
② 학습자 스스로가 학습의 참여 여부에서부터 목표 설정 및 교육 프로그램의 선정과 교육평가에 이르기까지 교육의 전 과정을 자발적 의사에 따라 선택하고 결정하여 행하게 되는 학습형태이다.
③ 학습자가 학습과정에서 자신의 학습을 계획 점검하고 인지적으로 조절하는 상위인지, 동기, 학습전략 측면에서 자신의 학습과정을 계획, 조절, 통제하면서 학습과제에 적극적으로 참여하는 학습과정을 일컫는다.
④ 구성요소
  ㉠ **인지적 조절** : 주어진 과제의 암송, 과제의 정교화, 과제의 조직화 등의 인지 전략 + 자기 의문, 자기점검, 자기 모니터링 등의 메타인지 전략을 포함
  ㉡ **동기적 조절** : 내적 지향, 과제의 중요성, 신념, 성공에 대한 기대를 포함
  ㉢ **행동적 조절** : 할당된 시간의 관리, 상황의 환경적 조건의 관리, 과제수행 노력의 분배관리, 필요한 도움의 요청 등을 포함
⑤ 단계별 구성요인
  ㉠ **전사고단계** : 과제분석 및 계획(과제분석, 목표설정, 전략계획) + 동기적 요인(자기효능감, 목표지향성, 과제가치 등)
  ㉡ **수행단계** : 전략실행(인지전략, 동기/감정조절전략, 메타인지전략, 행동조절전략 및 환경조절전략 등) + 지속적인 모니터링
  ㉢ **성찰단계** : 자신의 학습과정과 그 결과에 대한 평가(자기평가) + 반응(인지적 판단, 평가의 원인에 대한 귀인, 정서적 반응, 전략의 획득 및 변경 등)

| 정답 | ④

24

2009 중등

학생들에게 복잡하고 비구조화된 개념을 가르치기 위하여, 스피로(R. Spiro)의 인지적 유연성이론에 기초하여 개발된 동영상 수업자료를 활용하고자 한다. 이때 수업시간에 보여 줄 동영상 형태로 가장 적합한 것은?

① 해당 개념에 대한 강의를 5분 단위로 자른 동영상 5~6개
② 해당 개념이 한 가지 관점에서 한 사례에 적용된 5분 안팎의 동영상 1개
③ 해당 개념이 한 가지 관점에서 한 사례에 적용된 20분 안팎의 동영상 1개
④ 해당 개념에 대한 강의에 시각자료를 포함한 20분 안팎의 동영상 1개
⑤ 해당 개념이 각기 다른 관점에서 여러 사례에 적용된 1분 안팎의 동영상 5~6개

만점대비 +α

인지적 유연성 이론의 학습환경 설계원리

① **다양한 지식의 표상**: 단순화 및 위계적으로 구조화된 지식은 다른 맥락에서 그 지식을 활용하는 데 한계가 있으며 지식에 대한 왜곡된 시각 및 편견을 갖게 한다. 또한 비구조적 지식의 영역에서 사례마다 나타나는 불규칙성은 전통적인 교수설계모형으로는 해결할 수 없기 때문에 다양한 관점에 의한 표상이 필요하다.
② **재학습**: 동일한 학습과제를 여러 번 반복하여 탐색·수행하는 것을 의미한다. 반복할 때마다 이전과는 다른 관점으로 시도하고 해석하는 과정에서 새로운 해석의 틀과 통찰력을 갖게 된다.
③ **임의접근 교수법**(조망교차, 십자형 접근): 어떤 특정 과제를 다양한 맥락과 관점에서, 서로서로 다른 방향에서 바라보는 것 또는 해석하는 것을 말한다. 구체적으로 주어진 특정 과제와 연결하여 가능한 많은 사례들을 다루어 볼 때, 그 사례 속에 등장하거나 숨어 있는 다양한 논의점 및 이슈들 그리고 그와 관련한 이유들을 검토하는 것이다.
④ **상호관련성**: 개념과 사례는 서로 분리되어 있지 않고 동일한 내용의 테두리 안에서 조직되어야 한다. 자료들은 무수히 많은 서로 다른 내용과 함께 조직되며, 서로 다른 사례들에게 적합하게 적용될 수 있도록 조직되어야 한다.
⑤ **사례와 소사례**: 지식이 실제 맥락에서 적용되는 방식을 알기 위해서는 추상적이고 일반적인 원리를 학습하는 것보다 많은 사례를 경험하는 것이 필요하다. 사례와 소사례의 관계는 산맥과 산의 관계처럼 전체와 부분의 관계이다. 복잡한 전체(사례)에 대한 정확한 이해를 위해서는 여러 부분적인 소사례를 이해해야 한다.
⑥ **보조적 탐색도구**: 보조적 탐색도구는 컴퓨터 기반의 하이퍼텍스트 환경에서 학습자들에게 간혹 발생하는 인지적 부담감과 방향감 상실 문제를 해결하기 위한 필요에서 대두되었다. 예로서는 핵심적 개념에 주석을 달거나 학습자의 하이퍼텍스트 환경 내의 탐색경로를 표시해 주는 방법, 학습하고자 하는 주제에 대한 전체 목록, 사이트 맵과 같은 탐색지도 등이 있다.
⑦ **학습자의 적극적 참여**: 인지적 유연성 이론이 상위지식에 초점을 두고 있는 만큼, 전문적인 단계의 지식을 학습하면서 인지구조는 더욱 복잡해지고 정교화되어 간다. 동시에 지식을 구성하면서 그 과정을 통제하고 조절해야 하며 이에 대한 책임도 커지게 된다.

| 정답 | ⑤

THEME 04 최신 교수-학습이론

논술 문제 적용 하기

25-1
2020 중등

C 교사의 의견에서 제시된 토의식 수업을 설계할 때 활용할 수 있는 정착수업의 원리 2가지, 위키를 활용할 때 발생할 수 있는 문제점 2가지를 논하시오.

구분	주요 의견
C 교사	• 토의식 수업이 활발하게 이루어지기 위해서는 수업방법과 학습도구가 달라져야 함 • 수업방법 측면에서는 학생이 함께 다양한 관점에서 문제를 탐색하며 해답을 찾아가는 데 있어서 정착수업(Anchored Instruction)을 활용할 수 있음 • 학습도구 측면에서는 학생이 상호 협력하여 지식을 생성하기 위해 인터넷에서 수집한 정보를 공유하고, 공동으로 수정, 추가, 편집하는 데 위키(Wiki)를 이용할 수 있음(예 : 위키피디아 등) - 단 위키를 활용할 때 발생할 수 있는 문제점에 유의해야 함

예시답안

C 교사는 정착수업모형을 활용하여 토의식 수업을 설계하고자 한다. 이때 활용할 수 있는 정착수업의 원리는 다음과 같다. 정착수업은 실제의 상황에서, 또는 실제적인 문제를 학습자에게 제공하는 환경에서 학습이 이루어지는 문화 적응의 과정이다. 또한 정착수업 모형에서는 테크놀로지를 이용하여 학생들에게 실제 상황과 유사한 상황을 제시함으로써 현실에 적용할 수 있는 문제해결능력을 길러주고자 한다. 즉, 수업을 실제 문제해결 상황에 정착시켜 학생들이 적극적으로 학습에 참여하도록 하는 방법이다. 토의식 수업에 있어 위키를 활용할 때 생길 수 있는 문제점은 다음과 같다. 첫째, 위키 내에는 정확한 정보만 존재하는 게 아니라 잘못된 정보, 가치 없는 정보 또한 상당히 존재한다. 학생들은 이 자료들의 정확성을 명확히 판단하여 구분하지 못해 잘못된 정보를 받아들일 수 있다. 둘째, 위키에는 지나치게 많은 양의 정보가 존재한다. 이로 인해 학생들에게 인지적 과부하가 나타나거나 방향감을 상실하는 문제가 있을 수 있다. 즉, 지나치게 많은 정보의 유입이나 자신이 어디에 위치해 있는지 갈피를 못 잡는 경우 학습의 효과는 떨어진다. 교사는 이러한 점을 염두에 두고 토의식 수업을 위한 수업을 효과적으로 설계해야 한다.

25
2012 초등

박 교사가 수업에 적용한 이론으로 가장 적절한 것은?

> 박 교사는 수학 교과는 실제적인 맥락에서 학습되어야 한다고 생각한다. 그래서 그는 수학 교과의 내용을 적용하여 실제적인 문제를 해결해 가는 이야기를 담은 동영상을 제작하고 이를 수업 시간에 제시하였다. 문제가 발생되는 장면에서 동영상을 멈추고 학생들에게 이야기 속에 암시된 여러 단서들을 찾아 스스로 문제를 해결해 보도록 하였다. 그런 다음 멈추었던 동영상을 다시 틀어 문제가 해결되는 과정을 보여주었다.

① 이중부호화 이론(dual coding theory)
② 상황정착 수업 이론(anchored instruction theory)
③ 인지유연성 이론(cognitive flexibility theory)
④ 내용요소전시 이론(component display theory)
⑤ 정교화 수업 이론(elaboration theory of instruction)

오답풀이

① 이중부호화 이론 : 장기기억 속의 정보가 언어적 형태와 비언어적 형태로 저장되는데, 정보가 두 가지 형식으로 부호화되면 더 잘 기억된다는 것을 시사하는 이론이다. 이것은 작업기억에서의 분산된 처리와 장기기억에서의 이중부호화 능력을 최대한 이용하는 것이다.
③ 인지 유연성 이론 : 새로운 상황의 요구에 맞도록 학습자의 기억 내 지식을 융통적으로 재구성하는 능력에 관한 이론이다.
④ 내용요소전시 이론 : 교수방법에 대한 지침을 제공하는 교수설계이론으로 학습자가 학습해야 할 내용과 수행차원을 고려한 전략에 해당된다. 이는 차시 수준의 작은 수업단위에서 구체적인 낱개의 요소를 가르치기 위한 전략을 처방하는 미시적 설계이론이다.
⑤ 정교화 수업 이론 : 교수내용을 조직하는 전략에 초점을 둔 교수설계 이론으로서, 교수내용을 선정·계열화하고, 종합·요약하는 측면에서 교수의 효율적 처방에 대한 지침을 구체적으로 제시한다.

만점대비+α

💡 **상황정착 수업이론**(앵커드 수업이론, 정착학습, 정황학습)

(1) 배경
① 전통적인 학교 교육의 문제점 중의 하나는 학교에서 배운 지식이 실제 생활에는 거의 쓰여 지지 않는다는 것이다. 상황정착 수업이론가들은 학교 학습이 효과적이지 못하고 학교에서 배운 지식이 실생활에 활용되지 않는 이유를 지식이 실제 사용되는 맥락과 분리되어 가르쳐진 결과라고 말한다.
② 이렇게 고도로 탈 맥락화 되고 단순한 지식은 불완전하고, 미숙한 이해를 초래한다. 따라서 학생들은 시험에는 통과할지라도 그 지식을 일상생활에는 적용하지 못하게 되는 것이다. 이렇게 시험에는 통과할 수 있어도, 실제 문제 상황에서는 적용되지 못하는 지식을 비활성화된 지식이라고 한다. 머리 속에는 들어있지만 필요할 때 쓸 수 없는 지식, 즉 쓸모없는 지식이라는 뜻이다.
③ 그러므로 학교에서 학습한 지식을 실제 문제에 적용함에 있어 어려움을 해결하기 위한 대안적 방법이 필요하며, 그 대안적 방법이 상황정착수업이론이다.

(2) 개념
① 상황정착수업이론이란 실제의 상황에서, 또는 실제적인 문제를 학습자에게 제공하는 환경에서 학습이 이루어지는 문화 적응의 과정이다.
② 테크놀로지를 이용하여 실제 상황과 유사한 상황을 제시함으로써 현실에 적용할 수 있는 문제해결능력을 길러 주고자 한다. 즉, 수업을 실제 문제해결 상황에 정착시켜 학생들이 적극적으로 학습에 참여하도록 하는 방법이다.

(3) 상황정착수업의 특징
① 실제적인 맥락을 중시한다. 상황정착수업에서는 실제 상황에서 문제를 해결하는 과정을 통해 지식을 획득하도록 한다. 따라서 상황정착수업 이론에서는 여러 상황이 함축되어 있는 학제 간 지식의 활용을 필요로 하는 복잡한 문제를 다룬다. 다양한 지식간의 연결을 통해 해결할 수 있는 복잡하고 실제적인 문제를 뜻한다.
② 실제 맥락이나 상황을 실감나게 제시하기 위해 비디오 테크놀로지를 활용한다. 상황정착수업에서는 공학을 이용하여 실제 상황과 유사한 상황을 제공해 준 다음 문제를 해결하도록 하여 유용한 지식을 학습하도록 한다. 상황정착수업 이론에서 실제적 과제란 협의적 성격을 띠며 어떤 특정 상황을 전제로 한 문제해결을 위해 그 특정 상황을 둘러싼 모든 자료와 물체 등을 가능한 자세하게 사실성을 포함하여 담고 있는 것이라고 볼 수 있다.

(4) 교육적 시사점
① 상황정착수업 이론의 경우는 학생과 교사로 구성된 지식탐구 팀 간의 협동적 노력을 통해 문제 해결의 전 과정, 즉, 문제 자체를 형상화하고 문제의 해결책을 제시하기까지의 전 과정이 학생들 주도로 이루어지는 형성학습을 강조하고 있다. 상황정착수업 이론에서 말하는 협동학습이란 어떤 한 상황 혹은 어떤 일련의 사건이 있을 때 그것에 대한 학생들의 각기 다양한 해석과 접근방법을 이런 협동적 노력을 통해 접하게 되고, 그리하여 그들의 개인적 견해와 사고의 틀을 넓히는 결과를 갖고 오도록 하는 전략이라고 할 수 있다.
② 교사의 경우 촉매자 역할과 더불어 같이 배우는 자로서의 역할을 강조한다. 즉 교사는 충분한 학습의 여유를 제공해 주고 학생 주도의 문제형성과 해결 학습을 강조한다. 또한 교사의 역할은 학생들이 주체가 되어 문제해결을 할 수 있도록 기본 인지적 틀을 제시해주며 교수적 도움을 주는 것 외에도 학생들의 문제해결 과정에 참여하여 같이 배우는 자로서의 역할도 강조된다.

| 정답 | ②

26

다음에서 제시하는 교수-학습방법은?

> - 학생이 읽은 내용을 깊이 이해하고 생각하도록 도와주는 것이 목적이다.
> - 학생으로 하여금 자신이 읽은 내용을 요약하고, 의문을 제기하고, 이해가 어려운 부분을 명료화하고, 후속 내용을 예측하게 한다.
> - 과제의 난이도와 학생의 능력을 고려하여, 학습의 주도권이 교사로부터 학생에게 점진적으로 옮겨가게 한다.

① 구안법(project method)
② 상호교수(reciprocal teaching)
③ 발견학습(discovery learning)
④ 프로그램교수(programmed instruction)

오답풀이

① 구안법 : 학생이 마음속에 생각하고 있는 것을 외부에 구체적으로 실현하고 형상화하기 위하여 스스로 계획을 세워 수행하도록 하는 학습지도 형태이다. 프로젝트는 일정한 목표를 달성하려고 심신을 움직여가는 경우의 활동작업이다.
③ 발견학습 : 교사의 지시를 최소한으로 줄이고 학생 스스로 자발적인 학습을 통해 학습목표를 달성하도록 하는 교수-학습과정의 한 형태이다. 발견학습은 학생 스스로 기본개념이나 원리를 깨닫게 함으로써 탐구능력과 태도를 기를 수 있도록 촉진한다.
④ 프로그램교수 : 특별한 형태로 짜여진 교재에 의해서 학습자료를 제시하고, 학생에게 개별학습을 시켜서 특정한 학습목표까지 무리 없이 확실하게 도달시키기 위한 학습방법이다.

만점대비 +α

💡 상보적 교수이론(Reciprocal Teaching)

(1) **이론적 배경** : 소크라테스식 대화법, 비고츠키의 근접발달영역(ZPD), 전문가에 의한 비계설정(Scaffolding)

(2) **정의** : 펠린사와 브라운(Palincsar & Brown)이 제안한 것으로, 학생들 간이나 학생과 교사 간의 상보적인 도움을 통해 독해전략을 익히게 하고자 한 수업방식이다.

(3) **특징**
 ① 소집단 협동 학습의 형태로서 전체 과정에서 다른 사람과의 상호협동 또는 협력 강조한다.
 ② 학생들이 자신의 이해 과정을 점검하고 통제하는 활동 강조한다.
 ③ 초기에는 교사가 과제 해결활동의 주도적인 역할을 하나, 점차 그 주도권이 학생에게 이양된다.
 ④ 학생과 교사가 서로 역할을 바꾸어 가며 수업을 진행할 수 있다.
 ⑤ 학생들의 능력 수준에 별다른 차이 없이 효과를 볼 수 있다

(4) **전략**
 ① **예측하기** : 학습자는 작가가 텍스트에서 말하고자 했던 것에 대해 예측
 ② **발문하기** : 읽는 중에 읽혀진 제재에 대하여 서로 질문
 ③ **요약하기** : 학생들은 그들이 읽은 제재를 요약. 텍스트에서 중요한 정보들을 확인, 환언, 통합
 ④ **명료화하기** : 텍스트 중에 이해하지 못한 부분을 적어두어 왜 어려운지 이유에 대해 주의를 집중

(5) **교수 – 학습절차**
 ① **안내** : 전략수업에 대한 간략한 안내와 전략에 대한 명시적 설명
 ② **교사의 시범** : 교사를 중심으로 전략수업 진행
 ③ **조력** : 학생 교사가 교사의 보조하에 수업 진행
 ④ **자기학습** : 소그룹별 학생 교사 주도 연습

|정답| ②

27

다음의 교수-학습방법에서 강조하는 교사의 역할과 가장 거리가 먼 것은?

2010 중등

- 팰린사(A. Palincsar)와 브라운(A. Brown)이 독해력 지도를 위해 제안하였다.
- 교사는 독해력을 지도할 때 질문하기, 요약하기, 명료화하기, 예견하기의 4가지 인지전략을 사용한다.
- 리더 역할은 경우에 따라 교사나 학생이 모두 수행할 수 있다.

① 수업의 처음 단계와 마지막 단계를 교사가 통제한다.
② 학생에게 현재 수준에 맞는 피드백과 조언을 제공한다.
③ 학생이 능동적으로 지식을 구성하도록 교사가 격려한다.
④ 사회적 상호작용을 통해 학생의 사고 발달을 교사가 촉진한다.
⑤ 도입 단계에서 교사는 학생에게 인지전략을 설명하고 시범보인다.

정답풀이

① 상보적 교수 초기에는 교사가 과제 해결활동의 주도적인 역할을 하나, 점차 그 주도권이 학생에게 이양되는 것이 특징이다. 교수-학습절차는 '안내 - 교사의 시범 - 조력 - 자기학습'으로 진행된다.

| 정답 | ①

28

2011 중등

자원기반학습 중 하나인 Big6 Skills 모형에 근거하여 조선시대의 문학을 주제로 수업을 하려고 한다. 다음 (가) 단계에서의 활동으로 가장 적합한 것은?

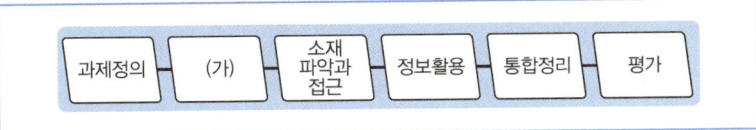

① 조선시대의 문학에 대한 정보를 읽고 적합한 정보를 가려낸다.
② 조선시대의 문학과 관련하여 중요한 주제가 무엇인지 파악한다.
③ 선택한 정보들을 체계적으로 정리하여 최종 결과물을 만든다.
④ 조선시대의 문학과 관련된 도서와 웹사이트에서 정보를 찾는다.
⑤ 사용 가능한 정보원의 형태와 종류를 파악하고 최적의 정보원을 선택한다.

정답풀이

⑤ 정보탐색전략 단계에서의 활동이다.
※ Big6 정보리터러시 모델의 단계 : 과제정의 - 정보탐색전략 - 소재파악과 접근 - 정보 활용 - 통합 정리 - 평가

오답풀이

① 정보활용 단계에서의 활동이다.
② 과제정의 단계에서의 활동이다.
③ 통합정리 단계에서의 활동이다.
④ 소재파악과 접근 단계에서의 활동이다.

만점대비 +α

💡 자원기반학습

(1) 정의 : 특별히 설계된 학습자원과 상호작용적인 매체와 공학기술을 통합함으로써 대량 교육상황에서 학습자중심의 학습을 증진하기 위한 일련의 통합된 전략
(2) 특징
  ① 교육과정을 구현하는 가장 유용하고 성공적인 접근방법으로 서로 다른 교수－학습양식에 쉽게 적용할 수 있으며, 학습을 위하여 교사, 학습자원, 학습자 등의 모든 자원 요소를 활용한다.
  ② 학습자와 교사 및 매체전문가가 인쇄물이나 비인쇄물 그리고 인간 자원을 의미있게 사용하면서 능동적으로 참여하는 교수모형이다.
  ③ 교과학습에서 학습자에게 광범위하고 다양한 학습자원을 사용하도록 하는 학습자중심의 학습방법이다.
  ④ 학습자는 자유롭게 자신의 속도에 맞추어 자신이 직접 선택한 학습을 하게 되며, 교사는 학습자가 필요로 하는 자원을 제공해 주어야 한다.
(3) 자원기반학습의 교수－학습 모형 : Big6 정보리터러시 모델

단계	내용
1. 과제정의	1.1 해결할 과제의 요점 파악 1.2 과제해결에 필요한 정보의 유형 파악
2. 정보탐색전략	2.1 사용가능한 정보원 파악 2.2 최적의 정보원 선택
3. 소재파악과 접근	3.1 정보원의 소재 파악 3.2 정보원에서 정보찾기
4. 정보 활용	4.1 찾아낸 정보를 읽고, 보고, 듣기 4.2 적합한 정보 가려내기
5. 통합 정리	5.1 가려낸 정보들의 체계적 정리 5.2 최종 결과물 만들기
6. 평가	6.1 결과의 유효성 평가 6.2 과정의 효율성 평가

| 정답 | ⑤

29

2013 중등

섕크(R. Schank)의 '목표기반 시나리오(Goal-Based Scenarios)'에 따라 멀티미디어 수업 프로그램을 설계하였다. 이 프로그램의 학습목표와 학습자의 임무(mission)는 다음과 같다. '표지 이야기(cover story)'에 해당하는 내용으로 가장 적절한 것은?

> 학습목표 : 조선시대 말기 운양호 사건을 둘러싸고 이루어진 정치적 의사결정 과정에 가상적으로 참여하는 경험을 통해 비판적·합리적 사고능력을 기른다.
> 학습자의 임무 : 운양호 사건 당시에 고종의 조정 대신으로 중요한 직책을 맡아 조선의 운명을 긍정적으로 변화시킨다.

① 운양호 사건 발생 당시의 국내외 정치 상황과 주요 인물들을 소개하고, 조정 대신들이 그 사건에 대해 의논하는 장면을 제시한다.
② 학습자가 정책 제안을 할 때마다 고종과 대신들의 반응, 그리고 그로 인한 국내외 정세의 변화를 제시한다.
③ 학습자가 자신에게 부여된 직책을 수행할 때 참고할 수 있는 각종 정보와 문서를 제공한다.
④ 학습자의 정책 제안이 조선의 운명을 긍정적으로 이끄는 데 도움이 되고 있는지에 대한 피드백을 수시로 제공한다.
⑤ 프로그램 종료 시 학습내용과 학습과정에 대해서 성찰할 수 있는 기회를 학습자에게 제공한다.

오답풀이

② 역할에 해당한다.
③ 자원에 해당한다.
④ 피드백에 해당한다.
⑤ 인지적 도제이론의 반성적 사고 단계에 해당한다.

THEME 04 최신 교수-학습이론

만점대비 +α

💡 목표기반시나리오(GBS : Goal - Based Scenarios)

(1) 개요 : 정해진 목표를 중심으로 학습에 필요한 모든 것, 예컨대 학습자의 활동, 학습자료 및 정보, 피드백 등이 시나리오라고 하는 설정된 상황에 배치되어 학습자들이 마치 연극이나 역할놀이를 하는 것처럼 시나리오 속의 맡은 역할을 수행해 가는 과정에서 자신도 모르게 그 정해진 목표를 성취하도록 하는 모형이다.

(2) 구성 요소

목표	• 학습자들이 획득하기를 원하는 지식과 기능 　- 과정지식에 관한 목표 : 목표성취에 기여하는 기술을 연습하는 방법에 관한 지식 　- 내용지식에 관한 목표 : 학습자들이 목표성취를 위하여 발견해야 하는 정보 • 목표기반시나리오의 다른 요소들은 항상 목표를 중심으로 학습자들이 목표를 완성해 가도록 구성되고 배치됨
임무 (미션)	• 학습자들이 설정된 목표를 성취하기 위하여 수행해야 하는 과제 • 목표와 밀접하게 관련되어야 하며, 실제 상황과 유사하고 흥미롭게 설정되어야 함 • 성공적인 임무의 완성은 설정된 목표를 성취한 것을 의미
표지 이야기	목표달성을 위하여 학습자들이 수행할 임무와 관련한 맥락을 이야기 방식으로 설명함으로써 학습자들이 취해야 할 행동이 발생하는 장면들과 같은 임무 수행에 필요한 내용을 구체화시킨 것
역할	• 학습자들이 표지이야기 속에서 맡게 되는 인물 • 학습자는 표지이야기 내의 역할에 따라 임무를 수행
시나리오 운영	학습자들이 임무를 수행하는 모든 구체적인 활동
자원	학습자들이 임무를 수행할 때 필요로 하거나 참고해야 할 내용, 정보
피드백	• 학습자들이 임무를 수행해 가는 과정에서 발생할 수 있는 어려움을 해결하는 데 필요한 교수자의 도움 • 피드백은 학습자의 임무수행의 맥락에서 이루어져야 하며, 적절한 시기에 제공되어서 학습자들이 그 피드백을 이용할 수 있어야 함

(3) 특징

① 학습은 목적 지향적이다. 실제 상황들이 부여하는 목적 지향성으로 인하여 그 상황에 주목하고 추론하면서, 결국 학습하게 된다는 것이다.

② 목적 지향적 학습은 기대 실패라는 계기를 통해 촉진된다. 현재 지식이 부족하여 발생한 기대 실패를 분석하고, 부족한 지식을 채우는 과정 속에서 효과적인 학습이 이루어진다.

③ 문제해결은 사례 기반으로 이루어진다. 문제 상황을 해결하는 과정에서 축적된 해결 사례는 추후 유사한 문제에 보다 효과적인 답을 찾을 수 있도록 해준다.

| 정답 | ①

30

2012 중등

라이겔루스(C. Reigeluth)가 교수의 3대 변인 사이의 관계를 도식화한 다음 모형에 대한 설명으로 옳은 것만을 〈보기〉에서 있는 대로 고른 것은?

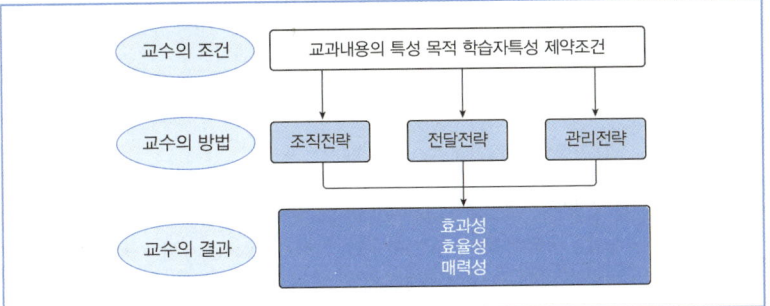

보기

㉠ '교수의 조건'이란 교수설계자나 교사가 통제할 수 있는 것으로, 가네(R. Gagné)의 학습조건 중 외적 조건과 같은 의미이다.
㉡ '교수의 방법'이란 서로 다른 조건하에서 의도한 학습결과를 성취하기 위하여 사용되는 다양한 교수전략을 의미한다.
㉢ '조직전략'에는 하나의 아이디어를 가르칠 때의 교수 전략인 미시적 조직전략과 복합적인 여러 아이디어를 가르칠 때의 교수 전략인 거시적 조직전략이 있다.
㉣ '교수의 결과' 중 매력성(appeal)이란 학습자가 교수-학습활동과 학습자료 등에 매력을 느껴 학습을 더 자주하려 하고, 습득한 지식이나 기능을 사용하려는 성향을 의미한다.

① ㉠, ㉡
② ㉢, ㉣
③ ㉠, ㉡, ㉣
④ ㉠, ㉢, ㉣
⑤ ㉡, ㉢, ㉣

오답풀이

㉠ '교수의 조건' 변인은 교사가 통제할 수 없는 것이며, 교사가 통제할 수 있는 변인은 '교수의 방법'에 해당한다. 또한, 가네가 제시한 학습의 외적 조건은 교수의 조건 변인이 아닌 교수의 방법 변인과 관련된다.

※ 라이겔루스가 제시한 교수의 3대 변인 중, 교수의 조건 변인은 교수 방법과 상호작용을 하지만 교수설계자나 교사에 의해 통제될 수 없는 제약조건을 의미한다. 반면, 교수의 방법 변인은 서로 다른 조건 하에서 다른 성과를 성취하기 위한 다양한 방안을 의미한다. 따라서 교사가 필요에 따라 조정할 수 있으며, 교사 간의 역량 차이를 드러나게 하는 요인이라 할 수 있다. 즉, 조건 변인이 교사가 수용해야 할 절대적인 성격의 변인이라면, 방법 변인은 교사가 개인적인 노력과 창의적인 발상에 의해 무한대로 발전시킬 수 있는 상대적인 성격의 변인이라고 할 수 있다.

THEME 04 최신 교수-학습이론

> **만점대비 +α**

💡 라이겔루스(Reigeluth)의 교수설계의 요소

(1) 교수상황

교수 조건		학습내용·학습자·학습환경의 특성, 제한조건에 따라 가르치는 방법이 서로 다르게 처방되어야 함
	학습내용 특성	정보의 기억능력, 관계의 이해, 적용능력, 일반적 적용능력 등
	목적	인지적 영역, 정의적 영역, 운동기능 영역과 지식이나 기능의 적절한 수준과 정도 등
	학습자 특성	선행지식, 학습전략, 학습동기 등
	제약조건	사용 가능한 학습매체, 학습자료의 구비 정도, 수업설계에 따른 수업개발에 소요되는 인력, 시간, 비용 등
학습 성과		기대되는 구체적인 학습을 포함하는 것이 아니라 수업에서 원하거나 요구하는 효과성, 효율성, 매력성의 수준을 포함
	효과성	교수활동이 얼마나 잘 진행되었으며, 학습목표가 얼마나 잘 달성이 되었는가에 관한 것
	효율성	교수시간 및 교수비용으로 나눈 교수효과의 수준으로, 효과성의 수준에 도달하는 데 학생들이 얼마나 많은 시간과 비용을 필요로 하는가의 개념
	매력성	학습자가 그 수업을 자신에게 얼마나 유의미한 것으로 인식하는가 하는 정도

(2) 교수방법

교수 방법	**조직전략**	수업내용을 어떤 순서로 어떻게 상호 연결하여 제시할 것인가에 관한 전략 • 미시적 조직전략 : 단일한 개념이나 원리 등을 가르치고자 할 때 정의 제시, 사례 제시, 연습문제 제시, 대안 제시들과 같은 차시 개념의 수업을 조직할 경우의 전략 → 대표적인 이론 : 메릴의 내용요소 제시이론 • 거시적 조직전략 : 단원 수준 이상의 여러 개의 개념, 원리, 아이디어들을 서로 연결하여 가르치고자 할 때 아이디어를 선정하고 계열화하며, 요약하고 종합화하는 전략 → 대표적 이론 : 브루너의 나선형 교육과정, 라이겔루스의 정교화이론
	전달전략	조직된 학습내용을 학생들에게 제시하고, 학생들의 학습수행을 이끌어가는 방법을 말하며, 여기서는 사용하여야 할 교수매체, 학습자료, 상호작용과정 등을 포함
	관리전략	수업의 진행과정에서 언제, 어떻게 조직 및 전달전략의 요소를 사용할 것인가에 관한 전략으로 수업지도계획, 성적관리 등이 여기에 포함

|정답| ⑤

31

2009 중등

라이겔루스(C. Reigeluth)의 개념학습은 개념의 제시, 연습, 피드백의 순서로 진행된다. '제시' 단계에 해당하는 것을 〈보기〉에서 모두 고른 것은?

보기

㉠ 칭찬이나 격려를 하거나 오답에 대해 왜 틀렸는지를 설명한다.
㉡ 포유류가 아닌 예와 포유류인 예를 동시에 들면서 변별하게 한다.
㉢ 다양한 문항을 통하여 이전에 본 적이 없는 사례에 포유류 개념을 적용해 보도록 한다.
㉣ 포유류의 정의나 결정적 속성을 가르치거나, 가장 쉽고 전형적인 예를 가지고 설명한다.
㉤ 가변적 속성을 지닌 고래, 말, 캥거루 등의 다양한 사례를 통하여 포유류 개념을 일반화하게 한다.
㉥ 포유류와 다른 개념들을 비교하여 분석하게 하거나, 포유류의 특성이 환경에 적응하는 데 어떻게 영향을 미치는지 파악하게 한다.

① ㉡, ㉥
② ㉠, ㉣, ㉥
③ ㉡, ㉣, ㉤
④ ㉠, ㉡, ㉤, ㉥
⑤ ㉡, ㉢, ㉤, ㉥

오답풀이

㉠ 피드백에 해당된다.
㉢ ㉥ 연습에 해당된다.

THEME 04 최신 교수-학습이론

> **만점대비 +α**

💡 라이겔루스의 교수설계전략 : 미시조직전략

(1) 개념학습의 종류
  ① 개념획득 : 개념의 정의와 몇 가지 사례를 통하여 개념의 특성을 파악하게 된 상태
  ② 개념적용 : 새로운 사태에 대하여 획득한 개념의 사례인지 여부를 구분하는 상태
  ③ 개념이해 : 해당 개념과 관련된 다른 여러 개념 등의 지식과의 종합적인 연관성을 파악하는 상태

(2) 개념 적용을 위한 교수원리
  ① 전형 형성 : 공통의 속성에 초점 → 전형적 사례 제공
  ② 변별 : 결정적 특성 → 개념의 일반적 사례 혹은 정의 제시, 사례와 대응적 비사례가 동시에 제시
  ③ 일반화 : 가변적 특성 → 가장 공통적인 것을 보여주는 일반성 제시, 발산적 사례(서로간에 매우 상이한 사례)
  예 복잡한 개념 적용 : 알고리즘 혹은 '파악단계'라고 불리는 기법 사용(Landa)

(3) 개념 적용을 위한 교수방법

		일상적 방식	심화적 방식
제시	일반성	이름, 상위개념, 결정적 속성	주의집중, 표상의 다양성, 알고리즘
	사례	결정적 속성을 지니고 있는 새로운 것	사례의 숫자, 난이도 증가 순서, 주의집중, 표상의 다양성, 대응적 비사례
연습	연습	결정적 속성을 지니고 있는 새로운 것 (다양성)	연습 숫자의 증가, 난이도 증가 계열, 암시주기(prompting, 힌트)
피드백	피드백	정보 제공	주의집중, 표상의 다양성
		동기 유발	칭찬 혹은 격려

| 정답 | ③

32

2008 중등

〈보기〉는 메릴(M. D. Merrill)의 내용요소제시이론에 대한 설명이다. 옳은 것을 모두 고른 것은?

보기

㉠ 인지적 영역의 수업을 설계하는 데 효과적이다
㉡ 목표를 분류하고 이에 따른 교수전략을 구체적으로 처방하는 데 활용할 수 있다.
㉢ 개방적 체제로 구성되어서 지식의 전체적·통합적 이해를 용이하게 하도록 지원한다.

① ㉠, ㉡
② ㉠, ㉢
③ ㉡, ㉢
④ ㉠, ㉡, ㉢

정답풀이

㉠ 메릴은 체제적 수업 설계에 효과적으로 활용할 수 있도록 수업 목표를 수행과 내용의 매트릭스 식으로 제시하였다. 그는 학습결과에는 영역별로 다양한 범주가 있으며, 각각의 범주에 대해 상이한 성취수준이 적용된다고 보았다. 그래서 인지적 학습을 위한 내용 영역을 사실, 개념, 절차, 원리 등 네 가지 유형으로 구분하고, 그러한 학습과제들을 수행하는 데 '기억하기', '활용하기', '발견하기' 등 세 가지 수행 수준이 있다고 보았다.
㉡ 내용요소와 수행요소이 행렬표상에서 만나는 단위 하나하나들이 학습단위가 되며, 그러한 단위 각각의 학습을 위한 구체적 처방을 제시해야 한다는 것이 구인전시이론의 기본 아이디어다.

오답풀이

㉢ 메릴은 행동주의적, 인지적, 인간주의적 이론의 관점에서 학습과 교수에 대한 모든 지식을 통합한 처방적 교수이론을 제시하였다. 그러나 메릴의 구인전시이론은 교수설계의 실제를 충분히 설명하지 못하고 있으며, 교수설계의 과정을 단계별로 단절화시킴으로써 복합적인 교수설계활동의 지침이 되지 못한다.

만점대비 +α

💡 **메릴(Merrill)의 구인전시 이론(CDT, 내용요소제시 이론)**

(1) 개요
① **미시적 접근(어떻게 가르칠 것인가)** : 차시 수준의 작은 수업단위에서 구체적인 낱개의 요소를 가르치기 위한 전략을 처방하는 이론
② 수행-내용 매트릭스를 개발해 학습내용을 '사실, 개념, 절차, 원리'로 나누고, 습득수준을 '기억, 활용, 발견'으로 분류하여 학습자가 습득하고자 하는 아이디어의 수준에 따라 교수방법을 달리 제시한다.
③ 교수설계의 현장에서 직접 활용할 수 있는 통합적이고 다면적인 교수의 처방들을 제시한다.

(2) 수행 - 내용 매트릭스

```
(인지전략≒) 발견  ┌─┬─┬─┬─┐
                  │ │ │ │ │ (학업
(지적기능≒) 활용  ├─┼─┼─┼─┤  수행의
                  │ │ │ │ │  수준)
(언어정보≒) 기억  ├─┼─┼─┼─┤
                  │ │ │ │ │
                  └─┴─┴─┴─┘
                  사실 개념 절차 원리
                  (학습내용의 형태)
```
▶ 10개의 학습범주(사실이 일반성과 추상성을 지니고 있지 않기 때문에 사실에 대한 활용과 발견하기는 존재하지 않음)

(3) 제시형

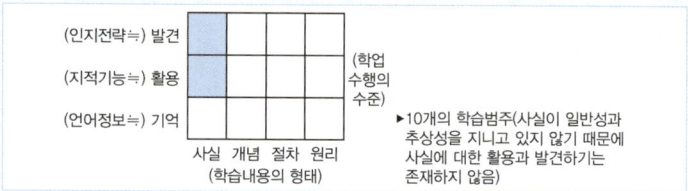

① **일차적 자료제시형태** : 목표로 설정한 학습이 일어날 수 있기 위해 필요한 가장 최소한의(반드시 필요한) 기본적인 자료를 제시하는 방식
② **이차적 자료제시형태** : 일차적 자료제시형태를 보완하고 정교화시킬 수 있는 방안으로서, 학습자 정보처리과정을 촉진시키거나, 맥락-배경-흥미 요소 등을 제공해 주기 위한 방법
→ 맥락(c), 선수학습(p), 암기법(mn), 도움말(h), 표현법(r), 피드백(FB) 등

(4) 일관성과 적절성의 원리
① **일관성의 원리** : 구인전시이론의 2개의 기본 구성요소인 수행-내용 매트릭스와 제시형을 연결시켜 주는 것 → "이러이러한 교과내용을 이러이러한 수준에서 학습자가 수행하도록 하려면 이러이러한 1차 제시형을 제시하여야 한다."라는 처방(구인전시 이론의 궁극적인 지향점)
② **적절성의 원리** : 학습을 촉진하기 위하여 각각의 일차제시형에 포함되어야 할 이차제시형이 얼마나 적절하게 포함되었는가 하는 것

| 정답 | ①

33

2013 중등

'학습과제'와 '메릴(M. Merrill)의 수행·내용 행렬표 상의 범주'가 옳게 짝지어진 것은?

① 포유류의 정의를 말할 수 있다. - 절차 발견
② 피타고라스 정의를 말할 수 있다. - 사실 활용
③ 현미경을 조작하는 순서를 말할 수 있다. - 절차 기억
④ 암석이 주어지면 그 종류를 분류할 수 있다. - 사실 발견
⑤ 조선의 첫 번째 임금의 이름을 말할 수 있다. - 원리 기억

오답풀이

① 개념×기억에 해당한다.
② 개념×기억에 해당한다.
④ 개념×활용에 해당한다.
⑤ 사실×기억에 해당한다.

만점대비 +α

💡 메릴의 수행 - 내용 매트릭스

① 학업수행의 수준을 3가지로 나누고 학습내용을 4가지로 나누어 그들의 관계를 매트릭스로 나타낸 것이다.
② 사실이 일반성과 추상성을 지니고 있지 않기 때문에 사실에 대한 활용과 발견하기는 존재하지 않으며, 따라서 10개의 학습범주가 있게 된다.(표에서의 음영 부분)
③ 매트릭스에서 학습의 내용을 사실·개념·절차·원리의 4범주로 나누고 이 내용들은 학습자가 수행해야 하는 과제에 따라 기억·활용·발견의 3개의 다른 수준에 걸쳐 습득하게 된다.
  ㉠ **발견** : 새로운 개념·절차·원리를 찾아내는 것 → 가네의 인지전략의 수준
  ㉡ **활용** : 개념·절차·원리를 실제로 이용할 수 있는 정도까지 익히는 것 → 가네의 지적 기술의 수준
  ㉢ **기억** : 사실·개념·절차·원리를 그대로 기억했다가 재생하여 내는 것 → 가네의 언어정보의 습득수준

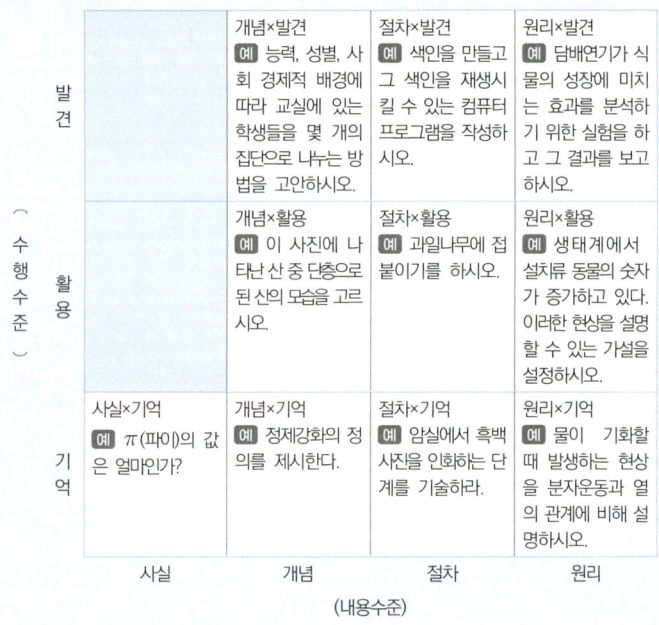

(　수 행 수 준　)	사실	개념	절차	원리
발견		개념×발견 예 능력, 성별, 사회 경제적 배경에 따라 교실에 있는 학생들을 몇 개의 집단으로 나누는 방법을 고안하시오.	절차×발견 예 색인을 만들고 그 색인을 재생시킬 수 있는 컴퓨터 프로그램을 작성하시오.	원리×발견 예 담배연기가 식물의 성장에 미치는 효과를 분석하기 위한 실험을 하고 그 결과를 보고하시오.
활용		개념×활용 예 이 사진에 나타난 산 중 단층으로 된 산의 모습을 고르시오.	절차×활용 예 과일나무에 접붙이기를 하시오.	원리×활용 예 생태계에서 설치류 동물의 숫자가 증가하고 있다. 이러한 현상을 설명할 수 있는 가설을 설정하시오.
기억	사실×기억 예 π(파이)의 값은 얼마인가?	개념×기억 예 정제강화의 정의를 제시한다.	절차×기억 예 암실에서 흑백사진을 인화하는 단계를 기술하라.	원리×기억 예 물이 기화할 때 발생하는 현상을 분자운동과 열의 관계에 비해 설명하시오.

(내용수준)

| 정답 | ③

34

2008 초등

다음은 메릴(M. D. Merrill)의 '내용요소제시이론(component display theory)'의 일차제시형이다. (가)와 (나)에 해당하는 것은?

	설명	탐구식 질문
일반성	(가)	회상
사례	예시	(나)

   (가)   (나)   (가)   (나)
① 법칙 연습   ② 시범 법칙
③ 법칙 시범   ④ 연습 법칙

만점대비 +α

💡 메릴의 일차적 자료제시형태

① 목표로 설정한 학습이 일어날 수 있기 위해 필요한 가장 최소한의(반드시 필요한) 기본적인 자료를 제시하는 방식이다.
② 자료제시형태를 일반성과 사례라는 개념을 한 차원으로, 설명적 제시형과 질문적 제시형이라는 개념을 또 다른 차원으로 2차원화한 4개의 범주를 사용하여 제안한다.
  ⊙ 설명적 제시형의 예 : 말로 설명하기, 예시하기, 보여주기
  ⓒ 질문적 제시형(탐구식 방법)의 예 : 학생이 진술문을 완성하기, 일반성을 특수한 사례에 적용하는 문제를 제시하기 등

구분	설명식(E)	탐구식(I)
일반성(G)	설명식 일반화(EG) 예 규칙	탐구식 일반화(IG) 예 회상
사례(eg)	설명식 사례(Eeg) 예 예	탐구식 사례(Ieg) 예 연습

| 정답 | ①

논술 문제 적용 하기

35-1 [2015 중등]
제시문을 바탕으로 A중학교가 내년에 중점을 두고자 하는 학습 동기 향상을 위한 학습 과제 제시 방안을 3가지 설명하시오.

> 교육과정 수업 전략에 관한 문제점과 개선 방안입니다. 수업 전략 측면에서 볼 때, 수업에 흥미를 잃어 가는 학생들이 있음에도 불구하고 교사는 학생들의 학습 동기를 높일 수 있는 전략을 적극적으로 사용하는 데 소홀했습니다. 수업 상황에서 학생들이 배워야 할 학습 과제 그 자체는 학생들에게 흥미로울 수도 있고 그렇지 않을 수도 있습니다. 교사가 수업에 흥미를 잃은 학생들에게 학습 과제를 어떻게 제시하느냐에 따라 학습 동기를 높일 수 있습니다. 내년에는 이들의 학습 동기를 향상할 수 있는 학습 과제 제시 방안을 마련하는 데 관심을 기울이고자 합니다.

35 [2012 초등]
㉠에 제안된 동기화 전략과 관련된 ARCS 모형의 요소는?

> 우선 학습동기를 유발하기 위해 다음 방법을 적용해 볼 것을 제안했다. ㉠ 학습자들에게 평가의 기준과 구체적 방법을 수업 전에 명확하게 설명해 주고, 학습자들이 학습 속도를 스스로 조절할 수 있는 개별화된 학습을 하도록 하며, 단순하고 쉬운 과제를 먼저 제시하고 점진적으로 복잡하고 어려운 과제를 제시하도록 제안했다. 김 교사는 매 수업 이러한 제안을 실행에 옮기려고 노력했다.

① 만족(satisfaction)
② 주의(attention)
③ 관련성(relevance)
④ 매력성(appeal)
⑤ 자신감(confidence)

만점대비 +α

켈러(J. Keller)의 ARCS 모형

(1) 주의집중(Attention)

① 지각적 주의환기	• 시청각 효과의 사용 • 비일상적인 내용이나 사건 제시 • 주의 분산의 자극 지양
② 탐구(인식)적 주의환기	• 능동적 반응 유도 • 문제해결 활동의 구상 장려 • 신비감의 제공
③ 다양성	• 간결하고 다양한 교수형태 사용 • 일방적 교수와 상호작용적 교수의 혼합 • 교수자료의 변화 추구(화면형태의 다양화) • 목표 - 내용 - 방법이 기능적으로 통합

(2) 관련성(Relevance)

① 친밀성	• 친밀한 인물 혹은 사건 활용 • 구체적이고 친숙한 그림 활용 • 친밀한 예문 및 배경지식 활용
② 목표지향성	• 실용성에 중점을 둔 목표 제시 • 목적지향적인 학습형태 활용 • 목적의 선택 가능성 부여
③ 필요나 동기와의 부합성	• 다양한 수준의 목적 제시 • 학업성취 여부의 점수체제 활용 • 비경쟁적 학습상황의 선택 가능 • 협동적 상호학습상황 제시

(3) 자신감(Confidence)

① 학습의 필요조건 제시	• 수업의 목표와 구조의 제시 • 평가기준 및 피드백의 제시 • 선수학습능력의 판단 • 시험의 조건 확인
② 성공의 기회 제시	• 쉬운 것에서 어려운 것으로 과제 제시 • 적정수준의 난이도 유지 • 다양한 수준의 시작점 제공 • 무작위의 다양한 사건 제시 • 다양한 수준의 난이도 제공
③ 개인적 통제감 (조절감) 증대	• 학습의 끝을 조절할 수 있는 기회 제시 • 학습속도의 조절 가능 • 원하는 부분에로의 재빠른 회귀 가능 • 선택 가능하고 다양한 과제의 난이도 제공 • 노력이나 능력에 성공 귀착

(4) 만족감(Satisfaction)

① 자연적 결과	• 연습문제를 통한 적용기회 제공 • 후속학습상황을 통한 적용기회 제공 • 모의상황을 통한 적용기회 제공
② 긍정적 결과 (외적 보상)	• 적절한 강화계획을 활용 • 의미 있는 강화의 강조 • 정답을 위한 보상 강조 • 외적 보상의 사려 깊은 사용 • 선택적 보상체제 활용
③ 공정성	• 수업목표와 내용의 일관성 유지 • 연습과 시험내용의 일치

| 정답 | ⑤

논술 문제 적용 하기

예시답안

학습 동기 향상을 위해 켈러의 ARCS 이론을 활용하여 학습 과제를 제시 할 수 있다. 켈러의 ARCS 이론은 동기에 관한 기존의 각종 이론 및 연구들을 체계화시킨 것으로, 교수학습에서 학습을 유발하고 유지시키기 위한 구체적이고 처방적인 동기설계 전략들을 제공한다. 이 이론에서는 학습동기 유발의 핵심 요소로 주의집중(A), 관련성(R), 자신감(C), 만족감(S)을 제시한다. 이 중 만족감은 학습의 초기에 학습자의 동기를 유발시키는 요소라기보다는 일단 유발된 동기를 계속 유지시키는 역할을 하기 때문에 주의집중, 관련성, 자신감의 요소를 중심으로 논하겠다. 첫째, 주의집중을 높이기 위해 지각적 주의 환기 전략을 활용할 수 있다. 학생들의 호기심을 불러일으키고 새롭고 놀라우면서 기존의 것과 다른 무엇인가를 제시함으로써 학생들의 주의를 끄는 것이다. 이를 위해 시청각 효과로써 각종 애니메이션과 삽화나 도표 및 그래프, 다양한 글자체, 소리나 반짝거림 등을 사용할 수 있다. 또한 일상적이지 않은 내용이나 사건들을 활용하는 것으로, 패러독스나 학생의 경험과는 전혀 다른 사실을 제시한다든지, 과장한 사실, 믿기 어려운 통계들을 제시하여 학습자의 주의를 끌 수 있다. 둘째, 관련성을 높이기 위한 전략 중 친밀성 전략을 활용할 수 있다. 친밀성이란 학습자의 경험과 가치에 연관되는 예문이나 구체적인 용어, 개념 등을 사용함으로써 얻어질 수 있다. 인지주의적 관점에서 보면 사람들은 이미 알고 있거나 가지고 있는 지식, 정보, 기술, 가치 및 경험에 바탕을 두고 새로운 과제가 제시될 때 그들의 기존의 인지 구조와 새로운 인지 구조의 관계를 더 잘 이해할 수 있으며 구체적 이미지를 구상할 수 있다. 그러므로 교수 자료에 친밀한 사람이 포함되는 그림이나 친밀한 이름을 사용하거나, 학생들에게 친숙한 그림, 친밀한 예문이나 배경 지식을 사용하여 새로운 정보를 구체화시킴으로써 학습 과제의 친밀도를 높인다. 셋째, 자신감을 높이기 위한 전략 중 성공의 기회를 제시하는 전략을 활용할 수 있다. 학생에게 유의미한 성공을 경험할 기회를 제공함으로써 성공하기 위한 능력에 대해 긍정적 기대감을 형성하게 한다. 사람들은 자신에게 어떤 일을 성공시키기 위한 능력이 있다고 느낄 때 그 일을 하면서 높은 동기를 가질 수 있다. 이를 위해 단순하고 쉬운 과제를 먼저 제시하고 점진적으로 복잡하고 어려운 과제를 제시하거나 다양한 수준의 난이도를 제공하고 다양한 수준의 시작점을 제공할 수 있다.

논술 문제 적용 하기

35-2
2013 초등

1) 교실 수업에서 교사가 학생들의 학습동기를 유발시켜야 하는 이유 2가지를 논하시오.
2) 민아가 적정 수준의 학습동기를 갖지 못하는 원인 4가지를 민아의 진술을 토대로 논하고, 각각의 원인으로 발생한 민아의 문제를 해결하기 위해 김 교사가 활용할 수 있는 수업 방안 4가지를 논하시오.

다음은 6학년 담임인 김 교사의 수업 장면과 두 학생이 주고받은 대화 내용의 일부이다.

(김 교사의 수업 장면)
김 교사: 오늘은 선생님이 여러분을 위해서 활동지를 준비했어요. 각 모둠에서 한 명씩 나와서 받아 가세요.
민　아: (활동지를 받아 보고는 혼잣말로) 어휴, 전부 글자만 빼곡히 있네. 정말 재미없어 보여!
김 교사: 자, 그럼 우리 열심히 공부해 볼까요?
　　　　　… (중략) …
김 교사: 계속해서 이번에는 문제를 한번 풀어 볼까요? 하연아, 네가 한번 풀어 볼래?
하　연: (고민하면서) 처음 보는 문제인데, 너무 어려운 것 같아요. 전혀 모르겠어요.
김 교사: 어려워? 그렇게 어려워 보이지 않는데….
민　아: (혼잣말로) 오늘 문제는 왜 이리 어려운거야? 어제 주신 문제지는 너무 쉽더니, 오늘 문제지는 너무 어려워!

(일주일 후, 하연과 민아가 주고받은 대화 내용)
하　연: 야, 신난다. 다 끝났다! 민아야, 너는 시험 어떻게 봤니?
민　아: 글쎄…. 지난번과 비슷하겠지 뭐. 그저 그럴 거야.
하　연: 그래도 넌 나보다는 공부 잘하잖이? 난 네가 부러워.
민　아: 어머 그러니? 하지만 솔직히 말해서 성적이 잘 나온다 해도 그다지 만족스럽지 않아. 단지 점수를 잘 받은 것뿐이잖아.
하　연: 아, 그래?
민　아: 음…. 그리고 사실 난 수업시간에 공부하는 내용이 도대체 나와 무슨 관련이 있는지 정말 모르겠어. 그냥 무조건 공부해.

36
2009 초등

ARCS모형의 동기유발 요소별 활용전략으로 적절한 것을 〈보기〉에서 고르면?

보기

㉠ 주의집중(Attention) : 강의형태의 일방적 정보제시와 토론 등의 상호작용 위주 교수–학습방법을 적절히 혼합하여 수업방식에 변화를 준다.
㉡ 관련성(Relevance) : 학습자의 흥미와 일치하고 학습자에게 의미와 가치가 있는 학습과제, 목표, 활동 등을 제시한다.
㉢ 자신감(Confidence) : 학습자의 호기심과 탐구심을 자극하고 학습에 대한 기대감을 갖게 한다.
㉣ 만족감(Satisfaction) : 다양한 난이도의 과제를 제공하고, 학습자가 학습속도, 상황의 복잡성 등을 스스로 조절하도록 한다.

① ㉠, ㉡
② ㉠, ㉢
③ ㉡, ㉢
④ ㉡, ㉣
⑤ ㉢, ㉣

정답풀이

㉠ 주의집중(A) 중 다양성 전략에 해당한다. 다양성이란 '어떻게 학습자들의 주의를 유지할 수 있을까?'에 관한 것으로, 간결하고 다양한 교수형태 사용, 일방적 교수와 상호작용적 교수의 혼합, 교수자료의 변화추구, 목표–내용–방법의 기능적 통합 등의 전략을 활용할 수 있다.

㉡ 관련성(R) 중 목표지향성 전략에 해당한다. 목표지향성이란 '어떻게 하면 학습자들의 요구를 최대한 충족시킬 수 있을 것인가?'에 관한 것으로, 실용성에 중점을 둔 목표 제시, 목적지향적인 학습형태 활용, 목적의 선택가능성 부여 등의 전략을 활용할 수 있다.

오답풀이

㉢ 학습자의 호기심과 탐구심을 자극 → 주의집중(A) 중 탐구(인식)적 주의환기 전략에 해당한다. 탐구(인식)적 주의환기란 '어떻게 호기심을 자극할 수 있을까?'에 관한 것으로, 능동적 반응유도, 문제해결 활동의 구상 장려, 신비감 제공 등의 전략을 활용할 수 있다.

※ 학습에 대한 기대감을 갖게 하는 것 → 자신감(C) 중 학습의 필요조건 제시전략에 해당한다. 학습의 필요조건 제시란 '학습자들이 성공에 대한 긍정적인 기대감을 갖도록 하기 위해서 어떤 도움을 줄 수 있을까?'에 관한 것으로, 수업의 목표와 구조의 제시, 평가기준 및 피드백의 제시, 선수학습능력의 판단, 시험의 조건 확인 등의 전략을 활용할 수 있다.

㉣ 다양한 난이도의 과제를 제공하는 것 → 자신감(C) 중 성공의 기회 제시전략에 해당한다. 성공의 기회 제시란 '학생들이 자신의 능력에 대한 확신을 갖도록 도와주기 위해서 어떤 학습경험을 제공할 것인가?'에 관한 것으로, 쉬운 것에서부터 어려운 것으로 과제 제시, 적정수준의 난이도 유지, 다양한 수준의 시작점 제공, 무작위의 다양한 사건 제시, 다양한 수준의 난이도 제공 등의 전략을 활용할 수 있다.

※ 학습자가 학습속도, 상황의 복잡성 등을 스스로 조절하도록 하는 것 → 자신감(C) 중 개인적 통제감(조절감) 전략에 해당한다. 개인적 통제감(조절감) 증대란 '자신의 성공이 노력과 능력에 기초한다는 것을 어떻게 확신하게 할 것인가?'에 관한 것으로, 학습의 끝을 조절할 수 있는 기회 제시, 학습속도의 조절 가능, 원하는 학습 부분에로의 재빠른 회귀 가능, 선택 가능하고 다양한 과제와 다양한 난이도 제공, 노력이나 능력에 성공 귀착 등의 전략을 활용할 수 있다.

| 정답 | ①

37

2011 중동

켈러(J. Keller)의 학습동기설계이론에 따라 자신감 범주의 하위전략을 활용한 것만을 〈보기〉에서 모두 고른 것은?

보기

㉠ 학생에게 학습 속도를 스스로 조절할 수 있는 기회를 제공한다.
㉡ 학생에게 친밀한 예문이나 배경지식을 활용하여 수업내용을 구성한다.
㉢ 학생에게 평가기준을 명확히 제시하여 성공에 대한 긍정적 기대감을 갖도록 한다.
㉣ 학생이 새롭게 습득한 지식이나 기능을 실제 상황에 적용해 볼 수 있는 기회를 제공한다.

① ㉠, ㉢ ② ㉡, ㉣
③ ㉠, ㉡, ㉢ ④ ㉠, ㉢, ㉣
⑤ ㉡, ㉢, ㉣

정답풀이

㉠ 자신감(C) 중 개인적 통제감(조절감) 전략에 해당한다.
㉢ 자신감(C) 중 학습의 필요조건 제시 전략에 해당한다.

오답풀이

㉡ 관련성(R) 중 친밀성 전략에 해당한다. 친밀성이란 '수업을 학습자의 경험과 어떻게 연결할 수 있을까?'에 관한 것으로, 친밀한 인물 혹은 사건의 활용, 구체적이고 친숙한 그림의 활용, 친밀한 예문 및 배경지식의 활용 등의 전략을 활용할 수 있다.
㉣ 만족감(S) 중 자연적 결과 전략에 해당한다. 자연적 결과란 '학생들의 학습경험을 통한 내적 만족도를 어떻게 하면 격려하고 보조할 수 있을 것인가?'에 관한 것으로, 연습문제를 통한 적용의 기회 제공, 후속 학습상황을 통한 적용의 기회 제공, 모의상황을 통한 적용기회 제공 등의 전략을 활용할 수 있다.

| 정답 | ①

논술 문제 적용 하기

예시답안

1)
교사가 학생들의 학습동기를 유발시켜야 하는 이유는 첫째, 학습동기는 학습을 시작하게 하고 지속하게 하기 때문이다. 학생들은 자신들이 원해서 학습을 할 때 보다 더 노력한다. 그리고 끝까지 과제를 완수하고 어려움이 닥치고 좌절하더라도 그것을 이기고 더욱 노력을 하게 된다. 둘째, 학습동기는 인지적 과정을 촉진한다. 동기는 처리되는 정보의 종류와 과정에 영향을 준다. 동기가 높은 학생들은 피상적이거나 관조적인 자세로 적당히 공부하는 척 하는 것이 아니라 과제에 보다 많은 주의를 기울이고, 보다 의미 있는 학습을 하기 위하여 학습 자료를 이해하려고 노력한다.

2)
민아가 적정 수준의 학습동기를 갖지 못하는 원인은 첫째, 전부 글자만 있는 활동지를 보면서 과제에 대한 주의 집중이 저하되고 있다. 둘째, 과제의 난이도를 적정 수준으로 일관되게 제시하지 못해 자신감이 저하되었다. 셋째, 성적이 잘 나왔음에도 만족스럽지 않은 것은 자신의 학업성취가 과정이 아닌 점수라는 결과에만 치중하고 있다. 넷째, 수업시간에 하는 내용과 자신의 삶에 연결되지 않아 흥미를 얻지 못하고 있다.
각각의 원인으로 발생한 민아의 문제를 해결하기 위해 김 교사가 활용할 수 있는 수업 방안은 첫째, 활동지(학습 자극)에 단순히 언어적 정보를 제시하는 것보다 시청각적 매체를 사용하여 학습자의 주의를 쉽게 끌 수 있도록 한다. 둘째, 학습자의 선수지식을 고려하여 학습자의 수준에 맞는 적절한 정도의 난이도를 유지하여 학습과정에서 성공의 경험을 할 수 있는 적절한 수준의 도전감을 제공하도록 한다. 셋째, 성적에 대한 결과뿐만 아니라 학습자가 학업을 수행하기 위해 노력한 과정에 대해 칭찬과 격려를 하도록 한다. 넷째, 학습자와 관련된 학습과제의 중요성이나 실용성을 나타내는 진술이나 예문을 포함시킴으로써 목적 지향성의 전략을 세우도록 한다.

38

다음에서 켈러(J. Keller)의 학습동기 설계이론(ARCS) 중 '만족감' 요소로 가장 적절한 것은?

> 정수 : 우리 국어 선생님 수업은 재미있지. ㉠ <u>수업방법이 다양하잖아</u>. 변화가 있어. 그래서 선생님 수업에서 눈을 뗄 수가 없어.
> 혜민 : 맞아. 나는 그 수업 시간마다 ㉡ <u>선생님이 다음에는 무슨 말씀을 하실까 궁금해져</u>. 나는 때로 선생님이 다음에는 이런 말을 하실 것이라고 추측도 해 봐. 내 추측이 맞을 때도 있고 틀릴 때도 있어.
> 정수 : 선생님 수업은 귀에 쏙쏙 들어와. ㉢ <u>선생님은 우리 생활 주변에서 자주 예를 가져오시잖아</u>. 아마 선생님은 좋은 예를 찾기 위해서 우리가 좋아하는 텔레비전 프로그램도 일부러 보시는 것 같아.
> 혜민 : 정말 그렇지. ㉣ <u>선생님이 흥미로운 그림이나 짧은 비디오도 가끔 보여 주시잖아</u>. 난 그것도 재미있어. 무엇 보다도 ㉤ <u>학습목표에 맞게 가르치고, 가르친 대로 시험문제도 출제하시기 때문에</u>, 선생님 말씀을 따라서 공부하면 국어 성적이 높아져서 좋아.

① ㉠
② ㉡
③ ㉢
④ ㉣
⑤ ㉤

정답풀이

㉤ 만족감(S) 중 공정성 전략에 해당한다. 공정성이란 '어떻게 하면 학습자들이 결과가 공정했다고 생각하게 할 수 있는가?'에 관한 것으로, 수업목표와 내용의 일관성 유지, 연습과 시험내용의 일치 등의 전략을 활용할 수 있다.

오답풀이

㉠ 주의집중(A) 중 다양성 전략에 해당한다.
㉡ 주의집중(A) 중 탐구(인식)적 주의환기 전략에 해당한다.
㉢ 관련성(R) 중 친밀성 전략에 해당한다.
㉣ 주의집중(A) 중 지각적 주의환기 전략에 해당한다. 지각적 주의환기란 '학습자의 관심을 끌기 위해서 무엇을 해야 하는가?'에 관한 것으로, 시청각적 매체 활용, 비일상적인 내용이나 사건 제시, 주의 분산의 자극 지양 등의 전략을 활용할 수 있다.

| 정답 | ⑤

39

2011 초등

다음 사례에서 (가)와 같이 학생들의 의사를 수용하여 교사가 수업 전략을 수립할 때 활용할 수 있는 이론으로 가장 적절한 것은?

> 김 교사 : 여러분, 오늘은 신나는 노래를 부르면서 영어 공부를 하도록 해요.
> 영　희 : 선생님, 노래 말고 다른 활동을 하면서 공부하면 안 돼요? 저는 노래를 못하는데 영어 공부를 노래로 하라고 하시니까 힘들고 재미도 없을 것 같아요.
> 철　수 : 우리가 잘하고 좋아하는 활동을 하면서 영어 공부를 했으면 좋겠어요. 저는 역할놀이를 좋아하니까 역할놀이를 하면서 공부하면 좋겠어요.
> 김 교사 : 그래? (가) 그러면 너희들 각자가 좋아하고 잘하는 방식으로 공부하는 방법을 생각해 보자꾸나.

① 발견 학습 이론
② 학습 양식 이론
③ 시행착오 학습 이론
④ 인지적 도제 학습 이론
⑤ 조작적 조건 형성 이론

오답풀이

① 발견 학습 이론 : 교사의 지시를 최소한으로 줄이고 학생 스스로 자발적인 학습을 통해 학습목표를 달성하도록 하는 교수-학습과정의 한 형태이다. 발견학습은 학생 스스로 기본개념이나 원리를 깨닫게 함으로써 탐구능력과 태도를 기를 수 있도록 촉진한다.
③ 시행착오 학습 이론 : 손다이크는 환경적 조작의 영향을 보여주기 위해 파블로프의 연구를 확장하여 결합설 혹은 도구적 조건형성으로 불리는 학습이론을 제창하였다. 그는 고양이 상자 실험을 통하여 학습이 시행착오의 과정에서 선택하고 결합하는 과정을 통해 일어난다고 보았다.
④ 인지적 도제 학습 이론 : 도제방법의 장점을 살려 학습자들이 현실과 동떨어지지 않은 실제적 상황에서 전문가의 과제수행과정을 관찰하고, 실제로 과제를 수행해 보는 가운데 자신의 지식상태의 변화를 경험할 수 있도록 하는 것이다.
⑤ 조작적 조건 형성 이론 : 조작적 조건형성은 조작반응을 조건형성시키기 위한 절차를 의미하는데, 여기서 조작이란 환경에 영향을 미치기 위해 스스로 방출한 반응을 말한다. 즉, 조작적 조건형성이란 행동의 결과에 의해 특별한 행동을 조성하고 유지시키는 과정을 의미한다.

만점대비 +α

💡 학습양식

① 학습양식이란 학습이 이루어지는 과정에서 학습자가 지속적으로 선택하는 일정한 경향성을 띤 학습방법의 집합이다.
② 즉, 학습양식은 학습하는 과정을 나타내는 행동양식으로 학습습관, 학습방법, 학습요령 등을 총괄하는 복합적인 학습자의 성향이며, 새로운 개념이나 원리를 학습해 나가는 과정에서 개개인 나름대로 지식을 다루는 독특한 방식이다.
③ 사실 학습자들은 자신이 선호하는 인지양식에 영향을 받으며, 자신의 내적 학습 선호와 잘 매치되는 과목에 모이는 경향이 있다. 그리고 그런 학습과제를 제시할 때 아주 높은 집중력을 보이게 된다.
④ 때문에 교사는 각 교수학습 내용을 다룰 때, 학습자의 학습양식에 맞고 학습양식을 보완해 줄 수 있는 수업전략과 학습방법을 사용함으로써 질 높은 교수학습과 학습결과를 이룰 수 있다.

| 정답 | ②

WHY TO HOW
New 논객특강
논술 기출과 객관식 기출의 통합

Chapter 08

교육공학

THEME 01. 교육공학의 발달
THEME 02. 교수설계
THEME 03. 교수매체
THEME 04. 교수매체의 활용

THEME 01　교육공학의 발달

01　　　　　　　　　　　　　　　　　　　　　　　2012 중등

의사소통 모형인 벌로(D. Berlo)의 SMCR 모형에 기초하여 김 교사와 학생의 수업과정을 분석할 때, M 단계의 하위 요소에 해당하는 것으로 옳은 것을 〈보기〉에서 고른 것은?

> 〈보기〉
>
> 김 교사는 학생의 흥미와 수준을 고려하여 ㉠ 가르칠 내용의 순서에 따라 설명하기 때문에 학생도 수업의 흐름을 놓치지 않고 잘 따라온다. 김 교사의 ㉡ 교과와 수업에 대한 열의는 수업시간에 그대로 반영되어, 학생이 교사의 말에 더욱 집중하게 된다. 김 교사의 수업이 쉽고 지루하지 않은 것은 설명이 명확해서이기도 하지만, ㉢ 비언어적 표현, 즉 몸짓, 눈 맞추기, 표정 등을 적절히 활용하기 때문이다. 김 교사가 컴퓨터 활용 수업을 할 때에는 ㉣ 학생이 자료를 읽거나 사용하는 의사소통기술에 어려움이 없도록 지도한다. 전반적으로 김 교사의 수업에서는 학생들이 ㉤ 보고 듣기만 하는 것이 아니라, 만져보고 때로는 냄새를 맡고 맛을 보기도 하는 등 오감각을 통해 보다 풍부한 의사소통을 한다.

① ㉠, ㉡　　　　　　　　　　② ㉠, ㉢
③ ㉡, ㉣
④ ㉢, ㉤
⑤ ㉣, ㉤

정답풀이

㉠ 구조에 해당한다.
㉢ 코드에 해당한다.
※ 메시지(M)의 하위 요소 : 요소, 내용, 구조, 코드, 처리

오답풀이

㉡ 송신자(S)의 태도에 해당한다.
㉣ 수신자(R)의 통신기술에 해당한다.
㉤ 통신방법(C)에 해당한다.

만점대비 +α

💡 벌로의 SMCR 모형

S(Sender) 송신자	M(Message) 전달내용	C(Chanel) 통신방법	R(Receiver) 수신자
통신기술 태도 지식수준 사회체제 문화양식	요소 / 구조 내용 / 처리 / 코드	시각 청각 촉각 후각 미각	통신기술 태도 지식수준 사회체제 문화양식

송신자 (Sender)	메시지를 창출해 내는 사람이나 단체로, 이들은 어떠한 목적이나 이유를 가지고 커뮤니케이션에 참여하게 됨(=정보원, Source)
전달내용 (Message)	요소, 내용, 구조, 코드, 처리로 구성 • 요소(element) : 많은 내용 중에서 어떠한 내용을 선택하여 처리하느냐와 관련된 것 • 내용 : 전달하고자 하는 것을 의미함 • 구조 : '선택된 내용을 어떤 순서로, 어떻게 조직하여 전달할 것인가?'와 관련된 것 • 코드 : 언어적 코드와 비언어적 코드로 구분됨 • 처리(treatment) : '선택된 코드와 내용을 어떤 순서로 어떻게, 어떤 방법으로 전달할 것인가?'와 관련됨
통신방법 (Channel)	채널은 메시지를 전하는 도구
수신자 (Receiver)	메시지를 전달받는 대상, 즉 사람이나 단체를 의미

| 정답 | ②

02

쉐논과 슈람(C. Shannon & W. Schramm)의 통신 모형을 수업 과정으로 해석할 때, 설명이 바르지 않은 것은?

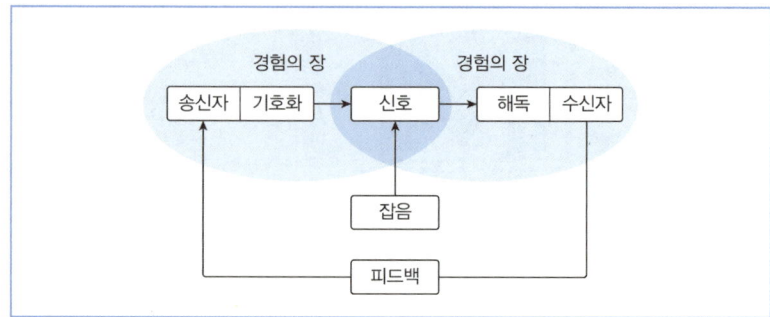

① 학생은 교육내용을 자신의 경험의 장에 비추어 받아들인다.
② 교사와 학생의 의사소통 과정에 불필요한 잡음이 개입될 수 있다.
③ 교사가 교육내용을 전달하는 방식은 교사의 경험의 장에 영향을 받는다.
④ 교사와 학생 사이에 공통된 경험의 장이 없더라도 효과적인 의사소통이 이루어진다.
⑤ 교사와 학생의 의사소통 과정에서 전달내용이나 서로의 경험 차이에 관한 피드백이 이루어진다.

정답풀이

④ 쉐논과 슈람은 커뮤니케이션이 송신자와 수신자의 경험의 장을 서로 공유하게 함으로써 그 효과를 높일 수 있다고 보고, 쌍방적 통신 과정을 강조하고 있으며, 서로의 경험에 대한 이해의 중요성과 피드백의 요소를 부각시켰다.

만점대비 +α

🔍 쉐논과 슈람(Schannon & Schramn)의 통신모형

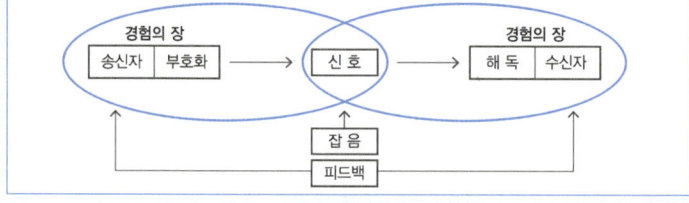

① 쉐논과 슈람은 커뮤니케이션이 송신자와 수신자의 경험의 장을 서로 공유하게 함으로써 그 효과를 높일 수 있다고 보았다.
② 이 모형은 송신자와 수신자의 쌍방적 통신과정을 강조한다.
③ 서로의 경험에 대한 이해의 중요성과 피드백의 요소를 부각시킨다.

| 정답 | ④

THEME 02 교수설계

03
일반적 교수체제 설계모형(ADDIE)의 '분석 단계'에서 수행하는 활동을 〈보기〉에서 모두 고른 것은?
                                                      2009 초등

보기
㉠ 요구 분석
㉡ 환경 분석
㉢ 교수자 분석
㉣ 학습자 분석
㉤ 직무 및 과제 분석

① ㉠, ㉡, ㉢
② ㉠, ㉣, ㉤
③ ㉡, ㉣, ㉤
④ ㉠, ㉡, ㉢, ㉣
⑤ ㉠, ㉡, ㉣, ㉤

만점대비 +α

💡 ADDIE 모형 - 실즈와 리치(Seels & Richey)

(1) **분석단계**: 분석단계(A)는 교수체제설계 과정의 초기 단계로서 설계 상황에서 절대적인 중요성을 지닌 요소들을 분석하는 단계이다.
  1) 요구분석
    ① 요구란 바람직한 상태 또는 기대되는 상태와 현재 상태 간의 격차를 의미한다.
    ② 요구분석을 통하여 교육받은 이후 학습자들이 습득해야 하는 지식과 기능에 대하여 학습자들이 현재 어느 수준에 있는지, 무엇을 모르고, 무엇을 못하는지를 파악하는 것이다.
  2) 학습자분석
    ① 학습자 특성을 파악하는 것이다.
    ② 학습자의 지능, 선수학습능력, 적성, 인지양식이나 학습양식, 학습 동기나 태도 등을 분석하여 설계를 위한 기초자료로 활용한다.
  3) 환경분석
    ① 학습이나 교수에 영향을 미치는 환경에 대한 분석을 의미한다.
    ② 환경 분석에는 교수설계 과정에 참여할 인적자원, 교수매체·기자재·시설 등과 같은 물적자원, 그리고 교실·도서실·실험실 등과 같은 교수-학습이 발생하는 학습 공간 및 교수매체의 분석이 포함된다.
  4) 직무 및 과제분석
    교수목표 달성을 위하여 필요한 지식, 기능, 태도 등을 파악하고 이들 간의 관계와 계열성을 밝히는 작업이다.

(2) **설계단계**: 설계단계(D)는 앞 단계의 분석결과를 토대로 구체적인 청사진을 개발하는 단계이다.
  1) 수행목표 명세화
    ① 설계단계는 분석단계에서 수행한 요구분석의 최종 산물인 일반 목표를 수행하는 데 필요한 직무와 과제를 분석한 결과를 바탕으로 보다 명세적인 수업목표를 작성하는 일로 시작된다.

논술 문제 적용 하기

03-1   2015 상반기 중등
일반적 교수체제설계에서 분석 및 설계 과정의 주요 활동 각각 2가지만 제시하시오.

> 여러분들도 잘 아시겠지만 최근 우리 사회는 학교가 다양한 역할을 수행하도록 요구하고 있습니다. 이에 따라 선생님들께서는 학교 및 수업에 대한 기본적인 이해가 필요하다고 생각합니다. 한편, 사회가 학생들에게 새로운 역량을 요구하고 있고, 이를 키우기 위해 교사는 다양한 수업을 설계할 수 있어야 합니다. 제가 경험했던 많은 교사들은 다양한 수업을 시도해 보고자 하는 열정은 높았지만 새로운 수업 방법이나 모형을 활용하여 수업을 설계하거나 수업 상황에 맞게 기존의 교수·학습지도안을 적용하는 데 어려움을 느꼈습니다. 다양한 교수체제설계 이론과 모형이 있지만 분석, 설계, 개발, 실행, 평가의 과정은 일반적이라고 생각합니다. 이 중 분석과 설계는 다른 과정의 기초가 되기 때문에 중요합니다. 수업 요소들이 서로 어떻게 관련되어 있는지 파악하여 여러분의 수업에 적용해 보시기 바랍니다.

예시답안
체제적 교수설계절차의 주요 단계들은 분석(analysis), 설계(design), 개발(development), 실행(implementation) 그리고 평가(evaluation)로 구성되어 있어서 ADDIE모형 이라고도 한다. 이러한 다섯 가지의 구성요소들은 대부분의 체제적 교수설계모형에서 찾아볼 수 있는 기본적인 활동들이다. 먼저 분석단계는 교수체제설계 과정의 초기 단계로서 설계 상황에서 절대적인 중요성을 지닌 요소들을 분석하는 단계이다. 분석 과정에서는 요구분석과 학습자분석을 한다. 요구분석에서는 성취해야 할 바람직한 목표수준과 현재 학습자들이 지니고 있는 능력수준간의 차이를 분석하고, 그 결과에 기초하여 적정한 학습목표를 설정한다. 학습자분석에서는 학습자의 지적·정의적 특성, 사회문화적 배경, 출발점 능력, 학습양식 등을 분석한다. 다음으로 설계단계는 앞 단계의 분석결과를 토대로 구체적인 청사진을 개발하는 단계이다. 설계 과정에서는 효과적이고 효율적인 교육프로그램을 개발하기 위하여 수행목표의 명세화, 평가도구의 설계를 한다. 학습자들이 학습을 마친 후에 획득하게 될 학습목표를 구체적이고 명세적인 수행목표로 진술하는 것이다. 분석단계에서 수행한 요구분석의 최종 산물인 일반 목표를 수행하는 데 필요한 직무와 과제를 분석한 결과를 바탕으로 보다 명세적인 수업목표를 작성한다. 수행목표의 진술은 학습자를 포함해야 하고, 성공적인 수행의 판단준거 등을 포함하여 진술해야 한다. 그리고 학습한 결과 또는 수행결과를 확인하기 위한 평가도구를 개발한다. 평가도구는 요구하는 목표의 성격에 맞게 타당하고 신뢰할 만한 유형으로 개발되어야 한다. 평가도구로는 지필검사, 관찰 및 실기검사, 역할연기 등 다양한 방법이 사용되나, 인지적 영역의 목표는 주로 지필검사를 활용한다.

② 즉, 학습자들이 수업이 끝난 후에 수행해야 할 성취행동 또는 학습 성과를 행동적 용어로 기술하는 것이다.
③ 목표에는 그 행동이 나타날 수 있는 조건과 그 행동을 판단할 준거를 포함해야 한다.

2) 평가도구 설계
① 행동목표가 도출되고 난 후 그 목표의 달성 여부와 달성 정도를 판단하기 위한 도구로서 평가문항이 작성된다.
② 목표와 평가 문항이 서로 일치해야하기 때문에 목표를 명세화한 직후 개발해야 한다.
③ 평가문항은 요구하는 목표의 성격에 맞게 타당하고 신뢰할 만한 유형으로 개발되어야 한다.

3) 학습과제 계열화
① 학습내용이나 활동을 어떤 방식으로 조직할 것인지, 학습자에게 어떤 순서로 제시할 것인지를 결정한다.
② 개발된 명세목표들은 최적의 효과를 달성하기 위하여 이상적인 순서로 계열화되어야 한다.

4) 교수전략 및 매체선정
① 목표를 달성하기 위한 방법으로서 가장 효과적이고 효율적이며 매력적이고 안정적인 교수 전략을 선정하고 그 전략들의 수행을 지원해 주는 매체를 선정한다.
② 교수매체는 교수-학습의 효과와 효율을 위하여 사용하는 도구로서 학습내용을 학습자에게 제시하거나 학습자의 학습 활동을 촉진시킨다.

(3) 개발단계
① 개발(D)은 수업에 사용될 교수자료를 실제로 개발하고 제작하는 단계로서, 설계단계를 통해 나온 산출물은 이 단계에서 수정 보완된다.
② 개발과정에는 먼저 교수자료의 초안 또는 시제품을 개발하여 형성평가를 실시하고 프로그램을 수정한 뒤에 마지막으로 최종산출물, 즉 완제품을 제작하는 일이 포함된다.
③ 최종의 산출물이 아무런 문제없이 의도한 바를 달성할 수 있는 상태를 유지하기 위해 다양한 수준에서 형성평가가 이루어지는데, 전문가의 검토와 다양한 수준의 학습자들의 검토, 그리고 현장에서의 검토 과정 등을 거쳐서 최종 산출물이 탄생하게 된다.

(4) 실행단계
① 실행단계에서는 개발과정에서 설계되고 개발된 교육훈련 프로그램을 실제의 현장에 사용하고, 이를 교육과정에 설치하여 계속적으로 유지하고 관리하는 활동이 포함된다.
② 즉, 실행 단계는 단순히 개발, 완료된 내용을 현장에서 실행해 보는 것으로 끝나는 것이 아니라, 그 자료들이 현장에서 유지, 변화, 관리되도록 다양한 노력을 경주하는 활동도 포함된다.

(5) 평가단계 : 평가단계(E)는 마지막 단계로서 최종 산출물이 의도한 목적을 충실히 달성하였는지 판단하는 과정이다.
① 교수설계 과정의 효율성을 평가하고 교수 내용이 효과적으로 전달되느냐를 평가하기 위해서 총괄평가를 실시한다.
② 일반적으로 외부의 전문가를 통하여 교수체제 설계를 통해 개발된 프로그램의 전반에 대한 가치를 판단한다.
③ 총괄평가의 결과에 따라 프로그램의 채택과 폐기 여부를 결정한다.

| 정답 | ⑤

04

2011 초등

딕과 캐리(W. Dick, L. Carey & J. Carey)의 체계적 교수설계 모형을 활용하여 방과 후 영어수업 프로그램을 개발하고자 할 때, 교사가 (가) 단계에서 수행해야 할 활동으로 적절하지 않은 것은?

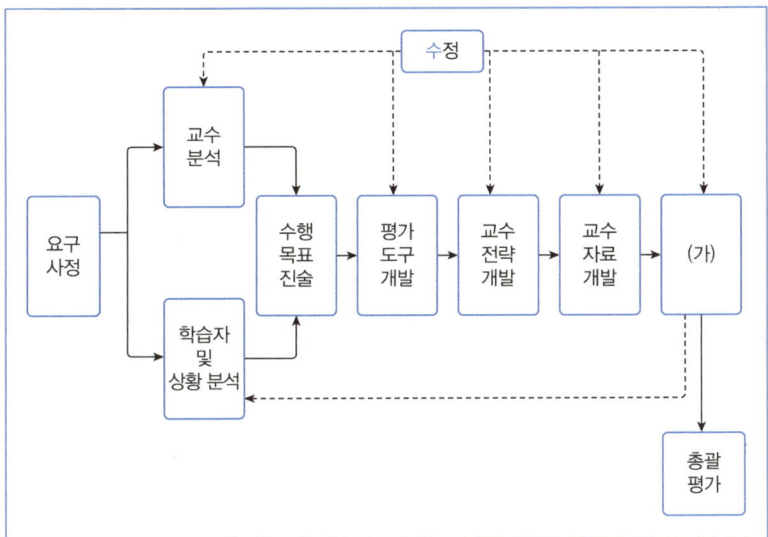

① 개발된 영어연극 교수전략이 학습자 특성에 부합하는지 점검하기 위해 소집단 평가를 실시한다.
② 개발된 교수자료의 영어 표현들이 적절한지를 확인하기 위해 원어민 영어교사에게 검토를 의뢰한다.
③ 개발된 프로그램이 타 학교 방과 후 프로그램보다 더 효과적인지를 판단하기 위해 지필 평가를 실시한다.
④ 개발된 영어능력 평가 문항들의 타당성을 확인하기 위해 세 명의 학생을 선정하여 일대일 평가를 실시한다.
⑤ 개발된 프로그램을 정해진 수업시간 내에 실행할 수 있는지 확인하기 위해 학습자를 대상으로 현장 평가를 실시한다.

정답풀이

③ (가)는 형성평가 단계이다. 딕과 캐리 모형에서의 형성평가 단계는 수업설계에 대한 피드백을 받아 수업설계를 수정하는 데 도움을 준다. 즉, 형성평가의 목적은 평가를 통해서 그 결과를 검토하고 필요한 곳을 수정·보완하기 위함이다. 개발된 교수 프로그램의 효과를 검증하기 위한 평가는 총괄평가에 해당한다.

THEME 02 교수설계

만점대비 +α

💡 딕과 캐리(Dick & Carey) 모형

(1) 개요
① 딕과 캐리의 교수체제설계모형은 체제접근에 입각하여, 교수설계·교수개발·교수실행·교수평가의 과정을 제시하는 대표적인 모형이다.
② 이 모형은 절차적 모형으로서 효과적인 교수 프로그램을 개발하는 데 필요한 일련의 단계들과 그 단계들 간의 역동적인 관련성에 초점을 맞추고 있다.

(2) 교수설계의 10단계

1) 1단계 : 요구사정(교수목적 확인)
   ① 학습자가 학습을 모두 끝마쳤을 때 학습자가 할 수 있기를 바라는 것이 무엇인지를 파악하는 단계이다.
   ② 최종 교수목표는 교과의 학습목표 혹은 요구분석의 결과 등으로부터 추출된다.

2) 2단계 : 교수분석(목적분석 + 하위기능분석)
   ① 이 단계에서는 학습자가 목적에 도달하기 위해 단계별로 어떻게 수행할 것인가를 결정하기 위하여, 과제의 분석과 하위 기능 분석으로 구분되어 실시된다.
   ② 최종 학습목적을 성취하기 위해 학습자가 배워야 할 학습의 유형을 결정하고, 학습의 유형에 따라 필요한 하위 기능을 분석하며, 하위 기능들에 대한 학습절차 등이 분석되고 결정되는 것이다.
      ㉠ 과제의 분석 : 학습목표가 어떤 종류의 학습 영역인가를 분석하고, 학습자가 그 목표를 성취하였을 때 무엇을 할 수 있을 것인가를 명확히 하는 것이다.
      ㉡ 하위 기능 분석 : 학습목표와 관련된 기능의 관계를 분석하는 것으로 위계적 분석, 절차적 분석, 군집분석, 혼합적 분석 등이 있다.

3) 3단계 : 학습자 및 환경분석
   ① 수업이 시작될 때 그 특정 학습을 하기 위해 학습자가 반드시 갖추고 있어야 할 선수지식, 즉 출발점행동과 교수활동을 설계하는 데 중요하게 고려해야 될 학습자의 특성을 규명한다.
   ② 학습자 특성 분석은 학습자의 적성, 학습양식, 지능, 동기, 태도 등을 말하는데, 이는 학습자 특성을 고려하여 적합한 교수전략을 설계할 수 있도록 하기 위함이다.

4) 4단계 : 수행목표 진술
   ① 학습과제분석의 결과와 학습자 특성의 분석결과를 기초하여 학습자들이 수업이 끝났을 때 성취해야 할 수행목표들을 구체적으로 진술한다.
   ② 수행목표는 학습될 성취행동, 그 성취행동이 실행될 조건, 그 수행이 성공적인지 아닌지를 판단하는 준거 등 세 가지 요소로 구성된다.

5) 5단계 : 평가도구 개발
   ① 앞 단계에서 설정된 학습목표들에 대응하는 평가문항을 개발함으로써 학습자의 성취수준 또는 학습결과를 측정할 수 있도록 준비해야 한다.
   ② 각 검사문항은 학생들의 목표 달성 여부를 판단하는 잣대가 되며, 다음에 이루어지는 단계들은 이 검사에서 높은 점수를 받을 수 있도록 설계되어야 한다.

6) 6단계 : 교수전략 개발
   ① 지금까지의 단계를 통해서 수집된 자료를 토대로 하여 최종 목표를 성취하기 위한 교수전략을 개발하는 단계이다.
   ② 수업전략은 현시점에서의 학습연구 성과, 학습과정에 관한 현재 수준의 지식, 가르칠 내용 그리고 수업을 받게 되는 학습자들의 특성 등을 기초하여 개발된다.
   ③ 즉, 수업을 전개할 방법과 절차를 개발하고 교수매체의 활용에 대한 계획을 세우는 단계로서 이 교수전략에는 교수 전 활동, 정보제시활동, 학습자 참여활동, 검사활동, 사후활동 등에 관한 전략이 개발되어야 한다.
      ㉠ 교수 전 활동 : 동기유발, 목표 제시, 출발점 행동 확인 활동 등

ⓒ 정보제시활동 : 교수계열화, 교수단위의 크기 결정, 정보와 예 제시활동 등
　　　ⓒ 학습자 참여활동 : 연습 수행과 피드백 활동
　　　ⓔ 검사활동 : 사전검사, 학습증진검사, 사후검사 등
　　　ⓜ 사후활동 : 교정학습과 심화학습 등
7) 7단계 : 교수자료 개발
　① 전 단계의 교수전략에 근거하여 교수자료를 제작·선정하는 단계다.
　② 교수자료는 교수전략 개발단계에서 결정된 전략들에 따라서 수업활동에 활용될 모든 자료, 즉 학습자지침서, 교수 프로그램, 검사지, 교사지침서 등을 말한다.
　③ 수업목표 달성을 위한 최적의 교수전략을 선정하고, 그 전략을 활용하는 데 효율성을 극대화할 수 있는 매체를 선정하고 개발하는 일이 중요하게 부각된다.
8) 8단계 : 형성평가
　① 교수프로그램의 초안이 완성되면 프로그램의 질을 개선하는데 필요한 자료를 수집하는 형성평가를 실시하며, 그 결과를 바탕으로 자료, 교수전략이 가지고 있는 문제점을 검토하고 수정, 보완한다.
　② 형성평가의 종류에는 일대일평가, 소집단평가, 현장평가 등이다.
9) 9단계 : 프로그램 수정
　① 형성평가 결과에 의하여 학습목표를 달성하는 데 있어서 학습자가 곤란을 겪은 점을 확인하여 수업상의 잘못된 곳을 수정한다.
　② 이 평가결과를 기반으로 하여 학습과제분석의 타당성과 학습자의 출발점행동 및 학습자 특성에 대한 가정을 재검토하고 학습목표가 적절히 진술되고 평가문항이 타당하게 개발되었는지 또한 교수전략이 효과적이었는지를 통합적으로 검토하고 수정함으로써 더욱 효과적인 수업 프로그램을 이룬다.
10) 10단계 : 총괄평가
　① 형성평가에 의해 충분히 수정·보완된 교수 프로그램은 마지막으로 총괄평가를 실시하게 되는데, 이 총괄평가는 개발된 교수 프로그램의 효과를 검증하는 것이 목적이다.
　② 총괄평가는 보통 교수설계자와 그 팀구성원 이외의 외부평가자에 의해서 실시된다. 그러므로 총괄평가는 교수설계 전 과정 밖에 있다고 할 수 있다.

| 정답 | ③

THEME 02 교수설계

논술 문제 적용 하기

05-1
2022 중등

송 교사가 교실 수업을 위해 개발해야 할 교수전략 2가지 제시하시오.

> ...(상략)...
> 송교사: 네, 알겠습니다. 이제 교실 수업에서 사용할 교수전략을 개발해야 하는데 딕과 캐리(W. Dick & L. Carey)의 체제적 교수설계모형을 적용하려고 해요. 이 모형의 교수전략개발 단계에서 개발해야 할 교수전략이 무엇인지 생각 중이에요.
> 김교사: 네, 좋은 전략을 찾으시면 제게도 알려 주세요. 그런데 우리 학교는 온라인 수업을 해야 될 상황이 생길 수도 있어요. 제가 온라인 수업을 해 보니 일부 학생들이 고립감을 느끼더군요. 선생님들이 온라인 수업을 하는 데 필요한 정보를 공유하는 학교 게시판이 있어요. 거기에 학생의 고립감을 해소하는 데 효과를 본 테크놀로지 기반의 교수학습 활동을 정리해 올려 두었어요.

예시답안

송 교사가 딕과 캐리의 체제적 교수설계모형에 입각하여 교실 수업을 설계할 때 개발해야 할 교수전략은 다음의 2가지를 포함한다. 첫째, 교수 전 활동에 필요한 교수전략을 개발해야 한다. 송 교사는 수업을 시작하기 전에 학습자들에게 동기를 부여하고, 무엇을 배워야 하는지 알려주고, 그들이 수업 전에 알아야 할 관련 지식과 기능을 확인해야 한다. 둘째, 학습자 참여활동에 관한 교수전략을 개발해야 한다. 학습 과정에서 가장 강력한 요소 중 하나가 피드백이 있는 연습이므로, 송 교사는 학생들에게 목표와 관련 있는 활동을 직접 수행하게 하고 그에 대한 피드백 및 정보를 제공해야 한다.

05
2009 초등

다음은 딕과 캐리(W. Dick, L. Carey & J. Carey)가 제시한 체계적 교수설계 모형이다. ㉠에서 수행해야 할 활동은?

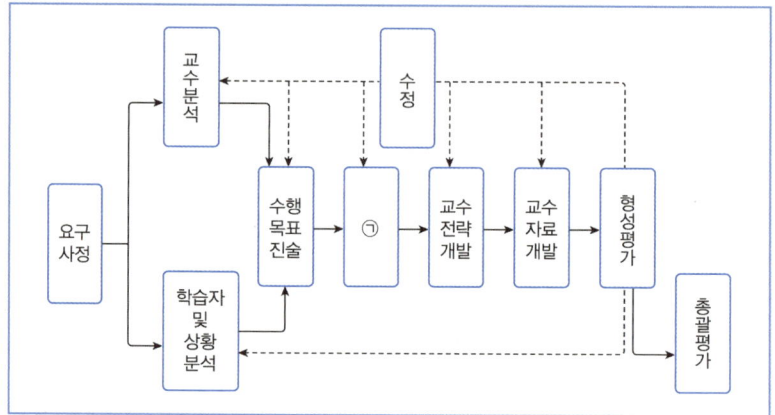

① 평가문항을 개발한다.
② 수업내용을 계열화한다.
③ 사용할 매체의 유형을 결정한다.
④ 학습자의 출발점 행동을 확인한다.
⑤ 과제분석을 통해 수업내용을 선정한다.

정답풀이

① ㉠은 평가도구 개발단계이다. 이 단계에서는 앞 단계에서 설정된 학습목표들에 대응하는 평가문항을 개발함으로써 학습자의 성취수준 또는 학습결과를 측정할 수 있도록 준비해야 한다.

오답풀이

② 교수전략 개발 단계 중 '정보제시활동'에 해당한다.
③ 교수전략 개발 단계에 해당한다.
④ 학습자 및 환경분석 단계에 해당한다.
⑤ 교수분석 단계에 해당한다.

| 정답 | ①

06

2011 중등

딕과 캐리(W. Dick, L. Carey & J. Carey)의 교수설계모형에 대한 설명으로 옳지 않은 것은?

① 교수 프로그램을 설계 및 개발하기 위해 체계적인 접근을 한다.
② 딕과 캐리의 교수설계모형에는 ADDIE 모형의 실행단계(I)가 생략되어 있다.
③ 교수 프로그램 설계 및 개발 과정을 주도한 교수설계자가 총괄평가를 실시할 것을 권한다.
④ 수행목표진술 단계에서는 학습이 끝났을 때 학습자가 할 수 있는 것으로 기대되는 목표를 구체적으로 진술한다.
⑤ 교수분석 단계에는 목표를 학습 영역(learning outcomes)에 따라 분류하고 수행 행동의 주요 단계를 파악하는 활동이 포함된다.

정답풀이

③ 총괄평가 : 형성평가에 의해 충분히 수정·보완된 교수 프로그램은 마지막으로 총괄평가를 실시하게 되는데, 이 총괄평가는 개발된 교수 프로그램의 효과를 검증하는 것이 목적이다. 총괄평가는 보통 교수설계자와 그 팀 구성원 이외의 외부 평가자에 의해서 실시된다. 그러므로 엄격히 말해서 이 총괄평가는 교수설계 전 과정 밖에 있다고 할 수 있다.

만점대비 +α

ADDIE모형과 딕과 캐리 모형의 비교

ADDIE 모형	단계	Dick&Carey 모형
• 요구분석 • 학습자분석 • 환경분석 • 직무 및 과제분석	분석	① 요구사정 ② 교수분석 ③ 학습자 및 환경분석
• 수행목표 명세화 • 평가도구 개발 • 교수전략 선정 및 계열화	설계	④ 수행목표진술 ⑤ 평가도구설계
• 교수자료개발 • 형성평가 및 개발제작	개발	⑥ 교수전략수립 ⑦ 교수자료개발
• 사용 및 설치 • 유지 및 관리	실행	
• 총괄평가	평가	⑧ 형성평가 ⑨ 프로그램수정 ⑩ 총괄평가

|정답| ③

07

2013 중등

딕과 캐리(W. Dick & L. Carey)의 수업체제 설계 모형에 따라 수업을 설계할 때, 다음에 제시된 절차에 해당하는 것은?

> '학습자는 순환마디로만 이루어진 순환소수를 분수로 변환할 수 있다.'는 수업목표를 '지적 기능'으로 분류한 후, 정보처리 분석과 위계분석을 수행하였다. 다음 그림은 그 결과의 일부이다.
>
> | (A) | (B) | (C) | (D) |
> |---|---|---|---|
> | 주어진 순환소수를 x로 놓기 | 첫 순환마디가 정수 부분이 되도록 양변에 10의 거듭제곱을 곱하기 | (B)의 등식에서 (A)의 등식을 빼기 | (C)의 등식에서 x를 구하기 |
>
> (C) ← 하나의 등식에서 다른 등식을 빼기 ← 소수점이 포함된 숫자 뺄셈하기 ← 정수 뺄셈하기

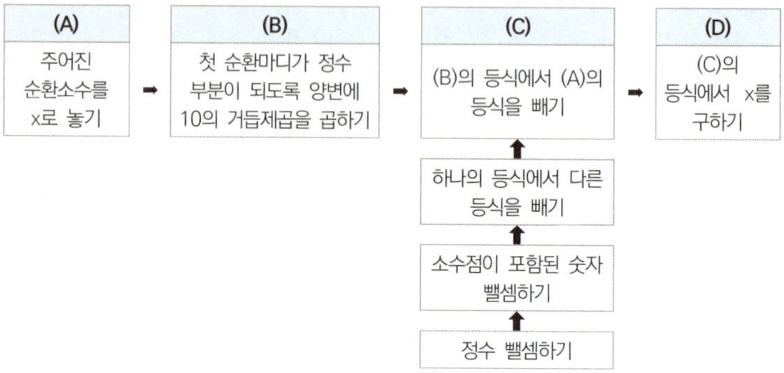

① 교수분석
② 요구분석
③ 형성평가
④ 환경분석
⑤ 학습자 분석

오답풀이

② 요구분석 : 학습을 마친 후에 학습자가 무엇을 할 수 있게 되기를 원하는가를 결정하는 단계이다. 최종 교수목표는 교과의 학습목표 혹은 요구분석의 결과 등으로부터 추출된다.

③ 형성평가 : 앞 단계까지 개발이 완료된 교수 프로그램은 형성평가를 통해서 그 결과를 검토하고 필요한 곳을 수정·보완한다. 형성평가의 종류에는 일대일평가, 소집단평가, 현장평가 등이 있다.

④⑤ 학습자 및 환경 분석 : 수업이 시작될 때 그 특정 학습을 하기 위해 학습자가 반드시 갖추고 있어야 할 선수지식, 즉 출발점행동과 교수활동을 설계하는 데 중요하게 고려해야 될 학습자의 특성을 규명한다.

| 정답 | ①

08
2008 중등

다음은 조나센(D. H. Jonassen)의 구성주의 학습환경 설계모형이다. □ 안에 들어갈 교수자의 교수활동에 해당하지 <u>않는</u> 것은?

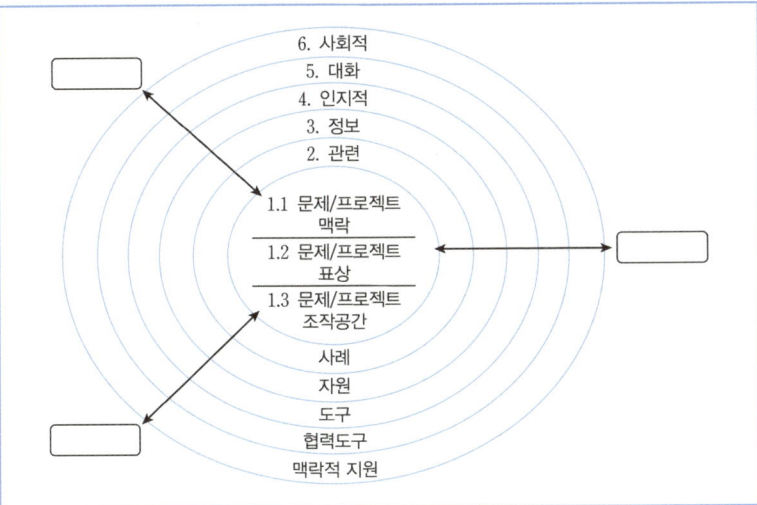

① 코칭(coaching)
② 통찰(insight)
③ 모델링(modeling)
④ 비계설정(scaffolding)

정답풀이

② 조나센의 구성주의 학습 환경은 기본적으로 학습자가 수행하는 학습활동과 이를 지원하는 교수활동으로 이루어진다. 학습자의 학습활동은 문제 해결의 단계별로 탐색, 명료화, 반추하기이며, 각 단계에서 학습활동을 촉진하는 교수활동은 각각 모형 제시하기, 지도하기, 발판 제공하기라는 화살표로 제시된다.

논술 문제 적용 하기

08-1
2017 중등

C교사가 실행하려는 구성주의 학습 활동을 위한 학습 지원 도구·자원과 교수 활동 각각 2가지 제시하시오.

◆ **학생 참여 중심 수업 운영**
C 교사는 학생 참여 중심의 교수·학습을 준비하기 위해서 교사 연수 프로그램에 참여하고 있다고 말했다.

"저는 구성주의 학습환경 설계에 관한 연수에 참여하고 있습니다. 문제 중심이나 프로젝트 중심의 학습 활동을 실행하기 위해서는 적합한 학습 지원 도구나 자원을 학생들에게 제공해야 한다는 것을 알게 되었고, 학습 활동 중에 교사가 수행해야 할 역할에 대해서도 이해하게 되었습니다."

예시답안

C교사는 구성주의 학습 활동을 실행하려고 한다. 이를 위해서 구성주의 인식론의 입장에서 학습환경을 설계하는 조나센의 구성주의 학습환경 설계 모형을 활용할 수 있다. 이 모형에 따르면 교사는 먼저 관련 사례를 제공해야 한다. 구성주의에서는 개념과 원리의 직접적인 암기/이해보다는 다양한 사례를 접함으로써 지식구조를 점진적으로 확장하고 정교화 해나가는 과정을 의미있는 학습과정으로 본다. 그러므로 구성주의 학습환경에서는 제시된 문제와 직·간접적으로 관련이 있는 사례들을 충분히 제공함으로써 학습자의 기억을 촉진할 뿐만 아니라 인지적 융통성을 높이는 등 학습과정을 지원해야 한다. 또한 관련사례는 학습자의 지적 모형이나 경험이 부족할 경우에 학습자를 도와준다. 즉 학습자는 제공된 관련 사례들을 통하여, 제시된 문제에 포함된 쟁점들을 보다 명확히 파악하게 되므로 교사는 관련 사례를 풍부하게 제공해야 한다. 다음으로 정보 자원을 지원해야 한다. 구성주의 학습환경에서는 학습자들이 문제를 해결하는 데 필요한 충분한 정보를 제공하여야 한다. 학습자들은 정보를 활용하여 문제해결을 위한 가설을 세우고 가설을 검증하는 동시에 자신들의 지식구조를 정교화 해나간다. 이처럼 정보는 학습자가 문제를 규정하고 가설을 설정하기 위해서 매우 중요한 기능을 하기 때문에, 학습자가 어떤 종류의 정보를 필요로 할 것인지를 미리 예상하고, 풍부한 정보를 준비함으로써 학습자가 필요할 때는 언제든지 활용할 수 있도록 해 주어야 한다.

교수 활동으로는 모형 제시하기와 지도하기가 있다. 모형 제시하기는 크게 두 가지로 나누어진다. 하나는 학습자에게 기대되는 수행의 사례를 보여주는 것이다. 다른 하나는 각 문제해결 활동에서 학습자가 보여주는 인지적 추론과정을 분명히 하는 것이다. 가령 학습자에게 학습활동을 할 때 겪는 생각이나 사고과정을 말로 표현하게 한 후에, 그것을 기록하여 왜 그러한 생각과 판단을 했는지를 나중에 분석하는 것이다. 다음으로 지도하기는 학습자의 동기를 유발하고, 학습자의 수행 수준을 분석하여, 그에 대한 피드백을 제공하고, 학습한 내용에 대하여 반추할 것을 요구하는 것이다. 모형 제시하기가 전문가의 수행에 초점을 맞추고 있다면 지도하기는 학습자의 수행에 초점을 맞추는 것이다.

만점대비 +α

💡 조나센(Jonassen)의 구성주의 학습환경 설계모형

(1) 개요
  ① 구성요소 : '문제 / 프로젝트 배경'을 중심에 두고, 구성주의 학습환경을 이루는 핵심 요소(관련 사례, 정보자원, 인지적 도구, 대화 / 협력 도구, 사회적 / 맥락적 지원)들을 동심원으로 표현
  ② 교수 활동 : '모형 제시하기', '안내하기', '발판 제공하기'라는 화살표로 제시

(2) 구성주의 학습환경 설계모형의 설계 요소

문제, 프로젝트 배경	• 문제 혹은 질문은 학습자가 이미 학습한 내용을 확인하는 성격이 아니라 새로운 학습을 유발하는 성격을 지님 • 학생들은 문제를 해결하는 과정에서 그 문제와 관련된 영역의 지식을 새로 학습하게 됨
관련 사례	• 학습자의 지적 모형이나 경험이 부족할 경우에 학습자를 도와줌 • 학습자는 제공된 관련 사례들을 통하여 제시된 문제에 포함된 쟁점들을 보다 명확히 파악하게 됨
정보자원	정보는 학습자가 문제를 규정하고 가설을 설정하기 위해서 매우 중요한 기능을 하기 때문에, 학습자가 어떤 종류의 정보를 필요로 할 것인지를 미리 예상하고 풍부한 정보를 준비함으로써 학습자가 필요할 때는 언제든지 활용할 수 있도록 해주어야 함
인지도구	• 학습자가 실제문제를 해결해 가는 인지과정을 지원하고 촉진하는 역할을 수행 • 시각화 도구, 수행지원도구, 문제제시도구, 지식모델링도구, 정보수집도구 등이 여기에 포함
대화와 협동을 위한 도구	다양한 유형의 컴퓨터 매개 통신수단을 통해서 학습자들은 각자의 지식과 정보를 서로 교환하고 협동적인 활동을 통해서 지식구성과정을 촉진
사회적·맥락적 자원	• 구성주의 학습환경을 성공적으로 실행하려고 할 때 고려해야 할 요소 • 참여교사들에 대한 지원체제나 학생들에 대한 안내체제 등이 해당

(3) 구성주의 학습환경에서의 교수 활동

교수활동 (학습활동)	특징
모형 제시하기 (탐색)	• 모형 제시하기 → "전문가의 수행"에 초점 • 학습자의 탐색활동을 지원하는 교수활동 • 학습자에게 기대되는 수행의 사례를 보여 주는 것, 각 문제해결활동에서 학습자가 보여 주는 인지적 추론과정을 분명히 하는 것
지도하기 (명료화)	• 지도하기 → "학습자의 수행"에 초점 • 명료화 활동을 도와주기 위한 교수활동 • 학습자의 동기를 유발, 학습자의 수행수준을 분석, 그에 대한 피드백을 제공, 학습한 내용에 대하여 반추할 것을 요구
발판 제공하기 (반추)	• 발판 제공하기 → 학습자가 수행하는 "과제"에 초점 • 학습자의 현재 상태의 지적 수준을 넘어서는 학습과제를 지원하기 위한 지지대 역할을 하는 것 • 발판 제공하기 유형 : 문제 난이도 조절, 과제 재구조화, 대안적인 평가 제공

| 정답 | ②

THEME 03 교수매체

09　　　　　　　　　　　　　　　　　　　　2011 중등

다음은 연구학교 교사들의 대화이다. 교사들의 연구 관심사에 해당하는 교육매체 연구의 유형에 대한 설명으로 옳지 않은 것은?

> (가) 김 교사 : 상이한 매체 간의 효과를 비교하고 싶습니다. 디지털 교과서를 활용한 컴퓨터 기반 수업이 서책형 교과서를 활용한 전통적 수업보다 학생들의 학업성취도에 더 효과가 있는지 알아보고 싶습니다.
> (나) 홍 교사 : 디지털 교과서의 속성들이 학생들의 학업성취에 어떠한 영향을 주는지 관심이 있습니다. 그래서 영어 디지털 교과서에서 그림과 글을 활용한 연습 방식과 동영상을 활용한 연습 방식이 특히 영어점수가 낮은 학생들의 말하기와 듣기 향상에 효과가 있는지 알아보고 싶습니다.

① (가)와 같은 유형은 특정 매체가 다른 매체에 비해 일관되게 효과를 보인다고 가정한다.
② (가)와 같은 유형은 학업성취도가 새로운 매체만의 효과인지 다른 영향 때문인지 증명하기 어렵다는 비판을 받는다.
③ (나)와 같은 유형은 매체의 상징체계가 학습자의 인지적 처리 과정에 영향을 줄 것이라고 가정한다.
④ (나)와 같은 유형은 학습자의 신념, 가치, 태도가 학습동기에 어느 정도 영향을 주는지에 초점을 둔다.
⑤ (가)와 같은 유형은 행동주의 패러다임을, (나)와 같은 유형은 인지주의 패러다임을 토대로 연구되기 시작하였다.

정답풀이

(가) 매체비교연구, (나) 매체속성연구
④ 매체선호연구에 대한 설명이다.

THEME 03 교수매체

> **만점대비 +α**

💡 교수매체연구의 동향

(1) 매체비교연구(행동주의 패러다임에 근거)
  ① 학습결과로서 학업성취도에 대한 특정 매체유형의 효과를 탐색하는 연구이다.
  ② 새로운 매체가 등장할 때마다 그 매체의 효과성을 검증하려는 데 중점을 둔다.
  ③ 교수매체의 효과가 모든 학습자와 교과목에 동일하게 영향을 줄 것이라고 가정한다.
  ④ 비판점
   ㉠ 실험상에서 교수방법 혹은 내용변인의 영향을 통제하지 못함으로 인해, 교수매체 자체로 인한 효과가 아니라 교수방법이나 다른 변인에 의해 처치그룹의 결과가 초래되었다.
   ㉡ 매체비교연구는 새로운 매체의 사용으로 인한 신기효과(novelty effect)를 통제하지 못하였다.

(2) 매체속성연구(인지주의 패러다임에 근거)
  ① 상이한 매체유형보다는 매체가 지닌 속성 자체가 학습자의 인지과정 혹은 학업성취에 어떤 영향을 미치는가에 연구의 초점을 둔다.
  ② 각기 다른 학습자 특성과 학습과제가 주어진 교수 상황에서 학습자의 인지적 과정에 영향을 미치는 매체 속성이 무엇인지 밝히는 데 관심이 있다.
  ③ 각 매체가 특정 상징을 통하여 메시지를 표현, 매체가 전달하는 상징체제가 학습자의 인지적 표상과 처리과정에 영향을 줄 것이라고 가정한다.

(3) 매체선호연구(매체활용에 대한 태도)
  교수매체에 대한 학습자의 태도, 가치, 신념들을 독립변인으로 삼고, 이런 정의적 특성 변인들이 학습에 미치는 효과들을 탐색한다.

(4) 매체활용의 경제성에 관한 연구
  교수매체의 비용효과에 관한 연구는 특정 조건하에서 매체의 활용이 경제적인 효과를 산출할 수 있음을 보고하고 있으며, 관리적·조직적 요인들이 매체활용의 비용에 영향을 미치는 것으로 밝혀졌다.

|정답| ④

10

교육매체 연구에 관한 설명으로 옳은 것을 〈보기〉에서 모두 고른 것은?

2009 중등

보기

㉠ 교육매체 선호 연구에서는 매체 개발의 경제적 비용이 개발 콘텐츠의 질에 어떤 영향을 미치는지 연구한다.
㉡ 교육매체 속성 연구에서는 매체의 물리적 속성이 학습자의 인지적 과정에 어떤 영향을 미치는지 연구한다.
㉢ 교육매체 비교 연구에서는 새로운 매체의 사용으로 인한 흥미 유발 등의 신기성 효과(novelty effect)가 비교 결과에 섞여 들어갈 수 있다.
㉣ 교육매체 비교 연구에서는 흔히 새로운 매체가 효과적이라고 결론을 내리는데, 새로운 매체는 교수법의 변화도 수반하는 경우가 많아 매체만의 효과를 가려내기 어려운 경우가 있다.

① ㉠, ㉡
② ㉠, ㉣
③ ㉡, ㉣
④ ㉠, ㉢, ㉣
⑤ ㉡, ㉢, ㉣

오답풀이

㉠ 매체활용의 경제성에 관한 연구에 해당한다.

| 정답 | ⑤

11

다음은 교수매체의 효과성에 대한 두 학자의 주장이다. B학자의 주장을 가장 잘 반영하고 있는 매체활용 사례는?

> A학자 : 매체는 식료품 배달 트럭과 같아요. 어떤 트럭을 선택하느냐는 전달 속도나 전달 용량에는 영향을 주지만, 식료품 내용 자체에는 영향을 미치지 못합니다. 마찬가지로 매체도 학습효과에는 직접 영향을 주지 못합니다.
> B학자 : 그렇지 않습니다. 냉장 트럭을 생각해보세요. 육류배달의 경우 냉장 기능을 가진 트럭을 선택하느냐 마느냐에 따라 식료품 내용에도 영향을 미치게 됩니다. 학습과 매체의 관계도 마찬가지라고 생각합니다.

① 시간절약을 위해 현장학습 대신 동영상 시청 후 토론수업을 진행하였다.
② 나팔꽃의 개화과정을 보여주기 위해 비디오의 시간압축 특성을 활용하였다.
③ 인쇄비를 절감하려고 한 학기 보충학습 자료를 CD매체에 저장하여 제공하였다.
④ 방과 후 학교 강사를 구하기 힘들어서 다른 학교의 방과 후 수업을 촬영하여 인터넷으로 제공하였다.
⑤ 새로운 매체사용으로 인한 신기효과(novelty effect)를 얻기 위해 수업에 컴퓨터를 사용하였다.

정답풀이

A 학자 : 클라크(Clark) / B 학자 : 코즈마(Kozma)
② 비디오의 '시간압축 특성'이 나팔꽃의 개화과정 학습에 영향을 주고 있다. 즉, 교수매체를 활용함으로써 학습을 촉진 시키고자 하는 것이다.

오답풀이

①, ③, ④, ⑤ 매체의 교육적 효과가 아닌, '시간절약, 인쇄비 절감, 강사 대체용, 신기효과' 등의 이유로 매체를 활용하고 있다.

만점대비 +α

💡 교수매체의 효과성 논쟁

(1) 1차 논쟁 : 컴퓨터 보조 수업의 효과성
   ① 쿨릭(Kulic) : 컴퓨터 보조 수업이 전통적인 수업에 비해 더 효과적이며, 이러한 효과는 바로 컴퓨터라는 매체를 사용하였기 때문에, 즉 컴퓨터라는 매체가 가지고 있는 고유한 속성 때문에 발생한 것이다.
   ② 클라크(Clark) : 쿨릭과 그의 동료들이 분석한 연구들 대부분은 독립변인을 엄밀하게 통제하지 못하였다. 즉, 독립변인 내에는 컴퓨터라는 매체의 속성뿐만 아니라 많은 다른 변인, 예컨대 교수방법, 내용 제시방식, 신기성 효과 등이 혼재되어 있기 때문에, 컴퓨터 보조 수업의 결과로 나타난 학습자의 학습과 수행에서의 변화는 컴퓨터 자체의 어떤 속성에 따른 것이라고 단정 지을 수 없다.

(2) 2차 논쟁 : 매체와 방법, 그리고 학습
   1) 코즈마(Kozma) : "교수매체의 활용은 학습에 실질적으로 영향을 미침"
      ① 매체와 학습 간의 관계를 긍정적으로 재개념화해야 할 필요가 있다.
      ② 컴퓨터를 기반의 교수매체가 학습에 결정적인 영향을 미친 '사고자 도구'와 '재스퍼 우드베리 문제해결 시리즈' 등을 통해 알 수 있듯이, 기본적으로 컴퓨터가 학습활동의 중추적 역할을 담당하고 있으며, 방대한 양의 멀티미디어 자료들을 보유하고 있는 시스템이 학습자가 원하는 형태의 다양한 자료를 즉각적으로 제시해줌으로써 학습을 촉진시켜 준다.
   2) 클라크(Clark) : "매체는 결코 학습에 영향을 미치지 않을 것"
      ① 코즈마는 교수'매체'와 교수'방법'을 혼동하고 있다. 학습의 효과가 나타는 것은 단지 주어진 매체에 노출되었기 때문이 아니라 그 매체를 통한 제시방법 속에 내재되어 있는 교수방법 및 교수내용, 전략 때문이다.
      ② 교수매체를 '식품 운송용 트럭'에 비유
         ㉠ 식품 운송용 트럭은 단지 식품을 싣고 원하는 장소에까지 가져다주는 역할만을 수행할 따름이지 소비자의 영양 상태에는 직접적으로 영향을 미치지 못한다.
         ㉡ 이처럼 교수매체는 단지 교수내용을 전달하는 기능만을 수행할 따름이지 궁극적으로는 교육효과 및 학업성취에 영향을 미치지 못한다.
   3) 코즈마(Kozma) : "클라크의 비유는 교수매체의 효과를 잘못 이해하게 할 수 있음"
      ① 교수매체를 '식품 운송용 트럭'이 아니라 '사무실 건물'에 비유해야 함을 주장
         ㉠ 건물은 일반적으로 그 안에서 어떤 일을 원만히 수행할 수 있도록 지어지기 마련이다. 건물이 체육관, 사무실, 혹은 식당 용도로 지어지는지에 따라 어떤 일은 더 잘 할 수 있게 되고 또 어떤 일은 수행하기가 어렵거나 아예 불가능할 수도 있게 된다.
         ㉡ 따라서 교수매체는 건물처럼 하나의 공간, 즉 인지적·사회적 환경으로 이해되어야 하며, 각각의 매체들은 마치 체육관이나 사무실, 혹은 식당 건물이 각각의 구조와 기능, 서비스 영역이 다르듯이 각각 상이한 형태로 학습에 영향을 미칠 수밖에 없다.
      ② 결국, 교육에서 매체를 활용하고자 하는 사람들이 해야 할 일은 교수매체와 학습 간의 관련성을 보다 심층적으로 이해하여 각 교수매체의 어떤 측면들이 학습에 영향을 미치는지를 보다 주도면밀하게 연구하는 것이다.

| 정답 | ②

THEME 03 교수매체

논술 문제 적용 하기

12-1   `2021 중등`

김 교사가 온라인 수업을 위해 추가로 파악하고자 하는 학생 특성과 학습 환경의 구체적인 예 각각 1가지를 제시하시오.

> 보고 싶은 친구에게
>
> … (중략) …
>
> 학생의 선택과 결정의 기회를 확대하기 위해 우리 학교가 학교 운영 계획을 전체적으로 다시 세우고 있어. 그 과정에서 나는 온라인 수업설계 등을 고민했고 교사 협의회에도 참여했어.
>
> … (중략) …
>
> 요즘 온라인 수업을 하게 되었어. 학기 초에 학생의 일반적인 특성과 상황은 조사를 했는데 온라인 수업과 관련된 학생의 특성과 학습 환경에 대해서도 추가로 파악해야겠어. 그리고 학생이 자신만의 학습 목표를 설정하고 학습의 주체가 되는 수업을 어떻게 온라인에서 지원할 수 있을지 고민하다가, 학습 과정 중에 나와 학생뿐만 아니라 학생들 간에도 소통이 이루어지도록 토론 게시판을 활용하려고 해.

예시답안

김 교사가 온라인 수업을 위해 파악하고자 하는 학생 특성으로 학습양식을 들 수 있다. 학습양식은 개개 학습자가 어떻게 학습환경을 인지하고 적응하고 반응하느냐에 관한 심리학적인 특징이다. 예를 들어, 장독립형과 장의존형의 학생들은 각각 개별학습과 협동학습을 선호한다. 이러한 개별 학생의 특성은 온라인 수업을 위한 매체나 교수방법 선정의 중요한 요인으로 작용한다. 김 교사가 파악하고자 하는 학습 환경으로 온라인 수업이 진행될 공간의 적절성을 들 수 있다. 교사는 학생들이 최적의 환경에서 온라인 수업에 참여하게 하기 위하여, 수업이 전개될 환경에 안락한 의자, 적절한 환기, 온도 및 밝기, 충분한 전원 공급이 제공되는지 여부 등을 점검해야 한다.

---

12   `2009 초등`

하이니히(R. Heinich)가 제안한 ASSURE 모형의 '매체와 자료 활용' 단계에서 교사가 수행하는 활동이 <u>아닌</u> 것은?

① 학습목표 달성을 위해 적절한 수업방법, 매체 및 자료를 선정한다.
② 매체를 활용하여 수업을 진행함으로써 학생들에게 학습경험을 제공한다.
③ 수업자료의 내용을 미리 확인하여 그 자료를 충분히 효과적으로 활용할 수 있도록 한다.
④ 수업을 하려는 장소가 매체를 사용하기에 적절한지 점검하고 수업환경을 적절하게 준비한다.
⑤ 학생들에게 수업내용에 대한 개요를 소개하거나 학습목표를 알려줌으로써 수업에 대한 기대감을 갖게 한다.

정답풀이

① 교수 방법, 매체, 자료의 선정(Select, methods, media, and materials) 단계에 대한 설명이다.

만점대비 +α

💡 **하이니히(Heinch)의 ASSURE 모형**

(1) 학습자 분석(Analyze learners)
  ① 일반적 특성 : 학습자의 연령이나 학력, 직업이나 지위, 문화적, 사회·문화적 요인과 같은 것을 포함한다.
  ② 출발점 능력 : 매체와 관련하여 학습자가 가지고 있거나, 부족한 지식과 기능이 무엇인지 확인하는 것이다.
  ③ 학습양식 : 학습자의 불안수준, 적성, 시각적 혹은 청각적 선호도, 동기 등과 같은 심리적 특성 중 하나이다.
  ④ 생리적 요인 : 성차, 건강, 환경조건과 관련된 요인으로, 학습효과성에 가장 분명한 영향을 주는 요인 중 하나

(2) 목표진술(State objectives)
  ① 수업목표는 학습자가 학습을 마친 후에 무엇을 할 수 있는가에 대한 것을 행동 용어로 가능한 자세하게 진술해야 하며, 모든 목표는 개별학습자의 능력에 맞아야 한다.
  ② 대체로 메이거의 교수목표 진술의 방법(도착점 행동, 조건, 기준)을 적용한다.

(3) 교수 방법, 매체, 자료의 선정(Select, methods, media, and materials)
  ① 어떤 수업방법을 실행하며 어떠한 매체와 교재들을 활용할 것인지를 결정하는 단계이다.
  ② 매체와 자료를 선정할 때는 바로 이용 가능한 자료를 선정하거나, 기존의 자료를 수정하거나, 새로운 자료를 설계-개발하는 등의 방법을 활용할 수 있다.
  ③ 또한 교수매체 선정 시에는 학습자의 특성, 수업상황, 학습목표와 내용, 매체의 물리적 속성과 기능, 수업장소의 시설, 실용적 요인이 고려되어야 한다.

(4) 매체와 자료의 활용(Utilize materials)
  ① 자료에 대한 사전 검토 : 수업자료의 선택과정에서 자신의 수업에 적합한지를 지속적으로 검토한다.
  ② 자료 준비하기 : 수업활동을 위한 매체와 자료를 준비한다.
  ③ 환경 준비하기 : 학습이 일어날 수 있는 모든 곳에 학생이 매체와 자료를 활용하기에 알맞은 시설을 준비한다.
  ④ 학습자 준비시키기 : 교사가 학습경험을 제공할 때 학습자를 미리 준비시키는 것이 중요하다.
  ⑤ 학습경험 제공하기 : 교사중심 수업이라면 학습경험을 제공하기 위해서 교사는 전문가가 되어야 한다. 학습자 중심 수업이라면 학생들이 자유롭게 경험할 수 있도록 안내자, 촉진자 역할을 해야 한다.

(5) 학습자 반응유도(Require learner participation)
  ① 학습은 학습자가 학습과정에 능동적으로 참여할 때 더욱 효과적이다.
  ② 수업 중 학습자들이 지식이나 기능을 처리하고 그들의 노력에 대한 적절한 피드백을 받을 수 있는 기회가 주어져야 한다.
  ③ 가장 효과적인 방법은 학생들에게 학습한 내용을 연습할 수 있는 기회를 주는 것이며, 교사는 학습자 참여를 위해 피드백을 미리 설계해야 한다.
  ④ 학습자의 능동적 참여방법 : 즉각적인 필기나 구두의 반응을 요구하는 질문 제시, 필기활동 지시, 보거나 들은 것으로부터 선택·판단을 요구 등

(6) 평가(Evaluation and revise)
  ① 학업성취에 대한 평가 : 학습자가 학습목표에 어느 정도 도달했는지에 대한 평가이다.
  ② 매체와 방법에 대한 평가 : 학습자의 동기유발, 수업참여, 수업목표 달성을 위해 적절한 교수매체가 활용되었는지, 특정 수업자료는 효과적인 방법으로 활용되었는지, 수정이나 보완이 필요한 부분은 무엇인지 등에 대한 평가이다.
  ③ 교수학습과정에 대한 평가 : 수업계획 수립 시 학습자의 출발점 행동이 제대로 파악되었는지, 수업진행 과정에서 문제점은 없었는지, 혹은 수업 후 평가는 적절히 이루어졌는지 등 수업 전과 중·후의 전반에 거쳐 문제점을 점검하고 보완하는 과정을 거친다.
  ④ 수정하기 : 평가자료 수집의 결과를 환류하는 것으로, 이와 같은 과정을 반복하는 것은 수업의 질을 향상시키기 위함이다.

| 정답 | ①

13

〈보기〉에서 매체 선정 및 활용을 위한 ASSURE 모형에 관한 설명으로 옳은 것끼리 묶인 것은?

2008 중등

보기

㉠ '요구 사정' 및 '학습양식 분석'을 실시한다.
㉡ 학습자가 수업 중에 경험하게 될 일련의 학습활동을 수업목표로 제시한다.
㉢ 수업목표 달성을 위한 교수방법과 매체를 선택하고, 그에 따라 구체적인 교수
 – 학습자료를 선정한다.
㉣ 학습자에게 습득한 지식이나 기능을 연습할 기회와 피드백을 제공하여 적극적인 사고활동을 유도한다.

① ㉠, ㉡ ② ㉠, ㉣
③ ㉡, ㉢ ④ ㉢, ㉣

정답풀이

㉢ 교수 방법, 매체, 자료의 선정(Select, methods, media, and materials) 단계에 대한 설명이다.
㉣ 학습자 반응유도(Require learner participation) 단계에 대한 설명이다.

오답풀이

㉠ ASSURE 모형에서 요구사정은 실시하지 않는다.
㉡ 목표진술은 학습자가 학습 후에 어떤 지점에 도달해야 하는지를 나타내는 도착점 행동으로 제시한다.

| 정답 | ④

14

2012 중등

ADDIE 모형, ASSURE 모형, 딕과 캐리 모형(W. Dick, L. Carey & J. Carey, 2005)에 대한 설명으로 옳은 것만을 〈보기〉에서 있는 대로 고른 것은?

보기

㉠ ASSURE 모형은 학교 수업에 활용하도록 만들어졌으며, 모형 자체에는 과제 분석(교수분석) 단계가 포함되지 않는다.
㉡ 딕과 캐리 모형에서는 독립된 단계로서의 교수실행이 설정되어 있지 않다.
㉢ ADDIE 모형과 딕과 캐리 모형은 모두 형성평가나 파일럿 테스트를 실시하고 교수 프로그램을 수정하도록 한다.
㉣ 이들 세 모형은 모두 수행목표 각각에 대응하여 평가 항목을 만들도록 교수전략 개발 단계 이전에 평가도구 개발 단계를 두고 있다.

---

① ㉠, ㉡
② ㉢, ㉣
③ ㉠, ㉡, ㉢
④ ㉠, ㉡, ㉣
⑤ ㉡, ㉢, ㉣

오답풀이

㉣ 교수설계 모형인 ADDIE 모형과 딕과 캐리 모형에만 해당한다. ASSURE 모형은 교수매체 선정 모형으로, 교수 전략이나 평가도구 개발의 단계는 포함하지 않는다.

| 정답 | ③

THEME 04 교수매체의 활용

15 2008 초등

멀티미디어 활용 수업에서 나타나는 〈보기〉와 같은 학습자의 경험을 가장 잘 설명해 주는 것은?

> **보기**
> - 한 화면에 여러 가지 학습내용들이 동시에 제시되었을 경우 내용에 대한 이해도가 떨어졌다.
> - 단순화시킨 그림 자료보다 실제 모습을 담은 사진 자료를 제시했을 경우 개념 이해도가 떨어졌다.

① 인지적 부조화 ② 인지적 과부하
③ 선수지식의 비활성화 ④ 지식의 탈맥락화

정답풀이

② 너무 많은 단기기억 정보들을 머릿속에 담고 학습활동을 진행해 나가야 하는 데서 느끼게 되는 인지적 과부하가 멀티미디어 수업에서의 문제점으로 지적되고 있다.

만점대비 +α

💡 **인지적 부조화**
인지부조화란 사람이 두가지 모순되는 인지요소를 가질 때 나타나는 인지적 불균형상태를 뜻한다. 이러한 인지적 불균형상태는 심리적 긴장을 유발하므로, 사람들은 이를 해소하여 심리적 안정을 찾고자 한다는 것이다.

| 정답 | ②

16
2003 중등

인터넷을 이용한 〈보기〉와 같은 토론수업의 교육적 기대효과와 가장 거리가 먼 것은?

> **보기**
>
> 교사는 '대학 기여 입학제'에 관한 토론 수업을 시도하였다. 먼저 학생들로 하여금 각자 찬반 의견을 인터넷 토론방에 올리도록 하였다. 그리고 동료 학생들의 의견을 읽고 비평하게 하였다. 마지막으로 자신의 의견을 수정하여 다시 올리도록 하였다.

① 의사소통 능력의 향상
② 다양한 사고활동의 촉진
③ 비판적 사고능력의 함양
④ 교사가 의도한 최종결정론의 도출

정답풀이

④ 토의법을 통해 교사가 의도한 최종결론을 도출한다는 것은 옳지 않다. 토의법(Discussion Method)은 어떤 주제·이유·논쟁점 등을 학생과 교사가 다 같이 언어로 상호작용하는 방법이다. 토의법은 학습자 자신만으로 해결할 수 없는 문제에 직면했을 때, 서로 의견을 교환하고 집단사고에 의해 문제를 해결하게 된다. 이 집단사고의 과정에서 각자가 자유로이 의견을 발표하고, 타인의 의견을 받아들이는 아량으로 협동적인 문제해결 과정에서 자유와 민주적인 협동심도 기르게 된다.

| 정답 | ④

논술 문제 적용 하기

16-1
2021 중등

김 교사가 하고자 하는 수업에서 토론 게시판을 활용하여 학생을 지원할 수 있는 구체적인 방안 2가지를 논하시오.

> 보고 싶은 친구에게
> … (중략) …
> 학생의 선택과 결정의 기회를 확대하기 위해 우리 학교가 학교 운영 계획을 전체적으로 다시 세우고 있어. 그 과정에서 나는 온라인 수업설계 등을 고민했고 교사 협의회에도 참여했어.
> … (중략) …
> 요즘 온라인 수업을 하게 되었어. 학기 초에 학생의 일반적인 특성과 상황은 조사를 했는데 온라인 수업과 관련된 학생의 특성과 학습 환경에 대해서도 추가로 파악해야겠어. 그리고 학생이 자신만의 학습 목표를 설정하고 학습의 주체가 되는 수업을 어떻게 온라인에서 지원할 수 있을지 고민하다가, 학습 과정 중에 나와 학생뿐만 아니라 학생들 간에도 소통이 이루어지도록 토론 게시판을 활용하려고 해.

예시답안

온라인 수업에서 토론 게시판을 활용하여 학생을 지원할 수 있는 구체적인 방안은 다음과 같다. 첫째, 교사는 해당 교과시간 내에 학습자들을 3~4명의 소집단으로 구성하고 이들 간에 토론이 이루어질 수 있도록 조별 게시판을 개설한다. 이를 통해 모든 학생이 각자의 의견을 게시하게 함으로써 보다 적극적인 토론을 유도할 수 있다. 둘째, 학생들이 각 의견의 근거가 되는 자료를 스스로 탐색하고 이를 토론 게시판에 함께 공유하게 한다. 이를 통해 학생들이 학습의 주체가 되어 학습 자료를 탐색하고, 주제에 대한 정보의 적합성을 판단하며 타당한 근거에 기초한 합리적인 의견을 게시하게 돕는다.

THEME 04 교수매체의 활용

논술 문제 적용 하기

17-1
2022 중등

송 교사가 온라인 수업에서 학생의 고립감 해소를 위해 활용할 수 있는 구체적인 교수학습 활동 2가지를 각각 그에 적합한 테크놀로지와 함께 제시하시오.

> ...(상략)...
> 김교사: 네, 좋은 전략을 찾으시면 제게도 알려 주세요. 그런데 우리 학교는 온라인 수업을 해야 될 상황이 생길 수도 있어요. 제가 온라인 수업을 해 보니 일부 학생들이 고립감을 느끼더군요. 선생님들이 온라인 수업을 하는 데 필요한 정보를 공유하는 학교 게시판이 있어요. 거기에 학생의 고립감을 해소하는 데 효과를 본 테크놀로지 기반의 교수학습 활동을 정리해 올려 두었어요.
> 송교사: 네, 온라인 수업을 하게 되면 활용할게요. 선생님 덕분에 좋은 정보를 많이 얻을 수 있어 좋네요. 선생님들 간 활발한 정보 공유의 기회가 더 많아지길 바랍니다.

예시답안

송 교사가 온라인 수업에서 학생의 고립감을 해소하기 위해 활용할 수 있는 구체적인 교수·학습 활동 및 테크놀로지로 다음의 2가지를 제시할 수 있다. 첫째, 위키를 활용하여 다수의 학생들이 협력하여 교과의 핵심 개념에 대한 하나의 메시지 또는 글을 완성해나가도록 할 수 있다. 학생들은 위키를 통해 메시지를 자유로이 삭제, 수정, 첨가하면서 함께 하나의 결과물을 생성하고 협동학습을 경험할 수 있다. 둘째, 블로그를 통해 학생들이 학습과 관련된 주제별 저널이나 성찰일지를 쓰고 서로 방문하여 간단한 댓글을 남기는 활동을 해볼 수 있다. 온라인 블로그를 통해 규칙적으로 학습과 관련된 내용을 남기면서, 함께 학습 리듬을 유지하고 서로의 학습을 독려할 수 있다.

17
2005 초등

〈보기〉에서 인터넷 활용에 대한 설명으로 바른 것만을 골라 묶은 것은?

보기
㉠ 지식 전달자로서 교사의 역할이 강조된다.
㉡ 정보의 생산자와 소비자가 엄격히 구분된다.
㉢ 문자, 소리, 동영상 등 다양한 매체를 활용할 수 있다.
㉣ 여러 장소에 있는 학습자끼리 협동학습을 수행하기가 용이하다.

① ㉠, ㉡ ② ㉠, ㉢
③ ㉡, ㉣ ④ ㉢, ㉣

만점대비 +α

💡 **인터넷 활용수업의 장점**
① 인터넷은 거대한 정보의 데이터 베이스이다. 고로 개인, 공인기관, 학습단체, 학교 등에서 올리는 문서나 자료 등을 참고하거나 교육자료로 활용할 수 있다.
② 하이퍼텍스트를 활용하게 됨으로써 학습자의 자기주도 학습을 촉진시킬 수 있다.
③ 자신에게 필요한 정보를 찾아가는 과정을 배울 수 있다. 즉, 학습자 스스로 방향을 설정, 정보의 가치 판단 및 조직하는 방법을 익히는 구성주의적 교육에 적합하다.
④ 협동학습을 가능하게 한다. 이는 도시와 시골간의 문화적, 정보적 격차를 줄이는 데 일익을 담당할 것이다.
⑤ 시공을 초월하여 융통성 있는 교육을 가능하게 한다.
⑥ 창의성과 종합적인 사고를 길러준다.
⑦ 교실과 세계를 잇는 역할로 학생들은 이를 통해 실생활에서의 문제해결 방법을 배울 수 있다.

| 정답 | ④

18
원격교육의 특징을 바르게 설명한 것은? 『2002 중등』

① 다양한 통신매체를 사용한다.
② 학생들에 대한 관리·감독이 용이하다.
③ 교수자와 학습자 간 상호작용이 불가능하다.
④ 교사와 학생의 면대면 교육을 위주로 한다.

만점대비 +α

💡 원격교육

(1) 개념
① 원격교육이란, 언제 어디서나 누구든지 교육이 기회를 제공하는 학습자중심의 쌍방향 의사소통을 지향하는 교수-학습체제로 일정한 교육목표와 의도를 갖는 계획적인 활동이다.
② 교수자와 학습자가 직접 대면하지 않고 인쇄교재, 방송교재, 오디오나 비디오교재 등을 매개로 하여 교수-학습을 하는 형태의 교육이다.

(2) 특징
① 교수자와 학습자 간의 물리적인 격리상태에서 다수를 대상으로 한 개별학습이 이루어진다.
② 원격교육은 매체를 필수적으로 이용한다.
③ 교수전문가, 프로그래머, 교육공학자 등 다양한 분야의 전문가들에 의해 사전에 계획·개발·제공되는 체계적인 다학문적 팀 접근을 필요로 한다.
④ 쌍방향 의사소통을 지향한다.
⑤ 학습자들이 고립된 상태에서 개별학습을 하게 되기 때문에 동료학습자들과의 집단학습의 장을 제공하기 위한 제도적 장치가 있어야 한다.
⑥ 학습자가 자율적으로 학습상황을 조성해 나가게 된다.
⑦ 학교교육에서의 형식적 교육과는 달리 각종 교재개발과 학생지원 서비스 등의 물리적·인적 조직이 필요하다.

(3) 원격교육시스템의 교육방식
① 비실시간 원격교육 : BBS(게시판 광고방식, Bulletin Board System), VOD(동영상 강의)
② 실시간 원격교육 : 화상강의, 원격 CAI

(4) 원격교육과정에서의 상호작용(온라인 상호작용 유형)
① 교수자-학습자 간 상호작용 : 교수자가 수업내용 및 학습 진행에 대한 질의응답, 과제에 대한 피드백을 제공하면서 지식과 정보를 공유하는 활동
② 학습자-학습자 간 상호작용 : 학습자와 학습자가 온라인상에서 학습 내용에 대한 의견교환, 토론, 협동학습, 문제해결 등을 공동으로 수행하며 교류하는 활동
③ 학습자-학습 내용(자료) 간 상호작용 : 학습자가 온라인수업에서 콘텐츠로 제시되는 자료를 통해 학습하는 과정에서 콘텐츠의 요구에 반응하거나 콘텐츠에 몰입하며 지식을 확장하고 이해하도록 학습하는 활동

| 정답 | ①

논술 문제 적용 하기

18-1 『2024 중등』
전문가 C가 언급한 온라인 수업에서 학습자 상호작용의 어려운 점 1가지, 온라인 수업에서 학습자 상호작용의 유형 3가지와 유형별 서로 다른 기능 각 1가지

> 교 사 B: 강연 중에 교사의 온라인 수업 역량도 강조하셨는데, 온라인 수업을 위한 콘텐츠를 개발하거나 실제 온라인 수업을 운영할 때 교사가 특별히 더 신경 써야 할 점을 추가로 말씀해 주실 수 있을까요?
> 전문가 C: 네. 온라인 수업은 대면 수업보다 학습자가 상호작용을 하는 데 어려움이 많이 있지요. 따라서 온라인 수업에서 학습자가 할 수 있는 다양한 유형의 상호작용을 고려하여 콘텐츠를 개발하고 온라인 수업을 운영해야 학습 목표를 효과적으로 달성할 수 있을 것입니다.

예시답안

전문가 C가 언급한 온라인 수업에서의 학습자 상호작용은 오프라인 상호작용보다 공간과 시간의 제약을 넘어 확대된다는 장점 등을 보이지만, 상호작용의 어려운 점 또한 지닌다. 온라인 환경에서의 상호작용은 공유된 의미의 형성이 어려운 환경이기에 상호작용의 정밀성이 떨어진다. 특히, 온라인 환경에서의 상호작용은 채팅과 같은 텍스트 중심의 의사소통이 이루어지는 경우가 대부분이다. 따라서 표정, 몸짓, 목소리 톤과 같은 비언어적 의사소통의 부재로 인하여 정보의 왜곡이나 충분한 전달의 결핍을 가져올 수 있다. 이는 곧 의사소통 장애로 이어질 수 있다.

이러한 온라인 수업에서의 학습자 상호작용 유형은 크게 3가지로 구분할 수 있다. 첫째, 학습자-교수자 간 상호작용으로, 온라인 수업에서 가장 기본적이고 대표적인 상호작용으로 수업내용 및 학습 진행에 대한 질의응답, 과제에 대한 피드백을 제공하면서 교수자와 학습자가 지식과 정보를 공유하는 활동을 말한다. 이는 해당 과목에 대한 학습자의 관심과 학습하고자 하는 동기를 자극하고 유지시키는 기능을 한다. 둘째, 학습자-학습자 간 상호작용이다. 이 유형은 학습자와 학습자가 온라인상에서 학습내용에 대한 의견 교환, 토론, 협동학습, 문제해결 등을 공동으로 수행하며 교류하는 활동이다. 온라인 수업에서 학습자들간의 상호작용은 학습자들의 학습에 대한 흥미와 만족도 및 학업성취 등 수업의 질적 향상에 기여한다. 셋째, 학습자-학습내용 간 상호작용이다. 이는 학습자가 온라인 수업에서 학습내용으로 제시되는 자료를 통해 학습하는 과정에서 학습내용의 요구에 반응하거나 몰입하며 지식을 확장하고 이해하도록 학습하는 활동을 의미한다. 이를 통해, 학습자는 스스로 내용을 구조화하고, 구조화된 내용을 자신의 지식으로 내면화하게 된다.

THEME 04 교수매체의 활용

논술 문제 적용 하기

19-1 [2024 중등]

전문가 E가 언급한 단순히 컴퓨터를 이용하는 검사 방법과 구별되는 컴퓨터 능력적응검사(Computer Adaptive Testing)의 특성 2가지

> 교사 D: 강연을 듣고 학습자 맞춤형 교육에서 평가가 중요하다는 것을 잘 이해할 수 있었습니다. 추가적으로, 학생의 능력 수준을 고려한 평가 유형과 검사 방법을 소개해 주실 수 있을까요?
> 전문가 E: 네. 예를 들어, 평가 유형으로는 능력참조평가를, 검사 방법으로는 컴퓨터 능력적응검사(Computer Adaptive Testing: CAT)를 고려해 볼 수 있습니다. 특히, 컴퓨터 능력적응검사는 단순히 컴퓨터를 이용하여 검사를 실시하고 채점하는 방법에서 더 발전된 특성이 있습니다. 교육 환경의 변화에 따라 학습자 맞춤형 교육이 강조되는 추세이므로 오늘 소개한 평가 유형과 검사 방법에 관심을 가지면 좋을 듯합니다.

예시답안

전문가 E가 제시한 컴퓨터 능력적응검사는 학생의 응답을 분석하여 개인에게 적절한 문항을 제공함으로써 능력평가의 효율성을 높이고 정확성을 높일 수 있는 평가방법이다. 단순히 컴퓨터를 이용하는 검사방법과 구별되는 컴퓨터 능력적응검사의 특성은 다음과 같다. 첫째, 학생들에게 주어진 문항의 응답 결과에 따라 다음 문항이 채택되어 진다. 컴퓨터 이용검사처럼 모든 학생들에게 동일한 문항을 제시하고 답하도록 요구하는 것이 아닌, 먼저 제시된 문항의 정답 여부에 따라 각기 다른 문항이 제시되는 것이다. 문항은 사전에 조정된 문제은행으로부터 문항 난이도 수준에 따라 제시된다. 둘째, 측정의 효율성 증가한다. 피험자 능력수준에 적합한 문항만을 선별하여 개별화된 검사를 치름으로써 다양한 능력수준의 피험자에게 동일한 형태의 검사를 실시하는 것보다 적은 수의 문항으로 보다 정확한 피험자 능력을 추정할 수 있다.

19 [2000 초등]

전통적 지필검사와 비교해 볼 때, 컴퓨터를 이용한 개별적응검사(CAT: Computerized Adaptive Testing)가 가지는 가장 큰 장점은?

① 교수-학습수준을 높이기에 적절하다.
② 컴퓨터를 사용하여 검사를 제작할 수 있다.
③ 적은 수의 문항으로 학습자의 능력을 측정할 수 있다.
④ 교육목표 달성여부를 체계적으로 파악하기에 적합하다.

만점대비 +α

💡 컴퓨터 능력적응검사(CAT : Computer Adaptive Testing)

(1) 개념
① 빠른 시간 내에 적은 수를 가지고 학습자의 능력을 정확하게 측정하기 위해서 개발된 평가용 프로그램이다.
② 피험자 개인의 능력 수준에 부합하는 문항을 제시하여, 문항을 맞혔을 경우보다 어려운 수준의 문항이 제시되고 그렇지 않을 경우보다 쉬운 문항이 제시됨으로써 피험자의 능력에 적응하여 실시되는 검사방법이다.
   cf 컴퓨터 이용검사(CBT : Computer Based Testing) : 전통적인 지필검사를 단순히 컴퓨터를 이용하여 실시하는 검사
③ 컴퓨터 능력적응검사의 기본 구성요소로는 문제은행, 문항반응모형선택, 검사출발 시 첫번째 문항 선택 방법, 전번 문항의 정답여부에 따라 다음 문항을 제시하는 분지규칙(branching rule), 채점방법, 그리고 검사종료의 기준 등이 있다. 특히, 없어서는 안될 요소는 문항반응이론에 의하여 분석된 양질의 문항들을 저장하고 있는 문제은행이다.

(2) 컴퓨터 이용검사(CBT)와 컴퓨터 능력적응검사(CAT)의 비교

CBT	CAT
• 지필식 시험에서 불가능한 다양한 종류의 문항으로 검사를 구성 - 타당도 높은 검사 실시 가능	
• 시험을 본 후에 바로 채점결과를 알 수 있음	
• 부정행위 불가능(증진된 보안성)	
• 모든 피험자에게 동일문항이 제시	• 피험자의 능력 수준에 적절한 문제를 개별적으로 제시
• 문항의 생략이나 응답 결과를 수정 가능	• 측정의 효율성(적은 문항 수로 정확한 능력 측정 가능)
	• 문항의 생략이나 응답 결과의 수정 불가능

| 정답 | ③

20 2010 초등

다음 내용을 공통적으로 포함하는 인터넷 활용 수업 모형은?

- 닷지(B. Dodge)에 의해 제안된 인터넷 정보를 활용한 과제해결 활동이다.
- 학생의 탐구활동은 소개(introduction) – 과제(task) – 과정(process) – 자원(resource) – 평가(evaluation) – 결론(conclusion)의 단계로 구성된다.
- 교사는 학생들이 적합한 자료를 탐색할 수 있도록 과제와 관련된 인터넷 자료나 인쇄자료에의 접근방법을 제공한다.

① 혼합 학습(blended learning)
② 온라인 개인교수(online tutorial)
③ 웹퀘스트 수업(WebQuest instruction)
④ 온라인 시뮬레이션(online simulation)
⑤ 온라인 인지적 도제학습(online cognitive apprenticeship)

THEME 04 교수매체의 활용

> **만점대비 +α**

💡 웹퀘스트 수업(WebQuest instruction)

(1) 개요
  ① 1995년에 미국 샌디에고 주립대학의 닷지(B. Dodge)와 마치(T. March) 교수에 의해 고안된 '질문지향적 활동'이다.
  ② 이 활동과정에 있어서 학습자들은 'www'를 이용하여 정보를 읽고, 분석하고, 종합하도록 되어 있는데, 그 중 일부의 정보에 대해서 선택적으로 비디오 컨퍼런싱이 활용한다.

(2) 교수활동으로서의 웹퀘스트
  ① 학습자들은 주제에 관해 능동적으로 그들 자신의 비평적인 이해를 구축해 가며, 탐구 질문 또는 문제의 해결을 위해 협동적 작업과정을 거치기도 한다. 교수자들은 학습자들의 추상화 수준에 따라 그들을 과제 또는 활동에 도전하도록 함으로써 활동의 경직성을 변화시킬 수 있다. 교수자료의 관련성은 학습자들에게 증가된 동기를 제공한다는 측면에서 아주 중요한 요소이며, 이는 수업에 최근의 사건을 반영하기 위해 새로운 정보자원을 이용함으로써 제공될 수 있다.
  ② 전형적으로 협동그룹을 통해서 활동을 완성해 간다. 그룹의 각 학습자는 탐구문제에 대한 구체적 영역이나 역할을 부여받는다. 웹퀘스트는 역할놀이의 형식을 취하며 이 과정에서 학생들은 전문가나 역사적 인물의 역할을 맡기도 한다. 이는 반드시 실제 웹사이트를 기반으로 개발될 필요는 없음 → 교실 안으로 테크놀로지를 통합시키는 획기적 방법이다.

(3) 절차

도입 (Introduction)	학생을 참여시키기 위해 활동을 소개하고 무대를 설정하고 기본적인 배경정보를 제공
과제 (Task)	학생이 해야 할 것과 학생이 수행해야 할 것 또는 활동의 최종 산출물을 기술
과정 (Process)	학생이 따라야 할 단계를 개략적으로 설명하며, 사용해야 할 자원을 알려 주며, 학생을 위한 안내나 도움을 제공
평가 (Evaluation)	활동에 적용된 평가준거를 기술하는데, 이것은 때로 평가항목 형태로 되어 있음
결론 (Conclusion)	WebQuests 종결을 제공하고 학생에게 활동에 대한 반성을 독려
교사 페이지	다른 교사를 위해 WebQuests에 관한 중요한 정보를 제공 예 대상 학생, 표준 설명, 실행을 위한 권고사항

|정답| ③

WHY TO HOW
New 논객특강
논술 기출과 객관식 기출의 통합

Chapter 09

교육과정

THEME 01. 교육과정의 역사
THEME 02. 교육과정의 설계
THEME 03. 교육과정의 유형
THEME 04. 교육과정 연구의 패러다임
THEME 05. 교육과정의 개발
THEME 06. 교육과정의 실행 및 운영
THEME 07. 우리나라 교육과정

THEME 01 　교육과정의 역사

01
2012 초등

교육과정에 대한 〈보기〉의 연구들을 발표된 순서대로 배열하면?

보기

㉠ 보비트(F. Bobbit)의 「교육과정(The Curriculum)」: 교육과정 계획 원리가 활동중심으로 제시되어 있으며, 교육과정의 과학화에 기여했다.

㉡ 브루너(J. Bruner)의 「교육의 과정(The Process of Education)」: 지식의 구조가 강조되는 학문중심 교육과정의 아이디어가 제시되어 있다.

㉢ 슈왑(J. Schwab)의 「실제성: 교육과정을 위한 언어(The Practical: A Language for Curriculum)」: 전통적 교육과정 연구의 정체성 위기를 비판하는 내용이 제시되어 있으며, 실제적 교육과정 탐구 패러다임 형성에 영향을 미쳤다.

㉣ 타일러(R. Tyler)의 「교육과정과 수업의 기본 원리(Basic Principles of Curriculum and Instruction)」: 교육과정 개발의 합리적 모형을 제시하여 교육과정 개발 연구 패러다임의 토대를 마련했다.

---

① ㉠→㉢→㉡→㉣　　② ㉠→㉣→㉡→㉢
③ ㉢→㉣→㉠→㉡　　④ ㉣→㉠→㉡→㉢
⑤ ㉣→㉢→㉠→㉡

정답풀이

㉠ 1918년 → ㉣ 1949년 → ㉡ 1960년 → ㉢ 1969년

만점대비 +α

💡 교육과정 역사

교육과정의 의의는 교육과정을 수단으로 보느냐, 목적으로 보느냐에 따라 달라지나, 일반적으로 교육목적을 결정하고 교육내용을 선정·조직하며, 교육결과를 평가하는 절차까지를 포함시키고 있다. 교육과정을 전문연구분야로 취급한 최초의 책은 보비트가 1918년에 저술한 「교육과정」이었고, 1930년대에 들어와서는 교육과정에 대한 이론적 관심이 교육과정 개혁 운동이라 할 정도로 높아졌다. 1949년에 펴낸 타일러의 「교육과정과 교수의 기본원리」는 이러한 교육과정론의 체계를 확립한 연구서이다. 그의 이론은 이후 우리나라의 교육계에도 영향을 미쳤다. 1960년대 이후 브루너가 타일러의 교육과정론에 대신하여 '학문중심교육과정' 모델을 제시하면서 교과의 중요성에 다시금 주목하게 되었으며, 이후 자연과학과 수학 등 기초 과학 분야에 대한 교육적 관심을 높이는데 기여하였다.

| 정답 | ②

02
2010 중등

1980년대 미국 교육과정에서 나타난 주지주의 교육으로의 복고 경향과 관련이 깊은 것을 〈보기〉에서 모두 고른 것은?

보기

㉠ 환경 교육, 소비자 교육, 인권 교육 등의 새 프로그램 개발
㉡ 중핵교육과정(core curriculum)의 강조
㉢ 파이데이아 제안서(Paideia Proposal)의 발표
㉣ 조직화된 지식 습득과 지적 기능 계발의 강조

---

① ㉠, ㉡   ② ㉠, ㉣
③ ㉢, ㉣   ④ ㉠, ㉡, ㉢
⑤ ㉡, ㉢, ㉣

오답풀이
㉠ ㉡ 진보주의 경향과 관련이 깊다.

만점대비 +α

💡 「파이데이아 제안」: 고전 교육과정의 부활

① 아들러(Adler)는 교양교육을 모든 사람들이 받아야 할 최상의 교육으로서 직업적으로 전문화되기 전에 반드시 받아야 할 교육이라고 주장하였다.
② 「파이데이아 제안」: 국민공통기본 학교교육, 즉 유치원부터 고등학교 3학년까지의 교육에서는 모든 복선제와 선택과목제도를 배제하여야 한다.(∵ 선택과목제도와 전공제도는 대학에서 적절)
③ 국민공통기본 교육기간 동에 배워야 할 3가지 영역의 필수적인 교육과정+3가지 보조과목(체육과 건강, 수공예, 노동과 직업세계의 이해)를 제시하였다.
④ 아들러가 제시한 '모든 학생을 위한 동일한 교육과정'

	제1열	제2열	제3열
목표	조직화된 지식의 획득을 위하여	지적 기능(학습기능)의 발달을 위하여	여러 사상과 가치에 대한 확장된 이해를 위하여
수단	• 설교적인 수업 • 강의와 응답 • 교과서와 도구 등을 수단으로 함	• 코치, 연습 • 지도가 뒤따르는 실습 등을 수단으로 함	• 산파술, 즉 소크라테스식 질문 • 능동적 참여 등을 수단으로 함
영역 조작 활동	• 언어, 문학, 예술 • 수학, 자연과학 • 역사, 지리, 사회 등의 세 가지 영역을 가르침	• 읽기, 쓰기, 말하기 • 계산하기, 문제해결하기 • 관찰하기, 측정하기 • 비판적 판단력 훈련하기 등과 같은 조작을 가르침	• (교과서 이외의) 책들과 예술작품에 대한 토론 • 예술활동(음악, 연극, 시각예술)에의 참여 등과 같은 활동을 하도록 함

| 정답 | ③

THEME 02 교육과정의 설계

논술 문제 적용 하기

03-1 [2014 초등]

1) 교사가 수업 분석 능력을 갖추어야 하는 이유를 2가지 제시하시오.
2) 학습목표 진술 방식에 의거하여 김 교사의 수업 행동에 나타난 문제점과 이에 대한 합리적 대안을 다음 수업 사례를 들어 구체적으로 각각 1가지씩 논하시오.

> 김 교사: 바다는 넓고 깊어서 육지만큼 많은 동물이 살고 있어요. 어떤 것이 있는지 함께 생각해 봐요.
> 충 민: (쳐다보지도 않고 만화 캐릭터만 그리고 있다.)
> 연 주: 고등어, 참치, 고래, 물개요.
> 민 서: (손을 들고) 상어, 오징어, 옥돔, 가오리, 그리고 전복과 조개요.
> 김 교사: 그럼, 오늘은 바다에 사는 동물의 특징에 대해 살펴볼 거예요. 오늘의 학습목표는…….
> (학습목표가 진술된 문장카드를 제시한다.)
>
> > 바다에 사는 동물의 특징에 대해 알아보자.
>
> 충 민: (못 들은 척 계속 만화 캐릭터를 그리면서) 물고기 그리고 싶어요.
> 지 민: (충민이를 툭 건드리면서) 얘는 만화 캐릭터만 그려요.
> 김 교사: 자, 바다에 사는 동물들은 어떤 특징이 있는지 알아볼까요? (스크린을 가리키면서) 모둠 별로 여기에 제시된 동물들을 자세히 관찰하고 바다에 사는 동물의 특징을 찾아보세요. (스크린에 동물 그림을 제시하고, 학생들의 모둠 활동을 관찰한다.)
> … (하략) …

03 [2011 초등]

다음은 교육목표에 관한 타일러(R. Tyler)와 블룸(B. Bloom)의 견해를 대화 형식으로 구성한 것이다. (가)~(다)에 들어갈 말을 바르게 나열한 것은?

> 타일러: 저는 일찍이 ⎡(가)⎤의 입장에서 교육목표를 진술해야 한다고 말한 바 있습니다.
> 블 룸: 예, 잘 알고 있습니다. 선생님께서는 또한 ⎡(나)⎤으로 이루어진 이원적 목표 진술을 강조하셨죠?
> 타일러: 물론입니다. 그런데 선생님이 동료들과 함께 분류하려고 한 것은 그 중의 어느 것입니까?
> 블 룸: 저희들은 그 두 차원 중에서 ⎡(다)⎤의 차원을 분류했습니다.

	(가)	(나)	(다)
①	교사	지식과 기능	기능
②	교사	내용과 행동	행동
③	학생	지식과 기능	기능
④	학생	지식과 기능	지식
⑤	학생	내용과 행동	행동

만점대비 +α

💡 교육목표 진술

타일러(Tyler)는 교육목표 진술의 새로운 장을 제시하였다. 교육목표는 내용과 행동의 이차원으로 진술하여야 한다는 것이다. 여기에다가 타일러는 교육목표를 교사의 처지가 아니라 학습자의 관점에서 진술해야 한다는 주장을 보탠다. 학생중심의 목표 진술은 "교육의 진정한 목표가 교사가 어떤 활동을 하게 하는데 있는 것이 아니라, 학생의 행동 유형을 유의미하게 변화하도록 하는데" 있기 때문이다. 교육목표를 내용과 행동으로 진술하면, 2차원의 분류표를 작성할 수 있다. 다시 말하자면, X축은 행동, Y축은 내용으로 삼아 '교육목표이원분류표'를 그릴 수 있다.

타일러의 목표 진술 방안은 그 이후 제자인 블룸(Bloom) 등에 의하여 더욱 발전되고 체계화되었다. 블룸은 타일러의 내용+행동의 교육목표 진술방안과 이원분류표 작성 방식을 그대로 계승하였다. 그리고 블룸은 여기에 더 나아가 자기 선생이 다소 애매하게 사용하였던 "행동의 유형"을 지적 영역, 정의적 영역, 운동기능적 영역으로 구분하고, 각 영역을 위계적으로 분류하여, 교육 현장에서 교육목표를 체계화하고 평가 분야에서 실제 활용할 수 있도록 하였다. 지적 영역에 대한 「교육목표분류학」(1956)이 나오고 이어서 정의적 영역의 「교육목표분류학」(1964)이 출판되었다. 그 이후 해로우(Harrow)가 운동기능적 영역에 대한 「교육목표분류학」(1972)을 발행하여 세 영역의 책이 완성되었다.

| 정답 | ⑤

04 `2010 중등`

블룸(B. Bloom)의 인지적 영역 교육목표 분류와 크래쓰월(D. Krathwohl) 등의 정의적 영역 교육목표 분류에 대한 설명으로 적절하지 않은 것은?

① 인지적 영역 목표의 분류 준거는 복잡성이다.
② 하위수준의 인지능력은 상위수준의 인지능력을 성취하기 위한 선행조건이다.
③ 정의적 영역 목표는 위계적으로 구성되어 있다.
④ 정의적 영역 목표의 분류 준거는 다양성이다.
⑤ 정의적 영역 목표는 감수, 반응, 가치화, 조직화, 인격화이다.

정답풀이

④ 정의적 영역 목표의 분류 준거는 내면화의 정도이다.

논술 문제 적용 하기

예시답안

1)
교사가 수업 분석 능력을 갖추어야 하는 이유를 좀 더 구체적으로 살펴보면 다음과 같다. 첫째, 수업방법과 기술을 개선할 수 있다. 수업 분석을 통해 교사는 자신의 강점과 약점을 분명히 알게 되며, 자신의 교수특성과 효과적인 수업의 특징을 비교해 보게 된다. 이런 과정을 통해 교사들은 교수방법이나 내용에 대한 근거를 마련하는 데 도움을 받고 교수에 대한 보다 적합한 결정을 내릴 수 있게 된다. 둘째, 교사의 핵심적인 활동인 가르치는 일에서의 성취감을 바탕으로 동기화될 수 있게 된다. 봉급이나 안정성이 많은 사람들을 교직으로 유인하고 있는 것은 사실이나 교사가 교직의 직무 그 자체, 예컨대 교과를 준비하고 가르치는 일로부터 성취감을 느끼지 못한다면 자발적이고 적극적인 동기는 유발하지 못할 것이다. 수업 분석 능력을 갖추게 되면 가르치는 일의 개선을 통해 만족감과 행복을 느낄 수 있어 성취감을 바탕으로 동기화될 수 있다.

2)
제시문에 나타난 김 교사의 수업을 학습목표 진술 방식 측면에서 분석해보면 다음과 같은 문제를 지적할 수 있다. 수업이 효과적으로 이루어지기 위해서는 수업의 도입 단계에서 학습자에게 학습목표를 분명히 인식시켜 주어야 한다. 이때 진술된 학습목표는 수업의 성공 여부를 판단하는 평가기준으로 작용하기 때문에 가능한 한 행동적인 수준에서 구체적으로 제시되어야 한다. 그런데 제시문의 김 교사는 "바다에 사는 동물의 특징을 알아보자."라고 학습목표를 애매모호하게 진술하고 있다. 알아보자라는 말은 추상적이고 관찰 불가능한 동사이기 때문에 교사와 학생 간 의사소통도가 떨어지고, 교수의 내용과 전략을 선택하거나 교수의 정확한 평가를 계획하고 실행하는 데 도움이 되지 않는다. 따라서 학습목표는 그 시간의 수업이 끝났을 때 학습자가 할 수 있는 구체적인 행동을 명시적으로 나타낼 수 있는 행위동사로 진술해야 한다. 예컨대 "바다에 사는 동물의 특징을 예를 들어 설명하고, 어류와 어류가 아닌 것을 분류할 수 있다."라고 제시하는 것이 더 효과적이다.

THEME 02 교육과정의 설계

만점대비 +α

💡 블룸(Bloom)의 인지적 영역에 대한 교육목표

① 지적 행동의 교수목표를 크게 지식 그 자체와 지식에 대한 기능으로 구분하였다.
② 지식의 기능을 단순정신능력으로부터 고등정신능력으로 위계화하였으며 이해, 적용, 분석, 종합, 평가 중 평가가 가장 복합적인 지적능력이라 규정하였다.
③ 인지적 영역 교육목표 분류학 – '복잡성'의 원리

지식	• 교육과정 속에서 경험한 아이디어나 현상으로 그 전에 배운 내용을 기록한 것 • 특수한 사실로부터 이론까지 광범위한 범위의 내용에 대한 기억
이해	• 사실, 사물의 의미를 이해하는 능력 • 어떤 것을 다른 단어나 수로 번역하는 능력, 해석하는 설명과 요약능력, 미래경향을 추정하는 능력
적용	• 학습한 내용을 새로운 상황이나 구체적 상황에 사용하는 능력 • 이는 규칙, 방법, 개념, 원리, 법칙, 그리고 이론 같은 것들을 적용하는 것
분석	• 어떤 사실을 구성하는 요소로 분해하는 능력으로 구성요소의 구조를 이해하는 능력 • 이는 구성 부분을 확인하고 그 부분 간의 관계를 분석하여 구성 원리를 인지하는 능력
종합	• 새로운 것을 형성하기 위하여 부분들을 모으는 능력 • 이는 연설이나 강연 등을 위한 독창적 의사 전달, 실행계획이나 관계의 요약. 이 단계는 새로운 양상의 구조를 강조하는 창의적 행동을 강조
평가	• 주어진 목적을 위하여 사실들에 대하여 판단하는 능력 • 이 판단은 규명된 기준에 근거하며, 이 능력은 이상에서 설명한 모든 지식 기능을 포함하는 가치 판단까지 요구되므로 가장 높은 정신기능

💡 크래쓰윌(Krathwohl)의 정의적 영역의 교육목표

① 정의적 행동특성은 인간의 마음과 관련된 특성으로 인성, 가치관, 도덕성, 적성, 태도, 흥미와 같은 정서적 측면을 말한다.
② 정의적 행동특성을 개인이 내면화하는 정도에 따라 5단계로 구분하였다. – '내면화'의 원리

감수	• 인간의 정의적 행동에 영향을 주는 모든 사건에 대하여 관심을 갖게 되는 정의적 행동특성 • 어떤 사건이나 현상을 받아들이거나 선택적으로 관심을 갖는 단계
반응	• 관심의 수준을 넘어 어떤 사건이나 현상에 대하여 어떤 형태로든 반응하는 것 • 예를 들어 넘어진 아이를 보았다면 보고 관심을 표현한 것이 감수라면 가서 일으켜 주든지, 일어나라고 말하든지, 아니면 그냥 지나치는 것
가치화	• 여러 가지 사건과 현상 중에 어떤 것이 가치 있는가를 구분하는 행동특성 • 예를 들어 넘어진 아이에게 관심을 갖는 행위와 약속 시간을 지켜야 하는 경우 어떤 행위가 더 가치 있는가를 판단하여 가치를 부여하는 것
조직화	• 여러 행위와 사건에 따른 각기 다른 가치가 존재하므로 이들 가치를 위계적으로 조직하는 행동특성
인격화	• 가치화와 가치 체계의 조직이 정착되면 가치체계가 내면화되어 성숙한 인간, 즉 성스러운 사람이 됨 • 인격화는 정의적 행동특성의 최고의 단계로 가치체계를 내면화한 단계(간디, 테레사 수녀 등)

| 정답 | ④

05   2012 초등

〈보기〉의 (가), (나), (다)를 타일러(R. Tyler)가 제안한 학습경험 선정의 일반적 원리와 짝지은 것으로 가장 적절한 것은?

보기

- (가) 학습활동을 선택할 때는 여러 가지 목표를 동시에 달성하는데 도움이 되는 활동을 선택하도록 한다.
- (나) 한 가지 교육목표를 달성하는 데는 여러 가지 활동이 있으므로 다양한 학습활동을 선정하도록 한다.
- (다) 특정 교육목표를 달성하기 위해 그 목표 달성에 필요한 활동을 학습자 스스로 해볼 수 있도록 한다.

	(가)	(나)	(다)
①	만족의 원리	기회의 원리	다성과의 원리
②	기회의 원리	만족의 원리	가능성의 원리
③	다경험의 원리	가능성의 원리	만족의 원리
④	가능성의 원리	다성과의 원리	다경험의 원리
⑤	다성과의 원리	다경험의 원리	기회의 원리

논술 문제 적용 하기

05-1   2019 중등

#2와 관련하여 타일러(R.Tyler)의 학습경험 선정 원리 중 기회의 원리로 첫째 물음을 설명하고 만족의 원리로 둘째 물음을 설명하시오.

> #2 모둠활동에 적극적으로 참여하지 못한 학생들이 몇 명 있었지. 이 학생들은 제대로 된 학습경험을 갖지 못한것이 아닐까? 자신의 학습경험에 대하여 어떻게 느꼈을까? 어쨌든 모둠활동에 관해서는 좀 더 깊이 고민해 봐야겠어. 생각하지 못했던 결과가 이 학생들에게 나타날 수도 있고 ….

예시답안

타일러의 학습경험 선정 원리 중 기회의 원리는 좋은 학습내용이란 교육목표에 비추어 타당성이 있어야 한다는 것이다. 어느 특정한 교육목표를 달성하기 위해서는 그 목표가 의도하는 행동을 학습자가 스스로 경험해 볼 수 있는 기회가 학습경험 속에 내포되어야 한다. 어느 교육목표가 문제해결력을 기르는 데에 있다면, 그 목표를 달성하기 위해서는 학생들에게 다양한 문제를 풀어 볼 수 있는 충분한 기회를 제공해야 한다. 만족의 원리는 주어진 교육목표가 시사하는 행동을 학생이 수행하는 과정에서 만족감을 느낄 수 있어야 한다는 것이다. 독서에 대한 흥미를 기르는 것이 교육목표라면, 폭넓은 독서를 할 수 있는 기회를 주어야 할 뿐만 아니라 그러한 독서활동에서 학생이 만족감을 느낄 수 있어야 한다. 따라서 학습경험을 계획하는 교사에게는 학생들의 필요와 흥미뿐만 아니라 인간의 만족감에 대한 기본적인 이해가 요구된다고 할 수 있다.

만점대비 +α

💡 교육내용 선정의 원리

(1) 기회의 원리
  ① 어느 특정한 교육목표를 달성하기 위해서는 그 목표가 의도하는 행동을 학습자가 스스로 경험해 볼 수 있는 기회가 학습경험 속에 내포되어야 한다.
  ② 어느 교육목표가 문제해결력을 기르는 데에 있다면, 그 목표를 달성하기 위해서는 학생들에게 다양한 문제를 풀어 볼 수 있는 충분한 기회를 제공해야 한다.

(2) 만족의 원리
  ① 주어진 교육목표가 시사하는 행동을 학생이 수행하는 과정에서 만족감을 느낄 수 있어야 한다.
  ② 독서에 대한 흥미를 기르는 것이 교육목표라면, 폭넓은 독서를 할 수 있는 기회를 주어야 할 뿐만 아니라 그러한 독서활동에서 학생이 만족감을 느낄 수 있어야 한다.

(3) 가능성의 원리
  ① 학습경험에서 요구하는 학생의 반응이 현재 그 학생의 능력 범위에 안에 있는 것이어야 함을 의미한다.
  ② 즉시 목표에 도달할 수 있을 만큼 쉬운 일의 단순한 반복은 학습이라고 보기 어려운 것이며, 적절한 좌절감과 도전감을 느끼게 하여야 제대로 된 학습경험이라고 할 수 있다.

(4) 다경험의 원리
  ① 동일한 교육목표 달성에 사용할 수 있는 학습경험은 여러 가지가 있을 수 있다.
  ② 따라서 특정한 교육목표의 달성을 위해서 반드시 어떤 제한적이고 고정된 학습경험만을 제공할 필요는 없다.

(5) 다성과의 원리
  ① 하나의 학습경험이 대개 여러 가지 학습성과를 가져오기 때문에, 동일한 조건이라면 학습경험을 선정할 때 여러 교육목표의 달성에 도움이 되고 전이효과가 높은 학습경험을 선택하라는 것이다.
  ② 어떤 학습경험이건 긍정적·부정적 측면의 학습성과를 동시에 가져올 수 있기 때문에 학습경험을 선정하고 조직할 때 교사는 항상 자신이 계획한 학습경험이 부작용이나 바람직하지 못한 결과를 초래할 가능성은 없는지 유의해야 한다.

| 정답 | ⑤

06
2011 초등

다음은 4~5학년 과학과 교육과정의 일부를 예시한 것이다. 이에 관한 세 교사의 대화와 교육내용 조직 원리를 가장 적절하게 짝지은 것은?

(4학년)
- 식물의 생김새와 특징 알아보기
- 식물이 사는 곳에 따른 생김새와 생활방식 알아보기
- 비슷한 특징을 가진 식물끼리 묶어 보기

(5학년)
- 뿌리의 기능을 알아보기
- 물관을 통한 물의 이동 실험하기
- 증산작용 실험하기
- 광합성의 산물 알아보기

박 교사 : 4~5학년에는 식물이라는 주제가 반복적으로 등장하도록 조직되어 있네요.
이 교사 : 4학년은 식물의 겉모습에 초점을 두고 있는데, 5학년은 식물의 구조와 기능으로 심화되는 내용으로 조직되어 있네요.
노 교사 : 5학년의 식물이라는 주제를 실과의 '꽃 가꾸기'와 하나로 묶어 조직하는 것도 좋을 것 같네요.

	박 교사	이 교사	노 교사
①	계속성	계열성	통합성
②	계속성	통합성	계열성
③	계열성	계속성	통합성
④	통합성	계속성	계열성
⑤	통합성	계열성	계속성

논술 문제 적용 하기

06-1
2017 중등

B교사가 채택하고자 하는 원리 1가지와 그 외 내용 조직의 원리 2가지(연계성 제외) 제시하시오.

◆ **교육과정 재구성 확대**

개정 교육과정의 취지에 따른 교과 내용 재구성에 대해, B교사는 다음과 같이 말했다.

"교사는 내용 조직의 원리를 제대로 파악할 필요가 있습니다. 저는 몇 개의 교과를 결합해 교육과정을 편성·운영해보려고 합니다. 각 교과의 내용이 구획화되지 않도록 교과 교사들 간 협력을 강화하고자 합니다. 이러한 시도는 교육과정 설계에서 교과 간의 단순한 연계성 이상을 의미합니다."

예시답안

B교사가 채택하고자 하는 원리는 통합성이다. 통합성은 교육내용들의 관련성을 바탕으로 이들을 하나의 교과나 과목 또는 단원으로 묶는 것을 말한다. 또는 수업의 효과를 높이기 위하여 관련 있는 내용들을 동시에 혹은 비슷한 시간대에 배열하는 것을 말한다. 이는 여러 교과의 여러 학습 상황에서 얻어진 내용이나 경험들이 서로 독립적으로 관계없이 단절되어 있는 것이 아니라, 개개의 경험들이 상호 연결되어 통합됨으로써 보다 효율적인 학습과 성장·발달을 촉진할 수 있도록 조직하자는 것이다. 통합성의 원리가 추구하는 근본적인 목표는 학습자에게 통합된, 통합 조정된 경험을 어떻게 하면 제공할 수 있도록 교육과정을 조직하느냐에 있다. 이 외에도 내용 조직의 원리에는 계속성과 계열성의 원리가 있다. 계속성의 원리는 이전에 배운 내용과 앞으로 배울 내용의 관계에 초점을 둔 것으로, 특정한 학습의 종결점이 다음 학습의 출발점과 잘 맞물리도록 교육 내용을 조직하는 것을 말한다. 학습내용을 일정한 순서로 계열화시켰을 때, 우리가 갖는 의문은 어떤 내용을 우리가 얼마나 계속할 것인가에 대한 문제이다. 즉 내용을 조직함에 있어서 중요한 개념, 원리, 사실 등의 학습이 어느 정도 계속해서 반복하여 이루어지도록 하기 위한 조직원리이다. 한 두 번의 학습 경험만으로는 의미 있는 학습 성과를 거두기 어렵기 때문에 동일한 개념이나 지적 기능, 가치에 학습자가 계속적으로 노출되어야 학습경험들의 누적적인 효과를 기대할 수 있다. 반복의 원리라고도 할 수 있다. 계열성의 원리는 교육내용을 가르치는 순서를 말하는 것으로, 어떤 내용을 먼저 가르치고 어떤 내용을 나중에 가르칠 것인가를 결정하는 것이다. 계열성에서는 전후내용간의 관계, 확대, 심화가 강조된다. 계열성의 문제에서는 어째서 어떠한 기준으로 그러한 순차를 결정하느냐가 중요한 관건이 된다. 계열성은 대체로 그 학문 또는 그 해당 교과의 본질과 구조에 따라 크게 영향 받게 되며, 학습자의 다양한 발달단계에서 학습자들의 성취능력을 고려한 학습내용의 순차적 조직이 또한 필요하다.

만점대비 +α

💡 학습경험 조직의 원리 - 타일러(Tyler)

(1) 계속성
① 학습경험의 조직에서 계속성이란 중요한 교육과정 요소를 수직적으로 강조하는 것으로 교육과정 요소를 시간을 두고 연습하고 계발할 수 있도록 여러 차례에 걸쳐 반복적으로 기회를 주는 것이다.
② 예를 들어, 사회과 공부에서 사회과에 관한 자료를 읽는 기술을 계발하는 것이 중요한 목적이라면, 이러한 기술을 연습하고 계발할 수 있는 기회가 계속해서 주어져야 한다.

(2) 계열성
① 학습경험의 조직에서 계열성은 계속성과 관련되지만 그 이상의 것으로 같은 수준이 아니라 이해, 기능, 태도, 흥미 등이 조금씩 다른 수준으로 단계적으로 깊어지고, 넓어지고, 높아지도록 조직하는 것이다.
② 계속성이 같은 내용의 반복이라면, 계열성은 다른 내용들의 순서적 배열을 의미한다.
③ 예를 들어, 6학년의 사회과 공부에서는 보다 복잡한 사회과 관련 자료를 제공하고, 이러한 자료를 읽는데 필요한 기술을 확대시키고, 분석을 깊이 하도록 해서 5학년 사회과 공부에서 학습했던 내용들을 되풀이 하는 것이 아니라 그것을 보다 확대 및 심화시키도록 해야 한다.
④ 계열화 방법 : 연대순 방법, 주제별 방법, 단순에서 복잡으로의 방법, 전체에서 부분으로의 방법, 논리적 선행 요건 방법, 추상성 증가에 의한 방법, 학생들의 발달에 의한 방법

(3) 통합성
① 학습경험의 조직에서 통합성은 교육과정 내용을 수평적으로 연관시키는 원리로, 통합성은 교육과정 계획 내에 포함된 모든 형태의 지식과 경험을 연결하는 것을 말한다.
② 통합성의 원리가 추구하는 근본적인 목표는 학습자에게 통합 조정된 경험을 어떻게 하면 제공할 수 있도록 교육과정을 조직하느냐에 있다.
③ 통합성의 기준은 교육내용의 수평적인 조직과 관련하여 지켜져야 하는 문제로서 여러 가지 교육내용들은 그 횡적인 관계에서 상호 연결되어 통합됨으로써 보다 효율적인 학습과 성장·발달을 촉진할 수 있도록 조직하자는 것이다.
④ 예를 들어, 수학의 계산 능력을 학습하는 경우에 이 기능이 사회과나 과학과 공부, 그리고 물건을 살 때 등의 경우에 어떻게 활용될 수 있는가를 고려하는 것이다. 그리하여 이 기능이 교과 공부로만 끝나는 것이 아니라 학생의 일상 생활에서 활용될 수 있는 기능이 되도록 하는 것이다.

| 정답 | ①

07

`2009 초등`

교육과정 내용 선정과 조직의 원리에서 '수평적 내용 조직'의 특징을 가장 잘 보여주는 것은?

① 고등학교 1학년에서는 국사 교과를, 2학년에서는 세계사 교과를 배울 수 있도록 조직한다.
② 중학교 도덕 교과에서 다루었던 전통 윤리의 내용을 고등학교 전통 윤리 교과에서 반복하여 제시한다.
③ 고등학교 수학 교과에서는 수학과 내용을, 사회 교과에서는 사회과 내용을 각각 독립적으로 다룬다.
④ 중학교 1학년에서 환경을 주제로 과학 교과 내용과 기술·가정 교과 내용을 서로 긴밀히 관련지어 조직한다.
⑤ 중학교 1학년 국어 교과에서 시의 운율을 배운 후에, 2학년에서는 시에서 화자의 역할을 배우도록 배열한다.

정답풀이

④ 통합성의 예이다. 통합성은 수평적 내용 조직의 원리이다.

오답풀이

① ② ⑤ 수직적 내용 조직의 예이다.
③ 분과형에 대한 예이다.

THEME 02 교육과정의 설계

만점대비 +α

💡 교육내용(학습경험)의 조직원리

수평적 측면 (공간적·횡적)	범위 (Scope)	• 교육과정 내용의 폭과 깊이에 관련됨 • 즉, 교육과정은 어떠한 내용을 어느 만큼이나 폭넓고 깊이 있게 다루어야 하느냐의 문제
	통합성 (Integration)	• 교육과정 계획 내에 포함된 모든 형태의 지식과 경험을 연결하는 것으로, 모든 해당 지식 영역과 관련된 다양한 내용과 주제 간의 수평적인 관련성을 강조 • 같은 학년에 나타나는 국어, 영어, 수학 등의 교과에서 다루어지는 목표나 내용의 수준 또는 종류가 횡적으로 연결되어야 한다는 원리
수직적 측면 (시간적·종적)	계속성 (Continuity)	동일 수준의 학습경험을 계속적으로 반복할 수 있도록 조직한다는 원리 예 타바의 누적학습, 브루너의 나선형 교육과정
	계열성 (Sequence)	• 수준을 달리한 학습경험의 반복적 조직으로 선행경험에 기초하여 다음의 학습경험이 전개되어 점차적으로 깊이와 넓이가 심화·확대해 가도록 조직하자는 원리 예 브루너의 나선형 교육과정, 가네의 학습위계론, 스키너의 프로그램학습 • 계열화 방법 : 연대순 방법, 주제별 방법, 단순에서 복잡으로의 방법, 전체에서 부분으로의 방법, 논리적 선행 요건 방법, 추상성 증가에 의한 방법, 학생들의 발달에 의한 방법
전체적 측면	연계성 (Articulation)	• 교육과정의 여러 가지 측면의 상호 관련성을 말함. 이때의 상호 관련성은 수직적인 것일 수도 있고 수평적인 것일 수도 있음 ① 수직적 연계성 : 어떤 교육과정의 측면이 해당 프로그램의 계열상 나중에 나타나는 과제, 주제, 코스와 맺는 관계 ② 수평적 연계성 : 동시적으로 일어나고 있는 양자 요소 간 혹은 여러 요소 간의 관련성과 연합을 의미
	균형성 (Balence)	• 교육과정을 설계할 때 교육과정 왜곡이 일어나지 않도록 설계의 각 측면이나 단계에 골고루 비중을 두어야 한다는 것 • 균형 잡힌 교육과정이란 학생들이 지식을 완전히 습득하고 내면화하여 자신들의 개인적·사회적·지적 목적에 맞는 적절한 방향으로 그 지식을 이용할 수 있는 기회를 갖게 해주는 교육과정을 말함

| 정답 | ④

08

2011 초등

(나)의 언어교육 프로그램이 따르고 있는 교육과정 구성 방법으로 가장 적절한 것은?

> (나) 김 교사는 다문화 가정 학생들에게 시급하게 요구되는 언어 능력을 향상시키기 위한 프로그램을 만들었다. 이 프로그램은 학생들이 자주 접하지만 표현이나 발음이 서툰 일상적 어휘에서 시작하여 점차 교과서나 학습 장면에서 사용되는 낯선 어휘들에 대한 학습으로 이어지도록 구성되었다. 이 프로그램으로 학생들을 지도한 결과 언어능력이 눈에 띄게 향상되었고, 학교생활에서도 활력을 되찾았다.

① 연대순에 따른 방법
② 논리적 선행 요건에 따른 방법
③ 교육내용의 친숙성에 따른 방법
④ 주제를 중심으로 통합하는 방법
⑤ 전체에서 부분으로 나아가는 방법

만점대비 +α

💡 교육내용을 계열화하기 위한 7가지 방법

① **연대순 방법**: 이 방법은 다루게 될 교과의 내용이 시간의 흐름과 관련 있을 때 의의가 있다. 그 순서는 과거에서 현재 혹은 그 반대로 조직될 수 있다.
② **주제별 방법**: 이 방법은 내용을 여러 단원으로 묶지만, 단원들이 상호 독립적이어서 학습자가 새로운 단원을 학습하기 전에 이전 단원에서 배운 정보를 활용할 필요가 없을 때 사용한다.
③ **단순에서 복잡으로의 방법**: 이 방법은 기초적인 내용이 보다 복잡한 내용의 앞에 오도록 순서짓는 것을 말한다. 이런 배열은 영어 교과의 구성에 종종 사용된다. 영어 교과는 과거나 완료시제를 배우기 전에 현재시제를 먼저 배운다.
④ **전체에서 부분으로의 방법**: 이 방법은 전체에 대한 이해가 부분들을 이해하는 데 필수적일 때 사용된다. 전체에서 부분으로의 설계는 학습자에게 배울 내용의 개요를 먼저 소개하고, 학습자가 이를 학습한 후에 전체의 더 작은 부분인 구체적인 정보를 배우게 된다.
⑤ **논리적 선행 요건 방법**: 이 방법은 어떤 내용을 학습하기 위해서 반드시 배워야 할 내용이 있을 때 사용된다. 수학 교과에서는 2차 방정식 문제를 풀기에 앞서 1차 방정식 문제를 풀도록 되어 있다.
⑥ **추상성의 증가에 의한 방법**: 이 방법은 학습자가 친숙한 교육내용에서 점차 낯선 교육내용으로 안내되도록 배치한다.
⑦ **학생들의 발달에 의한 방법**: 학생들은 인지, 정서, 신체 등에서 일정한 단계를 거쳐 발달한다고 생각하고 이 단계에 맞추어 교육내용을 배열한다.

| 정답 | ③

논술 문제 적용 하기

08-1

2022 중등

송 교사가 언급한 교육과정의 수직적 연계성이 학습자 측면에서 갖는 의의 2가지, 송 교사가 계획하는 교육과정 재구성의 구체적인 방법 2가지

> 김 교사: 송 선생님, 제 특강에 관심을 가져 주셔서 감사합니다. 선생님은 올해 우리 학교에 발령받아 오셨으니 도움이 필요하시면 말씀 하세요.
> 송 교사: 정말 감사합니다. 그동안은 교과 간 통합에 주로 관심을 가져왔는데, 김 선생님의 특강을 들어 보니 이전 학습 내용과 다음 학습 내용이 자연스럽게 연결되어야 한다는 수직적 연계성도 중요한 것 같더군요. 그래서 이번 학기에는 교과 내 단원의 범위와 계열을 조정할 계획입니다. 선생님께서는 교육과정을 어떻게 재구성하시는지 함께 이야기할 수 있을까요?
> 김 교사: 그럼요. 제가 교육과정 재구성한 것을 보내 드릴 테니 보시고 다음에 이야기해요. 그런데 교육 활동에서는 학생에 대한 이해가 중요하잖아요. 학기 초에 진단은 어떤 방식으로 하려고 하시나요?
> ...(하략)...

예시답안

송 교사가 언급하는 수직적 연계성은 어떤 교육과정의 측면이 해당 프로그램의 계열상 나중에 나타나는 과제, 주제, 코스와 맺는 관계를 가리킨다. 즉, 학제나 교과 편제 등으로 생길 수 있는 여러 결절부를 중복, 비약, 후퇴, 누락 등이 없도록 부드럽게 조절하여 이어주는 것이다. 이는 학습자 측면에서 다음의 2가지 의의를 갖는다. 첫째, 인지적 측면에서 볼 때, 학습자들은 후속 학습을 위해 필요한 선행 지식을 학습할 수 있으므로 이를 활용하여 효과적인 후속 학습을 경험할 수 있다. 둘째, 정의적 측면에서 볼 때, 학습자들은 유기적이고 매끄럽게 연결된 내용을 학습하면서 이전 학습에 대한 흥미와 자신감을 후속 학습까지 이어갈 수 있다.

송 교사가 계획하는 교육과정 재구성의 구체적인 방법은 다음과 같다. 첫째, 범위의 측면에서 볼 때, 송 교사는 교과 내 동일한 주제나 내용을 다루고 있는 단원끼리 묶어서 조직할 수 있다. 둘째, 계열의 측면에서 볼 때, 송 교사는 교과 내 단순한 내용을 먼저 배열하고 후속 학습으로 갈수록 복잡한 내용을 배열할 수 있다.

THEME 02 교육과정의 설계

논술 문제 적용 하기

09-1 *2018 초등*

박 교사의 말에 나타난 인성의 의미에 근거하여, 인성 교육을 위한 학교 교육과정 편성·운영 시 김 교사가 말하는 '통합'과 '연계'가 필요한 이유를 각각 1가지씩 논하시오.

> 박 교사: 요즘 인성 교육이 주목 받고 있죠. 2015 개정 교육과정 총론에도 인성 교육이 범교과 학습 주제 중의 하나로 제시되어 있고요.
> 김 교사: 맞아요. 그런데 인성 교육을 포함한 범교과 학습 주제는 교과와 창의적 체험활동 등 교육 활동 전반에 걸쳐 통합적으로 다루도록 하고, 지역사회 및 가정과 연계하여 지도해야 한다는 점에 유의할 필요가 있어요.
> 박 교사: 좋은 지적이네요. 「인성교육진흥법」에서 인성교육을 정의한 것을 보면, 인성은 '자신의 내면을 바르고 건전하게 가꾸고 타인·공동체·자연과 더불어 살아가는 데 필요한 인간다운 성품과 역량'이라 할 수 있는데, 인성의 이러한 의미는 인성교육에서 왜 통합과 연계가 필요한지를 잘 보여 주는 것 같아요.
> 김 교사: 그런데 통합과 연계를 위해서는 선생님들이 모여서 긴밀하게 협의하고 조정하는 과정이 필요한데, 그게 보통 어려운 문제가 아니에요.
> ...(하략)...

예시답안

인성교육을 위한 학교 교육과정 편성·운영 시 통합이 필요한 이유는 다음과 같다. 기존의 인성교육은 지식 위주의 교육이 이루어지고 있어 인지적, 정의적, 행동적 영역을 포괄하는 도덕성 형성은 달성하지 못하고 있다. 그러나 인성교육은 모든 교과의 한 부분이지 다른 교과와 분리되는 것이 아니기 때문에 훌륭한 인격을 형성하기 위해서는 모든 교과에서 인성이 강조 되어야 한다. 다시 말해 어느 특정 과목에 한정하지 않고 교과 전체를 통한 인성교육이 이루어져야 할 필요가 있다.

인성교육을 위한 학교 교육과정 편성·운영 시 연계가 필요한 이유는 다음과 같다. 다양한 가족 유형과 문화, 국제화 등 다원화된 현대사회에서는 다른 사람과 화목하게 지내며 나와 다른 사람의 차이를 존중할 수 있는 능력이 요구된다. 이러한 이유로 학교 교육뿐만 아니라 학생들이 살고 있는 학교 밖 일상생활, 지역사회를 밀접하게 연계시킴으로써 학생들에게 보다 의미 있는 학습이 이루어질 수 있도록 할 필요가 있다.

---

09 *2011 중등*

다음은 교사들이 교육과정 설계에 관하여 문제를 제기한 것이다. 이를 해결하기 위한 가장 적합한 전략을 올바르게 짝지은 것은?

> 김 교사: 시(詩) 수업에서의 행동목표는 너무 구체적이고 명세적이기 때문에 문학의 의미를 가르치는 데 많은 한계가 있다.
> 이 교사: 중학교 3년 동안 배워야 할 교과목 수가 너무 많아 학생들의 학습 부담이 크다.
> 박 교사: 어떤 교과목은 중학교 3학년과 고등학교 1학년 간의 교육내용 수준의 차이가 크다.
> 최 교사: 내가 가르치고 있는 교과목의 내용이 너무 분과적이고 중복이 심하다.

	김 교사	이 교사	박 교사	최 교사
①	학습과제 분석	계열(sequence) 조정	연계적 조직	통합
②	표현목표 설정	범위(scope) 조정	연계적 조직	통합
③	표현목표 설정	계열(sequence) 조정	중핵적 조직	압축
④	문제해결 목표설정	범위(scope) 조정	중핵적 조직	통합
⑤	문제해결 목표설정	계열(sequence) 조정	연계적 조직	압축

정답풀이

※ 표현목표(표현적 결과) : 개인의 경험을 풍부하게 하고 학습자의 삶을 다채롭게 할 것이라고 여겨지는 장소나 여건 및 활동을 의도적으로 제공하여 학습자가 얻는 교육과정의 결과
※ 범위 : 특정한 시점에서 학생들이 배우게 된 내용의 폭과 깊이
※ 수직적 연계성 : 이전에 배운 내용과 앞으로 배울 내용이 잘 연계되도록 교육내용을 조직하는 것, 즉 어떤 교육과정의 측면이 해당 프로그램의 계열상 나중에 나타나는 과제, 주제, 코스와 맺는 관계
※ 통합성 : 교육내용들의 관련성을 바탕으로 이들을 하나의 교과나 과목 또는 단원으로 묶는 것, 또는 수업의 효과를 높이기 위하여 관련 있는 내용들을 동시에 혹은 비슷한 시간대에 배열하는 것

오답풀이

※ **학습과제분석** : 어떤 학습단원의 최종적인 목표를 달성하기 위한 서로 위계적인 하위 지적기능들의 관계를 추출하여 체계화하는 것(Gagné)
※ **문제해결목표** : 어떤 문제와 그 문제를 해결할 때 지켜야 할 조건이 주어지면, 그 조건을 충족시키면서 문제를 해결해야만 하는 경우
※ **중핵형 교육과정** : 주로 생활이나 욕구와 관련된 내용이나 경험들이 중심을 이루고, 주변과정은 중핵과정을 둘러싸고 있으면서 계통학습을 하되 몇몇의 영역으로 구분하여 조직하는 것
※ **교육과정 압축** : 일종의 교육과정 재구성 혹은 핵심화 과정으로서, 학습자가 사전에 학습한 자료를 반복하여 습득하는 것을 막고 정규 교육과정에 대한 학습자의 도전 수준을 향상시키며 기초 학습 기술의 숙달을 보장하면서 심화 혹은 속진형 학습 활동의 기회를 마련해 주는 방안

만점대비 +α

💡 **아이즈너(Eisner)의 행동목표 비판**

(1) 행동적 교육목표의 기능에 대한 비판
① 수업은 아주 복잡하고 역동적인 과정을 거치면서 진행되는 것이므로, 이 수업이 끝난 후 학생들에게 나타날 수 있는 '모든' 것을 수업을 시작하기 전에 미리 행동목표의 형태로 구체화하여 진술하는 것은 불가능하다.
② '행동목표' 진술 운동은 과목의 특성을 전혀 고려하지 않고 있다. 수학, 언어, 과학 등의 과목은 학생들이 수업 후에 나타내 보여야 할 행동이나 조작을 아주 상세하게 구체화할 수 있을지 모르지만, 예술영역에서는 이러한 구체화가 가능하지도 않고 바람직하지도 않다.
③ 행동목표를 주장하는 사람들은 행동목표가 학생들의 성취도를 측정할 때 필요한 측정의 기준으로 사용될 수 있다고 말하는데, 이는 '기준을 적용하는 일'과 '판단하는 일'을 구분하지 못하기 때문이다.
④ 행동목표를 중요시하는 학자들은 교육목표를 세분화할 것과 이 교육목표가 교육내용을 선정하기 전에 확정되어야만 할 것을 강조하는데 이는 옳지 않은 것이다.

(2) 교육목표에는 전통적인 '행동목표' 외에 두 가지 형태가 더 존재할 수 있다고 주장
① **문제해결목표** : 어떤 문제와 그 문제를 해결할 때 지켜야 할 조건이 주어지면, 그 조건을 충족시키면서 문제를 해결해야만 하는 경우를 말한다. 행동목표의 경우처럼, 미리 정해져 있는 해결책을 학생이 찾아내도록 요구하는 것이 아니라, 정해지지 않은 수많은 해결책들 중 하나 또는 그 이상을 학생 각자가 찾아내도록 유도하는 것이다.
② **표현적 결과** : 목표를 미리 정하지 않고 어떤 활동을 하는 도중 또는 끝낸 후에 교육적으로 바람직한 그 무엇을 얻을 수도 있으므로 이를 아이즈너는 행동목표나 문제해결목표와 구별하여 '표현적 결과'(expressive outcomes)라 부르고 있다. 처음에는 이를 '표현적 목표'라고 불렀으나, 목표라는 말은 성격상 미리 정해진 것을 의미하기 때문에 이 경우에 합당하지 않은 표현이라 생각하여 최근에는 '표현적 결과'라 부르고 있다.

| 정답 | ②

논술 문제 적용 하기

09-2 2024 초등

1) 이 교사의 통합 단원 설계 방식의 장점 3가지를 논하시오.
2) 홍 교사가 통합 단원의 운영 과정에서 겪은 어려움 2가지를 제시하고, 이에 대한 개선 방안을 각각 1가지씩 논하시오.

> 이교사: 저는 설계 방식에 대하여 말씀드리겠습니다. 교과 교육과정을 분석하여 '조화'라는 공통된 개념을 추출해서 통합 단원을 만들었잖아요. 이러한 설계 방식은 학생들이 교과에서 학습한 지식과 기능을 실제 생활의 맥락에서 적용하는 데 도움을 주었고, 학생들은 조화 개념을 중심으로 심층적인 이해를 할 수 있었어요. 또한 통합 단원을 통해서 여러 교과들의 내용이 연결될 수 있다는 것을 이해하게 되었어요.
>
> 홍교사: 조화라는 공통된 개념을 중심으로 '우리 동네의 환경을 살리자' 통합 단원을 운영하는 것이 쉬운 것은 아니었어요. 동네의 생태 체험장에서 생태 활동을 진행했는데 선생님들과 협력이 잘되지 않아서 활동을 제대로 못 했어요. 그리고 계획된 것보다 수업 시간이 오래 걸리기도 했어요.

예시답안

1)
제시문에서 이 교사는 '조화'라는 공통된 개념을 추출하여 통합 단원을 통해 교육과정을 설계하였다. 이러한 교과 통합은 다음과 같은 교육적 가치를 가진다. 첫째, 지식의 폭발적인 증가로 인해 교육내용을 선정하는 일이 더욱 어려운 문제가 되고 있으므로, 교과별로 상호 관련되는 내용으로 묶어 제시함으로써 필수적인 교육내용을 선정하는 데 도움을 준다. 둘째, 교과들 속에 포함된 중복된 내용들과 중복된 기능들을 줄임으로써, 학생들이 배워야 할 필수적 교육내용을 배울 시간을 확보해 준다. 셋째, 교과들 간의 관련성을 파악하는 데 도움을 주고, 교과 학습과 생활과의 연관성을 높여 교과 학습의 의미를 삶과 관련 지어 인식할 수 있게 해준다.

THEME 02 교육과정의 설계

논술 문제 적용 하기

2)
홍 교사는 통합 단원의 운영과정에 있어 다음과 같은 어려움을 겪고 있다. 첫째, 선생님들과의 협력이 잘되지 않았다는 점이다. 통합수업은 수업 전문가의 처방에 따라 교육이 이루어지는 것이 아닌, 처방전을 받아든 교사들이 상호 간에 대화의 과정을 거쳐서 새로운 형태의 자체적인 수업을 이루어가는 과정이다. 따라서 통합수업의 계획이나 시행을 위해서는 교사들 간의 협력에 의한 공동작업이 필요하다. 이를 위해서는 교사들이 수업계획과 운영을 위해 협력적으로 일할 수 있는 민주적인 분위기와 환경이 조성되어야 한다. 예를 들어, 교사들이 새로운 수업 형태인 통합수업을 계획하고 운영하기 위해 함께 모여서 숙의하는 시간과 장소가 필요할 것이다. 둘째, 계획된 것보다 수업시간이 오래 걸렸다는 점이다. 이는 통합수업에 익숙하지 않은 교사들에 의하여 수업이 계획되었기 때문이라고 해석할 수 있을 것이다. 통합수업의 계획은 장기, 중기, 단기계획이 필요하다. 그러나 우리나라는 아직까지 많은 학교가 통합수업에 익숙하지 않기에, 개별 교사들에 의하여 실시되는 단기계획의 통합수업이 많은 편이다. 따라서 통합수업의 효과적 운영을 위해서는 학생조직, 교수·학습 자료, 학습장 등에서 교과수업과 많은 차이가 있으므로 장기 계획과 중기 계획의 수립이 필요하다. 장기 계획과 중기 계획의 수립은 교과학습과 통합학습, 그리고 통합학습들 간의 범위와 계열성을 결정해 주며, 부족한 교수·학습, 자료, 장비, 학습장을 효율적으로 사용하는데 도움을 주기 때문이다.

더 알아보기

교과 통합의 교육적 가치
① 지식의 폭발적인 증가로 인해 교육내용을 선정하는 일이 더욱 어려운 문제가 되고 있으므로, 교과별로 상호 관련되는 내용으로 묶어 제시함으로써 필수적인 교육내용을 선정하는 데 도움을 준다.
② 교과들 속에 포함된 중복된 내용들과 중복된 기능들을 줄임으로써, 학생들이 배워야 할 필수적 교육내용을 배울 시간을 확보해 준다.
③ 교과들 간의 관련성을 파악하는 데 도움을 주고, 교과 학습과 생활과의 연관성을 높여 교과 학습의 의미를 삶과 관련 지어 인식할 수 있게 해준다.
④ 현대사회의 쟁점을 파악하는 데 도움을 주고, 현대사회에서 발생하는 복잡한 문제들을 해결하는 능력을 길러 준다.
⑤ 학생들의 흥미와 관심을 반영하기 쉬우며, 주제나 문제를 중심으로 조직될 때 학생들의 학습 선택권이 확대된다.
⑥ 대개 활동중심 교육과정으로 이루어지며, 학생들의 적극적인 참여로 학습동기가 높고 학습에 대한 책임감을 갖게 한다.
⑦ 비판적 사고를 길러주고 교과의 경계를 벗어나서 독립적으로 사고하고 문제를 해결하는 능력을 길러 준다.
⑧ 학생들 스스로 교과에 흩어진 정보를 관련짓는 그물망을 형성하는 습관을 길러준다.

10 [2010 초등]

다음 대화에서 각 교사가 직면한 문제의 해결방법으로 가장 적절하게 연결된 것은?

> 김 교사 : 매 단원마다 같은 내용이 반복되어 제시되다 보니 학생들이 지루해 하는 것 같아요. 학생들의 학습을 심화, 발전시켜야 하는데 말이죠.
> 이 교사 : 저도 비슷한 고민을 해요. 미술 시간에 그림 그리기 준비를 하다 보면 정작 그리기수업은 제대로 못하고 끝나버려요. 어떻게 하면 수업 시간을 안정적으로 확보할 수 있을까요?
> 박 교사 : 저는 조금 다른 문제로 고민 중입니다. 추석이 다가와서 친척들의 호칭을 가르쳐 주고 싶은데, 관련단원이 마지막에 편성되어 있어서 어떻게 하면 좋을지 모르겠어요.
> 최 교사 : 저는 사회 시간에 역사적 사실과 그것을 배경으로 하는 문학 작품을 함께 가르치고 싶은데, 어떻게 하면 좋을까요?

	김 교사	이 교사	박 교사	최 교사
①	계열적 조직	연속운영	단원 재구성	상관형 조직
②	계열적 조직	진도 조정	범교과학습 활용	분과형 조직
③	계속적 조직	연속운영	단원 재구성	분과형 조직
④	계속적 조직	진도 조정	범교과학습 활용	상관형 조직
⑤	계속적 조직	진도 조정	범교과학습 활용	분과형 조직

정답풀이

※ **계열성** : 학습경험의 조직에서 계열성은 계속성과 관련되지만 그 이상의 것으로 같은 수준이 아니라 이해, 기능, 태도, 흥미 등이 조금씩 다른 수준으로 단계적으로 깊어지고, 넓어지고, 높아지도록 조직하는 것이다.
※ **학습시간의 결정(연속 운영)** : 교육내용의 수준과 분량, 특성, 학습형태와 학습방법을 고려하여 적정 학습시간을 배당하거나, 고정적인 학습시간 배당의 종래의 방식에서 벗어나 유연하고 융통성 있게 배당한다.
※ **학습시기의 결정(단원 재구성)** : 교육과정 및 교과서에 제시된 배열 순서에 전혀 구애받지 않고 그 학교에서 학습하기에 가장 알맞은 시기를 결정한다. 특히, 계절, 기후, 세시풍속, 국가 및 지역의 행사, 환경, 자연계의 생태, 각종 역사적·사회적 사건 등과 관련있는 교육내용은 학습 최적합 시기에 학습과제가 다루어질 수 있도록 편성한다.
※ **상관형 교육과정** : 교과내용을 무너뜨리지 않으면서 두 개 또는 그 이상의 교과나 과목을 서로 관련시켜 내용을 조직하고 가르치는 교육과정을 말한다. 상관형 교육과정은 분과형 교육과정의 극단적인 분할을 막고, 단편적인 내용의 학습을 지양하며, 각 과목 간의 연관성을 살린다는 면에서 가치가 인정된다.

> **오답풀이**

※ **계속성** : 학습경험의 조직에서 계속성이란 중요한 교육과정 요소를 수직적으로 강조하는 것으로 교육과정 요소를 시간을 두고 연습하고 계발할 수 있도록 여러 차례에 걸쳐 반복적으로 기회를 주는 것이다.

※ **분과형 교육과정** : 각 교과 또는 과목들이 다른 교과 또는 과목과 횡적인 연관이 전혀 없이 분명한 체계를 가지고 조직된 교육과정이다. 학문의 구조에 의하여 교과를 만들고 구분하는 것으로, 각 학문들을 엄격하게 해석하여 수업시간표에 의해 분리된 교과들로 생각한다. 예컨대 국어, 수학, 역사, 지리, 음악 등은 그 교과마다 독특한 논리적 특성을 가지고 있으므로 역사와 지리 또는 국어와 수학은 서로 관련성이 없이 조직된다.

| 정답 | ①

11

다음 (가)와 (나)에 들어갈 학자로 옳은 것은?

> 김 교사 : 교육활동을 시작하기 전에 교육의 목적을 명확하게 설정하기 곤란한 경우가 있습니다. 대표적으로 예술교육이 여기에 해당합니다. 이 경우에는 교사가 사전에 예측할 수 없는 수많은 변인이 교육활동에 작용하며, 교사는 교육을 하는 과정에서 학습자의 요구에 맞게 반응해야 합니다. 교육활동이 수행된 후에 가지게 되는 학습경험을 교육의 목적이라고 할 때, __(가)__ 는 이 목적을 '표현적 결과(expressive outcomes)'라고 불렀습니다.
>
> 최 교사 : 학교 교육과정은 과학적 연구에 기초하여 개혁되어야 합니다. 지금까지 학교에서 전통적으로 가르쳐온 교과는 근거가 불분명한 이론에 기초하고 있습니다. 학교 교육과정은 장차 젊은이들이 몸담게 될 '성인의 활동 영역'에 대한 과학적 조사를 바탕으로 새롭게 구성되어야 합니다. __(나)__ 의 연구에 의하면, 성인의 활동 영역은 언어 활동, 건강 활동, 시민 활동 등 10가지로 분류될 수 있습니다. 학교에서는 이런 것들을 가르쳐야 합니다.

	(가)	(나)
①	브루너(J. Bruner)	보비트(F. Bobbitt)
②	아이즈너(E. Eisner)	보비트(F. Bobbitt)
③	아이즈너(E. Eisner)	브로우디(H. Broudy)
④	파이나(W. Pinar)	브로우디(H. Broudy)
⑤	파이나(W. Pinar)	브루너(J. Bruner)

만점대비 +α

💡 아이즈너 : 교육과정학 탐구의 미학적 재개념화

(1) 예술교과의 중요성
① 그는 현상학적 인식론에 근거하여 지성의 계발, 즉 개념을 생성하고 분석하며 종합하는 능력의 계발은 반드시 '이미지를 만드는 능력'의 계발을 필요로 한다고 주장한다.
② 하나의 상징체계인 언어는 그 성격상 이미지와 밀접하게 관련되어 있어서, 머릿속에 풍부한 이미지들이 저장되어 있지 않은 아동들은 지각 능력과 개념파악 능력이 약해서 결과적으로 언어능력도 떨어지게 된다는 것이다.
③ 즉, '미학적 문해력'이야말로 '언어적 문해력'의 본질적인 것이므로 학교에서는 예술교과를 더욱 강조하여야 한다고 주장한다.

(2) 행동목표 비판
① 아이즈너는 행동목표가 교육활동을 설명하는 데 한계가 있다는 것을 지적하고 있다.
② '행동목표'에 대한 이러한 자신의 비판을 다듬어서, 교육목표에는 전통적인 '행동목표' 외에 두 가지 형태가 더 존재할 수 있다고 주장하였다.

💡 보빗의 교육과정

① 교육의 목적 : 원만한 인간생활을 영위하는 데 필요한 활동을 준비시켜 주는 것이다.
② 교육과정 요소 : 광범한 성인의 생활활동에서 출발하여 아동에게로 이르게 하는 축소과정이다.
③ 교육과정을 만드는 단계
 ㉠ 인간경험을 광범위하게 분석한다.
 ㉡ 주요 분야의 직무를 분석한다.
 ㉢ 교육목표를 열거한다.
 ㉣ 교육목표를 선정한다.
 ㉤ 상세한 교육계획을 짠다.

| 정답 | ②

THEME 02 교육과정의 설계

12

2011 중등

다음의 교육과정 관점에 대한 설명으로 옳지 <u>않은</u> 것은?

> 인간의 정신은 몇 개의 능력들(faculties)로 이루어져 있고, 이 능력들을 단련하는 데에는 거기에 적합한 교과가 있다. 교과교육에서 무엇을 기억하고 추리하느냐가 중요한 것이 아니고, 기억되고 추리되는 내용이 무엇이든지 간에 그것을 기억하고 추리한다는 점이 중요하다. 따라서 교과는 인간의 정신을 도야하는 가치에 따라 그 중요성이 결정되며, 정신능력들을 도야하는 데 적합한 교과들을 학교에서 가르쳐야 한다.

① 교과 학습에서 흥미가 없는 교과라도 학습자의 노력이 중시된다.
② 교과 내용의 가치를 개인 생활의 의미와 사회적 유용성에서 찾는다.
③ 교과의 중요성은 구체적인 내용에 있기보다는 내용을 담는 형식에 있다.
④ 능력심리학에 근거하여 심근(心筋) 단련을 위한 수단으로 교과를 강조한다.
⑤ 교과를 가르치는 방법으로 훈련과 반복을 강조하고 일반적 전이를 가정한다.

정답풀이

② 형식도야이론은 교과를 통하여 개발되는 지각이나 기억은 특정한 '내용'과는 관계없이 일반적으로 적용되는 '형식'을 나타낸다. 다시 말해 교과의 가치는 내용에 있다기보다는 그 형식(즉, 그것을 통하여 개발되는 정신능력)에 있는 것이다.

만점대비 +α

💡 형식도야이론(formal discipline theory)

'형식도야'라는 것은 교과의 형식을 반복적으로 연습한 결과로 일정한 완성단계에 이르게 되는 것을 가리킨다. 형식도야이론은 교과 설정의 근거에 대한 역사상 최초의, 또 가장 오랫동안 받아들여 온 이론으로서, 교과는 지각·기억·추리·감정 등과 같은 몇 가지 기본적인 정신기능을 개발하는 수단이며, 이러한 정신기능을 개발하는 데 적합한 교과가 따로 있다고 하는 이론이다. 교과를 통하여 개발되는 지각이나 기억은 특정한 '내용'과는 관계없이 일반적으로 적용되는 '형식'을 나타낸다. 다시 말해 교과의 가치는 내용에 있다기보다는 그 형식(즉, 그것을 통하여 개발되는 정신능력)에 있는 것이다. 그러므로 형식도야 이론은 '훈련의 일반적 전이'를 받아들인다. 7자유학과나 고전어, 수학 등을 반복적으로 연습하면 일반적 정신능력이 도야되고, 교과에서 획득된 능력은 그와 동일한 능력이 요구되는 다른 사태에 공통적으로 적용된다는 것이다. 형식도야이론은 '능력심리학(faculty psychology)'을 기초로 하고 있는데, 우리 마음속에서 상이한 부위를 차지하고 있는 능력이 바로 능력심리학에서 말하는 능력 – 정확하게 말하면 부소(部所)능력(faculties) – 이다. 그리고 그것은 우리 몸의 근육에 비유되는 '마음의 근육(心筋)'으로서, 마치 몸의 근육이 적절한 운동으로 단련되는 것과 마찬가지로 적합한 교과나 학습 자료를 계속적으로 반복 연습함으로써(즉, 형식도야에 의하여) 개발될 수 있다. 형식도야이론에 의하면 교과를 공부하는 것은 이 마음의 근육을 개발하기 위한 운동이다.

| 정답 | ②

13

2009 초등

형식도야(formal discipline)이론과 지식의 구조(structure of knowledge)이론에 공통적으로 해당하는 설명은?

① 발견학습의 개념과 밀접히 관련되어 있다.
② 고등 지식과 초보 지식 사이의 간극을 좁힐 수 있다.
③ 교과에서 획득된 지식 또는 능력의 전이를 가정하고 있다.
④ 교육의 목적은 정신적 부소능력(faculties)의 발달에 있다.
⑤ 손다이크(E. Thorndike)와 듀이(J. Dewey)에 의하여 비판되었다.

오답풀이

① ② 브루너의 지식의 구조에 대한 설명이다.
④ ⑤ 로크의 형식도야설에 대한 설명이다.

만점대비 +α

💡 **브루너(Bruner)의 지식의 구조**

(1) 지식의 구조의 의미
  ① 브루너의 「교육의 과정」은 '무엇을 가르칠 것인가'하는 문제에 대한 답을 제시하고 있다. 즉, 지식의 구조(또는 학문의 구조, 교과의 구조)를 강조한다.
  ② '구조'란 '사실이나 현상을 엮어 주는 핵심적인 개념과 원리'를 뜻한다.
  ③ 따라서 '지식의 구조'란 '각 학문의 기저를 이루고 있는 핵심적인 개념과 원리'를 뜻한다. 예컨대, 수학의 경우 방정식의 기본법칙인 교환·분배·결합법칙이 수학의 구조 중 하나라고 할 수 있다.

(2) 지식의 구조의 이점
  ① 쉽게 이해할 수 있다.
  ② 오래 기억할 수 있게 한다.
  ③ 학습 이외의 사태에 적용할 수 있게 한다.
  ④ 고등지식과 초보지식 사이의 간극을 좁힐 수 있다.
    ㉠ 이러한 네 번째 이점 때문에 지식의 구조를 '혁명적인 아이디어'라고 칭한다.
    ㉡ 이는 지식의 구조를 학습함으로써 학생들은 해당 학문 분야의 첨단에서 그 학문을 발전시키는 학자들이 하는 일이나 그 일의 성과를 알 수 있게 된다는 것이다.
    ㉢ 브루너는 "어떤 교과든지 올바른 방식으로 표현하면 어떤 발달 단계에 있는 어떤 아동에게도 효과적으로 가르칠 수 있다."고 주장하였다.

| 정답 | ③

THEME 03 교육과정의 유형

논술 문제 적용 하기

14-1   2016 중등
'수업 구성'에 나타난 교육과정 유형의 장점 및 문제점 각각 2가지씩 논하시오.

개선 영역	개선 사항
수업 구성	• 학생의 경험을 중시하는 교육과정을 실행할 것 • 학생의 흥미, 요구, 능력을 토대로 한 활동을 증진할 것 • 학생이 관심을 가지는 수업 내용을 찾고, 그것을 조직하여 학생이 직접 경험하게 할 것 • 일방적 개념 전달 위주의 수업을 지양할 것

14   2000 초등 추가
다음과 같은 특징을 가지는 교육과정은?

- 교육과정의 중심을 학생에 둔다.
- 학습내용을 미리 선정·조직하지 않고, 학습의 장에서 결정한다.
- 개인의 흥미와 개인차를 고려한다.

① 융합 교육과정
② 상관 교육과정
③ 교과중심 교육과정
④ 경험중심 교육과정
⑤ 학습중심 교육과정

예시답안
제시문의 '수업 구성'은 경험중심 교육과정의 관점에 기반을 두고 있다. 경험중심 교육과정의 장점은 다음과 같다. 첫째, 학습자의 흥미와 필요가 교육과정 구성의 기초가 되어 반영되기 때문에 학습자의 적극적인 참여를 유발하기가 쉽다. 학습은 학습자에게 유목적적이고 흥미가 있을 때 가장 효과적이다. 경험중심 교육과정의 적용 원칙은 학습심리의 원칙에 합치되므로 활발한 학습활동이 전개된다. 또한 학생이 직면하고 있는 문제를 자발적으로 해결하기 위해서 계획을 세우고 직접 참여 하기 때문에 학습이 적극적으로 이루어지게 된다. 둘째, 현실적이고 실제적인 생활문제를 해결하는 데 도움이 된다. 실제적인 생활의 장을 부여하고 생활문제와 결부되는 학습활동을 행함으로써 생활 사태를 올바르고 종합적으로 처리할 수 있는 능력을 기를 수 있다. 그러나 다음과 같은 단점도 있다. 첫째, 학습자의 요구만을 앞세우다 보면 내용의 취급 범위가 좁고 깊이가 없는 피상적인 문제만 다룰 가능성이 있다. 사회나 성인들의 요구를 등한시 할 수 있고, 자칫하면 학생들의 기초학력 저하를 가져올 수 있다. 둘째, 충분한 자원과 시설이 확보되어야 할 뿐만 아니라 보다 융통성 있는 행정조직과 방침이 뒤따라야 한다. 이러한 것이 제대로 갖추어져 있지 않을 때 경험중심 교육과정은 시간이나 노력면에서 많은 비용이 필요하지만 그 만큼의 교육적 효과는 가져오지 못한다. 즉 시간낭비의 교육과정으로 비난받을 수 있다.

오답풀이
① 융합 교육과정 : 서로 다른 교과 간에 관련되는 요소를 새로운 교과로 조직하여 융합시킴으로써 성립하는 교육과정이다. 예를 들면, 식물학과 동물학과 생리학의 교과목들 간에 관련요소를 추출하여 생물학을 조직하고 지리, 역사, 공민 등의 관련요소를 추출하여 사회과를 만드는 것이다.
② 상관 교육과정 : 교과내용을 무너뜨리지 않으면서 두 개 또는 그 이상의 교과나 과목을 서로 관련시켜 내용을 조직하고 가르치는 교육과정을 말한다. 상관형 교육과정은 교과 또는 과목 간의 계열성을 분명히 가지고 있으면서도 교과내용에서 다소나마 포괄성과 통합성을 가지게 하려는 것이다.
③ 교과중심 교육과정 : 가장 전통적이고 보편적인 교육과정으로서, 교과교재 등에 의존하여 교재의 이론적인 순서에 따라 모든 사실과 정의, 원리 등을 구하는 교육과정을 의미한다. 여기서 교과란 교수목적을 위해 인류 문화유산의 핵심적인 것을 체계적으로 조직해 놓은 것이다.

만점대비 +α

💡 경험중심 교육과정

(1) 의의
① 경험중심 교육과정은 아동의 필요·흥미·개성·자아실현을 중심으로 한 진보주의 교육철학에 기반을 두고, 전통적인 교과중심 교육과정의 지나친 획일주의와 교사중심의 교육에 비판을 가하면서 등장한 교육과정이다.
② 경험중심 교육과정은 교육의 내용을 경험으로 보되, 그 경험을 아동·학생의 필요와 흥미로 보는 아동중심의 교육과정과 사회의 필요와 흥미로 보는 생활중심 교육과정으로 구분할 수 있다.
③ 경험중심 교육과정이란 '학교의 지도하에 학생이 가지게 되는 모든 경험과 활동'으로 정의할 수 있다.

(2) 특징
① 학생들의 흥미와 필요를 기초로 학습내용을 구성하고 학생들의 자발적 활동을 촉구한다.
② '행함으로써 배운다'라는 경험중심 교육과정 적용원칙은 학습심리의 원리에 합치되므로 활발한 학습활동이 전개된다.
③ 실제적인 생활의 장을 부여하고 생활문제와 결부되는 학습활동을 행함으로써 생활사태를 올바르고 종합적으로 처리할 수 있는 능력을 기른다.
④ 민주사회에서 필요로 하는 창의성, 책임감, 사회성, 협동정신, 반성적 사고 등의 능력을 기르는 데 크게 도움이 된다.
⑤ 수업진행에 있어 학습현장에서 학생과 교사가 공동계획을 하는 경우가 많다.

(3) 유형
① 활동형 교육과정 : 학습자들의 흥미와 문제가 학습경험의 선정·조직에서 기본을 이루어 활동을 조직하는 교육과정
② 현성형 교육과정 : 사전에 계획을 세우지 않고, 교사와 학생들이 학습현장에서 함께 학습주제를 정하고 내용을 계획하여 교육이 이루어지는 교육과정
③ 중핵형 교육과정 : 중핵과정은 주로 생활이나 욕구와 관련된 내용이나 경험들이 중심을 이루고, 주변과정은 중핵과정을 둘러싸고 있으면서 계통학습을 하되 몇몇의 영역으로 구분하여 조직되는 교육과정

(4) 경험중심 교육과정의 장·단점

장 점	단 점
• 아동의 흥미유발과 자발적 학습촉진 • 고등정신기능 배양 • 생활문제 해결 • 민주사회의 시민양성에 유리	• 학교 교육기능 약화 • 행정적 통제 곤란 • 평가 곤란 • 교사의 능력부족으로 인한 실패 확률

| 정답 | ④

논술 문제 적용 하기

14-2 [2023 중등]
평가 보고서에서 학교 교육과정 편성·운영의 만족도를 높인 것으로 분석한 교육과정 이론의 장점 2가지

> 우리 학교에서는 듀이(J. Dewey)의 경험중심 교육과정 이론에 근거하여 과목을 다양화하고 경험을 통한 학습이 가능하도록 하였다. 이 점이 학부모의 만족도를 높이는 데 영향을 주었을 것으로 분석된다. …(하략)…

예시답안

평가 보고서에서 학교 교육과정 편성·운영의 만족도를 높인 것으로 분석한 경험중심 교육과정의 장점은 다음과 같다. 첫째, 학습자의 흥미와 필요가 교육과정 구성의 기초가 되어 반영되기 때문에 학습자의 적극적인 참여를 유발하기가 쉽다. 경험중심 교육과정의 적용 원칙은 학습심리의 원칙에 합치되므로 활발한 학습활동이 전개된다. 또한 학생이 직면하고 있는 문제를 자발적으로 해결하기 위해서 계획을 세우고 직접 참여 하기 때문에 학습이 적극적으로 이루어지게 된다. 둘째, 현실적이고 실제적인 생활문제를 해결하는 데 도움이 된다. 실제적인 생활의 장을 부여하고 생활문제와 결부되는 학습활동을 행함으로써 생활 사태를 올바르고 종합적으로 처리할 수 있는 능력을 기를 수 있다.

15

'생성(emerging)교육과정'의 특징을 가장 잘 설명한 것은?

2008 초등

① 학교에서 사회의 직업적 수요와 기업의 주문에 따라 제작하는 교육과정
② 학생의 요구를 중심으로 교사와 학생이 협력하여 구성하고 실천하는 교육과정
③ 교사가 유기체의 탄생, 성장, 성숙, 쇠퇴, 소멸의 주기에 따라 개발하는 교육과정
④ 국가에서 정치 이데올로기를 학생들의 의식 속에 내면화시키기 위해 수립하는 교육과정

만점대비 +α

💡 생성교육과정

사전에 계획을 하지 않고, 교사와 학생들이 학습현장에서 함께 학습주제를 정하고 내용을 계획하여 교육이 이루어지는 교육과정이다. 장점으로는 사전에 마련된 내용이 없다는 점에서 교사와 학생들에게 자유와 융통성의 폭이 크다는 것이고, 단점으로는 매우 유능한 교사만이 운영할 수 있고, 잘못하면 너무 파상적이고 현실적인 문제나 흥미만을 주제로 다룰 가능성이 크다.

| 정답 | ②

16

2008 중등

중핵교육과정(core curriculum)의 특징을 가장 잘 나타낸 것은?

① 두 교과 간 내용의 상호 관련성이 약화된다.
② 개별 교과의 기본 논리 혹은 구조를 파악하기에 용이하다.
③ 특정 주제를 중심으로 여러 교과의 내용을 결합할 수 있다.
④ 개별 교과의 특성을 유지하면서 내용을 체계적으로 조직할 수 있다.

오답풀이

① 교과 간 내용의 상호 관련성이 높아진다.
② 개별 교과의 기본 논리 혹은 구조 파악이 어렵다.
④ 개별 교과의 특성을 유지하는 것이 어렵다.

만점대비 +α

💡 **중핵 교육과정**
① 중핵교육과정에서의 중핵이란 사물의 중심을 뜻한다. 따라서 중심학습이 있는 교육과정의 전체계획을 말한다.
② 그 구성면에서 보면, 종합적인 중심과정과 분화된 종래의 교과에 의해 형성되는 주변과정이 동심원적으로 결합되어 전체구조를 이루게 된다.
③ 중핵교육과정의 목표는 일정한 중심에 의해 교육내용의 융합을 도모하고, 융합된 교육내용에 의해 개인의 인격적인 통일을 의도하며, 통일된 인격체로서 개인에 의하여 구성되는 사회를 실현하려는 것이다.
④ 따라서 중핵교육과정은 교육과정의 구성에서 교육내용의 중심통합, 개인의 인격적인 통합이라는 요구를 기본으로 생각한다.

| 정답 | ③

논술 문제 적용 하기

16-1

2020 중등

B 교사가 말한 교육내용 조직방식의 명칭과 이 조직방식이 토의식 수업에서 가지는 장점과 단점 각각 1가지를 제시하시오.

구분	주요 의견
B 교사	• 교육과정 분야에서는 교육내용의 선정과 조직방식에 대한 교사의 전문성이 강화될 필요가 있음 • 교육내용 선정과 관련해서는 '영 교육과정'에 관심을 가지는 것이 도움이 됨 • 교육내용 조직과 관련해서는 생활에 필요한 문제를 토의의 중심부에 놓고 여러 교과를 주변부에 결합하는 방식을 활용할 필요가 있음

예시답안

B 교사가 말한 교육내용 조직방식은 중핵형 교육과정이다. 중핵형 교육과정은 주로 사회영역이나 자연영역의 생활경험 중심으로 조직되며, 주변과정은 관련되는 기본교과로 조직된다. 중핵형 교육과정으로의 조직방식이 토의식 수업에서 가지는 장점은 학습자가 직면하고 있는 실제적인 문제를 다루게 되어 학습자들의 흥미와 필요가 교육과정 구성의 기초가 되어 반영되기 때문에 능동적이고 적극적인 참여를 유발하기 용이하다는 점이다. 그러나 실생활과 관련된 문제 위주로만 수업이 이루어지면 다루게 되는 교과내용의 취급 범위가 좁고 깊이가 없는 피상적인 문제만 다룰 가능성이 있다. 그로 인해 자칫하면 학생들의 기초학력의 저하를 가져올 수 있다. 교사는 교육내용을 선정하고 조직하는 데 있어서, 이러한 교육학적 관점을 토대로 토의식 수업을 효과적으로 실행할 수 있다.

17

다음에서 김 교사가 동료교사들과 개발한 교육과정의 유형으로 가장 적절한 것은?

2013 중등

> 사회과 김 교사는 남대천이 흐르는 도시의 어느 중학교에서 근무하고 있다. 김 교사, 주민, 그리고 학생들은 지역사회의 가장 큰 문제가 남대천의 잦은 범람이라는 데 생각을 같이하고 있다. 김 교사는 과학과, 기술·가정과 교사와 협력하여 '남대천의 범람'을 주제로 한 교육과정을 개발하여 '창의적 체험활동' 시간에 운영하기로 하였다. 김 교사는 남대천의 범람 원인과 지역사회의 피해 정도를 세부 주제로 그 교육과정 전체의 핵심이 되는 한 개의 과정을 설계하였다. 그리고 과학과와 기술·가정과 교사는 지구 온난화가 환경에 미치는 영향, 범람을 막기 위해 실천 가능한 방안과 소요비용 산출, 방안 실천 시 기술·과학적 고려사항 등을 세부 주제로 '주변과정' 5가지를 설계하였다.

① 분과 교육과정
② 생성 교육과정
③ 중핵 교육과정
④ 나선형 교육과정
⑤ 잠재적 교육과정

오답풀이

① **분과형 교육과정**: 각 교과 또는 과목들이 종적 체계는 분명하여도 교과나 과목 간의 횡적 연관이 전혀 없이 조직된 교육과정을 말한다. 이 형태에서는 해설적인 방법에 따르며 완전히 독립된 하나의 교육과정이다.
② **생성형 교육과정**: 사전에 계획을 하지 않고 교사와 학생들이 학습현장에서 함께 학습 주제를 선정하고 내용을 계획하여 교육이 이루어지는 형태로서 조직형태도 일정하지가 않다. 그러므로 사전 계획이 없다는 점에서 교사와 학생에게 많은 융통성과 자유를 부여하지만 잘못하면 내용의 깊이가 없는 피상적인 문제를 다룰 가능성이 크기 때문에 유능한 교사가 조직해야 교육적 의의를 지니게 된다.
④ **나선형 교육과정**: 동일한 교과(동일한 구조, 동일한 개념과 원리)가 학년이 올라감에 따라 점차로 심화·확대되어 가도록 조직하는 것이다. 보다 정확하게 말하면 서로 관련이 있는 내용을 시간이 경과함에 따라 수직적으로(비근접적으로) 조직하는 것으로 계열성과 유사한 성질을 지닌다.
⑤ **잠재적 교육과정**: 잠재적 교육과정은 이들 교육 실천과 환경이 학생들에게 미치는 지속적인 영향력과 그 결과를 뜻한다.

만점대비 +α

💡 중핵 교육과정

① 중핵과정은 주로 생활이나 욕구와 관련된 내용이나 경험들이 중심을 이루고, 주변과정은 중핵과정을 둘러싸고 있으면서 계통학습을 하되 몇몇의 영역으로 구분하여 조직된다.
② 중핵과정은 주로 사회영역이나 자연영역이 생활경험중심으로 조직되며, 주변과정은 교과별로 조직되는 경우가 많다.
③ 중핵 교육과정의 구성방법
  ㉠ 교과중심의 중핵 교육과정
    ⓐ 중핵요소를 교과의 범주에서 찾되, 교과 간의 통합을 가능하도록 광역과목, 통합과목, 문화사중심의 과목으로 교육과정을 구성한다.
    ⓑ 광역과목은 학문적으로 비교적 가까운 이웃 교과 간의 경계선을 없애고 통합하는 데 반해, 통합과목은 오히려 학문적으로 관계가 먼 교과끼리 통합하여 학습효과를 높이려는 것이다.
    ⓒ 문화중심의 중핵 교육과정은 문화사를 중심으로 다른 교과들을 연관시켜 통합적으로 조직할 수 있다.
  ㉡ 개인중심의 중핵 교육과정
    ⓐ 중핵의 요소를 학생 개인의 필요와 흥미에 두는 교육과정이다.
    ⓑ 개인중심의 중핵 교육과정을 개발할 경우 먼저 학생의 발달과업을 분석해야 하고, 다음으로 사회문화적 요구의 변수를 고려해야 하며 또한 학생의 흥미와 욕구를 고려해야 하는 것이다.
  ㉢ 사회중심의 중핵 교육과정
    ⓐ **사회기능중심** : 사회기능, 즉 어느 사회에서나 공통되는 기본적인 사회활동을 중핵의 요소로 삼는다. 예컨대 의사소통, 교통, 여가활동, 자원의 개발과 보존 등과 같은 것이다.
    ⓑ **사회문제중심** : 사회문제중심의 중핵 교육과정은 사회생활에서의 여러 가지 문제를 중심으로 내용을 선정·조직하는 것이다. 예컨대 실업, 소비, 선전, 전쟁, 범죄 등과 같은 주제들이 이에 해당한다.

| 정답 | ③

THEME 03 교육과정의 유형

논술 문제 적용 하기

18-1
2014 중등

최 교사가 수업 효과성을 높이기 위하여 선택한 방안을 학문중심교육과정에 근거하여 논하시오.

> 일지 #2 2014년 5월 ○○일 ○요일
> 중간고사 성적이 나왔는데 영희를 포함하여 몇 명의 점수가 매우 낮아서 답안지를 확인해 보았다. OMR 카드에는 답이 전혀 기입되어 있지 않거나 한 번호에만 일괄 기입되어 있었다. 아이들이 시험 자체를 무성의하게 본 것이다. 점심시간에 그 아이들을 불러 이야기를 해 보니 학교에서 배우는 내용이 대학 진학을 하지 않고 취업할 본인들에게는 전혀 쓸모없이 느껴진다고 했다. 특히 오늘 내 수업시간에 휴대전화만 보고 있어서 주의를 받았던 영희의 말이 아직도 귀에 생생하다. "저는 애견 미용사가 되려고 하는데, 생물학적 지식 같은 걸 배워서 뭐 해요? 내신 관리를 해야 하는 아이들조차 어디 써먹을지도 모르는 개념을 외우기만 하려니까 지겹다고 하던데, 저는 얼마나 더 지겹겠어요."라고 말하는 것이었다. 학교에서 배우는 기초 지식이나 원리가 직업 활동의 근간이 되기도 한다는 것을 어떻게 아이들이 깨닫게 할 수 있을까? 이런 생각들로 머릿속이 복잡하던 중에, 오후에 있었던 교과 협의회에서 수업 전문성 개발을 위한 장학 활동을 몇 가지 소개 받았다. 이제 내 수업에 대해 차근차근 점검해 봐야겠다.

예시답안

최 교사가 수업 효과성을 높이기 위하여 선택한 방안은 발견학습이다. 발견학습은 브루너가 지식습득의 새로운 방향을 제시한 것으로 지식의 효과적인 이해를 위해서는 학문의 기저가 되는 일반적이고 기본적인 아이디어, 개념, 원리와 같은 지식의 구조를 가르쳐야 한다는 주장이다. 그 분야의 광범위한 기본 구조 내에서 그들의 맥락을 분명하게 만들지 않은 채 특별한 주제나 기능을 가르치는 것은 학생들이 학습했던 것을 나중에 직면하게 될 상황으로 일반화하는 데 많은 어려움을 갖게 만들고, 일반적인 원리를 충분히 파악하지 못한 학습은 지적인 희열과 관련한 보상을 거의 받지 못한다. 따라서 교사는 학습자에게 교과를 최종적인 형태로 제공하는 것이 아니라 그 최종적 형태를 학습자 스스로 조직하도록 해야 한다. 이를 위해 학습자가 학습할 수 있도록 여러 가지 가능성을 탐색할 수 있도록 준비시키고, 각 학문의 기저를 이루는 핵심적인 개념, 원리, 법칙들을 활동, 영상, 상징적 표현 중 학습자의 표상 단계에 적합하도록 전환하여 가르쳐야 한다.

18
2006 중등

〈보기〉와 같은 특징을 지닌 교육과정은?

> **보기**
> - 과학교과에서는 초등학교에서 배운 광합성의 원리를 중등학교에서도 심화·반복한다.
> - 경제 단원에서 자원의 희소성, 수요와 공급 등의 기본 개념과 원리를 교과 구조 속에서 강조한다.
> - 교사가 결과적 지식을 먼저 제시하기보다 학생들로 하여금 탐구과정을 통해 일반화된 원리를 발견하게 한다.

① 인간중심 교육과정
② 학문중심 교육과정
③ 생활중심 교육과정
④ 경험중심 교육과정

정답풀이

제시문의 첫 번째 점은 나선형 교육과정, 두 번째는 지식의 구조, 세 번째는 발견학습에 대한 설명이다.

만점대비 +α

💡 학문중심 교육과정

(1) 의의
① 경험중심 교육과정은 지나치게 아동의 필요와 흥미에 집착하다 보니 '지식교육'에 많은 약점을 안게 되었고, 결국은 미국의 과학기술이 소련에 뒤지는 현상을 초래하였다.
② 이에 따라 지식교육, 특히 과학기술교육에 박차를 가하기 위하여 학문의 구조, 지식의 구조, 즉 기본적인 개념과 원리를 중심으로 교육과정을 구성하고자 하는 학문중심 교육과정이 대두하였다.
③ 학문중심 교육과정이란 '구조화된 일련의 의도된 학습결과로서 각 학문에 내재해 있는 지식의 탐구과정의 조직'을 말한다.
④ 교과가 내포하고 있는 기본개념들과 이들의 구조화 및 학습에서의 인지적 과정에 강조를 둔 교육과정이다.

(2) 특징
① 교육의 목적 : 브루너가 말한 '탁월성 개발', 즉 모든 학생들의 창의적 사고를 발견하여 그것을 개발하려는 데 목적을 둔다.
② 교육내용 : 지식의 구조
   학문의 '기본개념, 일반적 원리, 핵심적 아이디어'라고 할 수 있는 '지식의 구조'를 교육내용으로 한다.
③ 교육과정 조직방법 : 나선형
   교육내용인 지식의 구조가 학문의 기본적인 것이므로 초등수준과 고등수준 간에 차이가 있을 수 없으며, 학년별·학교별 수준에 따라 깊이와 폭이 달라질 뿐이다.
④ 교육방법 : 탐구학습
   학생들의 탐구과정을 중시함으로써 그들에게 학습하는 방법을 체득시키고 발견의 기쁨을 통해 내적 동기를 유발시킬 수 있게 한다.

(3) 학문중심 교육과정의 장·단점

장 점	단 점
• 학습의 능률성	• 학습이 힘듦
• 생성력	• 지식의 구조는 실생활과 유리
• 학습방법의 학습	• 학습부진아와 지진아 고려 안 됨
• 학문의 전체적 구조파악에 용이	• 정의적 영역의 학습 적용 어려움
• 내적 동기유발에 의한 학습효과 상승	• 교과 간에 통합성 상실 가능성

| 정답 | ②

논술 문제 적용 하기

18-2 *2023 중등*

평가 보고서에서 학교 교육과정을 보완하기 위해 제안한 교육과정 이론의 교육내용 선정·조직 방안 2가지

> ...(상략)... 한편, 학생들이 지식에 더 중점을 두고 학습하기를 희망하는 학부모의 의견이 있었다. 이를 반영하여 학생들의 교과 학습에 도움을 줄 수 있도록 교육과정의 내용 체계를 보완할 필요가 있다. 다음 학년도에는 학문적 지식을 강조한 브루너(J. Bruner)의 교육과정 이론을 바탕으로 교육내용을 선정·조직하는 방안을 보다 체계화하여 균형 잡힌 교육과정을 편성·운영해야 할 것이다.

예시답안

평가 보고서에서 학교 교육과정을 보완하기 위해 제안한 브루너의 교육과정 이론은 학문중심 교육과정으로, 구조화된 일련의 의도된 학습결과로서 각 학문에 내재해 있는 지식의 탐구과정의 조직을 의미한다. 학문중심 교육과정에서는 단순한 교과내용이나 아동의 생활경험보다는 학문에 내재해 있는 지식의 구조를 가르쳐야 함을 강조한다. 즉, 학문의 기저에 있는 기본적인 아이디어, 개념, 원리를 교육내용으로 선정하여야 한다는 것이다. 이러한 지식의 구조를 가르친다는 말은 해당 학문의 성격을 충실히 가르친다는 것으로, 학문의 사고방식이나 사물을 보는 안목과도 일치한다. 그리고 교육내용 조직방법으로는 교과의 논리에 기반을 둔 나선형 교육과정을 제안한다. 교육과정을 나선형으로 조직한다는 것은 각 교과의 핵심적인 아이디어인 지식의 구조를 반복하여 가르치되, 학생의 연령이나 학년이 증가함에 따라 이를 점점 폭넓고 깊이 있게 가르칠 수 있도록 조직하는 것을 의미한다.

THEME 03 교육과정의 유형

19 2011 중등

다음과 같은 교육과정의 관점을 반영하여 교육내용을 가장 적절하게 조직하는 방법은?

> 어떤 교과든지 그 교과를 특징적으로 교과답게 해 주는 골간(骨幹)으로서 구조가 있다. 교과의 구조란 각 교과가 모태로 삼고 있는 학문 분야의 기본적인 아이디어나 개념 및 원리를 말한다. 이러한 구조는 기본적이고 일반적이므로 단순하다. 그래서 어린 나이에도 지식의 구조 학습이 가능하며 나아가서는 새로운 문제에 대한 적용 범위도 넓다. 그리고 구조 학습을 통해 초보 수준의 지식과 고등 수준의 지식 간의 간극을 좁힐 수 있다.

① 구안법을 통하여 활동 중심으로 내용을 조직한다.
② 교과의 논리보다 학습자의 심리를 우선하여 조직한다.
③ 작업단원법에 따라 생활 영역을 중심으로 내용을 조직한다.
④ 사회의 주요 문제를 중심으로 핵심 및 주변 과정을 조직한다.
⑤ 기본 개념을 반복하면서 폭과 깊이를 확대·심화시켜 조직한다.

오답풀이

① 경험중심 교육과정의 유형 중 활동형에 대한 설명이다.
② 경험중심 교육과정에 대한 설명이다.
③ ④ 경험중심 교육과정의 유형 중 중핵형에 대한 설명이다.

만점대비 +α

💡 **나선형 교육과정**

① 나선형이라는 말은 달팽이나 조개껍질에서 보듯이 동그라미가 작은 것에서 연속적으로 점점 크게 돌아나가는 모양을 의미한다.
② 이와 같은 모양으로 동일한 교과(동일한 구조, 동일한 개념과 원리)가 학년이 올라감에 따라 점차로 심화·확대되어 가도록 조직하는 것이다.
③ 학문중심형에서는 교육내용이 지식의 구조가 되며, 지식의 구조가 학문의 기본적인 것이 되므로 초등 수준의 지식과 고등 수준의 지식에 차이가 없으며, 학년별·학교별 수준에 따라 깊이와 폭이 달라지게 된다.
④ 결국 동일한 교육내용이 학교와 학년에 따라 깊이는 깊어지고 폭은 넓어지는 조직형태를 의미한다.
⑤ 보다 정확하게 말하면 서로 관련이 있는 내용을 시간이 경과함에 따라 수직적으로(비근접적으로) 조직하는 것으로 계열성과 유사한 성질을 지닌다.

| 정답 | ⑤

20

2008 중등

〈보기〉 중 잠재적 교육과정에서 강조하는 사항을 모두 고른 것은?

보기

㉠ 학생들의 교실생활이나 학교의 문화풍토를 중시한다.
㉡ 교육과정을 '의도'나 '계획'의 차원에 한정하지 않는다.
㉢ 공식적(formal) 교육과정의 부정적 결과에도 관심을 기울인다.
㉣ 교육과정은 교사가 해석하여 교육 사태에서 재구성하는 것이다.

① ㉠, ㉣
② ㉡, ㉢
③ ㉠, ㉡, ㉢
④ ㉠, ㉢, ㉣

오답풀이

㉣ 잠재적 교육과정은 교사가 계획하지 않았거나 또는 교사가 의식하지 않은 가운데 나타난다.

만점대비 +α

💡 잠재적 교육과정

잠재적 교육과정은 학교를 단순한 교육의 장이 아니라 학생들이 생활하는 공간으로 간주한다. 학생들의 인지, 태도, 행동변화는 공식적인 교육과정을 통해서뿐만 아니라 학교 안의 교육 실천, 학교의 물리적 조건, 제도 및 행정조직, 사회 및 심리적 상황 등의 환경에 의하여 일어난다. 잠재적 교육과정은 이들 교육 실천과 환경이 학생들에게 미치는 지속적인 영향력과 그 결과를 뜻한다. 잠재적 교육과정은 두 가지 의미를 지닌다.
① '의식을 하지 못했기 때문에 숨어 있는(latent)': 교사가 계획하지 않았거나 또는 교사가 의식하지 않는 가운데 학생들의 지식, 태도, 행동에 영향을 미치는 '교육 실천 및 환경'과 '그 결과'
② '의도적으로 숨긴(hidden)': 교육과정을 결정하는 권력자나 집단이 의도 또는 관행에 의하여 계획을 하였는데, 교사들이 이를 수용하여 동조하거나 아니면 의도와 관행을 간파하지 못하는 가운데 학생들의 지식, 태도, 행동에 영향을 미치는 '학교의 교육실천 및 환경'과 '그 결과'

| 정답 | ③

논술 문제 적용 하기

20-1

2014 중등

A 중학교 초임 교사인 박 교사와 경력 교사인 최 교사의 대화 내용을 바탕으로 학생들이 수업에서 소극적으로 행동하는 문제를 잠재적 교육과정 관점에서의 진단

> 박 교사: 선생님께서는 교직 생활을 오래 하셨으니 학교의 일상적인 업무뿐만 아니라 가르치는 일에서도 큰 어려움이 없으시죠? 저는 새내기 교사라 그런지 아직 수업이 힘들고 학교 일도 낯섭니다.
> 최 교사: 저도 처음에는 선생님과 마찬가지로 교직 생활이 힘들었지요. 특히 수업시간에 반응을 잘 보이지 않으면서 목석처럼 앉아 있는 학생이 있을 때는 어떻게 해야 할지 모르겠더군요.
> 박 교사: 네, 맞아요. 어떤 학급에서는 제가 열심히 수업을 해도, 또 학생들에게 질문을 던져도 몇몇은 그냥 고개를 숙인 채 조용히 있습니다. 심지어 어떤 학생은 수업시간에 아예 침묵으로 일관하기도 하고, 저와 눈도 마주치지 않으려고 해요. 또한 가정환경이 좋지 않은 몇몇 학생은 다양한 문화적 경험을 가질 기회가 상대적으로 부족해서 그런지 수업에 관심도 적고 적극적으로 참여하지도 않는 것 같아요.

예시답안

먼저 수업에서 소극적인 학생들의 행동을 잠재적 교육과정의 관점에서 진단할 수 있다. 잠재적 교육과정은 교사가 계획하지 않았거나 또는 교사가 의식하지 않은 가운데 교육 실천과 환경이 학생들에게 미치는 지속적인 영향력과 그 결과를 뜻한다. 학생이 배우게 되는 잠재적 교육과정은 학교의 공식적인 교육과정과는 상반된 부정적인 학습의 결과와 관련되는 것으로 가치, 태도, 행동양식 등 주로 비인지적인 학습결과와 관계가 있다. 제시문의 사례를 보면 교사가 수업의 주체가 됨으로써 교사중심의 수업이 진행되었던 점을 지적할 수 있다. 학교생활과 수업에서 교사가 의사결정권을 갖게 되기 때문에 학생은 스스로 판단하거나 결정해야 할 필요도 없고 그럴 기회도 주어지지 않는다. 교사가 교실대화의 많은 부분을 담당하면 학생은 청취자, 방관자로서 수업에 참여하게 된다. 학생은 질문을 자주하지 않으며 교사의 질문에 적극적으로 호응하지 않게 되고, 종속적이고 의존하는 행동이 바람직한 것으로 수용된다. 교사가 지시하는 일 이외에는 특별히 능동적으로 행동할 필요가 없기 때문에 소극적인 수업태도와 방관자적인 인성을 형성할 수 있는 것이다. 따라서 적극성이나 진취성과 같은 태도가 수업에서 발전하기는 어려우며 또한 그러한 선택을 하는 데 있어 큰 심리적 긴장감을 느낀다.

THEME 03 교육과정의 유형

논술 문제 적용 하기

20-2 *2019 중등*

잭슨(P.Jackson)의 잠재적 교육과정의 개념을 쓰고 그 개념에 근거하여 김 교사가 말하는 '생각하지 못했던 결과'의 예 제시하시오.

> 모둠활동에 적극적으로 참여하지 못한 학생들이 몇 명 있었지. 이 학생들은 제대로 된 학습경험을 갖지 못한것이 아닐까? 자신의 학습경험에 대하여 어떻게 느꼈을까? 어쨌든 모둠활동에 관해서는 좀 더 깊이 고민해 봐야겠어. 생각하지 못했던 결과가 이 학생들에게 나타날 수도 있고 ….

예시답안

잭슨은 학생들이 학교생활을 통하여 교사의 수업을 통해 가르쳐지는 공식적인 교육과정 외에 여러 가지 면에서 다르거나 매우 대조되는 것들을 학습한다고 지적하면서, 이러한 학습내용을 가리켜 '잠재적 교육과정'이라는 용어를 사용하였다. 잠재적 교육과정은 교사가 계획하지 않았거나 또는 교사가 의식하지 않는 가운데 학생들의 지식, 태도, 행동에 영향을 미치는 교육 실천 및 환경과 그 결과를 의미한다. 잠재적 교육과정은 학교를 단순한 교육의 장이 아니라 학생들이 생활하는 공간으로 간주한다. 학생들의 인지, 태도, 행동 변화는 공식적인 교육과정을 통해서 뿐만 아니라 학교 안의 교육 실천, 학교의 물리적 조건, 제도 및 행정 조직, 사회 및 심리적 상황 등의 환경에 의하여 일어나는 것이다. 김 교사가 언급하는 '생각지도 못했던 결과'의 예로 다음과 같은 상황을 들 수 있다. 만일 학생들이 협동학습의 과정에서 집단 간 편파를 경험하면서 교우관계에서의 적대적 태도를 내면화한다면, 이는 교사가 의도하지 않았으나 학생에게 영향을 미치는 잠재적 교육과정이 된다.

21 *2012 중등*

다음 (가)와 (나)의 내용에 가장 부합하는 교육과정의 유형을 바르게 짝지은 것은?

> (가) 학생들은 학교에서 교사의 희망 때문에 자기 자신의 욕망을 억누르고 또 공동선 때문에 자기의 행동을 조심하는 것을 배운다. 그들을 둘러싸고 있는 규칙·규정 및 관례에 따르는 것을 배운다. 그들은 사소한 좌절감을 극복하고, 권위를 가지고 있는 사람의 계획과 정책이 비합리적이고 불분명할지라도 그것에 따르는 것을 배운다. 다른 사회적 기관의 구성원들과 마찬가지로 학생들도 '세상이 다 그런 거야'라고 말하는 것을 배운다.
> — 잭슨(P. Jackson), 「아동의 교실생활」 —
>
> (나) 왜 대부분의 중등학교에서 영어를 4년, 수학을 2년, 과학을 1~2년, 역사와 사회를 2~3년 동안 의무적으로 가르치는가? 왜 중등학교에서 법학, 경제학, 인류학, 심리학, 무용, 시각예술, 음악은 자주 가르치지 않거나 필수교과로 지정하지 않는가? (중략) 나는 우리가 학교에서 몇몇 교과를 다른 대안적인 교과에 대한 면밀한 검토 없이 그저 전통적으로 가르쳐 온 교과이므로 계속해서 가르치고 있다고 생각한다. 그 과정에서 우리는 종종 학생들에게 매우 유용하다고 입증된 교과를 가르치지 않는다.
> — 아이즈너(E. Eisner), 「교육적 상상력」 —

	(가)	(나)
①	영 교육과정	중핵 교육과정
②	영 교육과정	잠재적 교육과정
③	잠재적 교육과정	영 교육과정
④	잠재적 교육과정	중핵 교육과정
⑤	중핵 교육과정	영 교육과정

정답풀이

(가) **잠재적 교육과정** : 잠재적 교육과정의 용어는 잭슨이 출판한 「교실에서의 생활」에서 처음으로 사용되었다. 잠재적 교육과정은 학교에서 의도하거나 계획한 것은 아니지만 학생들이 학교생활을 통하여 배우게 되는 일체의 경험을 지칭한다.

(나) **영 교육과정** : 아이즈너가 독특하게 사용하는 용어로, 가르칠 만한 가치가 있는 지식이나 태도 및 기능 등을 교육과정 결정과정에서 배제하거나 혹은 수업시간에 간과되는 문화를 의미한다. 이는 교사와 학생의 구체적인 상호작용과정에 포함되지 않는 문화들로 구성되며 정규교육과정에서 배제된 상태의 내용들을 의미한다.

| 정답 | ③

22

2009 초등

다음 사례와 교육과정 유형을 바르게 짝지은 것은?

> 사례 A: 북한 초등교육기관에서는 의도적으로 종교에 관한 내용을 배제한다.
> 사례 B: ○○교육청은 입학초기 적응 프로그램인 '우리들은 1학년'을 직접 제작하여 학교에 적용하였다.
> 사례 C: 학교에서 받아쓰기 시험을 매일 보고 틀린 낱말을 30번씩 적게 했더니 학생들이 국어 공부를 싫어하게 되었다.

	사례 A	사례 B	사례 C
①	영 교육과정	잠재적 교육과정	공식적 교육과정
②	잠재적 교육과정	공식적 교육과정	영 교육과정
③	영 교육과정	공식적 교육과정	잠재적 교육과정
④	잠재적 교육과정	영 교육과정	공식적 교육과정
⑤	공식적 교육과정	영 교육과정	잠재적 교육과정

만점대비 +α

잠재적 교육과정과 영 교육과정의 비교

잠재적 교육과정	영 교육과정
의도되지 않은 경험의 총체를 지칭	적극적으로 가르치지 않은 내용에 대해 관심
어떤 점에서는 통제가 불가능하여 교육의 자연적 결과로서 존재	사회의 지배적 이데올로기나 교육과정 입안자들의 가치에 의해 적극적으로 제외되는 교육과정 → 인위적 성격
교육과정이 명시화되고 표면화된 내용 외에도 은연중에 작용하여 학생들에게 영향을 미칠 수 있음	

공식적(표면적) 교육과정 vs 잠재적 교육과정

기준	공식적(표면적) 교육과정	잠재적 교육과정
교육방법	학교의 의도적 계획 및 조직, 지도에 의해 이루어짐	학교에서 의도하지 않았으나 학교 자체가 갖는 성격으로 인해 은연중에 학습함
학습 영역	주로 지적인 것과 관련됨	주로 정의적 영역(가치관, 태도, 흥미)과 관련됨
학습 경험	교과와 관련됨	학교의 문화풍토와 관련됨
학습 시간	단기적으로 배우며 어느 정도 일시적인 경향	장기적, 반복적으로 배우며 보다 항구성을 지님
학습 내용	주로 바람직한 내용을 포함함	바람직한 내용뿐만 아니라 바람직하지 못한 내용도 포함됨
교사 역할	교사의 지적, 기능적 영향을 받음	교사의 인격적 감화(학생의 동일시 대상)
공통점	• 표면적 교육과정과 잠재적 교육과정이 서로 상보적인 관계에 있을 때 학생행동에 강력한 영향 • 문화수준이 높은 사회일수록 잠재적 교육과정의 영향이 더 큼 • 표면적 교육과정 자체의 잠재적 기능이 있음: 잠재적 교육과정을 찾아내어 이를 계획한다고 하여도 표면적 교육과정과 잠재적 교육과정의 구조는 변화하지 않음	

| 정답 | ③

논술 문제 적용 하기

20-3

2024 중등

교사 A의 궁금한 점을 설명할 수 있는 교육과정 유형에 근거하여 학습 목표 설정, 교육 내용 구성, 학생 평가 계획 시 교사가 고려해야 할 점 각 1가지

> 교사 A: 제가 교육실습을 나갔던 학교는 학생의 신체 활동을 장려하기 위해 '1인 1운동 맞춤형 동아리'를 운영했어요. 그랬더니 의도치 않게 몇몇 학생은 교우 관계가 좋아져서 봉사활동까지 같이 하는 반면, 일부 학생은 너무 친해져서 자기들끼리만 어울리는 문제가 생겼어요. 이렇게 의도치 않게 생긴 현상은 교육과정 측면에서 어떻게 설명할 수 있을지 궁금했습니다.

예시답안

제시문에서 교사 A가 언급한 교육과정 운영 시 의도치 않게 생기는 현상은 잠재적 교육과정으로, 이에 근거하여 교사가 고려해야 할 점들을 논해보자면 다음과 같다. 우선 학습 목표 설정 시, 교사는 지적 영역뿐만 아니라 정의적 영역까지 고려해야 한다. 공식적 교육과정은 의도된 성과로서 주로 지적 영역만을 다루지만, 잠재적 교육과정은 의도하지 않은 결과로서 학생들의 흥미, 태도, 가치관, 신념과 같은 정의적 영역의 발달과 관련을 맺는다. 따라서 교사는 단순 지식을 넘어서 고차적인 정신기능에 해당하는 지적인 경험까지 학습 목표 설정 시 고려해야 한다. 다음으로, 교육내용 구성 측면에서 교사는 바람직하지 못한 잠재적 교육과정의 내용이나 요소를 발견해 내고, 그러한 바람직하지 못한 내용들이 학습되지 못하도록 조치를 취하여야 한다. 주로 교과와 관련된 공식적 교육과정은 바람직한 내용들로 구성되는 반면, 학교의 문화풍토와 관련이 깊은 잠재적 교육과정은 학교의 의도와 관계없이 학습되는 것이기 때문에 도덕적으로나 사회적으로 좋고 나쁜 것이 섞여 있기 마련이다. 따라서 교사는 학교생활과 학교 및 학생문화라는 보다 큰 관점에서 학교교육을 통해 학생들이 어떤 가치와 태도, 지식을 습득하는지 등을 분석하여 교육내용 구성에 반영할 필요가 있다. 마지막으로, 학생 평가 계획 측면에서 교사는 의도한 교육결과뿐만 아니라 의도하지 않은 교육적 결과까지 교육평가의 영역을 확장하여야 한다. 기존의 목표 중심 평가로는 학생에게 아무리 바람직한 또는 바람직하지 않은 변화가 일어났다고 하더라도 그러한 변화가 원래의 목표 진술에 포함되어 있지 않았다면 교육평가에서 어떤 의미도 지니지 못하게 된다. 따라서 교사는 탈목표평가의 관점에서 의도했든 의도하지 않았든 교육활동으로 인하여 나타난 모든 결과나 산출을 종합적으로 평가하여야 할 것이다.

THEME 03 교육과정의 유형

논술 문제 적용 하기

23-1 [2018 초등]

강 교사의 말에 합의된 교육과정의 유형을 쓰고, 이 교육과정 유형의 관점에 비추어 볼 때 범교과 학습 주제의 지도를 위한 학교 교육과정 '편성'과 '운영' 시 유의해야 할 점을 각각 1가지씩 논하시오.

> ...(상략)...
> 박 교사: 참 어렵네요. '안전한 생활'이라는 교과서를 만들고 시간을 배당하여 안전 교육을 하도록 한 것처럼, 다른 주제도 다 그렇게 하면 좋을 텐데…….
> 강 교사: 중요한 주제라고 해서 모두 그렇게 할 수는 없죠. 그래서 학교 교육과정을 편성하고 운영하는 일이 더 어려운 것 같아요. 여러 주제 중 일부만 학교 교육과정에 포함되고, 어떤 주제는 포함되었다 하더라도 실제로는 지도가 이루어지지 않는 경우도 있잖아요?

예시답안

제시문에서 강 교사의 말에 해당하는 교육과정은 영 교육과정이다. 영 교육과정에는 두 가지 의미가 있다. 먼저, '법적인 구속력이 없는'이 라는 뜻을 지닌다. 즉, 영 교육과정이란 법적인 구속력이 있는 공적인 문서에 들어있지 않아서 학교에서 가르치지 않는 교육내용을 가리킨다. 그러나 교육과정은 가르칠 만한 가치가 있는 교육내용을 담고 있어야하기 때문에 공식적인 문서에 빠져 있는 모든 내용이 영 교육과정이 되는 것은 아니고, 배울만한 가치가 있는데도 불구하고 공적인 문서에서 빠진 내용을 가리킨다고 할 수 있다. 영 교육과정의 또 다른 의미는 '학습할 기회가 없는'이라는 뜻이다. 어떤 내용이 공식적 교육과정에 포함되어 있다 하더라도 학습할 기회가 없었다면 영 교육과정에 속한다.

영 교육과정 관점에서 범교과 학습 주제의 지도를 위한 학교 교육과정 편성 시 유의점은 다음과 같다. 그동안 무엇이 강조되어 가르쳐져 왔고 무엇이 소외되어 가르쳐지지 않았는지에 대한 검토를 통해 가르쳐지지 않았던 범교과 교육내용을 반영한 교육과정을 편성하여 폭넓고, 다양하고, 균형화된 교육이 이루어질 수 있도록 해야 한다. 예를 들어 안전·건강 교육, 인성 교육, 진로 교육, 민주 시민 교육, 인권 교육, 다문화 교육, 통일 교육, 독도 교육, 경제·금융 교육, 환경·지속가능발전 교육 등을 고려해볼 수 있다.

영 교육과정 관점에서 범교과 학습 주제의 지도를 위한 학교 교육과정 운영 시 유의점은 다음과 같다. 다양한 범교과의 내용들을 학생들이 학습할 기회를 가질 수 있도록 학생들에게 학습 주제를 다양한 방식으로 제시하고 표현하며, 학습 주제 및 교과를 가르치는 방법을 변화시켜 교육과정을 운영할 수 있다. 예를 들어 창의적 체험활동 시간을 활용하여 범교과 학습 주제를 통합적으로 다루어 학생들이 직접적으로 경험하는 학습 기회를 제공할 수 있다.

23 [2010 초등]

다음 사례에 공통적으로 나타나는 교육과정 개념에 대한 설명으로 가장 적절한 것은?

> • 어느 국가에서는 생물 수업 시간에 진화론을 가르치지 않는다.
> • 어느 국가의 경제 교과서에는 노동자의 인권에 대한 내용이 배제되어 있다.
> • 어느 국가에서는 자국(自國)에 불리한 역사적 사실을 학교 교육내용에서 제외시킨다.

① 공식적 문서로서의 표면적 교육과정
② 학교교육에서 의도되지 않은 학습결과
③ 상황맥락성을 강조하는 내러티브 교육과정
④ 공식적 교육과정에 결여되어 있기 때문에 학습할 수 없는 내용
⑤ 공식적 교육과정에 포함되지 않으나 학생들이 경험하는 교육과정

정답풀이

※ 제시문은 영 교육과정에 대한 내용이다.
④ 영 교육과정의 두 가지 의미 중, '법적인 구속력이 없는(독일어로 null은 zero이다.)'에 해당한다. 즉, 영 교육과정이란 법적인 구속력이 있는 공적인 문서에 들어 있지 않아서 학교에서 가르치지 않는 교육내용을 가리킨다.

오답풀이

① 공식적(표면적) 교육과정에 대한 설명이다.
② ⑤ 잠재적 교육과정에 대한 설명이다.
③ 내러티브 교육과정에 대한 설명이다.

만점대비 +α

💡 영 교육과정(null curriculum)

(1) 개념
① 영 교육과정에는 두 가지 의미가 있다.
   ㉠ '법적인 구속력이 없는(독일어로 null은 zero이다)' : 배울 만한 가치가 있는데도 불구하고 공적인 문서에서 빠진 내용
   ㉡ '학습할 기회가 없는(zero에 가까운)' : 어떤 내용이 공식적 교육과정에 포함되어 있다 하더라도 학습할 기회가 없는 경우
   ㉢ 즉, 공식적 교육과정에 포함되어 있는가 하는 것과 관계없이 교육적으로 가치 있는 내용 중에서 학생들이 학습할 기회를 갖지 못한 모든 내용을 가리킨다.
② 이런 의미의 영 교육과정은 공식적 교육과정뿐만 아니라 교재나 수업의 측면에서도 교육적으로 가치 있는 내용이 빠진 것이 없는가를 살펴보도록 하는 역할을 한다.

(2) 영 교육과정의 의의
① 영 교육과정은 공식적인 교육과정 문서에 담긴 교육목적과 교육내용의 가치를 되묻고, 더욱 중요한 것이 빠지지 않았는가를 살펴보도록 한다는 점에서 교육과정의 결정에 있어 유용한 문제를 제기한다.
② 또한, 공식적 교육과정에서 중요하고 가치 있는 어떠한 교육내용이나 가치, 태도 등이 배제되고 있는지를 평가하는 데 중요한 단서를 제공해 줄 수 있다는 점에서 가치가 있다.
③ 따라서, 영 교육과정에 대한 논의는 학교교육이 부주의로 인해 빠뜨린 영역이 없는지를 살펴보게 할 것이며, 더 나아가 학교교육의 내용이 풍부해질 수 있으며, 학생들에게 더 많은 교육적 결과를 기대할 수 있게 할 것이다.

(3) 교육과정 편성 및 운영에 주는 시사점
① 그동안 무엇이 강조되어 가르쳐져 왔고 무엇이 소외되어 가르쳐지지 않았는지에 대한 진지한 검토가 필요하며, 보다 폭넓고 다양한 교육내용을 반영하여 다양하고 균형화된 교육이 이루어질 수 있도록 해야 한다. 예를 들어 안전·건강 교육, 인성 교육, 진로 교육, 민주 시민 교육, 인권 교육, 다문화 교육, 통일 교육, 독도 교육, 경제·금융 교육, 환경·지속가능발전 교육 등을 다루어야 한다.
② 각 교과의 내용들이 포함될 수 있도록 학생들에게 다양한 방식으로 제시하고 표현하며, 교과를 가르치는 방법을 변화시킴으로써, 영 교육과정을 실제로 적용·운영할 수 있어야 한다. 예를 들어 창의적 체험활동 시간을 활용하여 통합적으로 다루어 학생들이 직접적으로 경험하고 학습할 기회를 가질 수 있도록 할 수 있다.

| 정답 | ④

논술 문제 적용 하기

23-2   2020 중등

B 교사가 말한 '영 교육과정'이 교육내용 선정에 주는 시사점 1가지를 제시하시오.

구분	주요 의견
B 교사	• 교육과정 분야에서는 교육내용의 선정과 조직방식에 대한 교사의 전문성이 강화될 필요가 있음 • 교육내용 선정과 관련해서는 '영 교육과정'에 관심을 가지는 것이 도움이 됨 • 교육내용 조직과 관련해서는 생활에 필요한 문제를 토의의 중심부에 놓고 여러 교과를 주변부에 결합하는 방식을 활용할 필요가 있음

예시답안

B 교사가 말하는 영 교육과정은 교육내용 선정에 있어 다음과 같은 시사점을 준다. 그동안 무엇이 가르쳐져 왔고 무엇이 소외되어 가르쳐지지 않았는지에 대한 검토를 통해 배울만한 가치가 있음에도 불구하고 가르쳐지지 않았던 교육내용을 선정하여 폭넓고, 다양하고, 균형화된 교육이 이루어질 수 있도록 해야 한다.

THEME 03 교육과정의 유형

24
2009 중등

다음은 '학교교육과정'을 주제로 두 교사가 나눈 대화 내용이다. 밑줄 친 ㉠과 ㉡에 해당하는 교육과정 개념으로 가장 적절한 것은?

> 김 교사 : 저는 어떤 학교에서든지 그 학교에서 실지로 가르치는 내용은 공식적인 문서나 활동만 보아서는 알 수가 없다고 봐요.
> 유 교사 : 그렇죠. 학생들은 학교에서 의도하지 않은 것들도 은연중에 많이 배우게 되죠. 거기에는 학부모나 교사의 입장에서는 결코 기대하지 않았던 생각과 행동, 태도들도 많죠.
> 김 교사 : 그뿐만 아니라 이런 경우도 있어요. 마땅히 가르쳐야 하는데도 불구하고 학교 또는 교사가 의도적으로 가르치지 않아서 학생들이 아예 배우지 못하는 것들도 더러 있죠.
> 유 교사 : 제가 말한 경우는 ㉠<u>학교가 의도하지 않았는데 학생의 학습경험이 생기는 것</u>이라면, 김 선생님이 말한 경우는 ㉡<u>당연히 발생해야 할 학습경험이 학교의 의도 때문에 일어나지 않은 것</u>으로 해석할 수도 있겠네요.

	㉠	㉡
①	암시적 교육과정	명시적 교육과정
②	비공식적 교육과정	공식적 교육과정
③	잠재적 교육과정	영(null) 교육과정
④	활동중심 교육과정	교과중심 교육과정
⑤	아동중심 교육과정	교사중심 교육과정

만점대비 +α

💡 잠재적 교육과정과 영 교육과정의 비교

잠재적 교육과정	영 교육과정
의도되지 않은 경험의 총체를 지칭	적극적으로 가르치지 않은 내용에 대해 관심
어떤 점에서는 통제가 불가능하여 교육의 자연적 결과로서 존재	사회의 지배적 이데올로기나 교육과정 입안자들의 가치에 의해 적극적으로 제외되는 교육과정 → 인위적 성격
교육과정이 명시화되고 표면화된 내용 외에도 은연중에 작용하여 학생들에게 영향을 미칠 수 있음	

잠재적 교육과정이 학교에서 이루어지는 '교육 실천과 환경'이 '학생들에게 미치는 영향력과 그 결과'를 의미한다면 영 교육과정은 배울 만한 가치가 있는데도 불구하고 공식적 교육과정이나 수업에서 빠져 있는 '교육내용'을 가리킨다는 점에서 명확히 구분할 필요가 있다.

| 정답 | ③

25

2010 중등

인본주의 교육과정(humanistic curriculum)의 관점과 관련이 깊은 것을 〈보기〉에서 모두 고른 것은?

보기

㉠ 개인의 잠재적 능력 계발과 자아실현을 지향한다.
㉡ 사회가 요구하는 직업 능력을 갖춘 구성원 양성을 주목적으로 한다.
㉢ 교사와 학습자 간의 관계에서 존중, 수용, 공감적 이해를 중시한다.
㉣ 대표적인 학자로 메이거(R. Mager), 마자노(R. Marzano) 등이 있다.

① ㉠, ㉢
② ㉡, ㉢
③ ㉡, ㉣
④ ㉠, ㉡, ㉣
⑤ ㉠, ㉢, ㉣

오답풀이

㉡ ㉣ 체제적 교육과정의 관점과 관련이 깊다. 체제적 교육과정이란 미리 목표와 성취 기준을 설정해 두고 그에 적합한 전달 수단으로서의 수업 체제를 설계하며 최종 학업성취 여부와 정도를 사정하여 체제를 통제하고 질을 관리하려는 것이다. 대표적 사례로는 완전학습, 개별화 수업체제가 있다.

만점대비 +α

💡 **인간중심 교육과정**

(1) 의의
① 인간중심 교육과정은 학문중심 교육과정이 지나치게 지식중심의 교육을 초래하여 인간의 정의적 측면 등 교육의 전인성을 등한시한 점을 비판하면서 등장하였다.
② 교육과정을 '학교에서 학생들이 갖게 되는 모든 경험의 총체'로 정의하는데, 이것은 경험중심 교육과정이 '학교의 지도하에 학생들이 학교에서 갖게 되는 경험'이라고 본 것보다는 교육과정을 좀 더 폭넓게 정의내리고 있는 것이다.

(2) 특징
① 잠재적 교육과정을 표면적 교육과정과 똑같이, 경우에 따라서는 더 중시한다.
② 학교환경의 인간화를 위하여 노력한다.
③ 교육의 궁극적인 목적을 자아실현으로 설정한다.
④ 교사는 단순히 지식의 전달자가 아닌 학생과 인간다운 관계를 맺는 존재로서의 인간주의적 교사이다.

(3) 유형
① **정의형 교육과정** : 지력의 발달과 함께 정의의 발달도 교육의 핵심이 되어야 한다는 내용에 중점을 두는 교육과정
② **개방형 교육과정** : 학습자 개개인에게 최대의 그리고 최선의 선택 가능성을 부여하려는 교육과정
③ **관련형 교육과정** : 학습자의 심리적 특성 및 생활과 관련을 맺도록 하는 데 초점을 두고 구성되는 교육과정

| 정답 | ①

THEME 04　교육과정 연구의 패러다임

26　　　　　　　　　　　　　　　　　　　　　　　　　2011 초등

다음을 핵심적인 주장으로 내세우는 교육과정 이론가 집단은?

> 교육과정에 관한 오늘날의 생각은 인구와 학교가 기하급수적으로 팽창하던 시대와는 다르다. 그 당시에는 교육과정을 구성하고 조직하는 일이 교육과정 연구의 주된 관심사였다. 그 당시는 교육과정 개발의 시대였던 것이다. 그러나 교육과정 개발의 시대는 1918년에 시작하여 1969년에 막을 내렸다. 지금 우리는 다른 시대에 살고 있다. 교육과정 연구는 교과 간의 관계, 각 교과의 쟁점, 교육과정과 세계 간의 관계 등을 드러내는 데에 초점을 두고 있으며, 더 이상 개발에 주력하지 않는다. 오늘날의 교육과정 연구는 개발이 아니라 이해에 주력해야 한다.

① 교과중심 교육과정론자　　② 경험중심 교육과정론자
③ 학문중심 교육과정론자　　④ 인간중심 교육과정론자
⑤ 교육과정 재개념화론자

정답풀이

⑤ 1969년 당시 시카고 대학 교수였던 죠셉 슈왑(Joseph Schwab)이라는 학자는 시카고 대학에서 발행하는 「School Review」라는 학술지에 한 편의 논문을 실었는데, 이 논문에서 그는 '교육과정학은 죽어가고 있다'는 충격적인 선언을 하였다. 이러한 슈왑의 위기의식에 당시 젊은 교수들이 동조하면서 1950년대와 1960년대를 지배한 행동주의적이고 기술공학적인 접근에 대한 비판과 함께 새로운 교육과정학 탐구의 토대를 구축하는 일이 시작되었는데, 이러한 작업을 교육과정학의 재개념화라고 불렀다. 재개념화에 동조하는 학자들은 1973년 미국 뉴욕주의 로체스터 대학에서 학술회의를 가졌는데, 이 학술회의를 준비한 사람은 윌리암 파이나(William Pinar)라고 하는 당시 아주 젊은 교수였다. 파이나는 최근 동료학자들과 함께 쓴 「교육과정학의 이해」라는 책에서 1970년부터 1979년까지의 10년간을 교육과정학의 재개념화 시기로 규정하였다. 이 시기를 거치면서 교육과정학 분야는 '타일러의 논리'를 기초로 한 '교육과정 개발'이라는 극히 실용적인 작업으로부터 '교육과정 이해'라는 이론적이면서 동시에 실용적인 작업으로 그 패러다임이 완전히 바뀌게 되었다고 정리하였다.

| 정답 | ⑤

27

2012 초등

'교육과정의 재개념화'에 관한 진술로 옳은 것을 〈보기〉에서 고르면?

> ㉠ 다양한 담론을 활용하여 교육과정을 이해하고자 한다.
> ㉡ 교육과정 연구에서 질적 접근보다는 양적 접근을 중시한다.
> ㉢ 연구의 초점을 교수·학습과정의 일반적 원리나 모형의 개발에 맞춘다.
> ㉣ 대표적인 학자로는 파이너(W. Pinar), 애플(M. Apple), 아이즈너(E. Eisner) 등을 들 수 있다.

① ㉠, ㉡ ② ㉠, ㉣
③ ㉡, ㉢ ④ ㉡, ㉣
⑤ ㉢, ㉣

정답풀이

㉠ 1960년대 이후부터 시작되어 애플(M. Apple)과 지로우(H. Giroux)를 거쳐서 오늘날까지 이루어지고 있는 이러한 다양한 형태의 담론을 지칭하는 것으로 '교육과정 개념의 재개념화운동'이라는 용어가 사용되고 있다. 물론 이 운동을 주도한 인물은 다름 아닌 파이너(W. Pinar)다. 그는 동료들과 함께 편찬한 책의 서론에서 '이해'라는 용어를 '개발'이라는 용어와 대비시키면서 '교육과정 개발의 시대는 지나갔다'고 선언하는 동시에, 이제는 '개발에서 이해로' 교육과정에 대한 관심이 바뀌어야 한다고 주장하고 있다. 그리고는 이해를 위해서는 다양한 방면에서 담론을 전개하여야 한다고 주장하였다.

㉣ 대표적인 교육과정 재개념주자로는 오늘날 교육과정 이론이 너무나 인간 실존의 문제를 잃어가고 있다고 개탄한 파이나(Pinar, 교육과정학 탐구의 실존적 재개념화), 오늘날의 학교가 정의롭지 못하고 불공정하게 왜곡된 사회 권력의 배분 관계를 그대로 유지 계승시키는 역할을 한다고 비판한 애플(Apple, 교육과정학 탐구의 구조적 재개념화), 경험-분석적 교육 연구방법의 결함을 지적하면서 질적 연구방법의 필요성을 역설한 이즈너(Eisner, 교육과정학 탐구의 미학적 재개념화) 등이 있다.

오답풀이

㉡ 교육과정 재개념주의는 현상학, 실존주의, 정신분석학, 신마르크스주의 등을 배경으로 하여 질적 연구 방법을 사용한다. 따라서 개인의 실존적 경험, 주관성, 의미, 저항 등의 문제를 심층적으로 해석하고자 하였다.

㉢ 전통적인 교육과정 패러다임에 관한 설명이다.

THEME 04 교육과정 연구의 패러다임

> **만점대비 +α**

💡 재개념주의자들의 교육과정 탐구영역

① **교육과정에 대한 역사적 연구** : 이 분야의 관심을 가진 학자들은 기술공학적이고 행동주의적인 교육과정학의 연구모형에 대한 역사적인 비판을 통하여 전통적 관점이 갖는 탈역사성과 가치중립성의 허구를 지적하고 그 문제점을 부각시키는 일에 주된 관심을 가지고 있다(브라운, 프랭클린, 셀던, 클리바드).

② **이론과 실제의 의미와 그 관련성에 대한 연구** : 이 영역에 관심을 가지는 학자들은 말 그대로 이론과 실제의 의미를 탐구하고 이 양자사이의 관련성을 밝히고자 노력한다(맥도날드, 파이나).

③ **정치적 관점에서의 교육과정 연구** : 칼 마르크스 사상을 토대로 삼아 교육과정을 정치적, 사회적, 경제적 배경에서 분석하고 비판한다는 것이다(애플, 지루).

④ **미학적 관점에서의 교육과정 탐구** : 교수와 학습의 과정이 단순히 목표와 방법을 연결하는 기계적이고 공학적인 관계가 아니라, 개인적인 의미의 형성을 통한 보다 실존적이고 창조적인 과정이라는 점을 밝히고자 하는 것이다(그린, 아이즈너).

⑤ **현상학적 관점에서의 교육과정 탐구** : 교육과정에 대한 현상학적, 해석학적 탐구의 경향을 가리킨다(아오키, 매넌).

⑥ **남녀 간의 사회적 불평등 문제 탐구** : 이 분야는 크게 보면 정치·사회적 관점에서 교육과정을 분석하는 분야에 속하는 것이지만 파이나는 이를 따로 분리하여 강조한다(그러메, 밀러, 파가노 등의 페미니스트).

| 정답 | ②

28

다음은 파이너(W. Pinar)의 쿠레레(currere) 방법 4단계이다. (가)와 (나)의 특징을 〈보기〉에서 고른 것은?

(가) → (나) → 분석 → 종합

보기

㉠ 자유연상을 통해 아직 현실화되지 않은 미래의 모습을 상상한다.
㉡ 내면의 목소리에 귀를 기울이고, 자기에게 주어진 현재의 의미를 자문한다.
㉢ 과거·미래·현재라는 세 장의 사진을 놓고, 이들 간의 복잡한 관계를 탐구한다.
㉣ 자신의 실존적 경험을 회상하면서 기억을 확장하고, 과거의 경험을 상세히 묘사한다.

	(가)	(나)		(가)	(나)
①	㉠	㉢	②	㉡	㉠
③	㉡	㉢	④	㉣	㉠
⑤	㉣	㉡			

정답풀이

(가) 회귀 – ㉣
(나) 전진 – ㉠

오답풀이

㉡ 종합단계에 대한 설명이다.
㉢ 분석단계에 대한 설명이다.

THEME 04 교육과정 연구의 패러다임

> **만점대비 +α**

💡 쿠레레 방법(자서전적 모형)

회귀	• 학생들의 경험에서 학습 자료를 이끌어 내는 것으로 과거의 경험을 떠올림으로써 주제와 관련된 경험을 추출하는 것, 즉 과거를 현재화하는 단계 • 자서전의 주인공은 자신의 실존적 경험을 회상해 나아가며, 이를 상세히 묘사함 • 과거의 경험을 '정보수집'이라는 차원에서 최대한 생동감 있게 묘사하는 것이 중요
전진	• 과거로부터 미래를 연상하는 단계로, 미래는 현재에 영향을 미치므로 조용히 눈을 감고 자신의 미래의 모습에 대해 상상하고 묘사해 보도록 함 • 자서전의 주인공은 1년 후, 10년 후, 30년 후의 자신의 모습을 연상한 후, 아직 현실화되지 않는 모습, 즉 과거가 현재가 되는 장면을 조망해 봄 • 전진 단계는 자신이 되고 싶은 미래로 투영하는 자유 연상의 한 종류로 이해될 수 있음
분석	• 과거·현재·미래를 놓고 그 연관성과 향후에 미칠 영향을 생각하는 단계로, 앞의 두 단계를 통해서 자유 연상적으로 회상한 것에 대해 비평적으로 반성함 • 이 단계는 과거의 교육적 경험으로 인해 형성된 자신의 삶을 분석하는 단계인데 이때 분석은 회귀와 전진에서 표현된 경험을 단순화하는 것이 아니며 경험을 축소하거나 거짓된 자기 과정이 되어서도 안 됨
종합	• 반성적 사고의 단계라고 할 수 있는데 생생한 현실로 돌아가 내면의 목소리에 귀를 기울이고 자기에게 주어진 현재의 의미를 자문하는 단계 • 주인공은 과거, 미래, 현재라는 세 장의 사진을 한 자리에 모은 후, 자신의 삶에 과거의 학교교육이 어떻게 이바지했는지, 지적 호기심이 자신의 성장에 어떠한 도움을 주었는지 등을 자문하는 단계 • 이 단계에서는 과거의 명확한 표현과 그것으로부터의 해방이 일어나고, 상상된 미래에 초점을 둘 때, 사람은 자기를 구속한 것들로부터 해방됨

| 정답 | ④

29

2009 초등

아이즈너(E. Eisner)가 말한 '표현적 결과(expressive outcomes)'에 관한 설명으로 가장 적절한 것은?

① 수업내용을 분석하여 측정 가능한 행동 용어로 결과를 진술한다.
② 수업결과로 나타나는 목표를 의미하는 것으로서 수업 전에 미리 정해져 있다.
③ 수업시간에 일정한 조건을 주고 그 조건 내에서 문제 해결책을 발견해 내는 활동이다.
④ 설정된 목표에 따라 학습 내용을 가르치고 그 결과를 파악할 필요가 있을 경우에 적합하다.
⑤ 구체적인 목표 없이 수업을 시작하여 수업 활동 중 혹은 종료 후 결과적으로 얻게 되는 것이다.

오답풀이

① ② ④ 행동목표에 대한 설명이다.
③ 문제해결목표에 대한 설명이다.

THEME 04 교육과정 연구의 패러다임

만점대비 +α

💡 아이즈너(Eisner) : 교육과정학 탐구의 미학적 재개념화

(1) 행동목표에 대한 대안
  ① 문제해결목표 : 어떤 문제와 그 문제를 해결할 때 지켜야 할 조건이 주어지면, 그 조건을 충족시키면서 문제를 해결해야만 하는 경우, 정해지지 않은 수많은 해결책들 중 하나 또는 그 이상을 학생 각자가 찾아내도록 유도하는 것
  ② 표현적 결과 : 목표를 미리 설정하지 않고 어떤 활동이나 경험을 할 수 있는 것이며 그러는 가운데에서도 우리는 무엇인가 유익한 것을 배울 수 있다는 것

(2) 감식안 및 비평 모형
  ① 교육적 감식안 : 학생들의 성취 형태를 평가하는 일을 오랫동안 주의 깊게 경험한 사람이 학생들의 성취 형태들 사이의 미묘한 차이를 감지할 수 있게 되는 것으로, 의도적 차원, 구조적 차원, 교육과정 차원, 수업 차원, 평가 차원의 다섯 가지로 나누어 볼 수 있다.(감상하는 기술, 개인적인 성격)
  ② 교육비평 : 감식가가 자신이 느끼는 미묘한 질의 차이를 일반인들, 예컨대 학생들과 학부모들도 볼 수 있도록 언어로 표현한다면, 이 언어적 표현은 교육비평이 된다. 교육비평은 기술(묘사), 해석, 평가, 주제화의 네 가지 차원으로 구성된다.(남에게 전달하는 기술, 공적인 성격)

💡 교육목표의 세 가지 형태

종류	특징	평가방식
행동목표	• 학생의 입장에서 진술 • 행동용어 사용 • 정답이 미리 정해져있음	• 양적 평가 • 결과의 평가 • 준거지향 검사 사용
문제해결 목표	• 일정한 조건 내에서 문제의 해결책을 발견 • 정답이 정해져 있지 않음	• 질적 평가 • 결과 및 과정의 평가 • 교육적 감식안 사용
표현적 결과	• 조건 없음 • 정답 없음 • 활동의 목표가 사전에 정해지지 않고 활동하는 도중 형성 가능	• 질적 평가 • 결과 및 과정의 평가 • 교육적 감식안 사용

| 정답 | ⑤

THEME 05 교육과정의 개발

30
2012 초등

타일러(R. W. Tyler)의 교육과정 개발 모형에 대한 비판으로 볼 수 <u>없는</u> 것은?

① 교육과정 개발을 지나치게 단순화해서 파악한다.
② 교육내용 선정에 대하여 직접적인 답을 제공하지 못한다.
③ 교육과정 개발에 개입되는 정치적 이해관계에 관심을 기울이지 않는다.
④ 학습경험의 조직을 지나치게 강조하여 교육목표의 효율적 달성을 소홀히 다룬다.

정답풀이

④ 타일러의 합리적 모형은 목표와 밀착된 평가를 강조함으로써 목표를 내용보다 우위에 두고, 내용을 목표달성을 위한 수단으로 전락시키고 수업이 평가에 종속되는 현상을 초래하였다고 비판받는다.

만점대비 +α

💡 **타일러의 합리적 모형**

(1) 개발모형

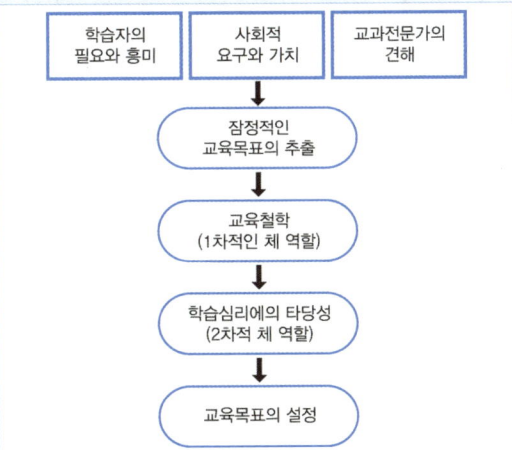

① 교육목표의 설정
   ㉠ 교육목표 설정의 원천 : 학습자에 대한 연구, 현대사회의 요구, 교과전문가의 제언, 교육철학, 학습심리학
   ㉡ 잠정적 교육목표의 기준 : 합의된 가치와 기능과의 합치성, 포괄성, 일관성, 달성가능성

② 학습경험의 선정 : 학습경험은 어느 한 교과목에서 취급하는 교과내용이나 교사가 펼치게 되는 지도활동과 같은 것이 아니고, 학습자와 그를 둘러싸고 있는 환경 속의 여러 외적 조건들 사이에서 벌어지는 상호작용을 의미한다.
③ 학습경험의 조직
  ㉠ 수직적 조직 : 학습내용들 간의 종적 관계를 고려하여 시간적 순서에 따라 순차적으로 배열·조직하는 것. 초등학교 5학년 사회과목과 6학년 사회과목의 학습내용을 순차적으로 배열하는 것
  ㉡ 수평적 조직 : 학습내용의 어느 한 영역과 다른 영역 사이의 횡적 관계를 고려하여 나란히 배열·조직하는 것. 같은 5학년 사회과목과 국어과목의 학습내용을 상호 유기적으로 관련시켜 배열하는 것
④ 학습경험의 평가
  ㉠ 교육의 전체 과정 속에서 평가의 역할과 기능을 강조한다.
  ㉡ 타일러는 평가를 교육과정이나 수업 프로그램이 시행됨으로써 본래 의도한 교육 목표가 어느 정도나 실현되었는지를 재어 보고 판단하는 작용으로 보았다.
  ㉢ 평가의 준거는 교육목표이며, 평가를 통해서 밝혀야 할 사항은 교육목표의 달성도라는 점이다.

(2) 타일러 모형의 장·단점
  ① 장점
    ㉠ 어떤 교과, 어떤 수업수준에도 활용·적용할 수 있는 폭넓은 유용성이 있다.
    ㉡ 논리적이고 합리적인 일련의 절차를 제시하고 있어 교육과정개발자나 수업계획자에게 유용하다.
    ㉢ 학생의 행동과 학습경험을 강조함으로써 평가에 매우 광범위한 지침을 제공해 주었다.
  ② 단점
    ㉠ 목표의 원천은 제시하고 있으나 무엇이 교육목표이고, 그것은 왜 다른 목표를 제치고 선정되어야 하는지 그 이유를 분명하게 밝혀 주지 못한다.
    ㉡ 목표를 분명히 미리 설정한다는 것은 수업 진행과정 중에 새롭게 생겨나는 부수적·확산적 목표의 중요성을 간과한 것이다.
    ㉢ 목표를 내용보다 우위에 두고, 내용을 목표달성을 위한 수단으로 전락시킨 면이 있다.

| 정답 | ④

31
2010 중동

타바(H. Taba)의 교육과정 개발 모형에 대해 바르게 설명한 것을 〈보기〉에서 모두 고른 것은?

보기
㉠ 귀납적 접근 방법을 사용하였다.
㉡ 요구 진단 단계를 설정하였다.
㉢ 내용과 학습경험을 구별하여 개발 단계를 설정하였다.
㉣ 반응평가모형을 제안하였다.

① ㉠, ㉢
② ㉠, ㉣
③ ㉡, ㉣
④ ㉠, ㉡, ㉢
⑤ ㉡, ㉢, ㉣

오답풀이
㉣ 반응평가모형은 스테이크(Stake)가 강조한 평가모형이다. 스테이크는 그의 종합실상평가에서 교육활동의 전체적인 모습을 평가하는데 있어서, 평가를 수행하기 전에 세운 평가계획에 의거하여 자료를 체계적으로 수집할 것을 강조한다. 그러나 몇 년 뒤 제안한 반응평가에서는 평가를 진행하는 동안 여러 관련 인사와 논의하여 그들의 반응(요구, 제안)에 따라 어떤 정보를 어떤 방법으로 수집·분석할 것인지를 결정하고 관찰한 그대로를 진술할 것을 강조함으로써 평가에 대한 관점의 변화를 보여준다.

만점대비 +α

💡 **타바(Taba)의 귀납적 모형**
(1) 개요 : 타일러의 네 가지 개발단계를 더 하위구분하여 정교화하였다.
(2) 7단계 모형 : 요구의 진단 → 목표의 공식화 → 내용 선정 → 내용 조직 → 학습경험 선정 → 학습경험 조직 → 평가
(3) 특징
 ① 하의상달식의 개발방식 : 교육과정의 개발과정에 교사를 참여시킨다.
 ② 귀납적 모형 : 교사들이 각자 교실에서 최선의 프로그램을 개발하도록 한 다음, 각 프로그램들로부터 일반적인 원리를 발견하여 새로운 교육과정을 계획하는 데 이용한다.
 ③ 교육과정과 수업을 함께 고려 : 이론과 실제를 결합하고자 하였다.

|정답| ④

THEME 05 교육과정의 개발

논술 문제 적용 하기

32-1 *2018 중등*

박 교사가 제안하는 워커(D.F.Walker)의 교육과정 개발 모형의 명칭, 이 모형을 교육과정 개발에 적용하는 이유 3가지를 논하시오.

> 박 교사: 선생님, 우리 학교 학생의 학업 특성을 보면 학습흥미와 수업참여 수준이 전반적으로 낮아요. 그리고 학업성취, 학습흥미, 수업참여의 개인차가 크다는 것이 눈에 띄네요.
> 김 교사: 학생의 개인별 특성이 그만큼 다양하다는 것을 의미하겠죠. 우리 학교 교육과정도 이를 반영해야 하지 않을까요?
> 박 교사: 그렇습니다. 그런데 교육과정을 개발하는 과정에서 학생의 개인별 특성을 중시하는 의견과 교과를 중시하는 의견 간에 차이가 있습니다. 이를 조율하기 위해서는 시간이 걸리겠지만 적절한 논쟁을 거쳐 합의에 이르는 심사숙고의 과정이 필요합니다.

32 *2009 초등*

워커(D. Walker)가 제안한 교육과정 개발 모형에 대한 설명으로 가장 적절한 것은?

① 합리적·처방적 교육과정 개발 모형에 속한다.
② 학업성취 향상을 위해서 역행설계(backward design) 방식을 취한다.
③ 교육과정 개발 절차를 준수할 것과 그 절차의 직선적 계열성을 강조한다.
④ 개발 참여자들의 기본 입장이 제시되는 강령(platform)이 중요한 요소이다.
⑤ 개발 과정이 5단계로 구분되어 있고, 어느 단계에서도 개발을 시작할 수 있다.

예시답안

워커의 교육과정 개발 모형의 명칭은 자연주의적 모형이다. 이 모형을 교육과정 개발에 적용하는 이유는 다음과 같다. 첫째, 목표를 진술함에 있어서 행동목표의 강박으로부터 벗어나 보다 창의적으로 활동할 수 있는 공간을 마련해 주었다. 분명히 교사들은 특히 행동용어로 진술하라고 했을 때 지나치게 많은 목표를 진술하는 데 대해 유쾌하지 않을 것이다. 이 모형은 특히나 업무가 많은 학급 교사들의 입장에서 본다면 개발자들에게 심한 제약을 가하지 않고 보다 현실적이며 실행가능성이 높은 교육과정 개발절차라고 할 수 있다. 둘째, 교육과정 개발에서 융통성을 마련해 주고 있다. 개발자들이 자신의 요구에 적절하다면 개발 과정의 어느 시점에서라도 시작할 수 있다는 점에서 매우 융통성이 크고, 교육과정 개발 과정 내에서 융통성 있는 이동을 허용하고 있어서 개발자들이 순서에 구애받지 않고 필요한 경우 자유로이 되돌아가거나 진행할 수 있다. 셋째, 교육과정 개발 과정에서 다양한 의견과 주장들을 허용하고 합의를 도출하기 위한 활동을 강조하고 있다. 이 모형은 다양한 개인의 가치와 신념, 생각들을 자유롭게 표현하고 이야기할 수 있도록 하며, 합의를 도출할 수 있는 귀결점과 공감대를 충분히 논의 할 수 있도록 한다. 이는 교육과정 개발의 실제를 잘 반영해 주고 있으며 이를 통해 교육과정을 개발할 때 교사들이 참조할 수 있는 중요한 안내자가 되고 있다.

오답풀이

① ③ 타일러의 모형에 대한 설명이다.
② 위긴스와 맥타이의 백워드 교육과정 설계모형에 대한 설명이다.
⑤ 스킬백의 모형에 대한 설명이다.

만점대비 +α

💡 워커(Walker)의 숙의모형

(1) 단계

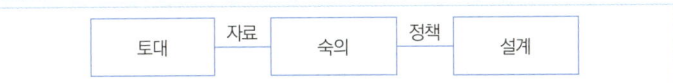

1) 토대 다지기(강령, platform) : 참여자들의 기본입장 검토를 통한 토대 구축
   ① 강령(기본입장) : 교육과정 개발 위원회 참석자들이 참석 전에 이미 지니고 있는 교육적 신념과 가치, 각종 교육이론, 교육목적, 교육과정 구상, 자신의 숨은 의도 및 선호 등을 통틀어 가리키는 말
   ② 구성요소 : 다양한 개념, 이론, 목적, 이미지, 절차 등
2) 숙의(deliberation) : 다양한 대안 검토를 통해 가장 바람직한 대안 선택
   ① 목적 : 대안들 간의 충돌 제거
   ② 본질적으로 적절한 여러 대안들, 대안적 지각들, 대안적 문제들과 대안적 해결들을 찾아내고 형성하고 고려하기 위한 체계적인 방법
   ③ 바람직하지 않는 숙의 유형 : 파당적, 제한적, 한정적, 유사적 숙의, 공청회 등
   ④ 올바른 의미의 숙의 : 작은 결정 하나에도 관련된 모든 집단의 입장과 가치를 탐색하여 공정하고 균형잡힌 판단에 이르도록 하는 것
3) 설계(design) : 선택한 대안을 실천 가능한 것으로 구체화
   ① 설계가 최종단계임에도 전부 합리적으로 진행된다기보다 명시적·함축적 요소들이 포함, 결정은 개인적 선호에 의해서도 영향을 받음
   ② 궁극적인 활동은 특정 교수자료를 생산하는 것

(2) 워커모형의 장·단점

1) 장점
   ① 타일러의 모형은 교육과정 계획이 합의를 이루지 못했을 경우에 대한 언급이 없다. 그러나 워커는 합의를 이루지 못했을 경우에도 교육과정 계획이 어떻게 진행될 수 있는가를 잘 진술해 주고 있다.
   ② 교육과정 계획 측면을 상세히 제시하여 교육과정 참여인사들이 처음부터 다른 토대와 입장에서 출발하고 있음을 보여 주고, 교육과정을 계획하는 동안 실지로 일어나는 것을 아주 정확하게 묘사해 줄 수 있다. 특히 학교 교육에서 상황을 잘 반영해 주므로, 교육과정 개발 과제를 학습하는 이들에게는 매우 적절하며 역기능도 적은 접근방식이다.
   ③ 교육과정 개발자들은 목표를 진술하는데 있어서, 소위 행동목표를 진술해야 한다는 강박관념으로부터 벗어남으로써 보다 창의적으로 활동할 수 있다. 특히나 업무가 많은 학급 교사들의 입장에서 본다면 보다 현실적이고 실행가능성이 높은 교육과정 개발 절차라고 볼 수 있다.
   ④ 이 모형은 교육과정 개발과제에 접근할 때 개발자들이 자신의 요구에 적절하다면 개발 과정의 어느 시점에서라도 시작할 수 있다는 점에서 매우 융통성이 크다. 또한 교육과정 개발 과정 내에서 융통성 있는 이동을 허용하고 있어서 개발자들이 순서에 구애받지 않고, 필요한 경우 자유로이 되돌아가거나 진행할 수 있다.

2) 단점
   ① 워커의 모형은 거의 전적으로 교육과정 계획에만 초점이 맞추어져 있다. 교육과정 설계가 완성된 뒤에 무슨 일이 어떻게 일어나야 할지에 대한 언급이 부족하다.
   ② 대규모의 교육과정 프로젝트에는 적절한 계획이지만, 소규모 또는 학교중심 교육과정계획에는 적절하지 않을 수도 있다. 왜냐하면 학교는 전문가, 자금, 시간 등의 여유가 없기 때문이다.
   ③ 교육과정 플랫폼을 설정하고 숙의과정을 거치는 데 상당한 시간이 소요되며 자칫 비생산적인 논쟁과 협의에 그칠 우려가 있다.

| 정답 | ④

33
2012 초등

워커(D. Walker)가 제안한 자연주의적 교육과정 개발 모형의 숙의(deliberation) 단계에 해당되는 사항을 〈보기〉에서 고르면?

보기

㉠ 대안들의 예상되는 결과를 검토하기
㉡ 교육과정 개발의 목적과 그것을 달성하기 위한 방법을 확인하기
㉢ 교육과정 개발 참여자들이 갖고 있는 개념, 이론, 목적 등에 관한 공감대 형성하기
㉣ 교육과정을 구성하는 교과의 선정, 수업방법이나 자료 등을 확정하며, 이를 위한 행·재정적인 지원 절차 등을 계획하기

---

① ㉠, ㉡ ② ㉠, ㉢
③ ㉡, ㉢ ④ ㉡, ㉣
⑤ ㉢, ㉣

만점대비 +α

워커의 교육과정 개발모형 : 숙의(deliberation)

① 숙의는 교육과정을 개발하기 위하여 참여자들이 탐구하고, 판단하며, 의사결정을 내리는 지적 과정에서 볼 수 있는 논쟁이다. 숙의의 목적은 대안들 간의 충돌을 제거하는 데 있다.
② 숙의의 과정은 전통적인 목표모형에서처럼 사전에 정해진 일련의 직선적인 단계나 절차를 거치는 것이 아니라 참여자들 간의 불규칙적인 다양한 상호작용을 통하여 대안을 탐색하는 것이다.
③ 숙의 사항
 ㉠ 교육과정 개발을 위한 목적과 수단에는 어떠한 것이 필요한지 고려
 ㉡ 대안들을 마련하고 이전의 여건이 어떠하였는지 고려
 ㉢ 대안으로부터 야기된 결과를 검토
 ㉣ 대안에 필요한 비용과 이 대안들의 결과 간에 비중이 어떠한지 검토
 ㉤ 최선의 대안이 무엇인지 선정

정답 | ①

34

2009 중등

타일러(R. Tyler)의 교육과정 개발 모형과 워커(D. Walker)의 교육과정 개발 모형을 각각 가장 적절하게 설명한 것은?

	타일러 모형	워커 모형
①	처방을 내리기 전에 교육현장에 있는 참여자들의 의견을 수렴한다.	참여자들의 의견을 수렴하기 전에 개발의 순서와 절차를 처방한다.
②	사회, 학습자 및 교과의 필요를 계획적으로 조사하여 교육목표를 미리 설정한다.	실제 상황 속에서 참여자들의 논의를 거쳐 최선의 대안을 자연스럽게 구체화한다.
③	교육과정 개발은 목표설정에서 결과 도출에 이르기까지 순환하는 공학적 과정이다.	교육과정 개발은 참여자의 교육적 상상력이 발휘되어 의미가 재구성되는 예술적 과정이다.
④	교육과정 개발은 참여자들의 다양한 이해관계가 교차하는 정치적 과정이다.	교육과정 개발은 현실에 대한 다양한 시각을 표현하는 미학적 과정이다.
⑤	교육과정 개발의 계획, 과정 및 결과에 도덕적 고려가 포함되어야 한다.	교육과정 개발 과정에서 생길 수 있는 가치 문제를 의도적으로 배제한다.

정답풀이

※ 타일러의 모형에 따르면, 교육의 출발점으로서의 교육목표를 설정해야 한다. 교육목표는 타일러 모형의 요체이며, 출발점에 해당한다. 학습자, 사회, 교과의 세 가지 자원을 조사하여 잠정적인 목표가 설정되면 이는 교육철학과 학습심리학에 비추어 정선된다.

※ 워커는 교육과정은 보다 실제적이며 구체적인 장면에서 연구되고 개발되어야 한다는 슈압의 견해를 계승하고, 그가 독특하게 사용하는 '숙의'의 개념을 받아들여 교육과정 개발을 위한 주요 구성요소를 추출하였다.

정답 | ②

35

2013 중등

다음은 스킬벡(M. Skilbeck)의 모형(SBCD)에 따른 학교 교육과정 개발의 단계와 내용이다. (가)~(다)에 대한 설명으로 옳은 것만을 〈보기〉에서 있는 대로 고른 것은?

단계	내용
상황분석	(가)

목표설정	• 교육과정 운영 목표 설정
	  - 전년 대비 학업 성취도 2% 향상
	            (하략)

프로그램 구성	(나)

(다)	• 변화된 교육과정에 따라 야기되는 문제점 예측
	  - 교과교실제 확대에 따른 교실 2개 부족
	            (하략)

모니터링, 피드백, 평가, 재구성	• 모니터링 및 평가 체제 설계
	  - 교육과정 평가 일정 준비
	            (하략)

보기

ㄱ. (가)에서는 교육정책과 학교풍토에 대한 분석이 이루어진다.
ㄴ. (나)에서는 교수·학습 활동에 대한 설계가 이루어진다.
ㄷ. (나)에서는 교사배제 교육과정(teacher-proof curriculum)의 아이디어를 실현하기 위한 활동이 수행된다.
ㄹ. (다)는 '해석과 실행' 단계에 해당한다.

① ㄱ, ㄴ
② ㄱ, ㄷ
③ ㄷ, ㄹ
④ ㄱ, ㄴ, ㄹ
⑤ ㄴ, ㄷ, ㄹ

정답풀이

ㄱ. 상황분석 단계에서는 상황을 구성하는 외적·내적 요인을 분석한다. 교육정책은 외적 요인, 학교풍토는 내적 요인에 해당한다.
ㄴ. 프로그램 구성 단계에서는 교수학습활동의 내용, 구조, 방법, 범위, 계열성 등의 설계나, 수단과 시설의 설계, 인적구성과 시간표 짜기 등을 해야 한다.
ㄹ. 스킬벡의 학교 교육과정 개발모형의 네 번째 단계에서는 교육과정의 변화를 일으키는 문제를 판단(해석)하고 실행한다.

오답풀이

ㄷ. 스킬벡의 교육과정 개발모형은 교사배제가 아닌, 교사참여 모형이다.

만점대비 +α

💡 스킬벡의 학교중심 교육과정 개발모형

(1) **상황분석** : 상황을 구성하는 외적·내적 요인을 분석한다.
   ㉠ **외적 요인** : 학부모의 기대감, 지역사회의 가치, 변화하는 인간관계, 이데올로기 등과 같은 사회문화적 변화, 교육체제의 요구, 변화하는 교과의 성격, 교사지원체제 등
   ㉡ **내적 요인** : 학생의 적성·능력·교육적 요구·교사의 가치관·태도·기능·경험·학교의 환경과 정치적 구조, 공작실·실험실 등과 같은 시설, 교육과정 내에 존재하는 문제점 등
(2) **목표설정**
   ㉠ 예견되는 학습결과를 진술함으로써 교사와 학생의 행동을 강화할 수 있는 목표를 설정한다.
   ㉡ 이 목표는 상황분석에 기초하며, 교육적 행위의 방향을 제시하기 위한 가치나 판단을 포함한다.
(3) **프로그램 구축** : 교수 – 학습활동의 내용·구조·방법·범위·계열성 등의 설계, 수단 – 자료의 구비, 적절한 시설환경의 설계, 인적 구성과 역할 부여, 시간표 짜기 등을 하게 된다.
(4) **판단과 실행**
   ㉠ 교육과정의 변화를 일으키는 문제를 판단하고 실행한다.
   ㉡ 이 문제는 경험의 개관, 혁신에 대한 연구와 이론의 분석, 선견지명 등을 통해 파악되고 실행된다.
(5) **모니터링, 피드백, 평가, 재구성** : 모니터링과 의사소통체계의 설계, 평가절차의 준비, '지속적인' 평가 문제, 연속적인 과정의 재구성이나 확정 등이 관여한다.

| 정답 | ④

36

스킬백(M. Skilbeck)의 교육과정 개발 모형이다. (가)와 (나)에서 수행해야 할 활동을 〈보기〉에서 골라 바르게 짝지은 것은?

2011 초등

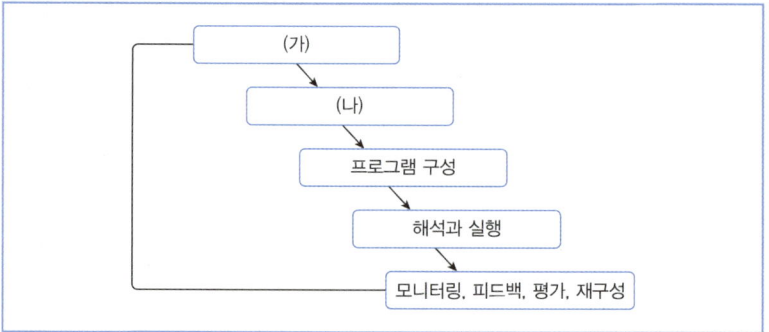

보기

㉠ 교육 활동의 방향을 설정한다.
㉡ 기대되는 학습 성과를 진술한다.
㉢ 교사의 가치관, 태도, 경험 등을 확인한다.
㉣ 학생들의 적성, 능력 및 교육적 요구를 조사한다.

	(가)	(나)		(가)	(나)
①	㉠, ㉡	㉢, ㉣	②	㉠, ㉢	㉡, ㉣
③	㉠, ㉣	㉡, ㉢	④	㉡, ㉢	㉠, ㉣
⑤	㉢, ㉣	㉠, ㉡			

정답풀이

(가) 상황분석 단계이다. 상황분석 단계는 상황을 구성하는 외적·내적 요인을 분석한다. 외적 요인으로는 학부모의 기대감, 지역사회의 가치, 변화하는 인간관계, 이데올로기 등과 같은 사회문화적 변화, 교육체제의 요구, 변화하는 교과의 성격, 교사 지원체제 등을 들 수 있다. 내적 요인으로는 학생의 적성·능력·교육적 요구·교사의 가치관·태도·기능·경험·학교의 환경과 정치적 구조, 공작실·실험실 등과 같은 시설, 교육과정 내에 존재하는 문제점 등을 들 수 있다.

(나) 목표설정 단계이다.

| 정답 | ⑤

37

2009 초등

학교수준교육과정 개발(SBCD)의 특징으로 가장 적절한 것은?

① 각 학교의 특성을 고려한 교육과정 개발이 용이하다.
② 연구·개발·보급 모형(RDD model)에 따라 개발된다.
③ 중앙 - 주변 모형(center-periphery model)에 따라 개발된다.
④ 전국적·공통적 교육과정(common curriculum)의 특성을 갖는다.
⑤ 교사배제 교육과정(teacher-proof curriculum)이라는 지적을 받는다.

정답풀이

① 학교수준교육과정 개발(School-Based Curriculum Development)이라는 아이디어는 교육과정 개발에 관한 중앙집권적 의사결정 체제가 갖는 문제점에 대한 반작용의 결과로 제기되었다(Skilbeck). 교육과정 전문가들은 교사를 교육과정의 수용자, 즉 외부에서 개발된 교육과정을 학교교육 현장에서 실천하는 사람으로 인식하기보다는 교육과정 개발 과정에서 보다 많은 공헌을 할 수 있는 전문가로 인정하게 되었다. 이러한 시대적 흐름 속에서 교육과정 분야에서는 교사가 주체가 되는 학교교육과정 개발로 이어졌다. 학교수준의 교육과정은 학교의 실태를 반영하고 학부모와 학생들의 특성과 요구를 고려하여 교육에 대한 학교의 의도를 담은 문서내용이다.

만점대비 +α

💡 교육과정 변화모형

(1) 연구 - 개발 - 보급(확산) 모형(Research, Development, Diffusion Model : RDD)
전문가들이 연구를 통하여 교육과정을 개발하고, 이를 운영기관에 보급하여 실행시키는 방식으로 교육과정 변화가 이루어진다고 본다. 이 모형은 국가 수준 교육과정 개발과 같이 대규모의 교육과정 개발과 변화과정을 설명하는 데 장점이 있지만, 개별 학교의 상황과 교사들의 혁신 능력을 낮게 평가하는 단점이 있다.

(2) 중앙 - 주변 전달 모형(Center-Periphery Model : CPM)
RDD모형과 마찬가지로 중앙에서 교육과정을 개발하지만 개발보다 확산에 초점을 둔다. 이 모형은 교육과정의 변화에서 확산의 중요성을 일깨웠다는 장점이 있으나 학교와 교사가 새 교육과정을 어떻게 채택하고 실행하는지를 설명하지 못하는 단점이 있다.

(3) 협상모형(The Negotiation Medel : TNM)
교육과정 개발자와 실행자가 지닌 교육과정에 대한 생각과 역할의 차이로 교육과정의 변화가 일어난다고 본다.

| 정답 | ①

논술 문제 적용 하기

37-1

2021 초등

학교 수준의 교육과정을 개발할 때 고려해야 하는 점을 인적 자원 측면에서 4가지와 물적 자원 측면에서 2가지를 논하시오

> 박 교사: 특색 있는 교육과정을 개발하는 일이 생각처럼 쉬운 일은 아니에요. 교육과정을 개발하려면 우선 우리 학교의 구성원인 교사, 학생, 학부모의 실태와 요구를 분석해야 하고, 교장 선생님의 교육 운영 방침도 고려해야죠. 그리고 학교의 시설·설비와 교수·학습 자료도 점검해야죠. 이러한 자원을 충분히 고려하여 교육과정을 편성·운영하면 좋을 것 같아요. 그러면 우리 학교에 가장 필요한 교육과정을 만들기 위해서는 무엇에 역점을 두어야 할까요?

예시답안

학교 교육과정을 편성·운영함에 있어서는 다양한 인적 자원과 물적 자원 측면을 고려해야 한다. 인적 자원으로는 교원의 조직, 학생의 실태, 학부모의 요구, 교장의 교육 운영 방침이 있다. 또한 물적 자원으로는 학교나 지역사회의 교육 시설·설비, 활용 가능한 교수학습 자료가 있다.

THEME 05 교육과정의 개발

논술 문제 적용 하기

38-1 [2015 중등]

A중학교가 내년에 중점을 두고자 하는 교육과정 설계 방식의 특징을 3가지 설명하시오.

> 이번 워크숍은 우리 학교의 교육에서 드러난 몇 가지 문제점을 확인하고, 개선 방안을 제시하는 방식으로 진행되었습니다. 주요 내용을 말씀드리면 다음과 같습니다.
> 다음으로, 교육과정 설계 방식 및 수업 전략에 관한 문제점과 개선 방안입니다. 교육과정 설계 방식 측면에서, 종전의 방식은 평가 계획보다 수업 계획 중심으로 설계되어 있어서 교사가 교과의 학습 목표에 비추어 학생들이 배우는 내용을 올바르게 이해하였는지를 확인하는 데 한계가 있었습니다. 교사는 계획한 진도를 나가기에 급급한 나머지, 학생들의 학습 결손을 예방하지 못하였습니다. 내년에는 학생들의 학습 목표 달성 정도를 확인하는 데 유용한 교육과정 설계를 하고자 합니다.

38 [2010 초등]

밑줄 친 백워드 교육과정 설계 방식을 가장 잘 설명한 것은?

> 김 교사는 해당 학년에서 성취해야 할 교육과정상의 목표가 있으며 그 성취정도를 평가해 성취목표 달성수준에 대한 정보를 제공하고, 학습자가 성취목표를 달성할 수 있도록 효과적으로 돕는 것이 중요하다고 생각한다. 이와 같은 생각에서 김 교사는 교육과정을 백워드(backward) 방식으로 설계하는 것이 적절하며, 이는 성취기준과 교육의 책무성이 강조되는 상황에도 부합한다고 본다. 또한 김 교사는 학생들의 성취목표 도달 정도를 확인해 이미 학습목표를 성취한 학생들과는 학습 계약을 맺어 별도의 학습과제를 부여해 수업시간을 낭비하지 않도록 하고 있다.

① 학습자 흥미를 강조하는 활동 중심으로 설계한다.
② 탈 목표(goal-free) 모형에 의해 평가가 이루어진다.
③ 목표설정, 평가계획, 수업활동계획 순으로 설계한다.
④ 교사와 학생의 협동 작업을 강조하는 구안법을 활용한다.
⑤ 학습자의 경험을 중시하는 과목 간의 횡적 통합을 강조한다.

정답풀이

③ 백워드 설계모형은 '단원목적과 질문개발 → 평가계획 → 학습경험과 수업의 전개'의 순으로 전개된다.

오답풀이

①, ④, ⑤ 경험중심 교육과정에 대한 설명이다.
② 스크리븐의 탈목표 평가에 대한 설명이다.

만점대비 +α

💡 위긴스와 맥타이(Wiggins & McTighe)의 백워드 설계모형

(1) **이론적 틀** : 타일러의 목표 모형, 브루너의 학문중심 교육과정, 평가의 지위와 역할의 향상

(2) **단원 설계 및 구성요소**
  1) 제1단계 단원 목적과 질문 개발
     ① 국가 수준에서 제시하는 성취기준을 바탕으로 목표분석 과정을 거쳐 주요 아이디어를 선정한 후, 이해의 측면을 고려하고 본질적 질문을 도출하게 된다.
     ② 위긴스와 맥타이는 목표의 다른 표현인 이해를 여섯 가지 측면으로 나누어 구체적으로 제시하였다. → '영속한 이해(설명, 해석, 적용, 관점, 공감, 자기지식)'
     ③ 각각의 이해는 평가의 측면에서 학습자의 진정한 이해의 도달 정도를 판단하기 위한 기준이 된다.
  2) 2단계 : 평가 계획
     ① 1단계에서 확인한 학문지향적 교과학습내용을 학습자들이 충분하게 습득하였음을 입증하는 구체적인 증거 수집단계이다.
     ② 질적으로 차별화된 개념과 사실, 기능들을 크게 2가지 평가방법(지필고사/수필, 수행과제)에 대비시켜 그 적합성과 실제성을 따져보고, 구체적인 평가도구를 개발한다.
  3) 3단계 : 학습경험과 수업의 전개내용의 개요
     ① 아이디어를 의미로 승화시키는 단계로, 후방위설계가 단원수준인 만큼 여기서의 지도안은 단지 계획안이 아니라 핵심 아이디어들과 단계를 열거해 놓은 내용 개요와 같다.
     ② WHERE TO의 절차적 원리
        ㉠ 교사는 높은 기대수준 및 학습 방향을 제시한다(Where are we headed?).
        ㉡ 학습자들의 도전의식을 고무하며 관심을 이끈다(Hook the students).
        ㉢ 수행과제를 투입하면서 주제를 넓게 탐구시킨다(Explore & Equip).
        ㉣ 높은 성취수준을 수행하고 있는지 점검한다(Review & Rethink).
        ㉤ 성취의 증거들을 발표하고 전시한다(Exhibition & Evaluation).
        ㉥ 학생의 요구, 흥미, 스타일에 맞추어 수준별로 고려한다(Tailer to student needs, interests, and styles).
        ㉦ 최대의 참여와 효율성을 위해 조직한다(Organize for maximum engagement and effectiveness).

| 정답 | ③

논술 문제 적용 하기

예시답안

제시문은 목표 설정이 제일 중요시되며, 다음에 목표 달성을 위한 교수학습 경험이 오고, 그 다음에 평가가 진행되는 과정으로 인해 수업 활동이 학생들이 달성해야 할 성취기준, 평가기준과는 긴밀하게 관련되는 정도가 약해지는 문제를 지적하고 있다. 이러한 문제를 극복하기 위하여 백워드 설계 방식을 활용할 수 있다. 백워드 설계 방식의 특징은 다음과 같이 정리할 수 있다. 첫째, 타일러의 목표중심 모형을 계승 발전하지만, 목표보다 성취기준 중심이다. 우선 일반적 방향을 제시하고 무엇을 어떻게 할 것인지 처방을 내려주는데 우선 순위가 있으며, 그에 따라 교육과정 개발 모형의 형식이나 조직 방법이 복잡하지 않고 직선적이며 순환적이라는데서 목표중심 모형과 큰 틀을 같이 하고 있다. 또한 바라는 결과의 사전 확인과 결정이 모든 개발 작업에 우선 시 되어야 한다는 원리에 공통점이 있다. 그러나 목표중심 모형에서는 목표 설정이 제일 중요시되며 그 다음에 목표 달성을 위한 교수학습 경험과 평가가 진행되는 반면, 백워드 모형은 성취기준 중심의 모형이라고 할 수 있다. 학생들이 성취해야 할 바라는 결과를 확인하고, 그 다음에 그 결과를 수용할 만한 증거를 결정하며, 다음으로 학습 경험과 수업 계획을 수립하는 절차를 밟는 것이다. 즉, 목표중심 모형과 교육과정 개발의 논리는 동일하지만 목표가 곧 성취기준이 되며, 평가의 기준이 바로 목표가 된다. 둘째, 교육과정에서 달성해야 할 목표들을 '보다 근본적인 이해에 초점을 두고 있다. 이것은 목표의 성질과 관련한 문제이다. 백워드 모형은 인지 중심과 문제해결 중심의 입장을 강조하며, 교육과정에서 달성해야 할 목표들을 보다 근본적인 이해에 초점을 두고 그를 성취할 수 있어야함을 강조한다. 백워드 설계 모형에서는 이를 '지속적인 이해'라는 용어로 제시하고 있다. 이러한 지속적인 이해는 학습자들이 아주 상세한 것들을 잊어버린 이후에도 머리 속에 남아 있는 큰 개념 혹은 중요한 이해를 말한다. 백워드 설계에서 목표로 삼고 있는 결과는 브루너가 말하는 지식의 구조와 유사한 것으로, 어떤 현상의 기저에 있는 핵심적인 아이디어, 개념이나 원리를 가르치고 이해시켜야 교수의 효율성과 학습의 경제성을 높일 수 있다고 본다. 셋째, 평가의 지위와 역할이 중요하고 그에 따른 평가자로서의 교사 전문성이 강조된다. 목적의 확인은 바로 그 목적의 달성을 확인할 증거의 수집 계획을 수립하는 것이며, 그것은 평가의 타당도를 높이는 데 결정적이다. 과거에는 목적이 설정되었다면 그 다음에는 구체적인 수업 계획이 마련되고 평가 절차가 수립되는 것이 일반적인 절차였지만, 이 모형에서는 그 순서를 과감하게 바꾸어 학습 경험과 내용의 선정에 앞서 구체적인 평가계획안이 마련되어야 한다는 점이 특징적이다. 백워드 설계의 두 번째 단계에서는 수행 과제 제작과 활용 방안에서 형성 평가 및 종합 평가 문항 개발, 그리고 자기 평가 방법에 이르기까지 모든 시나리오가 개발되어야 한다. 이러한 모형에서는 교과서를 잘 활용하고 자료를 적절히 만들고, 수업을 재미있게 하는 교사의 이미지가 별로 인정받지 못한다. 백워드 설계 모형에서는 다양한 평가 도구를 타당하고 신뢰롭게 개발 할 수 있는 평가 전문가가 훌륭한 교사의 의미지로 설정된다.

39

2012 중등

<보기>는 위긴스와 맥타이(G. Wiggins & J. McTighe)의 백워드 설계(Backward Design)에서 학교교육의 목표가 되는 6가지 이해에 관한 진술이다. (가) 가장 낮은 수준의 이해와 (나) 가장 높은 수준의 이해를 바르게 짝지은 것은?

보기

㉠ 비판적이고 통찰력 있는 견해(관점)
㉡ 의미를 제공하는 서술이나 번역(해석)
㉢ 타인의 감정과 세계관을 수용할 수 있는 능력(공감)
㉣ 지식을 새로운 상황이나 다양한 맥락에 효과적으로 사용하는 능력(적용)
㉤ 사건과 아이디어들을 '왜' 그리고 '어떻게'를 중심으로 서술하는 능력(설명)
㉥ 자신의 무지를 아는 지혜 혹은 자신의 사고와 행위를 반성할 수 있는 능력(자기지식)

	(가)	(나)		(가)	(나)
①	㉡	㉠	②	㉡	㉢
③	㉣	㉥	④	㉤	㉢
⑤	㉤	㉥			

만점대비 +α

💡 **이해의 여섯 가지 측면**

설명	왜 그리고 어떻게를 중심으로 사건과 아이디어들을 서술하는 능력 예) 독립전쟁이 어떻게 발생하였는가?	저 ↑
해석	의미를 제공하는 해석, 내러티브, 번역 등 숨겨진 의미를 도출하는 능력 예) 11학년 학생은 걸리버 여행기가 영국 지성인들의 삶에 대한 풍자로서 읽을 수 있음을 보여준다.	
적용	지식을 새로운 상황이나 다양한 맥락에 효과적으로 사용하는 능력 예) 7학년 학생은 자신의 통계적 지식을 활용하여 학생 자치로 운영하는 문구사의 내년 예산을 정확하게 산출한다.	
관점	비판적이고 통찰력이 있는 시각으로 바라보는 능력 예) 학생은 가자 지구의 새로운 협의안에 대한 이스라엘과 팔레스타인 관점을 설명한다.	
공감	타인의 세계관과 감정을 수용할 수 있는 능력 예) 자신을 줄리엣으로 생각하여, 왜 그런 절박한 행위를 하여야만 했는지 설명하는 생각과 감정을 글로 써보기	
자기지식	자신의 무지를 알고 자신의 사고와 행위를 반성할 수 있는 능력 예) 내가 누구인가가 어떻게 나의 관점을 결정하는가?	↓ 고

|정답|⑤

THEME 06 교육과정의 실행 및 운영

40
2010 초등

다음 대화에서 추론할 수 있는 교사와 교장의 교육과정 실행에 대한 관점을 옳게 연결한 것은?

> 김 교사 : 국가가 정한 교육과정에 얽매이기보다는 교사가 창의적으로 교육내용을 만들어서 가르치는 것이 중요하다고 봐요. 교육과정은 교사와 학생이 함께 만들어가는 교육경험이라 할 수 있잖아요.
> 이 교장 : 글쎄요. 국가 교육과정은 전국적인 교육의 질을 보장하기 위하여 공통된 내용을 정하여 실시하는 교육계획이지요. 그렇다면 교사가 수업을 임의로 해서는 안 되고, 당초 국가 교육과정에서 정한 목표와 내용을 중심으로 가르쳐야지요.
> 박 교사 : 두 분 말씀을 알겠는데요. 교육과정을 실제로 운영하는 것은 복잡한 일입니다. 국가 교육과정뿐만 아니라 교실 상황, 학습자 수준, 교사의 요구도 함께 고려해야죠. 교육과정 개발자와 사용자 간의 의견 조정도 중요하다고 봐요.

	김 교사	이 교장	박 교사
①	형성(생성) 관점	충실성 관점	상호적응 관점
②	형성(생성) 관점	상호적응 관점	충실성 관점
③	충실성 관점	상호적응 관점	형성(생성) 관점
④	충실성 관점	형성(생성) 관점	상호적응 관점
⑤	상호적응 관점	충실성 관점	형성(생성) 관점

논술 문제 적용 하기

40-1
2021 중등

교육과정 운영 관점을 스나이더 외(J. Snyder, F. Bolin, & K. Zumwalt)의 분류에 따라 설명할 때, 김 교사가 언급한 자신의 기존 관점의 장점과 단점 각각 1가지, 새롭게 관심을 가지게 된 관점에 적합한 교육과정 운영 방안 2가지를 논하시오.

> 보고 싶은 친구에게
> … (중략) …
> 학생의 선택과 결정의 기회를 확대하기 위해 우리 학교가 학교 운영 계획을 전체적으로 다시 세우고 있어. 그 과정에서 나는 교육과정 운영을 고민했고 교사 협의회에도 참여했어.
> 그동안의 교육과정 운영을 되돌아보니 운영에 대한 나의 관점이 달라진 것 같아. 교직 생활 초기에는 국가 교육과정의 내용을 있는 그대로 실행하는 관점으로 교육과정을 운영해 왔어. 그런데 최근 내가 새롭게 관심을 가지게 된 관점은 교육과정을 교사와 학생이 함께 생성하는 교육적 경험으로 보는 거야. 이 관점으로 교육과정을 운영하는 방안을 찾아봐야겠어.

THEME 06 교육과정의 실행 및 운영

논술 문제 적용 하기

....

....

....

....

....

예시답안

스나이더의 분류에 따를 때, 김 교사가 언급한 기존 관점은 충실도 관점이다. 이 관점은 교육과정이란 외부 전문가 집단에 의해 개발되는 것이며, 전문가가 개발한 교육과정을 전문가의 의도대로 교사가 실행하면 교육과정 개정의 취지를 실현할 수 있는 것으로 본다. 충실도 관점의 장점은 교육과정이 개발자의 의도대로 충실하게 실행될 수 있다는 것이다. 새로운 교육과정이 개발되면 무엇보다도 교사들이 이를 실행하는데 필요한 연수를 받아야 하며, 교육과정에 대한 교사의 소양이 부족할수록 교육과정을 체계적으로 계획하여 구체적인 지침이 만든다. 즉, 교육과정을 처음부터 치밀하게 계획함으로써 소양이 부족한 교사들이 제시된 지침이나 매뉴얼에 따라 교육과정을 실행할 수 있게 할 수 있다. 반면, 충실도 관점의 단점은 학습자 개개인의 개인차에 부응하는 교육과정의 개별화가 어렵다는 것이다. 충실도 관점은 사용될 다양한 학교 맥락을 고려하지 않으며, 개별 학교에 교육과정 개발에 대한 융통성을 부여하지 않는다. 따라서 각 학교의 실정에 맞는 교육과정 개발이 어려워지며, 이는 학부모와 학생들의 요구를 수렴한 융통적인 교육과정의 운영을 저해한다. 반면, 김 교사가 새롭게 관심을 가지게 된 관점은 생성적 관점이다. 이 관점은 외부 전문가가 개발한 교육과정을 학생들의 교육경험을 계획하는 기반으로 간주하며, 학교에 실재하는 교육과정은 교사와 학생이 상호작용하면서 갖게 되는 교육경험이라고 본다. 이에 부합하는 교육과정 운영방안은 다음과 같다. 첫째, 교육과정에서 다룰 주요 주제를 학생과 학부모의 요구를 수용하여 결정하고, 이를 학년별로 내용과 과정을 선정하여 구성한다. 학습자에게 선택의 권한을 부여하는 방법은 학습내용의 선정에서부터 시작된다. 학습자 개개인이 갖고 있는 특성, 즉 그들의 흥미, 적성, 호기심, 관심사 등을 반영하기 위해서는 가장 우선적으로 교육과정이 학습자의 얼굴을 보면서 교실현장에서 만들어져야 한다. 둘째, 통합교육과정을 실시함으로써 교육과정을 개별화한다. 통합교육과정의 교육내용은 문제해결중심, 프로젝트중심, 주제중심으로 구성되며 간학문적 주제와 소집단 협동학습을 통하여 자연스럽게 학생들의 능력과 흥미, 필요에 따라 교육과정이 차별화되도록 한다. 이러한 통합교육과정에서는 학습자들로 하여금 각자 자신의 수준에 맞는 방법으로 문제나 주제에 접근하여 현재 자신의 경험에서 할 수 있는 방법으로 의미를 이해하고, 다른 학습자와 상호작용하면서 다른 사람들의 관점을 이해하고 자신의 관점을 명료화하고 정교화할 수 있도록 되어 있다.

만점대비 +α

💡 스나이더(Snyder)의 교육과정 실행의 관점

(1) 충실성 관점 : 외부에서 주어짐
① 교육과정 실행에 대해 충실도 관점을 취하는 학자들은 교육과정이 '개발자가 원래 의도한 대로 실행'되었는지를 파악하는 데에 주된 관심이 있다.
② 이 관점은 교육과정이란 외부 전문가 집단에 의해 개발되는 것으로, 전문가가 개발한 교육과정을 전문가의 의도대로 교사가 실행하면 교육과정 개정의 취지를 실현할 수 있는 것으로 본다.
③ 충실도 관점에서는 구조화된 접근이 권고된다. 이에 따라 교사들에게 단원 혹은 코스를 어떻게 가르칠 것인가에 대한 명백한 지침이 주어진다.
④ 교사에게 주어지는 지침은 구체화되고 미리 만들어진 것이다. 물론 여기에서 제공되는 어떤 것도 단원이 사용될 다양한 학교 맥락을 고려하여 만들어진 것은 아니다.
⑤ 교사의 역할 : 교사는 개발자의 의도대로 충실하게 교육과정을 실행해야 할 존재, 즉 전문 교육과정 개발자들의 지혜를 그저 수용하기만 하면 되는 피동적 존재로 인식된다. 따라서 새로운 교육과정이 개발되면 무엇보다도 교사들은 이를 실행하는데 필요한 연수를 받아야 한다고 본다.
⑥ 시사점
  ㉠ 교육과정을 처음부터 치밀하게 계획하여 만들어주기에, 소양이 부족한 교사들이 제시된 지침이나 매뉴얼에 따라 교육과정을 실행할 수 있다.
  ㉡ 그러나 이 모형은 교육 현장의 특수한 현실을 반영하기 어렵다는 점이나 교사의 능동적 관여를 경시하고 있다는 점에서 비판을 받는다. → '교사 배제 교육과정'을 가정·지향

(2) 상호적응 관점 : 외부에서 주어짐
① 교육과정 실행에 대해 상호적응적 관점을 취하는 학자들은 계획된 교육과정이 교육과정 실행자에 의해 조정 및 변화되는 과정에 주된 관심이 있다.
② 이 관점은 의도된 교육과정은 실행에 참여하는 사람들의 맥락에 맞게 조정되는 것이 불가피하다고 본다.
③ 따라서 교육과정 실행에 대한 상호적응적 관점은 미리 계획된 교육과정을 일방적으로 보급하는 것보다는 개발자와 실행자간의 상호작용에 기초한 조정과 변화의 과정을 중시한다.
④ 교사의 역할 : 교육과정 개발자와 교사 간에 합리적이고 지적인 거래행위를 통하여 교육과정을 융통성 있게 재구성한다.
⑤ 시사점
  ㉠ 이와 같은 관점은 교육과정 운영이 다양한 수준과 맥락에서 일어나는 복잡한 과정임을 시사해 준다.
  ㉡ 따라서 교육과정 운영에 영향을 미치는 많은 상황적 요인들을 밝히고 이들 간의 상호 관련성을 분석할 필요가 있으며, 교육과정 사용자들과 개발자들 사이의 합법적인 수정을 거치는 상호적응의 과정이야말로 교육과정을 성공적으로 실행하는 가장 효과적인 방법이라 할 수 있다.

(3) 형성 관점 : 내부에서 주어짐
① 교육과정 실행에 대해 생성적 관점을 취하는 학자들은 개발된 교육과정의 실행보다는 교사와 학습자가 교육과정을 만들어가는 과정에 주된 관심이 있다.
② 이 관점은 외부 전문가가 개발한 교육과정을 학생들의 교육경험을 계획하는 기반으로 간주하며, 학교에 실재하는 교육과정은 교사와 학생이 상호작용하면서 갖게 되는 교육경험이라고 본다.
③ 생성적 관점은 학생들의 주관적인 지각이나 느낌, 교사와 학생 간의 상호작용 과정 등이 교육과정 실행에 영향을 미치기 때문에 이들을 구체적으로 분석하고 이해하고

자 노력한다.
④ 교사의 역할 : 교사는 긍정적인 교육적 경험을 구성하고 창조하는 교육과정 구성자로서, 외부에서 개발된 교육과정을 수동적으로 받아들여 학생에게 전달하는 '소비자'가 아니라, 학생과 함께 교육과정을 구성하는 '개발자'의 역할을 한다.
⑤ 시사점
  ㉠ 교육과정은 교사의 신념이나 해석, 사고의 변화 등에 따라 달리 이해되기 때문에 교사는 교육과정 실행에 있어서 가장 중요한 변인이다.
  ㉡ 따라서 성공적인 교육과정 실행을 위해서는 교사의 주관적인 생각과 느낌, 교육적 가정 등을 이해하고 수용하는 것이 필요하다.

(4) 교육과정 실행 관점의 비교

관점	교육과정 실행의 의미	교육과정 개발 주체	교사의 역할	평가 영역
충실도 관점	계획된 교육과정의 충실한 실행 정도	학교 외부 전문가	수동적 수용	계획과 결과간의 일치 정도
상호적응적 관점	학교와 교실 상황에 맞게 조정된 교육과정의 융통성 있는 실행	외부 전문가와 교육과정 실행자간의 상호작용	교사 자신의 관점 반영하여 교육과정을 조정	상호작용의 변화 과정
생성적 관점	교실수업에서 교사와 학생의 교육적 경험에 의해 창조된 교육과정	교사와 학생	교육과정 개발자로서 교육적 경험을 능동적으로 창출	교사의 이해와 해석 수준

|정답| ①

논술 문제 적용 하기

40-2 2022 초등

김 교사, 박 교사, 최 교사의 교육과정 실행에 대한 각각의 관점을 논하고, 각 관점에서 실행해야 할 교사의 역할을 논하시오.

> 김 교사: 요즘 교육부에서 지역과 학교의 교육과정 자율성을 강화하는 정책이 논의되고 있다고 합니다. 그러나 저는 교과서가 국가 교육과정을 가장 잘 구현하고 있다고 생각해서 교과서의 내용을 충실하게 다루고 있습니다.
> 박 교사: 제가 속한 교육청의 교육 중점 활동을 환경 교육입니다. 최근 우리 학교 주변에 있는 습지 보존 여부에 대해 찬반이 대립하고 있습니다. 그래서 저는 이 쟁점을 중심으로 국어과의 토의·토론, 사회과의 민주적 의사결정, 과학과의 생태계 내용을 통합적으로 재구성해서 실행하려고 합니다.
> 최 교사: 저는 국가나 지역 수준에서 개발된 교육과정을 적용하는 것에서 벗어나 학교에서 새로운 프로그램을 개발하여 운영하는 것이 필요하다고 생각합니다. 학생들이 관심을 가지는 주제를 중심으로 저와 학생들이 함께 만드는 겁니다.

예시답안

김 교사는 국가 교육과정을 잘 구현하고 있는 교과서의 내용을 충실하게 다루고자 한다. 그러므로 김 교사의 관점은 충실도 관점이다. 이 관점은 교육과정이란 외부 전문가 집단에 의해 개발되는 것이며, 전문가가 개발한 교육과정을 전문가의 의도대로 교사가 실행하면 교육과정 개정의 취지를 실현할 수 있는 것으로 본다. 따라서 교육과정 실행에 있어서 교사는 개발자의 의도대로 충실하게 교육과정을 실행해야 한다. 한편, 박 교사는 교육청의 교육 중점 활동을 적용하면서도, 여러 교과의 내용을 통합적으로 재구성하고자 한다. 그러므로 박 교사의 관점은 상호적응적 관점이다. 이 관점은 미리 계획된 교육과정을 일방적으로 보급하는 것보다는 개발자와 실행자 간의 상호작용에 기초한 조정과 변화의 과정을 중시한다. 따라서 교사는 자신의 관점을 반영하여 교육과정을 조정해야 한다. 마지막으로, 최 교사는 국가나 지역 수준의 교육과정을 적용하는 것에서 벗어나 새로운 교수 프로그램을 만들어내고자 한다. 그러므로 최 교사의 관점은 생성적 관점이다. 이 관점은 외부 전문가가 개발한 교육과정을 학생들의 교육경험을 계획하는 기반으로 간주하며, 학교에 실재하는 교육과정은 교사와 학생이 상호작용하면서 갖게 되는 교육경험이라고 본다. 그러므로 교사는 학생과 함께 교육과정을 구성하는 개발자이다.

41

홀(G. E. Hall) 등의 '교사의 관심에 기초한 교육과정 적용 모형(CBAM)'에 따르면, 새로 채택된 교육과정의 실행 양태는 교사의 관심 수준에 따라 달라진다. 이 모형에서 교사의 가장 높은 단계의 관심 수준은?

① 새 교육과정을 수정·보완하여 더 나은 결과를 가져올 방안에 대한 관심
② 새 교육과정의 운영을 위한 정보와 자원을 효율적으로 배분하는데 대한 관심
③ 새 교육과정에 대해 개괄적인 것을 넘어 더 구체적인 것을 알고 싶어 하는 관심
④ 새 교육과정을 적용하는 것이 자신과 주변에 어떤 영향을 끼치는지에 대한 관심

정답풀이
① 강화적 관심(7단계)에 해당한다.

오답풀이
② 운영적 관심(4단계)에 해당한다.
③ 정보적 관심(2단계)에 해당한다.
④ 개인적 관심(3단계)에 해당한다.

만점대비 +α

💡 홀(Hall)의 관심확인채택 모형

(1) 관심단계(7단계) : 교사들이 교육과정을 이행하면서 가지는 느낌에 초점

관심별 단계		관심수준의 표현정도
자신에 대한 관심	지각적 관심	새로운 교육과정에 대해 관심이 없거나 관여하지 않음
	정보적 관심	새로운 교육과정에 대해 대체적인 것을 알고 있고, 좀 더 알고 싶어함
	개인적 관심	새로운 교육과정을 실행하는 것이 자신의 자기 주변에 어떤 영향을 끼치는지 알고 싶어함
업무에 대한 관심	운영적 관심	새로운 교육과정의 운영과 관리에 관심이 있으며, 정보와 자원의 활용에 관심이 높음
결과에 대한 관심	결과적 관심	새로운 교육과정을 실행하는 것이 학생들에게 어떤 영향을 끼치는지에 관심
	협동적 관심	새로운 교육과정을 실행하는 데 있어 다른 교사들과 협동, 조정하는 데 관심
	강화적 관심	새로운 교육과정을 수정하고 보완하여 더욱 좋은 결과를 가져올 방법에 대해 관심

(2) 이행수준 : 새 교육과정을 이행하는 동안 교사가 실제로 하는 행동을 나타내는 데 사용

비이행 수준	비운영	새 교육과정을 운영하지 않음
	오리엔테이션	새 교육과정에 대해 알게 되었거나 알아가는 과정 or 새 교육과정의 필요성과 가치를 알게 되거나 알아가는 과정
	준비	새 교육과정을 운영하기 위한 준비를 하는 단계
이행 수준	기계적 운영	새 교육과정을 단기적으로 운영하며, 대개 연계성이 부족한 피상적인 운영을 함
	일상화	새 교육과정을 처방된 대로 운영
	정교화	학습자에 미치는 장·단기의 영향력을 고려하여 학습자에 맞게 새 교육과정을 수정하여 사용
	통합화	학습자의 학습을 극대화하기 위하여 새 교육과정의 운영에서 동료 교사들과 협동
	갱신	새 교육과정을 재평가하여 미비점을 보완, 수정할 뿐만 아니라 근본적인 개정방향 제시

(3) 이행형태
① 교육과정의 이행이 교육과정 개발의 의도와 어느 정도 일치하는가 알아보기 위해 조사
② 구성요소(차원) : 자료(교재, 보충자료, 교사 제작 자료, 다른 자료들), 수업에 할애하는 시간(매일, 주별), 학생 집단(차원 : 소집단, 개별적으로, 대집단)

| 정답 | ①

THEME 07 우리나라 교육과정

논술 문제 적용 하기

Q.1
2019 초등

교사가 진영이에게 길러주어야 할 핵심 역량을 2015 개정 교육과정 총론에 근거하여 2가지 제시하고, 각각의 역량을 기르기 위해 어떻게 지도해야 하는지를 진영이의 특성과 관련지어 1가지씩 논하시오.

> 김 교사: 우리 반 진영이가 평소에는 학교생활에 큰 어려움이 없는 듯한데, 발표할 때 긴장하고 떨어요. 평소 실력을 발휘하지 못해 너무 속상하다고 합니다. 그래서 저는 진영이를 정말 도와주고 싶어요.
> 박 교사: 저런, 진영이 입장에서는 정말 속상할 것 같아요. 우선 진영이 감정부터 공감해 줘야겠어요.
> 김 교사: 네, 그래야겠어요. 진영이는 발표 시간에 자기 생각과 감정을 제대로 표현하지 못해요. 남의 말을 경청하지 못하고, 남의 의견을 존중하지 않아요. 또 한 가지는 진영이가 자신감도 떨어지고, 선생님과 친구들에게 자꾸 의존하고 자기가 주도적으로 하지 않아요.
> ...(하략)...

예시답안

2015 개정 교육과정은 학생이 함양하길 기대하는 핵심역량을 처음으로 국가 교육과정에 명시하고 있다. 그 중 김 교사가 진영이에게 길러주어야 할 핵심 역량은 의사소통 역량과 자기관리 역량이다. 의사소통 역량은 다양한 상황에서 자신의 생각과 감정을 효과적으로 표현하고 다른 사람의 의견을 경청하고 존중하는 역량이다. 이러한 역량을 기르기 위해 교사는 진영이에게 토의, 토론 학습 방법을 적극 활용할 수 있다. 의사소통이 지니는 상호협력적인 면을 강조한 토의, 토론 학습을 통해 다른 사람의 의견을 비판적으로 수용하고 자신의 주장을 효과적으로 표현하는 능력을 기를 수 있다. 여러 사람과 상호 의사소통하는 환경과 상황을 마련해 주고, 토의, 토론을 할 때에는 상대방의 의견의 문제점을 지적하기보다는 상대방의 의견 중 궁금한 점이나 상대방이 생각하지 못한 점을 질문하고 좋은 점은 칭찬해 주는 등의 긍정적인 상호작용이 전개되도록 지도한다.

자기관리 역량은 자아정체성과 자신감을 가지고 자신의 삶과 진로에 필요한 기초적 능력과 자질을 갖추어 자기 주도적으로 살아갈 수 있는 역량이다. 자기관리 역량을 위해서는 자기 동기화, 할 수 있다는 자신감, 능력 있는 학습자라는 자신에 대한 믿음을 기반으로 자립적으로 자신을 반성하고 돌아볼 수 있는 자질을 길러야 한다. 이러한 자기관리 역량을 기르기 위해 프로젝트 학습을 활용할 수 있다. 프로젝트 학습은 학생들이 장기간에 걸쳐 특정 주제나 과제에 대해 계획을 수립하고, 실행하여 결과물을 산출하는 교수학습방법으로 학생들의 다양한 능력이 활용될 뿐만 아니라 능동적인 학습 참여를 유도할 수 있다. 높은 기대수준을 갖고 자신의 목표와 계획을 세우고 프로젝트를 완수해가며 그 과정에서 부딪히는 다양한 도전에 대처할 수 있는 전략을 구상하고, 결과를 스스로 평가하는 경험을 통해 자기관리 역량을 기를 수 있다. 교사는 체크리스트와 반성 활동들을 통해 그 과정을 효과적으로 수행할 수 있도록 조력한다.

42
2012 중등

〈보기〉는 우리나라 국가 교육과정의 시기별 특징에 관한 진술이다. 시기적으로 오래된 것부터 순서대로 바르게 나열한 것은?

보기
- ㉠ 통합교과 체제의 도입
- ㉡ 창의적 체험활동의 신설
- ㉢ 시·도교육청에 교육과정 편성·운영권을 부여하기 시작
- ㉣ 고등학교 2~3학년 과정을 선택중심 교육과정으로 운영

① ㉠-㉢-㉡-㉣
② ㉠-㉢-㉣-㉡
③ ㉡-㉣-㉢-㉠
④ ㉢-㉠-㉣-㉡
⑤ ㉢-㉣-㉡-㉠

정답풀이

- ㉠ • 4차 : 초등학교 1~2학년에 처음으로 통합 교육과정이 도입되었다. 물론 이 당시의 통합이 단순히 교과 간의 통합이었기 때문에 완전한 통합형태는 아니었지만, 우리나라 통합 교육과정의 출발점이었다는 점에서 의의가 크다. 예컨대 초등학교 1학년의 '우리들은 1학년'을 비롯하여 1~2학년의 바른생활(도덕, 국어, 사회), 슬기로운 생활(산수, 자연), 즐거운 생활(체육, 음악, 미술)이 그것이다.
  • 5차 : 초등학교 1~2학년의 통합교과 편제가 통합 교육과정 편제로 바뀌었다. 종래에는 단순히 교과의 통합만 이루어졌지만 이번에는 교과의 차원을 넘어선 교육과정의 통합이 이루어졌다. 4차 교육과정에서는 8개 교과를 세 영역으로 묶어 교과 간의 통합이 이루어져 교과 서로만 통합이 되고 이에 따른 시간 배당이 이루어졌지만, 5차 교육과정에서는 교과서는 물론, 교육과정도 통합되는 실질적인 통합 교육과정체제로 바뀌었다.
- ㉢ 6차 교육과정
- ㉣ 7차 교육과정
- ㉡ 2009 개정 교육과정

만점대비 +α

우리나라 교육과정

긴급 조치기 (1945~1946)	• 당면한 교육문제에 대한 미 군정의 응급조치 • 초·중등학교의 교과편제 및 시간배당 발표
교수요목기 (1946~1954)	• 각급 학교의 교수요목 발표 • 분과주의 채택 • 진보주의 교육영향 • 학습지도에 따른 아동중심의 새 교육운동 전개
제1차 교육과정 (1954~1963)	• 주요 배경이론 : 교과중심 교육과정 • 체제면에서는 분과형 교육과정 유지 • 내용면에서는 부분적으로 생활중심 교육과정 반영 • 도의 교육 강조 • 교육과정 영역을 교과활동 + 특별활동으로 2대분

구분	내용
제2차 교육과정 (1963~1973)	• 주요 배경이론 : 경험중심 교육과정 • 교육과정 의미 : 학교의 지도하에 학생들이 가지는 경험의 총체 • 자주성, 생산성, 유용성 강조 • 교육과정 영역을 교과활동 + 반공·도덕생활 + 특별활동으로 3대분
제3차 교육과정 (1973~1981)	• 주요 배경이론 : 학문중심 교육과정 • 지식의 구조, 기본 개념과 원리를 중시, 탐구학습 강조 • 국민교육헌장 이념 구현 • 도덕과 신설(초·중학교), 국사과 신설(중학교) • 교육과정 영역을 다시 교과활동 + 특별활동으로 2대분
제4차 교육과정 (1981~1987)	• 주요 배경이론 : 인간중심 교육과정 • 국민정신교육, 전인교육, 과학기술교육 강조 • 국민학교에서 교과의 통합적 운영으로 통합 교육과정이 싹틈 • 교육과정 영역을 교과활동 + 특별활동으로 2대분 • 문교부 주도에서 연구기관 위탁형 교육과정 개발 시작
제5차 교육과정 (1987~1992)	• 주요 배경이론 : 교과, 경험, 학문, 인간중심 교육과정의 조화 • 국민학교의 통합 교육과정 개정(교과통합 → 교육과정 통합) • 기초교육, 미래사회 대비교육 지향 • 교육과정 운영의 효율성 강조 • '우리들은 1학년' 신설 • 다양한 교육과정 자료개발 보급 • 컴퓨터교육과 경제교육을 강화 • 시·도 단위의 교과서 편찬 • 교육과정 영역을 교과활동 + 특별활동으로 2대분
제6차 교육과정 (1992~1997)	• 주요 배경이론 : 다양한 교육과정이론의 복합적 적용 • 교육과정 결정의 분권화, 교육과정 구조의 다양화, 교육과정 내용의 적정화, 교육과정 운영의 효율화 지향 • 초등학교 교육과정 영역을 교과활동 + 특별활동 + 학교 재량시간으로 3대분 • 중학교 교육과정에 선택교과 설정 • 교육과정 결정과 운영의 중앙 집중화 탈피, 지방분권화 지향
제7차 교육과정 (1997~)	• 주요 배경이론 : 다양한 교육과정이론의 복합적 적용 • 국민공통 기본 교육과정, 수준별 교육과정, 재량활동, 고교 2·3학년의 선택중심 교육과정 도입 • 교육과정 영역을 교과활동 + 재량활동 + 특별활동으로 3대분
2007 개정 교육과정 (2007~2010)	• 제7차 교육과정의 골격을 유지하면서 부분적으로 수정 • 수업시수를 일부 축소 • 과학과 역사 교육을 강화 • 단위학교 교육과정 운영의 자율권 확대 • 고등학교 선택중심 교육과정 개선
2009 개정 교육과정 (2010~2015)	• 창의적인 인재 양성 • 전인적 성장을 위한 창의적 체험활동 강화 • 국민공통교육과정 조정 및 학교교육과정 • 편성·운영의 자율성 강화 • 교육과정 개편을 통한 대학수능시험 제도 개혁 유도
2015 개정 교육과정 (2015~)	• 창의융합형 인재 양성 • 모든 학생이 인문·사회·과학기술에 대한 기초 소양 함양 • 학습량 적정화, 교수·학습 및 평가 방법 개선을 통한 핵심역량 함양 교육 • 교육과정과 수능·대입제도 연계, 교원 연수 등 교육 전반 개선

| 정답 | ②

논술 문제 적용 하기

Q.2
2022 초등

1) 교육과정 편성·운영의 주체에 따른 세 수준에서 교육과정을 개발하는 것이 필요한 이유를 각각 1가지씩 논하시오.
2) 임 교사의 3가지 제안에 따라 김 교사, 박 교사, 최 교사가 각각 취할 수 있는 교육과정 편성·운영 방안을 쓰고, 각 방안별 기대 효과를 논하시오.

> 김 교사 : 요즘 교육부에서 지역과 학교의 교육과정 자율성을 강화하는 정책이 논의되고 있다고 합니다. 그러나 저는 교과서가 국가 교육과정을 가장 잘 구현하고 있다고 생각해서 교과서의 내용을 충실하게 다루고 있습니다. 사실 진도를 나가면서 고민이 하나 있는데 고학년 학생들임에도 불구하고 아직 자연수의 사칙연산이 서툰 학생들이 있습니다. 이 학생들을 위한 지원이 마련되었으면 좋겠습니다.
>
> 박 교사 : 제가 속한 교육청의 교육 중점 활동은 환경 교육입니다. 최근 우리 학교 주변에 있는 습지 보존 여부에 대해 찬반이 대립하고 있습니다. 그래서 저는 이 쟁점을 중심으로 국어과의 토의·토론, 사회과의 민주적 의사결정, 과학과의 생태계 내용을 통합적으로 재구성해서 실행하려고 합니다. 프로젝트 수업으로 계획했는데 시간을 어떻게 확보해야 할지 모르겠습니다.
>
> 최 교사 : 저는 국가나 지역 수준에서 개발된 교육과정을 적용하는 것에서 벗어나 학교에서 새로운 프로그램을 개발하여 운영하는 것이 필요하다고 생각합니다. 학생들이 관심을 가지는 주제를 중심으로 저와 학생들이 함께 만드는 겁니다. 저는 소규모 학교에 있는데 학생들이 마을과 연계해서 학교 발전 방안을 탐구하자고 저에게 먼저 제안하였습니다. 그래서 학생들과 프로그램을 함께 개발해서 운영하려고 하는데 어떻게 하면 효과적일지 고민하고 있습니다.
>
> 임 교사 : 세 분 선생님의 어려움은 교육과정을 자율적으로 편성·운영하여 어느 정도 해결할 수 있습니다. 학교에서는 기초 학습 능력의 부족으로 학습 결손이 누적되지 않도록 추가적인 지원을 할 수 있습니다. 시간이 필요한 경우 특정 범위 내에서 시수를 조정할 수 있고, 창의적 체험활동도 활용할 수 있습니다.

예시답안

1)
교육과정 편성·운영 주체에 따른 세 가지 수준은 국가 수준, 지역 수준, 학교 수준 교육과정이다. 국가 수준 교육과정은 학교의 교육 목적과 목표 달성을 위해 교육부 장관이 결정, 고시하는 교육 내용에 관한 전국 공통의 일반적 기준을 의미한다. 국가 수준 교육과정은 의도적인 제도교육의 목표와 내용, 방법, 평가의 기준이 될 뿐만 아니라 교육의 지원과 관계되는 교육행정 및 재정, 교원의 양성·수급·연수, 교과서 등의 교재 개발, 입시 제도, 교육 시설·설비 등에 대한 정책 수립과 집행의 근거가 되는 교육의 기본 설계도로서 기능하게 된다. 시·도 교육청 수준의 지역 수준 교육과정은 국가 수준 교육과정에서 획일적으로 제시하기 어렵거나 세밀하게 규제하는 것

THEME 07 우리나라 교육과정

논술 문제 적용 하기

이 바람직하지 않은 사항을 그 지역의 특수성과 학교의 실정, 학생의 실태, 학부모 및 지역 사회의 요구, 그리고 해당 지역과 학교의 교육 여건 등에 알맞게 정하기 위해서 필요하다. 학교 수준 교육과정은 교육과정 결정의 분권화와 교육과정에 대한 학교의 자율성이 지속적으로 확대되어 오면서, 교육과정에 대한 의사 결정자로서의 교사의 역할을 강조한다. 이는 학교의 여건과 실태에 대한 구체적인 인식에 기초하여 학생들에게 실천 가능한 교육 설계도를 마련하고, 그러한 설계도에 담긴 특색을 구현할 수 있는 운영 계획 및 세부 실천 계획을 수립하는 것이 중요하다는 점에서 필요하다.

2)
김 교사는 임 교사의 제안에 따라 기초 학습 능력의 부족으로 학생들의 학습 결손이 누적되지 않도록 추가적인 지원을 해야 한다. 구체적으로 김 교사는 일과 전후에 별도의 시간을 활용하여 특별 보충 수업을 운영할 수 있다. 이를 통해서 정규 교육과정에서 학업 성취 수준에 도달하지 못한 학생들이 개별적인 도움을 받아 학습 결손을 보충할 수 있다. 박 교사는 임 교사의 제안에 따라 시수를 조정해야 하는데, 이때 교과(군)별 수업시수 20% 범위 내에서 시수를 증감하여 편성·운영할 수 있다. 이를 통해서 임 교사는 학교의 실정에 따라 특색 있게 운영되는 학교 교육과정을 보다 자율적으로 편성·운영할 수 있으며, 학생·교사·학부모의 요구 및 필요가 교육과정에 반영되게 할 수 있다. 최 교사는 임 교사의 제안에 따라 창의적 체험활동을 활용하여 마을과 연계한 학교 발전 방안 탐구 프로그램을 개발하고 운영할 수 있다. 구체적으로, 최 교사는 학생들로 하여금 마을공동체와 연계된 봉사활동 기회를 제공할 수 있다. 이는 학생의 소질과 잠재력을 계발하고 공동체 생활에 필요한 기본 생활 습관을 형성함으로써, 핵심역량의 함양을 통해 바른 인성을 갖춘 창의융합형 인재를 양성하는 데 기여할 수 있다.

Q.3
2021 초등

1) 학교 수준에서 교육과정을 편성·운영할 수 있는 근거 2가지와 이때 교사에게 요구되는 역할 2가지를 논하시오.
2) 최 교사가 분석한 학습부진의 원인을 논하고, 이를 해결하기 위한 방안을 교육내용 측면과 교수·학습 측면에서 각각 2가지씩 논하시오.

> 김 교사: 학교 자체평가 결과를 바탕으로 내년도 우리 학교의 교육과정 개발 방향을 이야기해 보죠. 아시다시피 학교 교육과정을 편성·운영할 때 국가 수준의 기본 방향과 함께 지역사회와 단위학교의 특성을 반영할 수 있어요. 학교에서 교육과정을 자율적으로 편성하고 운영할 수도 있고요. 그래서 저는 여러 선생님과 함께 우리 학교만의 철학과 비전을 바탕으로 보다 특색 있고 창의적인 교육과정을 만들고 싶어요.
>
> 박 교사: ...(중략)... 그러면 우리 학교에 가장 필요한 교육과정을 만들기 위해서는 무엇에 역점을 두어야 할까요?

💡 2015 개정 교육과정

(1) 성격
① 국가 수준의 공통성과 지역, 학교, 개인 수준의 다양성을 동시에 추구하는 교육과정이다.
② 학습자의 인성 함양과 창의성 신장을 위한 학생 중심의 교육과정이다.
③ 학교와 교육청, 지역사회, 교원·학생·학부모가 함께 실현해 가는 교육과정이다.
④ 학교 교육 체제를 교육과정 중심으로 구현하기 위한 교육과정이다.
⑤ 학교 교육의 질적 수준을 관리하기 위한 교육과정이다.

※ 교육과정의 수준

(1) 국가 수준 교육과정
① 우리나라의 국가 수준 교육과정이란 초·중등학교의 교육 목적과 목표 달성을 위해 초·중등교육법 제23조 제2항에 입각하여 교육부 장관이 결정, 고시하는 교육 내용에 관한 전국 공통의 일반적 기준을 의미한다.
② 초·중등교육법에 근거하여 고시되는 국가 수준 교육과정은 의도적인 제도교육의 목표와 내용, 방법, 평가의 기준이 될 뿐만 아니라 교육의 지원과 관계되는 교육 행정 및 재정, 교원의 양성·수급·연수, 교과서 등의 교재 개발, 입시 제도, 교육 시설·설비 등에 대한 정책 수립과 집행의 근거가 되는 '교육의 기본 설계도'로서 기능하게 되며, 학교 교육과정의 기준으로서 법적 구속력을 갖게 된다.

(2) 지역 수준 교육과정
① 국가 수준 교육과정은 전국의 모든 학교에서 편성·운영하여야 할 교육 내용의 공통적, 일반적 기준이므로 각 지역의 특수성과 각 학교의 다양한 요구와 필요를 국가 수준의 교육과정에 모두 반영한다는 것은 매우 어려운 일이다.
② 따라서 시·도 교육청 수준에서는 국가 수준 교육과정에서 획일적으로 제시하기 어렵거나 세밀하게 규제하는 것이 바람직하지 않은 사항을 그 지역의 특수성과 학교의 실정, 학생의 실태, 학부모 및 지역 사회의 요구, 그리고 해당 지역과 학교의 교육 여건 등에 알맞게 정하여야 한다.
③ 또한, 그 지역의 교육 중점 등을 설정하여 관내의 각급 학교에서 학교 교육과정을 편성·운영할 때의 준거로 각 시·도 교육청에서는 각급 학교의 교육과정 편성·운영을 위한 지침을 작성하여 학교에 제시할 필요가 있다.
④ 지역 수준의 교육과정 편성·운영 지침은 국가 기준과 학교 교육과정을 자연스럽게 이어 주는 교량적 역할을 하게 되며, 장학 자료, 교수 학습 자료 및 지역 교재 개발의 기본 지침이 될 수 있다.

(3) 학교 수준 교육과정
① 국가 수준에서 학교 교육과정의 모든 것을 결정하는 중앙집권적 교육과정 체제에서의 교사의 역할은 위로부터 부여받은 교육과정을 단순히 실행하는 것으로 한정되었다. 이때 학교와 교사의 역할은 국가가 제시한 교육과정을 받아 학생들에게 어떻게 하면 잘 가르칠 것인가에 국한된 것이다.
② 그렇지만 교육과정 결정의 분권화와 교육과정에 대한 학교의 자율성이 지속적으로 확대되어 오면서 교사의 역할이 종래와 같이 교육과정 실행자 및 사용자, 교수자에만 한정되지 않고 교육과정에 대한 의사 결정자로도 확대되었다. 즉, 교육과정의 최종적 실천자인 교사가 바로 교육과정의 최종 결정자이고 개발자로 자리매김된 것이다.
③ 따라서 교육의 실천자이고 교육의 주체인 교사가 교육 내용과 방법을 결정하고 어떻게 실천하고 어떻게 평가하느냐 하는 것은 대단히 중요한 과제가 되었다.
④ 각 학교에서 일련의 교육 실천 계획을 수립하고 중점 교육 내용과 방법을 선택하고자 할 때 그 근거가 되는 것은 어디까지나 국가 교육과정 기준과 시·도 교육청 지침이기 때문에 교사들은 이 기준과 지침을 자세히 분석하는 동시에 학교의 학생·교원 실태, 교육 실태, 교육 시설·설비, 교육 자료 등의 교육 여건 등을 잘 파악하여야 한다.

(2) 교육과정 구성의 방향

① 2015 개정 교육과정은 현행 교육과정(2009 개정 교육과정)이 추구하는 인간상을 기초로 창조경제 사회가 요구하는 핵심역량을 갖춘 '창의융합형 인재'상을 제시하였다.
  ▶ 창의융합형 인재 : 인문학적 상상력, 과학기술 창조력을 갖추고 바른 인성을 겸비하여 새로운 지식을 창조하고 다양한 지식을 융합하여 새로운 가치를 창출할 수 있는 사람

② 또한 이를 구체적으로 구현하기 위해 추구하는 인간상(자주적인 사람, 창의적인 사람, 교양있는 사람, 더불어 사는 사람)과 창의·융합형 인재가 갖추어야 할 핵심역량으로 자기관리 역량, 지식정보처리 역량, 창의적 사고 역량, 심미적 감성 역량, 의사소통 역량, 공동체 역량을 제시하였다.

인간상	자주적인 사람	전인적 성장을 바탕으로 자아정체성을 확립하고 자신의 진로와 삶을 개척하는 자주적인 사람
	창의적인 사람	기초 능력의 바탕 위에 다양한 발상과 도전으로 새로운 것을 창출하는 창의적인 사람
	교양있는 사람	문화적 소양과 다원적 가치에 대한 이해를 바탕으로 인류 문화를 향유하고 발전시키는 교양 있는 사람
	더불어 사는 사람	공동체 의식을 가지고 세계와 소통하는 민주 시민으로서 배려와 나눔을 실천하는 더불어 사는 사람
핵심 역량	자기관리 역량	자아정체성과 자신감을 가지고 자신의 삶과 진로에 필요한 기초 능력과 자질을 갖추어 자기주도적으로 살아갈 수 있는 자기관리 역량
	지식정보처리 역량	문제를 합리적으로 해결하기 위하여 다양한 영역의 지식과 정보를 처리하고 활용할 수 있는 지식정보처리 역량
	창의적 사고 역량	폭넓은 기초 지식을 바탕으로 다양한 전문 분야의 지식, 기술, 경험을 융합적으로 활용하여 새로운 것을 창출하는 창의적 사고 역량
	심미적 감성 역량	인간에 대한 공감적 이해와 문화적 감수성을 바탕으로 삶의 의미와 가치를 발견하고 향유하는 심미적 감성 역량
	의사소통 역량	다양한 상황에서 자신의 생각과 감정을 효과적으로 표현하고 다른 사람의 의견을 경청하며 존중하는 의사소통 역량
	공동체 역량	지역·국가·세계 공동체의 구성원에게 요구되는 가치와 태도를 가지고 공동체 발전에 적극적으로 참여하는 공동체 역량

③ 2015 개정 교육과정에 제시된 6개의 핵심역량은 국가 차원에서 합의된 것이고, 이것을 교과 교육을 포함한 학교교육 전 과정을 통해 중점적으로 길러지도록 해야 한다고 2015 개정 교육과정 총론에 분명하게 명시되어 있다. 핵심역량은 개별 교과 교육만을 통하여 길러지는 것이 아니라 교과 교육과 창의적 체험활동을 포함한 학교교육 전 과정을 통하여 길러지는 것이다.

(3) 교육과정 구성의 중점

이 교육과정은 우리나라 교육과정이 추구해 온 교육 이념과 인간상을 바탕으로, 미래 사회가 요구하는 핵심역량을 함양하여 바른 인성을 갖춘 창의융합형 인재를 양성하는 데에 중점을 둔다. 이를 위한 교육과정 구성의 중점은 다음과 같다.

① 인문·사회·과학기술 기초 소양을 균형 있게 함양하고, 학생의 적성과 진로에 따른 선택학습을 강화한다.
② 교과의 핵심 개념을 중심으로 학습 내용을 구조화하고 학습량을 적정화하여 학습의 질을 개선한다.
③ 교과 특성에 맞는 다양한 학생 참여형 수업을 활성화하여 자기주도적 학습 능력을 기르고 학습의 즐거움을 경험하도록 한다.
④ 학습의 과정을 중시하는 평가를 강화하여 학생이 자신의 학습을 성찰하도록 하고, 평가 결과를 활용하여 교수·학습의 질을 개선한다.

논술 문제 적용 하기

최 교사: 학교 자체평가 결과를 분석해 보니 우리 학교에 우선적으로 필요한 것은 학생들의 학습부진 문제를 해결하는 것이었어요. 학생들이 수업에서 어떤 어려움을 겪고 있는지 생각해 봤더니 학습 부담을 많이 느끼는 것 같아요. 저만 해도 교과서에 제시된 모든 것을 다 가르치려고 하는 것 같았어요. 그러다 보니 학생들이 수업 내용을 제대로 이해하지 못하고 계속 힘들어 하고, 수업에서 이뤄지는 활동에 소극적인 모습을 보여요. 학생들의 학습 동기도 낮고요. 그래서 교육과정을 편성·운영할 때 이러한 문제를 해결하기 위한 방법을 함께 고민해 보면 좋을 듯해요.

예시답안

1)
학교 수준의 교육과정을 편성·운영할 수 있는 근거는 2015 개정 교육과정의 성격에서 찾을 수 있다. 첫째, 2015 개정 교육과정은 국가 수준의 공통성과 지역, 학교, 개인 수준의 다양성을 동시에 추구하는 교육과정이다. 그러므로 국가 수준의 기본 방향을 반영할 뿐 아니라, 각 학교나 지역의 상황의 다양성에 부합하는 학교 수준 교육과정 편성·운영이 가능하다. 둘째, 2015 개정 교육과정은 학교 교육체제를 교육과정의 중심으로 구현하기 위한 교육과정이다. 각 학교의 철학이나 비전을 담은 학교 수준 교육과정을 편성하고 운영할 수 있다.
학교 수준 교육과정을 편성하고 운영하는 데 있어 교사의 역할은 다음과 같다. 첫째, 모든 교사는 전문성을 발휘하여 학교수준 교육과정 편성의 민주적인 절차와 과정에 참여한다. 즉, 학교 교육과정 위원회에 참여하여 학교장의 교육과정 운영 및 의사 결정에 관한 자문의 역할을 담당한다. 둘째, 학교 교육과정 편성·운영의 적절성과 효과성 등을 자체 평가하여 문제점과 개선점을 추출한다. 이는 다음 학년도의 교육과정 편성·운영에 그 결과를 반영하기 위함이다.

2)
최 교사가 분석하는 학습부진의 원인은 과도한 학습량으로 인해 학생들의 학업부담이 높아 수업 참여가 저조하고 학습동기가 낮다는 것이다. 학생들은 교과서에 수록된 모든 내용을 다 배워야 하지만 그 내용을 제대로 소화하지 못해 수업에 참여하지 못하고, 이로 인해 학습 동기가 낮아지는 악순환이 일어나고 있는 것이다. 이를 교육내용 측면에서의 해결방안은 다음과 같다. 첫째, 학습량을 적정화한다. 즉, 교과의 핵심 개념을 중심으로 학습 내용을 구조화하고 학습량을 적정화하여 학습의 질을 개선한다. 둘째, 학생의 진로와 적성을 고려한 다양한 선택 과목 개설한다. 학생들이 자신의 꿈과 끼를 키우기 위해 배우고 싶은 선택하여 배우게 함으로써, 수업 참여와 학습 동기를 높일 수 있다. 또한 교수·학습 측면에서의 해결방안은 다음과 같다. 첫째, 교과목별 학습목표를 모든 학생이 성취하도록 지도하고, 능력에 알맞은 성취가 가능하도록 다양한 학습의 기회와 방법을 제공하며, 이를 위한 계획적인 배려와 지도를 하여 학습 결손이 누적되거나 학습 의욕이 저하되지 않도록 노력한다. 둘째, 교사중심 수업에서 학생 활동중심 수업으로 전환한다. 개별 학습 활동과 더불어 소집단 공동 학습 활동을 통하여 협력적으로 문제를 해결하는 경험을 충분히 제공하고, 발표·토의활동과 실험, 관찰, 조사, 실측, 수집, 노작, 견학 등의 직접 체험 활동이 충분히 이루어지도록 한다.

THEME 07 우리나라 교육과정

논술 문제 적용 하기

Q.4
2017 초등

대화에 근거하여 2015 개정 교육과정에서 강조하는 교수·학습의 중점 사항 3가지를 제시하시오(단, 협동학습은 제외).

> 김 교사: 이번 2015 개정 교육과정에서는 특별히 교수·학습의 질 개선을 강조하는 것 같더군요.
> 박 교사: 네, 저도 그렇게 느꼈어요. 교과의 핵심 개념을 중심으로 학습 내용을 구조화하는 데 교육과정 구성의 중점을 둔 것도 그것 때문이라 생각해요.
> 김 교사: 맞아요. 진도를 나가야 한다는 부담감에 단편적 지식의 암기에 치중하거나, 학생의 수준을 고려하지 않은 채 교과서 내용을 단원 순서에 따라 기계적으로 가르치는 것을 지양해야 할 것 같아요. 교과 울타리에 갇힌 수업 관행도 개선해야 하고요.
> 박 교사: 이런 측면에서 협동학습의 중요성도 강조한 것 같은데, 김 선생님 반에서는 예전부터 협동학습 자주 하셨죠?
> 김 교사: 네, 저는 주로 과제분담학습(Jigsaw, 직소) 모형을 활용했어요. 처음에는 이른바 '직소 I' 모형을 활용했는데, 개별 보상만 하다 보니까 협동학습의 취지가 약해지더라고요. 그래서 모둠성취분담(STAD) 모형의 보상 방식을 적용해 보았더니 협동학습이 훨씬 잘 이루어졌어요.
> 박 교사: 오, 그러셨군요. 저도 그렇게 해 봐야겠네요.
> ...(하략)...

예시답안

2015 개정 교육과정에서는 학습경험의 질 개선을 통한 행복한 학습의 구현을 위해 '많이 아는 교육'에서 배움을 즐기는 '행복 교육'으로 교육 패러다임의 전환을 추구한다. 이를 위해 다음과 같은 세 가지를 강조한다. 첫째, 각 교과의 핵심 개념과 일반화된 지식 및 기능이 학생의 발달 단계에 따라 그 폭과 깊이를 심화할 수 있도록 수업을 체계적으로 설계한다. 단편적인 지식 중심의 교육으로 인해 야기되는 학습량 과다의 문제를 근본적으로 개선하기 위하여 학습 내용을 양적으로만 줄이는 대신 다양한 분야로 전이 및 확장이 가능한 핵심 개념, 원리, 아이디어의 관계성 중심으로 학습 내용을 엄선하고 구조화하는 것이다. 둘째, 학생의 융합적 사고를 기를 수 있도록 교과 내, 교과 간 내용 연계성을 고려하여 지도한다. 특히 초등학교에서는 담임교사가 여러 과목을 가르치므로 교과 간 내용의 연계성을 고려하여 교수학습 활동이 이루어질 수 있어야 한다. 셋째, 직접 체험 활동을 통해 학생이 학습 내용을 실제적 맥락 속에서 적용하고 활용할 수 있는 기회를 충분히 제공한다. 교사가 단순히 지식을 전달하는 것이 아니라 학습자가 활동을 통해 학습하는 내용을 스스로 구성하는 능동적 학습의 형태가 되어야 한다. 학생들에게 실험, 관찰, 조사, 실측, 수집, 노작, 견학 등의 도전적 경험을 제공함으로써 새로운 내용을 자기 것으로 만들어 나가도록 할 수 있다. 이러한 학생 참여형 수업을 통해 학생은 특정 맥락에서 습득한 내용을 새로운 상황에서 적용하고 문제를 해결하는 과정에 참여한다.

---

⑤ 교과의 교육 목표, 교육 내용, 교수·학습 및 평가의 일관성을 강화한다.
⑥ 특성화 고등학교와 산업수요 맞춤형 고등학교에서는 국가직무능력표준을 활용하여 산업사회가 필요로 하는 기초 역량과 직무 능력을 함양한다.

(4) 단위학교 교육과정 편성·운영의 기본사항
① 학교는 이 교육과정을 바탕으로 학교 실정에 알맞은 학교 교육과정을 편성·운영한다.
② 학교는 학교 교육과정 편성·운영 계획을 바탕으로 학년(군)별 교육과정 및 교과(목)별 교육과정을 편성할 수 있다.
③ 학교 교육과정은 모든 교원이 전문성을 발휘하여 참여하는 민주적인 절차와 과정을 거쳐 편성한다.
④ 교육과정의 합리적 편성과 효율적 운영을 위해 교원, 교육과정 전문가, 학부모 등이 참여하는 학교 교육과정 위원회를 구성하여 운영하며, 이 위원회는 학교장의 교육과정 운영 및 의사 결정에 관한 자문 역할을 담당한다. 단, 특성화 고등학교와 산업수요 맞춤형 고등학교의 경우에는 산업계 인사가 참여할 수 있고, 통합교육이 이루어지는 학교의 경우에는 특수교사가 참여할 것을 권장한다.
⑤ 학교 교육과정을 편성·운영할 때에는 교원의 조직, 학생의 실태, 학부모의 요구, 지역사회의 실정 및 교육 시설·설비 등 교육 여건과 환경을 충분히 반영하도록 노력한다.
⑥ 교과와 창의적 체험활동의 내용 배열은 반드시 학습의 순서를 의미하는 것은 아니므로, 지역의 특수성, 계절 및 학교의 실정과 학생의 요구, 교사의 필요에 따라 각 교과목의 학년군별 목표 달성을 위한 지도 내용의 순서와 비중, 방법 등을 조정하여 운영할 수 있다.
⑦ 학교는 교과와 창의적 체험활동의 효율적인 운영을 위하여 지역사회의 인적, 물적 자원을 계획적으로 활용한다.
⑧ 학교는 학생의 요구, 학교의 실정 및 특색 등을 종합적으로 고려하여 창의적 체험활동의 영역, 활동, 시간 등을 자율적으로 편성·운영할 수 있다.
⑨ 학교는 창의적 체험활동이 실질적 체험학습이 되도록 지역사회의 유관 기관과 연계·협력하여 프로그램을 운영할 수 있다.
⑩ 학교는 학생과 학부모의 요구를 바탕으로 방과후학교 또는 방학 중 프로그램을 개설할 수 있으며, 학생들의 자발적인 참여를 원칙으로 한다.
⑪ 학교는 가정 및 지역과 연계하여 학생이 건전한 생활 태도와 행동 양식을 가지고 학습에 임할 수 있도록 지도한다.
⑫ 학교는 동학년 모임, 교과별 모임, 현장연구, 자체 연수 등을 통해서 교사들의 교육 활동 개선이 이루어지도록 한다.
⑬ 학교는 학교 교육과정 편성·운영의 적절성과 효과성 등을 자체 평가하여 문제점과 개선점을 추출하고, 다음 학년도의 교육과정 편성·운영에 그 결과를 반영한다.
⑭ 학교는 교과별 성취기준 및 학습자의 온라인 학습상황 등을 종합적으로 고려하여 원격수업 방법, 시간 등을 계획하여 운영한다.

(5) 교수·학습 중점사항
1) 학교는 교과목별 성취기준에 따라 다음과 같은 사항에 중점을 두고 교수·학습이 이루어지도록 한다.
① 교과의 학습은 단편적 지식의 암기를 지양하고 핵심개념과 일반화된 지식의 심층적 이해에 중점을 둔다.
② 각 교과의 핵심 개념과 일반화된 지식 및 기능이 학생의 발달 단계에 따라 그 폭과 깊이를 심화할 수 있도록 수업을 체계적으로 설계한다.
③ 학생의 융합적 사고를 기를 수 있도록 교과 내, 교과 간 내용 연계성을 고려하여 지도한다.
④ 실험, 관찰, 조사, 실측, 수집, 노작, 견학 등의 직접 체험 활동이 충분히 이루어지도록 한다.

⑤ 개별 학습 활동과 함께 소집단 공동 학습 활동을 통하여 협력적으로 문제를 해결하는 협동학습 경험을 충분히 제공한다.
⑥ 학생이 능동적으로 수업에 참여하고 자신의 생각을 표현하는 기회를 가질 수 있도록 토의·토론 학습을 활성화한다.
⑦ 학생에게 학습 내용을 실제적 맥락 속에서 적용하고 활용할 수 있는 기회를 충분히 제공한다.
⑧ 학생이 스스로 자신의 학습 과정과 학습 전략을 점검하고 개선하며 자기주도적으로 학습할 수 있도록 지도한다.

2) 학교는 효과적인 교수·학습 환경 설계를 위해 다음과 같은 사항에 중점을 둔다.
① 교사와 학생 간, 학생과 학생 간 상호 신뢰와 협력이 가능한 교수·학습 환경을 제공한다.
② 학생의 능력, 적성, 진로를 고려하여 교육 내용과 방법을 다양화하고, 학교의 여건과 학생의 특성에 따라 다양한 학습 집단을 구성하여 학생 맞춤형 수업을 하도록 한다.
③ 학교는 학습 결손을 보충할 수 있도록 특별 보충 수업을 운영할 수 있으며, 이에 대한 제반 운영 사항은 학교가 자율적으로 결정한다.
④ 각 교과의 특성에 맞는 다양한 학습이 이루어질 수 있도록 교과 교실제 운영을 활성화한다.
⑤ 학교는 교과용 도서 이외에 교육청이나 학교에서 개발한 다양한 교수·학습 자료를 활용할 수 있다.
⑥ 실험 실습 및 실기 지도 과정에서 학생의 안전사고를 예방하기 위해 시설 및 기계 기구, 약품, 용구 사용의 안전에 만전을 기한다.
⑦ 학교의 여건과 교과의 특성에 따라 실시간 쌍방향 수업, 콘텐츠 활용 중심 수업, 과제 중심 수업 등 다양한 유형의 원격수업을 운영할 수 있다.

💡 2015 개정 교육과정 총론의 주요 개정 내용

(1) 학교 급 공통 개정 내용
① 2015 개정 교육과정 총론에 핵심역량 제시
㉠ 2015 개정 교육과정에서는 추구하는 인간상을 구현하기 위해 교과 교육을 포함한 학교 교육 전 과정을 통해 중점적으로 기르고자 하는 역량으로써 자기관리 역량, 지식정보처리 역량, 창의적 사고 역량, 심미적 감성 역량, 의사소통 역량, 공동체 역량을 핵심역량의 제시하였다.
㉡ 이를 통해 추구하는 인간상, 핵심역량, 학교 급별 목표 간의 연계를 강화하여 학교 교육의 방향을 보다 명료하게 나타내고자 하였다.
② 창의적 체험활동의 개선 : 창의적 체험활동은 기존의 재량활동과 특별활동을 통합하여 2009 개정 교육과정에 신설된 것으로서 교과 지식 위주의 학교 교육 관행을 개선하고 전인적 성장을 추구하기 위해 도입되었다. 2015 개정 교육과정에서는 2009 개정 교육과정에서 창의적 체험활동의 실태분석에 기반하여 창의적 체험활동의 네 개 영역(자율활동, 동아리활동, 봉사활동, 진로활동)은 유지하되, 단위학교의 자율성은 확대하는 방식으로 변화하였다.
③ 범교과 학습 주제 개선 : 2015 개정 교육과정에서는 무엇보다 단위 학교의 부담을 해소하기 위해 기존의 39개 범교과 학습 주제를 다음과 같이 10개의 범주로 통합·조정되었다. → 안전·건강 교육, 인성 교육, 진로 교육, 민주 시민 교육, 인권 교육, 다문화 교육, 통일 교육, 독도 교육, 경제·금융 교육, 환경·지속가능발전 교육

논술 문제 적용 하기

Q.5 `2015 초등`

1) 학생 대상 안전교육의 필요성을 2가지 논하시오.
2) 수업 중 학생 안전사고의 예방을 위해 안 교사가 준수했어야 할 수칙을 2가지 제시하시오.
3) 이와 같은 학생 안전사고 발생 시 사고 대처를 위해 해당 교사와 학교가 해야 할 일을 각각 3가지씩 논하시오.

…(상략)…
안 교사: 오늘 한 뜀을 뛰어넘기는 비교적 안전하다고 생각해 준비 운동을 마치고 뛰어넘기 요령을 설명한 다음 바로 시작했어요. 그리고 줄 앞쪽 애들이 차례대로 문제없이 잘 뛰어넘기에 몸이 불편해 열외로 나가 있던 영희의 상태를 살펴보는 사이에 그만 이런 일이 생겼지 뭐예요.
전 교사: 저도 학교에서 아이들하고 수업하면서 전혀 예상하지 못한 상황에서 사고가 날 뻔했던 적이 몇 번 있었어요. 그 나이 또래 아이들 하고는 수업분만 아니라 어디서 무엇을 하든 방심하면 큰일 나요.
안 교사: 맞아요. 저도 이번에 절감했어요.
전 교사: 그런데 사고 처리는 잘 하셨어요?
안 교사: 갑자기 터진 사고라 좀 우왕좌왕하긴 했지만 옆 반 박 선생님의 도움을 받아 지혈을 한 뒤 철수는 보건실에 보내고 영수는 병원에 데려갔어요. 교장 선생님께 바로 연락드렸고, 병원 다녀온 뒤에 다시 찾아뵈었어요.
전 교사: 뭐라고 말씀하시던가요?
안 교사: 먼저 아이들의 상태를 물으시기에 철수는 경미한 찰과상이지만 영수는 생각보다 심각해서 당분간 통원 치료가 필요하다고 말씀 드렸어요.
…(중략)…
안 교사: 교장선생님이 직접 아이들 부모께 연락하셔서 사과의 말씀을 드리고 아이들 상태와 치료 상황 등에 대해 자세히 안내해 주셨다고 하셨어요. 그리고 학교에서 조치하는 데 필요하다고 하시면서 저에게 사고 경위를 다시 꼼꼼히 확인하셨어요. 참, 사고는 예방이 최선이지만, 부득이 사고가 난 경우 피해를 최소화하고 재발을 막는 것이 그에 못지않게 중요하다는 말씀도 하셨어요.

예시답안

1)
학생 대상 안전교육은 다음과 같은 이유로 중요하다고 할 수 있다. 첫째, 아동 및 청소년기는 신체적, 지적, 사회적, 정서적 발달에 있어서 다른 시기보다 변화의 속도나 정도가 급격히 일어나는 시기이다. 이 시기는 주변의 사물이나 환경에 호기심이 높아 탐구하려는 충동이 강한 반면에 신체적 기능 및 정신적 성숙에 있어서 충분한 발달이 이루어지지는 않는다. 즉, 이 시기의 학생들은 위험 상황에 대한 대처 능력이나 판단능력의 부족으로 인하여 갖가지 사고의 위험에 직면하고 있다는 것이다. 따라서 학생에게 안전 교육을 시킴으로써 사고를 유발할 수 있는 인간의 행동을 변화시켜야 할 것이다. 둘째, 아동 및 청소년기는 새로운 기술과 능력이 발달되며 보다 독립적으로 행동하고 사회적으로 적합한 행동을 배우는 시기이다.

논술 문제 적용 하기

때문에 아동 및 청소년기에 형성된 안전교육에 대한 태도는 전 생애에 걸쳐 지속적인 영향을 미치며 이후의 삶에 긍정적인 영향을 준다. 안전교육에 대한 교육적 경험은 사후처리보다는 예방적 기능을 강조하므로 이후의 생활에 사고 발생률을 줄일 수 있다.

2)
체육 수업중 학생 안전사고의 예방을 위해 안 교사가 준수했어야 할 수칙은 첫째, 정확한 운동 방법과 주의사항을 완전히 숙지시킨 후 운동을 실시해야 한다. 안교사는 뜀틀 뛰어넘기 수업이 비교적 안전하다고 생각해 준비운동을 마치고 뛰어넘기 요령을 설명한 다음 수업을 진행했다. 앞선 친구가 뜀틀을 뛰어넘고 빠져나간 것을 확인한 후에 출발하도록 주의사항을 숙지시키는 과정을 생략했기 때문에 사고가 발생했다. 교사는 반드시 주의사항을 완전히 숙지시켜야 한다. 둘째, 운동을 하고 있는 아동 뿐 아니라 기다리고 있는 아동들의 행동도 수시로 관찰해야 한다. 뜀틀을 뛰어넘고 있던 철수의 동작을 관찰함과 동시에 뒤에서 대기하고 있는 아동들의 출발시기를 확인해야 한다. 안교사가 출발순서를 호각 등을 이용해서 통제를 하고 관찰했다면 체육 시간에 사고가 일어나지 않았을 것이다. 체육활동 중에 안전사고 예방을 위해서 교사는 항상 학생을 시야 속에 통제가능 한 상태로 두는 것이 중요하다.

3)
교사가 학생 안전사고 발생 시 해야 할 일은 첫째, 즉각적인 응급처치를 실시해야 한다. 철수와 영수의 경우에 얼굴에 상처가 나고 이가 부러지고 입술이 찢어졌다. 출혈이 발생했을 시에는 지혈을 실시하는데 먼저, 출혈되는 상처부위를 압박한다. 출혈이 멈춘 후에는 상처 부위를 소독 거즈로 덮어준다. 이후에 소독 거즈 근처로 압박 붕대로 감아 준다. 둘째, 보건교사에게 알린다. 영수의 경우에는 응급처치 이후에는 병원으로 이송해야 하는 상태이기 때문에, 보건교사는 응급의료체계에 따라서 지정병원 혹은 119에 신고 후 병원으로 학생을 이송해야 한다. 위급한 상황은 전문 의료기관의 도움을 받아야 한다. 셋째, 학교장에게 즉각 보고한다. 교내에서 일어난 사건과 사고는 학교장에게 알리고, 사고경위와 조치, 후송병원 등에 대한 내용을 정확하게 보고해야 한다.

학교가 학생 안전사고 발생 시 해야 할 일은 첫째, 사고 보고 여부의 신속한 판단과 처리이다. 학교 내에서 수습이 가능한 사안인가, 아니면 사안의 크기로 보아 교육청에 보고해야 할 사안인가를 신속히 판단해야 한다. 대외적으로 문제가 될 때 교육청에서 미리 알고 있는 것이 유리하기 때문이다. 둘째, 안전공제회 처리절차에 의거해서 공제급여를 청구해야 한다. 학교에서는 학교안전사고 예방 및 보상에 관한 법률에 의거하여 학교장 결재를 통해 사고현황을 담은 사고통지서를 공제회에 접수한다. 치료 후에는 학부모와 협력하여 공제급여 지급심사 이후에 지급을 완료할 수 있다. 셋째, 학교장은 학교안전사고를 예방하기 위하여 교육부령이 정하는 바에 따라 학생 및 교직원에게 학생안전사고 예방 등에 관한 교육을 실시해야 한다. 또한 같은 사고가 반복되지 않도록 재발 방지교육을 실시해야 한다.

(2) 학교 급별 개정 내용
  1) 초등학교 교육과정의 중점 및 주요 개정 내용
    ① 초등학교 저학년 수업 시수 증가 : 2015 개정 교육과정에서는 창의적 체험활동에 '안전한 생활'을 추가함으로써, 2009 개정 교육과정에서 1,680시간이었던 1~2학년 총 수업 시수가 2015 개정 교육과정에서는 1,744시간으로 총 64시간이 증가되었다.
    ② '안전한 생활' 도입 및 안전교육 강화 : 최근 체계적인 안전 교육에 대한 국가·사회적 요구가 높아지면서, 2015 개정 교육과정은 초등학교 1~2학년군에 '안전한 생활'을 새롭게 도입하고 3~6학년에서는 안전단원을 신설하는 등 안전교육을 강화하는 방식으로 개정되었다. 체계적인 안전교육을 위해 초등학교 저학년에 도입된 '안전한 생활'은 일반 교과와 마찬가지로 별도의 내용 체계가 있으며, 각각의 영역별로 핵심개념, 일반화된 지식뿐만 아니라 성취기준까지 세부적으로 개발되어 제시되었다는 점에서 특징적이다.
  2) 중학교 교육과정의 중점 및 주요 개정 내용
    ① 자유학기제 시행의 근거 마련 : 2015 개정 교육과정은 학생들의 꿈과 끼를 키울 수 있는 교육과정을 주요한 개정의 방향으로 삼고 있으며 이를 실현하기 위해 중학교의 한 학기를 자유학기로 운영할 수 있는 근거를 마련하였다.
    ② '정보' 과목 필수화 : 2015 개정 교육과정에서는 학교 급별로 소프트웨어 교육을 강화하도록 하였다. 이에 중학교에서는 학생들이 소프트웨어에 대한 기초 소양을 갖출 수 있도록 소프트웨어 교육을 중심으로 하는 정보를 필수로 지정하게 되었다. 기존에 선택과목으로 운영 되던 '정보' 과목을 필수로 지정하여 '과학/기술·가정' 교과군을 '과학/기술·가정/정보' 교과군으로 재조정하였다.
  3) 고등학교 교육과정의 중점 및 주요 개정 내용
    ① 공통 기초소양 함양을 위한 공통 과목 신설 : 2015 개정 교육과정에서 교육부는 과정 구분에 따른 고등학생들의 지식 편식을 막고 균형있는 지식 습득을 보장하기 위한 방안으로서 국어, 수학, 영어, 사회, 과학 교과에서 학생들이고등학교 단계에서 반드시 배워야 할 내용으로 구성된 '공통 과목'을 개발하고 그것을 모든 학생이 이수하도록 하였다. 한국사도 공통 과목으로서 기초 교과 영역으로 분류되었다. 특히 사회 교과와 과학 교과의 공통 과목은 '통합사회'와 '통합과학' 등 융합적인 과목으로 개발되었다.
    ② 학생의 과목 선택권 확대를 위한 선택 과목 다양화 및 관련 지침 설정 : 2015 개정 고등학교 교육과정에서도 학생의 과목 선택권을 확대하려는 기조를 이어받아 고등학교 학생들로 하여금 '공통 과목'을 통해 기초 소양을 함양한 후 학생 각자의 적성과 진로에 따라 맞춤형으로 교육을 받을 수 있도록 선택 과목을 다양화하였다.
    ③ 국어, 수학, 영어 비중 적정화 : 2009 개정 교육과정과 달리 2015 개정 교육과정에서는 기초 교과 영역에 한국사(필수 이수 단위 6단위)가 포함됨으로써 교과 총 이수 단위가 180단위인 경우 국어, 수학, 영어는 최대 84단위까지 편성이 가능하다.

💡 2022 개정 교육과정

(1) 교육과정 개정의 주요 내용
  ① 미래 변화를 능동적으로 준비할 수 있도록 역량 및 기초소양 함양 교육 강화
    ㉠ 모든 교과 학습과 평생학습의 기반이 되는 언어·수리·디지털 기초소양 강화
    ㉡ 지속 가능한 미래를 위한 공동체 역량 강화 및 환경·생태교육 확대, 디지털 기초소양 강화 및 정보교육 확대

② 학생의 자기주도성, 창의력과 인성을 키워주는 개별 맞춤형 교육 강화
  ㉠ 학교급 전환 시기에 필요한 학습과 학교생활 적응을 위한 진로연계교육 도입
  ㉡ 학생 맞춤형 과목 선택권 확대, 학습에 대한 성찰과 책임 강화 등
③ 학교 현장의 자율적인 혁신 지원 및 유연한 교육과정으로 개선
  ㉠ 학교자율시간으로 지역 연계 교육 및 학교와 학생의 필요에 따른 다양한 선택과목 개설 활성화
  ㉡ 학점 기반의 유연한 교육과정, 진로 선택 및 융합 선택과목 재구조화를 통한 학생 과목 선택권 확대
④ 학생의 삶과 연계한 깊이 있는 학습을 위한 교과 교육과정 개발
  ㉠ 단순 암기 위주의 교육방식에서 탐구와 개념 기반의 깊이 있는 학습으로 전환
  ㉡ 디지털·인공지능을 기반으로 학생 참여형·주도형 수업 및 학습의 과정을 중시하는 평가로 개선

(2) 추구하는 인간상과 핵심역량
  1) 추구하는 인간상
    ① 전인적 성장을 바탕으로 자아정체성을 확립하고 자신의 진로와 삶을 스스로 개척하는 자기주도적인 사람
    ② 폭넓은 기초 능력을 바탕으로 진취적 발상과 도전을 통해 새로운 가치를 창출하는 창의적인 사람
    ③ 문화적 소양과 다원적 가치에 대한 이해를 바탕으로 인류 문화를 향유하고 발전시키는 교양 있는 사람
    ④ 공동체 의식을 바탕으로 다양성을 이해하고 서로 존중하며 세계와 소통하는 민주시민으로서 배려와 나눔, 협력을 실천하는 더불어 사는 사람
  2) 핵심역량
    ① 자아정체성과 자신감을 가지고 자신의 삶과 진로를 스스로 설계하며 이에 필요한 기초 능력과 자질을 갖추어 자기주도적으로 살아갈 수 있는 자기관리 역량
    ② 문제를 합리적으로 해결하기 위하여 다양한 영역의 지식과 정보를 깊이 있게 이해하고 비판적으로 탐구하며 활용할 수 있는 지식정보처리 역량
    ③ 폭넓은 기초 지식을 바탕으로 다양한 전문 분야의 지식, 기술, 경험을 융합적으로 활용하여 새로운 것을 창출하는 창의적 사고 역량
    ④ 인간에 대한 공감적 이해와 문화적 감수성을 바탕으로 삶의 의미와 가치를 성찰하고 향유하는 심미적 감성 역량
    ⑤ 다른 사람의 관점을 존중하고 경청하는 가운데 자신의 생각과 감정을 효과적으로 표현하며 상호협력적인 관계에서 공동의 목적을 구현하는 협력적 소통 역량
    ⑥ 지역·국가·세계 공동체의 구성원에게 요구되는 개방적·포용적 가치와 태도로 지속 가능한 인류 공동체 발전에 적극적이고 책임감 있게 참여하는 공동체 역량

(3) 학교 교육과정 설계와 운영
  1) 설계의 원칙
    ① 학교는 이 교육과정을 바탕으로 학교 교육과정을 자율적으로 설계·운영하며, 학생의 특성과 학교 여건에 적합한 학습 경험을 제공한다.
    ② 학교 교육과정은 모든 교원이 전문성을 발휘하여 참여하는 민주적인 절차와 과정을 거쳐 설계·운영하며, 지속적인 개선을 위해 노력한다.
  2) 교수·학습
    ① 학교는 학생들이 깊이 있는 학습을 통해 핵심역량을 함양할 수 있도록 교수·학습을 설계하여 운영한다.
    ② 학교는 학생들이 수업에 능동적으로 참여하고 학습의 즐거움을 경험할 수 있도록 교수·학습을 설계하여 운영한다.
    ③ 교과의 특성과 학생의 능력, 적성, 진로를 고려하여 학습 활동과 방법을 다양화하고, 학교의 여건과 학생의 특성에 따라 다양한 학습 집단을 구성하여 학생 맞춤형 수업을 활성화한다.

논술 문제 적용 하기

Q.6 2024 초등

박 교사가 제시한 학생 평가 결과를 참고하여, 2022 개정 교육과정 총론에 제시된 학생 평가 결과의 활용 방안을 교사와 학생의 관점에서 각각 1가지씩 논하시오.

> 박 교사: 통합 단원에 대한 학생 평가 결과, '환경의 중요성을 알고 관심을 갖는 것이 조화로운 삶과 관계가 있다'는 점을 이해한 것으로 나타났습니다. 하지만 '재활용품 분리하기, 일회용품 줄이기 등과 같은 행동 실천이 조화로운 삶과 관련이 있다'는 점을 이해하는 데 어려워하는 것으로 나타났습니다. 이러한 학생 평가 결과는 통합 단원을 설계 및 운영하는 교사들에게뿐만 아니라 학습의 개선과 성장을 필요로 하는 학생들에게도 적절하게 활용되어야 한다고 생각합니다.

예시답안

박 교사는 학생의 평가 결과가 교육과정을 설계하는 교사들에게 뿐만 아니라 학습의 개선과 성장을 필요로 하는 학생들에게도 적절하게 활용되어야 함을 제시하고 있다. 2022 개정 교육과정 총론에 따르면, 평가는 학생 개개인의 교육목표 도달 정도를 확인하고, 학습의 부족한 부분을 보충하며, 교수·학습의 질을 개선하는 데 주안점을 두어야 한다. 다시 말해, 교사는 학생 평가 결과를 활용하여 수업의 질을 지속적으로 개선해야 한다. 또한, 학생에게 평가 결과에 대한 적절한 정보를 제공하고 추수 지도를 실시하여 학생이 자신의 학습을 지속적으로 성찰하고 개선할 수 있도록 해야 한다.

④ 교사와 학생 간, 학생과 학생 간 상호 신뢰와 협력이 가능한 유연하고 안전한 교수·학습 환경을 지원하고, 디지털 기반 학습이 가능하도록 교육공간과 환경을 조성한다.

3) 평가
① 평가는 학생 개개인의 교육 목표 도달 정도를 확인하고, 학습의 부족한 부분을 보충하며, 교수·학습의 질을 개선하는 데 주안점을 둔다.
② 학교와 교사는 성취기준에 근거하여 교수·학습과 평가 활동이 일관성 있게 이루어지도록 한다.
③ 학교는 교과목의 성격과 학습자 특성을 고려하여 적합한 평가 방법을 활용한다.

4) 모든 학생을 위한 교육기회의 제공
① 교육 활동 전반을 통하여 남녀의 역할, 학력과 직업, 장애, 종교, 이전 거주지, 인종, 민족, 언어 등에 관한 고정 관념이나 편견을 가지지 않도록 지도한다.
② 학습자의 개인적 특성이나 사회·문화적 배경에 의해 교육의 기회와 학습 경험에서 부당한 차별을 받거나 소외되지 않도록 한다.
③ 학습 부진 학생, 특정 분야에서 탁월한 재능을 보이는 학생, 특수교육 대상 학생, 귀국 학생, 다문화 가정 학생 등이 학교에서 충실한 학습 경험을 누릴 수 있도록 필요한 지원을 한다.
④ 특수교육 대상 학생을 위해 특수학급을 설치·운영하는 경우, 학생의 장애 특성 및 정도를 고려하여, 이 교육과정을 조정하여 운영하거나 특수교육 교과용 도서 및 통합교육용 교수·학습 자료를 활용할 수 있다.
⑤ 다문화 가정 학생을 위한 특별 학급을 설치·운영하는 경우, 다문화 가정 학생의 한국어 능력을 고려하여 이 교육과정을 조정하여 운영하거나, 한국어 교육과정 및 교수·학습 자료를 활용할 수 있다. 한국어 교육과정은 학교의 특성, 학생·교사·학부모의 요구와 필요에 따라 주당 10시간 내외에서 운영할 수 있다.
⑥ 학교가 종교 과목을 개설할 때는 종교 이외의 과목과 함께 복수로 과목을 편성하여 학생에게 선택의 기회를 주어야 한다. 다만, 학생의 학교 선택권이 허용되는 종립 학교의 경우 학생·학부모의 동의를 얻어 단수로 개설할 수 있다.

WHY TO HOW
New 논객특강
논술 기출과 객관식 기출의 통합

Chapter 10

교육평가

THEME 01. 교육평가의 기초
THEME 02. 교육평가의 유형
THEME 03. 평가도구의 조건
THEME 04. 교육평가에 대한 다양한 관점
THEME 05. 평가문항의 제작

THEME 01 교육평가의 기초

논술 문제 적용 하기

01-1 [2022 중등]

송 교사가 총평의 관점에서 학생을 진단할 수 있는 실행 방안 2가지 제시하시오.

> ...(상략)...
> 김 교사: 그럼요. 제가 교육과정 재구성한 것을 보내 드릴 테니 보시고 다음에 이야기해요. 그런데 교육 활동에서는 학생에 대한 이해가 중요하잖아요. 학기 초에 진단은 어떤 방식으로 하려고 하시나요?
> 송 교사: 이번 학기에는 선생님께서 특강에서 말씀하신 총평(assessment)의 관점에서 진단을 해 보려 합니다.
> 김 교사: 좋은 생각입니다. 그리고 우리 학교에서는 평가 결과로 학생 간 비교를 하지 않으니 학기 말 평가에서는 다양한 기준을 활용해 평가 결과를 해석해 보실 것을 제안합니다.

예시답안

송 교사가 언급하는 총평관은 개인과 환경의 역동적인 상호작용에 대한 다양하고 포괄적인 자료를 수집하고자 한다. 이러한 관점에서 학생을 진단하기 위한 실행 방안은 다음과 같다. 첫째, 일련의 진술문, 질문, 부사의 형태로 제작된 질문지를 제작하여 그것을 학생이 읽고 스스로 답하게 하는 자기보고법이다. 둘째, 학교현장에서 학생을 관찰하면서 교사가 직접 자료를 수집하는 관찰법이다.

01 [2002 초등]

총평관(Assessment)의 입장을 가장 적절하게 표현한 것은?

① 구인 타당도를 중시하는 평가이다.
② 인간의 능력은 변함이 없는 것이다.
③ 평가의 신뢰도가 주된 관심거리이다.
④ 모든 사람에게 똑같은 평가도구를 이용한다.

정답풀이

① 총평관은 전인적인 특성을 판단하여, 개개인에 증거와 환경에 관한 증거 사이에 특정한 관계가 있을 것이라고 가정하므로 구인 타당도에 관심을 둔다.

오답풀이

②, ③, ④ 측정관(measurement)에 대한 설명이다.

만점대비 +α

💡 교육평가관

(1) 교육관
  1) 선발적 교육관
     ① 선발적 교육관에서는 인간의 능력은 타고나는 것이며, 이미 학습자가 가진 특성에 의해서 목표도달 여부가 결정된다고 본다. 즉, 교육을 통하여 달성하고자 하는 교육목적이나 일정한 교육수준에 도달할 수 있는 사람은 어떤 교육방법을 동원하든지 일부이거나 소수에 불과하다는 교육관이다.
     ② 교육에 대한 1차적 책임 : 학습자
     ③ 교육평가의 목적 : 소수의 우수자 변별
     ④ 강조되는 평가 대상 및 유형: 학습자 개별특성, 규준지향평가(상대평가)
  2) 발달적 교육관
     ① 발달적 교육관에서는 모든 학습자에게 적절한 교수-학습방법만 제공한다면, 누구나 교육목표에 도달할 수 있다고 전제한다. 따라서 교육의 기회균등이라는 측면이 강조된다.
     ② 교육에 대한 1차적 책임 : 교사
     ③ 교육평가의 목적 : 적절한 학습방법을 제공하기 위한 진단, 수업목표 달성도의 판단
     ④ 강조되는 평가 대상 및 유형 : 교육방법, 목표지향평가(절대평가)

3) 인본주의적 교육관
① 인본주의적 교육관에서는 교육을 인성적 성장, 통합, 자율성을 꾀하고 자아 및 타인 그리고 학습에 대한 건전한 태도를 형성해 가는 자아실현의 과정이라고 본다.
② 또한 학습자의 자율적이고 적극적인 학습에의 참여를 촉구하는 방향으로 이루어질 때 교육목표에 도달할 수 있을 거라는 신념을 바탕으로 하고 있다. 때문에 타율적이고 수동적인 교육을 가장 비인간적인 교육으로 간주한다.
③ 교육평가의 목적 : 자아실현의 가능성 개발
④ 강조되는 평가 대상 및 유형 : 전인적 특성, 목표지향평가(절대평가/평가무용론)

(2) 검사관
1) 측정관(measurement)
① 모든 실재나 인간의 행동특성은 고정적이고 불변하며 안정성이 있고, 관찰이 가능하다.
② 반응점수의 신뢰성 및 객관성이 유지되느냐에 관심이 집중된다.
③ 측정절차나 방법상의 표준을 요구한다.
④ 환경을 보는 시각에 있어 환경에 의해 어떤 변화가 생겼다면 그것은 측정의 정확성을 저해하는 방해요인으로 간주하여 통제한다.
⑤ 측정의 결과를 주로 선발, 분류, 예언, 실험에 이용한다.
⑥ 측정의 최대 장점은 능률성에 있다.

2) 평가관(evaluation)
① 자연 속에 존재하는 모든 실재나 인간의 행동특성은 안정성이 없고 언제나 변화한다는 관점에 있다. 따라서 평가를 학습자에게 일어난 다양한 변화를 판단하는 일련의 절차로 본다.
② 평가도구의 내용타당도 및 목표타당도에 관심을 둔다.
③ 교육목표의 달성에 관한 증거에 관심이 있다.
④ 학생의 행동변화에 그 주된 관심을 두지만 동시에 이 변화를 발생시키기 위해 투입된 교육과정, 교과목, 교사, 교수방법, 교수재료, 행정체제의 효과를 평가하는 것도 그 목적으로 한다.
⑤ 측정에서는 환경을 오차변인으로 보는 데 반해, 평가에서는 환경을 중요한 변화의 자원으로 본다.

3) 총평관(assessment)
① 총평관에 있어서는 개인의 행동특성을 특별한 환경, 특별한 과업, 특별한 준거상황에 관련시켜 의사결정을 하려는 것이다. 그러므로 총평의 가장 주된 개념은 개인과 환경의 상호작용에 관심을 갖는다.
② 총평에서 사용하는 증거수집의 방법으로 객관화된 검사 이외의 것으로는 자기보고방법, 관찰, 면접, 장면검사, 역할연출, 자유연상법 등이 쓰인다.
③ 총평에서는 구인타당도, 예언타당도에 관심을 갖는다.
④ 총평의 용도는 흔히 예언, 실험, 분류에 쓰인다.

| 정답 | ①

THEME 02 교육평가의 유형

논술 문제 적용 하기

02-1 [2015 상반기 중등]

준거지향평가의 개념을 설명하고, 장점 2가지만 제시하시오.

> 여러분들도 잘 아시겠지만 최근 우리 사회는 학교가 다양한 역할을 수행하도록 요구하고 있습니다. 이에 따라 선생님들께서는 학교 및 수업에 대한 기본적인 이해가 필요하다고 생각합니다. 수업 설계를 잘 하는 것 못지않게 수업 결과를 평가하는 것 또한 중요합니다. 여러분이 어떤 평가 기준을 활용하느냐에 따라 평가 유형이 달라질 수 있습니다. 자칫하면 평가로 인해 학생들 사이에 서열 주의적 사고가 팽배하여 서로 경쟁만 하는 문제가 발생할 수 있습니다. 이를 보완할 수 있는 평가 유형에 대해 고민해 볼 필요가 있습니다.

예시답안

준거지향평가는 절대평가라고도 하며 준거, 즉 교육목표에 비추어서 학습자가 무엇을 얼마나 아는지를 판단하는 평가이다. 준거지향평가는 준거점, 즉 교육목표점에 비추어서 학습자가 현재 성취한 수준을 평가하기 때문에 목표지향평가라고도 한다. 따라서 준거지향평가는 학습자가 반드시 성취해야 할 목표점을 얼마만큼 아는지, 얼마만큼 모르는지에 대한 정확한 정보를 주는 평가라 할 수 있다. 준거지향평가의 장점은 다음과 같다. 첫째, 학습자가 교수목표와 관련하여 어느 부분을 제대로 성취하였고 어느 부분이 미흡한지에 대한 정보를 제공하기 때문에 이를 통해 수업의 개선을 위한 구체적인 시사점을 얻을 수 있다. 준거지향평가는 학습자가 사전에 어떤 능력을 지녀야 하며, 현재 부족한 부분이 무엇인지 진단하고 그 부분을 보충해 주기 위한 대안을 마련하는 등의 진단적, 형성적 기능을 한다. 따라서 준거지향평가는 학생들이 알고 있는 것과 모르고 있는 내용에 대한 구체적인 정보를 제공함으로써 교수학습과정을 보완하고 개선하는 데 도움을 준다. 둘째, 적절한 교육적 노력이 제공되면 모든 학습자가 기대하는 성취 수준에 도달할 수 있다는 전제 하에서 출발하기 때문에 많은 학생들이 평가를 통해 성취감을 느낄 수 있고, 이런 경험이 누적되어 긍정적인 자아개념을 형성할 수 있으며, 학습자들 사이에 불필요한 경쟁을 없앨 수 있다.

02 [2012 중등]

다음은 김 교사와 박 교사의 평가 관련 행동을 기술한 것이다. 이들의 행동을 가장 잘 설명해주는 교육평가 유형을 〈보기〉에서 골라 짝지은 것은?

> • 김 교사는 영어 시험에서 T점수로 40점 미만에 해당하는 학생을 찾아내어 특별 보충 학습 프로그램에 참가하도록 하였다.
> • 박 교사는 국어 시험에서 학기 초에 83점, 학기 중간에 84점, 학기 말에 85점을 얻은 A학생보다 학기 초에 60점, 학기 중간에 70점, 학기 말에 80점을 얻은 B학생이 더 많이 향상되었다는 사실을 고려하여 B학생을 더 긍정적으로 평가하였다. (단, 국어 시험 점수는 동간성이 있다고 가정한다.)

보기
- ㉠ 규준참조평가
- ㉡ 준거참조평가
- ㉢ 성장참조평가
- ㉣ 능력참조평가

	김 교사	박 교사		김 교사	박 교사
①	㉠	㉡	②	㉠	㉢
③	㉠	㉣	④	㉡	㉢
⑤	㉡	㉣			

정답풀이

- ㉠ 규준참조평가 : 상대평가라고 부르는 규준지향평가 혹은 규준참조평가는 점수를 규준집단(비교집단)에서의 상대적 위치나 서열에 비추어 해석하는 평가방식이다. 규준집단의 전형적인 수행을 나타내는 규준은 규준집단의 점수분포에서 계산된 통계치로 표시된다. 가장 흔히 사용되고 있는 규준은 평균이다. 규준지향평가의 결과는 흔히 5단계 상대평가(수우미양가), 백분위점수, 표준점수, 학년규준점수, 연령규준점수 등으로 표시된다.
- ㉢ 성장참조평가 : 성장지향평가는 현재 성취수준을 과거의 성취수준과 비교하여 해석하는 방식이다. 이 평가에서는 학생의 현재 성취수준이 과거의 성취수준보다 더 높으면 좋은 성적을 평가한다. 성장지향평가는 학생이 과거에 비해 어느 정도 성장했고 진보했는가를 파악하고자 할 때 유용하다. 학생들이 성장 또는 진보한 정도는 현재 성취도와 과거 성취도의 차이로 표시된다.

오답풀이

ⓒ 준거참조평가 : 학생들이 성취해야 할 교육목표에의 도달 여부와 그 정도를 확인하고자 하는 평가를 의미한다. 준거지향평가는 충분한 학습시간과 학습조건만 제공하면 거의 모든 학습자가 주어진 학습목표에 도달할 수 있다는 발달적 교육관에 근거한다. 학생의 선발이나 개인차를 밝히기 위한 평가에 관심이 있는 것이 아니라, 모든 학생이 가능한 한 교육목표에 도달할 수 있도록 도와주는 데 관심을 두는 것이다.

ⓔ 능력참조평가 : 능력지향평가는 학생이 지니고 있는 능력에 비추어 얼마나 최선을 다하였느냐에 초점을 두는 평가방법이다. 오스터호프(Oosterhof)에 의하면 개인의 능력 정도와 수행 결과를 비교하는 평가에서 다음의 두 가지 질문이 고려될 수 있다. 하나는 '이것이 그 학생이 지니고 있는 능력을 최대한 발휘한 것인가'이며 또 다른 질문은 '충분한 시간이 부여되었을 때 더 잘할 수 있었는가'라는 것이다.

| 정답 | ②

논술 문제 적용 하기

02-2   2018 중등

박 교사가 제안하는 평가유형의 명칭과 이 유형에서 개인차에 대한 교육적 해석 1가지를 서술하시오.

> 박 교사: 선생님, 우리 학교 학생의 학업 특성을 보면 학습흥미와 수업참여 수준이 전반적으로 낮아요. 그리고 학업성취, 학습흥미, 수업참여의 개인차가 크다는 것이 눈에 띄네요.
> 김 교사: 학생의 개인별 특성이 그만큼 다양하다는 것을 의미하겠죠. 수업이 학생의 다양한 특성을 반영하게 되면 평가의 방향도 달라질 필요가 있습니다. 앞으로의 평가에서는 학생의 능력, 적성, 흥미에 적합한 목표를 설정하고 그에 따라 수업과 평가가 이루어지는 것도 의미가 있어 보입니다.
> 박 교사: 동의합니다. 그러기 위해서는 평가결과를 해석하고 판단하는 기준도 달라질 필요가 있습니다. 예컨대 학생의 상대적 위치가 어느 정도인지를 판단하기보다는 미리 설정한 학습목표에 도달했는지 여부를 중시하는 평가유형이 적합해 보입니다.

예시답안

박 교사가 제안하는 평가유형은 준거참조평가이다. 준거참조평가는 학습목표를 평가의 기준으로 하여 목표달성 여부 또는 그 정도를 확인하는 평가방법이다. 이러한 평가 유형에서는 개인차의 변별에 관심을 갖지 않는다. 학습자 개인 간의 비교 및 우열을 판정하는 것은 중요하지 않다고 보는 것이다. 오히려 준거참조평가는 교수학습 과정에 최대한의 도움을 줌으로써 학생의 학습을 극대화시키고 결과적으로 성적의 개인차를 줄이려는 활동에 초점을 맞춘다. 즉 학습이 교사의 노력에 의해 성공적으로 수행될 것이라는 신념이 있기 때문에 학습 전 능력에 있어서의 개인차에 상관없이 거의 모든 학생이 최소한의 목표수준까지 학습할 수 있을 것이라는 전제를 갖고 평가활동이 이루어진다.

03

어떤 학생이 시험에서 84점을 얻었을 경우, 위의 세 교사가 관심을 지니게 될 질문과 참조틀을 〈보기〉에서 고르면?

> 푸른 초등학교에는 5학년 담임교사가 세 명이다. 이들은 교육과정을 운영해가는 방식에서 차이를 보인다.
> 박 교사는 학생의 지적 능력은 일반적인 단일능력이기 때문에 지능이 높은 학생은 전 교과에서 높은 성취를 보일 것이라고 생각한다. 박 교사는 모든 영역에서 고른 성취를 강조하고 열심히 공부하는 학급분위기를 조성하기 위해 학생간 상호경쟁을 유도하고 있다. 또한 우수한 학생과 열등한 학생을 변별하여 개인의 상대적 위치를 확인시켜 주기 위해 평가를 활용하고 있다.
> 최 교사는 어떤 학생이건 자기 수준에 맞는 적절한 학습경험이 제공되면 올바른 학습습관과 지적 성장을 이루어 갈 것이라고 생각한다. 따라서 최 교사는 학생들이 교육과정을 통해 얼마나 성장하고 있는가에 관심을 둔다. 최종 성취수준에 대한 관심보다는 초기 성취수준에 비추어 얼마나 능력의 향상을 보이고 있는가를 중시한다. 최 교사는 학생들의 학습을 돕고, 학생의 노력과 성취의 변화과정을 확인하기 위한 목적으로 평가를 한다.
> 김 교사는 해당 학년에서 성취해야 할 교육과정상의 목표가 있으며 그 성취정도를 평가해 성취목표 달성수준에 대한 정보를 제공하고, 학습자가 성취목표를 달성할 수 있도록 효과적으로 돕는 것이 중요하다고 생각한다. 이와 같은 생각에서 김 교사는 교육과정을 백워드(backward) 방식으로 설계하는 것이 적절하며, 이는 성취기준과 교육의 책무성이 강조되는 최근 상황에도 부합한다고 본다. 또한 김 교사는 학생들의 성취목표 도달 정도를 확인해 이미 학습목표를 성취한 학생들과는 학습계약을 맺어 별도의 학습과제를 부여해 수업시간을 낭비하지 않도록 하고 있다.

보기

[질문]
㉠ 이 학생이 얻은 84점은 과거보다 향상된 점수인가?
㉡ 이 학생은 84점을 받았는데 다른 학생들의 점수는 어떤가?
㉢ 84점은 이 학생이 성취목표를 어느 정도 달성했다는 의미인가?

[참조틀]
a. 규준 참조   b. 준거 참조   c. 성장 참조

	박 교사	최 교사	김 교사
①	㉠ - c	㉡ - a	㉢ - b
②	㉠ - c	㉢ - a	㉡ - b
③	㉡ - a	㉠ - c	㉢ - b
④	㉡ - b	㉢ - c	㉠ - a
⑤	㉢ - b	㉠ - c	㉡ - a

정답풀이

ⓒ-a. : 박 교사는 규준참조평가에 관심을 지니고 있다.
㉠-c. : 최 교사는 성장참조평가에 관심을 지니고 있다.
ⓒ-b. : 김 교사는 준거참조평가에 관심을 지니고 있다.

만점대비 +α

교육평가 기준에 따른 분류

구분 내용	규준지향평가	준거지향평가	능력지향평가	성장지향평가
강조점	상대적인 서열	특정영역의 성취	최대능력 발휘	능력의 변화
교육 신념	개인차 인정	완전학습	개별학습	개별학습
비교 대상	개인과 개인	준거와 수행	수행정도와 소유능력	성장, 변화의 정도
개인차	극대화	극대화하지 않으려고 함	고려하지 않음	고려하지 않음
이용도	분류, 선별, 배치, 행정적 기능 강조	자격 부여 교수적 기능 강조	최대능력발휘 교수적 기능 강조	학습 향상 교수적 기능 강조

| 정답 | ③

THEME 02 교육평가의 유형

논술 문제 적용 하기

04-1 *2018 중등*

김 교사가 제안하는 2가지 평가유형의 개념을 서술하시오.

> 박 교사: 선생님, 우리 학교 학생의 학업 특성을 보면 학습흥미와 수업참여 수준이 전반적으로 낮아요. 그리고 학업성취, 학습흥미, 수업참여의 개인차가 크다는 것이 눈에 띄네요.
>
> 김 교사: 학생의 개인별 특성이 그만큼 다양하다는 것을 의미하겠죠. 수업이 학생의 다양한 특성을 반영하게 되면 평가의 방향도 달라질 필요가 있습니다. 앞으로의 평가에서는 학생의 능력, 적성, 흥미에 적합한 목표를 설정하고 그에 따라 수업과 평가가 이루어지는 것도 의미가 있어 보입니다.
>
> 박 교사: 동의합니다. 그러기 위해서는 평가결과를 해석하고 판단하는 기준도 달라질 필요가 있습니다. 예컨대 학생의 상대적 위치가 어느 정도인지를 판단하기보다는 미리 설정한 학습목표에 도달했는지 여부를 중시하는 평가유형이 적합해 보입니다.
>
> 김 교사: 네, 저도 그렇게 생각합니다. 그리고 말씀하신 유형 외에 능력참조평가와 성장참조평가도 제안할 수 있겠네요.
>
> 박 교사: 좋은 생각입니다.

예시답안

김 교사는 능력참조평가과 성장참조평가를 제안하고 있다. 능력참조평가는 학생이 지니고 있는 능력에 비추어 얼마나 최선을 다하였느냐에 초점을 두는 평가방법이다. 개인의 능력 정도와 수행 결과를 비교하는 평가에서 다음의 두 가지 질문이 고려될 수 있다. 하나는 '이것이 그 학생이 지니고 있는 능력을 최대한 발휘한 것인가'이며 또 다른 질문은 '충분한 시간이 부여되었을 때 더 잘할 수 있었는가'라는 것이다. 능력참조평가는 이 중 학생 개인이 지니고 있는 능력을 얼마나 발휘하였느냐에 관심을 둠으로 개인을 위주로 하는 평가 방법이라 할 수 있다. 다시 말해 각 학생의 능력과 노력에 의하여 평가되는 특징을 지니고 있다. 성장참조평가는 교육과정을 통하여 얼마나 성장하였느냐에 관심을 두는 평가방법이다. 최종 성취수준에 대한 관심보다는 초기 능력수준에 비추어 얼마만큼 능력의 향상을 보였느냐를 강조하는 평가 방법이다. 즉, 사전 능력수준과 관찰 시점에 측정된 능력수준 간의 차이에 관심을 둔다. 따라서 성장참조평가는 학생들에게 학업증진의 기회부여와 개인차를 강조하는 특징을 지니고 있다.

---

04 *2009 초등*

능력참조평가(ability-referenced evaluation)와 성장참조평가(growth-referenced evaluation)의 특징을 〈보기〉의 내용과 옳게 짝지은 것은?

> ㉠ 학생들의 상대적 서열에 초점을 맞춰 능력의 변별에 관심을 둔 평가이다.
> ㉡ 학생들의 성장단계를 고려해 학년별 성취목표의 달성 여부에 관심을 둔 평가이다.
> ㉢ 학생들이 자신의 능력수준에서 그 능력을 얼마나 발휘하느냐에 관심을 둔 평가이다.
> ㉣ 교수·학습 과정을 통한 변화에 관심을 두며 초기 능력수준에 비해 얼마만큼 능력의 향상을 보였느냐를 강조하는 평가이다.

	능력참조평가	성장참조평가
①	㉠	㉡
②	㉠	㉣
③	㉢	㉡
④	㉢	㉣
⑤	㉣	㉡

정답풀이

㉢ 능력참조평가 : 학생이 지니고 있는 능력에 비추어 얼마나 최선을 다하였느냐에 초점을 두는 평가방법이다.
㉣ 성장참조평가 : 교육과정을 통하여 얼마나 성장하였느냐에 관심을 두는 평가이다.

오답풀이

㉠ 규준참조평가 : 한 학생이 받은 점수가 다른 학생들이 받은 점수에 의해 상대적으로 결정되는 평가방식이다.
㉡ 준거참조평가 : 학생들이 성취해야 할 교육목표에의 도달 여부와 그 정도를 확인하고자 하는 평가를 의미한다.

만점대비 +α

🔎 성장참조평가

(1) 정의
  ① 성장지향평가는 교육과정을 통하여 얼마나 성장하였느냐에 관심을 두는 평가이다.
  ② 최종 성취수준에 대한 관심보다는 초기 능력수준에 비추어 얼마만큼 능력의 향상을 보였느냐를 강조하는 평가이다. 즉, 사전 능력수준과 관찰시점에 측정된 능력수준 간의 차이에 관심을 둔다.
  ③ 그러므로 성장지향평가는 학생들에게 학업증진의 기회부여와 개인화를 강조하는 특징을 지니고 있다.

(2) 성장지향평가 결과가 타당하기 위한 세 가지 조건 – 오스터호프(Oosterhof)
  ① 사전에 측정한 점수가 신뢰로워야 한다.
  ② 현재 측정한 측정치가 신뢰로워야 한다.
  ③ 사전 측정치와 현재의 측정치의 '상관이 낮아야' 한다.

(3) 장·단점
  ① 능력지향평가나 성장지향평가가 대학진학이나 자격증 취득을 위한 행정적 기능이 강조되는 고부담검사와 같은 평가환경에서는 평가결과에 대한 공정성 문제가 제기될 수 있다.
  ② 그러나 평가의 교수적 기능이나 상담적 기능이 강조되는 평가환경이라면 이 두 평가방법이 보다 교육적이므로 교육의 선진화에 이바지할 수 있다고 본다.
  ③ 그러므로 개별화학습을 촉진시킬 수 있는 성장지향평가는 초등교육이나 유아교육에 적극적으로 적용할 필요가 있으며, 상대비교에 치중하지 않는 평가라면 성장지향평가를 실시하는 것도 바람직하다.

🔎 능력참조평가

(1) 정의
  ① 능력지향평가는 학생이 지니고 있는 능력에 비추어 얼마나 최선을 다하였느냐에 초점을 두는 평가방법이다.
  ② 이 방법은 각 학생의 능력과 노력에 의하여 평가되는 특징을 지니고 있다. 즉, 학생 개인이 지니고 있는 능력을 얼마나 발휘하였느냐에 관심을 둠으로 개인을 위주로 하는 평가방법이라 할 수 있다.
  ③ 예를 들어, 우수한 능력을 지녔음에도 불구하고 최선을 다하지 않은 학생과 능력이 낮더라도 최선을 다한 학생이 있을 때 후자의 성취수준이 낮더라도 더 좋은 평가결과를 얻을 수 있다.

(2) 개인의 능력 정도와 수행결과를 비교하는 평가에서 고려되는 질문 – 오스터호프(Oosterhof)
  ① 이것이 그 학생이 지니고 있는 능력을 최대한 발휘한 것인가
  ② 충분한 시간이 부여되었을 때 더 잘할 수 있었는가

(3) 장·단점
  ① 능력지향평가는 개인을 위주로 각자의 고유한 기준을 참조함으로써 학생 개개인에게 보다 의미 있는 개별화 평가가 가능하다는 장점이 있다.
  ② 또한, 능력을 얼마나 발휘하였느냐에 관심을 두는 능력지향평가는 표준화 적성검사에서도 사용될 수 있다.
  ③ 그러나 적성검사 점수의 경우 이는 다른 변인들과 합성되어 있으므로 해석하기가 곤란한 경우가 있으며, 학생이 지니고 있는 능력에 대한 정확한 정보가 없을 경우 능력지향평가의 어려움이 있다.
  ④ 능력지향평가는 특정 기능과 관련된 능력의 정확한 측정치에 의존하게 되므로 해당 능력에 제한하여 학습자의 수행을 해석하게 되는 한계를 지닌다.

| 정답 | ④

논술 문제 적용 하기

04-2 2022 중등

송 교사가 활용할 수 있는 평가 결과의 해석 기준 2가지를 각각 그 이유와 함께 제시하시오.

...(상략)...
김 교사: 그럼요. 제가 교육과정 재구성한 것을 보내 드릴 테니 보시고 다음에 이야기해요. 그런데 교육 활동에서는 학생에 대한 이해가 중요하잖아요. 학기 초에 진단은 어떤 방식으로 하려고 하시나요?
송 교사: 이번 학기에는 선생님께서 특강에서 말씀하신 총평(assessment)의 관점에서 진단을 해 보려 합니다.
김 교사: 좋은 생각입니다. 그리고 우리 학교에서는 평가 결과로 학생 간 비교를 하지 않으니 학기 말 평가에서는 다양한 기준을 활용해 평가 결과를 해석해 보실 것을 제안합니다.

예시답안

송 교사는 학기 말 평가에서 학생 간 비교를 하지 않고 평가 결과를 해석하기 위한 다양한 기준을 활용하고자 한다. 그러므로 송 교사가 활용할 수 있는 평가 결과의 해석 기준은 다음과 같다. 첫째, 능력지향평가이다. 능력지향평가는 학생이 지니고 있는 능력에 비추어 얼마나 최선을 다하였느냐에 초점을 두기 때문에, 학생 간 비교 없이도 개별적인 평가를 할 수 있다. 둘째, 성장지향평가이다. 성장지향평가는 교육과정을 통하여 얼마나 성장하였느냐에 관심을 두는 평가이기 때문에, 학생 간 비교 없이 개별화학습을 촉진시킬 수 있다.

THEME 02 교육평가의 유형

논술 문제 적용 하기

04-3 2024 중등

전문가 E가 학습자 맞춤형 교육을 위해 제시한 평가 유형의 적용과 결과 해석 시 유의점 2가지

> 전문가 E: 네. 예를 들어, 평가 유형으로는 능력참조평가를, 검사 방법으로는 컴퓨터 능력적응검사(Computer Adaptive Testing: CAT)를 고려해 볼 수 있습니다. …(중략)… 교육 환경의 변화에 따라 학습자 맞춤형 교육이 강조되는 추세이므로 오늘 소개한 평가 유형과 검사 방법에 관심을 가지면 좋을 듯합니다.

예시답안

전문가 E가 제시한 능력참조평가는 학생이 지니고 있는 능력에 비추어 얼마나 최선을 다하였는가에 초점을 두는 평가이다. 이러한 능력참조평가의 적용 및 결과 해석 시 교사는 다음과 같은 점들을 유의해야 한다. 우선, 능력참조평가를 적용할 때에는 평가 기준을 모든 학생에게 일률적으로 적용하는 것이 아닌, 개인을 위주로 각자의 고유한 기준을 참조하여야 한다. 학생 개인이 지니고 있는 능력을 최대한 발휘하였느냐에 관심을 두는 평가이므로, 학생 개개인에게 보다 의미 있는 개별화된 평가가 되어야 하는 것이다. 다음으로, 능력참조평가의 결과 해석 시 적률검사 점수의 경우에는 다른 변인들과 합성되어 있으므로 해석하기가 곤란하다는 점을 유의하여야 한다. 따라서 학생이 지니고 있는 능력에 대한 정확한 정보가 없다면, 평가에 어려움이 따를 수 있다. 또한, 능력지향평가는 특정 기능과 관련된 능력의 정확한 측정치에 의존하게 되므로, 해당 능력에 제한하여 학습자의 수행을 해석하게 될 수 있다는 점을 유의하여야 한다.

05 2012 초등

〈보기〉의 평가유형 적용 사례 중 옳은 것을 모두 고르면?

> **보기**
> ㉠ 수업 시작 전에 학생의 학습준비도를 확인하기 위해 진단 평가를 실시하였다.
> ㉡ 수업을 진행하면서 수업 내용과 관련된 학생들의 오류와 문제점을 확인해서 피드백하기 위해 형성평가를 실시하였다.
> ㉢ 학생들 간의 상대적 서열보다는 학생이 무엇을 얼마나 성취하였는가를 확인하기 위해 규준참조평가를 실시하였다.
> ㉣ 실시된 평가의 장단점을 평가관련자에게 알려주고 평가의 질적 개선을 도모하기 위해 메타평가를 실시하였다.

① ㉠, ㉡
② ㉠, ㉣
③ ㉠, ㉡, ㉣
④ ㉠, ㉢, ㉣
⑤ ㉡, ㉢, ㉣

정답풀이

- ㉠ **진단평가**: 교수·학습이 시작되기 전에 학생이 소유하고 있는 특성을 체계적으로 관찰·측정하여 진단하는 평가로서 사전학습 정도, 적성, 흥미, 동기 등을 측정한다.
- ㉡ **형성평가**: 형성평가란 교수·학습이 진행되고 있는 동안에 학생과 교사에게 학습 진행 정도를 알려 주고 교육과정 및 수업방법을 개선시키기 위한 평가이다.
- ㉣ **메타평가**: 스크리븐(Scriven)은 평가 자체가 평가를 받아야 한다며 메타평가란 개념을 제안하였다. 특정 평가활동의 지침이 되고 그 평가의 장점과 단점을 공개할 목적으로 평가의 유용성, 실용성, 윤리, 기술적 적합성에 대한 서술 및 판단적 정보를 수집·제공·활용하는 과정을 의미한다. 평가과정과 평가결과에 대한 평가의 평가라고 할 수 있다.

오답풀이

- ㉢ **규준참조평가**: 한 학생이 받은 점수가 다른 학생들이 받은 점수에 의해 상대적으로 결정되는 평가방식이다.

| 정답 | ③

06
2002 중등

〈보기〉와 같은 평가방식은?

- 수업 도중에 실시한다.
- 학습단위에 관련된 학생의 진보 상태를 교사와 학생에게 피드백한다.
- 학습단위의 구조에 따라 오류를 확인함으로써 교수 방법을 수정·보완하는 데 필요한 정보를 수집하기 위해 실시한다.

① 총괄평가 ② 형성평가
③ 사후평가 ④ 진단평가

논술 문제 적용 하기

06-1
2014 중등

다음 대화 내용을 바탕으로 수업에 소극적인 학생들의 학습 동기를 유발하기 위한 방안을 형성평가 활용 측면에서 2가지 논하시오.

...(상략)...
박 교사: 아, 그렇군요. 그런데 선생님, 요즘 저는 수업방법뿐만 아니라 평가에서도 고민거리가 있어요. 저는 학기 중에 수시로 학업성취 결과를 점수로 학생들에게 알려 주고 있는데요. 이렇게 했을 때 성적이 좋은 몇몇 학생들을 제외하고는 나머지 학생들은 자신의 성적을 보고 실망하는 것 같아요.
최 교사: 글쎄요, 평가 결과를 선생님처럼 그렇게 제시할 수도 있겠죠. 하지만 학습 동기를 유발하기 위해서는 평가를 어떻게 활용하느냐가 중요해요.

예시답안

소극적인 수업 태도를 가진 학생들의 학습동기를 유발하기 위하여 교사는 형성평가를 활용할 수 있다. 형성평가의 목적은 점수를 매기거나, 학생의 성적을 판정하는 것이 아니라 학생의 학습을 증진시키려면 무엇을 개선해야 할 것인지를 추구하는 평가이다. 교수목표에 비추어 무엇을 성취했고 무엇을 더 학습해야 하는지를 구체적으로 알려주는 것은 학습동기를 유발할 수 있다. 설정된 학습목표를 달성하였다는 사실을 학생이 확인하는 것은 학습에 대한 강화의 역할을 하고, 반대의 경우 학습 곤란을 진단하고 그것을 제거해 나갈 수 있기 때문이다. 둘째, 최종 성취 수준보다 초기 성취 수준에 비해 얼만큼 향상을 보였느냐에 관심을 둔다. 개인의 변화 내용과 정도를 평가하고 그에 대해 피드백함으로써, 학생들에게 교수목표 수행의 성공에 대한 기대의 가능성을 높여 줄 수 있다. 또한 개별적인 변화 정도에 강화를 주는 것은 학습의 성공과 실패를 내적으로 귀인시켜 주며 자기효능감을 높여줄 수 있다.

THEME 02 교육평가의 유형

논술 문제 적용 하기

06-2 *2016 중등*

김 교사가 실시하려는 평가 유형의 기능과 효과적인 시행 전략을 각각 2가지씩 논하시오.

개선 영역	개선 사항
평가 계획	• 평가 시점에 따라 적절한 평가 방법을 마련할 것 • 진단평가 이후 교수학습이 진행되는 중간에 평가를 실시할 것 • 총괄평가 실시 전 학생의 학습 진전 상황에 관한 정보를 수집·분석 할 것

예시답안

제시문의 김 교사는 형성평가를 계획하고 있다. 형성평가의 목적은 교수학습이 이루어지는 과정에서 그 진전 상황에 관한 정보를 수집, 분석하여 교수학습을 개선하는 데 있다. 즉, 형성평가는 수업이 진행되고 있는 상태에서 교육행위가 계획한 대로 진행되고 있는지를 확인하는 행위이다. 교수학습과정 중에 가르치고 배우는 내용을 학습자들이 얼마나 잘 이해하고 있는지를 수시로 점검하고, 학습자들의 수업 능력, 태도, 학습방법 등을 확인함으로써 교육과정을 개선하고 교재의 적절성을 확인할 수 있다. 구체적으로 형성평가가 지니고 있는 기능은 다음과 같다. 첫째, 형성평가는 학습곤란을 진단하고 교정하는 데 큰 도움을 준다. 형성평가는 단지 한 학습과제에서 성공했느냐 실패했느냐의 정보뿐 아니라 더 나아가 만약 실패했다면 실패한 원인을 진단해 주는 정보를 제공해 준다. 교수목표에 비추어 무엇을 성취했고, 무엇을 더 학습해야 하는지를 구체적으로 그때그때 가르쳐 주는 기능을 가지고 있는 것이다. 학생 스스로가 자신의 학습곤란을 발견하고 그 원인을 찾아보아 이를 극복할 수 있게 하는 일이 바로 형성적 평가의 기능이다. 둘째, 교사로 하여금 자신의 지도과정을 검토하여 어떤 허점이나 미비점이 있는가를 발견할 수 있게 해준다. 예컨대 형성평가의 결과 60% 이상의 학생이 오답을 하였다면 교사는 지도과정 중 어떤 부분에 그러한 허점이 있었던가를 찾아내어 재지도를 하고, 자신의 학습지도 방법과 교육과정을 개선할 수 있다. 교사는 자신이 가르친 학생들에게 형성평가를 적절히 실시함으로써 교수방법의 강약점을 구체적으로 분석해 낼 수 있게 된다.

형성평가를 효과적으로 시행하기 위해서는 다음과 같은 전략이 필요하다. 첫째, 형성평가의 목표 진술 시 최저성취기준을 설정해야 한다. 최저성취기준은 이 정도의 성취를 하면 다음의 목표성취에 필요한 학습이 되었다고 수용할만한 표준점을 가리킨다. 형성평가는 교육목표를 학생이 수긍할 정도로 성취하고 있는지, 성취하지 못했을 때 어디를 개선해야 할 것인지에 대한 정보를 제공하는 것이다. 따라서 형성평가의 목표 진술에는 각 목표에 대해 수락할 수 있는 최저성취기준을 설정해야 한다. 그리고 형성평가의 도구를 제작할 때도 매우 어려운 문제나 매우 쉬운 문제보다는 교육내용에 적절한 난이도의 문제를 출제하여 최저성취기준에 의하여 학습의 곤란정도를 파악하는 것이 바람직하다. 둘째, 학습단위의 초기에 실시하는 형성평가가 중기나 후기에 실시하는 형성평가보다 중요하다. 만약 학습 단위의 초기에서 실패하면 그 결함이 계속 누적되어 중기 및 말기의 학습에서도 실패할 가능성이 있다. 그러므로 초기 단계에서의 형성평가는 가능하면 빈번히 갖도록 하고 그렇게 함으로써 초기의 학습단위에서 학생이 실패한 것에 대해 정확한 정보를 학생에게 주며 다시 학습할 수 있는 기회를 제공한다.

만점대비 +α

💡 교수·학습 진행에 따른 평가

(1) 진단평가(diagnostic evaluation)
① 진단평가란 교수·학습이 시작되기 전에 학생이 소유하고 있는 특성을 체계적으로 관찰·측정하여 진단하는 평가로서 사전학습 정도, 적성, 흥미, 동기, 지능 등을 측정한다.
② 진단평가는 학습자에게 적절한 수업전략을 투입하기 위한 목적으로 시행된다.
③ 이를 위해 ㉠ 학습목표 달성을 위해 요구되는 능력과 기능을 갖추고 있는가를 확인하고, ㉡ 사전에 학습목표를 달성했는가를 분석하며, ㉢ 적절한 교수법이나 대안을 제공하기 위해 학생의 특성을 파악해야 한다.

(2) 형성평가(formative evaluation)
① 형성평가란 교수·학습이 진행되고 있는 동안에 학생과 교사에게 학습 진행 정도를 알려 주고 교육과정 및 수업방법을 개선시키기 위한 평가이다.
② 형성평가란 말을 최초로 사용한 스크리븐(Scriven, 1967)은 교육과정의 개선을 통하여 수업을 발전시키기 위한 평가라고 정의하였다.
③ 그러므로 형성평가는 ㉠ 개인별 능력에 맞추어 학습을 진행할 수 있도록 학습을 개별화할 수 있어야 하며, ㉡ 평가결과를 학생에게 적절한 방법으로 알려 줌으로써 피드백 효과가 있어야 하고, ㉢ 학습 곤란을 진단하여야 하며, ㉣ 학습동기를 유발해야 한다.
④ 형성평가에서 수집하는 학생에 대한 정보로는 사전검사, 과제, 퀴즈와 단원평가 같은 구조화된 정보도 있지만 학생의 표정, 몸짓과 시늉, 어조, 음성의 크기, 끊김, 억양, 발화 간격, 침묵, 시선 등도 비구조화된 정보로 교수·학습을 수정하기 위한 중요한 자료로 사용되고 있다.

(3) 총괄평가(summative evaluation)
① 교수·학습이 완료된 시점에서 교육목표의 달성 여부나 정도를 종합적으로 판정하는 평가로서 총합평가라고도 한다.
② 스크리븐은 이를 교수·학습을 통해서 성장이 이루어졌는가를 확인하고 교육목표를 성취했는가를 판정하는 평가라고 정의하였다.
③ 일반적으로 성적표에 제시되는 서열이나 합격 혹은 불합격 판정 등을 총합평가의 예로 들 수 있다.
④ 총합평가는 성취 수준의 도달 여부 판정, 서열화, 자격증 부여, 집단 간 비교, 프로그램 시행 여부 결정, 책무성 부여 등의 목적을 위하여 시행된다.
⑤ 이러한 목적에 따라 교수·학습이 끝난 후에 의사결정을 위하여 총합평가를 실시하며, 주로 교과내용 전문가와 평가 전문가에 의해 제작된 표준화된 검사를 사용한다.
⑥ 총합평가는 목적에 따라서 서열화를 목적으로 상대비교평가를 실시하거나, 성취기준의 통과 여부에 대한 판단을 목적으로 절대평가를 시행할 수도 있다.

| 정답 | ②

07
2002 초등

김 교사는 학생들에게 약수와 배수에 대하여 가르치려고 한다. 가르치기에 앞서 김 교사는 덧셈, 뺄셈, 곱셈, 나눗셈 등에 관한 문제로 구성된 간단한 시험을 실시하였다. 시험을 실시한 이유로 적절한 것은?

① 시험보는 기술을 훈련시키기 위해서이다.
② 수학에 관한 흥미를 유발하기 위해서이다.
③ 학생들의 선수 학습 정도를 파악해 보기 위해서이다.
④ 약수와 배수에 관한 그릇된 개념을 교정하기 위해서이다.

정답풀이

③ 진단평가란 교수·학습이 시작되기 전에 학생이 소유하고 있는 특성을 체계적으로 관찰측정하여 진단하는 평가로서 사전학습 정도, 적성, 흥미, 동기, 지능 등을 측정한다.

만점대비 +α

💡 진단평가의 실시시기와 기능

(1) 실시 시기
① 진단평가는 주로 수업이 시작되기 전에 실시하는 것이 보통이지만, 필요한 경우에는 수업이 진행되는 중에도 실시할 수 있다.
② 수업이 진행되는 도중에도 학생이 계속적으로 학습결함을 보일 때 그 신체적·환경적 원인을 밝히기 위해 진단평가를 실시한다.

(2) 기능

수업시작 전 : 출발점행동의 진단과 정치	• 학습결손의 보충 : 수업이 시작되기 전에 실시하는 진단평가의 목적은 특정 학습과제를 학습하는 데 필요한 선수학습요소를 지니고 있는지를 파악하여 이를 갖추지 못한 경우 보충학습을 통해 학습결손을 막고자 하는 데 있음 • 정치(定置) : 진단평가는 학생들의 선수학습정도, 학습결손의 유무, 제반 특성(지능, 적성, 흥미, 동기 등)을 파악하여 개별화수업이 극대화되도록 하는데 그 궁극적 목적이 있음
수업과정 중 : 학습결손의 학습 외적 요인의 진단	• 수업이 시작되고 난 후 학습에 곤란을 느끼는 학생이나 학습부진의 정도가 심한 학생들이 있을 경우 그 원인에 대한 파악이 필요 • 학습부진의 원인을 수업 내적인 면에서는 찾기 힘든 경우 학습장애를 일으키는 학습 외적 요인을 파악하기 위해 진단평가를 실시

| 정답 | ③

논술 문제 적용 하기

06-3
2023 중등

평가 보고서에서 언급한 형성평가를 교사 측면에서 활용할 수 있는 방안 2가지

> 수업 진행 중에 퀴즈, 질문과 같은 형성평가 방법을 적절하게 적용한 점이 학생들의 평가 만족도를 높인 것으로 분석된다. 학생들이 이러한 평가로 인해 부담감을 느끼지 않도록 형성평가에 대해 잘 설명한 것이 효과가 있었다. 한편, ...(하략)...

예시답안

형성평가란 교수-학습활동이 이루어지고 있는 도중에 교수-학습 활동이 계획대로 진행되고 있는지의 여부를 확인하고 점검할 목적으로 행해지는 평가로, 교사는 이를 다음과 같은 방법으로 활용할 수 있다. 첫째, 학습지도 방법의 개선이다. 형성평가를 통하여 교사는 교수방법의 장단점을 구체적으로 파악하여 이를 개선할 수 있다. 둘째, 학습곤란의 진단 및 교정이다. 형성평가는 학습자가 수업목표에 비추어 무엇을 성취했고 무엇을 더 학습해야 하는지를 구체적으로 알려줄 수 있다. 따라서 교사는 학습자가 자신의 학습결손 또는 곤란을 발견하도록 하고, 이를 고칠 수 있도록 하는 데 형성평가를 활용할 수 있다.

08

교수-학습 과정에서 활용되는 평가에 대한 설명으로 옳지 않은 것은?

① 진단평가는 학생의 출발점 행동을 알아보기 위해 실시된다.
② 형성평가는 교수-학습활동을 개선하기 위한 정보를 제공해 준다.
③ 형성평가에서는 교사가 제작한 검사보다는 표준화 검사가 사용된다.
④ 총괄평가는 학습목표 달성 여부를 판정하여 성적을 산출하는 데 활용된다.

정답풀이

③ 형성평가에서는 표준화 검사보다는 교사가 제작한 검사가 사용된다.

만점대비 +α

💡 **표준화검사**

(1) 개념
  ① 표준화검사란 표준화된 제작절차, 검사내용, 검사의 실시조건, 채점과정 및 해석에 의해 객관적으로 행동을 측정하는 검사방법이다.
  ② 이는 측정치를 통해 전체 집단을 미루어 짐작하고, 그것을 기초로 하여 두 사람 이상의 행동을 비교하고자 하는 체계적 절차이다.
  ③ 특징 : ㉠ 대규모적·전문적·체계적, ㉡ 검사내용의 표준화, ㉢ 표준화된 조건, ㉣ 채점과정의 표준화, ㉤ 해석의 표준화
(2) 기능
  ① 학습평가 및 진단의 기능 : 표준화 검사는 학생의 성취가 전국에 있는 다른 학생들과 비교했을 때 어느 정도인지를 말해주고, 학생의 향상에 대한 완전한 정보를 제공하도록 도와준다. 또한 표준화 검사는 학생들의 장점과 단점을 진단하는 데 도움이 된다.
  ② 선발과 배치의 기능 : 교사는 표준화 검사에서 학생들이 획득한 점수를 토대로 학생들의 배경과 능력에 맞는 학급 배치를 실시할 수 있다.
  ③ 프로그램 평가와 책무성의 기능 : 표준화 검사는 교수 프로그램의 질에 관한 정보를 제공해 준다.

| 정답 | ③

09 2010 초등

'중간고사 대체용으로 활용된 표준화 검사의 신뢰도가 교사가 제작한 중간고사용 검사의 신뢰도보다 높았다.'는 진술에 대한 가장 적절한 해석은?

① 표준화 검사가 교사가 제작한 검사보다 실용적이다.
② 표준화 검사의 실시절차가 교사가 제작한 검사의 실시절차보다 간편하다.
③ 표준화 검사의 점수가 교사가 제작한 검사의 점수보다 타당한 측정치이다.
④ 표준화 검사가 교사가 제작한 검사보다 교실에서의 수업내용을 많이 반영하고 있다.
⑤ 표준화 검사가 교사가 제작한 검사보다 재고자하는 특성을 일관성 있게 측정하고 있다.

정답풀이

⑤ 검사의 신뢰도란 측정하고자 하는 것을 얼마나 안정적으로 측정하고 있는지의 정도를 의미한다. 어느 한 검사의 점수가 어제 측정한 결과와 오늘 측정한 결과가 예측할 수 없을 정도로 다르게 나타난다면, 그 결과에 대해서 믿을 수 없을 것이다. 즉, 신뢰도는 측정의 결과가 어느 정도나 일관성이 있는지와 관련된 개념이다. 따라서 신뢰도가 높다는 것은 측정의 결과가 일관적이라는 것을 의미한다.

만점대비 +α

💡 **표준화학력검사와 교사제작검사의 비교**

구분	표준화학력검사	교사제작검사
제작자	전문가	교사
목표의 일반성	모든 학생들에게 공통적이고 일반성이 높은 목표	특정 학급에 한정되는 목표
출제범위	모든 학생들이 공통으로 학습한 내용	특정 학급에서 학습한 내용
문항	문항이 고정되어 있어 임의로 추가, 삭제, 수정할 수 없음	필요시 문항을 추가, 삭제, 수정할 수 있음
실시 및 채점	전문가가 결정하며, 검사요강에 제시된 방식을 엄격히 준수해야 함	교사가 결정하며, 필요할 경우 조정할 수 있음
규준	전문가가 제작한 규준이 있음	규준이 없음, 교사가 학급 내에서 규준을 작성할 수는 있음
검사의 질	신뢰도와 타당도와 같이 검사의 질을 판단할 수 있는 정보가 있음	교사가 검사의 질을 판단함

| 정답 | ⑤

THEME 02 교육평가의 유형

논술 문제 적용 하기

10-1 [2021 중등]

김 교사가 적용하고자 하는 평가 방식이 학생에게 줄 수 있는 교육적 효과 2가지, 이 평가를 수업에서 실행하는 방안 2가지를 논하시오.

> 보고 싶은 친구에게
>
> … (중략) …
>
> 학생의 선택과 결정의 기회를 확대하기 위해 우리 학교가 학교 운영 계획을 전체적으로 다시 세우고 있어. 그 과정에서 나는 교육평가 방안 등을 고민했고 교사 협의회에도 참여했어.
> 오늘 읽은 교육평가 방안 보고서에는 학생이 주체가 되는 평가가 학습에 도움이 된다는 내용이 담겨 있었어. 내가 지향해야 할 평가의 방향으로는 적절한데 그 내용이 구체적이지는 않더라. 학생이 스스로 자신을 평가하게 하면 어떠한 효과를 거둘 수 있을지, 그리고 내가 수업에서 이러한 평가를 어떻게 실행할 수 있을지 더 자세히 알아봐야겠어.

예시답안

김 교사가 적용하고자 하는 평가 방식은 자기평가이다. 자기평가란 특정 주제나 교수·학습영역에 대하여 자기 스스로 학습과정이나 학습 결과에 대한 자세한 평가 보고서를 작성하고 제출하도록 하여 평가하는 것을 말한다. 자기평가가 학생에게 줄 수 있는 교육적 효과는 다음과 같다. 첫째, 학습자가 평가의 주체가 되므로 학습자들을 학습에 적극적으로 참여하도록 유도할 수 있다. 이는 학습자의 책임감을 높이고 학습자 중심의 교육과정을 촉진할 수 있다. 둘째, 학습자로 하여금 학습의 과정을 주의 깊게 성찰하며 그 의미를 숙고하게 함으로써, 학습한 내용을 더 잘 인식할 수 있게 한다. 그러므로 학생들은 자신의 능력에 대한 이해를 통해 학습욕구를 증진시킬 뿐 아니라, 이어질 학습목표를 효과적으로 설정할 수 있다.

자기평가를 수업에서 실행하는 방안은 다음과 같다. 첫째, 교사의 채점 기준과 동일한 채점 기준을 적용시켜 학생들로 하여금 스스로의 학습을 평가하게 한다. 이를 통해 교사는 학습자들이 자기평가를 할 때 평가자인 그들 스스로 정확한 판단 기준을 갖도록 도울 수 있다. 둘째, 학생들로 하여금 학습일지를 작성하게 한다. 학습일지는 학생들 스스로가 학습의 결과나 성과물보다는 학습의 과정 그 자체에 대해 성찰하고, 자신의 수행에 대한 정확성과 적절성에 대해 판단하게 할 수 있다.

더 알아보기

자기평가

(1) 개념
  ① 자기평가란 특정 주제나 교수·학습영역에 대하여 자기 스스로 학습과정이나 학습 결과에 대한 자세한 평가 보고서를 작성하고 제출하도록 하여 평가하는 것을 말한다.
  ② 이는 학습을 통해 얻은 기능과 지식을 학습자가 스스로 평가하는 과정으로, 학습자 중심교육이며 학생들이 학습에 적극적이고 반성적으로 참여함으로써 학습방법을 개선하고 조정하는 일련의 과정을 포함하고 있다.
  ③ 자기평가는 대안적 평가 방식의 중요한 요소로서 학습자가 평가의 주체가 되므로 학습자들을 학습에 적극적으로 참여

10 [2009 초등]

수행평가 과제의 제작과 관련하여 교사가 유의해야 할 점으로 가장 적절한 것은?

① 한 가지 이상의 해결책이나 정답이 가능한 과제는 피하도록 한다.
② 학생들의 과제집중력을 고려하여 과제수행 시간이 최대 20분을 초과하지 않도록 한다.
③ 교육목표 및 교육내용과의 관련성을 확인하여 수행평가 과제의 타당성을 확보하도록 한다.
④ 하나의 수행평가 과제에서는 한 가지 학습성과만을 평가할 수 있도록 과제를 구조화하도록 한다.
⑤ 객관식검사가 측정하지 못하는 것을 측정하기 위해 교과학습 목표와는 독립적인 수행평가 과제가 되도록 한다.

오답풀이

① 수행평가의 평가과제는 다양한 해결책이나 정답이 가능하도록 제작해야 한다. 해결책이나 정답이 다양한 평가과제에서는 학생들이 창의적으로 반응한다.
② 수행평가는 학생들이 풍부한 반응을 구성하고 산출할 수 있도록 충분한 시간을 필요로 한다. 수행평가는 문항 당 1분 정도를 소요하는 표준화 검사에 비해 장기간의 과제수행의 과정을 요구한다.
④ 수행평가에서는 다양한 학습성과 혹은 수업목표의 달성도를 평가할 수 있도록 평가과제를 제작해야 한다. 수행평가는 시간과 노력이 많이 소요되므로 평가과제가 다양한 학습성과를 동시에 평가할수록 바람직하다.
⑤ 수행평가는 수업과 평가를 통합하려는 접근이므로 수업을 통해서 가르칠 수 있는 지식과 기능을 측정할 수 있도록 평가과제를 제작해야 한다. 또한 평가과제는 지필검사로 평가할 수 없는 교육목표 달성도를 평가해야 한다.

만점대비 +α

💡 **수행평가 과제의 요건**

① 수행평가과제는 핵심적인 개념, 원리, 법칙, 과정을 측정해야 한다. 수행평가과제는 광범위한 영역을 다루어야 하고, 과제를 해결하는 데 필요한 가장 본질적인 기능을 측정하도록 제작해야 한다.
② 교육목표의 달성도를 실제상황에서 직접 평가할 수 있도록 평가과제를 제작해야 한다.
③ 평가결과의 일반화가능성이 높도록 평가과제를 제작해야 한다.
④ 다양한 학습성과 혹은 수업목표의 달성도를 평가할 수 있도록 평가과제를 제작해야 한다.
⑤ 수행평가는 수업과 평가를 통합하려는 접근이므로 수업을 통해서 가르칠 수 있는 지식과 기능을 측정할 수 있도록 평가과제를 제작해야 한다.
⑥ 평가과제는 다양한 해결책이나 정답이 가능하도록 제작해야 한다. 해결책이나 정답이 다양한 평가과제에서는 학생들이 창의적으로 반응한다.
⑦ 평가과제는 실현성이 높아야 한다. 즉, 수행평가과제는 비용, 시간, 시설 및 설비 등에 비추어 실현가능해야 한다.
⑧ 평가과제는 명료해야 한다. 평가과제가 모호할 경우 무엇을 해야 하는지 알 수 없다.
⑨ 평가과제는 흥미를 유발할 수 있고 학생들의 수준에 적절해야 한다. 그래야 수행평가가 학습동기를 유발할 수 있다.
⑩ 평가과제는 의도하는 과정 혹은 산출물을 평가할 수 있도록 제작해야 한다. 수행평가에서는 과정을 평가할 수도 있고, 산출물을 평가할 수도 있으며, 과정과 산출물을 모두 평가할 수도 있다.
⑪ 평가과제는 신뢰할 수 있고 정확하게 채점할 수 있도록 제작해야 하며, 채점준거를 구체적으로 진술해야 한다.
⑫ 평가과제는 성별이나 계층과 같은 학생의 배경특성에 따라 편향되지 않고 공정해야 한다.
⑬ 평가과제는 지필검사로 평가할 수 없는 교육목표 달성도를 평가해야 한다.

| 정답 | ③

논술 문제 적용 하기

하도록 유도하고 학습에 대한 인지적 능력을 동기와 태도 등의 정의적 능력과 통합할 수 있는 좋은 방법이다.
④ 자기평가의 유형에는 질문지법, 체크리스트, 평정척도법, 흥미·태도 척도법, 학습일지 등이 있다.

(2) 교육적 효과
① 초인지 : 초인지는 학습의 결과를 증진시키는 데 있어서 학습자가 소유해야 하는 중요한 사고의 특징이다. 자기평가는 초인지 반성을 길러주고 확대시켜 주는 효과적인 훈련 방법이자 평가 방법으로서 학습자가 자신의 과제를 계속적으로 반성하게 함으로써 자신의 생각과 성취 수행을 모니터 하고 개선하도록 한다.
② 적극적 학습 : 자기평가는 학생들을 교육과정에 더욱더 끌어들이고, 그들이 공부하는 내용에 더 적극적이고 의미 있는 관계를 형성할 수 있도록 하는 한 가지 전략이다. 특히, 자기평가에서는 학습자가 평가에서 주체가 되므로, 학습자들을 학습에 적극적으로 참여하도록 유도하게 된다. 또한, 학습자가 자기평가 활동을 하게 되면 교사는 학습자에게 지식의 결과물이 아니라 배우는 방식을 가르쳐주게 되는데, 이를 통해서 학습자의 자기 주도적인 학습이 가능해지고, 스스로 책임감과 학습 동기를 갖게 된다.
③ 피드백 : 학습자는 반성적 자기평가 문항에 진솔하게 응답함으로써 학생 입장에서는 자신이 학습하고 경험한 바를 스스로 정리하고 확인하는 기회를 갖게 되고, 교사의 입장에서는 학습자의 학습 목표 달성 정도를 확인, 점검할 수 있다. 그러나 무엇보다 자기평가가 피드백으로서 갖는 효과는 학습자에게 자기조절 학습능력을 길러주는 데 있다. 즉, 자기평가를 통하여 과제와 과제 수행에 요구되는 기술과 전략은 어떤 것인가를 규명하게 되고 나아가 목표 달성에 요구되는 기술과 전략은 어떤 것인가를 규명하게 한다.

(3) 단점
① 학습자의 과거 수학경력, 직업적 열망, 동료그룹이나 부모의 기대, 자기주도적 학습이나 자기관리의 훈련 부족 때문에 주관적인 오류를 범할 수도 있다.
② 학습자가 자신을 충분히 파악하지 못하였을 경우, 무의식적인 심리적 방어기제나 의도적인 동기 등으로 인하여 자기평가보고서에 의해서 얻어진 자료의 신뢰도와 타당도는 많은 제한을 받을 수 있다.

(4) 수업 시 실행방안
① 자기평가는 결과나 성과물보다는 학습의 과정 그 자체를 강조하며 자신의 수행에 대한 정확성과 적절성에 대한 판단을 가능하게 하므로, 총합평가보다는 형성평가의 목적을 위해 사용하는 것이 바람직하다.
② 자기평가는 평가 결과를 교사가 다시 채점하거나 학생 자신의 평가 결과를 그대로 반영할 수 있으며, 포트폴리오의 한 부분으로 평가할 수도 있다.
③ 교사의 채점 기준과 동일한 채점 기준을 적용시켜 학생들로 하여금 스스로의 학습을 평가하게 한다. 이를 통해 교사는 학습자들이 자기평가를 할 때 평가자인 그들 스스로 정확한 판단 기준을 갖도록 도울 수 있다.
④ 학생들로 하여금 학습일지를 작성하게 한다. 학습일지는 학생들 스스로가 학습의 결과나 성과물보다는 학습의 과정 그 자체에 대해 성찰하고, 자신의 수행에 대한 정확성과 적절성에 대해 판단하게 할 수 있다.

THEME 03   평가도구의 조건

11

2009 초등

검사도구의 양호도에 대한 진술로 적절하지 <u>않은</u> 것은?

① 높은 타당도는 높은 신뢰도의 선행조건이다.
② 검사가 너무 어렵거나 쉬우면 신뢰도는 낮아진다.
③ 타당도는 무엇을 측정하느냐의 문제로 반드시 준거의 개념이 수반된다.
④ 객관도는 채점자가 편견없이 얼마나 공정하게 채점하느냐의 문제와 관련된다.
⑤ 신뢰도는 어떻게 측정하느냐의 문제로 얼마나 오차없이 측정하고 있느냐를 뜻한다.

정답풀이

① 높은 신뢰도는 높은 타당도의 선행조건이다. 즉, 신뢰도는 타당도의 중요한 선행 요건으로서 타당도가 높기 위하여 신뢰도는 높아야 한다. 그러나 신뢰도가 높다고 반드시 타당도가 높은 것은 아니다. 신뢰도는 타당도를 위한 필요조건이지 충분조건은 아니다.

만점대비 +α

💡 검사도구의 양호도

(1) **타당도(Validity)** : 그 검사가 무엇을 측정하는가와 그 검사를 사용하여 측정하려고 하는 속성을 얼마만큼 '제대로', '충실히' 측정하고 있는가의 정도를 의미한다. 오늘날의 타당도는 검사가 갖는 고유한 속성이라기보다는 검사에서 얻은 결과를 가지고 검사의 타당성 근거를 제시하는 것으로 보는 견해가 많다. 따라서 내용과 관련된 타당도의 근거, 구인과 관련된 타당도의 근거, 준거와 관련된 타당도의 근거 등으로 구분하고 있다.
  ① 내용관련증거 : 검사가 측정하고자 하는 영역을 적절하게 대표하는가에 관한 증거
  ② 준거관련증거 : 검사점수와 외적 준거의 관계에 관한 증거
  ③ 구인관련증거 : 검사점수의 의미, 즉 검사점수가 의도하는 심리적 구인을 측정하는가에 관한 증거
  ④ 영향관련증거(결과관련증거) : 검사가 미치는 영향에 관한 증거
(2) **신뢰도(Reliability)** : 한 검사가 동일대상자에 대하여 반복 실시되었을 때 그 점수들이 일관성 있게 나오는 정도를 의미한다.('얼마나 정확하게', '얼마나 오차 없이' 측정하는가)
(3) **타당도와 신뢰도의 관계(신뢰도 ⊃ 타당도)**
  ① 타당도는 없으나 적어도 신뢰도만은 높게 나올 수 있다.
  ② 신뢰도는 없어도 타당도만 있는 경우는 없다.
  ③ 한 검사가 측정하는 전체 영역에서 많든 적든 오차가 차지하는 영역이 있다.
  ④ 신뢰도는 타당도의 '필요조건' : 신뢰도↓ → 타당도↓, 신뢰도↑ → 타당도↑ or ↓
(4) **객관도** : 측정의 결과에 의해 여러 '검사자 또는 채점자'가 어느 정도로 일치된 평가를 하느냐의 정도를 의미한다.

| 정답 | ①

12
2011 중등

다음은 김 교사가 학기말 시험문제를 출제하는 과정을 진술한 것이다. 김 교사가 출제과정에서 고려한 타당도로 가장 적합한 것은?

> 중학교에서 국어를 가르치고 있는 김 교사는 다음과 같은 방법으로 학기말 시험문제를 출제하였다. 우선 이원분류표에 근거하여 수업목표 및 교수·학습과정에서 중요하게 다루었던 내용들을 확인하였으며, 이것들을 중심으로 학기말 시험문제를 출제하였다. 시험문제를 출제한 후 국어 교과 전문가와 협의하여 자신이 출제한 문항들이 대표성을 가지고 있는 문항표집인지 점검하였다.

① 내용타당도
② 안면타당도
③ 공인타당도
④ 구인타당도
⑤ 예언타당도

정답풀이

① 내용타당도 : 내용타당화는 문항들이 측정하고자 의도하는 전체 영역을 어느 정도 대표하고 있는가에 대한 증거와 문항의 적절성에 대한 증거를 수집하는 과정이다. 내용타당화의 기본 관심은 대표성, 즉 문항들이 문항전집을 제대로 대표하고 있는가를 분석하는 데 있다. 대표성이 높은 검사는 내용영역의 모든 측면들을 두루 측정한다. 여기서 내용은 검사에 포함된 교과 영역(수학의 경우 집합, 함수, 도형 등)과 인지과정(지식, 이해, 적용, 분석, 종합, 평가)을 포괄한다. 또한 내용타당화 과정에서는 문항의 적절성에 대한 증거도 중시한다. 문항의 적절성이란 하나하나의 문항이 필수적인 목표 혹은 내용과 부합되는 정도를 말한다. 그러므로 문항이 목표가 지향하고 있는 내용이나 기능을 측정하면 내용타당도를 갖고 있다.

오답풀이

② 안면타당도 : 검사가 측정하려고 의도한 특성을 측정하고 있는 것처럼 보이는 정도를 의미한다. 검사가 실제로 측정하는 것과 관련되는 것이 아니라, 검사가 무엇을 재고 있는 것 같다는 주관적인 인상을 중심으로 기술된다. 따라서 검사의 명칭과 문항이 학생이나 검사자에게 적합하다고 생각되고 검사가 의도하는 특성을 측정하는 것처럼 보이면 안면타당도가 높다.
③ 공인타당도 : 공인타당도는 하나의 검사가 관련된 특성을 측정하는 다른 검사의 결과를 얼마나 잘 예언하느냐를 나타내는 타당도이다.
④ 구인타당도 : 구인타당도란 조작적으로 정의되지 않은 인간의 심리적 특성이나 성질을 심리적 구인으로 분석하여 조작적 정의를 부여한 후, 검사점수가 조작적 정의에서 규명한 심리적 구인들을 제대로 측정하였는가를 검정하는 방법이다.
⑤ 예언타당도 : 예언타당도는 하나의 평가도구가 피검사자의 미래의 행동이나 특성을 얼마나 정확하고 완전하게 예언하느냐의 정도를 의미한다. 이때의 준거는 시간적으로 '미래의 행동 특성'이 된다.

논술 문제 적용 하기

12-1
2017 중등

D교사가 고려하고 있는 타당도의 유형과 개념 제시하시오.

◆ 학생 평가의 타당도 확보

학생 중심 수업에서의 평가와 관련하여 D 교사는 다음과 같이 말했다.

"학생 참여 중심 수업에서도 평가의 타당도는 여전히 중요합니다. 타당도에는 준거 타당도와 구인 타당도 등이 있습니다. 그러나 저는 이원분류표를 작성해 평가가 교육목표에 부합하는지를 확인하는 방법으로 타당도를 높이는 방안을 고려하고 있습니다."

예시답안

D교사가 고려하고 있는 타당도는 내용 타당도. 내용 타당도는 검사가 전체 영역이나 구인을 대표하는 정도와 문항 하나하나가 측정하고자 하는 목표(혹은 특성)와 부합되는 정도를 논리적으로 분석·판단하는 것이다. 다시 말해 내용타당도의 기본 관심은 대표성, 즉 문항들이 내용과 인지과정 대표할 수 있는 표본으로 구성되어 문항 전집을 제대로 대표하고 있는가를 분석하는 데 있다. 내용의 대표성을 평가하면 검사가 전체 내용영역을 골고루 측정하고 있는지, 특정 측면을 경시하고 있지 않은지를 확인할 수 있다. 또한 문항의 적절성에 대한 증거도 중요하다. 문항의 적절성이란 하나하나의 문항이 필수적인 목표 혹은 내용과 부합되는 정도를 말한다. 다시 말해 문항이 목표가 지향하고 있는 내용이나 기능을 측정하고 있는지를 판단하는 것이다. 문항의 적절성을 검토하는 것을 통해 문항이 관계가 없는 요인들의 영향을 받지 않고 목표나 내용을 제대로 측정하고 있는지 확인할 수 있다. 즉 내용 타당도는 검사가 전체 영역을 대표할 수 있는 문항으로 구성되어 있는지를 판단하고, 문항이 측정하려고 하는 수업목표에 부합되는지를 확인하기 위한 것이다.

THEME 03 평가도구의 조건

논술 문제 적용 하기

12-2 | 2023 중등

평가 보고서에서 제안한 타당도의 명칭과 이 타당도의 확보 방안 1가지

...(상략)... 한편, 학생 의견 중 검사의 타당도에 대한 의견도 있었다. 교육현장에서는 정기고사에서의 평가 방법도 중요하므로, 앞으로 평가 문항 개발 시 교육과정에 따라 수업 중에 가르친 부분을 점검하여 타당도를 높일 수 있는 방안을 모색해야 한다.

만점대비 +α

타당화(타당도)의 주요 고려사항

고려사항	의미	절차
내용타당화 (내용타당도)	검사문항들이 측정영역을 대표하고 있는가? 문항이 수업목표와 부합되는가?	전문가가 검사문항이 이원분류표와 일치하는지, 검사문항이 목표와 일치하는지 판단
준거타당화 (준거타당도)	검사점수가 준거변수를 제대로 추정 혹은 예측하는가?	검사점수와 동시에 수집한 준거의 관계 분석(공인타당화) 혹은 검사점수와 미래에 수집한 준거의 관계 분석(예언타당화)
구인타당화 (구인타당도)	검사가 측정하려고 의도하는 심리적 특성을 측정하고 있는가?	평가과제 제작, 인지과정 분석, 준거와 관계 분석, 처치효과 분석을 통해 검사결과의 의미 검토
영향타당화 (결과타당도)	평가결과 활용이 의도한 효과를 미치고 있고, 의도하지 않는 효과를 배제하고 있는가?	평가결과 활용이 학생 및 교사에게 미치는 효과(긍정적 및 부정적 효과) 검토

| 정답 | ①

예시답안

평가 보고서에서 제안한 타당도는 내용타당도에 해당한다. 내용 타당도는 검사가 전체 영역이나 구인을 대표하는 정도와 문항 하나하나가 측정하고자 하는 목표(혹은 특성)와 부합되는 정도를 논리적으로 분석·판단하는 것이다. 다시 말해 내용타당도의 기본 관심은 대표성, 즉 문항들이 내용과 인지과정 대표할 수 있는 표본으로 구성되어 문항전집을 제대로 대표하고 있는가를 분석하는 데 있다. 또한 문항의 적절성, 즉 하나하나의 문항이 필수적인 목표 혹은 내용과 부합되는 정도에 대한 증거도 중요하다. 따라서 내용타당도를 확보하기 위해서는 목표와 합치되도록 문항을 작성하고, 내용과 인지과정 차원으로 구성되는 이원분류표를 작성함으로써, 문항들이 측정하고자 의도하는 전체 영역을 제대로 대표하고 있는가를 분석하여야 한다.

13

2011 초등

준거타당도(criterion validity)를 확인하는 사례에 해당되는 것을 〈보기〉에서 고르면?

보기

⊙ 성격검사의 타당도를 검증하기 위해 성격 심리학을 전공한 전문가 집단에게 성격검사 문항에 대한 내용 분석을 의뢰하였다.
⊙ 새로 개발한 지능검사의 타당도를 검증하기 위해 이미 타당성을 인정받고 있는 표준화된 지능검사와의 상관계수를 추정하였다.
⊙ 불안수준검사의 타당도를 검증하기 위해 불안수준을 구성하는 3개 하위요인(자신감, 도전성, 개방성) 간의 상관계수를 추정하였다.
⊙ 대학수학능력시험의 타당도를 검증하기 위해 대학수학능력시험점수와 대학학점 간의 상관계수를 추정하였다.

---

① ㉠, ㉡
② ㉠, ㉢
③ ㉡, ㉢
④ ㉡, ㉣
⑤ ㉢, ㉣

정답풀이

㉡ 공인타당도를 확인하는 사례에 해당한다.
㉣ 예언타당도를 확인하는 사례에 해당한다.

오답풀이

㉠ 내용타당도를 확인하는 사례에 해당한다.
㉢ 구인타당도를 확인하는 사례에 해당한다.

만점대비 +α

💡 준거타당도(준거타당화)

준거 타당도는 한 검사에서의 수행을 기준이 되는 다른 독립적인 측정치와 상관계수를 구하여 타당도 계수로 삼는 방법으로, 직접적이고 명백하기는 하지만 기준이 되는 측정치 자체가 타당하다는 전제를 필요로 한다. 그 종류에는 예언타당도와 공인타당도가 있다.

(1) **예언타당도** : 선발시험, 입학시험 등에서 중요성을 가지는 타당도이다. 검사의 기준이 되는 측정치가 검사실시 후 일정 기간이 지난 뒤에 준거변인의 측정이 가능한 경우 예언타당도라고 일컫는다. 한 검사가 어떤 미래의 행동특성을 얼마나 정확하게 예언하는지를 나타내는 것이다.

(2) **공인타당도** : 두 검사가 동일한 능력 혹은 특성을 측정하고 있을 때 사용하는 타당도이다. 검사를 실시하는 때와 같은 시기에 준거변인에 관한 자료의 획득이 가능한 경우 새로 개발된 검사를 이미 타당도가 인정된 기존의 동일한 속성을 측정하는 검사와 상관관계를 구하여 타당도를 측정하는 방법이다.

| 정답 | ④

14

<보기>에서 공인타당도(concurrent validity)에 대한 설명으로 옳은 것을 모두 고르면?

보기
㉠ 계량화되어 타당도에 대한 객관적인 정보를 제공할 수 있다.
㉡ 타당성이 입증된 기존의 검사가 없을 경우 타당도를 추정하기 어렵다.
㉢ 검사점수가 심리적 구성요인들을 제대로 측정하였는가를 요인분석을 통해 검정하는 타당도이다.
㉣ 새로 제작한 인성검사와 MMPI검사를 피험자에게 실시하여 나온 두 검사 점수의 상관계수로 타당도를 검정한 것이 그 예이다.

① ㉠, ㉡
② ㉠, ㉡, ㉣
③ ㉢, ㉣
④ ㉠, ㉡, ㉢, ㉣

오답풀이

㉢ 구인타당도에 해당한다. 구인타당도는 심리검사가 포함하고 있는 행동표본들이 실제 그 검사로 측정하고자 하는 심리적 구성개념을 잘 반영하고 있는지를 알아보고자 하는 것이다.

만점대비 +α

💡 공인타당화(공인타당도)

공인(공존)타당화는 검사와 준거에 대한 자료를 거의 동시에 수집하는 상황에서 검사점수(X)가 현재 존재하고 있는 외적 변수(Y)와 어느 정도 관련되는지 혹은 외적 변수를 어느 정도 추정하는가에 대한 증거를 수집하는 과정이다. 공인타당도는 검사점수가 현재 존재하는 외적 준거를 정확하게 추정하는 정도를 나타낸다. 공인타당화는 양호한 검사를 준거로 하여 새로 개발한 검사를 타당화하기 위한 용도로 활용된다. 새로 개발된 지능검사가 지능을 타당하게 측정하고 있는가에 대한 경험적 증거를 확보하기 위해 기존의 지능검사를 준거로 하여 두 검사 간의 관계를 검토하는 과정이 공인타당화의 사례가 될 수 있다.

| 정답 | ②

15

검사신뢰도를 높이기 위한 방안을 가장 적절하게 제시한 교사는?

> 교 감 : 지난 번 중간고사는 25문항이 출제되었지요. 그런데 검사신뢰도가 좀 낮았던 것 같습니다. 이번 기말고사에서도 25~30개 정도의 문항을 출제하면서 신뢰도를 좀 더 높일 수 있는 방안을 모색해 보아야 할 것 같습니다.
> 김 교사 : 네, 문항의 질문 유형이 다양하면 신뢰도가 높아지죠. 지난 중간고사에서는 모든 문항이 '~옳은 것을 고르면?'의 긍정형이였어요. 문항의 질문 유형을 다양하게 하기 위해 10개 정도의 문항을 '~옳지 않은 것을 고르면?'의 부정형 문장으로 바꾸면 어떨까요?
> 이 교사 : 그것보다 저는 문항수를 좀 줄이는 것이 좋을 것 같아요. 시간이 남더라도 충분히 문항을 검토하고 답할 수 있도록 문항수를 20문항으로 줄이는 것이 좋지 않을까요?
> 박 교사 : 아니요, 지난 중간고사가 좀 어려워 신뢰도가 낮았던 것 같아요. 이번에는 누구나 맞힐 수 있는 아주 쉬운 문항의 비중을 늘리고 지난 중간고사 때와 같이 25문항으로 하는 것이 좋을 것 같아요.
> 서 교사 : 저는 문항의 수를 늘려 30문항으로 하는 것이 좋을 것 같은데요. 문항수를 늘리되, 누구나 다 맞힐 수 있는 아주 쉬운 문항보다는 변별도가 높은 질 좋은 문항으로 5개 정도 늘리는 것이 좋겠어요.
> 최 교사 : 글쎄요, 문항수를 늘리는 것보다는 시험 범위를 넓히는 것이 신뢰도 향상에 도움이 되지 않을까요? 이번 기말고사는 지난 중간고사 범위까지 모두 포함시켜 25문항으로 출제하는 것이 어떨까요?

① 김 교사 ② 이 교사
③ 박 교사 ④ 서 교사
⑤ 최 교사

> **정답풀이**

④ 서 교사가 제시한 방안처럼 검사신뢰도를 높이기 위한 방안으로는 문항수를 들 수 있다. 볼링을 처음 배우는 사람이 첫 게임에서 처음에 던진 볼로 스트라이크를 냈다고 하자. 이 결과만으로 그 사람의 볼링실력이 뛰어나다고 결론을 내릴 수 없다. 신뢰성 있는 결론을 내리기 위해서는 여러 게임에 걸쳐 그 사람이 어떤 점수를 기록하는지 관찰해야 할 것이다.

> **오답풀이**

① 부정형 질문보다 긍정형 질문이 신뢰도가 더 높다.
② 문항수를 줄이는 것은 신뢰도를 감소시킨다.
③ 검사신뢰도를 높이기 위해서는 문항의 난이도가 적절해야 한다. 문항의 난이도가 .40에서 .80일 때 문항의 변별도가 증가한다. 문항의 난이도는 변별도에 직접적으로 영향을 주고 변별도가 증가하면 신뢰도가 증가한다.
⑤ 검사의 문항들이 동일한 내용을 측정할수록 신뢰도는 증가한다. 즉 동일한 내용을 측정할수록 문항들이 동일한 능력을 재는 정도를 보여주는 공변량이 증가하게 되고 문항의 변량이 감소하며, 따라서 신뢰도가 높아진다.

| 정답 | ④

16

2008 중등

내적일관성신뢰도(internal consistency reliability)에 대한 설명으로 옳지 않은 것은?

① 호이트(Hoyt) 신뢰도는 분산분석 방법을 사용해서 신뢰도를 추정한다.
② 검사를 한번만 실시하고도 검사의 신뢰도를 추정할 수 있는 방법이다.
③ 반분검사 신뢰도의 경우 검사를 양분하는 방법에 따라 신뢰도 계수가 다르게 추정된다.
④ 스피어만-브라운(Spearman-Brown) 신뢰도는 각각의 문항을 하나의 검사로 간주하여 문항들 간의 유사성을 측정한다.

정답풀이

④ 스피어만-브라운 공식은 반분검사신뢰도를 추정하는 방법이다. 반분검사신뢰도는 한 번 실시한 검사를 두 부분으로 나누어 두 부분검사 점수의 상관계수를 계산한 후, 스피어만-브라운 공식에 의하여 추정된다.

논술 문제 적용 하기

16-1

2019 중등

#3에 언급된 김 교사가 사용할 신뢰도 추정 방법 1가지의 명칭과 개념을 논하시오.

> #3 모둠을 구성할 때 태도나 성격 같은 정의적 요소도 반영해야겠어. 진술문을 몇 개 만들어 설문으로 간단히 평가하고 신뢰도 직접 점검해 보자. 학생들이 각 진술문에 대한 반응을 등급으로 선택하면 그 등급 점수를 합산할 수 있게 해 주는 척도법을 써야지. 설문 문항으로 쓸 진술문을 만들 때 이 척도법의 유의점은 꼭 지키자. 그리고 평가를 한 번만 실시해서 신뢰도를 추정해야 할 텐데 반분검사신뢰도는 단점이 크니 다른 방법으로 신뢰도를 확인해 보자.

예시답안

제시문의 김 교사가 사용할 신뢰도 추정 방법은 문항내적합치도이다. 문항내적합치도는 반분신뢰도처럼 검사를 반분하지 않고 문항 하나하나를 독립적으로 보고 문항들이 일관되게 동일한 능력을 측정하고 있는 정도를 수치화하는 방법이다. 즉, 문항내적합치도는 한 검사 내에서의 독립된 문항 하나하나를 별개의 검사로 간주하여 모든 문항에 대한 반응(정답-오답)의 일관성을 상관계수로 표시하는 방법을 말한다. 문항내적합치도를 문항 내적 일관성 이라고도 한다. 문항내적합치도는 검사에 포함된 문항들이 유사한 특성을 재고 있는 정도를 나타내므로 문항들이 동질적일수록 높고, 문항들이 이질적일수록 낮다. 즉, 동질적인 특성을 측정하기 위해 제작된 검사(예: 대수에서만 출제된 시험)가 이질적인 특성을 측정하기 위해 제작된 검사(예: 대수, 집합, 확률, 함수 등에서 두루 출제된 시험)보다 문항 내적 합치도가 더 높다.

만점대비 +α

💡 신뢰도의 종류

(1) 검사-재검사 신뢰도(안정성계수)
① 동일한 피험자 집단에게 동일한 검사를 일정 간격을 두고 반복 실시한 결과를 통하여 검사의 일관성을 알아볼 수 있다. 이때, 두 점수 간 일관성의 정도는 상관계수에 의해 추정될 수 있으며, 이를 검사-재검사신뢰도 라고 한다.
② 재검사신뢰도를 추정하기 위해서는 두 번의 검사를 실시해야 하는 번거로움이 있을 뿐 아니라, 검사 시행 간격에 따라 신뢰도가 달리 추정된다는 문제점도 있다.
③ 또한 같은 사람이 같은 검사를 두 번 보기 때문에 연습이나 기억 효과가 작용하야 신뢰도 지수가 과대 추정된다.

(2) 동형검사 신뢰도(동등성계수)
① 시간 간격과 연습효과 같은 재검사신뢰도의 문제로 인하여 같은 검사를 두 번 실시하지 않고, 검사의 모든 특성이 거의 같은 두 개의 검사를 제작하여 두 검사 간의 유사성을 통해 신뢰도를 추정하려는 동형검사신뢰도가 제안되었다.
② 즉, 한 집단이 두 개의 동형검사를 치르고 점수 간 상관계수를 통해 검사의 신뢰도를 추정하는 방법이다.
③ 이와 같은 방법을 사용하면 검사-재검사신뢰도의 문제점을 일부 해결할 수는 있지만, 여전히 검사를 두 번 실시해야 하며 동형검사를 제작하기 어렵다는 문제점이 있다.
④ 또한 두 검사 간 동형성 정도에 따라서 신뢰도가 다르게 추정되므로 최근에는 거의 사용하지 않는다.

(3) 내적 일관성 신뢰도
① 검사를 두 번 실시하지 않고 신뢰도를 추정하기 위하여 검사를 두 부분으로 나누거나 각 문항 단위로 나누어 각 부분이 측정한 결과가 얼마나 유사한가를 추정하는 내적 일관성 신뢰도가 제안되었다.
② 내적 일관성 신뢰도는 두 부분검사 간의 유사성에 의해 추정되는 반분검사신뢰도와 각각의 문항을 하나의 검사로 간주하여 문항 간 측정의 일치성을 추정하는 문항 내적 일관성 신뢰도로 분류할 수 있다.
③ 반분검사신뢰도는 한 번 실시한 검사를 두 부분으로 나누어 두 부분검사 점수의 상관계수를 계산한 후, Spearman-Brown 공식에 의하여 추정된다. 이는 검사를 두 번 시행할 필요는 없지만 검사를 양분하는 방법에 따라 신뢰도가 다르게 추정된다는 단점이 있다.
④ 그러나 문항을 단위로 하면 검사를 나누는 방법에 영향을 받지 않고 항상 일정한 신뢰도 지수를 얻을 수 있기에, 최근에는 문항내적 일관성 신뢰도를 사용하고 있다.
⑤ 문항내적 일관성 신뢰도는 문항 하나하나를 하나의 검사로 간주하여 문항들 간의 유사성 혹은 측정의 일치성을 추정하는 방법으로, 이를 추정하는 방법에는 KR-20, Hoyt신뢰도, Cronbach α가 있다.

| 정답 | ④

17

2011 초등

다음 대화에서 김 교사가 범하고 있는 평정의 오류는?

> 박 교사 : 이제 학생들의 실기평가 채점을 하도록 하지요. 오늘 학생들 중에서 제일 잘한 학생을 누구로 할까요?
> 이 교사 : 철수가 제일 연기를 잘한 것 같아요. 동작의 섬세함이나 대사의 표현력에서 다른 학생들보다 더 뛰어나게 연기한 것 같아요.
> 김 교사 : 그래요? 저는 철수가 평가장에 들어올 때부터 첫 느낌이 좋지 않았어요. 그래서 연기력도 별로인 것 같아 낮은 점수를 주었어요.

① 대비의 오류(contrast error)
② 관대성의 오류(leniency error)
③ 근접의 오류(approximate error)
④ 인상의 오류(error of halo effect)
⑤ 집중화경향의 오류(error of central tendency)

만점대비 +α

💡 평정의 오류

집중경향의 오류	• 평가 결과가 중간 부분에 지나치게 모이는 오류로, 훈련이 부족한 평정자가 잘 저지르는 착오 • 제거 방법 : 중간에 선택할 수 있는 평정점이 여러 개가 되도록 간격을 넓게 잡는 것이 좋음 예 3단계 척도보다는 7단계 척도 활용
표준의 오류	• 평정자 간 표준이 달라서 생기는 오류, 평정자가 표준을 어디에 두는가에 따라 생기는 오류 • 제거 방법 : 척도에 관한 개념을 서로 정립시키고 평정항목에 관한 오차를 줄임
인상의 오류 (Thorndike)	• 피험자에 대한 선입견이 작용해서 생기는 오류(후광효과) • 보다 좋게 하는 경우를 관대의 착오, 보다 나쁘게 평정하는 경우를 엄격의 착오라 함 • 제거 방법 : 한 번에 한 가지 특성만 평정, 강제선택법을 사용
근접의 오류	• 시간적·공간적으로 가깝게 평정하는 특성 사이에 상관이 높아지는 현상 • 제거 방법 : 비슷한 성질을 띤 측정은 시간적·공간적으로 멀리 떨어지게 함 예 학생별로 채점하기보다 문항별로 채점, 한 문항이 끝나면 가급적 답안지의 채점 순서를 바꿈
논리적 오류 (Newcomb)	• 전혀 다른 두 가지 행동 특성을 비슷한 것으로 생각해서 평정하는 현상 • 제거 방법 : 객관적인 자료 및 관찰을 통하여 평가함, 특성의 의미론적 변별을 정확히 함
대비의 오류 (Murray)	• 평정자가 가지고 있는 것이 피평정자에게 있으면 사실보다 과소평가하고, 자신에게 없는 것이 피평정자에게 있으면 사실보다 과대평가하는 현상 • 정신분석에서의 반동형성 혹은 투사현상과 비슷 • 제거 방법 : 채점 기준을 명확히 확립해야 함

| 정답 | ④

18

〈보기〉는 평정법(rating scale method)에 의해서 학생의 수행을 평가할 때, 평정자에 의해 발생할 수 있는 오류의 유형을 설명한 것이다. 옳은 것을 모두 고르면?

2008 중등

보기

㉠ 논리적 오류(logical error)는 전혀 다른 두 가지 행동 특성을 비슷한 것으로 생각해서 평정하는 경향을 말한다.
㉡ 후광효과(halo effect)는 평정대상에 대해 가지고 있는 특정 인상을 토대로 또 다른 특성을 좋게 또는 나쁘게 평정하는 경향을 뜻한다.
㉢ 집중경향의 오류(error of central tendency)는 아주 높은 점수나 낮은 점수는 피하고 평정이 중간부분에 지나치게 자주 모이는 경향을 말한다.

---

① ㉠, ㉡
② ㉠, ㉢
③ ㉡, ㉢
④ ㉠, ㉡, ㉢

정답풀이

㉠ **논리적 오류** : 이것은 전혀 다른 두 가지 행동특성을 비슷한 것으로 생각해서 평정하는 현상이다. 이러한 오류는 객관적인 자료 및 관찰을 통하거나 특성의 의미론적 변별을 정확히 함으로써 제거할 수 있다.
㉡ **인상의 오류** : 이는 평정자가 가지고 있는 피험자에 대한 선입견이 작용해서 생기는 오류로, 후광효과라고 부르기도 한다. 손다이크가 명명한 것으로 보다 좋게 평정하는 경우를 관대의 착오라 하고, 보다 나쁘게 평정하는 경우를 엄격의 착오라 한다.
㉢ **집중경향의 오류** : 평가결과가 중간부분에 지나치게 모이는 오류로 훈련이 부족한 평정자가 잘 저지르는 착오이다.

| 정답 | ④

THEME 04 교육평가에 대한 다양한 관점

19 2011 초등

방과 후 학교 프로그램을 평가하는 데 참여한 각각의 교사들이 선호하는 교육평가 모형을 가장 적절하게 짝지은 것은?

> 김 교사 : 목표 달성 여부를 확인하기 위해 프로그램에 참여한 학생들의 학업성취도를 평가하는 것이 좋겠습니다.
> 이 교사 : 제 생각에는 평가의 주된 목적은 프로그램 개선을 위한 의사결정을 돕는 데 있다고 봅니다. 이를 위해서는 상황, 투입, 과정, 산출의 네 가지 측면에서 프로그램을 평가하는 것이 좋다고 생각합니다.
> 박 교사 : 저는 프로그램의 부수적인 효과까지 평가 항목에 포함해 분석하는 것이 더 좋다고 생각합니다. 목표 달성에는 실패했지만 부수적인 효과가 큰 경우 그 프로그램을 계속 채택할 수 있기 때문입니다.

	김 교사	이 교사	박 교사
①	타일러(Tyler) 모형	스테이크(Stake) 모형	스터플빔(Stufflebeam)모형
②	타일러 모형	스터플빔 모형	스크리븐(Scriven) 모형
③	타일러 모형	스크리븐 모형	스테이크 모형
④	스테이크 모형	스크리븐 모형	타일러 모형
⑤	스테이크 모형	타일러 모형	스크리븐 모형

정답풀이

※ 타일러 모형 : 타일러는 최초로 교육평가라는 용어를 사용하며, "프로그램에 의해 교육목표가 실제로 어느 정도 달성되었는가를 결정하는 과정"이라고 정의하였다. 타일러의 목표중심적 접근은 미리 설정하여 놓은 목표를 평가의 기준으로 삼아 그 목표가 실현된 정도를 판단하는 데 초점을 두는 입장이다.

※ 스터플빔 모형 : 경영적 접근은 평가를 '의사결정자에게 필요한 정보를 제공함으로써 의사결정을 돕는 과정'으로 본다는 면에서 '의사결정적 접근'이라 불리기도 한다. 이러한 접근을 대표하는 학자로는 CIPP 모형을 제안한 스터플빔을 들 수 있다. CIPP는 상황평가(Context evaluation), 투입평가(Input evaluation), 과정평가(Process evaluation), 산출평가(Product evaluation)의 첫 글자를 따서 만들어진 이름이다.

※ 스크리븐 모형 : 스크리븐은 목표에 근거하여 프로그램 효과를 분석하는 목표기준평가가 의도했던 효과에만 집착하기 때문에 잠재적인 효과를 간과할 수밖에 없다고 주장하고, 목표를 중심으로 평가활동을 수행할 때 야기될 수 있는 부작용을 제거하기 위한 목적으로 탈목표평가를 제안했다. 탈목표평가는 목표를 전혀 인식하지 않은 상태에서 프로그램의 효과를 포괄적으로 검토하려는 접근이다.

만점대비 +α

💡 스테이크(Stake)모형

(1) **종합실상평가**
① 교육 프로그램의 전체적인 실상을 평가하는 것을 강조하는 입장이다.
② 대상을 종합적으로 완벽히 관찰해서 충실하게 기술(크론박)하는 동시에 정확하게 판단(스크리븐)해야 한다.
③ 평가기준을 명확히 밝히는 '공식적 평가'의 중요성 강조한다.

(2) **반응평가**
① 스테이크는 종합실상평가에서 평가를 수행하기 전에 세운 평가계획에 의거하여 자료를 체계적으로 수집할 것을 강조하였으나 몇 년 뒤 관점의 변화를 보여준다.
② 여러 관련 인사와 논의하여 그들의 반응(요구, 제안)에 따라 어떤 정보를 어떤 방법으로 수집·분석할 것인지를 결정하고 관찰한 그대로를 진술할 것을 강조한다.
③ 교육활동이 매우 역동적이고 복잡한 활동임을 인식하게 되면서 반응적 평가를 통한 평가자와 관련인사 간의 지속적인 상호작용 강조한다.(정책분석적 관점과 다른 점)

| 정답 | ②

20

2013 중등

다음과 같은 단계로 진행되는 교육 프로그램 평가모형으로 가장 적절한 것은?

- 1단계 : 학교의 교육목표를 설정한다.
- 2단계 : 설정된 교육목표를 분류한다.
- 3단계 : 분류된 교육목표를 행동적 용어로 진술한다.
- 4단계 : 교육목표의 달성여부를 확인할 수 있는 장면이나 조건을 설정한다.
- 5단계 : 측정방법 및 도구를 선정 또는 개발한다.
- 6단계 : 측정을 통하여 자료를 수집한다.
- 7단계 : 수집된 자료를 분석하여 학생의 성취를 행동목표와 비교한다.

① 스테이크(R. Stake)의 반응적 평가(responsive evaluation) 모형
② 타일러(R. Tyler)의 목표중심 평가(objective-oriented evaluation) 모형
③ 스크리븐(M. Scriven)의 탈목표 평가(goal-free evaluation) 모형
④ 구바와 링컨(E. Guba & Y. Lincoln)의 자연주의적 평가(naturalistic evaluation) 모형
⑤ 팔렛과 해밀턴(M. Parlett & D. Hamilton)의 조명적 평가(illuminative evaluation) 모형

만점대비 +α

💡 타일러의 목표중심적 접근

① 평가에 대한 목표중심적 접근은 미리 설정하여 놓은 목표를 평가의 기준으로 삼아 그 목표가 실현된 정도를 판단하는 데 초점을 두는 입장이다.
② 타일러는 최초로 교육평가라는 용어를 사용하였는데 그는 교육평가를 '설정된 교육목표에 따라 적합한 교육내용이 교수되고, 이러한 교육과정을 통해 실제로 교육목표가 실현된 정도를 가늠하는 과정'으로 개념화한다.
③ 이러한 타일러식 정의는 최초로 교육의 전체적인 맥락 안에서 교육평가의 기능과 역할을 논의했을 뿐 아니라 교육의 과정과 교육평가를 연계시켰다는 의의를 지닌다.
④ 타일러의 목표중심 평가의 과정
  ㉠ **교육목표의 설정** : 학교에서 달성하고자 하는 교육목표는 무엇인가?
  ㉡ **학습경험의 선정** : 수립된 교육목표를 달성하는데 유용한 학습경험은 어떻게 선정하는가?
  ㉢ **학습경험의 조직** : 효과적인 수업을 위해 선정된 교육경험을 어떻게 조직할 수 있는가?
  ㉣ **학습성과의 평가** : 학습경험의 효과성은 어떻게 평가할 수 있는가?

💡 구바와 링콘의 자연주의적 평가(참여적 평가)

① 자연주의적 평가에서는 평가를 '평가자를 포함한 이해관계자들의 상호작용 과정을 통해 창조해 나가는 것'으로 개념화한다.
② 구바와 링콘의 자연주의적 평가는 결국 스테이크가 제안한 반응평가에 자연주의적 패러다임을 적용한 것이라 볼 수 있다. 특히 이해관계자들의 평가과정에의 참여를 강조한다는 점에서 '참여적 평가'로 부르기도 한다.
③ 자연주의적 평가에서의 평가자는 스터플빔이나 크론박이 주장한 것처럼 의사결정자에게 봉사하는 역할을 수행하기보다는 평가의 과정에 관련되는 이해관계자들에게 봉사해야 할 것으로 기대된다.

💡 팔레트와 해밀턴의 조명적 평가모형

① 전통적인 실험연구 패러다임에 반대적 입장을 취하며, 문화인류학적 패러다임과 부분적으로는 정신병리학, 사회참여관찰연구에 근거하여 성장하였다.
② 조명적 평가에서는 측정과 예측보다는 묘사와 해석에 평가의 일차적인 관심을 둔다.
③ 조명적 평가의 실시를 위해 우선 대상의 환경과 매일매일의 실제에 친숙해진 이후에 관심을 시행해야 하며, 이후에는 선택한 쟁점이나 문제점에 대한 보다 심도 있는 탐구를 시행한 다음, 관찰된 결과들 사이의 인과관계를 설명하는 단계를 거친다.
④ 평가자는 현장에서 많은 시간을 보내야 한다.
⑤ 조명적 평가는 소규모의 프로그램을 평가하는 데 적절하며, 프로그램의 중요한 특징, 문제점을 설명하는 것을 목적으로 하므로 판단을 내리기보다는 발견하고 기록하고 논의하는 것을 주요 활동으로 한다.

| 정답 | ②

21

2008 중동

〈보기〉에서 스터플빔(D. L. Stufflebeam)의 CIPP모형에 해당하는 설명을 바르게 묶은 것은?

━━━━━ 보기 ━━━━━
- ㉠ 평가자의 주관적인 전문성을 가장 중요한 평가전략으로 간주한다.
- ㉡ 평가구조의 차원을 수업, 기관, 행동으로 구성된 3차원으로 구분한다.
- ㉢ 평가자의 역할은 최종적인 가치판단이 아니라, 충분한 정보를 수집·제공하는 것이다.
- ㉣ 조직의 관리과정 및 의사결정을 중심으로 평가활동을 수행해야 한다는 점을 강조한다.

① ㉠, ㉡   ② ㉠, ㉢
③ ㉡, ㉣   ④ ㉢, ㉣

오답풀이

- ㉠ 스크리븐의 판단모형에 대한 설명이다.
- ㉡ 하몬드 모형에 대한 설명이다.

THEME 04 교육평가에 대한 다양한 관점

> **만점대비 +α**

💡 스터플빔의 경영적 접근(의사결정적 접근)

(1) 기본입장
  ① 이 모형에서는 교육평가의 목적을 교육의 의사결정자의 의사결정을 돕는 것이라고 본다.
  ② 즉, 평가를 '의사결정에 필요하고 유용한 정보를 기술하고, 그것을 수집하며, 잘 정리된 상태로 의사결정을 하는 사람에게 제공하려는 것'으로 본다.
  ③ 이 모형의 대표적인 것이 스터플빔의 CIPP모형이다.

(2) CIPP 모형
  ① 상황(맥락)평가(context evaluation) : 이는 의사결정 유형 중 계획단계에 해당된다. 계획단계에서는 조직의 경영목표를 확인하거나 선정하는 등의 의사결정이 이루어진다. 상황평가는 계획단계의 의사결정에 도움이 되는 정보를 제공하기 위한 평가로 주로 구체적인 상황이나 환경적 여건을 파악한다.
  ② 투입평가(input evaluation) : 이는 의사결정 유형 중에 구조화단계에 해당된다. 구조화단계에서는 목표달성에 적합한 절차나 전략을 설계하는 등의 의사결정이 필요하다. 투입평가는 구조화단계의 의사결정에 도움을 주기 위한 것으로 현재 어떠한 산물이 투입되고 있고, 앞으로는 어떠한 산물이 투입되어야 하는가를 파악한다.
  ③ 과정평가(process evaluation) : 이는 의사결정의 실행단계로 실행단계에서는 구조화단계에서 결정된 절차나 전략을 행동으로 옮기는 것과 관련된 의사결정이 이루어진다. 과정평가는 실행단계의 의사결정에 도움을 주기 위한 것으로 구조화단계에서 수립한 전략이 실행되는 과정에서 고려해야 할 점, 발생가능한 사건 등을 파악한다.
  ④ 산출평가(product evaluation) : 이는 결과단계로 결과단계에서는 목표가 달성된 정도를 판단하고 의견을 제시하는 의사결정이 필요하다. 산출평가는 결과단계에서의 활용을 위한 것으로 전체 과정을 통해 산출된 결과의 가치를 판단하는 데 도움이 되는 정보를 수집한다.

💡 하몬드(Hammond)의 3차원 입방체 모형

① 목표의 달성정도를 알아보는 데 있어 행동적 차원 이외에도 제도적 차원과 교수적 차원을 고려
  ㉠ 행동적 차원(행동) : 인지적, 정의적, 심동적 영역
  ㉡ 제도적 차원(기관) : 학생, 교사, 관리자, 교육전문가, 학부모, 지역사회
  ㉢ 교수적 차원(수업) : 조직, 내용, 방법, 시설, 비용
② 프로그램의 효과를 학업성취도만을 준거 변인으로 하는 타일러(Tyler)모형과 비교해 볼 때, 하몬드모형은 세 차원들 간의 상호작용 효과를 미리 설정한 목표를 준거로 평가한다는 점에서 다름
③ 새로운 프로그램을 개발할 때 적합성과 효율성을 확인하는 데도 이용할 수 있으나, 주된 목적은 일선 교육청 혹은 학교에서 현재 실행하고 있는 프로그램의 수정, 보완에 필요한 정보를 수집하는 데 있음
④ 단계 : 변인선정 → 방법결정 → 결과분석 → 결과보고

| 정답 | ④

THEME 05 평가문항의 제작

22
[2008 초등]

A교사는 평가문항 제작원리에 근거하여 수업시간에 다루었던 중요한 교과내용을 중심으로 〈보기〉와 같이 두 가지 유형의 시험지를 제작하고, 이 중 어느 하나로 학기말고사를 실시하려고 한다. ㉮ 형과 비교해 볼 때, ㉯ 형에 대한 설명으로 잘못된 것은?

보기

㉮ 형 : 30개의 문항으로 된 4지선다형(multiple-choice type) 시험
㉯ 형 : 2개의 문항으로 된 논술형(essay type) 시험

---

① 문항표집의 대표성이 높다.
② 채점 시 채점자의 주관이 개입될 가능성이 높다.
③ 학생이 정답을 모를 때 추측으로 정답을 할 가능성이 거의 없다.
④ 학생의 표현력과 문장력이 평가결과에 영향을 미칠 가능성이 높다.

정답풀이

㉮ 선택형 검사, ㉯ 서답형 검사
① 선택형 검사에 대한 설명이다. 서답(논술)형 검사는 많은 문항을 출제하기가 용이하지 않으므로 학업성취도 검사 시 넓은 교과 영역을 측정하기 쉽지 않다는 것이다. 즉, 문항표집의 대표성이 낮다.

만점대비 +α

💡 **평가도구의 분류**

유형	선택형	서답형
유형	진위형, 연결형(배합형), 선다형	단답형, 완결형, 논술형(논문형)
장점	• 채점이 간편, 객관성과 신뢰성이 높음 • 평가내용의 포괄성 유지 • 결과의 통계적 분석 용이 • 문항들의 내용타당도 증진	• 출제(문항제작) 비교적 용이 • 피험자들로 하여금 자유롭게 자신의 생각을 조직해서 표현 가능(표현력 학습에 효과적) • 자료의 해석력, 비판력, 사고력, 평가력과 같은 고등정신기능 측정 가능 • 추측요인 제거 가능
단점	• 단순한 기억력 측정에 치우칠 가능성 • 자기표현·창의력을 나타낼 기회 제한 • 추측요인의 제거 곤란 • 문항제작에 많은 시간과 노력 소요	• 객관성과 신뢰도가 낮음 • 채점에 있어 시간·노력이 많이 소요 • 교과내용의 어느 부분에만 치중 가능 • 후속적인 통계적 처리 곤란

|정답| ①

WHY TO HOW
New 논객특강
논술 기출과 객관식 기출의 통합

Chapter 11

교육통계 및 연구

THEME 01. 기술통계 및 추리통계
THEME 02. 문항의 통계적 분석
THEME 03. 표집과 표집방법
THEME 04. 실험적 연구법
THEME 05. 질적 연구
THEME 06. 자료수집 방법

THEME 01 기술통계 및 추리통계

01 　　　　　　　　　　　　　　　　　　　　　　2008 중등

최빈값, 중앙값, 평균에 대한 특성을 설명한 것 중에서 옳은 것은?

① 표집에 따른 변화가 가장 작으며 안정성 있는 집중경향값은 최빈값(mode)이다.
② 점수의 분포가 정상분포(normal distribution)를 이루는 경우에는 최빈값, 중앙값, 평균이 일치한다.
③ 명명척도(normal scale)의 속성을 가진 자료일 경우에는 평균(mean)을 집중경향값으로 사용하는 것이 바람직하다.
④ 한 전집의 추정값으로서 표집을 통하여 그 값을 계산하는 경우에, 극단값의 영향을 가장 크게 받는 것은 중앙값(median)이다.

오답풀이

① ④ 평균에 대한 특성이다.
③ 최빈치에 대한 특성이다.

만점대비 +α

💡 **집중경향치들 간의 비교**

(1) 종류

	개념	용도
최빈치 (Mo : Mode)	한 분포에서 가장 빈도가 많은 점수, 표본에 따라 하나 이상 나올 수 있음	• 집단의 중심적 경향을 대강 짐작하고 싶을 때 • 주로 명명변인을 대상으로 사용하는 대표치 • 다른 집중경향을 계산할 만한 시간적 여유가 없을 때
중앙치 (Mdn : Median)	한 분포의 수치들을 낮은 데서부터 높은 순서로 배열했을 때 중간에 위치한 수치	• 서열, 동간, 비율 측정치의 자료일 때 • 분포의 상반부와 하반부에 관심이 있을 때 • 평균을 구할만한 시간적 여유가 없고 분포가 심하게 편중될 때 • 양 극단의 점수를 배제하고 싶을 때
평균치 (M : Mean)	한 분포의 모든 점수의 합을 사례수로 나눈 것	• 동간, 비율 측정치에서 계산 • 가장 신뢰있는 집중경향치를 알고 싶을 때 • 분포가 좌우대칭되어 정상분포에 가까울 때 • 다른 통계치의 기초자료로 삼고 싶을 때

(2) 일반적 특징 비교
  ① 통계적 정밀도 수준 : 평균치 > 중앙치 > 최빈치
  ② 안정성 정도 : 평균치 > 중앙치 > 최빈치
  ③ 대표치를 빨리 알고 싶을 때(계산의 간편성) : 최빈치 > 중앙치 > 평균치
  ④ 표집이 비교적 클 때에는 평균치, 중앙치, 최빈치가 거의 일정하게 되므로 대표치로서 최빈치 사용 가능하다.
  ⑤ 명명변인인 경우 최빈치를, 서열변인인 경우 중앙치를, 동간변인과 비율변인인 경우 평균을 활용한다.
  ⑥ 양극단의 급간이 개방 급간일 때, 즉 급간의 상한계·하한계가 정해져 있지 않을 때, 평균을 구할 수 없다.
  ⑦ 극단적인 점수의 영향을 최소화하고자 할 때에는 극단값의 영향을 크게 받지 않는 중앙치를 활용한다. 반면, 평균치는 극단값의 영향을 많이 받는다는 단점이 있다.
(3) 분포상에서의 대표치 비교
  ① 관계의 설정
    ㉠ 집중경향치 간의 관계는 평균(M)을 기준으로 하고 중앙치가 평균보다 크냐, 작냐에 따라 분포곡선의 형태가 결정된다.
    ㉡ 즉, M(평균) − Mdn(중앙치)해서 그 값이 '+'이면 정적편포이고, '−'이면 부적편포이며, '0'이면 정상분포곡선이 된다.
  ② 분포곡선의 형태

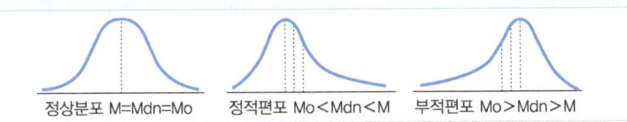

정상분포 M=Mdn=Mo   정적편포 Mo<Mdn<M   부적편포 Mo>Mdn>M

| 정답 | ②

02

2012 중등

Z점수, 스테나인, 백분위에 대한 설명으로 옳은 것만을 〈보기〉에서 있는 대로 고른 것은?

보기

㉠ 두 과목에서 동일한 Z점수를 획득한 학생이라면 과목별 점수분포와 상관없이 백분위는 동일하다.
㉡ 변별력에 문제가 있는 경우, 스테나인 척도로 학생들에게 점수를 부여한다면 특정 등급에 포함된 학생이 한 명도 없는 현상이 발생하기도 한다.
㉢ 점수분포가 정규분포를 따르는 경우, Z점수 0점과 0.5점에 해당하는 백분위 간 차이는 Z점수 1점과 1.5에 해당하는 백분위 간 차이보다 더 크다.

① ㉡
② ㉠, ㉡
③ ㉠, ㉢
④ ㉡, ㉢
⑤ ㉠, ㉡, ㉢

정답풀이

㉡ **스테나인** : 스테나인은 이해하기가 쉽고, 수리적인 조작이 용이하며, 점수의 범위를 나타내므로 평균을 계산할 수 있다는 장점이 있다. 스테나인은 미세한 점수 차이의 영향을 적게 받는다는 장점도 있다. 예컨대, 백분위가 각각 45와 55에 해당하는 점수를 스테나인으로 표시하면 모두 5가 된다. 백분위 45와 55가 큰 차이가 있는 것처럼 보이지만 정규분포의 중간 부분에서 점수 차이는 별로 크지 않다. 또 원점수를 스테나인 점수로 변환하면 원점수의 분포가 편포를 이룰 경우에도 정규분포로 바뀐다. 반면, Z점수 분포나 T점수 분포는 원점수의 분포형태를 변화시키지 않는다.

반면에 스테나인은 9개의 점수만 사용하므로 상대적 위치를 정밀하게 표현하기 어렵다. 또 스테나인은 경계선에 위치하는 사소한 점수 차이를 과장할 수 있다는 문제점이 있다. 예컨대, 백분위 88에 해당되는 학생의 스테나인 점수는 7이지만, 백분위 89에 해당되는 학생의 스테나인 점수는 8이다. 원점수를 스테나인으로 변환하면 정보가 상실된다는 문제점도 있다. IQ를 스테나인으로 표시하면 IQ가 127보다 더 높은 사람들의 스테나인 점수가 모두 9가 되고, IQ가 73보다 낮은 사람들의 스테나인 점수는 모두 1이 된다.

㉢ **백분위** : 백분위는 서열척도로 동간성이 없기 때문에 점수의 상대적 위치에 대한 정보는 제공할 수 있지만, 점수들이 실제 어느 정도 차이가 있는가에 대한 정보를 제공할 수 없다는 단점이 있다. 정규분포에서는 중간 부분에 대부분의 사례가 몰려 있고, 분포의 양극단으로 갈수록 빈도가 감소한다. 그로 인해서 분포의 중간 부분에서는 점수 차이가 작더라도 백분위의 차이가 크지만, 분포의 양극단으로 갈수록 점수 차이가 크더라도 백분위 차이는 작아진다. 예를 들어, 정규분포에서 백분위 40과 백분위 50의 실제 점수 차이는 백분위 20과 백분위 30의 점수 차이보다 훨씬 작고, 백분위 20과 백분위 30의 점수 차이는 백분위 1과 백분위 10의 점수 차이보다 훨씬 작다. 반대로 백분위 1과 백분위 2의 점수 차이는 백분위 50과 백분위 51의 점수 차이보다 훨씬 크다.

> **오답풀이**

㉠ **정규화 표준점수** : 표준점수를 이용하면 한 검사의 표준점수를 다른 검사의 표준점수와 직접 비교할 수 있다는 장점이 있다. 예를 들어, 어떤 학생의 영어시험점수의 Z점수가 +1.0이고 수학시험점수의 Z점수가 +2.0이라고 하면, 영어시험점수보다 수학시험점수가 상대적으로 더 높다는 것을 알 수 있다. 그런데 두 검사의 표준점수를 유의미하게 비교하자면 두 시험점수의 분포가 모두 정규분포를 이루어야 한다. 만약 분포 A는 정규분포를 이루고 분포 B는 편포를 이룰 경우 두 분포의 표준점수를 직접 비교하는 것은 적절하지 않다. 왜냐하면 정규분포와 편포에서는 Z점수가 같더라도 그에 해당되는 면적이 각기 다르기 때문이다. 예컨대, 정규분포에서는 Z=-1.0보다 높은 백분율이 약 84%지만, 정적 편포에서는 Z=-1.0보다 높은 백분율이 약 62%에 불과하다. 그러므로 점수분포가 정규분포를 이루지 않을 경우에는 그 분포를 정규분포로 변환하는 것이 바람직하다.

정규화는 비정규분포를 정규분포로 변환하는 과정을 가리킨다. 정규화 과정을 통해 비정규분포는 근사정규분포로 변환된다. 정규화 과정을 통해 구한 표준점수의 분포는 원점수 분포가 정규분포를 이루지 않더라도 정규분포를 이루게 되므로 비정규분포를 정규화하면 점수해석이 쉽다.

| 정답 | ④

03

2011 중등

다음은 A, B 두 중학교 2학년의 전국연합모의고사 수학 시험 결과이다. 두 학교의 수학 성적이 각각 정상분포를 이루고 있다고 가정할 경우, 다음 표에 대한 설명으로 옳지 않은 것은?

학교＼통계값	평균	표준편차
A학교	65	5
B학교	70	10

① A학교에서 70점을 받은 학생의 T점수는 60점이다.
② A학교에서 60점보다 낮은 점수를 받은 학생들은 약 15.87%이다.
③ A학교와 B학교에서 각각 60점을 받은 학생의 백분위는 동일하다.
④ B학교에서의 80점을 스테나인 점수로 변환하면 2등급에 해당된다.
⑤ B학교에서 80점을 받은 학생의 Z점수는 A학교에서 75점을 받은 학생의 Z점수보다 낮다.

정답풀이

④ B학교에서 80점을 받은 학생의 Z점수 : $Z = \dfrac{\text{원점수} - \text{평균}}{\text{표준편차}} = \dfrac{80-70}{10} = 1$ 이고, 이를 스테나인 점수로 변환하면 $C = 5 + 2Z = 5 + 2 = 7$이다. 따라서 스테나인 3등급에 해당된다.

오답풀이

① A학교에서 70점을 받은 학생의 Z점수 : $Z = \dfrac{70-65}{5} = 1$ 이고, T 점수 : $T = 50 + 10Z = 60$이다.
② A학교에서 60점을 받은 학생의 Z점수 : $Z = \dfrac{60-65}{5} = -1$ 이다. 따라서 A학교에서 60점보다 낮은 점수를 받은 학생들은 약 15.87%이다.
③ A학교에서 60점을 받은 학생의 Z점수는 -1 이고, B학교에서 60점을 받은 학생의 Z점수 : $Z = \dfrac{60-70}{10} = -1$ 이다. 따라서 A학교와 B학교에서 각각 60점을 받은 학생의 백분위는 동일하다.
⑤ B학교에서 80점을 받은 학생의 Z점수는 1이고, A학교에서 75점을 받은 학생의 Z점수 : $Z = \dfrac{75-65}{5} = 2$ 이다. 따라서 B학교에서 80점을 받은 학생의 Z점수는 A학교에서 75점을 받은 학생의 Z점수보다 낮다.

만점대비 +α

💡 **표준점수**

(1) 개요
① 표준점수는 어떤 점수와 평균 간의 차이인 편차를 표준편차로 나누어서 변환시킨 점수를 의미한다.
② 표준점수를 사용하게 되면 능력의 상대적 수준을 비교할 수 있을 뿐만 아니라, 여러 검사에서 나온 결과를 동일 척도상에서 비교할 수 있게 해준다는 장점이 있다.

(2) Z점수
① 편차(평균으로부터 각 점수의 거리 X = x - M)를 그 분포의 표준편차(σ)의 단위로 나눈 척도이다
(평균 0, 표준편차 1).
② 계산공식 : $Z = \dfrac{X}{\sigma} = \dfrac{x-M}{\sigma}$ [M : 평균, σ : 표준편차, x : 원점수, X : 편차]

(3) T점수
① T점수는 평균을 50, 표준편차를 10으로 통일하여, Z점수와 같이 (-)부호나 소수점이 나와 계산이 불편하지 않도록 Z점수를 보완한 것이다.
② 공식 : T = 50 + 10Z (M = 50, σ = 10이다.)

(4) C(stanine)점수
① Z점수를 보완한 T점수는 부호가 (-)가 아니며, 소수점 이하는 계산되지 않는 장점이 있으나, 그 단위가 너무 자세하고 엄밀하므로 측정방법의 신뢰도가 부족할 때에는 자세한 척도인 T점수보다는 좀 더 대략적인 척도가 필요하다. 따라서 C점수는 M평균을 5, 표준편차를 2로 계산하여 대략적인 표준점수를 계산하는 방법이다.
② 공식 : C = 5 + 2Z(평균 5, 표준편차 2)

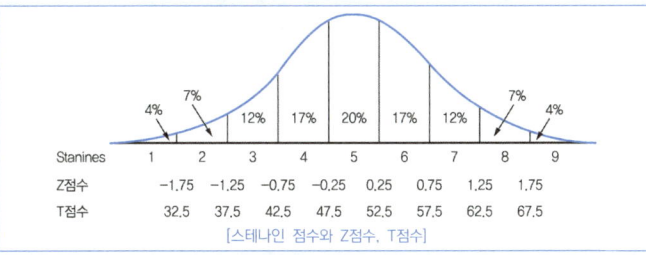

[스테나인 점수와 Z점수, T점수]

| 정답 | ④

04

다음의 시험결과에 대한 진술로 옳은 것을 〈보기〉에서 고르면?

- 초등학교 6학년을 대상으로 실시한 국어와 수학 시험의 평균과 표준편차는 다음과 같다.

	평균	표준편차
국어	70	4
수학	72	8

- 영희는 이 시험에서 국어 78점, 수학 80점을 받았다.
- 각 시험의 점수는 정상분포를 이룬다고 가정한다.

보기

㉠ 영희는 수학 교과의 성취목표를 약 84% 달성하였다.
㉡ 영희의 국어 점수는 상위 3% 안에 드는 점수이다.
㉢ 영희의 국어 교과 Z점수는 2, 수학 교과 Z점수는 1이다.
㉣ 국어 점수가 수학 점수보다 평균을 중심으로 더 몰려 있다.
㉤ 국어와 수학 점수의 평균이 비슷하고 둘 다 정상분포를 이루므로 국어와 수학 점수간의 상관이 높을 것이다.

① ㉠, ㉡, ㉢ ② ㉠, ㉢, ㉣
③ ㉠, ㉢, ㉤ ④ ㉡, ㉢, ㉣
⑤ ㉡, ㉣, ㉤

정답풀이

ⓒ 국어 교과의 Z점수 : $Z = \dfrac{\text{원점수} - \text{평균}}{\text{표준편차}} = \dfrac{78-70}{4} = 2$이다. 따라서 상위 2.28%에 위치한다.

ⓒ 국어 교과의 Z점수는 2이고, 수학 교과의 Z점수 : $Z = \dfrac{80-72}{8} = 1$이다.

ⓔ 표준편차는 집단의 변산도를 나타내 주는 것으로, 표준편차가 클수록 점수가 넓게 분산되어 있다는 것을 의미한다. 따라서 국어의 표준편차 4 < 수학의 표준편차 8이므로 국어과목이 평균을 중심으로 더 몰려있다.

오답풀이

㉠ 수학 교과의 Z점수는 1이다. 따라서 상위 15.78%에 위치한다. 영희의 성취목표에 대한 정보가 제시되어 있지 않으므로 달성정도를 파악하는 것은 불가능하다.

㉤ 상관의 정도를 나타내는 상관계수는 두 변인이 서로 관계되어 있는 정도를 나타내는 지수이다. 한 변인이 변해감에 따라서 또 다른 변인이 얼마만큼 함께 변하는가를 보여 주는 것이다. 예를 들어 어느 한 검사에서 높은 점수를 받은 사람이 다른 검사에서도 높은 점수를 받는 경향이 있다면 이 두 검사 점수 간에 정적 상관이 있다고 한다. 반면에, 한 검사에서 높은 점수를 받을수록 다른 검사에서는 오히려 낮은 점수를 받는다면 이들 간에는 부적 상관이 있다고 말한다. 상관계수의 범위는 -1.0에서 +1.0 사이에 존재하며 상관계수의 절댓값이 클수록 상관이 높다. 평균이 비슷한 것만으로 국어점수와 수학점수의 상관이 높다는 것을 알 수는 없다.

| 정답 | ④

05

다음은 두 학교가 공동으로 실시한 수학 학업성취도 시험의 성적분포이다. 두 학교의 성적분포에 대한 해석으로 옳은 것은?

점수	A학교 빈도	B학교 빈도
100	3	1
95	3	1
90	7	0
85	7	24
80	15	29
75	12	24
70	13	0
65	10	0
60	10	1
합계	80	80

① A학교는 B학교보다 평균이 높다.
② A학교는 B학교보다 성적분포의 표준편차가 크다.
③ A학교보다 B학교에서 95점에 해당하는 백분위가 낮다.
④ A학교는 부적편포를 이루고 B학교는 정적편포를 이룬다.
⑤ A학교와 B학교 성적분포에서 두 학교의 중앙치와 최빈치는 같다.

정답풀이

② 표준편차는 모든 편차를 자승하여 합하고 이를 사례수로 나누어 그 제곱근을 얻어낸 것을 의미한다. 이는 집단의 변산도를 나타내 주는 것으로 표준편차가 크면 점수가 넓게 분산되어 있다는 것이므로 집단이 이질적이고, 표준편차가 작으면 집단이 동질적이다. 따라서 B학교보다 점수가 넓게 분산되어 있는 A학교의 표준편차가 더 크다.

오답풀이

① B학교의 평균이 더 높다.
③ B학교에서 95점에 해당하는 백분위가 더 높다.
④ A학교는 정적편포를 이루고 B학교는 첨형을 이룬다.
⑤ 두 학교의 최빈치는 80점으로 같지만 중앙치는 다르다. A학교의 중앙치는 75~80점 사이, B학교의 중앙치 80~85점 사이이다.

만점대비 +α

💡 표준편차(Standard deviation : SD = σ)

① 모든 편차를 자승하여 합하고 이를 사례수로 나누어 그 제곱근을 얻어낸 것을 표준편차라 한다. SD는 변산도치 중 신뢰로운 통계치이며, 정상분포곡선에 관련해서 추리통계에서 중요하게 사용된다. SD = $\sqrt{\dfrac{\Sigma(X-\overline{X})^2}{N}}$ 으로 표시된다.

▶ 추리통계에서는 표집을 활용하여 전집의 표준편차를 추정할 때 분모의 N 대신 (N-1)을 사용한다.

② 특징
  ㉠ 표준편차는 분포상에 있는 모든 점수의 영향을 받는다. 특히 극단적으로 높거나 낮은 점수의 영향을 많이 받는다.
  ㉡ 표준편차 계산에 사용되는 평균으로부터의 편차점수의 자승화는 다른 임의의 기준점수로부터 떨어진 점수의 자승화보다 항상 작거나 같다.
  ㉢ 한 집단의 모든 점수에 일정한 수를 더하거나 빼더라도 표준편차는 변하지 않고 동일하다.
  ㉣ 한 집단의 모든 점수에 일정한 수를 곱하면 표준편차도 그 수의 절대값의 배수만큼 증가한다. 즉, 모든 점수에 c만큼 곱하면 표준편차도 c배만큼 증가한다.
  ㉤ 표준편차는 표집에 따른 변화, 즉 표집오차가 가장 작은 변산도 지수이다. 즉, 전집으로부터 반복적인 무선표집을 할 때, 표준편차의 변동은 동일한 표집으로부터 계산되는 다른 추정치들의 변동보다 작다.
    ▶ 표집오차 : 표집에 따른 전집치와 표집치의 차이를 의미한다.
  ㉥ 표준편차는 집단의 변산도를 나타내 주는 것으로 표준편차가 크면 점수가 넓게 분산되어 있다는 것이므로 집단이 이질적이고, 표준편차가 작으면 집단이 동질적이다.

| 정답 | ②

THEME 01 기술통계 및 추리통계

06

2009 중등

다음은 물리와 화학 과목에서 철수가 받은 개인점수, 과목 평균 및 표준편차를 제시한 것이다. 두 과목의 점수분포가 정규분포를 이루고 있을 때, 규준점수에 대한 설명으로 옳은 것을 〈보기〉에서 모두 고른 것은?

과목	철수의 점수	과목 평균	과목 표준편차
물리	70점	80점	10점
화학	60점	50점	10점

보기

㉠ 철수의 물리 과목 Z점수는 -1.0이고, 화학 과목 Z점수는 1.0이다.
㉡ 철수의 물리 과목 T점수는 40점이고, 화학 과목 T점수는 60점이다.
㉢ 원점수의 분포가 정규분포이기 때문에 T점수의 분포도 정규분포를 이룬다.
㉣ 모집단의 정규분포 가정하에 철수가 받은 물리 점수 70점보다 낮은 점수를 받은 학생의 비율은 약 16%이다.

① ㉠, ㉢
② ㉡, ㉣
③ ㉢, ㉣
④ ㉠, ㉡, ㉢
⑤ ㉠, ㉡, ㉢, ㉣

정답풀이

㉠ 철수의 물리 과목 Z점수 : $Z = \frac{원점수 - 평균}{표준편차} = \frac{70-80}{10} = -1$ 이고, 화학 과목 Z점수 : $Z = \frac{60-50}{10} = 1$ 이다.

㉡ 철수의 물리 과목 T점수 : T = 50 + 10Z = 50 - 10 = 40 이고, 화학 과목 T점수 : T = 50 + 10 = 60 이다.

㉢ Z점수 분포나 T점수 분포는 원점수의 분포형태를 변화시키지 않는다. 따라서 원점수의 분포가 정규분포를 이룬다면 T점수의 분포도 정규분포를 이룬다.

㉣ 철수가 받은 물리 점수의 Z점수는 -1로, 정규분포 상에서 15.87%에 위치한다. 따라서 철수가 받은 물리 점수 70점보다 낮은 점수를 받은 학생의 비율은 약 16%이다.

| 정답 | ⑤

07　　　　　　　　　　　　　　　　　　　　2010 중등

학생들에게 독일어와 일본어 시험을 실시하였다. 독일어의 원점수 분포는 정적편포를 이루고 일본어의 원점수 분포는 부적편포를 이루고 있었다. 다음 식을 활용하여 이 두 과목의 과목별 점수를 T점수로 변환하였다. T점수로 변환한 결과에 대한 예측으로 옳은 것을 〈보기〉에서 모두 고른 것은?

$$T = 10\left[\frac{X-\mu}{\sigma}\right] + 50$$

(X: 원점수, μ: X의 평균, σ: X의 표준편차)

보기

㉠ 독일어와 일본어에서 각각 만점을 받은 학생이라 하더라도 T점수는 서로 다를 수 있다.
㉡ 독일어 과목에서 각 학생의 원점수에 대응하는 T점수를 좌표평면에 나타내면 S자 형태가 된다.
㉢ 일본어 과목의 T점수들의 분포는 부적편포를 이룬다.

① ㉠　　　　　　　　　　② ㉡
③ ㉠, ㉢　　　　　　　　④ ㉡, ㉢
⑤ ㉠, ㉡, ㉢

오답풀이

㉡ 독일어 과정은 정적편포를 이룬다고 했는데, 정적편포는 낮은 점수를 받은 학생이 많다는 의미이다. 따라서 원점수에 대응하는 T점수를 좌표평면에 나타내면, 반비례 곡선의 모양이 될 것이다.

만점대비 +α

💡 **표준점수와 원점수와의 관계**

① 표준점수는 원점수와 직선적인 관계를 가지고 있으므로 분포형태가 정확히 일치한다.
② 만약 원점수 분포가 정상분포를 이룬다면 표준점수의 분포도 정상분포를 이루고, 원점수의 분포가 편포를 이룰 경우, 표준점수의 분포도 편포를 이루게 된다.
③ 따라서 원점수의 분포가 정상분포를 이룬다면 각 개인의 표준점수는 정상분포 곡선에 비추어 직접 백분위로 환산할 수 있다.
④ T점수 역시 영역별 원점수의 분포가 서로 다를 때 영역별 표준점수를 직접 비교하여 해석할 때 유의하여야 한다.
⑤ 즉, 한 검사에서 원점수 분포는 정상분포이고, 또다른 검사에서의 원점수 분포는 편포일 경우, 두 검사에서 동일한 T점수를 얻었다 하더라도 두 검사에서의 영역별 성취 수준이 동일하다고 해석하기 어렵다.

| 정답 | ③

08

다음은 전국 초등학교 3학년 학생들의 국어과와 영어과의 학업성취도를 알아보기 위해 101명을 무선 표집하여 시험을 실시한 결과이다. 이에 대한 해석으로 옳은 것을 〈보기〉에서 모두 고르면?

교과	평균	표준편차	평균의 표준오차
국어	50	10	1
영어	60	20	2

보기

㉠ 영어시험의 성적분포가 국어시험에 비해 더 동질적인 것으로 해석할 수 있다.
㉡ 국어시험 점수의 중앙값이 60점이고 최빈값이 68점일 때, 국어시험의 성적분포는 정적으로 편포되어 있다.
㉢ 영희는 영어시험에서 80점을 받았다. 영어시험의 성적분포가 정규분포를 이룬다고 가정할 때, 영희의 T점수는 60점이다.
㉣ 국어시험의 성적분포가 정규분포임을 가정할 때, 전국 초등학교 국어시험 점수의 평균은 95% 신뢰수준에서 대략 48.04 ~ 51.96점 사이에 존재할 것이다.

① ㉠, ㉡
② ㉡, ㉣
③ ㉢, ㉣
④ ㉠, ㉡, ㉢
⑤ ㉠, ㉡, ㉣

정답풀이

ⓒ 영희의 영어 점수 80점을 Z점수로 변환하면, $Z = \dfrac{\text{원점수} - \text{평균}}{\text{표준편차}} = \dfrac{80-60}{20} = 1$ 이므로, T점수는 $T = 50 + 10Z = 50 + 10 = 60$ 이다.

ⓔ 표집평균분포의 정상성을 가정할 때, 표집의 크기가 N, 신뢰수준이 95%인 경우 전집 평균 추정의 신뢰구간은 $50 - 1.96\dfrac{10}{\sqrt{100}} \leq \mu \leq 50 + 1.96\dfrac{10}{\sqrt{100}}$ 이다. 따라서 전국 초등학교 국어시험 점수의 평균은 95% 신뢰수준에서 대략 48.04 ~ 51.96점 사이에 존재할 것이다.

오답풀이

ⓐ 표준편차는 집단의 변산도를 나타내 주는 것으로, 표준편차가 크면 점수가 넓게 분산되어 있다는 것이므로 집단이 이질적이고, 표준편차가 작으면 집단이 동질적이라는 것을 의미한다. 따라서 국어의 표준편차가 10이고 영어의 표준편차가 20이므로, 국어시험의 성적분포가 영어시험보다 더 동질적이다.

ⓑ 국어시험점수의 중앙값이 60점이고 최빈값이 68점일 때, 국어시험의 성적분포는 부적으로 편포되어 있다.(부적편포 : 최빈치 > 중앙치 > 평균)

만점대비 +α

💡 평균의 표준오차

표집평균분포의 정상성을 가정할 때, 표집의 크기가 N, 신뢰수준이 각각 95%, 99%인 경우 전집 평균 추정의 신뢰구간은 다음과 같다.($\overline{X}$: 평균, SD : 표준편차, N : 사례 수)

- 95% 신뢰구간 : $\overline{X} - 1.96\dfrac{SD}{\sqrt{N}} \leq \mu \leq \overline{X} + 1.96\dfrac{SD}{\sqrt{N}}$
- 99% 신뢰구간 : $\overline{X} - 2.58\dfrac{SD}{\sqrt{N}} \leq \mu \leq \overline{X} + 2.58\dfrac{SD}{\sqrt{N}}$

신뢰수준(confidence level)은 표본에서 구한 통계치를 가지고 모수치가 존재할 범위, 즉 신뢰구간(confidence interval)을 추정할 때 해당 추정값이 실제 모집단의 모수를 포함하고 있을 가능성을 나타내며 모수추정의 정확성을 확률로 표현한 개념이다. 예를 들어, 95% 신뢰수준에서 프로그램의 효과를 파악하기 위한 사후검사의 신뢰구간을 추정했을 때 그 값이, [86.5~89.5]였다면 모집단의 평균이 [86.5~89.5] 사이의 어떤 값을 가질 가능성이 95%라는 의미이다. 즉, 100회의 추정을 할 경우 100개의 구간추정값은 [86.5~89.5] 사이에 분포하며 그 중 95개 정도는 모집단의 평균 μ를 포함할 것으로 기대할 수 있다는 의미이다. 한편, 최대허용오차는 연구자가 허용할 수 있는 오차의 한계를 의미한다. 적절한 표본크기를 결정하는 방법은 모집단의 평균을 추정할 때와 모집단의 비율을 추정할 때로 구분된다.

| 정답 | ③

09

학생 1,000명을 대상으로 실시한 국어와 영어 시험의 원점수는 모두 정규분포를 이루고 있다. 각 시험 원점수의 평균과 표준편차, 두 시험 원점수 간 피어슨(Pearson) 적률상관계수, 민희의 원점수, 표준정규분포표는 다음과 같다. 〈보기〉에서 옳은 진술만을 있는 대로 고른 것은?

구분	평균	표준편차	민희의 원점수	상관계수
국어	70	10	90	0.8
영어	70	5	80	

〈표준정규분포표〉

Z값	Z≤0.0	Z≤1.0	Z≤2.0	Z≤3.0
누적확률	0.5000	0.8413	0.9772	0.9987

보기

㉠ 민희의 국어 시험 스테나인 점수는 8이다.
㉡ 민희의 국어 시험과 영어 시험의 T점수는 동일하다.
㉢ 민희는 국어 시험에서 상위 1%에 속하는 높은 점수를 받았다.
㉣ 국어 시험의 Z점수와 영어 시험의 Z점수 간 상관계수는 0.8이다.

① ㉡
② ㉠, ㉢
③ ㉠, ㉣
④ ㉡, ㉣
⑤ ㉠, ㉢, ㉣

정답풀이

ⓒ 민희의 국어 시험 Z점수 : $Z = \dfrac{\text{원점수} - \text{평균}}{\text{표준편차}} = \dfrac{90-70}{10} = 2$ 이고, 영어 시험의 Z점수 : $Z = \dfrac{80-70}{5} = 2$ 이다. 따라서 국어와 영어 시험의 T점수는 모두 $T = 50+10Z = 50+20 = 70$으로 동일하다.

ⓔ 국어와 영어 시험의 상관계수는 0.8이다.

오답풀이

ⓐ 민희의 국어 시험 Z점수가 2점이므로, 스테나인 점수는 $C = 5+2Z = 5+4 = 9$이다.
ⓒ 민희의 국어성적은 상위 약 2.5%에 속하는 점수이다.

만점대비 +α

💡 **정규분포에서 Z 점수와 T 점수 및 백분위의 관계**

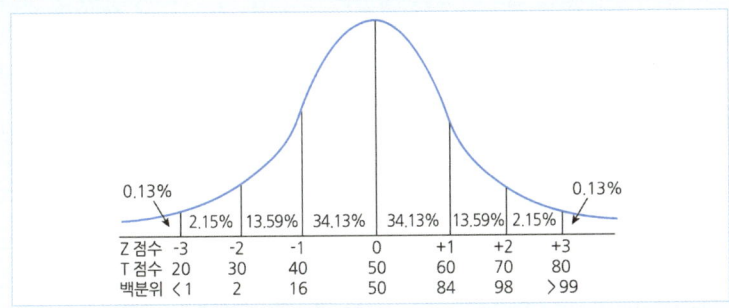

| 정답 | ④

10

다음의 (가)와 (나)는 학생의 성별과 교수방법이 학업성취도에 미치는 영향을 탐색하기 위해 수행한 두 연구의 결과를 요약한 그래프이다. 각 연구에 대한 진술로 옳은 것을 〈보기〉에서 모두 고르면?

2010 초등

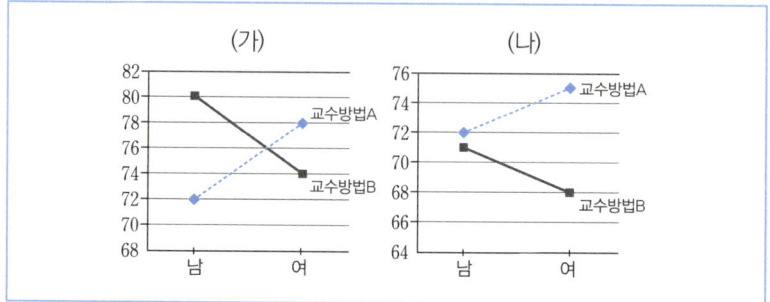

보기

㉠ (가)에서는 학생의 성별과 교수방법 간의 상호작용이 예상된다.
㉡ (나)에서는 학생의 성별과 교수방법 간의 상호작용이 예상되지 않는다.
㉢ (가)에서는 결과 분석을 위해 교차분석(χ^2 검증)의 적용이 적합하다.
㉣ (나)에서는 결과 분석을 위해 이원분산분석의 적용이 적합하다.
㉤ (가)와 (나) 모두에서 교수방법 A가 B보다 학업성취도에 미치는 영향이 크다.

① ㉠, ㉣
② ㉡, ㉢
③ ㉠, ㉢, ㉤
④ ㉠, ㉡, ㉢, ㉤
⑤ ㉠, ㉡, ㉢, ㉣, ㉤

정답풀이

㉠ 상호작용 효과란 두 개 이상의 독립변인들이 종속변인에 영향을 미칠 때 서로 같은 방향으로 작용하는지 여부를 확인하는 것을 말한다. 서로 다른 방향으로 영향을 미칠 경우 상호작용 효과가 있다고 말한다. 따라서 (가)에서는 학생의 성별과 교수방법 간의 상호작용이 예상된다.
㉣ 일원분산분석(독립변수가 하나인 경우 시행하는 분산분석 방법)에 피드백효과를 처치로 추가하면 독립변수가 두 가지가 되며, 이것은 이원분산분석이 된다. 따라서 학생의 성별과 교수방법이 학업성취도에 미치는 영향을 탐색하기 위해서는 이원분산분석의 적용이 적합하다.

오답풀이

㉡ 상호작용이 예상된다.
㉢ 교차분석(χ^2 검증)은 명명변인에 대해 주로 활용하는 것으로, 표집을 통해 관찰한 값이 이론적으로 기대되는 값과 같은지 다른지 또는 그 차이가 우연한 것인지 의미 있는 것인지를 분석하는 방법이다. 종속변수가 질적변수이거나 범주변수일 때 집단 간의 차이와 두 변수의 관계를 알아보기 위한 방법이기 때문에 위의 결과 분석에는 적합하지 않다.
㉤ (가)에서 남학생에게는 교수방법 B가, 여학생에게는 교수방법 A가 보다 효과적이다. 따라서 교수방법 A가 B보다 학업성취도에 미치는 영향이 큰지는 알 수 없다. 반면, (나)에서는 교수방법 A가 B보다 학업성취도에 미치는 영향이 크다.

만점대비 +α

💡 **상호작용 효과**
① 두 개 이상의 독립변인들이 종속변인에 영향을 미칠 때 서로 같은 방향으로 작용하는지 여부를 확인하는 것을 말한다.
② 서로 다른 방향으로 영향을 미칠 경우 상호작용 효과가 있다고 말한다.
③ 독립변인의 영향이 서로 같은 방향으로 작용해도 그 크기가 통계적으로 의미있는 차이가 있을 때는 상호작용 효과가 있다고 말한다.

| 정답 | ①

11

2010 초등

어느 초등학교 6학년 전체 학생을 대상으로 다섯 교과의 시험을 실시한 후, 국어와 다른 네 교과 점수 사이의 상관계수를 계산하여 다음과 같은 결과를 얻었다. 이 자료에 대한 올바른 해석을 〈보기〉에서 모두 고르면?

Y변인 \ X변인	수학	영어	사회	과학
국어	0.58	0.87	0.29	0.12

보기

㉠ 이 학교 6학년에서 국어를 못하는 학생들은 과학도 못한다.
㉡ 이 학교 6학년에서 국어를 잘하는 학생들은 영어도 잘하는 경향이 있다.
㉢ 국어점수와 통계적으로 유의미한 상관을 보이는 과목은 영어뿐이다.
㉣ 국어점수와 수학점수 간의 상관은 국어점수와 사회점수 간 상관의 2배이다.
㉤ 국어점수와 영어점수 간의 상관은 수학점수와 사회점수를 합한 점수와 국어점수 간의 상관과 같다.

① ㉠
② ㉡
③ ㉠, ㉢
④ ㉡, ㉣
⑤ ㉣, ㉤

정답풀이

ⓒ 상관계수는 두 변인 간에 한 변인이 변함에 따라 다른 변인이 어떻게 변하느냐의 정도, 즉 상관도를 나타내준다. 이는 -1.00~+1.00 범위 내에 분포하는 것으로, 상관계수가 0이면 상관이 없음을 의미한다. (+), (-)는 상관의 방향을 제시하고 절대치가 높을수록 두 변인 간의 상관관계가 높은 것을 의미한다. 따라서 상관계수가 0.87인 국어와 영어는 정적인 상관관계가 있으며, 상관이 높다.

오답풀이

㉠ 국어와 과학의 상관계수는 0.12로, 거의 상관이 없다.
㉢ 국어와 수학의 상관계수는 0.58로, 이 두 과목도 확실히 상관을 보인다.
㉣ ㉤ 상관계수는 대소 관계는 따질 수 있으나 동간척도와 비율척도로는 따질 수 없다. 따라서 가감승제가 불가하다.

만점대비 +α

💡 상관분석

(1) 상관도와 상관계수
   ① 두 변인 간에 한 변인이 변함에 따라 다른 변인이 어떻게 변하느냐의 정도
   ② **상관계수** : -1.00~+1.00 범위 내에 분포, 상관계수가 0이면 상관이 없음을 의미
   ③ **결정계수** : (상관계수)^2, 어느 한 변인이 다른 변인을 예언 또는 설명해 주는 정도
   ④ **상관도** : +, -는 상관의 방향을 제시하고, 절대치가 높을수록 두 변인 간의 상관관계가 높은 것
   ⑤ 상관계수는 대소 관계는 따질 수 있으나 동간·비율척도로는 따질 수 없음(가감승제를 할 수 없음)
   ⑥ **상관계수의 해석** : 상관관계의 해석에 있어서 정적이냐 부적이냐 하는 '관계의 방향'의 문제보다는 상관계수의 절대값의 크기가 어느 정도이냐 하는 '관계의 정도'가 더 중요한 문제이다. +1이나 -1은 결국 같은 상관관계를 나타내는 것이다.
      ㉠ .90~1.00 : 상관이 매우 높다.
      ㉡ .70~.90 : 상관이 높다.
      ㉢ .40~.70 : 확실히 상관이 있다.
      ㉣ .20~.40 : 상관이 있으나 상관이 얕다.
      ㉤ .00~.20 : 거의 상관이 없다.

(2) 상관계수와 신뢰도
   ① 상관계수가 0.7이면 전체변량 중 설명되는 변량은 49%, 신뢰도가 0.7이면 설명되는 변량은 70%이다.
   ② 즉, 상관계수와 신뢰도는 둘 다 같은 계산공식을 이용하여 구해지는 값이긴 하지만, 해석할 때는 상관계수는 제곱을 하여 설명량으로 해석하고 신뢰도는 그 값을 그대로 해석해야 하는 것이다.
   ③ 왜냐하면 상관관계는 '서로 다른 두 변인' 간의 상호관련성을 의미하는 것이지만, 신뢰도는 '서로 동일한 변인'끼리의 상관을 의미하는 것이기 때문이다. 즉, 이론적으로 신뢰도는 동일한 검사의 반복측정 혹은 동형검사를 통해 계산된다.

| 정답 | ②

THEME 02 문항의 통계적 분석

12 `2012 초등`

다음은 한 문항의 답지에 대한 응답반응을 분석한 결과이다. 이 문항에 대한 진술로 옳은 것을 〈보기〉에서 모두 고르면?

(총 응답자수 : 200명)

	1번 답지	2번 답지	3번 답지 (정답)	4번 답지
답지를 선택한 학생 수	40명	10명	120명	30명
답지선택여부*와 총점과의 상관계수	−0.20	−0.05	0.35	0.10

*답지를 선택할 경우 1, 답지를 선택하지 않을 경우 0

보기

㉠ 문항난이도는 0.60이다.
㉡ 문항변별도는 0.35이다.
㉢ 2번 답지가 학생들에게 가장 매력도가 낮은 오답지다.
㉣ 1번 답지와 2번 답지는 상관계수가 음수이므로 답지를 수정하여야 한다.

① ㉠, ㉡
② ㉢, ㉣
③ ㉠, ㉡, ㉢
④ ㉠, ㉡, ㉣
⑤ ㉡, ㉢, ㉣

정답풀이

㉠ 문항난이도 : $P = \dfrac{\text{문항의 정답자 수}}{\text{전체 반응자 수}} \times 100 = \dfrac{120}{200} \times 100 = 60\%$
㉡ 답지선택여부와 총점과의 상관계수는 문항변별도 수치를 의미한다. 따라서 문항변별도는 0.35이다.
㉢ 2번 답지를 고른 응답자수는 10명으로 가장 적다. 이는 학생들에게 가장 매력도가 낮은 오답지라는 것을 의미한다.

오답풀이

㉣ 1번 답지와 2번 답지는 오답지이다. 따라서 오답지로서의 매력도만 충분히 갖추고 있다면 상관계수가 음수인 것은 문제되지 않는다.

| 정답 | ③

13　　　　　　　　　　　　　　　　　　　　2010 중등

김 교사는 문항별 배점이 4점인 5지선다형 수학 시험 25문항을 제작하여 100명의 학생에게 실시한 후, 문항별 평균과 표준편차를 구하였다. 다음 〈표〉는 이 결과의 일부이다. 〈보기〉는 위의 결과를 근거로 김 교사가 각 문항에 대해 판단한 내용이다. 옳은 것을 모두 고른 것은?

문항	평균	표준편차
문항1	2.0	2.0
문항2	0.8	1.6
문항3	3.4	1.4
문항4	0	0
문항5	4.0	0
[이하 생략]		

보기

㉠ 문항1은 문항2보다 편차점수 제곱의 합이 더 크다.
㉡ 문항2는 문항3보다 변별도가 더 높다.
㉢ 문항4의 변별도는 0이다.
㉣ 준거참조평가인 경우라면, 문항5는 불필요한 문항이다.

① ㉠, ㉢　　　　　　　② ㉡, ㉣
③ ㉢, ㉣　　　　　　　④ ㉠, ㉡, ㉢
⑤ ㉠, ㉡, ㉣

정답풀이

㉠ 모든 편차를 자승하여 합하고 이를 사례수로 나누어 그 제곱근을 얻어낸 것을 표준편차라 한다. 표준편차는 변산도치 중 신뢰로운 통계치이며, 정상분포곡선에 관련해서 추리통계 에서 중요하게 사용된다. 따라서 표준편차가 2.0인 문항1이 표츈편차가 1.6인 문항2보다 편차점수 제곱의 합이 더 크다.

㉢ 변별도 지수가 '0'이 나오는 경우는 상위집단의 정답자수와 하위집단의 정답자 수가 동일한 경우를 의미한다. 뿐만 아니라 상하위집단의 정답자 수가 하나도 없는 경우에도 변별도 지수는 0이 되는데 이처럼 변별도 지수에 '–' 부호가 붙거나 '0'이 되는 경우에는 문항으로서의 가치가 없는 것이어서 버려야 한다.

오답풀이

㉡ 평균이 0.8인 문항2의 정답률은 $\frac{0.8}{4} \times 100$ = 20%이고, 평균이 3.4인 문항3의 정답률은 $\frac{3.4}{4} \times 100$ = 85%이다. 따라서 각 문항의 변별도 수치의 범위(최대변별도 ~ 최소변별도)를 구해보면, 문항2 : $\frac{20-0}{50}$ ~ $\frac{0-20}{50}$ = .40 ~ -.40이고, 문항3 : $\frac{50-35}{50}$ ~ $\frac{35-50}{50}$ = .30 ~ -.30이다. 따라서 문항2이 문항3보다 변별도가 더 높은지는 알 수 없다.

㉣ 상대평가에서는 변별도가 문항의 질을 좌우하지만 절대평가에서는 부적 변별도가 나오지 않는다면 크게 문제시되지 않는다.

| 정답 | ①

14

2010 초등

검사도구의 제작과정에서 문항의 특성과 문항분석에 대해 바르게 이해하고 활용한 사례로 가장 적절한 것은?

① 문항변별도가 음수로 나온 문항은 수정하거나 검사에서 제외시켰다.
② 문항변별도를 높이기 위해 검사 문항들을 난이도 순으로 배열하였다.
③ 검사의 변별력을 높이기 위해 문항난이도가 0과 1인 문항을 많이 포함시켰다.
④ 문항 선택지들의 매력도를 높이기 위해 특정 오답지에 반응이 집중되도록 하였다.
⑤ 정답을 추측해서 맞힐 확률은 문항 선택지가 많을수록 높아지므로 선택지의 수를 줄였다.

정답풀이

① 문항변별도가 .20 미만인 문항은 수정하거나 제거하여야 할 문항이며, 특히 문항변별도가 음수인 문항은 나쁜 문항이므로 검사에서 제외하여야 한다.

오답풀이

② 검사 문항들을 난이도 순으로 배열하면 문항 신뢰도에 영향을 줄 수 있지만, 문항변별도와는 관련이 없다.
③ 아무도 풀지 못하는 문항이나 누구나 정답을 할 수 있는 문항은 개인차를 변별하는 데 아무런 보탬이 되지 않는다.
④ 오답지에 대한 반응이 골고루 분포되어 있다는 것은 오답지가 매력적이고 능률적이라는 것을 나타낸다.
⑤ 문항추측도(P_{G_R})는 전체 집단에서 추측으로 정답을 한 학생비율을 의미한다. $P_{G_R} = (\frac{W}{k-1})/N$ 문항에 오답한 학생수를 W, 선택지의 수를 k라고 할 때 추측으로 정답을 한 학생수는 $W/(k-1)$이므로, 선택지의 수가 많을수록 문항추측도는 낮아지게 된다.

만점대비 +α

💡 문항변별도

(1) 문항변별도의 개념
① 문항변별도는 어떤 문항이 측정하고자 하는 능력의 상하를 예리하게 구분해 주느냐 하는 정도를 말하는 것으로, 그 크기를 산출하여 얻은 수치를 변별도지수라고 한다.
② 어떤 검사의 총점에 따라 피검사자를 상위집단과 하위집단으로 반분했을 때, 상위집단의 정답률이 하위집단의 정답률보다 높으면 높은 것이고, 차이가 없다면 그 문항은 상하집단을 변별하는 데 아무런 구실을 하지 못하는 것이 된다.
③ 측정하고자 하는 능력의 상하를 정확히 변별한다는 것은 측정하고자 하는 능력을 충실히 재는 것이므로 문항변별도는 문항타당도의 일종이 된다.

(2) 문항변별도 지수의 산출

$$변별도(D.I) = \frac{상위자\ 중\ 정답자수\ -\ 하위자\ 중\ 정답자수}{\frac{총\ 응시자}{2}}$$

① 변별도 지수(D.I)는 상관계수와 마찬가지로 −1.00 ~ +1.00 사이에 분포된다.
② 그중 (−)부호가 붙은 것은 성적의 하위학생의 정답자가 상위학생의 정답자보다 많다는 것이고, 0의 지수 혹은 0에 가까운 지수는 상위학생과 하위학생의 정답자가 거의 같다는 것이므로 변별의 역할을 전혀 못하는 문항이다.
③ 양호한 변별도는 +0.30 ~ +0.70로, +부호를 가지면서 그 값이 크게 나오는 것일수록 바람직하다.

변별도 지수(DI)	문항의 평가
.40 이상	대단히 좋은 문항
.30 ~ .39	좋은 문항(더 고칠 수 있을지 모른다)
.20 ~ .29	경계선 문항(많이 더 고쳐야 한다)
.19 이하	좋지 못한 문항(버리거나 수정해야 한다)

| 정답 | ①

15

2011 중등

다음은 10명의 학생들에게 문항당 배점이 1인 10개의 4지선다형 문항의 시험을 치르게 한 후 답안을 채점한 결과의 일부분이다. 총점을 기준으로 상위 50% 학생들을 상위집단, 하위 50% 학생들을 하위집단이라고 할 때, 다음 표에 대한 해석으로 옳지 않은 것은?

문항 학생	1	2	3	4	5	…	9	10	총점
A	0	1	1	1	1	…	1	1	9
B	0	1	1	1	1	…	1	0	8
C	1	1	0	0	1	…	1	1	8
D	0	1	0	0	1	…	1	1	7
E	1	0	0	0	1	…	1	1	7
F	1	1	1	1	1	…	0	1	6
G	0	0	1	1	1	…	0	0	4
H	1	0	0	1	1	…	0	0	3
I	0	0	1	0	1	…	0	0	3
J	1	0	0	0	1	…	0	0	2

① 문항1은 변별도를 고려할 때 수정이나 삭제가 필요하다.
② 문항2는 상위집단과 하위집단을 잘 변별한다.
③ 문항3과 문항4의 변별도 지수는 같다.
④ 문항3과 문항4의 난이도 지수는 다르다.
⑤ 문항5의 오답지 반응비율은 0으로 오답지들이 매력적이지 않다.

정답풀이

④ 문항3과 문항4의 난이도는 둘 다 50으로 두 문항의 난이도는 같다.
($P = \dfrac{\text{문항의 정답자 수}}{\text{전체 반응자 수}} \times 100 = \dfrac{5}{10} \times 100 = 50\%$)

오답풀이

① 문항1의 변별도는 -0.2로이다. 변별도 지수가 (-)라는 것은 하위자 정답자수가 상위자 정답자 수보다 많다는 의미하므로, 문항 수정이 필요하다.
② 문항2의 정답자는 대부분 상위집단 학생들이며 문항변별도 0.6으로 상위집단과 하위집단을 잘 변별한다.
③ 문항3과 문항4는 변별도가 -0.2로 동일하다.
⑤ 문항5를 고른 응답자 수는 0명이다. 이는 문항5는 오답지로서 매력적이지 않다는 것을 의미한다.

|정답| ④

16

다음의 문항특성곡선들에 대한 해석으로 옳은 것은?

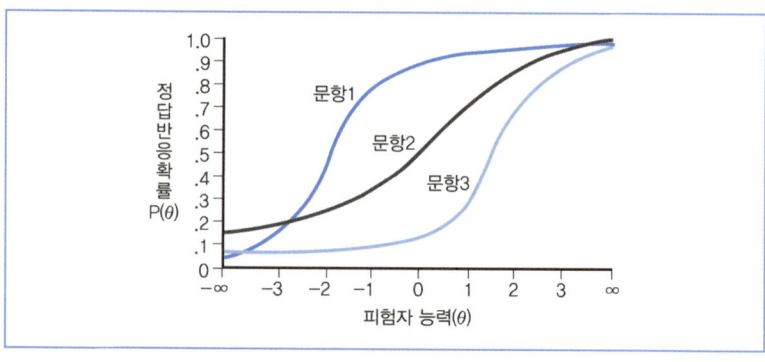

① 문항 2의 문항난이도지수는 1이다.
② 문항 1이 문항 2보다 문항추측도가 높다.
③ 문항 2가 문항 3보다 문항변별도가 낮다.
④ 문항 1은 능력 수준이 높은 피험자들을 변별하는 데 적합하다.

오답풀이

① 문항특성곡선이 나타내는 문항난이도는 문항의 답을 맞힐 확률이 .5에 해당되는 점을 의미한다. 따라서 문항 2의 문항난이도지수는 0이다.
② 문항추측도는 문항특성곡선에서 −∞에 있는 피험자가 문항의 답을 맞힐 확률을 의미한다. 따라서 문항2가 문항1보다 문항추측도가 높다.
④ 문항1는 문항이 쉽지만 변별도가 높고 추측도가 낮다. 따라서 능력수준이 낮은 피험자들을 변별하는 데 적합한 문항이다.

만점대비 +α

💡 문항반응이론에 의한 문항분석

(1) 문항난이도

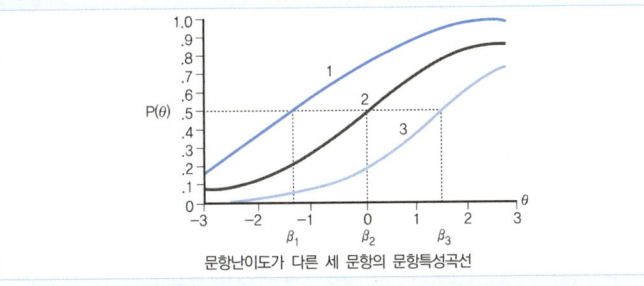
문항난이도가 다른 세 문항의 문항특성곡선

① 능력수준이 0에 있는 피험자가 1번 문항의 답을 맞힐 확률은 .8이며, 2번 문항을 맞힐 확률은 .5, 3번 문항을 맞힐 확률은 .1로서 3번 문항이 가장 어려움을 알 수 있다.
② 문항특성곡선이 나타내는 문항난이도는 문항의 답을 맞힐 확률이 .5에 해당되는 점을 의미한다.
③ 문항난이도의 실제적 범위는 일반적으로 −2에서 +2 사이에 존재하며 그 값이 클수록 어렵다고 해석된다.

(2) 문항변별도

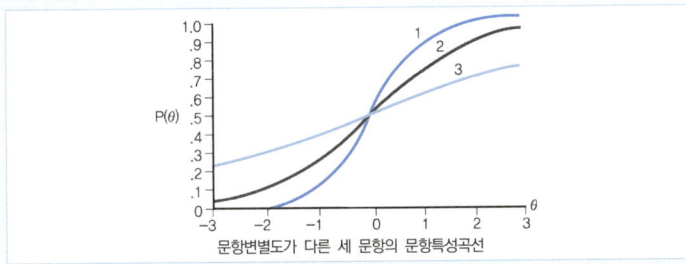
문항변별도가 다른 세 문항의 문항특성곡선

① 1번 문항은 능력수준이 변함에 따라 문항의 답을 맞힐 확률이 심하게 변함을 알 수 있음. 따라서 1번 문항이 3번 문항보다 피험자를 잘 변별하여 준다고 할 수 있다.
② 즉, 문항특성곡선의 기울기가 가파를수록 문항변별도가 높은 것이다.
③ 문항변별도는 문항난이도를 나타내는 점에서의 문항특성곡선의 기울기를 의미한다.
④ 일반적으로 0에서 +2의 범위에 있으며, 그 값이 클수록 변별이 잘된다고 해석된다.

(3) 문항추측도

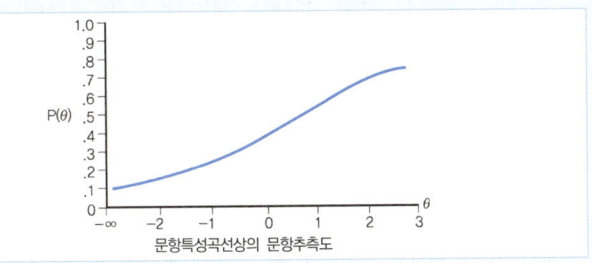
문항특성곡선상의 문항추측도

① 실제 시험에 있어서 능력이 전혀 없는 학생도 추측에 의하여 문항의 답을 맞힐 수 있다.
② 문항특성곡선에서 −∞에 있는 피험자가 문항의 답을 맞힐 확률은 0이 아니라 .1 이다.

| 정답 | ③

THEME 03 표집과 표집방법

17
2011 초등

다음 사례에서 김 교사가 사용한 표집방법으로 가장 적절한 것은?

> 유치원에 근무하고 있는 김 교사는 행동장애 유아의 특성에 관한 조사 연구를 수행하고자 한다. 김 교사는 '유치원 교사경력 5년 이상인 자로서 유아특수교육학을 전공한 석사 학위취득자'라는 표본 선정 기준을 설정하고, 전국의 유치원 교사 중에서 이 기준을 충족한 100명의 유치원 교사를 대상으로 설문조사를 실시하였다.

① 군집 표집(cluster sampling)
② 의도적 표집(purposive sampling)
③ 체계적 표집(systematic sampling)
④ 유층 표집(stratified random sampling)
⑤ 단순무선 표집(simple random sampling)

정답풀이

② 의도적 표집 : 연구자의 주관적 판단에 의해서 전체대상을 잘 대표하리라고 믿는 사례, 대상들을 의도적으로 표집하는 방법이다. 대체로 연구자가 가지고 있는 과거 경험이나 전문적 식견에 바탕을 두고 표집을 하게 된다. 이 방법은 간편하게 표집을 할 수 있고, 비용을 절약할 수 있다는 장점이 있으나 연구자의 주관적 판단이 잘못되었을 경우 발생하는 오류가 치명적이라는 단점이 있다.

오답풀이

① 군집 표집 : 모집단(전집)을 집단 내의 특질이 다른 몇 개의 하위집단으로 나누고, 이 하위집단을 표집하여 추출된 집단을 모두 조사하는 방법이다. 집단은 인위적으로 형성된 것이 아니라 자연적으로 형성된 집단이다. 집단 내부는 이질적이나 집단 간에는 동질적이다.
③ 체계적 표집 : 단순무선표집과 거의 유사하나, 전집을 구성하고 있는 표집단위들을 무작위로 선택하는 것 대신 다소 체계적인 방법을 동원하여 선발하는 것이 다르다. 모집단의 표집목록에서 일정 간격을 두고 연구대상을 추출하는 표집방법으로 k번째 1이라는 법칙이 적용되며 계통표집이라 하기도 한다. 표집목록에 일련번호를 부여한 다음 한 번호를 선정하고 k번째를 뛰어 넘어 표집하는 방법을 말한다.
④ 유층표집(층화표집) : 모집단 안에 동일성을 갖는 여러 개의 하부집단이 있다고 연구자가 가정할 때 모집단을 속성에 따라 계층으로 구분하고 각 계층에서 단순무선표집을 하는 방법을 말한다. 하위집단 내부는 동질적이며, 하위집단 간은 이질적이다. 그 종류로는 비례 유층표집과 비비례 유층표집이 있다.
⑤ 단순무선 표집 : 제비를 뽑을 때처럼 특별한 선정 기준을 마련하지 않고 추첨식으로 표집하는 기법이다. 대상 전체에 일련번호를 붙이고 추첨기를 사용하거나 혹은 난수표(무선표집을 위해 만들어 놓은 추첨표)를 이용해서 뽑는 것이 일반적이다.

| 정답 | ②

18

2008 초등

다음 〈보기〉의 상황에서 김 교사가 사용한 표집방법은?

> **보기**
>
> 김 교사는 전국의 중등교사 중에서 1,000명을 표집하여 교실환경 개선방향에 대한 의견을 조사하고 있다. 김 교사는 전국의 중등교사가 근무하는 지역을 크게 대도시, 중·소도시, 읍·면 지역으로 나눈 다음, 각 지역에 근무하는 교사수의 비율을 2 : 1 : 1로 가정하여 대도시에 소재한 학교에 근무하는 교사 500명, 중·소도시에 소재한 학교에 근무하는 교사 250명, 읍·면 지역에 소재한 학교에 근무하는 교사 250명을 표집하였다.

① 유층 표집(stratified sampling)
② 의도적 표집(purposive sampling)
③ 편의 표집(convenience sampling)
④ 체계적 표집(systematic sampling)

정답풀이

① 유층표집 : 모집단 안에 동일성을 갖는 여러 개의 하부집단이 있다고 연구자가 가정할 때 모집단을 속성에 따라 계층으로 구분하고 각 계층에서 단순무선표집을 하는 방법을 말한다. 모집단이 어떤 속성에 의하여 여러 층으로 나누어 질 수 있다는 것은 이론적, 경험적 배경을 통하여 알 수 있다. 층화표집의 절차는 다음과 같다. 확실한 정보에 의하여 모집단을 계층으로 분류하고 각 계층에서 필요한 표본 수만큼의 표본을 추출한다. 각 계층에서 표집할 때 단순무선표집 혹은 체계적 표집을 실시할 수 있으나 체계적 표집은 단순무선표집의 대안이므로 일반적으로 단순무선표집을 실시한다.

오답풀이

② 의도적 표집 : 연구자의 주관적 판단에 의해서 전체대상을 잘 대표하리라고 믿는 사례, 대상들을 의도적으로 표집하는 방법이다.
③ 편의표집 : 연구진행에 편리하게 표본을 선택하는 방법으로 지원자 표집과 우연적 표집 등이 이에 포함될 수 있다.
④ 체계적 표집 : 모집단의 표집목록에서 일정한 간격을 두고 연구대상을 추출하는 표집방법으로 k번째 1이라는 법칙이 적용되며 계통표집이라 하기도 한다. 표집목록에 일련번호를 부여한 다음 한 번호를 선정하고 k번째를 뛰어 넘어 표집하는 방법을 말한다.

| 정답 | ①

THEME 04　실험적 연구법

19　
2012 초등

다음의 김 교사가 수행한 연구에 대한 진술로 옳은 것을 〈보기〉에서 모두 고르면?

> 김 교사는 교수법(토론식, 강의식)이 우리나라 초등학교 3학년의 읽기 능력에 미치는 영향을 알아보기 위해, 자신이 재직 중인 학교의 3학년 학생들을 대상으로 편의상 1반부터 3반까지의 학생들은 토론식 교수법으로, 4반부터 6반까지의 학생들은 강의식 교수법으로 가르친 후 읽기검사를 실시해 읽기능력의 차이를 분석하였다.

보기

㉠ 종속변수는 초등학교 3학년 학생의 읽기능력이다.
㉡ 독립변수 간 상호작용 효과를 검증하기 위해 교수법을 토론식과 강의식으로 구분하였다.
㉢ 무선표집(random sampling)을 하지 않았으므로 연구결과의 일반화가 제한된다.
㉣ 같은 학교 학생들로 두 집단(토론식, 강의식)을 구성하였으므로, 피험자 선발(selection)이 내적 타당도 위협요인으로 작용하지 않는다.

① ㉠, ㉡　　② ㉠, ㉢
③ ㉠, ㉡, ㉣　　④ ㉠, ㉢, ㉣
⑤ ㉡, ㉢, ㉣

오답풀이

㉡ 독립변수 간 상호작용 효과에 대한 연구는 진행되지 않았다. 상호작용 효과란 두 개 이상의 독립변인들이 종속변인에 영향을 미칠 때 서로 같은 방향으로 작용하는지 여부를 확인하는 것을 말한다. 서로 다른 방향으로 영향을 미칠 경우, 혹은 독립변인의 영향이 서로 같은 방향으로 작용해도 그 크기가 통계적으로 의미있는 차이가 있을 때는 상호작용 효과가 있다고 말한다.
㉣ 내적타당도의 저해요인 중 피험자의 선발은 실험집단과 비교 집단의 피험자들을 선발할 때 동질성이 결여되어 나타나는 현상을 말한다. 예를 들어, 교수방법에 따른 단어학습의 성취도에 관한 연구를 한다고 하자. 피험자 선정 시에 처음부터 실험집단에 통제집단보다 단어를 훨씬 더 많이 알고 능력이 많은 아동들을 배치하였다면, 실험처치를 하지 않더라도 실험집단의 학습성취도가 높으므로 실험의 결과는 믿을 수 없는 것이 된다.

| 정답 | ②

20

A 교사는 집단상담이 아동의 자기효능감에 미치는 효과를 알아보기 위하여 〈보기〉와 같은 절차에 따라 실험 연구를 수행하였다. 이 연구에서 발생할 수 있는 문제가 <u>아닌</u> 것은?

2008 초등

> **보기**
> - 자신이 근무하고 있는 초등학교의 5학년 학생 300명에게 자기효능감 검사를 실시하였다.
> - 검사 결과 표준점수(Z score)가 -2.0 이하인 5명을 선정하였다.
> - 선정된 5명에게 6주간 12회기의 집단상담을 실시하였다.
> - 6주간의 실험이 끝나고 사전검사에서 사용하였던 자기효능감 검사로 사후검사를 실시하였다.

① 독립변수 외에 매개변수가 실험결과에 영향을 미칠 수 있다.
② 한 학교에서 연구대상을 선정하였으므로 외적타당도가 낮다.
③ 통계적 회귀(statistical regression)로 인해 실험의 내적타당도가 저해될 수 있다.
④ 검사도구의 효과(instrument variation effect)가 연구결과에 영향을 미칠 수 있다.

정답풀이

④ 사전검사와 사후검사에서 같은 검사를 실시하는 것은 '검사' 효과에 해당한다. '검사도구' 효과란 사전-사후 간 측정도구의 변화, 관찰자나 채점자의 변화로 인하여 측정치에 변화가 생기는 것을 말한다.

오답풀이

① 매개변수란 독립변수 이외에 종속변수에 영향을 주는 변수로서, 연구는 독립변수와 종속변수의 성격규명이 확실하여야 하며, 특히 실험연구에서는 매개변수의 통제가 연구의 질을 결정하는 요인이 된다.
② 표집상의 오류로 인하여 외적타당도가 낮다. 외적타당도란 표본에서 얻어진 연구의 결과를 다른 집단 혹은 다른 환경에 확대 해석 또는 일반화할 수 있는 정도를 의미하며, 표집상의 오류는 전집을 제대로 대표할 수 없는 집단을 연구대상으로 표집했을 경우를 의미한다.
③ 검사 결과 표준점수(Z score)가 -2.0 이하인 5명을 선정하였기에 통계적 회귀로 인한 내적타당도가 저해될 수 있다. 통계적 회귀란 피험자의 선정을 아주 극단적인 점수를 토대로 해서 결정할 경우에 일어나기 쉬운 통계적 현상을 말한다.

| 정답 | ④

21

실험결과의 내적 타당도(internal validity)를 위협하는 요인과 그에 대한 설명으로 옳지 않은 것은?

① 피험자의 선발 - 실험집단과 비교집단의 피험자들을 선발할 때 동질성이 결여되어 나타나는 영향을 말한다.
② 통계적 회귀 - 한 피험자가 여러 가지 실험처치를 받음으로써 이전의 처치 경험이 이후의 처치 효과에 미치는 영향을 말한다.
③ 성숙 - 실험처치 이외에 시간의 흐름에 따라 나타나는 피험자의 신체적·정신적 변화가 피험자의 반응에 영향을 주는 것을 말한다.
④ 측정도구 - 사전검사와 사후검사에서 사용한 검사도구가 달라지거나, 관찰자나 채점자의 변화로 인하여 실험에서 얻은 측정치에 변화가 생기는 것을 말한다.

정답풀이

② 외적 타당도를 저해하는 요인 중 '중다처치에 의한 간섭효과'에 해당하는 설명이다.

만점대비 +α

💡 내적 타당도(internal validity)

① 내적 타당도 : 종속변수, 즉 연구결과에서 나타나는 변화가 독립변수의 변화에 의한 것임을 확신할 수 있는 정도
② 내적 타당도를 저해하는 요인

역사(시간효과)	사전검사와 사후검사 사이에 있었던 갖가지 특수한 사건들
성숙 (피험자 내부의 변화)	• 시간의 흐름에 따라 나타나는 피험자의 내적 변화가 피험자의 반응에 영향 • 연령이 증가하거나 검사 도중 피곤해지거나 흥미가 변하거나 하는 생물학적·심리학적인 변화를 의미
검사	사전검사를 받은 경험이 사후검사에 주는 영향(검사받는 데 익숙해지는 경우)
측정도구	사전검사와 사후검사에서 측정도구의 변화, 관찰자나 채점자의 변화로 인하여 실험에서 얻은 측정치에 변화가 생기는 것
통계적 회귀	피험자의 선정을 아주 극단적인 점수를 토대로 해서 결정할 경우 일어나기 쉬운 통계적 현상
피험자의 선발	실험집단과 비교집단의 피험자들을 선발할 때 동질성이 결여되어 나타나는 현상
피험자의 탈락	피험자들이 실험과정에서 중도 탈락함으로써 실험결과에 영향을 미침
피험자의 선발과 성숙간의 상호작용	• '성숙'요인과 '피험자의 선발'요인의 상호작용에 의하여 실험의 결과가 달라지는 것 • 실험집단과 비교집단의 피험자들이 어떤 기준이 되는 특성에서는 동질적이라고 하더라도 다른 특성에서는 이질적일 수 있는바, 이러한 차이가 실험결과에 큰 영향을 미칠 수 있음

③ 내적 타당도를 저해하는 요인으로 위 요소들(역사~피험자의 탈락) 간의 상호작용도 포함된다. 예컨대, 역사와 성숙 간에 상호작용이 일어나는 경우이다.

| 정답 | ②

22 2013 중등

다음에 제시된 실험의 내적타당도를 위협하는 요인으로 옳은 것만을 〈보기〉에서 있는 대로 고른 것은?

> 박 교사는 창의성 교육 프로그램의 효과를 알아보고자 하였다. 그는 이 프로그램에 참여하기를 원하는 학생 중 선착순 30명을 실험집단으로, 참여 여부를 밝히지 않는 학생 중 30명을 편의표집(convenience sampling)하여 통제집단으로 구성하였다. 박 교사는 두 집단 모두에게 사전검사를 실시한 후 실험집단만을 대상으로 프로그램을 3개월간 적용하였다. 사전검사 점수가 너무 낮은 것으로 판단되었으므로 박 교사는 사전검사에서 정답률이 20% 미만인 문항들을 제외한 나머지 문항으로 사후검사를 실시하였다. 사후검사에서 실험집단 30명과 통제집단 30명의 평균 차이는 1% 유의수준에서 통계적으로 유의하였다.

보기

ㄱ. 검사(testing) ㄴ. 탈락(attrition)
ㄷ. 선발(selection) ㄹ. 도구화(instrumentation)

① ㄱ, ㄴ ② ㄱ, ㄷ
③ ㄴ, ㄹ ④ ㄱ, ㄷ, ㄹ
⑤ ㄴ, ㄷ, ㄹ

THEME 04 실험적 연구법

정답풀이

㉠ 검사 : 피험자가 이전에 사전검사를 받은 경험이 있기 때문에 사후검사에서는 검사에 익숙해지거나 일부를 기억하고 있어 점수에 영향을 미칠 수 있다.
㉢ 선발 : 실험집단과 비교집단을 만들기 위하여 피험자를 선발할 때 두 집단 간에 동질성이 결여되어 영향을 미칠 수 있다. 예를 들어, 과학 교수 프로그램을 학업성적이 뛰어난 학급의 학생들에게 실시하고 통제집단과 비교하였을 때 과학교과에 대한 태도가 아주 높이 향상되었다고 해 보자. 이때 나타난 결과는 프로그램의 효과라고 하기보다 학업성적이 뛰어난 집단을 선발하였기 때문이라고 볼 수 있다.
㉣ 도구화 : 사전-사후 간 측정도구의 변화, 관찰자나 채점자의 변화로 인하여 측정치에 변화가 생길 수 있다.

오답풀이

㉡ 탈락 : 피험자들이 선발과정에서 중도탈락함으로써 실험결과에 영향을 미칠 수 있다. 실험과정 중에서 실험집단이나 비교집단의 어느 한편에서 피험자들이 체계적으로 탈락하면 실험결과에 편파적인 영향을 미치게 된다.

만점대비 +α

💡 외적 타당도(external validity)

① 외적 타당도 : 표본에서 얻어진 연구의 결과를 다른 집단 혹은 다른 환경에 확대 해석 또는 일반화할 수 있는 정도
② 외적 타당도를 저해하는 요인

검사실시와 실험처치 간의 상호작용효과	사전검사의 실시로 인하여 실험처치에 대한 피검사자의 관심이 증가 또는 감소됨으로써 실험결과에 영향을 미치는 것
피험자의 선발과 실험처치 간의 상호작용효과	• 피험자의 유형에 따라 실험처치의 영향이 서로 다르게 나타나는 현상 • 같은 실험이라고 해도 피험자가 달라지거나 실험시기가 달라지거나 실험도구가 달라진다면 실험결과 역시 달라질 수 있음
실험상황에 대한 반응효과	• 일상적인 생활과 실험상황이 서로 다르기 때문에 실험의 결과를 그대로 일반화하기 어렵게 되는 것 • 피험자가 자신이 실험의 대상이 되고 있다고 느낄 때, 그들은 평소와 다른 행동을 하게 될 수 있음
중다처치에 의한 간섭효과	한 피험자가 여러 가지 실험처치를 받는 경우에 이전의 처치에 의한 경험이 이후의 처치를 받을 때까지 계속 남아 있음으로써 일어나는 영향
표집상의 오류	전집을 제대로 대표할 수 없는 집단을 연구 대상으로 표집했을 경우
변인에 대한 애매한 정의	독립변인이나 종속변인에 대한 정의가 애매모호하여 다른 상황에서 동일한 연구를 수행하기 어려운 경우
저질의 검사(측정) 도구	검사(측정)도구의 질이 낮아서 측정 결과 자체를 믿기 어려운 경우
연구의 낮은 내적 타당도	연구의 내적 타당도가 낮아서 연구결과 자체를 믿기 어려운 경우
호손효과	연구자가 피험자들에게 특별한 관심을 보이거나 은연중에 피험자들의 행동을 부추기는 경우, 피험자의 행동이 위축되거나 긴장되어 자연스러운 처치 결과가 나타나지 못하는 현상

| 정답 | ④

23

2009 초등

김 교사는 새로운 교수방법이 학업성취도에 미치는 영향을 탐색하기 위한 실험연구를 수행하려고 한다. 이 때 지능과 같이 학업성취도에 영향을 미치는 가외변인(extraneous variable)을 통제하기 위해 사용할 수 있는 연구설계 방법을 〈보기〉에서 모두 고른 것은?

보기

㉠ 독립변인의 측정척도를 더 세분화하였다.
㉡ 피험자들을 각 실험집단에 무선적으로 배치하였다.
㉢ 가외변인을 독립변인으로서 연구설계에 포함시켰다.
㉣ 가외변인을 종속변인으로서 연구설계에 포함시켰다.
㉤ 가외변인을 각 실험집단에서 동일 수준이 되게 하였다.

① ㉠, ㉢
② ㉡, ㉣
③ ㉠, ㉢, ㉤
④ ㉡, ㉢, ㉤
⑤ ㉡, ㉣, ㉤

THEME 04 실험적 연구법

> 정답풀이

ⓒ 무선화법에 해당한다.
ⓒ 격상법에 해당한다.
ⓜ 조건고정화법에 해당한다.

> 오답풀이

㉠ 독립변인의 측정척도를 세분화하는 것과 가외변인 통제와는 아무런 상관이 없다.
㉣ 가외변인을 종속변인으로서 연구설계에 포함시키면 통제가 불가능하다.

> 만점대비 +α

💡 가외변인의 통제

① 실험과정에 끼어들어서 종속 변인에 부작용을 미치는 여러 가지 바람직하지 못한 변인들에 대한 통제를 의미한다.
② 주로 외적 환경 변인으로서의 가외 변인을 통제하는 방법

소거법 (제거법)	• 실험 통제에서 가장 좋은 방법 • 이것은 실험과정에서 불필요한 모든 기타의 변인들이 작용하지 못하게 제거해 버리고 순수한 실험변인만 작용하게 해서 그것이 종속변인에 미치는 효과를 관찰하는 방법
조건고정 화법	• 가외변인을 제거할 수 없을 경우에는 전실험과정을 통하여 이들 가외변인들이 일정한 상태를 유지하게 하여 모든 피험자에게 어느 가외변인이 언제나 동등하게 작용케하는 통제 방법 • 실험에서 피험자들의 연령 변인을 제거할 수 없는 경우, 일정한 같은 연령의 피험자만을 대상으로 하는 것 등
상쇄법	• 가외변인의 효과를 서로 상쇄시키는 수법 • 예컨대 피험자들에게 여러 개의 실험 메시지를 주어서 실험을 할 경우, 그 메시지들의 표시순서가 가외 변인으로서 영향을 미칠 것이라고 우려되면, 그 제시 순서를 달리 해서 한 집단의 피험자에게는 1, 2, 3 … 의 순서로 제시하고, 다른 집단에게는 그 반대의 순서로 제시하는 것
격상법	• 가외변인을 제거하거나 고정화시키기 어렵다고 생각할 경우, 그 가외 변인을 하나의 독립 변인(제3변인)으로 격상시켜서 실험 설계에 집어넣고 실험을 한 후 이 변인이 종속변인에 미치는 상호 작용 효과를 알아내서 그것을 통제하는 방법

③ 피험자변인이 가외변인으로 작용할 때, 이러한 작용을 통제하는 방법

무선화법	• 이는 피험자들의 서로 다른 속성 때문에 생기는 부작용을 막기 위해서 피험자들을 무선적으로 여러 개의 실험집단이나 통제 집단에 배치하거나 또는 여러 가지 실험조건이나 기타 요인들을 무선적으로 실험집단에 배정하는 방법
결합무선배치법	• 무선화법의 한 변형, 예컨대 피험자들을 실험집단과 통제집단에 배치할 때 주어진 독립 변인을 제외한 나머지 변인들에서의 두 집단 간의 동질성을 보장하기 위해서 그 가외 변인 또는 관계 변인들의 속성이 동등한 피험자들을 선정하여 두 집단에 각각 배치하는 방법 • 예컨대, 지능이라는 가외 변인이 실험 결과에 영향을 미칠 것이라고 생각되면 미리 피험자들의 지능을 검사해서 지능이 120인 한 피험자를 실험집단에 배치하고 이와 동등한 다른 피험자를 통제집단에 넣는 식으로 계속 배정해 나가는 것

| 정답 | ④

24

2010 중등

박 교사는 즉시적 보상을 활용한 교수방법이 학업성취도에 미치는 효과를 알아보기 위해 다음과 같이 A, B, C 세 가지 실험설계를 구상하였다. 각 실험설계에 대한 설명으로 가장 적절한 것은?

실험설계 A :
단일집단 사전-사후 설계(one-group pretest-posttest design)

O_1	X	O_2

실험설계 B :
비동등 통제집단 설계(nonequivalent control group design)

O_1	X	O_2
O_1		O_2

실험설계 C :
비동등집단 사후검사 설계(posttest with nonequivalent groups design)

단, X : 즉시적 보상을 활용한 교수방법의 실시
O_1 : 사전 학업성취도 검사
O_2 : 사후 학업성취도 검사(척도는 양적척도이며 정규분포를 따름)
집단별 사례 수 : 20명

① 실험설계 A : 대응표본 t검정으로 효과를 검정할 수 있다.
② 실험설계 A : 성숙에 의한 문제가 발생할 가능성은 없다.
③ 실험설계 B : 통계적 회귀의 문제가 발생할 가능성은 없다.
④ 실험설계 C : 피험자 선발의 문제가 발생할 가능성은 없다.
⑤ 실험설계 C : 진실험설계이다.

THEME 04 실험적 연구법

정답풀이

① 대응표본 t검정은 동일한 표본에서 대응되는 두 변수의 평균의 차이를 비교하는 경우이고, 독립표본 t검정은 두 집단의 평균을 비교하는 경우이다.

오답풀이

② 실험설계 A : 성숙에 의한 문제가 발생할 가능성이 있다.
③ 실험설계 B : 통계적 회귀의 문제가 발생할 가능성이 있다.
④ 실험설계 C : 피험자 선발의 문제가 발생할 가능성이 있다.
⑤ 실험설계 C : 준실험설계이다.

만점대비 +α

💡 **실험설계**

(1) 실험설계의 도식기호
   ① X : 실험변인을 뜻하며 실험변인에 의한 처치가 가해졌음을 의미
   ② O : 관찰이나 측정의 과정을 의미
   ③ O_1 : 사전검사, O_2 : 사후검사
   ④ 구획선이 있는 것은 실험집단과 통제집단을 선정함에 있어서 무선표집을 하지 않음을 뜻함
   ⑤ R : 무선표집이라는 의미
(2) 준실험설계 : 집단을 임의적으로 선정해서 이질적으로 구성하는 것으로 이 방법은 피험자들을 무선적으로 표본하여 배치하기 어려운 경우 사용되는 방법이다.(타당도가 낮아질 우려가 있음)
(3) 진실험설계 : 실험집단과 통제집단을 갖추고 있으며, 피험자들을 각 집단에 무선적으로 배치하는 방법이다. 따라서 실험변인 외의 모든 변인들을 통제할 수 있기 때문에 준실험설계에 비해 실험의 타당성이 훨씬 높은 실험설계모형이다.

| 정답 | ①

25

2009 중등

다음에서 최 교사가 수행한 수학 사고력 증진 프로그램의 효과 분석 실험설계에 대한 설명으로 옳은 것을 〈보기〉에서 고른 것은?

> 최 교사는 최근에 개발된 수학 사고력 증진 프로그램이 수학 과목 점수 향상에 미치는 효과를 검증하기 위하여 다음과 같은 순서로 연구를 진행하였다.
> 1단계 : 80명의 학생들을 임의로 추출하여 실험집단과 통제집단에 각각 40명씩 무선적으로 배치하였다.
> 2단계 : 사전검사를 실시한 결과 두 집단 평균 간의 차이는 통계적으로 의의가 없는 것으로 나타났다.
> 3단계 : 실험집단에는 수학 사고력 증진 프로그램을 이용하여 수학 수업을, 통제 집단에는 실험처치 없이 기존 방식으로 수학 수업을 각각 4주 동안 진행하였다.
> 4단계 : 4주 동안 수학 수업시간에 배운 내용에 대하여 두 집단에 사후검사를 실시하였다.
>
> 최 교사가 수행한 실험설계 방식을 도식으로 나타내면 다음과 같다.
>
> | R | O_1 | X | O_2 |
> |---|---|---|---|
> | R | O_1 | | O_2 |
>
> R : 무선배치, O_1 : 사전검사, X : 실험처치, O_2 : 사후검사

보기

㉠ 두 독립표본 t검증을 사용하여 수학 사고력 증진 프로그램의 효과를 검증할 수 있다.
㉡ 이러한 실험설계 방법을 이질통제집단 전후검사 설계(nonequivalent control group pretest – posttest design)라고 한다.
㉢ 이러한 실험설계 방법에서 자주 발생하는 내적 타당도를 위협하는 요인으로 '천장효과'(ceiling effect)를 들 수 있다.
㉣ 학생들을 임의로 추출하여 실험집단과 통제집단에 무선 배치하였기 때문에 진실험설계(true-experimental design)로 볼 수 있다.

① ㉠, ㉡
② ㉠, ㉣
③ ㉡, ㉢
④ ㉡, ㉣
⑤ ㉢, ㉣

정답풀이

㉠ 두 독립표본 t검증 : 두 표본의 추출된 모집단이 '상호 독립적'일 때, 두 집단의 평균차이를 비교하고자 할 때 사용하는 방법으로, 두 모집단의 분산을 모르는 경우 사용한다.
㉣ 진실험설계 : 실험집단과 통제집단을 갖추고 있으며, 피험자들을 각 집단에 무선적으로 배치하는 방법이다.

오답풀이

㉡ 진실험설계 중 전후검사 통제집단설계에 대한 내용이다.
㉢ 극단적인 집단선정을 하지 않았으므로 천장효과라 볼 수 없다.
※ 천장효과 : 측정도구가 측정하려는 특성의 상위수준에 속한 사람들을 변별하지 못하는 현상이다. 천장효과는 도구자체의 점수범위가 제한적일 경우에도 발생할 수 있고, 검사가 너무 쉬운 경우에도 발생한다. 측정의 상한선(천장)이 낮게 책정되어 있거나 검사가 너무 쉽다면 일정수준 이상에 속한 사람들의 차이를 변별할 수 없을 것이다. 검사의 쉬움은 측정대상에 따라 상대적이다. 일반학생에게는 잘 적용되는 측정도구가 영재아의 경우에는 천장효과를 야기할 수 있다.

| 정답 | ②

THEME 05 질적 연구

26
2009 중등

김 교사는 학생들이 '교사'에 대하여 어떤 이미지를 갖고 있는지를 분석하기 위하여 다음과 같은 질문지를 제작하였다. 이 때 사용된 척도기법에 대한 설명으로 옳은 것을 〈보기〉에서 고른 것은?

지시문 : '교사' 개념에 대한 자신의 느낌에 해당하는 번호에 ✓ 표 하시오.
교사
1. 인자한   ① ② ③ ④ ⑤ ⑥ ⑦   엄격한
2. 모호한   ① ② ③ ④ ⑤ ⑥ ⑦   명확한
3. 전통적인 ① ② ③ ④ ⑤ ⑥ ⑦   현대적인

보기

㉠ 서로 대비되는 형용사군에 응답한 피험자의 반응을 분석하여 의미 공간(semantic space)상의 위치로 표현한다.
㉡ 반응하기 어려운 문항에 긍정적인 반응을 한 응답자는 그 문항보다 반응하기 쉬운 모든 문항들에 대하여 언제나 긍정적인 반응을 한다고 이론적으로 가정한다.
㉢ 서스톤(L. L. Thurstone)이 제안한 척도기법으로서, 심리적 연속선상에 동간성을 가진 문항으로 구성된 유사동간척도(equal appearing interval scale)를 만든다.
㉣ 분석 자료를 해석하기 위하여 평가요인(evaluative factor), 능력요인(potency factor), 활동요인(activity factor)의 3차원 공간으로 점수를 집약하여 해석을 시도한다.

① ㉠, ㉡ ② ㉠, ㉢
③ ㉠, ㉣ ④ ㉡, ㉢
⑤ ㉢, ㉣

논술 문제 적용 하기

26-1
2019 중등

#3에 언급된 척도법의 명칭과 이 방법을 적용하기 위하여 진술문을 작성할 때 유의할 점 1가지를 제시하시오.

> #3 모둠을 구성할 때 태도나 성격 같은 정의적 요소도 반영해야겠어. 진술문을 몇 개 만들어 설문으로 간단히 평가하고 신뢰도는 직접 점검해 보자. 학생들이 각 진술문에 대한 반응을 등급으로 선택하면 그 등급 점수를 합산할 수 있게 해 주는 척도법을 써야지. 설문 문항으로 쓸 진술문을 만들 때 이 척도법의 유의점은 꼭 지키자. 그리고 평가를 한 번만 실시해서 신뢰도를 추정해야 할 텐데 반분검사신뢰도는 단점이 크니 다른 방법으로 신뢰도를 확인해 보자.

예시답안

제시문에 언급된 척도법은 리커트 척도이다. 진술문을 작성할 때는 문장을 간단명료하게 해야한다. 단어를 선택함에 있어 의미하는 바를 정확히 알 수 있는 단어를 선택하고, 혼돈스럽지 않도록 구체적으로 제시한다. 모호하거나 비논리적인 문장은 명료성이 떨어지므로 올바른 문장구조와 단어를 선택해야 한다.

더 알아보기

💡 **리커트(Likert)의 총합평정법**
(1) 개요
 ① 리커트 척도는 가장 널리 빈번하게 사용되는 방법으로, 태도의 연속선상에서 개인의 태도가 어느 위치에 있는지를 파악하기 위한 것이다.
 ② 리커트 척도는 특정 대상(사람, 사물, 제도 등)에 관해 작성된 모든 진술문에 대해 동의하는 정도를 표시하도록 한 다음, 진술문들의 평정점수를 합산하기 때문에 종합평정법이라고도 부른다.

논술 문제 적용 하기

③ 리커트 척도를 실시할 때는 모든 진술문에 대해 동의하는 정도를 일일이 표시하도록 하면 된다. 모든 진술문에 대해 동의하는 정도를 평정하도록 하는 점이 리커트 척도의 가장 전형적인 특징이다.

④ 이 척도는 특정 대상에 대해 호의적이거나 긍정적인 태도를 나타내는 진술문(예: 나는 교육학 수업을 좋아한다.)과 비호의적이거나 부정적인 태도를 나타내는 진술문(예: 나는 교육학 수업을 싫어한다.)으로 구성되며, 중립적인 진술문(예: 나는 교육학 수업을 좋아하지도 싫어하지도 않는다)은 포함하지 않는다.

(2) 장·단점
① 이 기법의 가장 큰 장점은 척도화의 절차가 간편하고 단순하기 때문에 노력을 덜 들이고 제작할 수 있다는 점이다.
② 리커트 척도는 서스톤 척도와 거트만 척도에 비해 제작이 용이하고 다양한 대상, 장면, 상황, 조건에 융통성 있게 적용될 수 있다. 제작과 자료처리가 쉽고 응답자도 이해하기 쉬워 우편조사, 전화조사, 인터뷰 등 다양한 분야에서 사용되고 있다.
③ 또한 피험자로부터 방향(적극적, 소극적)과 밀도(강력한, 미약한)의 두 측면에서 정보수집이 가능하다.
④ 그러나 사람들마다 각 단계를 인식하는 정도가 다르며 동일한 점수를 받은 사람이 항상 동일한 특성의 사람들이라 하기 어렵다. 또 응답자의 반응경향이 작용할 개연성이 높다는 단점이 있는데, 예를 들어 모든 진술문에 대해 기계적으로 '3'을 선택할 소지가 있다.

(3) 진술문 작성시 유의할 사항
① 문장은 간단명료하게 한다. 단어를 선택함에 있어 의미하는 바를 정확히 알 수 있는 단어를 선택하고, 혼돈스럽지 않도록 구체적으로 제시한다. 모호하거나 비논리적인 문장은 명료성이 떨어지므로 올바른 문장구조와 단어를 선택해야 한다.
② 한 진술문에는 한 가지 아이디어만을 포함 시킨다. 한 개의 문항 속에 두 개 이상의 아이디어가 들어가면 연구자가 의도한 바를 정확히 측정하는 것이 어려워지고, 피검사자가 응답을 하는데도 어려워진다.
③ 사실에 관한 질문이 아니라 의견이나 행동 경향을 묻는 것이어야 한다. 리커트 척도는 해당 특성이 드러나는 또는 그러한 특성에 의해서 나타날 것이라고 판단되는 관찰 가능한 행동증거를 수집하고, 그 행동적 증거의 정도에 따라서 그러한 특성의 정도를 추론하는 방법이기 때문에 사실이 아니라 심리적 특성을 측정하기 위한 진술문으로 구성되어야 한다.
④ 피검사자의 언어수준에 알맞은 어휘와 문장으로 표현해야 한다. 피검사자의 언어수준에 맞지 않거나 전문적인 용어를 사용하게 되면 문항 자체가 어렵게 되며, 피검사자의 그 용어에 대한 이해를 전제로 하기 때문에 측정하고자 하는 것을 정확히 질문하는데 문제가 된다.
⑤ 진술문의 내용은 긍정적 또는 부정적인 것으로 기술되어야 하며, 중립적인 기술문은 포함시키지 말아야 한다.

오답풀이

ⓛ 거트만(Guttman) 척도에 대한 설명이다. 거트만 척도는 응답자에게 각 진술문에 대해 찬성하는지 아니면 반대하는지를 표시하도록 하는 척도이며, 선택한 진술문의 수가 태도점수가 된다. 척도에 포함된 개별 문항들을 서열화하여 누적하는 것을 특징으로 한다.

ⓒ 서스톤(Thurstone) 척도 : 응답자에게 자신의 의견이나 생각과 일치하는 진술문을 모두 선택하도록 하거나, 자신의 의견이나 생각과 가장 가까운 몇 개의 진술문을 선택하도록 하는 척도이다. 척도치 간에 동간성을 유지하도록 만든 척도라고 해서 유사동간척도라고 부르며, 서스톤은 개인의 태도를 부정과 긍정 사이에 놓여 있는 심리적 연속체로 보고 이들 연속체의 길이를 척도화시켜 측정하려고 하였다.

만점대비 +α

🔍 오스굿(Osgood)의 의미분석법

① 일종의 다차원 척도로서 평가할 대상이나 개념의 의미를 측정하기 위해 고안된 척도이다.(어의차별척도, 의미분화척도, 의미변별척도)
② 평가 대상이 되는 현상이나 사물과 같은 특정 개념에 포함된 의미를 파악하기 위해 몇 개의 차원으로 나누어 측정하는 방법이다. 즉, 하나의 개념을 주고 여러 가지 의미의 차원에서 개념을 평가하도록 하는 척도이다.
③ 의미분석법은 몇 개의 기본적인 차원에 속하는 양극화된 형용사들을 짝지워 5점 내지 7점 척도로 구성하여 측정 대상인 특정 개념의 의미를 파악하기 위해 평가성(evaluation)요인, 능력성(혹은 가능성 : potency)요인, 활동성(activity)요인의 3차원으로 나누어 평가한다.
  ㉠ 평가차원 : 좋다 – 나쁘다, 아름답다 – 추하다, 착하다 – 악하다, 깨끗하다 – 더럽다
  ㉡ 능력차원 : 크다 – 작다, 강하다 – 약하다, 무겁다 – 가볍다
  ㉢ 활동성차원 : 적극적 – 소극적, 빠르다 – 느리다, 능동적 – 수동적, 예민하다 – 둔하다
④ 의미분석법은 측정 개념이 지닌 여러 가지 차원을 세분화하여 그 의미를 파악할 수 있고, 평가 개념에 따라 적절한 차원을 새로이 구성하여 작성할 수 있기 때문에 실제로 많은 분야의 설문조사에서 널리 활용된다.

| 정답 | ③

THEME 06 자료수집 방법

27
담임교사가 짧은 시간에 전체 학생들에 대한 여러 가지 정보를 얻을 수 있는 자료수집방법은?

① 실험법
② 관찰법
③ 면접법
④ 질문조사법
⑤ 사례연구법

오답풀이

① 실험법 : 교육학이나 심리학에서 말하는 실험이란 피험자인 사람에게 가외변인들을 최대한 통제한 상태에서 어느 행동 특징에다 인위적 실험적 처치를 가했을 때 이에 따라 일어나는 효과를 분석하는 것을 말한다.
② 관찰법 : 관찰을 통해서 일련의 정보를 수집하는 측정방법이다. 관찰법은 비언어적 행동에 대한 데이터를 수집하는 것이 목적이며 모든 감각을 이용해 자료를 수집한다.
③ 면접법 : 일정한 조건하에서 질문을 하여 응답을 얻어내는 언어적 상호작용 과정을 통하여 피면접자가 내적으로 가지고 있는 무엇인가를 알아내는 것이다.
⑤ 사례연구 : 사례에 대한 심층적인 관찰과 분석을 지향하는 질적 연구의 한 방법으로, 맥락 속에서 현상을 이해하고자 한다.

만점대비 +α

💡 **질문지법**

(1) 개념
  ① 질문지법은 어떤 문제에 관해서 작성된 일련의 질문에 대하여 피험자가 대답을 작성하도록 하여 자료를 수집하는 방법이다.
  ② 질문지법의 용도로는 학생의 생활배경에 관한 사실을 수집하기 위해서 또는 개인이 가지고 있는 심층적인 심리를 파악하는 데도 이용된다.

(2) 장·단점

장점	• 비용이 적게 들고 제작이 간단함 • 응답자에 대한 연구자의 영향력을 최소화할 수 있음 • 표준화된 질문지를 제시하고, 객관화된 문항을 사용하므로 통계처리가 용이함 • 질문지에 대한 대답은 보통 익명으로 하기 때문에 응답자의 내면세계에 관한 자료를 수집할 수 있음
단점	• 조사대상자의 언어능력에 의존하는 바가 크기 때문에 자연히 적용상에 제한을 받게 됨 • 질문에 대한 응답이 거짓인지 착오인지를 전혀 확인할 수가 없음 • 질문을 확실히 통제할 수 없고 자료를 엄격하게 다룰 수 없음 • 질문지는 회답률이 낮을 가능성이 많음

| 정답 | ④

논술 문제 적용 하기

27-1
다음은 2015 개정 교육과정에 대한 초등학교 교사들의 대화이다. 대화에 근거하여 정의적 능력에 대한 평가의 중요성과 방법을 각각 2가지씩 논하시오.

> 김 교사: 이번 2015 개정 교육과정에서는 특별히 교수·학습의 질 개선을 강조하는 것 같더군요. 교수·학습을 개선하려면 이에 어울리는 평가 방법의 개선이 함께 이루어져야 한다고 생각해요.
> 박 교사: 맞아요. 그동안 우리 교육은 지나치게 인지적 능력 중심으로 이루어지고, 평가 또한 인지적 능력에 치중되어 왔다고 할 수 있죠. 그러다 보니까 자아개념, 태도, 동기와 같은 정의적 능력의 발달 및 이에 대한 평가가 상대적으로 소홀히 여겨진 측면이 있어요.
> 김 교사: 그렇죠. 정의적 능력이 학업 성취를 비롯한 인지적 능력의 발달과도 뗄 수 없는 관계에 있고, 초등학교의 교육목표에 비추어 보면 정의적 측면이 특히 중요한데도 말이에요. 앞으로 인지적 능력과 정의적 능력에 대한 평가를 균형 있게 실시해야겠어요.
> 박 교사: 그렇게 하려면 정의적 능력을 평가하는 다양한 방법을 상황에 맞게 적절히 활용하는 법을 익혀야 할 것 같아요.
> 김 교사: 우리 다음 공부 모임에서는 그 주제로 같이 토의해 봐요.

논술 문제 적용 하기

28
2002 중등

학급에서 집단 따돌림이 발생하고 있는가를 알아보는 데 가장 유용한 방법은?

① 의미분석법　　　　② 실험설계법
③ 사회성 측정법　　　④ 주제통각검사법

예시답안

정의적 능력에 대한 평가는 다음과 같은 이유로 중요하다. 첫째, 우리의 학교교육이 개인의 전인적 발달을 도모하는 전인교육을 지향하고 있다면 개인의 정의적 특성이 원만한 전인적 발달을 꾀하는 구성요소의 하나로서 중요한 역할을 하고 있다고 볼 수 있다. 원만한 전인적 발달이란 학문적 기술이나 지식만으로 이루어질 수 없다. 태도, 흥미, 가치관 등과 같은 정의적 특성이 균형 있게 발달되어야 할 것이다. 따라서 학교는 이러한 정의적 특성이 성장, 발달, 형성되고 있는가를 평가할 책임을 지니고 있다. 둘째, 수업의 과정에서 정의적 특성은 학습의 촉진제 역할을 수행하고 있다. 개인의 정의적 특성이 긍정적이냐 부정적이냐는 그의 지적 학업성취의 성공과 실패를 결정짓는 중요한 추진제의 역할을 한다. 만약 한 학생이 새로운 학습과제를 해결해야 할 경우 긍정적인 정의적 특성을 가지고 있다면 지적 학업성취에서 성공할 확률이 높아지며, 부정적인 정의적 특성을 소유하고 있다면 지적 학업 성취에서 실패할 확률이 높아지게 된다. 정의적 특성을 측정할 수 있는 방법으로는 다음의 두 가지가 있다. 첫째, 평정법이다. 평정법은 표준화된 검사에서 주로 사용되는 방법으로서 정의적인 행동특성을 측정할 때 가장 많이 쓰인다. 평정법은 측정대상에 판단의 연속적 개념을 부여하는 측정방법으로 측정하려는 정의적 특성을 여러 단계로 분류하여 해당되는 단계에 응답하게 하는 질문형태이다. 평정법을 위하여 사용된 척도를 리커트 척도라 한다. 반응자는 자신의 정의적 특성과 관련하여 가장 소극적 혹은 부정적인 반응에서 적극적 혹은 긍정적인 반응까지 단계별로 나뉜 문항에서 자신의 위치를 표시하게 된다. 둘째, 투사적 방법이다. 투사적 방법이란 개인의 욕구, 특수한 지각, 해석 등이 방어기제의 작용 없이 밖으로 표현될 수 있는 자극을 피험자에게 제시함으로써 인간의 내면에 숨어있는 특성을 표출하게 하여 그 표출된 행동을 분석하여 측정하는 방법이다. 대표적인 투사적 방법에는 로르샤하 잉크반점검사와 주제통각검사(TAT)가 있다. 모호한 주제를 주고 반응자가 자유롭게 반응하게 한 후, 이에 대해 평가자들은 내재적 특성에 대해 역동적인 해석을 하게 된다.

만점대비 +α

📍 사회성 측정법

(1) 개념
① 사회도 측정법은 한 학생이 자기의 동료에 의해서 어떻게 인식되고 받아들여지고 있는가를 평가하는 데 사용되는 방법들을 말한다.
② 이 방법은 한 학급이나 소집단 내의 역동적 사회관계를 이해하기 위해서 또는 어떤 특정한 소집단을 구성하는 데 학생 간의 사회적 관계에 관한 자료를 얻기 위해 사용되는 방법을 말한다.

(2) 검사 작성 시 고려 할 점
① 대상자에게 어떤 기준에 따라 선택할 것인지, 몇 명을 할 것인지를 분명히 제시해야 한다.
② 부정적 기준의 사용은 가능한 한 피하고 신중을 기해야 한다.
③ 질문은 대상자가 충분히 이해하도록 제작되어야 한다.
④ 집단의 한계가 명시되어야 하고, 한정된 집단의 전원이 조사대상이 되어야 한다.
⑤ 학급구성원의 호우 정도를 파악하기 위해서는 한 학기에 한 번 정도 실시하는 것이 좋고, 실시하는 자는 학급담임이 좋다.
⑥ 초등학교 저학년은 개별면접으로 함이 좋은데, 이때는 피면접자의 암시를 받지 않도록 해야 한다. 또한 초등학교 중학년 이상에 있어서는 집단적 실시를 하는 것이 보통이다.

(3) 장·단점

장점	• 학생의 사회적 적응력과 집단의 구조에 대한 정보를 제공해 줌 • 전문인적 훈련 없이도 교사들이 쉽게 작성하고 짧은 시간에 실시할 수 있으므로 경제적임 • 사회성 측정법은 목적에 따라 변형하여 다양하게 사용할 수 있음
단점	• 한 번의 측정결과를 가지고 집단구성원들 간의 관계를 고정적으로 보는 오류를 범할 수 있음 • 질문의 내용에 따라 학생들의 관계에 악영향을 줄 수 있음

💡 투사법

(1) 개념
  ① 구조화되지 않는 모호한 도형이나 그림을 제시하여 피험자의 자유로운 해석과 구조에 의한 반응으로 개인의 심층에 숨겨져 있는 충동, 욕구, 감정, 가치관 등 정신(심리) 내부의 상태를 파악하려는 방법이다.
  ② 개인의 지각과정 또는 인지과정을 측정함으로써 정의적 특성을 판단하려는 방법이다.

(2) 특징
  ① 무의식적 욕구와 성격의 특성을 밝히는 데 쓰인다.
  ② 주로 임상적 진단에 쓰인다.
  ③ 인성을 전체로 보고 그 요소 간의 관련성을 유기적으로 해석한다.

(3) 종 류
  ① 로르샤흐(Rorschach) 잉크반점검사
  ② 주제통각검사(TAT : Thematic Apperception Test) : 머레이(Murray), 모건(Morgan)
  ③ 문장완성검사(SCT : Sentence Completion Test)
  ④ 집-나무-사람검사(HTP : House-Tree-Person Test)

(4) 장단점

장점	• 반응의 독특성 : 이러한 반응은 개인을 이해하는 데 매우 유용함 • 방어의 어려움 : 자극의 내용이 불분명하기에 자신의 의도에 맞추어 방어적으로 반응하기가 어렵게 됨 • 반응의 풍부함 : 이러한 반응의 다양성이 개인의 독특한 심리적 특성을 반영해 줌 • 무의식적 내용의 반응
단점	• 검사의 신뢰도와 타당도가 낮다는 점 • 투사적 검사는 여러 상황적 요인에 의해 강한 영향을 받음. 예컨대 검사자의 성, 태도, 검사자에 대한 피검자의 선입견 등에 영향을 받음 • 투사법으로 피검자를 분석하려면 고도의 기술과 많은 훈련이 요구되므로 비전문가가 사용하기 어려움

| 정답 | ③

WHY TO HOW
New 논객특강
논술 기출과 객관식 기출의 통합

Chapter 12

교사론

THEME 01. 교직관

THEME 01 교직관

01
2011 초등

교직관에 대한 설명으로 가장 적절한 것은?

① 노동직관은 일부에서 주장되고 있지만 아직은 법적으로 전혀 인정되지 않고 있다.
② 전문직관은 교원 양성기관의 설립과 자격제도의 도입으로 설명될 수 있는 교직관이다.
③ 성직관은 성직자가 교직을 담당하였던 것에서 유래한 것으로, 오늘날 전면 부정되고 있다.
④ 공직관은 국가공무원 신분에 근거한 것이므로 공·사립학교 교원에게는 해당되지 않는다.
⑤ 성직관, 전문직관, 노동직관, 공직관은 상호 배타적이기 때문에 한 시대에 공존할 수 없다.

오답풀이

① 노동직관이 인정되는 법률로 「교원지위향상을 위한 특별법」, 「교원의 노동조합 설립 및 운영 등에 관한 법률」 등이 있다. 노동3권인 단체결성권, 단체행동권, 단체교섭권 중 단체행동권을 제외한 단체결성권과 단체교섭권은 법률로 인정해 주고 있다.
③ 성직관은 성직자가 교직을 담당하였던 것에서 유래한 것으로, 오늘날에도 강조되고 있는 교직관이다.
④ 공직관은 국가공무원 신분에 근거한 것이 아니다. 교직이 공직인 이유는 공교육의 이념 아래 국민의 교육 기본권을 보장하기 위한 것으로 공직제도의 일부를 구성하는 것을 의미한다. 따라서 공·사립학교 교원은 공직관에 해당된다.
⑤ 성직관, 전문직관, 노동직관, 공직관은 현 시대에 교직을 바라보는 다양한 관점이다.

만점대비 +α

💡 교직관

(1) 성직관
교직의 정신적 봉사성을 강조하거나 성직자와 같은 헌신과 봉사의 정신을 강조하는 행동을 요구하는 것을 말한다.

(2) 노동직관
성직관과는 정반대로 교원을 노동자로 보고 정신노동도 노동임에 틀림없다는 견지에서 노동조건의 개선을 위한 노동3권(단체결성권, 단체교섭권, 단체행동권)의 보장을 요구하는 입장이다.

(3) 전문직관
① 교원은 전문성 확보를 위하여 장기간의 교육과 훈련을 쌓아야 하며, 전문성의 유지를 위해서 계속적으로 연구하여야 한다.
② 교원에게는 엄격한 자격기준이 적용되어야 하며 부적격자는 도태되어야 한다.
③ 교원은 고도의 자율성과 사회적 책임을 지녀야 하며 이를 위하여 교원윤리 및 교권이 확립되어야 한다.
④ 교원은 전문적 단체를 통하여 자질과 지위의 향상, 교육정책 참여를 보장받아야 한다.

(4) 공직관
① 교직을 인간으로서의 존엄이라는 사회의 공동선을 실현시키는 데 필수불가결한 활동의 하나로 보기 때문에 이를 공적으로 시행해야 한다는 관점으로, 국민의 기본권으로서 교육권이 보장되어야 한다는 입장이다.
② 교직이 공직인 이유는 개인의 자아실현을 통한 사회의 공동선의 추구라는 공교육 이념 아래 국민의 교육기본권을 보장하기 위한 보상책으로서 공직제도의 일부를 구성하는 것을 의미한다.
③ 이것은 교사와 학생의 관계 자체가 공적인 것에서 비롯되는 것이라기보다는 교육목적 달성을 위한 수단 내지 방법적 원리로서 공공성이 요구되기 때문에 공직으로 자리매김되고 있다.

| 정답 | ②

찾아보기

내용 찾아보기

(ㄱ)

항목	페이지
가능성의 원리	184
가외변인의 통제	324
개별화 교수체제	89
객관주의	107
거래적(교환적) 지도성	28, 29
거래적(교환적) 지도자	28
검사-재검사 신뢰도	276
경영적 접근	284
계속성	186
계열성	186
공식적(표면적) 교육과정	209
공인타당화	272
공정성이론	23
과제분담학습Ⅱ(JigsawⅡ)	82
과학적 관리론	11, 14
관료제론	35
관심확인채택 모형	239
교수설계의 요소	128
교육과정 역사	178
교육목표 진술	180
교육비평	220
교육자치제도의 원리	70
교육재정의 원리	64
교육적 감식안	220
교육평가관	252
교직관	337
구성주의	107
구성주의 학습환경 설계모형	158
구인전시 이론	132
국가 수준 교육과정	242
국가통치권론	9
귀납적 모형	223
규범적 조직	40
규준참조평가	254
근접의 오류	277
기대이론	22
기회의 원리	184

(ㄴ)

항목	페이지
나선형 교육과정	206
내용요소제시 이론	132
내적 일관성 신뢰도	276
내적 타당도(internal validity)	320
논리적 오류	277, 278
능력참조평가	255

(ㄷ)

항목	페이지
다경험의 원리	184
다성과의 원리	184
대비의 오류	277
동기요인	18
동료장학	57
동형검사 신뢰도	276
딕과 캐리(Dick & Carey) 모형	152

(ㄹ)

항목	페이지
리더십 대용 상황이론	31

(ㅁ)

항목	페이지
마이크로 티칭(micro teaching)	63
만족모형	50
만족의 원리	184
매체비교연구	160
매체선호연구	160
매체속성연구	160
매체활용의 경제성에 관한 연구	160
메타평가	260
목표관리기법	74
목표기반시나리오	126
목표별 수업이론	98
목표설정이론	20
목표중심적 접근	282
문제중심학습	112
문제해결목표	191
문항난이도	308, 315
문항반응이론	315

문항변별도	312, 315
문항추측도	315

(ㅂ)

반분검사신뢰도	276
반응평가	280
발문의 원리	79
백워드 설계모형	233
버즈토의	80
변혁적 리더십	28
분산적 지도성이론	33

(ㅅ)

사무실 건물	163
사육조직	36
사회과정이론	16
사회성 측정법	332
상관분석	307
상보적 교수이론	121
상호작용 효과	305
상호적응 관점	236
상황적 지도성론	25
상황적합론	26
상황정착 수업이론	119
생성교육과정	200
성장참조평가	254, 259
성취 - 과제분담(STAD)	82
수행 - 내용 매트릭스	134
숙의(deliberation)	226
숙의모형	225
식품 운송용 트럭	163
신뢰도(Reliability)	268
실험설계	326
쓰레기통모형	51

(ㅇ)

앵커드 수업이론	119
야생조직	36
영 교육과정	211
영기준 예산제도	66

외적 타당도(external validity)	322
웹퀘스트 수업	174
위생요인	18
유의미 수용학습	93
유층표집	317
유형유지조직	40
의도적 표집	316
의미분석법	330
의사소통의 원리	45
이완조직	42
인간관계론	13, 14
인간관계장학	55
인간자원장학	55
인간중심 교육과정	213
인력수요 접근법	46
인상의 오류(error of halo effect)	277
인지과정 포섭	94
인지적 도제학습	110
인지적 부조화	168
인지적 유연성 이론	116
인터넷 활용수업	170
일차적 자료제시형태	135
임상장학	56

(ㅈ)

자기 조절 학습(SRL : Self - Regulated Learning)	116
자연주의적 평가	282
자원기반학습	124
자율적 협동학습	85
잠재적 교육과정	207
전문적 관료제	37
전문직관	337
점증모형	51
조건정비론	9
조망교차	117
조직화된 무질서 조직	37
종합실상평가	280
준거참조평가	255
준거타당도	271
중핵 교육과정	201, 203

지방장학	60	표현적 결과	191
지식의 구조	197, 205	품목별 예산제도	68
지역 수준 교육과정	242		
직소(Jigsaw)	87	**(ㅎ)**	
진단평가(diagnostic evaluation)	262	학교 수준 교육과정	242
질문지법	331	학교중심 교육과정 개발모형	229
집중경향의 오류	277, 278	학교풍토 유형	44
집중경향치	289	학문중심 교육과정	205
		학습양식	142
(ㅊ)		학습조직	42
참여적 의사결정	53	합리모형	48
체제이론	15	합리적 모형	221
체제접근 모형	16	형성 관점	236
초우량(super) 지도성	32	형성평가(formative evaluation)	262
총괄평가(summative evaluation)	262	형식도야이론	196
총평관(assessment)	253	혼합모형	51
총합평정법	329		
최적모형	49	**(숫자)**	
충실성 관점	236	2015 개정 교육과정	242
측정관(measurement)	253	9가지 교수사태	100
(ㅋ)		**(영문)**	
칼슨(Carlson)	36	ADDIE 모형	149
컨설팅 장학	60	ARCS 모형	136
쿠레레 방법(자서전적 모형)	218	ASSURE 모형	164
		C(stanine)점수	293
(ㅌ)		SMCR 모형	147
타당도(Validity)	268	T점수	293
통신모형	148	Z점수	293
통합성	186		
투사법	333		
(ㅍ)			
파이데이아 제안	179		
평가관(evaluation)	253		
평정의 오류	277		
표준의 오류	277		
표준점수	293		
표준편차	297		
표준화검사	264		

인물 찾아보기

(ㄱ)
가네(Gagné)	98
겟젤스(Getzels)	16
구바(Guba)	16

(ㄹ)
라이겔루스(Reigeluth)	128
로크(Locke)	20
리커트(Likert)	329

(ㅁ)
만즈와 심스(Mans & Sims)	32
메릴(Merrill)	132
민츠버그	38

(ㅂ)
벌로	147
브루너(Bruner)	197
브룸(Vroom)	22
블룸(Bloom)	182

(ㅅ)
셀렌(Thelen)	16
쉐논과 슈람(Schannon & Schramn)	148
스나이더(Snyder)	236
스킬벡	229
스터플빔	284

(ㅇ)
아담스(Adams)	23
아들러(Adler)	179
에치오니(Etzioni)	40
오수벨(D. Ausubel)	93
오스굿(Osgood)	330
워커(Walker)	225
위긴스와 맥타이(Wiggins & McTighe)	233

(ㅈ)
조나센(Jonassen)	158

(ㅋ)
카우프만(Kaufman)	16
커와 저마이어(Kerr & Jermier)	31
켈러(F. Keller)	88
켈러(J. Keller)	136
콜린스(Collins)	110
크래쓰월(Krathwohl)	182
클라크(Clark)	163

(ㅌ)
타바(Taba)	223
타일러	221

(ㅍ)
파슨스(Parsons)	40
피들러(Fiedler)	26

(ㅎ)
하몬드(Hammond)	284
하이니히(Heinch)	164
허시(Hersey)와 블랜차드(Blanchard)	25
허즈버그(F. Herzberg)	17
호이와 미스켈	44
호이와 타터(Hoy&Tarter)	53
홀(Hall)	35, 239, 257

이경범

고려대학교 대학원 졸업(교육심리 전공)
서울대, 한국교원대, 부산대 외 다수 대학교 초빙교수
2011 EBS 교육학 대표 교수
전) 이그잼, 아이티칭 교육학 교수
전) 박문각 임용고시학원, 티치스파 교육학 교수
전) 임용단기 교육학 논술 대표 교수
현) 공단기 교육학 대표 강사
현) 윌비스임용고시학원 교육학 교수

WHY TO HOW New 논객특강

발행일 · 2022년 2월 17일   초판 1쇄
         2024년 2월 22일   2판 1쇄
저   자 · 이경범 | 발행인 · 이경범 | ISBN 979-11-986418-2-3 (14370)   979-11-986418-0-9 (세트)
발행처 · 씨엘웍스 | 주소 · 서울시 영등포구 국회대로54길 2, 1202호
주문 및 배본처 | Tel · 02) 785-3088 | Fax · 02) 786-3088

본서의 無斷轉載·複製를 禁함 | 본서의 무단 전재·복제행위는 저작권법 제136조에 의거 5년 이하의 징역 또는 5,000만 원 이하의 벌금에 처하거나 이를 병과할 수 있습니다. | 파본은 구입처에서 교환하시기 바랍니다.

정가 38,000원(전 2권)